PHILIPPIKA
Altertumswissenschaftliche Abhandlungen
Contributions to the Study
of Ancient World Cultures

Herausgegeben von / Edited by
Joachim Hengstl, Elizabeth Irwin,
Andrea Jördens, Torsten Mattern,
Robert Rollinger, Kai Ruffing, Orell Witthuhn

81

2015
Harrassowitz Verlag · Wiesbaden

Stephan Seiler

Die Entwicklung der römischen Villenwirtschaft im Trierer Land

Agrarökonomische und infrastrukturelle
Untersuchungen eines römischen Wirtschaftsgebiets

2015

Harrassowitz Verlag · Wiesbaden

Bis Band 60: Philippika. Marburger altertumskundliche Abhandlungen.

Gedruckt mit Unterstützung der Franz-und-Eva-Rutzen-Stiftung
und der Trierer Münzfreunde e.V.

Bibliografische Information der Deutschen Nationalbibliothek
Die Deutsche Nationalbibliothek verzeichnet diese Publikation in der Deutschen
Nationalbibliografie; detaillierte bibliografische Daten sind im Internet
über http://dnb.dnb.de abrufbar.

Bibliographic information published by the Deutsche Nationalbibliothek
The Deutsche Nationalbibliothek lists this publication in the Deutsche
Nationalbibliografie; detailed bibliographic data are available on the internet
at http://dnb.dnb.de.

Informationen zum Verlagsprogramm finden Sie unter
http://www.harrassowitz-verlag.de

© Otto Harrassowitz GmbH & Co. KG, Wiesbaden 2015
Das Werk einschließlich aller seiner Teile ist urheberrechtlich geschützt.
Jede Verwertung außerhalb der engen Grenzen des Urheberrechtsgesetzes ist ohne
Zustimmung des Verlages unzulässig und strafbar. Das gilt insbesondere
für Vervielfältigungen jeder Art, Übersetzungen, Mikroverfilmungen und
für die Einspeicherung in elektronische Systeme.
Gedruckt auf alterungsbeständigem Papier.
Druck und Verarbeitung: ⊕ Hubert & Co., Göttingen
Printed in Germany
ISSN 1613-5628
ISBN 978-3-447-10322-0

Inhalt

Vorwort IX
Abstract XI
Résumé XII

Einleitung 1

I. Methodik 4
   I.1 Forschungsgeschichte 4
      I.1.1 Römische Landwirtschaft 4
      I.1.2 Römische Villen: Definition und Forschungsgeschichte 7
      I.1.3 Trierer Land 11
   I.2 Arbeitshypothese und Fragestellung 19
      I.2.1 Agrarwirtschaft, gewerbliche Produktion und Standortfaktoren 19
      I.2.2 Typologie 21
      I.2.3 Chronologie 24
      I.2.4 Bleibende Desiderate 26
   I.3 Räumliche Abgrenzung des Arbeitsgebiets 29
   I.4 Quellen 31
      I.4.1 Katalog und Fundstellenübersicht als empirische Datenbasis 32
      I.4.2 Weitere Quellen zur Villenwirtschaft des Trierer Landes 34
      I.4.3 Quellenkritik 36

II. Das Trierer Land und seine Standortfaktoren 39
   II.1 Die naturräumlichen Standortfaktoren 39
      II.1.1 Hunsrück 40
      II.1.2 Moseltal 42
      II.1.3 Gutland 44
      II.1.4 Eifel 46
      II.1.5 Ökotopgrenzlagen 47
      II.1.6 Klimatische Voraussetzungen 48
   II.2 Infrastruktur und Absatzmärkte 50
      II.2.1 Verkehrswege zu Land und Wasser 50
         II.2.1.1 Straßen und Villen im Trierer Land 52
         II.2.1.2 Flüsse und Villen im Trierer Land 54
      II.2.2 Absatzmarkt Trier 55
         II.2.2.1 Modell des Einzugsgebietes der Stadt Trier 59
      II.2.3 Absatzmärkte Vici 60
      II.2.4 Absatzmarkt Militär 64

III. Typologie und Chronologie 66
   III.1 Typologie 66
      III.1.1 Hoftypologie 66
      III.1.2 Haustypologie 68
         III.1.2.1 Rechteckhäuser 69
         III.1.2.2 Risalitvillen 69
         III.1.2.3 Portikusvillen mit Eckrisaliten 73
         III.1.2.4 Großvillen 74
      III.1.3 Architektonische Veränderungen als Zeichen der Prosperität? 77
         III.1.3.1 Um- und Anbauten 77
         III.1.3.2 Neubauten 82
   III.2. Chronologie 84
      III.2.1 Die Entstehung der Villenwirtschaft 84
      III.2.2 Die Entwicklung während der mittleren Kaiserzeit 89
      III.2.3 Die Spätantike 90
         III.2.3.1 Die Krisen des 3. Jh. n. Chr. 94
         III.2.3.2 Blüte und Krise des 4. Jh. n. Chr. 97
         III.2.3.3 Villen mit nachweisbarem Ende in der Mitte des 4. Jh. n. Chr. 97
         III.2.3.4 Münzhorte der Mitte des 4. Jh. n. Chr. aus Villen 98
         III.2.3.5 Oberflächenfunde aus Villen bis Mitte 4. Jh. n. Chr. 98
         III.2.3.6 Wiederaufbau und Weiternutzung in der zweiten Hälfte des 4. Jh. n. Chr. 99
         III.2.3.7 Neue Standorte des 4. Jh. n. Chr. 100
         III.2.3.8 Ziegelstempel in Villenbefunden des 4. Jh. n. Chr. 101
         III.2.3.9 Der Langmauerbezirk 102
         III.2.3.10 Das Ende der römischen Villenwirtschaft im Trierer Land 103

IV. Die Villa als Wirtschaftseinheit 106
   IV.1 Agrarwirtschaft 106
      IV.1.1 Pflanzenfunde im Trierer Land und in der Stadt Trier 108
      IV.1.2 Auswertung der Nutzpflanzen 112
      IV.1.2.1 Getreide und Hülsenfrüchte 112
         IV.1.2.2 Öl-, Faser- und Heilpflanzen 114
         IV.1.2.3 Gemüse und Gewürze 114
         IV.1.2.4 Obst und Sammelpflanzen 115
      IV.1.3 Forstwirtschaft 115
      IV.1.4 Grünlandwirtschaft 119
      IV.1.5 Anbaumethoden 120
      IV.1.6 Viehzucht 121
      IV.1.7 Werkzeuge 126
      IV.1.8 Nebengebäude 129
      IV.1.9 Darren und Speicherbauten 134
      IV.1.10 Die Entwicklung der Agrarwirtschaft 138

IV.2 Gewerbliche Produktion und Handwerk 140
    IV.2.1 Textilfabrikation 140
      IV.2.1.1 Das Grabmal der Secundinier und das Problem der Villa........................143
    IV.2.2 Lederfabrikation 146
    IV.2.3 Holzverarbeitung 147
    IV.2.4 Korb- und Seilerwaren...148
    IV.2.5 Metallgewinnung und -verarbeitung..149
    IV.2.6 Münzprägung..152
    IV.2.7 Steinbrüche und Kalkbrennereien 153
    IV.2.8 Töpfereien 154
    IV.2.9 Baukeramik 154
    IV.2.10 Glasherstellung 155

V. Die Entwicklung der Villenwirtschaft im Trierer Land 156
  V.1 Die Villa und ihre Wirtschaftsstrukturen..156
  V.2 Typologische und bauliche Aspekte der Villenwirtschaft 160
  V.3 Chronologische Aspekte der Villenwirtschaft..162
  V.4 Zusammenfassung...164

Katalog..167
Fundstellenverzeichnis..297
Literaturverzeichnis..313
Quellenverzeichnis 341
Diagramme..343
Tabellen 345
Kartenverzeichnis...364
Abbildungsverzeichnis 365
Karten 371
Abbildungen...385

Vorwort

Die vorliegende Arbeit ist die leicht überarbeitete und gekürzte Fassung meiner Dissertation, die im Sommer 2013 vom Fachbereich III der Universität Trier angenommen wurde. Wichtige Literatur konnte bis Frühjahr 2015 eingearbeitet werden.

Zunächst möchte ich meinem Betreuer und Erstgutachter, Prof. Dr. Torsten Mattern, Trier, für die Annahme des Themas, die Kolloquien und Diskussionen zu Konzept, Inhalt und Durchführung der Arbeit sowie der Aufnahme in die Reihe Philippika danken. Ebenso sei Prof. Dr. Jürgen Kunow, Bonn, der sich bereit erklärte, die Zweitkorrektur zu übernehmen, für wichtige Hinweise und die Unterstützung gedankt.

Der weitaus größte Teil der Arbeit entstand im Rheinischen Landesmuseum Trier. Ich danke deshalb den Direktoren Dr. Eckart Köhne und Dr. Marcus Reuter. Diplom–Bibliothekar Jürgen Merten und seiner Assistentin Frau Sonja Schon sei für die exzellent sortierte Bibliothek und die gute Arbeitsatmosphäre gedankt. Weitere Kolleginnen und Kollegen des Rheinischen Landesmuseum begleiteten die Entstehung der Arbeit mit zahlreichen Hinweisen, Diskussionen und Material. Dr. Hartwig Löhr, Dr. Hans Nortmann, Dr. Joachim Hupe, Lothar Schwinden, Dr. Karl-Josef Gilles, Dr. Matthias Fröhlich und Mechthild Neyses-Eiden standen mir bei Sachthemen hilfsbereit zur Seite. Dr. Georg Breitner, Karl Kurella, Florian Backendorf vom Planarchiv und Thomas Zühmer vom Bildarchiv gilt der Dank für zahlreiche Scans, Pläne und Fotos, die den Tafelband bereichern. Mein ganz besonderer Dank gilt Dr. Sabine Faust vom Rheinischen Landesmuseum Trier, die den Anstoß zur Arbeit gab und diese über die Jahre hinweg aktiv begleitete.

Wichtige Forschungsdiskussionen konnte ich mit Dr. Karin Goethert und Dr. Klaus-Peter Goethert, Trier, führen, ebenso gaben mir Dr. Rosmarie Cordie, Trier, Prof. Dr. Markus Trunk, Trier, Prof. Dr. Heinz Heinen (†), Trier, und Prof. Dr. Wolf-Rüdiger Teegen, München, wichtige Hinweise. Ein besonderer Dank geht an Dr. Christian Credner, Lambertsberg, Harald Lang, Hetzerath und Mark Weber, Bitburg, für die freundliche Druckgenehmigung ihrer Luftaufnahmen wichtiger Villen.

Zahlreiche Kommilitoninnen und Kommilitonen lasen Korrektur und gaben wichtige Anregungen: Christophe Coulot M. A., Trier, Dorothea Hübner M. A., Trier, Dr. Simone Martini, Greimerath, Dr. Barbara Sielhorst, Berlin, Dr. Georg Tschan, Göteborg und Simon Hoffmann M. A., Freiburg im Breisgau. Bei der Vorbereitung der Kartographie unterstützte mich Dr. Johannes Stoffels, Trier. Patrick Havel, Trier, erstellte die Karten.

Mein ganz besonderer Dank für die stete Unterstützung gilt Dr. Angelika Musella und meiner Partnerin Marianna Musella. Sie hat mich und die Entstehung der Arbeit in unzähligen Stunden begleitet, mich ermuntert, mitdiskutiert und korrigiert.

Zuletzt möchte ich mich bei meinen Eltern Rudolf und Colette Seiler bedanken, die die Entstehung der Arbeit von Beginn an ebenfalls mit aller möglichen Unterstützung begleiteten, förderten und alle Texte Korrektur lasen. Ihnen ist die Dissertation gewidmet.

Trier, im März 2015

Abstract

During the Roman period, the region of Trier was distinguished by large numbers of *villa* settlements. These *villae* are characterized by a long and continuous settlement from the first century BC until the fifth century AD, the development of different building types and an unparalleled economic prosperity. Although there is a rich archaeological record there has not yet been a comprehensive study on the topic.

This thesis focusses on different aspects of the *villa* settlement in the Trier region and follows the development of the *villae* and their economic impact on the surrounding country during Roman times. The archaeological record of *villae* constitutes the basis for this investigation, which is for the first time compiled in this volume. The archaeological evidence is complemented by graphic arts and literary sources, and includes a review of research results from scientific investigations such as archaeobotany and archaeometry.

The *villa* settlement is put into a context with the environment around the Moselle, the Hunsrück and the Eifel Mountains as well as the Roman infrastructure. A special emphasis was placed on economic questions, especially the delivery area for agricultural products, which included the city of Trier and the several so-called *vici*.

Regarding their typological diversity, there was a connection between size, type and function of the *villae*. Small risalit-*villae* constituted the basis of agricultural exploitation. During the second and third centuries AD small buildings were enlarged and extended and equipped with Roman architectural characteristics such as baths or hypocausts. Larger *villa* settlements were divided into a courtyard (*pars rustica*) and a residential building (*pars urbana*) Manors with luxury buildings were characterized by monumentality. Beside their agricultural functions these *villae* had a strong representative role.

The *villa* landscape was developed from the ancient iron-age farms. By the end of the first century AD several Roman influences like stone buildings can be observed. The most prosperous time was between the end of the first century AD and the beginning of the third century AD. From the second half of the third century on the development was repeatedly interrupted due to Germanic invasions. Between the end of the fourth and the beginning of the fifth century most of the villas were abandoned.

In the agricultural output of the *villae*, crop production and animal husbandry were separated from manual products. *Villae* of the Trier region were mainly involved in farming, but contributed also to manual production of goods, such as textile manufacture.

Résumé

La région de Trèves, une partie de la Gaule Belgique, connut un riche développement de villas pendant l'Empire romain. Celui-ci se caractérisa par une longue durée, du Ier siècle av. J.-C. au Ve siècle apr. J.-C., une vaste diversité typologique et une grande prospérité économique. Malgré ce potentiel, les recherches archéologiques sur l'ensemble des villas de la région restent des desiderata.

L'objectif du présent ouvrage est d'analyser les facteurs qui jouèrent le plus grand rôle dans le développement des villas et de l'agriculture pendant l'époque romaine. L'analyse s'effectue à partir du matériel archéologique des villas, rassemblées pour la première fois dans cet ouvrage. Il est complété par d'autres sources iconographiques, littéraires et par des données scientifiques. Les villas sont intégrées dans le contexte naturel et infrastructurel des régions de la Moselle, du Hunsrück et de l'Eifel avec leurs fleuves et leurs voies romaines. Où se trouvaient les débouchés pour les produits agricoles issus des villas? Quelles relations existaient entre les villas et la ville de Trèves et les agglomérations secondaires?

Du point de vue typologique, il existait un rapport entre la dimension des habitats ruraux, leur classification et leurs fonctions. Les villas avec deux ressauts et une halle constituaient la base de la colonisation et de l'agriculture. Les maisons furent soumises à beaucoup de transformations architecturales au cours de leur existence. Elles furent agrandies et équipées de bains et de chauffages par hypocaustes. Les villas de grande dimension étaient divisées en une cour, la *pars rustica*, et un vaste habitat, la *pars urbana*. Ces établissements étaient des édifices monumentaux qui, à part l'agriculture, exerçaient une fonction représentative.

En ce qui concerne la chronologie, les villas se développèrent vers la fin du Ier siècle av. J.-C. à la suite des fermes gauloises déjà existantes. Les influences romaines se montrèrent pendant le Ier siècle de notre ère, par exemple dans la construction en pierre. La période la plus prospère s'étala entre la fin du Ier et le début du IIIe siècle apr. J.-C. A partir de la deuxième moitié du IIIe siècle, la prospérité fut interrompue plusieurs fois par des invasions germaniques qui dévastèrent également la région de Trèves. Au cours du IVe et au début du Ve siècle la plupart des villas furent abandonnées.

En matière de production rurale l'analyse différencie la culture, l'élevage et la confection d'objets artisanaux. Les villas de la région se consacrèrent surtout à l'agriculture, mais aussi dans un cadre réduit à l'artisanat, par exemple à la fabrication de textiles.

Einleitung

> *Hos ergo aut horum similes est credere dignum*
> *Belgarum in terris scaenas posuisse domorum,*
> *molitos celsas fluvii decoramina villas.*[1]

Als der römische Dichter Ausonius seine im Jahr 371 n. Chr. unternommene Reise durch den Hunsrück von Bingen an die Mosel in seinem Werk *Mosella* verarbeitete, beschrieb er die sich ihm eröffnende Schönheit der Landschaft, deren Kultivierung durch den Menschen und ihre Besiedlung mit prächtigen Villen. Ausonius konnte, unabhängig der panegyrischen Züge seines Werks, bei seinen Ausführungen tatsächlich auf eine bereits mehrere Jahrhunderte andauernde römische Besiedlung im Trierer Land blicken. Dessen Bewirtschaftung durch die Villen während der römischen Kaiserzeit war maßgeblich an der Entstehung der Kulturlandschaft beteiligt, die sich um das städtische Zentrum Trier bildete. Neben Ausonius' schriftlichem Zeugnis liegt ein archäologischer Befund vor, der durch eine über 150 Jahre dauernde wissenschaftliche Forschung im Trierer Land erschlossen wurde.

Diese Arbeit geht den Fragen nach, welche Faktoren die Basis der ländlichen Villenbesiedlung bildeten, was in ihnen erwirtschaftet wurde und welcher agrarwirtschaftliche Entwicklungsprozess zu dieser prosperierenden Kulturlandschaft führte. Die Untersuchung bildet eine Synthese aus der bisherigen Forschung zur ländlichen Besiedlung des Trierer Landes während der römischen Kaiserzeit und neuen Fragestellungen, die während der letzten Jahre in der archäologischen Villen- und der historischen Wirtschaftsforschung entwickelt wurden. Dementsprechend wird bei der Analyse des Landes und der Auseinandersetzung mit den Fragestellungen ein interdisziplinärer Ansatz gewählt, der sowohl naturwissenschaftliche als auch historische Aspekte mit einbezieht. Ausgangspunkt ist der archäologische Villenbefund des Trierer Landes, der in dieser Untersuchung erstmals zusammenfassend in einem Katalogband zusammengestellt wird. Ergänzt wird er durch weitere naturwissenschaftliche, bildliche und literarische Quellen. Ziel ist es, durch die Verknüpfung von Empirie und Theorie die naturräumlichen und infrastrukturellen Voraussetzungen sowie die agrarökonomische Entwicklung der prosperierenden Villenwirtschaft des Trierer Landes zu rekonstruieren.

Das erste Kapitel beschäftigt sich mit der Methodik der Arbeit, den agrarwirtschaftlichen, typologischen und historischen Fragestellungen, die sich aus der Forschungsgeschichte und den vorliegenden archäologischen Befunden ergeben. Obwohl die drei Themenkomplexe

---

1 Aus. Mos. 318–320. „Diese also oder diesen Ähnliche, so ist es glaubwürdig, haben in den Ländern der Belger den Grund der Häuser gelegt und so die hochragenden Villen, Schmuckstücke des Flusses, errichtet." Decimus Magnus Ausonius, Mosella, Bissula, Briefwechsel mit Paulinus Nolanus, hrsg. und übersetzt von P. Dräger (Düsseldorf, Zürich 2002).

getrennt voneinander betrachtet werden, ergeben sich doch an verschiedenen Stellen thematische Überschneidungen, da bei allen Aspekten stets die Frage nach der wirtschaftlichen Funktion der römischen Villa im Mittelpunkt steht.

Die agrarwirtschaftlichen und infrastrukturellen Fragen behandeln den Entwicklungsprozess der Villenwirtschaft im Trierer Land vom ausgehenden 1. Jh. v. Chr. bis zum Ende der römischen Herrschaft im 5. Jh. n. Chr. So wird zunächst untersucht, inwiefern die naturräumlichen Gegebenheiten und die römische Infrastruktur bei der Standortwahl einer Villa berücksichtigt wurden. Weiterhin werden die Absatzmärkte der auf den Villen erzeugten agrarischen Güter vorgestellt und diskutiert, ob diese auf eine Subsistenzwirtschaft hin ausgelegt waren oder ob die Villenbesitzer marktorientiert wirtschafteten. Mit dieser Frage ist verknüpft, welche Produkte in den Villen des Trierer Landes erzeugt wurden. Durch die Auswertung von Pflanzen- und Tierbefunden werden zunächst die klassischen Agrargüter analysiert, um anschließend zu untersuchen, ob diese Güter auch als Basis für weitere Erzeugnisse dienten. Als Beispiel für das Trierer Land ist die in schriftlichen, bildlichen und archäologischen Quellen nachgewiesene Textilproduktion zu erwähnen, deren Ausgangsmaterial, die Schafwolle, in den dortigen Villen erwirtschaftet werden musste. Zudem wird der Frage nachgegangen, ob neben den Agrargütern in den Villen auch nichtagrarische Produkte, beispielsweise aus Metall, Ton oder Stein, hergestellt wurden.

Das Trierer Land und die Mosel werden seit römischer Zeit besonders mit dem Weinbau in Verbindung gebracht. Dieser stellte einen wichtigen landwirtschaftlichen Faktor dar, der auch in einem engen Zusammenhang mit der Villenwirtschaft steht. Da K.-J. Gilles in diesem Bereich in den letzten Jahrzehnten wichtige Grundlagenforschung leisten konnte, wird die Kultivierung des Weines in der vorliegenden Arbeit nicht weiter berücksichtigt.[2]

Die folgende typologische Untersuchung analysiert die bauliche Struktur und Größe der Hofareale und Hauptgebäude einzelner Villen. Lassen sich Typologie, Größe, bauliche Gestalt und wirtschaftliche Funktionalität in einen Zusammenhang bringen? Und besteht ein solcher zwischen diesen Faktoren und der wirtschaftlichen Prosperität eines Villenstandortes? Weiterhin wird der Frage nachgegangen, inwiefern bauliche Veränderungen, die sich am Befund ablesen lassen, Indikatoren für den ökonomischen Erfolg einer Villa sind oder ob sie nicht eher eine Reaktion auf historische Ereignisse darstellen. Aufgrund der Korrelation zwischen baulicher Entwicklung und möglichen historischen Einflüssen werden die typologischen und chronologischen Aspekte der Untersuchung in einem gemeinsamen Kapitel behandelt. Die historischen Fragen beschäftigen sich mit der Entwicklung der Villenwirtschaft im Trierer Land. Welche äußeren Einflüsse beeinträchtigen den Prozess der Entstehung, Entwicklung und den Niedergang der Villen? Lassen sich geschichtliche Ereignisse überhaupt im Befund ablesen oder besteht nicht vielmehr eine Gefahr darin, diese auf ihn zu projizieren?

Für die Untersuchung einer römischen Villenlandschaft und deren wirtschaftlichen Entwicklung bietet sich das Trierer Land in besonderem Maße an. Zunächst liegt hier ein vielseitiger, reicher und in einer gut 150jährigen Forschungsgeschichte erschlossener archäologischer Befund vor. Des Weiteren können Trier und sein Umland auf eine über 500jährige römische Besiedlung zurückblicken, während derer Trier in der Spätantike gar zur Residenzstadt aufstieg. Dadurch lässt sich eine Untersuchung der Stadt-Land-Interaktion anhand von

---

2 Vgl. K.-J. Gilles (Hrsg.), Neuere Forschungen zum römischen Weinbau an Mosel und Rhein. Schriftenreihe des Rheinischen Landesmuseums Trier 11 (Trier 1995); K.-J. Gilles, Bacchus und Sucellus – 2000 Jahre römische Weinkultur an Mosel und Rhein (Briedel 1999).

Absatzmodellen für Agrargüter durchführen. Weiterhin liegt der Trend der modernen Forschung über antike Wirtschaftsformen nicht mehr in einer globalen Erforschung, beispielsweise der antiken oder römischen Wirtschaft, sondern aufgrund deren Heterogenität in der Analyse einzelner Teilregionen. Das Trierer Land bildet daher eine Region, die optimale Voraussetzungen für eine Untersuchung bietet. Hier liegt eine reiche Kulturlandschaft vor mit einem urbanen Zentrum, verschiedenen Naturräumen, ländlicher Villenbesiedlung, langer Siedlungsdauer mit historischen Ereignissen, die in einer langen Forschungstradition stehen.

I. Methodik

I.1 Forschungsgeschichte

I.1.1 Römische Landwirtschaft

Die Landwirtschaft wird als das „Rückgrat" der römischen Wirtschaft bezeichnet, in der die große Mehrheit der Bevölkerung ihr Auskommen hatte.[1] Aus diesem Grund kann die Forschungsgeschichte über die Landwirtschaft nicht von derjenigen der römischen Wirtschaft im Allgemeinen getrennt werden. Diese war seit dem ausgehenden 19. Jh. geprägt von der sog. „Jahrhundertdebatte" oder „Bücher-Meyer-Kontroverse" über das allgemeine Wesen der antiken Wirtschaft.[2] Angestoßen wurde die Debatte durch die Publikation des Ökonomen Karl Büchner „Die Entstehung der Volkswirtschaft" von 1893, in der er die Auffassung vertrat, dass die Hauswirtschaft das grundlegende Merkmal der antiken Wirtschaft gewesen sei.[3] Demnach vollziehe sich der gesamte Wirtschaftskreislauf von der Produktion bis zum Verbrauch innerhalb des Hauses.[4] Gütererzeugung und Güterverbrauch gingen ineinander über. Der Althistoriker Eduard Meyer nahm in seinem 1895 gehaltenen Vortrag „Die wirtschaftliche Entwicklung des Altertums" Stellung zu den Thesen Büchers und vertrat im Gegensatz zu diesem die Position, dass die Wirtschaft der Antike Parallelen zur neuzeitlichen Entwicklung aufwies und dadurch als modern bezeichnet werden könne.[5] Meyer betonte besonders die Bedeutung von Handel, Industrie, Produktion und Geldwirtschaft, die sich seit dem 7. vorchristlichen Jahrhundert im Ägäisraum entwickelt hätten. Schließlich ging Meyer davon aus, dass das Anwachsen des Großkapitals während der Spätantike zum Ruin der Landbevölkerung und zur Vernichtung von Wohlstand und Kultur führte, bis schließlich eine Rückkehr zur Naturalwirtschaft erreicht gewesen sei.[6]

Die beiden vertretenen Positionen konkurrierten während des 20. Jh. wiederholt in heftig geführten Wissenschaftsdebatten von sog. „Primitivisten" in der Nachfolge Büchers und „Modernisten", welche sich auf Meyer bezogen. „Primitivisten" unterstellten der antiken Wirtschaft ein im Vergleich zu modernen Gesellschaften primitives, nicht marktorientiertes

---

1 H.W. Pleket, Wirtschaft, in: F. Vittinghoff, Handbuch der europäischen Wirtschafts- und Sozialgeschichte, Bd. 1. Europäische Wirtschafts- und Sozialgeschichte in der römischen Kaiserzeit (Stuttgart 1990), 25–160, hier 71; H.-J. Drexhage/H.-J. Konen/K. Ruffing, Die Wirtschaft des Römischen Reiches (1.–3. Jh.). Eine Einführung (Berlin 2002) = Drexhage/Konen/Ruffing 2002a .
2 M. Finley, The Bücher-Meyer-Controversy (New York 1979); Pleket 1990; H. Schneider, Bücher-Meyer-Kontroverse, in: DNP 13 (Stuttgart 1999), 551–556; H. Kloft, Makroökonomik, Mikroökonomik und Alte Geschichte. Ein alter Hut und neue Fransen, in: K. Strobel, Die Ökonomie des Imperium Romanum. Strukturen, Modelle und Wertungen im Spannungsfeld von Modernismus und Neoprimitivismus (St. Katharinen 2002), 67–85; Drexhage/Konen/Ruffing 2002a, 19–21; J. Hoffmann-Salz, Die wirtschaftlichen Auswirkungen der römischen Eroberung. Vergleichende Untersuchungen der Provinzen Hispania Tarraconensis, Africa Proconsularis und Syria (Stuttgart 2011), darin besonders 13–19.
3 K. Bücher, Die Entstehung der Volkswirtschaft. Vorträge und Aufsätze. Erste Sammlung (14. und 15. Auflage, Tübingen 1920).
4 Bücher 1920, 91.
5 E. Meyer, Die wirtschaftliche Entwicklung des Altertums. Ein Vortrag, gehalten auf der dritten Versammlung deutscher Historiker in Frankfurt am Main 20. April 1895 (Jena 1895).
6 Zitiert nach Schneider 1999, 553–554.

Wesen, wohingegen „Modernisten" deren fortgeschrittenen Charakter hervorhoben. Die folgenden Beispiele spiegeln dabei nur wenige Positionen der Debatte wider. Max Weber warnte 1909 davor, moderne Wirtschaftsverhältnisse und Begriffe auf die Antike übertragen zu wollen.[7] Die Wissenschaftler Karl Polanyi und Moses Finley können zur Schule der „Primitivisten" oder „Neo-Primitivisten" (Finley) gezählt werden. Laut Polanyi und Finley war die antike Wirtschaft auf die reine Subsistenz ausgerichtet und nicht marktorientiert.[8] Auf der Gegenseite lassen sich die Forschungen Michail Rostovtzeffs nennen, dessen 1926 erschienenes Werk „Social and Economic History of the Roman Empire" der Schule der „Modernisten" zugezählt werden kann.[9] Wie Eduard Meyer beschrieb auch Rostovtzeff die antike Wirtschaft mit Begriffen seiner Zeit. Er ging davon aus, dass der antike Handel und die Industrie von einer „geschäftstüchtigen städtischen Bourgeoisie" getragen wurden, die neben dem alten Landadel bestand.[10]

Die „Jahrhundertdebatte" wurde erstmals Anfang der 1990er Jahre durch einen für die antike Wirtschaftsforschung wegweisenden Artikel von Henri W. Pleket, überwunden.[11] Pleket versuchte eine Synthese zwischen primitivistischen und modernistischen Positionen und bezog neben den klassischen Schriftstellern weitere Quellen und außer dem italischen Kernland römische Provinzen in seine Überlegungen mit ein. Gerade in den Provinzen hätten sich weitere „Konsumentenzentren" herausgebildet, die eine Spezialisierung und Kommerzialisierung in der Landwirtschaft nach sich gezogen und somit zu einem Produktionsanstieg in diesen Regionen geführt hätten. In städtischen Zentren wie Trier habe sich eine rege Nachfrage nach Korn, Wein und Öl sowie Luxuswaren gebildet, die enorme wirtschaftliche Aktivitäten erforderten.[12] Hinsichtlich der Landwirtschaft in Gallien ist von Interesse, dass sich Pleket auch mit der Frage nach Fruchtwechselsystemen und Ertragsrelationen beschäftigte, die zu einer Steigerung der agrarischen Produktionsmengen führten. Ebenso sei der römische Einfluss auf der Ebene der Organisation und Kontrolle der Arbeitskraft, der Ackerbaugerätschaften und des von den Agrarschriftstellern bezogenen Fachwissens positiv für die autochtone Landwirtschaft gewesen. Hinter dieser Entwicklung stand nach Pleket die Ausbreitung eines „Villen-Systems im römischen Europa".[13]

Neben dem Beitrag Plekets konzentrierte sich Edmond Frézouls im selben Band auf die wirtschaftliche und gesellschaftliche Situation in Gallien und dem römischen Germanien.[14] Auch er nannte wichtige Neuerungen in Straßen- und Flureinteilung, die Entwicklungen von

---

7 M. Weber, Gesammelte Aufsätze zur Sozial- und Wirtschaftsgeschichte (Tübingen 1924), zitiert nach Hoffmann-Salz 2011, 14.
8 Vgl. H.-J. Drexhage/H. Konen/K. Ruffing, Die Wirtschaft der römischen Kaiserzeit in der modernen Deutung: Einige Überlegungen, in: K. Strobel (Hrsg.), Die Ökonomie des Imperium Romanum. Strukturen, Modelle und Wertungen im Spannungsfeld von Modernismus und Neoprimitivismus. Pharos. Studien zur griechisch-römischen Antike 17 (St. Katharinen 2002), 1–85 = Drexhage/Konen/Ruffing 2002b.
9 M. Rostovtzeff, Social and Economic History of the Roman Empire (Oxford 1926, second edition Oxford 1957).
10 Rostovtzeff ²1957, 186: „In the industrial and commercial cities, side by side with this aristocracy of landowners, a new class of rich merchants and shopkeepers, who were partly freeborn but mostly freedmen and their descendants." Zitiert nach Hofmann-Salz 2011, 14 mit Anm. 11.
11 Pleket 1990.
12 Pleket 1990, 79–86: „Spezialisierung, Kommerzialisierung und Urbanisierung", hier 83.
13 Pleket 1990, 75–79: „Fruchtwechselsysteme und Ertragsrelationen", hier 78.
14 E. Frézouls, Gallien und römisches Germanien, in: F. Vittinghoff (Hrsg.), Handbuch der europäischen Wirtschafts- und Sozialgeschichte, Bd. 1. Europäische Wirtschafts- und Sozialgeschichte in der römischen Kaiserzeit (Stuttgart 1990), 429–479.

Arbeitstechniken und die Entstehung von großen Absatzmärkten als Faktoren, die zu einer marktorientierten Landwirtschaft führten.[15]

Durch die Forschungen der letzten Jahrzehnte gilt die „Jahrhundertdebatte" über die antike Wirtschaft inzwischen weitestgehend als überholt. Sie wird zunächst nicht mehr in Kategorien wie „primitiv" oder „modern" eingeordnet, die eine subjektive Bewertung voraussetzen und in einem dem 19. Jh. verhafteten Entwicklungsmodell unterliegen. Weiterhin weisen eine Neuinterpretation schriftlicher Quellen und die Einbeziehung zusätzlicher Quellengattungen über die „Jahrhundertdebatte" hinaus.[16] Zu diesen gehören neben Papyri, Münzen und Inschriften besonders archäologische Quellen, deren Ergebnisse sich nach Christian Witschel „nicht mehr ausblenden" ließen.[17] Für eine Beurteilung der wirtschaftlichen Entwicklung einer Region zu einer bestimmten Zeit müssen also alle zur Verfügung stehenden Quellen miteinbezogen werden.[18]

Ebenfalls lässt sich eine Beurteilung nicht mehr generell auf die gesamte Antike übertragen, sondern muss nach verschiedenen äußeren Rahmenbedingungen unterschieden werden. Dies gilt zunächst im erweiterten Sinne für eine gesamte Epoche, wie beispielsweise die römische Kaiserzeit oder eine ganze Landschaft wie die Nordwestprovinzen. Auch innerhalb einer Zeitspanne und einer Region können große wirtschaftliche Unterschiede ausgemacht werden, welche durch die folgenden Rahmenbedingungen beeinflusst werden: Zwischen einzelnen Villenlandschaften können Heterogenität und regionale Unterschiede liegen. So unterscheidet sich beispielsweise die Villenlandschaft des Trierer Landes in wichtigen Punkten von derjenigen des Rheinlandes bei Köln. Während um Trier zahlreiche Großvillen entstanden, fehlten diese um Köln. Aber auch innerhalb einer Region liegen Unterschiede, die sich vor allem durch die naturräumlichen Rahmenbedingungen ergeben, durch Bodengüte, Klima und Infrastruktur. Diese Faktoren können bestimmend für die vorherrschende Wirtschaftsform sein.[19] Weitere Unterschiede liegen in der Bevölkerungsstruktur, den Absatzmärkten, der lokalen Tradition, dem römischen Einfluss und den historischen Rahmenbedingungen.[20]

Die verschiedenen Regionen unterliegen in ihren ökonomischen Veränderungen jedoch auch dem Wandel und der Kontinuität eines übergeordneten politisch-gesellschaftlichen Rahmens. Gerade der Aspekt der Konnektivität verschiedener Wirtschaftspole innerhalb des römischen Reiches beeinflusste die jeweilige Entwicklung. So kann beispielsweise das römische Reich als eine Vielzahl von Mikroregionen angesehen werden, die auf verschiedenen Ebenen miteinander verknüpft waren.[21] Das Trierer Land bietet sich mit seiner reichen Villenbesiedlung, dem urbanen Zentrum und der langfristigen Entwicklungsgeschichte vom

---

15 Frézouls 1990, 450 und 459 zum Handel ländlicher Produkte auf Märkten.
16 C. Witschel, Neue Forschungen zur römischen Landwirtschaft, in: Klio 83, 2001, 113–133.
17 Witschel 2001, 116. Vgl. auch Drexhage/Konen/Ruffing 2002b, 2, mit einem Verweis auf die bereits 1933 begonnenen Studien von T. Frank: „Besonderen Wert legte man auch auf die Nutzbarmachung von archäologischen Quellen für die Wirtschaftsgeschichte der römischen Kaiserzeit". Vgl. T. Frank (Hrsg.), Economic survey of ancient Rome. Vol. I–V, General index (Baltimore 1933–40).
18 Drexhage/Konen/Ruffing 2002a, 19.
19 N. Roymans/T. Derks, Studying Roman villa landscapes in the 21st century. A multi-dimensional approach, in: N. Roymans/T. Derks (Hrsg.), Villa landscapes in the Roman North. Economy, Culture and Lifestyles (Amsterdam 2011), 1–44, hier 33 = Roymans/Derks 2011b.
20 Roymans/Derks 2011b, 33–34.
21 Hoffmann-Salz 2011, 17–18.

ausgehenden 1. Jh. v. Chr. bis zum 5. Jh. n. Chr. in besonderer Weise für die Untersuchung solch eines Mikrozentrums an.

I.1.2 Römische Villen: Definition und Forschungsgeschichte

Definition und Forschungsgeschichte bezüglich des Begriffs der Villa sind geprägt durch die Perspektive, aus der die Materie betrachtet wird. Zunächst lässt sich die Begriffsklärung anhand einer etymologisch-philologischen Auswertung lateinischer Schriftquellen vornehmen.[22] In Briefen lateinischer Autoren, Texten der Agrarschriftsteller und der Architekturabhandlung Vitruvs bedeutet der Begriff zunächst einen auf dem Land gelegenen Gutshof oder weiter gefasst ein agrarisches Anwesen.[23] Dazu gehören neben dem Wohnhaus auch die wirtschaftlichen Einrichtungen und der gesamte Landbesitz.[24] In der lateinischen Literatur erhält der Begriff zudem dadurch eine erweiterte Bedeutung, dass die Villa neben den rein agrarwirtschaftlichen Aspekten noch weitere Funktionen beinhaltete. Zu diesen gehörte besonders ihre Nutzung als Ort der Muße, an dem römische Eliten abseits des städtischen Tagesgeschäfts dem *otium* nachgehen konnten.[25] Im Laufe der römischen Republik und der Kaiserzeit entstand an zahlreichen Orten Italiens, beispielsweise am Golf von Neapel oder im Latium, eine sog. „Villegiatur", die auch eine architektonische, gesellschaftliche und soziale Struktur nach sich zog, anhand der der Villenbegriff sehr weit gefasst werden kann.[26]

Durch die antiken Texte ergibt sich ebenfalls eine Funktionstrennung innerhalb einer Villa. So lässt sich die der Landwirtschaft zugehörige Fläche als *pars rustica*, der Obstgarten als *pars fructuaria* und der Wohnbereich als *pars urbana* bezeichnen.[27] Diese Begriffe beziehen sich jedoch nur auf Teile innerhalb einer Villa und nicht auf verschiedene Arten von Villen. Bereits A. Grenier stellte fest, dass beispielsweise der Begriff *villa rustica* als Bautyp eine neuzeitliche Benennung ist, die auch nicht bei Vitruv genannt wird.[28] Dirk Krausse bezeichnete ihn als „irreführend", da er „Homogenität" vortäusche, wo „Heterogenität" herrsche.[29]

Weiterhin findet sich der Begriff Villa in lateinischen Rechtstexten, sog. Digesten, die ebenfalls synonyme Begriffe verwenden. Demnach ist eine *villa* ein auf dem Land gelegenes Gebäude, ein *ager* ein Feld ohne Bebauung und ein *fundus* ein Feld mit Gebäuden.[30]

---

22 A. Grenier, Villa, in: C. Daremberg/M. E. Saglio (Hrsg.), Dictionnaire des antiquités grecques et romaines V (Paris 1922), 870–892, hier 870.

23 Eine Auswahl an Quellen bieten Grenier 1922, 870; H. Thür, Überlegungen zur Typologie und Funktionsbestimmung der römischen „Villen", in: G. von Bülow/H. Zabehlicky (Hrsg., Bruckneudorf und Gamzigrad. Spätantike Paläste und Großvillen im Donau-Balkan-Raum. Akten des Internationalen Kolloquiums in Bruckneudorf vom 15. bis 18. Oktober 2008 (Bonn 2011), 19–45, hier 19.

24 H. Mielsch, Die römische Villa (München 1987), 9–36: „Die wirtschaftlichen Grundlagen".

25 Mielsch 1987, 94–137: „Die Villa als Lebensform".

26 Vgl. die verschiedenen Beiträge in: F. Reutti (Hrsg.), Die römische Villa. Wege der Forschung, Bd. 182 (Darmstadt 1990); Thür 2011, 23–26; M. Tombrägel, Die republikanischen Otiumvillen von Tivoli. Palilia 25 (Wiesbaden 2012).

27 F. Reutti, Villa, in: Reallexikon der Germanischen Altertumskunde, Bd. 32 (Berlin 2006), 375–387, hier 380.

28 Vitr. De Arch. 6,6; vgl. Grenier 1922, 870; K. Roth-Rubi, Die ländliche Besiedlung und Landwirtschaft im Gebiet der Helvetier (Schweizer Mittelland) während der Kaiserzeit, in: H. Bender/H. Wolf, Ländliche Besiedlung und Landwirtschaft in den Rhein-Donau-Provinzen des Römischen Reiches. Passauer Universitätsschriften zur Archäologie, Bd. 2 (Espelkamp 1994), 309–329, hier 310 mit Anm. 15.

29 D. Krausse, Eisenzeitlicher Kulturwandel und Romanisierung im Mosel-Eifel-Raum. Die keltisch-römische Siedlung von Wallendorf und ihr archäologisches Umfeld. Römisch-Germanische Forschungen 63 (Mainz 2006), 271.

30 Grenier 1922, 870 mit Anm. 9. Digest. L,50,27.

In der lateinischen Literatur gab es neben dem Begriff der Villa die Synonyme *fundus*, *hortus*, *latifundium*, *patrimonium*, *praedium* oder *aedificium*, die mit verschiedenen Nuancierungen „ländliches Anwesen" bedeuten können.[31] Gerade der letztgenannte Begriff ist für die vorliegende Arbeit von Bedeutung, da er von Caesar in der Beschreibung der gallischen Kriege als eine Siedlungsform gallischer Stämme benutzt wurde.[32] Pierre Gros gibt zur Begrifflichkeit Caesars folgende Definition: „César avait observé chez divers peuples, de la Bretagne au Rhin, ce qu'il appelait des *aedificia*: le mot, très général, désigne apparemment des constructions qui ne sont pas regroupées en village (...) et s'applique à des corps de ferme ou à des bâtiments isolés."[33] Zusammenfassend lässt sich der Begriff Villa nach A. Grenier in seiner erweiterten Bedeutung als „ländliches Anwesen mit Ländereien und Bauten" definieren.[34]

Die bis hierher beschriebene Villendefinition gilt zunächst nur für die Entwicklung der italischen Villenstruktur. Es stellt sich jedoch die Frage, inwiefern diese Terminologie auch auf Villen der Nordwestprovinzen übertragen werden kann. Schriftliche Quellen liegen für diese Gegend nur begrenzt vor. Ausonius gibt in seinem Werk *Mosella* eine eher architektonische und landschaftliche Beschreibung der an der Mosel gelegenen Villen.[35]

Der archäologische Befund konnte in den vergangenen 150 Jahren die fehlende textliche Überlieferung ersetzen und erbrachte gerade für das Trierer Land eine große Variationsbreite innerhalb der Gattung Villa. Verwendet man den Begriff nach A. Grenier, so lässt sich durch die bisherige Forschung erkennen, dass zwischen einfachsten agrarischen Anwesen und reich ausgestatteten Großvillen sämtliche Ausprägungen vorhanden sind. Alle Villen, unabhängig von Typ und Größe, hatten hier eine agrarwirtschaftliche Funktion inne. Dies schließt weitere Aspekte, wie die gesellschaftliche Repräsentation und die Villa als Ort des *otium*, nicht aus. Aus diesem Grund wird in der vorliegenden Arbeit auf den Begriff *villa rustica* weitgehend verzichtet, da es sich bei allen Villen um eine solche handelte. Vielmehr scheinen bei Villen der Nordwestprovinzen die Funktionstrennungen innerhalb der Villa stattgefunden zu haben, so dass im vorliegenden Fall die Begriffe *pars rustica* und *pars urbana* durchaus Verwendung finden.

In den Nordwestprovinzen des römischen Reiches hebt sich eine Villa weiterhin durch ihre bauliche Struktur und ihre römischen Einflüsse von den eisenzeitlichen Gutshöfen ab. Während diese in Holzbauweise gefertigt waren und in der Regel aus einem großen Raum bestanden, unterscheiden sich die späteren Villen durch mehrere Kriterien von ihnen: Das Wohngebäude umfasste meist mehrere Räume, zumindest das Fundament war in Steinbauweise errichtet, weitere Bauelemente wie Dachziegel, Wandmalereien und Mosaiken weisen auf römische Einflüsse hin, dem zentralen Baukörper konnte eine Risalit-Portikus-Fassade vorgeblendet sein und die Villen verfügten über eine Badeeinrichtung und hypokaustierte Räume.[36]

In der vorliegenden Arbeit wird der Begriff Villa zunächst nach A. Grenier als ein ländliches Anwesen mit Ländereien und Bauten definiert, jedoch darüber hinaus um verschiedene Aspekte erweitert. Die Benennung wird frei von sozialen, gesellschaftlichen und architekto-

---

31 Grenier 1922, 870.
32 Caes. Bell. Gall. 1,5; 4, 43; 6,30,3; 7,14,5; 8,7,2.
33 P. Gros, L'architecture romaine II. Du début du IIIe siècle av. J.-C. à la fin du Haut-Empire (Paris 2001), 322.
34 Grenier 1922, 870: „Domaine rural avec terres et constructions".
35 Aus. Mos. 284–286; 298–299; 318–344.
36 Roymans/Derks 2011b, 1.

nischen Funktionen und Strukturen verwendet. Alle ländlichen Anwesen und Gebäude, die nicht im Verbund mit einer Stadt oder einer dörflichen Struktur (*vicus*) stehen und keine Heiligtümer, Straßenstationen oder militärischen Einrichtungen sind, werden als Villa bezeichnet. Weitere Erkennungszeichen sind die oben genannten Kriterien des römischen Einflusses auf die Lebensgewohnheiten der ländlichen Bevölkerung, beispielsweise die Steinbauweise der Wohngebäude oder deren räumliche Aufteilung und Ausstattung.

Im Vordergrund der Arbeit stehen die wirtschaftlichen Aspekte einer Villa und es wird davon ausgegangen, dass jedes Anwesen, unabhängig von seiner Größe und seinen weiteren Funktionen, als agrarisch genutztes Besitztum diente und somit eine Villa war. Weiterhin wird nicht zwischen italischen, römischen oder keltischen Einflüssen und Bewohnern unterschieden. Durch die Einflussnahme Roms auf das Trierer Land, die technische Entwicklung der Landwirtschaft während der römischen Kaiserzeit und die schrittweise vollzogene Assimilierung römischer Lebensgewohnheiten ist der Begriff Villa weiterhin maßgeblich. Einzig bei der Übergangsphase zwischen späteisenzeitlicher Besiedlung und frührömischer Einflussnahme wird teilweise, in Anlehnung an Caesars Benennung, von *aedificia* gesprochen, da im Kapitel über die Entstehung der Villenwirtschaft die Entwicklung der Villen aus keltischen Vorgängersiedlungen diskutiert wird (Kapitel III.2.1). Weiterhin wird der Begriff Villa verwendet, weil sich in der archäologischen Forschung bislang kein adäquater Ersatz etablieren konnte.

Ebenso vielfältig und weitreichend wie die Definitionen der Villa ist ihre Erforschungsgeschichte.[37] Aus diesem Grund kann hier nur ein summarischer Überblick der wissenschaftlichen Auseinandersetzung gegeben werden, der sich zudem auf die Nordwestprovinzen des römischen Reiches beschränkt.

Trotz einiger, bereits seit der Renaissance wiederentdeckter und beschriebener Villen, setzte eine akademische Villenforschung erst im Laufe des 19. Jh. ein.[38] Wissenschaftler des 19. und beginnenden 20. Jh. gingen noch weitestgehend davon aus, dass die provinzialrömischen Villen durch römische Eliten besiedelt wurden.[39] Sie verglichen die Bauten und ihre Funktionen in erster Linie mit den bislang bekannten italischen Vorbildern und mit der Literatur antiker Schriftsteller. Erst im Verlauf des 20. Jh. veränderte sich diese Sichtweise. Zwei Publikationen waren dabei für eine Neubewertung der Villenbesiedlung in den gallisch-germanischen Provinzen ausschlaggebend. Zunächst erkannte Franz Oelmann bei der Ausgrabung der Villa von Mayen in der Eifel, dass diese über eisenzeitliche Vorgängerstrukturen verfügte.[40] Diese Entdeckung ließ Oelmann zu der Überzeugung kommen, dass es sich bei den Villenbewohnern nicht um römisch-italische Eliten handelte, sondern um einheimische keltisch-germanische Siedler. Die Ausgrabungen der Villa von Köln-Müngersdorf durch Fritz Fremersdorf markierten vor allem hinsichtlich der Wirtschaftsforschung einen Wendepunkt, da Fremersdorf hier zum ersten Mal eine komplette Villa mitsamt ihren Nebengebäuden und der zugehörigen Nekropole ausgraben konnte und die Funktionen der Wirtschaftsgebäude benannte.[41] In der zweiten Hälfte des 20. Jh. spezialisierte sich die

---

37 Reutti 1990, 1.
38 Z. B. die Beschreibung des Kaiserpalasts in Konz *(Kat.–Nr. 84)*, vgl. Kapitel I.1.3 Zur frühen Villenforschung allgemein vgl. Roymans/Derks 2011b, 4.
39 Roymans/Derks 2011b, 4.
40 F. Oelmann, Ein gallorömischer Bauernhof bei Mayen, in: Bonner Jahrbücher 133, 1929, 51–140.
41 F. Fremersdorf, Der römische Gutshof Köln-Müngersdorf. Römisch-germanische Forschungen 6 (Berlin,

Villenforschung auf soziale, religiöse, ideologische, architektonische und gesellschaftliche Fragestellungen.[42]

Weitere Untersuchungen stellten K.-H. Lenz und Ursula Heimberg zur Übergangsphase zwischen vorrömisch-eisenzeitlicher Besiedlung und römischen Villen im Rheinland an.[43] Beide konnten nachweisen, dass sich die heimische Villenbesiedlung stark auf eisenzeitliche Elemente zurückführen ließ und die römischen Einflüsse sich vorrangig in architektonischen Strukturen äußerten. Einen weiteren Themenschwerpunkt bildeten zudem die Erschließung von Villenlandschaften sowie landschaftsarchäologische und wirtschaftliche Fragen. Die Landschaftsforschung prägte besonders Robert Agaches Luftbildarchäologie in der Picardie.[44] Agache konnte dadurch eine hohe Dichte der Villenbesiedlung im Löss-Plateau der Somme feststellen. Durch die Forschungen im Braunkohlerevier des Hambacher Forstes westlich von Köln konnte seit den 1970er Jahren eine weitere Villenlandschaft systematisch untersucht werden.[45] Die großräumigen Ausgrabungen ermöglichten somit eine flächendeckende Untersuchung der Wirtschaftsstrukturen einer Villenlandschaft und die Binnenstruktur einzelner Villenstandorte.[46]

Mit den wirtschaftlichen Grundlagen römischer Villen Italiens und der Nordwestprovinzen setzten sich zahlreiche Wissenschaftler auseinander. Für die Villenbesiedlung im Bereich des heutigen Deutschlands konnte Helmut Bender Bewirtschaftungsmethoden untersuchen.[47] Er integrierte Form und bauliche Gestalt der Villen in die örtliche Agrarstruktur. Fridolin Reutti beschäftigte sich seit Mitte der 1970er Jahre besonders mit typologischen Forschungen.[48] Sein Ziel war es, die Hauptgebäudetypen zu untergliedern und sie in einen landwirtschaftlichen sowie zeitlichen Zusammenhang zu setzen.[49]

Neben den Forschungen, die sich in der Tiefe mit einem Villenaspekt beschäftigen, entstanden in den letzten Jahren zahlreiche Überblicke über das Phänomen der römischen Villa

---

Leipzig 1933).

42 J. Slofstra, The Villa in the Roman West: Space, Decoration and Ideology, in: J. Metzler u. a. (Hrsg.), Integration in the Early Roman West. The role of Culture and Ideology. Dossiers d'Archéologie du Musée National d'Histoire et d'Art IV (Luxemburg 1995), 77–90; J. T. Smith, Roman Villas. A study in social structure (London, New York 1997).

43 K.-H. Lenz, Villae rusticae. Zur Entstehung dieser Siedlungsform in den Nordwestprovinzen des Römischen Reiches, in: Kölner Jahrbuch 31, 1998, 49–70; U. Heimberg, Römische Villen an Rhein und Maas, in : Bonner Jahrbücher 202/203, 2002/2003, 57–146.

44 R. Agache, La Somme pré-romaine et romaine d'après les prospections aériennes à basse altitude (Amiens 1978).

45 M. Gechter/J. Kunow, Zur ländlichen Besiedlung des Rheinlandes in römischer Zeit, in: Bonner Jahrbücher 186, 1986, 377–396; W. Gaitzsch, Grundformen römischer Landsiedlungen im Westen der CCAA, in: Bonner Jahrbücher 186, 1986, 397–427; Heimberg 2002/03.

46 P. Rothenhöfer, Die Wirtschaftsstrukturen im südlichen Niedergermanien. Untersuchungen zur Entwicklung eines Wirtschaftsraumes an der Peripherie des Imperium Romanum. Kölner Studien zur Archäologie der römischen Provinzen 7 (Rahden Westfalen 2005).

47 H. Bender, Agrargeschichte Deutschlands in der römischen Kaiserzeit innerhalb der Grenzen des Imperium Romanum, in: J. Lüning/A. Jockenhövel/H. Bender/T. Capelle (Hrsg.), Deutsche Agrargeschichte. Vor- und Frühgeschichte (Stuttgart 1997), 263–374; H. Bender, Bauliche Gestalt und Struktur römischer Landgüter in den nordwestlichen Provinzen des Imperium Romanum, in: P. Herz/G. Waldherr (Hrsg.), Landwirtschaft im Imperium Romanum. Pharos 14 (St. Katharinen 2001), 1–40.

48 F. Reutti, Römische Villen in Deutschland (1975); F. Reutti, Villa, in: Reallexikon der germanischen Altertumskunde, Bd. 32 (Berlin 2006), 375–387.

49 F. Reutti, Römische Villen in Deutschland (Dissertation Marburg 1975), 6.

in Italien und den Nordwestprovinzen, von denen diejenigen von Pierre Gros[50] und Hilde Thür in der vorliegenden Arbeit Verwendung fanden.[51]

Die zweite Hälfte des 20. Jh. markierte zudem große Unterschiede in den methodischen Ansätzen der Villenforschung. Während sich die deutschsprachige Forschung weiterhin sehr auf Materialaufarbeitung konzentrierte, tendierte die englischsprachige und niederländische zu theoretischen Ansätzen.[52] Gerade hier wurden seit den 1970er Jahren vermehrt Fragestellungen der anthropologischen und kulturwissenschaftlichen Fächer in die archäologische Forschung integriert.[53] Hingegen wurde der deutschen Forschung eine „Verhaftung in Empirismus und Deskription" unterstellt.[54]

Einen Ausblick auf die künftige Villenforschung und was sie im 21. Jahrhundert leisten kann entwickelten Nico Roymans und Tom Derks in einem Beitrag zu einem 2011 erschienenen Sammelband zu römischen Villenlandschaften in den Nordwestprovinzen. Sie sind der Ansicht, dass zukünftige Forschungen unterschiedliche Annährungen an die Materie, einen „multi-dimensional approach" beinhalten müssen.[55] Zu diesen zählen sie weitere Untersuchungen über die Herkunft und Entwicklung der Villen, theoretische Konzepte zu sozialen, ökonomischen und kulturellen Aspekten und vergleichende Studien zwischen unterschiedlichen Villenlandschaften der Nordwestprovinzen.[56]

Aufgrund der Menge an Material, das die archäologische Bodenforschung der letzten 150 Jahre im Trierer Land lieferte, kann die vorliegende Arbeit nicht alle Aspekte einer modernen Villenforschung berücksichtigen.[57] Gerade die kulturwissenschaftlichen und anthropologischen Fragestellungen bedürfen weiterer Ansätze. Diese Arbeit setzt dort an, wo in der bisherigen Forschung noch Defizite in Materialaufstellung und theoretischer Konzeption liegen. Sie ist demnach eine Synthese aus archäologischem Befund und theoretischen Ansätzen bezüglich infrastruktureller und agrarökonomischer Fragestellung.

I.1.3 Trierer Land

„Trotz neuer Entdeckungen und Fragestellungen sollten wir nicht vergessen, dass wir Heutigen auf den Schultern von Gelehrten vergangener Generationen stehen."[58] Dieser von Heinz Heinen für seine Darstellung des frühchristlichen Trier verfasste Satz kann genauso gut auch auf die Villenforschung im Trierer Land bezogen werden, die bereits auf eine lange Tradition zurückblicken kann.

Die frühesten Auseinandersetzungen mit römischen Hinterlassenschaften im Trierer Land fanden in der zweiten Hälfte des 17. Jh. statt, als der Trierer Jesuit Christoph Brower und der Jurist Jakob Meelbaum die ersten Beschreibungen des Konzer Kaiserpalastes *(Kat.–Nr. 84)*

---

50 Gros 2001.
51 Thür 2011.
52 Mit den verschiedenen Richtungen der Romanisierungsforschung der letzten Jahrzehnte und ihren theoretischen Ansätzen hat sich ausführlich Dirk Krausse in seiner Habilitationsschrift auseinandergesetzt, vgl. Krausse 2006, hier insbesondere 5–63.
53 Krausse 2006, 5.
54 J. H.F. Bloemers, German archaeology at risk? In: H. Härke (Hrsg.), Archaeology, Ideology and Society. The German experience (Frankfurt am Main 2000), 375–397, zitiert nach Krausse 2006, 10.
55 Roymans/Derks 2011b.
56 Roymans/Derks 2011b, 1–2.
57 Vgl. Kapitel I.2.4.
58 H. Heinen, Frühchristliches Trier. Von den Anfängen bis zur Völkerwanderung (Trier 1996), 273.

vornahmen, die der Luxemburger Jesuit Alexander von Wiltheim erweiterte und mit zwei Skizzen der zu dieser Zeit noch in vielen Bereichen gut erhaltenen Ruine ergänzte *(Abb. 1)*.[59]

Von einer Villenforschung im wissenschaftlichen Sinn kann ab der Mitte des 19. Jh. gesprochen werden. Viele Beschreibungen stammen vom damaligen Domkapitular J. N. von Wilmowsky, einem Mitglied der Gesellschaft für nützliche Forschungen zu Trier. Die 1801 gegründete Gesellschaft beschäftigte sich seit 1808 mit der archäologischen Erforschung des Trierer Landes.[60] Von Wilmowsky forschte und veröffentlichte vor allem zu den an der Mosel gelegenen Großvillen[61] Konz „Kaiserpalast" *(Kat.–Nr. 84)*[62], Euren „Kirche St. Helena" *(Kat.–Nr. 156)*[63] und Wiltingen „Kobig" *(Kat.–Nr. 181)*.[64] Seine Beiträge zur Villenforschung wurden in den Jahresberichten der Gesellschaft für nützliche Forschungen gedruckt, die zwischen 1853 und 1905 erschienen.

Die frühe Forschung des 19. Jh. setzte sich also zunächst mit den Großvillen der Mosel auseinander, die sich in geeigneter Weise mit den in Ausonius' *Mosella* beschriebenen Landschaftsbildern vergleichen ließen. Dazu versuchte beispielsweise Paul Steiner in seinem kleinen Überblicksband „Römische Landhäuser (villae) im Trierer Bezirk" von 1923 die Textstellen Ausonius' mit dem archäologischen Befund zu verbinden.[65] Steiner ging noch davon aus, dass die Villenbesiedlung im Trierer Land zunächst nur durch reiche Römer oder Gallo-Römer vorgenommen wurden und zog als direkte Vergleichsbeispiele Villen der kampanischen Stätten wie Boscoreale heran.[66]

Neben den Moselvillen fanden auch weitere Großvillen das Interesse der Forschung. Besonders die Villa von Fließem-Otrang „Weilerbüsch" *(Kat.–Nr. 46)* kann auf eine lange Erforschungsgeschichte zurückblicken. Bereits 1825 entdeckt und durch die Gesellschaft für nützliche Forschungen ausgegraben, erfuhr sie durch den Besuch des Kronprinzen Friedrich Wilhelm IV. und die daraufhin über den Mosaiken errichteten Schutzgebäuden eine immense Aufwertung.[67] Der Ausgräber C. F. Schmidt bezeichnete sie zunächst als „Jagdvilla".[68] Hermann Mylius nannte die Villa von Fließem-Otrang 1924 treffend ein „Gebäudekonglomerat eines allmählich reich gewordenen Gutsbesitzers", ging jedoch noch davon aus, dass

---

59 C. Brower/J. Masen, Antiquitatum et Annalium Trevirensium libri XXV, Bd. 1 (1670), 37; A. Wiltheim, Luciliburgensia, hrsg. von A. Neyen, (1841), 324–330. Abb. I.1. aus: A. Neyses, Die spätrömische Kaiservilla zu Konz (Trier 1987), 7, Abb. 2.

60 L. Schwinden, Ausgrabungen und archäologische Untersuchungen der Gesellschaft für nützliche Forschungen, in: Antiquitates Trevirenses. Beiträge zur Geschichte der Trierer Altertumskunde und der Gesellschaft für nützliche Forschungen. Festschrift zur 200-Jahr-Feier der Gesellschaft für nützliche Forschungen zu Trier. Kurtrierisches Jahrbuch 40 (Trier 2000),101–129; H. Cüppers, Beiträge zur archäologischen Landesaufnahme des Trierer Raumes durch die Gesellschaft für nützliche Forschungen, in: Antiquitates Trevirenses, 131–155.

61 J. N. v. Wilmowsky, Die römischen Moselvillen zwischen Trier und Nennig (Trier 1870).

62 J. N. v. Wilmowsky, Die Villa Valentinians I. zu Conz, in: Wilmowsky, von 1870, 31–34.

63 J. N. v. Wilmowsky, Über einen römischen Brunnen bei Trier, in: Jahresbericht der Gesellschaft für nützliche Forschungen zu Trier 1854, 55–60; J. N. v. Wilmowsky, Archäologische Funde in Euren im Jahr 1859, in: Jahresbericht der Gesellschaft für nützliche Forschungen zu Trier 1872/1873, 35–39.

64 J. N. v. Wilmowsky, Die Römische Villa bei Wiltingen, in: Jahresbericht der Gesellschaft für nützliche Forschungen zu Trier 1857, 61–68.

65 P. Steiner, Römische Landhäuser (villae) im Trierer Bezirk (Berlin 1923), 8–9 = Steiner 1923c.

66 Steiner 1923c, 3–9.

67 J. Merten, „Ich war außer mir vor Wonne!": Die Aufdeckung der römischen Mosaiken bei Fliessem in der ersten Hälfte des 19. Jahrhunderts, in: Funde und Ausgrabungen im Bezirk Trier 31, 1999, 123–126.

68 C. W. Schmidt, Die Jagdvilla zu Fließem (Trier 1843). Schmidts Raumnummerierung der Villa von Fließem-Otrang hat nach wie vor Gültigkeit.

es sich um „das Haus eines echten Römers" handelte.[69] Durch die Ausgrabungen des Tempelbezirks in Fließem-Otrang und die Forschungen Oelmanns in Mayen, der als Erster vorrömische Baustrukturen unter einer Villa entdeckte und Überlegungen zu deren Bewohnern anstellte, veränderte sich auch der Blick auf die Villen des Trierer Landes. Gerade in Fließem-Otrang wurden diese Annahmen durch vorrömisch-eisenzeitliche Funde, die in den 1920er Jahren auf dem Gebiet der *pars rustica* und dem Tempelbezirk gemacht wurden, bestätigt. Paul Steiner bezog sich bei der Publikation der damaligen Grabungen in Fließem-Otrang dementsprechend auch auf Oelmann.[70]

Ebenfalls auf eine lange Erforschungsgeschichte kann die Villa von Oberweis „Auf der Steinrausch" *(Kat.–Nr. 131)* zurückblicken, deren Hauptgebäude zunächst 1878 durch den ersten Direktor des Provinzialmuseums Trier Felix Hettner ausgegraben wurde. Es handelte sich dabei um die erste Grabung im Trierer Land durch das 1877 gegründete Provinzialmuseum. Eine Publikation der Ergebnisse folgte jedoch erst im Jahr 1934 durch Harald Koethe, der darin auf die sich inzwischen geänderten Fragestellungen der Villenforschung verwies.[71] Neben dem Interesse am Hauptgebäude traten bei Koethe nun auch Fragen nach dem Gelände mit Wirtschaftsgebäuden, Heiligtum und Nekropole auf. So stützte sich Koethe in der Publikation nicht nur auf die hinterlassenen Pläne, Aufzeichnungen und das Manuskript Hettners, sondern führte abermals eigene Geländebegehungen durch, um sich ein Bild der Topographie zu machen. Harald Koethe setzte sich darüber hinaus mit den Bädern römischer Villen im Trierer Bezirk auseinander, einer Abhandlung, die eine breite Materialbasis darstellt und auf die bis 1940 bekannten Befunde eingeht.[72]

Neben den Großvillen beschäftigte sich die Forschung seit dem ausgehenden 19. Jh. vermehrt mit kleineren Villenstandorten. Das meistzitierte Beispiel hierfür dürfte nach wie vor die Villa von Bollendorf „In der Kroppicht" *(Kat.–Nr. 18)* sein, die ebenfalls von Paul Steiner und Daniel Krencker nach dem ersten Weltkrieg publiziert wurde.[73] Ausgegraben wurde die Villa von Bollendorf jedoch bereits zu Beginn des 20. Jh. durch den damaligen Grabungsleiter des Provinzialmuseums Trier G. Kropatschek und in kurzen Vorberichten veröffentlicht.[74] Im Bericht über die Tätigkeiten des Provinzialmuseums wird sie als „lehrreiches Beispiel der Gattung" bezeichnet.[75] Weitere Villen wurden zu dieser Zeit partiell ausgegraben und in Vorberichten veröffentlicht. Aufgrund mangelnder weiterer Beschäftigung fielen sie jedoch oftmals in Vergessenheit und werden aus diesem Grund im Katalog der vorliegenden Arbeit wieder vorgestellt. Zu ihnen gehören beispielsweise die Villen von Baldringen „Ortslage" *(Kat.–Nr. 5)*[76] und Bettenfeld „In der Kammer" *(Kat.–Nr. 11)*.[77] Die Villa von

---

69 H. Mylius, Die Rekonstruktion der römischen Villen von Nennig und Fließem, in: Bonner Jahrbücher 129, 1924, 109–128, hier 127.

70 P. Steiner, Neue Ausgrabungen in Odrang, in: Trierer Zeitschrift 4, 1929, 75–83, hier 83.

71 H. Koethe, Römische Villa bei Oberweis, in: Trierer Zeitschrift 9, 1934, 20–56.

72 H. Koethe, Die Bäder römischer Villen im Trierer Bezirk, in: Bericht der Römisch-germanischen Kommission 30, 1940, 43–131.

73 P. Steiner, Römische Villen im Treverergebiet I. Die Villa von Bollendorf, in: Trierer Jahresberichte 12, 1919/20 (Trier 1923), 1–37 = Steiner 1923a; D. Krencker, Die äußere Gestalt der villa rustica von Bollendorf, in: Trierer Jahresberichte 12, 1919/20 (Trier 1923), 38–40; P. Steiner, Die Kleinfunde der Bollendorfer Villa, in: Trierer Jahresberichte 12, 1919/20 (Trier 1923), 41–59 = Steiner 1923b.

74 Bonner Jahrbücher 117, 1908, 372; Trierer Jahresberichte 2, 1909, 15; Trierer Jahresberichte 4, 1911, 17; Trierer Jahresberichte 5, 1912, 22.

75 Berichte über die Tätigkeiten der Provinzialmuseen, in: Bonner Jahrbücher 117, 1908, 372.

76 H. Lehner, Baldringen, in: Westdeutsche Zeitschrift 14, 1895, Korrespondenzblatt, 49–57.

77 E. aus'm Weerth, Römische Villa bei Manderscheid in der Eifel, in: Bonner Jahrbücher 39/40, 1866, 256–264.

Vierherrenborn „Dürreich" *(Kat.-Nr. 162)* ist die erste vollständig ausgegrabene Villa des Arbeitsgebietes.[78] Außer dem Hauptgebäude konnte 1938 in Vierherrenborn erstmals die komplette *pars rustica* mit ihrem trapezförmigen Hof und den Wirtschaftsgebäuden ausgegraben werden.

Einen siedlungsarchäologischen Ansatz verfolgten die Forschungen des Trierer Pfarrers und Mitglieds der Gesellschaft für nützliche Forschungen Philipp Schmitt und des Lehrers und Altertumsforschers Josef Steinhausen. Ihre Untersuchungen konzentrierten sich nicht auf einzelne Villen, sondern umfassten die historisch-archäologische Siedlungsgeschichte von Teilen des Trierer Landes.

Der aus Trier stammende Pfarrer Philipp Schmitt begann seine archäologischen Feldforschungen bereits Mitte des 19. Jh. im Kreis Saarlouis, für den er ein Funde- und Fundstellenverzeichnis zusammenstellte.[79] Für den Kreis Trier sammelte Schmitt, inzwischen Pfarrer der Trierer Gemeinde St. Paulin, seit 1848 historisch-archäologisches Material, das die Grundlage für sein Hauptwerk, den Bericht über die Altertümer des Kreises Trier, werden sollte.[80] Dafür bereiste Schmitt den gesamten Kreis und stellte seine Informationen weitestgehend aus eigenen Beobachtungen zusammen.[81] Aufgrund seines frühen Todes 1856 und fehlender Mittel konnte die Gesellschaft für nützliche Forschungen das fertige Manuskript jedoch nicht mehr drucken lassen.[82] Schmitts Werk bildet dennoch eine unverzichtbare Grundlage zur archäologischen Siedlungskunde des Trierer Landes. Teile der von ihm erforschten Ortschaften decken sich mit der von Josef Steinhausen verfassten Ortskunde Trier-Mettendorf, sodass Steinhausen bei seiner Arbeit auf Schmitt zurückgreifen und dessen Entdeckungen und Beschreibungen einarbeiten konnte.[83]

Die von Josef Steinhausen verfasste „Ortskunde Trier-Mettendorf" konnte bei ihrer Publikation im Jahr 1932 bereits auf eine lange Entstehungsgeschichte zurückblicken.[84] Georg Loeschckes Initiative einer Kartierung der archäologischen Fundstellen des Trierer Landes ging bereits auf das Jahr 1912 zurück, doch konnte die Arbeit infolge des ersten Weltkrieges nicht fortgesetzt werden. Steinhausen übernahm das Projekt ab 1920, musste aber wegen der Inflation der frühen 1920er Jahre die Arbeit teilweise unterbrechen. Im Verlauf der weiteren Jahre bearbeitete Steinhausen die bereits vorliegenden Manuskripte und prüfte die Angaben jeweils vor Ort. Dafür suchte er alle Fundstellen auf, um sie selbst beschreiben und systematisch erforschen zu können. Neben den materiellen Hinterlassenschaften flossen in seinen

---

78 Jahresbericht 1938, in: Trierer Zeitschrift 14, 1939, 226, 248–253.
79 Philipp Schmitt hatte seine erste Stelle als Pfarrer in Dillingen an der Saar, Kreis Saarlouis. P. Schmitt, Der Kreis Saarlouis und seine nächste Umgebung unter den Römern und Celten. Bericht an die Gesellschaft für nützliche Forschungen zu Trier (Trier 1850). Vgl. J. Merten, „Die Geschlechter verschwinden mit ihrem Thun …" Zu den archäologischen Forschungen des Pfarrers Philipp Schmitt (1805–1856), in: Funde und Ausgrabungen im Bezirk Trier 30, 1998, 113–126, mit Literaturverzeichnis der Werke Schmitts.
80 P. Schmitt, Der Kreis Trier unter den Römern und in der Urzeit. Ein Bericht an die Gesellschaft für nützliche Forschungen. (Autograph Trier 1855).
81 Vgl. Merten 1998, 117–118.
82 Das Original und eine Abschrift befinden sich in der Bibliothek des Rheinischen Landesmuseums Trier.
83 J. Steinhausen, Archäologische Karte der Rheinprovinz. I. 1. Halbblatt, Textband. Ortskunde Trier-Mettendorf (Bonn 1932). Leider decken sich die beiden Werke nicht in allen Bereichen. Schmitt bearbeitete den Kreis Trier, sodass die Gemeinden der Kreise Bitburg und Wittlich fehlen. Andererseits betrafen die Forschungen Josef Steinhausens das damalige Halbkartenblatt Trier-Mettendorf, das zwar Teile des Bitburger Gutlandes beinhaltet, jedoch nicht die Gemeinden südlich von Trier, beispielsweise im Saar-Mosel-Gau.
84 Steinhausen 1932. Zur Entstehungsgeschichte vgl. Steinhausens Vorwort und J. Merten, Zur Erinnerung an Josef Steinhausen, in: Trierer Zeitschrift 48, 1985, 261–267 = Merten 1985c.

Text auch durch Ortsbewohner mitgeteilte Anekdoten ein. Aufgrund der Fülle an Material beschränkte sich die Publikation von 1932 auf das 1. Halbblatt Trier- Mettendorf der damaligen Reichskarte 1:100 000.[85] Diese schloss die südlich und östlich von Trier gelegenen Bereiche aus. Eine von Steinhausen geplante Weiterführung des Projekts im Kreis Saarburg konnte nicht mehr realisiert werden. Dafür verwendete Steinhausen das von ihm zusammengetragene Material für seine „Archäologische Siedlungskunde des Trierer Landes", die er bereits vier Jahre später publizierte.[86] Das Werk beschränkte sich nicht mehr nur auf das Material des zuvor bearbeiteten Kartenausschnitts, sondern umfasste das gesamte Trierer Land. Schwerpunkte bildeten die historische Überlieferung, die Infrastruktur und die Siedlungsgeschichte. Neben den archäologischen und historischen Quellen zog Steinhausen für die Siedlungskunde auch die geographischen Rahmenbedingungen mit ein und schuf so den frühen Ansatz einer interdisziplinären Siedlungsgeschichte.

In der zweiten Hälfte des 20. Jh. führte das Rheinische Landesmuseum Trier zahlreiche Villengrabungen durch, die auch in Vorberichten und Artikeln publiziert wurden und die weitere Fragen zur Villenbesiedlung im Trierer Land klären konnten. Heinz Cüppers veröffentlichte 1967 die Grabungen der Villa in Horath „Klosterwiesen" *(Kat.–Nr. 64)*[87] und 1971, zusammen mit Adolf Neyses, die Villa in Newel „Im Kessel" *(Kat.–Nr. 118)*.[88] Gerade letztere wurde über die Grenzen der deutschsprachigen Forschung hinweg immer wieder als Vergleichsbeispiel herangezogen, da neben Hauptgebäude und *pars rustica* mit Nebengebäuden auch der zugehörige Tempelbezirk und die Nekropole erforscht wurden.[89] Weitere für die vorliegende Arbeit und die Erforschung des Trierer Landes wichtige Villen stehen bislang nur in Vorberichten oder sonstigen Kurzbeiträgen zur Verfügung: Holsthum „Auf den Mauern" *(Kat.–Nr. 63)*[90], Pölich „Ortslage" *(Kat.–Nr. 140)*[91], Mehring „Kirchheck" *(Kat.–Nr. 100)*[92] und Wittlich „An der Lieser" *(Kat.–Nr. 186)*[93] sind nur wenige Beispiele für die Grabungstätigkeiten und Publikationen der letzten Jahrzehnte. Weitere Villen und Siedlungsstellen werden seit 1926 in den Jahresberichten der Trierer Zeitschrift vorgelegt.[94] Als einzige Villa des Bearbeitungsgebiets wurde bislang nur diejenige von Lösnich „Hinterwald" *(Kat.–Nr. 94)* von Anastasia Moraitis im Jahr 2003 monographisch behandelt.[95]

Die im Rahmen der 2000-Jahr-Feier der Stadt Trier entstandenen Ausstellungskataloge „Die Römer an Mosel und Saar" und „Kaiserresidenz und Bischofssitz" widmen sich in

---

85 Merten 1985c, 262.
86 J. Steinhausen, Archäologische Siedlungskunde des Trierer Landes (Trier 1936).
87 H. Cüppers, Gallo-römischer Bauernhof bei Horath, Kreis Bernkastel, in: Trierer Zeitschrift 30, 1967, 114–143.
88 H. Cüppers/A. Neyses, Der römerzeitliche Gutshof mit Grabbezirk und Tempel bei Newel (Kreis Trier-Land), in: Trierer Zeitschrift 34, 1971, 143–225 = Cüppers/Neyses 1971a.
89 Beispielsweise wurde der Artikel nachgedruckt in: Reutti 1990, 219–269.
90 S. Faust, Das Wohnhaus des römischen Gutshofes bei Holsthum (Kreis Bitburg-Prüm), in: Beiträge zur Geschichte des Bitburger Landes 18 (Bitburg 1/1995), 27–32.
91 K.-J. Gilles, Die römische Villa und Wasserleitung von Pölich. Kreis Trier-Saarburg, Jahrbuch 1990, 113–121.
92 K.-J. Gilles, Die römische Villa von Mehring, in: Funde und Ausgrabungen im Bezirk Trier 17, 1985, 33–39.
93 Berichte über die Tätigkeit der Provinialmuseen in der Zeit vom 1. April 1905 bis 31. März 1906, in: Bonne-Jahrbücher 116, 1907, 248–250; Jahresbericht 1940, in: Trierer Zeitschrift 16/17, 1941/42, 229–235; K. Goethert/K.-P. Goethert, Die römische Villa von Wittlich. Forschungsgeschichte und Schicksal eines archäologischen Denkmals, in: Funde und Ausgrabungen im Bezirk Trier 40, 2008, 50–64.
94 Trierer Zeitschrift – Archäologie und Kunst des Trierer Landes und seiner Nachbargebiete 1, 1926 ff.
95 A. Moraitis, Der römische Gutshof und das Gräberfeld bei Lösnich. Ein Beitrag zur Rekonstruktion ländlicher Besiedlung im Trevererland. Trierer Zeitschrift, Beiheft 26 (Trier 2003).

16   Methodik

eigenen Kapiteln jeweils der Besiedlung des Landes und den Villen, ohne dabei jedoch weiter in die Tiefe gehen zu können.[96] In die gleiche Kategorie fallen Überblickswerke wie „Die Römer in Rheinland-Pfalz" von Heinz Cüppers[97] oder „Die Römer an Maas und Mosel" von Xavier Deru.[98]

Heinz Heinen beschäftigte sich in einem Aufsatz von 1976 mit den Grundzügen der wirtschaftlichen Entwicklung des Moselraums zur Römerzeit, in dem er zwar nicht auf einzelne Villenstandorte einging, jedoch grundsätzliche Fragen zur Landwirtschaft römischer Zeit entwickelte.[99] Diese wichtigen Ansätze und Themen hinsichtlich des Trierer Landes wurden im Standardwerk „Trier und das Trevererland in römischer Zeit" 1985 von Heinen vertieft.[100] Dazu gehörten insbesondere die Verbindung der Villen mit der sie umgebenden Landschaft, die Beantwortung historischer Fragen anhand des archäologischen Materials, die Frage nach der Siedlungskontinuität zwischen eisenzeitlicher und römischer Besiedlung und das Phänomen der Großvillen. In wirtschaftlicher Hinsicht beschäftigte sich Heinen besonders mit der Landwirtschaft als ökonomischer Grundlage, den Pflanzensorten, den Anbaumethoden wie der gallischen Erntemaschine, dem sog. *vallus (Abb. 6)*, den Textilerzeugnissen und der Infrastruktur, beispielsweise den Verkehrswegen. Ein weiteres Kapitel in Heinens Werk ist der weiteren Villen- und Wirtschaftsentwicklung während der Spätantike gewidmet.[101]

Im ausgehenden 20. und beginnenden 21. Jh. bestimmten Untersuchungen zu Einzelthemen mit modernen Fragestellungen das Bild der Villenforschung im Trierer Land. Paul van Ossel konzentrierte sich auf die ländliche Besiedlung Nordgalliens in der Spätantike und die für diese Epoche kennzeichnenden gesellschaftlichen und wirtschaftlichen Umbrüche.[102] Neben dem methodischen Ansatz liefert van Ossel auch eine breite Datenbasis an Villenstandorten der Spätantike, u. a. auch für das Trierer Land.

Den Ansatz, ein geographisch begrenztes Arbeitsgebiet siedlungsarchäologisch zu untersuchen, unternahm P. Henrich in seiner Dissertation über den Landkreis Daun in römischer Zeit.[103] Henrich bezog alle verwertbaren Quellen in seine Untersuchung ein und gab somit ein gesamtheitliches Bild der klar definierten Region. Bei dem Gebiet der Vulkaneifel handelt es sich jedoch nicht um das eigentliche Kerngebiet um Trier, sondern um eine relativ homogene Mittelgebirgsregion, die historisch gesehen zwischen den Zentren Trier und Köln lag.

Martin Luik[104], Gurli Jacobsen[105] und Michel Polfer[106] beschäftigten sich mit wirtschaftlichen Fragestellungen. Dabei standen die Villa als Produktionsort sowie Trier und das Trierer

---

96   Die Römer an Mosel und Saar. Zeugnisse der Römerzeit in Lothringen, in Luxemburg, im Raum Trier und im Saarland (Mainz 1983), 121–136; W. Binsfeld, Die ländliche Besiedlung im Umkreis von Trier in der Spätantike, in: Trier – Kaiserresidenz und Bischofssitz. Die Stadt in spätantiker und frühchristlicher Zeit. Ausstellungskatalog RLM Trier (Mainz 1984), 75–77.
97   H. Cüppers (Hrsg.), Die Römer in Rheinland-Pfalz (Stuttgart 1990).
98   X. Deru, Die Römer an Maas und Mosel (Mainz 2010).
99   H. Heinen, Grundzüge der wirtschaftlichen Entwicklung des Moselraumes zur Römerzeit, in: Trierer Zeitschrift 39, 1976, 75–118.
100 H. Heinen, Trier und das Trevererland in römischer Zeit. 2000 Jahre Trier I (Trier 1985).
101 Heinen 1985, 285–312, vgl. dazu Kapitel III.2.3.
102 P. van Ossel, Etablissements ruraux de l'Antiquité tardive dans le nord de la Gaule. 51e supplément à Gallia (Paris 1992).
103 P. Henrich, Die römische Besiedlung in der westlichen Vulkaneifel. Trierer Zeitschrift, Beiheft 30 (Trier 2006).
104 M. Luik, Gewerbliche Produktionsstätten in Villen des römischen Rheinlandes, in: M. Polfer (Hrsg.), Arti-

Land als römischer Wirtschaftsstandort im Fokus der Untersuchungen. Gerade für die ländliche Produktion, die Stadt-Land-Interaktion und der Fernhandel mit Agrarprodukten des Trierer Landes, die in der vorliegenden Arbeit untersucht werden, spielen diese Forschungen eine große Rolle.

Die 2006 erschienene Habilitationsschrift von Dirk Krausse beschäftigt sich mit dem eisenzeitlichen Kulturwandel im Mosel-Eifel-Raum.[107] Neben der Auswertung enthält die Arbeit einen Katalog, der alle relevanten Fundstellen der Eisenzeit und der römischen Kaiserzeit im Bearbeitungsgebiet mit einer kurzen Beschreibung beinhaltet.[108] Krausses Werk setzt sich neben einem Überblick über die Forschungsgeschichte und der Eisenzeit auch vertieft mit der Romanisierung auseinander. So behandelt er in einem Kapitel auch die römischen Villen, versucht sie zu typisieren und in die Landschaft zu integrieren, ohne jedoch dabei in die Tiefe gehen zu können.[109] Sein Bearbeitungsgebiet liegt nördlich von Trier und schließt somit die Stadt und die südlich der Mosel gelegenen Gebiete des Hunsrücks und des Saar-Mosel-Gaus aus. Ziel der Arbeit Krausses war es, den „kulturellen Wandel im Spiegel der archäologischen und naturwissenschaftlichen Quellen" zu untersuchen, um ihn mit „kulturhistorischen Begriffen und Analysen beschreiben zu können."[110] In der systematischen Romanisierungsforschung sieht Krausse noch ein dringendes Desiderat für den Nordwesten der *Civitas Treverorum*.[111]

Die Erforschung der römischen Villenbesiedlung im Trierer Land kann auf eine lange Tradition zurückblicken. Dennoch liegen die reichen Befunde und deren Veröffentlichungen nicht in einer einheitlichen Form vor, sondern ergeben ein heterogenes Bild. Zahlreiche Villen wurden bereits im 19. Jh. ausgegraben, fanden aber seitdem kaum mehr Beachtung. Weitere Standorte sind in Vorberichten publiziert, warten jedoch auf eine wissenschaftliche Bearbeitung. Ein ähnlicher Befund ergibt sich auch bei der Betrachtung des Trierer Landes an sich. Hier liegen von Schmitt, Steinhausen und Krausse wichtige Grundsatzarbeiten vor, die jedoch entweder nicht mehr auf dem heutigen Kenntnisstand liegen oder nur einen Teilbereich des Landes abdecken. Ebenso wurden immer wieder agrarwirtschaftliche Fragen angesprochen und teilweise bearbeitet, doch auch in diesem für die Villenbesiedlung wichtigen Bereich gibt es keine Zusammenstellung der Befunde im Trierer Land. Das Ziel der vorliegenden Arbeit ist also eine Synthese der bisherigen Kenntnisse und Forschungen. Eine Katalogisierung der bislang vorhandenen Befunde gibt einen Überblick über die zahlreiche und prosperierende Villenbesiedlung in römischer Zeit. Das Material wird mit Fragestellungen der modernen Wirtschafts- und Villenforschung auf seine agrarökonomischen Aspekte hin

---

sanat et productions artisanales en milieu rural dans les provinces du nord-ouest de l'Empire romain. Actes du Colloque d'Erpeldange mars 1999. Monographies instrumentum 9 (Montagnac 1999), S. 209–216; M. Luik, Römische Wirtschaftsmetropole Trier, in : Trierer Zeitschrift 64, 2001, 245–282.

105 G. Jacobsen, Primitiver Austausch oder freier Markt? Untersuchungen zum Handel in den gallisch-germanischen Provinzen während der römischen Kaiserzeit (St. Katharinen 1995).
106 M. Polfer, L'artisanat dans l'économie de la Gaule Belgique romaine à partir de la documentation archéologique. Monographies instrumentum 28 (Montagnac 2005) = Polfer 2005a. Vgl. Kapitel IV.2.
107 Krausse 2006.
108 Der Katalog liegt nicht in schriftlicher Form vor, sondern ist online über die Deutsche Nationalbibliothek abrufbar, vgl. Krausse 2006, VI.
109 Die auf Seite 268 Anm. 1210 angekündigte siedlungsarchäologische Untersuchung wird nach persönlicher Aussage Dirk Krausses nicht mehr weiter verfolgt.
110 Krausse 2006, 4.
111 Krausse 2006, 6.

untersucht. Im Sinne Krausses sollen auch in der vorliegenden Arbeit „Empirie und Theorie in einem dialektischen Verhältnis zueinander stehen."[112]

---

112 Krausse 2006, 41.

I.2 Arbeitshypothese und Fragestellung

I.2.1 Agrarwirtschaft, gewerbliche Produktion und Standortfaktoren

Das Ziel dieser Arbeit ist es, den agrarwirtschaftlichen Entwicklungsprozess der Villenwirtschaft im Trierer Land während der römischen Kaiserzeit nachzuzeichnen. Wie lassen sich Wirtschaftswachstum und Entwicklung anhand theoretischer Konzepte, des archäologischen Befundes sowie historischer und naturwissenschaftlicher Quellen rekonstruieren? Die in der Untersuchung angewandten Theorien beziehen sich auf die 1990 von Henri W. Pleket entwickelten Modelle zur Agrarwirtschaft, die in der Folge von mehreren Wissenschaftlern weitergeführt und präzisiert wurden, beispielsweise von Hans-Joachim Drexhage, Heinrich Konen und Kai Ruffing in verschiedenen Beiträgen zur Thematik.[1] Dazu gehört besonders die Annahme, dass eine regionale Detailstudie gegenüber der globalen Betrachtung der römischen Landwirtschaft ein genaueres Bild ergibt.[2] In solch einer fokussierten Studie können die Ursachen und Grenzen des Wachstums der Agrarproduktion im Trierer Land analysiert werden. Die Agrarwirtschaft der Untersuchungsregion wird dabei als ein dynamischer Prozess mit Kontinuität und Wandel angesehen, der in einem steten Wechsel zu den historischen Rahmenbedingungen stand.[3] Weiterhin ist es ein Ziel, im Sinne einer interdisziplinären Betrachtung alle zur Verfügung stehenden Quellen zur Untersuchung der Villenwirtschaft heranzuziehen.[4]

Um die wirtschaftlichen Entwicklungsprozesse der Villen des Trierer Landes zu rekonstruieren, wird zunächst eine Trennung zwischen den äußeren Einflüssen, also den naturräumlichen und infrastrukturellen Rahmenbedingungen als Standortfaktoren, und der Binnenstruktur einzelner Villen vorgenommen.

Unter Standortfaktoren werden in der vorliegenden Arbeit jene Konstellationen verstanden, die als „Voraussetzungen oder Bedingungen"[5] zur Entwicklung der römischen Villenwirtschaft beitrugen. Dazu gehören zunächst die naturräumlichen Gegebenheiten einer Landschaft, ohne die eine agrarwirtschaftliche Nutzung gar nicht möglich wäre. Zu ihnen können das geologische Grundgestein, die Böden, die Hydrologie und die klimatischen Verhältnisse gezählt werden, die in *Kapitel II.1* für das Trierer Land vorgestellt und in einen Zusammenhang mit der römischen Villenwirtschaft gesetzt werden. Da es sich beim Trierer Land um ein landschaftlich heterogenes Gebiet handelt, stellt sich die Frage, inwiefern die Naturräume agrarökonomisch genutzt wurden und ob man bei der Auswahl eines Villenstandortes gezielt Faktoren wie Bodengüte, Erreichbarkeit von Wasser oder die Nutzung von Ökotopgrenzlagen berücksichtigte.

Neben den naturräumlichen Gegebenheiten, die zur Entwicklung einer Kulturlandschaft beitrugen, liegen in der römischen Infrastruktur die weiteren Voraussetzungen einer rentablen Landwirtschaft. Zunächst ist davon auszugehen, dass jede Villa einen Subsistenzbetrieb darstellte, der die Möglichkeit hatte, aufgrund selbst hergestellter Produkte die eigenen Bewohner zu ernähren. Zur Versorgung der Großstadt Trier musste auf den Villen des Landes eine Überschussproduktion erwirtschaftet werden. Mit den Wechselwirkungen zwischen

---

1 Pleket 1990; Drexhage/Konen/Ruffing 2002a; Drexhage/Konen/Ruffing 2002b. Vgl. Kapitel I.1.1.
2 Drexhage/Konen/Ruffing 2002a, 59.
3 Vgl. Hoffmann-Salz 2011, 19 und Kapitel I.2.3.
4 Drexhage/Konen/Ruffing 2002a, 60.
5 Heinen 1976, 75.

einem urbanen Zentrum als Absatzmarkt und dem umgebenden Land setzt sich *Kapitel II.2* auseinander. Darin werden zudem weitere Absatzmärkte wie Vici und Militär und deren Erreichbarkeit über Straßen und Flüsse diskutiert.

Ein vorrangiges Ziel der Arbeit liegt darin, durch die Beschreibung sowohl der naturräumlichen als auch der infrastrukturellen Standortfaktoren die Voraussetzungen des Villenreichtums des Trierer Landes zu ermitteln. Die Zusammenfügung von archäologischem Villenbefund und Standortfaktoren kann zu einer Neubetrachtung der römischen Kulturlandschaft führen. Zwar wurden Naturraum und Infrastruktur bereits seit langem in der Forschung über das Trierer Land in römischer Zeit in Betracht gezogen, doch liegen diese Ansätze zum Teil einige Jahrzehnte zurück, wie beispielsweise die wichtigen Arbeiten Josef Steinhausens, oder sie unternehmen nur ansatzweise den Versuch, archäologischen, naturräumlichen und infrastrukturellen Befund zu verknüpfen, wie dies in der Arbeit von Dirk Krausse geschah.[6] Dass es sich dabei nach wie vor um ein Desiderat handelt, formulierte 2002 der Historiker U. Fellmeth: „Über solche Erfahrungsregeln bei Standortüberlegungen in vorindustriellen Gesellschaften ist bislang wenig im systematischen Zusammenhang bekannt. Die Beschreibung einer vorindustriellen 'Standortlehre' ist ein Desiderat. … Gewiss gibt es inzwischen viele und sehr profunde Werke zur römischen Wirtschaftsgeschichte. Sie behandeln aber Standortfragen nur am Rande und ohne deren ökonomische, sozialwissenschaftliche oder siedlungsgeographische Dimensionen zu beachten."[7] U. Fellmeth entwickelt seine Standortlehre jedoch explizit anhand der schriftlichen Überlieferung, ohne archäologische Quellen mit einzubeziehen. Dies überlässt er weiteren Diskussionen, da seiner Meinung nach die archäologische Feldforschung „noch zu sehr in den Anfängen steckt".[8] Da das Trierer Land einen reichhaltigen archäologischen Befund bietet, unternimmt die vorliegende Arbeit den Versuch, die ökonomische Fragestellung dieses Desiderats auf die dortige Villenwirtschaft zu übertragen.

Die Untersuchung der Wirtschaftsform einzelner Villenstandorte ist das Thema von *Kapitel IV*. Gegenstand sind zunächst die als klassisch zu bezeichnenden Agrargüter, zu denen Erzeugnisse aus Kulturpflanzen und der Viehzucht zu zählen sind. Weiterhin stellt sich die Frage, inwiefern die Villenwirtschaft an der Forstwirtschaft beteiligt war und welche Anbaumethoden sich für das Trierer Land nachweisen lassen. Anschließend wird im Sinne einer Region übergreifenden „Konnektivität"[9] der Handel mit Agrarprodukten aus dem Trierer Land diskutiert. Dafür bietet sich aufgrund historischer und bildlicher Quellen die Frage nach der nordgallischen Textilwirtschaft an. In welcher Weise trugen die Villen zur Herstellung der Stoffe bei? Lieferten sie nur das Ausgangsprodukt der Schafswolle oder waren sie auch an weiteren Produktionsschritten beteiligt? Weiterhin werden unterschiedliche Zweige der gewerblichen Produktion und des Handwerks untersucht und dabei der Frage nachgegangen, ob in den Villen mehrheitlich für den Eigenbedarf produziert wurde oder ob sich die Standorte auch an einem überregionalen Handel beteiligten.

---

6 Steinhausen 1936; Krausse 2006. Vgl. Kapitel I.1.3.
7 U. Fellmeth, „Eine wohlhabende Stadt sei nahe…" Die Standortfaktoren in der römischen Agrarökonomie im Zusammenhang mit den Verkehrs- und Raumordnungsstrukturen im römischen Italien (St. Katharinen 2002), 5.
8 Fellmeth 2002, 10 und 12.
9 Hoffmann-Salz 2011, 17–18.

In einem größeren Rahmen wird auch der Frage nachgegangen, inwiefern es sich bei der Agrarwirtschaft der Villen des Trierer Landes um eine Subsistenzwirtschaft handelte oder ob hier eine Marktorientierung nachgewiesen werden kann.[10] In diesem Sinne stehen auch die Untersuchungen zur Steigerung der Erträge durch Pflügen, Düngen, Fruchtwechsel und Erntetechnologien.[11]

Bei einigen Villen lassen sich die Hofflächen und die Nebengebäude rekonstruieren. In diesen Fällen wird der Versuch unternommen, aufgrund der baulichen Gestalt und des archäologischen Befundes auf die Funktionen der Höfe und Nebengebäude zu schließen. Gleiches gilt für die in Villen gefundenen oder durch literarische und bildliche Quellen überlieferten agrarwirtschaftlichen Hilfsmittel, wie der gallischen Mähmaschine, sowie weiteren Werkzeugen aus dem Villenbefund. Dabei orientiert sich die Arbeit an den Studien Helmut Benders zur „Struktur" innerhalb eines Villenareals, deren Aufteilung in *pars urbana* und *pars rustica* sowie den Funktionen der Wirtschaftsgebäude.[12] Bei der funktionalen Betrachtungsweise ergibt sich eine in der vorliegenden Arbeit angestrebte Kombination wirtschaftlicher und typologischer Fragen zur Villenstruktur.

Durch die Verknüpfung der äußeren Einflussfaktoren, der Entwicklungen und Betriebsformen einzelner Standorte und der anschließend beschriebenen typologischen und chronologischen Faktoren wird erstmals in umfangreichem Maße die Villenwirtschaft des Trierer Landes rekonstruiert. Durch theoretische Modelle und archäologischen Befund wird eine Erklärung dafür gesucht, warum die Villen in dieser Region so zahlreich entstehen konnten, wie deren Entwicklung verlief, durch welche Faktoren eine hohe Prosperität erreicht wurde und welche Interaktion zwischen ihnen und den Absatzmärkten stattfand.

I.2.2 Typologie

Die Typologie römischer Villen kann unter verschiedenen Aspekten untersucht werden. Die klassische, rein architektonische Definition des Begriffes „Typologie" beinhaltet in der Villenforschung zunächst die Einordnung des Hofareals und der Hauptgebäude in eine architektonische Form, bestehend aus Grundriss und baulicher Struktur.[13] Darüber hinaus kann die Typologie in einen Zusammenhang der Funktion der jeweiligen Villa gestellt werden. Das bedeutet, dass die Funktion den Typ in seiner architektonischen Form bestimmt. Handelte es sich beispielsweise um einen rein agrarökonomischen Betrieb oder um eine Villa der Freizeit- und Mußekultur, wie dies bei den sog. „Otiumvillen" des spätrepublikanischen Italiens der Fall war?[14] Ein weiterer typbestimmender Aspekt ist das soziale Gefüge der Villenbesitzer, welches Einflüsse auf die Wegeführung im Inneren, die Ausstattung und die Außenwirkung des Hauptgebäudes haben konnte.[15]

Nach einer kurzen Auseinandersetzung mit der typologischen Forschung über römische Villen der Nordwestprovinzen, mit besonderem Fokus auf das Trierer Land, wird der für die vorliegende Arbeit angewandte Begriff der Typologie definiert.

---

10 Drexhage/Konen/Ruffing 2002a, 93.
11 Pleket 1990, 75–79; Drexhage/Konen/Ruffing 2002a, 60.
12 Bender 1997; Bender 2001.
13 Thür 2011, 19.
14 Mielsch 1987; Gros 2001, 263–378; Thür 2011, 19; Tombrägel 2012.
15 Thür 2011, 19.

Mit der Grundrisstypologie römischer Villen in den Nordwestprovinzen hat sich ausführlich Fridolin Reutti in seiner Dissertation aus dem Jahr 1975 und mehreren anschließenden Beiträgen auseinandergesetzt.[16] Nach F. Reutti beziehen sich die Hofformen auf historische und geographische Bedingungen sowie auf den Produktionsschwerpunkt des jeweiligen Gutshofes.[17] Die Typologie der Hofareale steht demnach neben der reinen Architekturform in einem engen Zusammenhang mit der Wirtschaftsform und ergibt sich aus funktionalen Überlegungen. Die Haupthäuser beziehen sich nach F. Reutti in ihrer Typologie ebenfalls auf Funktionalität, daneben jedoch auch auf einheimische und italische Vorbilder, Wohnausstattung und Größe.[18] In Bezug auf die reine Grundrisstypologie steht die Frage im Mittelpunkt, ob sich die Villen des Trierer Landes überhaupt in solch eine Katalogisierung einfügen lassen oder ob sie sich hinsichtlich ihrer Form von den übrigen Villengegenden der Nordwestprovinzen unterscheiden.

Reutti trennte die Haustypen zunächst nach Größe und Form. Bei der Unterteilung der Gebäudegrößen bezog er sich 2006 auf eine Einteilung von Michel Polfer. Demnach gehören deutlich unter 1000 m² große Hauptgebäude in die Kategorie (A) der mittelgroßen und kleinen Anlagen, Häuser mit einer Größe zwischen 1000 und 2500 m² zu den großen Anlagen (B) und Gebäude mit einem Grundriss von über 3000 m² zu den „palastartigen Anlagen" (C).[19] Zu den Kategorien (A) und (B) zählen demnach Peristylvillen, einfache Portikusvillen, Portikusvillen mit Eckrisaliten und damit verwandte Wohngebäude.[20] Zu den kleineren Haupthäusern der Kategorie (C) gehören Hallenhäuser mit Portikus-Risalit-Fassaden, Rechteckhallenhäuser und Innenhofhäuser mit Portikus-Risalit-Fassade.[21]

Weitere Typologiekriterien sind die Bauweise und die Ausstattung der Villen. Diese nach Helmut Bender genannte „bauliche Gestalt" integriert die verwendeten Baumaterialien und enthält Hinweise zum „Bauwillen" und zum „Repräsentationsbedürfnis des Bauherrn bzw. Besitzers".[22] Zu den Baumaterialien zählt H. Bender Holz, Stein, Ziegel, Fachwerk, Lehmbauten, Wandmalereien, Mosaiken, Verputz und Bedachungen.[23]

Eine Villentypologie muss durch die Verbindung baulich-architektonischer Kriterien immer auch in einem funktionalen Zusammenhang stehen. Dieser ergibt sich nach H. Bender besonders durch die auf dem Hofareal nachgewiesenen Nebengebäude, die in vorliegender Arbeit in *Kapitel IV.1.8* behandelt werden.

Mit der Villentypologie des Trierer Landes setzte sich ansatzweise Dirk Krausse in seiner 2006 erschienenen Habilitationsschrift auseinander.[24] Er verzichtete weitestgehend auf eine Feingliederung der Grundrisse und unterschied Villen nach ihrer Größe und ihrer Funktion und demnach eher nach Gattungen als nach Typen. Das Gros aller Villen in seinem Arbeits-

---

16 Reutti 1975; F. Reutti, Typologie der Grundrisse römischer Villen, in: S. K. Palágyi (Hrsg.), Balácai Közlemények. 3. Internationale Tagung über römische Villen. Veszprém 16.–20. Mai 1994 (Veszprém 1994), 200–205; Reutti 2006, 375–387.
17 Reutti 2006, 378–379.
18 Reutti 2006, 380–385.
19 Reutti 2006, 380 mit Verweis auf: M. Polfer, Leben in der Villa rustica, in: Antike Welt 4/2005, 11.
20 Reutti 2006, 380–382.
21 Reutti 2006, 382–385.
22 Bender 2001, 2.
23 Bender 2001, 2.
24 Krausse 2006, 271–277.

gebiet, der südlichen Eifel mit Bitburger Gutland und einem Teil des nördlichen Luxemburgs, teilt er der Gattung „Villa rustica" zu, die entweder aus den typischen Risalitvillen bestehen konnte, und seiner Meinung nach in der überwiegenden Mehrzahl aus einfachen Rechteckhäusern, die allerdings nicht sehr häufig nachzuweisen seien.[25] Er schlägt für diese rechteckigen ein bis dreiräumigen Bauten als Namensalternative die Bezeichnungen „Hofstelle" vor.[26] Als typisches Beispiel nennt er den Bau in Irrel „Münsterbüsch" *(Kat.–Nr. 73)*, der nur über eine geringe Binnenstruktur, aber immerhin über ein kleines Bad verfügte. Diese „Rechteckhäuser" stellen die einfachsten agrarischen Anwesen dar und sind damit zu den Villen zu zählen. Risalitvillen im Typus Bollendorf „In der Kroppicht" *(Kat.–Nr. 18)* gehören nach Krausse zu einer weit aufwendigeren Gruppe, weil deren Haupthäuser bereits eine bestimmte Größe und Ausstattung erreichten. Zu der einen Gruppe zählen nach Krausse die „Villae rusticae/Einzelgehöfte", auf der anderen Seite stehen die „reich ausgestatteten Villenanlagen" und „Palastvillen".[27]

Dass eine Typologie kein statisches und unveränderliches Element war, ergibt eine gewisse Problematik. Die Mehrzahl der Villen hatte eine meist mehrere Jahrhunderte dauernde Nutzungszeit und war somit auch baulichen Veränderungen unterstellt, zu denen neben Umbauten komplette Neubauten von Villenhauptgebäuden gehören. Diese Entwicklungen überwinden in mancherlei Hinsicht den typologischen Rahmen, so dass bei einigen Villenstandorten verschiedene Typen vorhanden waren. Da diese Veränderungen bei den Villen des Trierer Landes in besonderem Maße nachweisbar sind und sich daraus wichtige Hinweise auf die Prosperität und somit die Wirtschaftlichkeit eines Standortes ergeben, ist diesem Phänomen ein eigenes Kapitel gewidmet.[28]

Da der Schwerpunkt der vorliegenden Arbeit auf agrarökonomischen Aspekten der Villen liegt, wird der typologische Fokus auf die wirtschaftliche Funktion der Standorte gerichtet. Darüber hinaus wird die Villentypologie nach Grundrissform der Hofareale und Haupthäuser, wenn möglich nach Größe und in Ansätzen auch nach Ausstattung als äußere Gegebenheiten geordnet. Zuletzt wird die Typologie mit regionalen Standortfaktoren in einen Zusammenhang gesetzt, um somit eine Differenzierung zwischen den verschiedenen Naturräumen und ihrer agrarischen Nutzung in römischer Zeit zu erhalten. Die Hofareale/*partes rusticae* stehen dabei am Beginn der Untersuchung. Sie werden in Streubauhöfe und Axialhöfe unterteilt. Die kleinste Einheit der Villenhauptgebäude bilden die Rechteckhäuser, gefolgt von den Risalitvillen und den Portikusvillen mit Eckrisaliten. Die hier angewandte Begrifflichkeit soll keine starre typologische Einordnung bedeuten, sondern einen methodischen Rahmen bieten, inwiefern sich wirtschaftliche Prosperität und Villenform bedingen.[29] Die Übergänge zwischen den jeweiligen Typen und Größen sind oftmals fließend und können, wie bereits gesagt, im Laufe der Besiedlung stark variieren.

Die anschließend beschriebenen Großvillen bilden eine eigene Gruppe. Ihre Bezeichnung leitet sich nicht aus der Grundrissform ab, sondern aus ihrer überdurchschnittlichen Größe

---

25 Krausse 2006, 272–273.
26 Krausse 2006, 272.
27 Krausse 2006, 273: „Das Spektrum der Hauptgebäude reicht von eingeschossigen Katen mit ca. 100 m² Grundfläche bis zu mehrgeschossigen Anlagen mit weit über 1000 m² Grundfläche."
28 Kapitel III.1.3. Zu den „fließenden Grenzen der Typen" vgl. Krausse 2006, 273.
29 Vgl. Heimberg 2002/03, 91: „Alle Grundrisse sind unverwechselbare Entwürfe, gleichwohl gibt es gemeinsame Elemente der Gestaltung."

und ihrer besonderen architektonischen Ausstattung im Inneren wie im Äußeren. In Verbindung mit den in *Kapitel III.1.3* beschriebenen baulichen Veränderungen und den in *Kapitel IV.1.8* vorgestellten Nebengebäuden soll somit der Versuch unternommen werden, die Wirtschaftsform der Villen zu ermitteln und Rückschlüsse auf ihre Prosperität zu ziehen. Innere wie äußere Bauelemente können aufgrund der Fragestellung der Arbeit im Folgenden nur angesprochen werden, doch geben sie einen Eindruck der Besitzverhältnisse in den jeweiligen Villen.[30] Der Entwicklung der Villentypologie aus einheimisch keltischen Elementen und italischen Vorbildern kann an dieser Stelle nur bedingt nachgegangen werden, da der Befund im Trierer Land bezüglich dieser Fragestellung nicht ausreichend ist und dies zudem einer eigenen Untersuchung bedarf.[31]

I.2.3 Chronologie

In chronologischer Hinsicht stehen wirtschaftliche und infrastrukturelle Aspekte im Mittelpunkt der Untersuchung. In welchem Maße trug die Villenwirtschaft zur ökonomischen Prosperität bei und inwiefern beeinflussten historische Ereignisse den Prozess der Villenentwicklung im Trierer Land von seiner Entstehung im 1. Jh. v. Chr. bis zu seinem Ende im 5. Jh. n. Chr. *(Diagramm 1; Tabelle 20)*?[32] Gerade wenn die wirtschaftliche Entwicklung einer Teilregion als „dynamisches Modell" aufgefasst wird, ist eine Untersuchung der historischen Rahmenbedingungen unentbehrlich.[33] E. M. Wightman wies 1970 in ihrer Monographie über das römische Trier und das Trierer Land darauf hin, dass sich die Geschichte der Villen während der ersten drei Jahrhunderte eng mit derjenigen der Stadt Trier verknüpfen ließe.[34] Lässt sich tatsächlich nachweisen, dass die Villenentwicklung in einem Zusammenhang mit den historischen Rahmenbedingungen stand? Oder werden durch solch eine Vorgehensweise archäologische Befunde voreilig und ohne genauere Prüfung mit einem historischen Ereignis verknüpft? Sicherlich ist das Wechselspiel zwischen Befund und Ereignis in vielen Fällen nicht von der Hand zu weisen, dienen innere und äußere Sicherheit doch als Kriterium für Wohlstand und wirtschaftliche Entwicklung.[35] Doch kann nicht zwangsläufig jeder Brand- oder Zerstörungshorizont auch einem historischen Datum zugewiesen werden.

Aus diesem Grund werden die Entwicklungsstränge der Villenkultur zunächst unabhängig der im Folgenden beschriebenen historischen Eckdaten entwickelt, um jeglicher äußeren Beeinflussung zuvorzukommen und eine chronologische Basis zunächst nur auf die vorhandenen Villenbefunde zu stützen. Quellenkritisch muss an dieser Stelle bereits darauf hingewiesen werden, dass bei zahlreichen Villenstandorten nur geringe Datierungshinweise vorliegen, die eine genauere oder gar absolute Chronologie nicht zulassen.[36] Fest datierte Standorte sind selten, ebenso ausgewertetes Fundmaterial. Doch lassen sich auch aus dem zusammengestellten Material zeitliche Tendenzen aufzeigen, die ein Entwicklungsbild der römischen Villenwirtschaft ergeben.

---

30 Besondere architektonische Ausstattungen wie Wandmalereien, Mosaike, Stuckreliefs u. Ä. werden bei den jeweiligen Standorten im Katalog vorgestellt, jedoch nicht vertieft.
31 Zur Vorbilderdiskussion vgl. Lenz 1998; Heimberg 2002/2003.
32 Zur Chronologie vgl. Diagramm 1.
33 Drexhage/Konen/Ruffing 2002b, 24.
34 Wightman 1970, 139.
35 Drexhage/Konen/Ruffing 2002a, 75.
36 Vgl. Kapitel I.4.3.

Arbeitshypothese und Fragestellung

Die Geschichte des Trierer Landes ist ein häufiger Gegenstand der historischen Forschung. Aus diesem Grund sei an dieser Stelle auf die fundierte Literatur verwiesen und der historische Ablauf nur in groben Phasen skizziert.[37]

Soweit das archäologische Material Grundlagen zur Beurteilung der Übergangsphase zwischen Spätlatènezeit und frührömischer Besiedlung zulässt, wird die Entstehung einiger Villen aus spätlatènezeitlichen „Aedificia" untersucht.[38] Diese Frühzeit, bestehend aus der Phase Latène D2 und dem frühen gallo-römischen Horizont, bildet den methodisch problematischsten Faktor in Bezug auf die Chronologie.[39] Zunächst wurden zahlreiche Villenstandorte nicht auf ihre Vorgängerbesiedlung untersucht, da Aedificia in Holzbauweise oft nur schwer nachzuweisen sind und bei Altgrabungen des 19. und 20. Jh. der wissenschaftliche Fokus nicht auf die Frühzeit der Villen gerichtet war.[40]

Der Schwerpunkt der Arbeit liegt auf der römischen Kaiserzeit vom ausgehenden 1. Jh. v. Chr. bis zum Ende der Villenwirtschaft im beginnenden 5. Jh. n. Chr.[41] Zu Beginn dieser Epoche steht die von H. Heinen benannte Phase der "Eroberung und Konsolidierung der römischen Herrschaft", die nach Heinen vom Beginn der gallischen Kriege im Jahr 58 v. Chr. bis zur Erhebung der Treverer im Rahmen des sog. Bataveraufstandes 69/70 n. Chr. dauerte.[42] Diese Zeit war durch den Ausbau der römischen Herrschaft, aber auch durch Unruhen geprägt. Durch Cassius Dio ist ein Aufstand der Treverer im Jahr 29 v. Chr. überliefert, der durch Nonius Gallus niedergeschlagen wurde.[43] Im Jahr 21 n. Chr. folgte der Aufstand des Treverers Iulius Florus, dessen Ablauf Tacitus in den Annalen schildert.[44]

Nach der Zäsur des römischen Bürgerkriegs und des Bataveraufstandes im Jahr 70 n. Chr., in dessen Folge „113 treverische Senatoren"[45] das Gebiet verließen und sich rechtsrheinisch ansiedelten, folgte eine gut zweihundertjährige Friedensperiode, in der ein neuer treverischer Adel entstand.[46] Während der gesamten Periode vollzog sich ein „Wandel im sozialen und wirtschaftlichen Bereich"[47], der sich nicht zuletzt auf die Entwicklung der Villenwirtschaft im Trierer Land auswirken musste. Um diese Prosperität nachzuweisen, werden die Villenbefunde anhand ihrer architektonischen Modifikationen untersucht. Zahlreiche Standorte weisen Veränderungen auf, die auf dieses Wohlstandswachstum hinweisen, beispielsweise Umbauten, Anbauten, Integrierung luxuriöser Elemente wie Marmorausstattungen und Bäder bis hin zu kompletten Neubauten ganzer Hauptgebäude.[48]

---

37 Steinhausen 1936; J. Steinhausen, Das Trierer Land unter der römischen Herrschaft, in: R. Laufner (Hrsg.), Geschichte des Trierer Landes, Bd. 1 (Trier 1964), 98–221; Wightman 1970; H. Heinen, Probleme der Romanisierung. Die erste Phase der römischen Herrschaft im Treverland, in: Staatliches Institut für Lehrerfort- und Weiterbildung des Landes Rheinland-Pfalz. Studienmaterialien 25 (Speyer 1979) 25–53; Heinen 1985.
38 Zum Begriff „Aedificium" vgl. Gros 2001, 322: „César avait observé chez divers peuples, de la Bretagne au Rhin, ce qu'il appelait des aedificia: le mot, très général, désigne apparemment des constructions qui ne sont regroupées en village (…) et s'applique à des corps de ferme ou à des bâtiments isolés." Mit weiteren Quellen.
39 Zu den chronologischen Phasen s.u. Kapitel III.2.1.
40 Vgl. Kapitel I.1.3. In der Quellenkritik wird eingehender auf die Problematik eingegangen. Gerade für die Frühzeit wäre eine Untersuchung der Gräber im Trierer Land in hohem Maße aufschlussreich.
41 Zur „Konsolidierungsphase" vgl. Kapitel I.3. und Heinen 1979, 27.
42 Heinen 1979, 27–46.
43 Cass. Dio 51, 20, 5. Vgl. Heinen 1985, 37.
44 Tac. Ann. 3, 40–42. Vgl. Heinen 1985, 56–59.
45 Tac. Hist.5, 19. Vgl. Heinen 1985, 67–81.
46 Heinen 1979, 45.
47 Heinen 1979, 46.
48 Vgl. Kapitel III.1.3.

26 Arbeitshypothese und Fragestellung

Die Friedenszeit nahm im Verlauf der wirtschaftlichen und politischen Krisen ihr Ende, die sich ab der Mitte des 3. Jh. n. Chr. entwickelten und auch Trier und die Region betrafen. Als Höhepunkt dieser Krisen können die Franken- und Alamanneneinfälle der Jahre 259/260 n. Chr. sowie 275/76 n. Chr. angesehen werden, in deren Verlauf es auch zu Zerstörungen im Trierer Land kam.[49] Schließlich folgte als Reaktion auf die Krisen des 3. Jh. n. Chr. die Gründung des sog. „Gallischen Sonderreichs", das von 260 bis 274 n. Chr. bestand.[50] Der anschließende Umbau der Stadt Trier zur Kaiserresidenz während der ersten Tetrarchie musste auch Auswirkungen auf die Villenwirtschaft des Landes haben, welches das Zentrum umgab.[51] Diese zweite Blüte wurde durch die Usurpation des Magnentius in den Jahren 350–353 n. Chr. und den wiederum folgenden Alamanneneinfällen der Jahre 353–356 n. Chr. maßgeblich unterbrochen.[52] Große Teile Galliens litten unter weitläufigen Zerstörungen, wie der Historiker Ammianus Marcellinus überliefert.[53] Nach diesen Ereignissen und während der valentinianischen Dynastie verlief die weitere römische Geschichte in Trier und dem Umland unter veränderten Prämissen.[54] Zu diesen gehörten im Besonderen die Ansiedlung germanischer Siedler und die Errichtung des sog. „Langmauerbezirks" im Bitburger Gutland *(Abbildung 2)*.[55] Hierbei stellt sich die Frage nach dem weiteren Zusammenhang zwischen der Villenbesiedlung und der Kaiserresidenz in der zweiten Hälfte des 4. Jh. n. Chr. Zuletzt wird das Ende der römischen Villenwirtschaft im Trierer Land untersucht und welche Rolle die Frankeneinfälle des Jahres 407 n. Chr. dabei spielten.[56]

I.2.4 Bleibende Desiderate

Die vorliegende Arbeit erforscht wirtschaftliche und infrastrukturelle Fragen, die im Zusammenhang mit der Villenwirtschaft des Trierer Landes stehen. Dies stellt jedoch nur einen Ausschnitt der Untersuchungsmöglichkeiten dar, den das vielfältige Befundmaterial bietet,

---

49 Im Folgenden auch allgemein als „Germaneneinfälle" bezeichnet, vgl. Heinen 1985, 88–89, 212; K.-J. Gilles, Die römische Zeit, in: L. Clemens/F. J. Felten/M. Schnettger, Kreuz – Rad – Löwe. Rheinland-Pfalz. Ein Land und seine Geschichte Band 1 (Mainz 2012), 129–178, hier 142–144 und 160–164.

50 Zum Gallischen Sonderreich vgl. I. König, Die gallischen Usurpatoren von Postumus bis Tetricus. Vestigia 31 (München 1981); Heinen 1985, 90–95; J. F. Drinkwater: The Gallic Empire. Separatism and Continuity in the North-Western Provinces of the Roman Empire A.D. 260–274. Historia Einzelschriften 52 (Stuttgart 1987); K.-P. Johne (Hrsg.), Die Zeit der Soldatenkaiser. Krise und Transformation des Römischen Reiches im 3. Jahrhundert n. Chr. (235–284), 2 Bände (Berlin 2008); T. Fischer, (Hrsg.): Die Krise des 3. Jahrhunderts n. Chr. und das Gallische Sonderreich. Akten des Interdisziplinären Kolloquiums Xanten 26. bis 28. Februar 2009 (Wiesbaden 2012).

51 Zur Erhebung Triers zur Kaiserresidenz vgl. H. Heinen, Vom Ende des Gallischen Sonderreiches bis zur Usurpation des Magnentius, in: Trier – Kaiserresidenz und Bischofssitz. Die Stadt in spätantiker und frühchristlicher Zeit. Ausstellungskatalog RLM Trier (Mainz 1984), 16–31, hier 18–20; Heinen 1985, 219–221.

52 K.-J. Gilles, Ein weiterer Münzschatz der Mitte des 4. Jahrhunderts aus dem unteren Alftal, in: Trierer Zeitschrift 43/44, 1980/81, 317–339; Heinen 1985, 232–239.

53 Amm. Mar. 16, 3, 1. Vgl. L. Schwinden, Das römische Trier seit der Mitte des 4. Jahrhunderts, in: Trier – Kaiserresidenz und Bischofssitz. Die Stadt in spätantiker und frühchristlicher Zeit. Ausstellungskatalog RLM Trier (Mainz 1984), 34–48, hier 35; Heinen 1985, 325.

54 Zur valentinianischen Dynastie vgl. Heinen 1985, 239–250.

55 K.-J. Gilles, Neuere Untersuchungen an der Langmauer bei Trier, in: Festschrift für Günter Smolla. Materialien zur Vor-und Frühgeschichte von Hessen 8 (Wiesbaden 1999), 245–258 mit weiterer Literatur. Vgl. Kapitel III.2.3.2.

56 Heinen 1985, 366.

und die nur ansatzweise angesprochen werden können.⁵⁷ Aus diesem Grund versteht sie sich in ihrer konkreten Fragestellung zunächst als Resümee der bisherigen Forschung. Sie kann darüber hinaus aber auch als Ausgangspunkt und Anstoß angesehen werden, in Zukunft weitere Forschungen über die Villen des Trierer Landes zu betreiben. In diesem Sinne soll vor allem der Katalog als Ausgangsbasis dienen und verdeutlichen, welche reiche Befundlage die Villen dieser Region bieten.

Im Fundmaterial liegt weiteres Potential, das im Rahmen dieser Arbeit nicht ausgeschöpft werden konnte. Die Auswertungen der Altgrabungen und die Aufarbeitung der im Rheinischen Landesmuseum Trier gesammelten Grabungsfunde könnten zusätzliche aufschlussreiche Hinweise liefern.

Bisher nur in Ansätzen geklärt ist die Frage, inwiefern sich bauliche Struktur und Typologie der Villen auf italische Vorbilder oder auf eine indigene, das bedeutet latènezeitliche, Tradition berufen.⁵⁸ Zwar werden die bislang vorhandenen Befunde zur Übergangszeit zwischen Spätlatène- und Kaiserzeit hier ausgewertet, doch könnten weitere Grabungen in diese Richtung mehr Klarheit über die kulturell, politisch und ökonomisch wichtige Übergangsperiode liefern. Die Untersuchung möglicher Villenvorgängerbauten in Holz- oder Fachwerkbauweise, die Auswertung ländlicher Gräber und die Vorlage der Fundkeramik aus Altgrabungen könnten ein engeres chronologisches Netz und bessere Aussagen über die Entstehung und Entwicklung der Typologie liefern.

Ein weiterer, besonders die Frühzeit betreffender Aspekt ist die soziale Struktur der Villenbewohner. Wer lebte auf den Gutshöfen, wie war die Gesellschaft sozial differenziert und innerhalb der Hauptgebäude gestaffelt? Eine Untersuchung von J. T. Smith beschäftigte sich bereits mit solchen gesellschaftlichen Fragen.⁵⁹ In dieselbe Richtung weist auch der komplexe Themenbereich der Romanisierungsforschung, der hier nur eine untergeordnete Rolle spielt.⁶⁰ Eine eigene Untersuchung verdient die Frage nach der Rolle des vorrömischen Landadels und derjenigen neuer Eliten als Großgrundbesitzer.⁶¹ Welchen Anteil unter den Villenbesitzern stellten sie, und gab es unter den Siedlern auch solche italischer Herkunft, beispielsweise Veteranen, wie sie in anderen Regionen der Nordwestprovinzen nachgewiesen werden konnten?⁶²

Neben diesen historischen Fragen ließe sich der Villenbefund auch vertieft auf bauhistorische Fragestellungen hin untersuchen. So stammt die letzte umfassende Aufstellung der Villenbäder von H. Koethe aus dem Jahr 1940.⁶³ Eine rein bautechnische Auswertung fehlt bislang komplett. Die Beurteilung weiterer technischer Installationen wie Hypokaust- oder Kanalheizungen sowie eine allgemeine bautechnische Analyse sind weitere Desiderate der archäologischen Villenforschung. Zuletzt liefern die Villen des Trierer Landes einen besonders reichen Befund an Ausstattungselementen, die in der vorliegenden Arbeit zwar im Katalog Erwähnung finden, jedoch auch eine eigene Untersuchung verdienten. Die Mosaike der Villen liegen bereits im „Katalog der römischen Mosaike aus Trier und dem Trierer Land"

---

57 Vgl. die verschiedenen methodischen Ansätze bei Roymans/Derks 2011.
58 Lenz 1998; Heimberg 2002/03; Gros 2001, 322, 324.
59 Smith 1997.
60 Vgl. Krausse 2006.
61 Frézouls 1990, 436.
62 Vgl. N. Roymans, Ethnic recruitment, returning veterans and the diffusion of Roman culture among rural populations in the Rhineland frontier zone, in: N. Roymans/T. Derks, (Hrsg.), Villa landscapes in the Roman North. Economy, Culture and Lifestyles (Amsterdam 2011), 139–160.
63 Koethe 1940.

aus dem Jahr 1999 vor[64], doch fehlen gleichrangige Zusammenstellungen der Wandmalereien, der Architekturteile aus Marmor und Sandstein sowie weiterer Bauelemente. In all diesen Bereichen wäre eine Zusammenstellung und Auswertung sinnvoll und würde wichtige Aspekte der Villenforschung ansprechen, der Katalog soll hierfür als Anregung dienen.

---

64 P. Hoffmann/J. Hupe/K. Goethert, Katalog der römischen Mosaike aus Trier und dem Umland (Trier 1999).

I.3 Räumliche Abgrenzung des Arbeitsgebiets

Das Problem bei der Bezeichnung „Trierer Land" besteht darin, dass es keine eindeutige Definition im Bereich der Altertumswissenschaften gibt. Bereits der Historiker Josef Steinhausen fasste den Begriff 1936 in seinem Werk „Archäologische Siedlungskunde des Trierer Landes" modern auf und verstand darunter primär den Regierungsbezirk Trier, dessen Bodenforschung seit 1801 von der Gesellschaft für Nützliche Forschungen zu Trier und später durch das Provinzialmuseum, das heutige Rheinische Landesmuseum, betreut wurde.[1] Dennoch sah er selbst diese Festlegung als Einschränkung mit dem Hinweis auf das „befreundete Nachbarland Luxemburg", das in seinen „geographischen, historischen und kulturellen Belangen auf das engste mit dem Trierer Land verbunden sei."[2]

Eine Definition des Trierer Landes ist in anderen Bereichen ebenso schwierig. 1964 setzte sich der Geograph B. Schiel mit der Problematik des Begriffes auseinander und verwies darauf, dass der Raumbegriff von Historikern, Politikern oder Wirtschaftlern unterschiedlich gesehen würde.[3] Für seine geologisch-geographische Untersuchung deutete er zwar darauf hin, dass sich die natürlichen Landschaften nur selten mit den verwaltungsmäßigen Einheiten deckten, stellte den Regierungsbezirk Trier dennoch in den Mittelpunkt der Betrachtung.[4] Von 1947 bis Ende 1999 definierte sich unter dieser Bezeichnung der Verwaltungsbezirk Trier, bestehend aus den Landkreisen Trier-Saarburg, Eifelkreis Bitburg-Prüm, Vulkaneifel-Daun, Bernkastel-Wittlich und der kreisfreien Stadt Trier.[5]

In römischer Zeit kann die *Civitas Treverorum* als das Trierer Land betrachtet werden, bildete die Stadt doch den Hauptort der Civitas. Problematisch ist diese Definition jedoch aufgrund der antiken Grenzverläufe der Civitas, über die sich die Forschung nicht einig ist.[6] Das Gebiet der Civitas erstreckte sich auf Teile der modernen Staaten Luxemburg, Belgien, Frankreich und Deutschland.[7] 1975 machte C. Ternes auf die drei Zentren in der Treverforschung Arlon, Luxemburg und Trier aufmerksam, welche sich mit ihren jeweiligen musealen oder universitären Einrichtungen verstärkt dem eigenen, also landesspezifischen Umfeld widmeten und somit eine einheitliche Treverforschung nicht förderten.[8] Diesen größeren Bogen spannte 1985 H. Heinen in seinem Standardwerk „Trier und das Trevererland in römi-

---

1 Vgl. Steinhausen 1936, Einleitung V. 1936 war der Regierungsbezirk Trier noch Teil der Rheinprovinz.
2 Steinhausen 1936, V.
3 B. Schiel, Einführung in die geologischen und geographischen Grundlagen des Trierer Landes, in: R. Laufner (Hrsg.), Geschichte des Trierer Landes I (Trier 1964), 9–38, hier 9.
4 Schiel 1964, 9.
5 H. Fischer, Rheinland-Pfalz und Saarland. Eine geographische Landeskunde (Darmstadt 1989), 44 f. mit Tab. 4. Der Regierungsbezirk Trier wurde mit der Umstrukturierung der Landesverwaltung zum 01.01.2000 aufgelöst. Quelle: http://de.wikipedia.org/wiki/Regierungsbezirk_Trier (Stand 02. April 2014).
6 Zu den Grenzen der Civitas Treverorum s. H. Merten, Karten zur Besiedlung der Civitas Treverorum in römischer Zeit (Beilage 1–3), in: H. Heinen, Trier und das Trevererland in römischer Zeit. 2000 Jahre Trier I (Trier 1985), 425–430. Zudem gilt es zu bedenken, dass sich die Grenzverläufe bei der Neustrukturierung Germaniens unter Domitian und während der spätantiken Provinzreform unter Diokletian änderten.
7 Darin enthalten: der gesamte südliche Teil Luxemburgs, die belgische Provinz Luxemburg, Teile des französischen Départements Moselle und in Deutschland große Teile des Saarlands sowie des ehemaligen Regierungsbezirks Trier.
8 C. M. Ternes, Die römerzeitliche Civitas Treverorum im Bilde der Nachkriegsforschung I. Von der Gründung bis zum Ende des dritten Jahrhunderts, in: H. Temporini (Hrsg.), Aufstieg und Niedergang der Römischen Welt II, 4 (Berlin/New York 1975), 320–424.

scher Zeit".[9] Bereits im Vorwort wies er darauf hin, dass Stadt und Civitas eine juristische Einheit bildeten und demnach nur in ihrer Gesamtheit behandelt werden können. Dennoch erwähnte er die Fülle des Materials, das in einem Überblickswerk nur angedeutet werden könne.[10] Wiederum modern-administrativ definiert wurde das „Trierer Land" im 2008 erschienen „Führer zu archäologischen Denkmälern des Trierer Landes."[11] Das in dieser Publikation bearbeitete Gebiet entspricht dem Zuständigkeitsbereich des Rheinischen Landesmuseums Trier, der den bis Dezember 1999 gültigen Verwaltungsbezirk weiterhin bodendenkmalpflegerisch betreut.[12]

Es stellt sich nun die Frage nach der hier herangezogenen Definition des Trierer Landes. Diese könnte historisch sein und die gesamte *Civitas Treverorum* behandeln. Sie könnte geologisch-geographisch sein und sich an naturräumlichen Grenzen orientieren, beispielsweise an Wasserscheiden oder Gebirgen. Sie könnte sich an modernen administrativen Grenzen orientieren, also dem ehemaligen Regierungsbezirk Trier.

Die vorliegende Arbeit untersucht ein Gebiet mit allen in Frage kommenden Villenstandorten. Die Materialaufnahme der gesamten *Civitas Treverorum* wäre zwar für eine altertumswissenschaftliche Arbeit die geeignete Grundlage, würde den Rahmen jedoch bei weitem überfordern. Aufgrund des vorhandenen Ortsarchivs im Rheinischen Landesmuseum Trier werden die Kreise Trier-Saarburg, Bernkastel-Wittlich, Eifelkreis Bitburg-Prüm und der Stadtkreis Trier aus rein arbeitstechnischen Überlegungen als Bearbeitungsgebiet definiert. Insgesamt betrifft dies eine Fläche von ca. 4089,29 km² *(Diagramme 3 und 4; Tabelle 1)*.[13] Der Vulkaneifelkreis Daun wird nicht eingeschlossen, da ihn bereits 2006 P. Henrich siedlungsarchäologisch untersuchte und in diesem Rahmen auch die Villenstandorte mit aufgenommen wurden.[14] Diese drei Kreise entbehren zwar jeglicher antiker Grundlage, sie verfügen dennoch über Strukturen, die eine archäologische Untersuchung sinnvoll machen.

Das Trierer Land wird als eine Kulturlandschaft aufgefasst, die für eine agrarwirtschaftliche Nutzung in römischer Zeit die optimalen Voraussetzungen lieferte. Zunächst werden die naturräumlichen Gegebenheiten mit einbezogen, da sie die Grundvoraussetzung für die Villenwirtschaft bildeten. Anhand der in *Kapitel II.1* besprochenen Landschaften lassen sich verschiedene agrarwirtschaftliche Nutzungsmöglichkeiten herausarbeiten.[15] Weiterhin bildete das für antike Maßstäbe als Großstadt zu bezeichnende Trier den wirtschaftlichen und geographischen Mittelpunkt des Gebietes.[16] Der Aspekt der Stadt-Land-Interaktion ist bei der Untersuchung der Absatzmärkte von großer Bedeutung, ebenso die Vici und die Verkehrswege zu Land und zu Wasser, die den Warentransport ermöglichen.[17]

---

9 Heinen 1985.
10 Heinen 1985, XV.
11 Rheinisches Landesmuseum Trier (Hrsg.), Führer zu archäologischen Denkmälern des Trierer Landes. Schriftenreihe des Rheinischen Landesmuseums Trier Nr. 35 (Trier 2008) = Denkmäler 2008.
12 Denkmäler 2008, 10.
13 Die Zahl ergibt sich durch die Summe der in Kapitel II.1 vorgestellten Naturräume und deren Flächen.
14 Henrich 2006.
15 Vgl. Kapitel II.1 mit Karten 1–3.
16 Vgl. Kapitel II.2.2.
17 Vgl. Kapitel II.2.1 zu den Verkehrswegen und II.2.3 zu den Vici.

I.4 Quellen

Aus der Forschungsgeschichte zur antiken Landwirtschaft und den agrarökonomischen Fragestellungen resultiert, dass sich eine moderne agrarwirtschaftliche Untersuchung auf verschiedene Quellen stützen muss.[1] Unter dieser Prämisse werden neben den archäologischen Villenbefunden weitere naturwissenschaftliche, bildliche und literarische Quellen ausgewertet. Die Einbeziehung archäologischer Hinterlassenschaften in die Forschungsdiskussion zur antiken Landwirtschaft ist nicht neu. Bereits 1933 formulierten T. Frank und später A. Grenier die Notwendigkeit, archäologische Quellen in deren Bewertung mit einzubeziehen.[2] Doch erst seit den 1990er Jahren setzte sich diese Meinung in der Forschung auch weitestgehend durch. Besonders C. Witschel äußerte das Erfordernis, „dass antike Landwirtschaftsgeschichte heute nur noch über die Zusammenschau der verschiedensten Quellengattungen unter Einbeziehung komparativer Erkenntnisse geschrieben werden kann."[3] Dass die historische Auswertung archäologischer Befunde im Bereich der antiken Wirtschaft weiterhin in einigen Abhandlungen vernachlässigt wird, kann folgende Einschätzung über die Quellen der Altertumsforschung von U. Fellmeth belegen: „Die diesbezügliche (zum Bild der römischen Landwirtschaft) archäologische Feldforschung steckt überall noch zu sehr in den Anfängen, um ein klareres Bild zu gewinnen und auch epigraphische Quellen fließen zu diesem Thema nur spärlich."[4] Fellmeth spricht den archäologischen Quellen sogar ab, Aufschlüsse über die Zielrichtung und Inhalte ökonomischen Denkens zu geben.[5] Gerade das reichhaltige archäologische Material des Trierer Landes bietet m. E. jedoch eine Fülle auswertbarer Befunde, die zur Beurteilung der römischen Landwirtschaft wichtige Hinweise geben können.

Das Hauptaugenmerk vorliegender Untersuchung liegt also zunächst auf den Befunden der Villen des Trierer Landes. Diese werden zu Fragen der Typologie, der Hofgrößen und Nebengebäude, der Standortentwicklung, der Prosperität und der Landschaftsentwicklung herangezogen. Dabei spielt neben den architektonischen Hinterlassenschaften vor allem das Fundmaterial eine Rolle, aus dem sich Hinweise auf agrar- und produktionstechnische Abläufe finden lassen. Dies trifft für Werkzeuge ebenso zu wie für die Auswertung der Nebengebäude und ihrer Funktion. Seit einigen Jahrzehnten tritt neben die rein archäologischen Untersuchungen eine archäobotanische und archäozoologische Auswertung von Pflanzen- und Tierknochenfunden. Solche im Trierer Land gemachten naturwissenschaftlichen Befunde werden ebenfalls in die Arbeit integriert. Weitere Hinweise, die für die Agrarwirtschaft des Trierer Landes von Bedeutung sind, jedoch nicht in einem Fundzusammenhang mit Villen stehen, sind Darstellungen auf Reliefs, epigraphische Zeugnisse und schriftliche Quellen. Ziel ist es, den archäologischen Befund durch weitere Quellen zu ergänzen und dadurch einen erweiterten Blick auf einen Teil der römischen Agrarwirtschaft zu erhalten. Agrarwirt-

---

1 Witschel 2001, 113–133 sowie Kapitel I.1.1 und I.2.1.
2 Frank 1933–40. Für das Bearbeitungsgebiet relevant ist der Beitrag von A. Grenier, La Gaule romaine, in: T. Frank, An economic survey of ancient Rome Vol. III (Baltimore 1937), 379–644. Vgl. Drexhage/Konen/Ruffing 2002b, 1–2.
3 Witschel 2001, 132. Zur Rolle archäologischer Quellen bei Forschungen zur griechisch-römischen Wirtschaft vgl. zuletzt K. Ruffing, Wirtschaft und Handel in der griechisch-römischen Antike (Darmstadt 2011), 27: „Grundsätzlich ist nahezu jeder archäologische Befund für Fragen der antiken Wirtschaftsgeschichte fruchtbar zu machen."
4 Fellmeth 2002, 10.
5 Fellmeth 2002, 10.

schaftliche Modelle, historische Quellen und archäologische Befunde müssen für diesen Zweck im Sinne A. Greniers zusammengeführt werden: „Il ne trouve un sens que mis en rapport avec une infinie variété d'éléments d'informations. C'est ce sens que l'archéologie s'efforce de dégager."[6]

I.4.1 Katalog und Fundstellenübersicht als empirische Datenbasis

Die Untersuchungsgrundlage der römischen Villen im Trierer Land ist eine Auswertung aller in Frage kommenden Standorte, die im weitesten Sinne als Villa bezeichnet werden können.[7] Die verwendete Datenbasis wird aufgrund der Materialfülle in einen Villenkatalog und eine Übersicht der restlichen römischen Fundstellen getrennt. Der Katalog enthält alle Standorte, welche eindeutig als Villa bezeichnet werden können. Seine Datengrundlage, also alle in Frage kommenden Villenstandorte, stammt zunächst aus Informationen der Ausgrabungen und Prospektionen des Rheinischen Landesmuseums Trier und der ausgewerteten Literatur.[8] Dazu gehören vor allem die Forschungs- und Tätigkeitsberichte, die erst in den „Jahresberichten der Gesellschaft für nützliche Forschungen zu Trier", dann als „Trierer Jahresberichte" und seit 1926 in den Jahresberichten der Trierer Zeitschrift erschienen[9], und die zahlreichen Publikationen über die römische Besiedlung des Trierer Landes. Als Hauptquellen dienen die „Archäologische Siedlungskunde des Trierer Landes" von Josef Steinhausen aus dem Jahr 1932 und der Fundstellenkatalog der Habilitationsschrift von Dirk Krausse aus dem Jahr 2006.[10] Die Gebiete südlich von Trier, die in diesen beiden Werken nicht enthalten sind, konnten hauptsächlich über die Jahresberichte und die „Carte Archéologique du Grand-Duché de Luxembourg" ermittelt werden.[11] Eine weitere wichtige Quelle sind Luftbilder, die von Privatpersonen gemacht und dem Rheinischen Landesmuseum Trier zur Verfügung gestellt wurden.[12] Private Sammlungen und Daten konnten in die Arbeit nur einfließen, wenn sie im Rahmen der Jahresberichte in der Trierer Zeitschrift publiziert sind. Primärdaten, d. h. gezielt für die Untersuchung durchgeführte Grabungen und Prospektionen, konnten nicht erhoben werden.[13] Die Übersicht der durch Literatur und Denkmalbehörde bekannten Villen

---

6 Grenier 1937, 382.
7 Vgl. A. C. Faustmann, Besiedlungswandel im südlichen Oberrheingebiet von der Römerzeit bis zum Mittelalter. Freiburger Beiträge zur Archäologie und Geschichte des ersten Jahrtausends, Band 10 (Rahden 2007), 30.
8 Ortsarchiv des Rheinischen Landesmuseums Trier.
9 1852–1905: Jahresbericht der Gesellschaft für nützliche Forschungen zu Trier; 1908–1921: Trierer Jahresberichte I–XIII; ab 1925: Jahresbericht in der Trierer Zeitschrift. Vgl. J. Merten, Die archäologischen Jahresberichte des Trierer Landes, in: Trierer Zeitschrift 46, 1983, 285–291.
10 Steinhausen 1932; Krausse 2006. Krausses Fundstellen-Datenbank ist in digitaler Form auf der Homepage des Deutschen Archäologischen Instituts erhältlich (Stand 02. April 2014):
http://www.dainst.org/medien/de/krausse.pdf. (= Krausse Fundstellen). Sie enthält alle bis 1999 ausgewerteten Fundorte aus dem Ortsarchiv des Rheinischen Landesmuseums Trier, vgl. 232.
11 N. Folmer/J. Krier/R. Wagner, Carte archéologique du Grand-Duché du Luxembourg 14. Rosport (Luxembourg 1985); N. Folmer/J. Krier/N. Theis, Carte archéologique du Grand-Duché du Luxembourg 19. Mertert-Wasserbillig (Luxembourg 1983); N. Folmer, Carte archéologique du Grand-Duché du Luxembourg 27. Remich (Luxembourg 1977).
12 Mein Dank gilt an dieser Stelle Herrn Dr. Hans Nortmann, Rheinisches Landesmuseum Trier, der die Luftbilder zur Verfügung stellte. Sie stammen von Herrn Dr. Christian Credner, Lambertsberg, Herrn Mark Weber, Bitburg, und Herrn Harald Lang, Hetzerath.
13 Zu den Begriffen „Primär- und Sekundärdaten" vgl. W. Schier, Bemerkungen zu Stand und Perspektiven siedlungsarchäologischer Forschung, in: Interdisziplinäre Beiträge zur Siedlungsarchäologie. Gedenkschrift Walter Janssen. Studia honoraria 17 (Rahden 2002), 299–309, besonders 303: "Hier ist zunächst zwischen

des Trierer Landes lag bislang noch nicht vor. Deren Zusammenstellung in einem Katalog ist neben der agrarökonomischen Untersuchung der Villenwirtschaft ein vorrangiges Ziel der Arbeit.

Im Katalog befinden sich zunächst die Fundstellen, welche durch vollständige oder partielle Ausgrabungen zweifelsfrei als Villen zu bezeichnen sind und deren Befund in einen in *Kapitel III.1* definierten Villentyp eingeordnet werden kann. Dazu gehören sowohl Hof- als auch Hauptgebäudetypen, beispielsweise die Villen von Lösnich „Hinterwald" *(Kat.–Nr. 94)*, Mandern „Geierslay" *(Kat.–Nr. 97)*, Newel „Im Kessel" *(Kat.–Nr. 118)* oder Vierherrenborn „Dürreich" *(Kat.–Nr.162)*. Des Weiteren enthält der Katalog durch Ausgrabungen oder Prospektionen erfasste architektonische Befunde im ländlichen Raum, die nur partiell erforscht sind, sich jedoch aufgrund besonderer Merkmale eindeutig als Villa definieren lassen. Diese Merkmale können Bäder, Nachweise hypokaustierter Räume, Bodenmosaike oder wirtschaftlich genutzte Nebengebäude oder Geräte sein. Die Befunde müssen sich klar von anderen ländlichen Standorten, beispielsweise Heiligtümern, unterscheiden und dürfen nicht im Verband einer „agglomération secondaire (vicus)" stehen.[14]

Der Katalog enthält technische Angaben, welche die Villen zur Orientierung in modernadministrative Einheiten und für die Auswertung der Standortfaktoren in *Kapitel II.1* in naturräumliche Landschaften einordnen. Dazu gehören die Ortschaft, der Landkreis, die Flurbezeichnung, die Topographische Karte, der Naturraum, die Höhe über N.N., die Böden und die topographische Lage. Daraufhin folgt die Einordnung in den antiken Kontext. Dieser beinhaltet, wenn bekannt, die römische Infrastruktur wie Anbindung oder Erreichbarkeit von Märkten und bei vorhandenem Material eine Datierung.[15] Es folgen die typologische Einordnung der Villen und anschließend deren Kurzbeschreibung. Diese kann je nach Forschungsstand unterschiedlich ausfallen. Für schlecht publizierte oder unbekannte Standorte werden so viele Informationen wie möglich bereitgestellt. Bei bereits eingehender publizierten Villen werden die Ergebnisse je nach Stand zusammengefasst, durch mögliche neue Erkenntnisse ergänzt und die bisherige Forschung diskutiert. Da der Fokus der Arbeit auf wirtschaftlichen Aspekten, der Chronologie und der wirtschaftlichen Entwicklung liegt, können in einigen Fällen weitere interessante Aspekte der Villen nicht oder nur partiell angesprochen werden. Dies betrifft zumeist architektonische Details, die in den Grabungspublikationen untersucht werden, oder die Innenausstattung der Hauptgebäude, beispielsweise die Wandmalereien, die Mosaiken oder das Fundmaterial. Zuletzt wird eine Auswahl an wichtiger Forschungsliteratur angegeben, die je nach Bekanntheitsgrad der Villa sehr unterschiedlich ausfallen kann. Manche Standorte werden einmalig in den Jahresberichten erwähnt, andere verfügen über eine lange Forschungsgeschichte.[16]

Um weiterhin so viele Informationen wie möglich bereitzustellen, auf die sich die Untersuchung stützt, werden Pläne, Grundrisse, Fotografien, Luftbilder oder Rekonstruktionen der Villen vorgestellt. Gerade die sich im Planarchiv des Rheinischen Landesmuseums Trier

---

Primärdaten und Sekundärdaten zu unterscheiden. Erstere werden im Zuge der siedlungsarchäologischen Analyse gezielt neu erschlossen, letztere sind in unterschiedlichem Kontext gewonnene, meist über längere Zeiträume akkumulierte Daten, etwa aus der Fachliteratur, aus Archiven, Ortsakten oder bislang unerschlossenen privaten Sammlungen."

14 Andere Möglichkeiten sind Heiligtümer, militärische Befestigungen oder Straßenstationen. Vgl. van Ossel 1992, 39. Van Ossel benutzt bei seiner Definition den neutralen Ausdruck „Etablissement rural", der sich auf jegliche ländliche Wohnbebauung außerhalb einer „agglomération secondaire" bezieht.
15 Zur Problematik der Datierung vgl. Kapitel I.4.3.
16 Vgl. Kapitel I.1.3.

34   Quellen

befindenden Pläne stellen oftmals eine wichtige Quelle dar, die häufig nicht publiziert, aber forschungsgeschichtlich von großer Bedeutung sind.[17]

Die dem Katalog folgende Fundstellenliste bietet einen Überblick kontextloser römischer Siedlungsfunde im ländlichen Raum, die nicht in den Katalog aufgenommen wurden, aber als Villenstandorte in Betracht kommen könnten. Dabei handelt es sich meist um Erhebungen im Gelände, Fundkonzentrationen von Architekturteilen oder Fundamente, die sich unter späterer Bebauung befinden, beispielsweise unter mittelalterlichen Kirchen.

Die Auswahlproblematik kann an folgendem Beispiel konkretisiert werden: Dem Rheinischen Landesmuseum Trier wurde 2003 eine neue Fundstelle in Hetzerath gemeldet, von der Keramik des 1. bis 4. Jahrhunderts n. Chr., Bronzekleinfunde und Münzen dem Museum geliefert wurden.[18] Bei dieser sicherlich römischen Fundstelle kann bislang aber nicht entschieden werden, ob es sich um eine Villa oder um ein ländliches Heiligtum handelte. Wenn zudem jegliche Hinweise auf Baumaterialien fehlen, kann diese im Jahresbericht als Siedlungsstelle deklarierte Fundstelle nicht als Villa in den Katalog aufgenommen werden.

Die Schwierigkeit besteht also darin zu unterscheiden, ob es sich bei den römischen Fundstellen um eine Villa oder eine andere Siedlungsform handelt. Aus diesem Grund wird der Katalog durch das Fundstellenverzeichnis ergänzt, das zwar keinen Anspruch auf Vollständigkeit erhebt, aber dennoch den Versuch unternimmt, ein Bild der Siedlungsdichte zu geben. Bei den dort aufgelisteten Standorten handelt es sich mit großer Wahrscheinlichkeit nach um Villen, Ausnahmen können jedoch nicht ausgeschlossen werden.

Befunde dieser Kategorie können zwar keine Aussagen zu Struktur, Typologie und Größe der Villen machen, sie geben jedoch Hinweise zur Siedlungsdichte des Trierer Landes in römischer Zeit. Die Basis des Fundstellenverzeichnisses bilden die von Pfarrer Philipp Schmitt Mitte des 19. Jh. beschriebenen Siedlungsstellen, die von Josef Steinhausen 1932 aufgenommenen römischen Siedlungen, die von Krausse 2006 katalogisierten Standorte und die Erwähnungen in den Trierer Jahresberichten. Eine Konkordanz dieser vier Auflistungen versucht die enorme Vielzahl an überlieferten römischen ländlichen Siedlungsstellen zu ordnen und in ihre naturräumliche Lage einzugliedern. Da jedoch mit diesen nicht eindeutig als Villa definierten und meist undatierten Befunden keine methodisch korrekte Analyse möglich ist, werden sie in der Untersuchung nicht eingehender beschrieben. Insgesamt enthält der Katalog 188 näher beschriebene Villen, das Fundstellenverzeichnis weitere 494 Standorte, womit sich eine Gesamtzahl von 682 möglichen Villen für das Bearbeitungsgebiet ergibt *(Diagramm 3 und Karten 1–7)*.

I.4.2 Weitere Quellen zur Villenwirtschaft des Trierer Landes

Zu den vorrangigen schriftlichen Quellen zählen zunächst die lateinischen Agrarschriftsteller, die uns über die wirtschaftlichen Produktionsverhältnisse des römischen Kernlandes Italien unterrichten.[19] Zu ihnen gehören Cato, Varro, Columella und Palladius. Weiterhin haben

---

17 Dank gilt an dieser Stelle Herrn Dr. Georg Breitner, Karl Kurella und Fabian Backendorf, Planarchiv, sowie Herrn Thomas Zühmer, Fotoarchiv des Rheinischen Landesmuseums Trier.
18 Jahresbericht 2001–2003, in: Trierer Zeitschrift 67/68, 2004/05, 373 (8).
19 Allgemein zu den Agrarschriftstellern: K. D. White, Roman farming (London 1970), besonders 14–46; O. Stoll, Kontakt und Wandel. Wege der Vermittlung und Ausbreitung landwirtschaftlicher Technologien in der Antike, in: P. Herz/G. Waldherr (Hrsg.), Landwirtschaft im Imperium Romanum. Pharos Studien zur griechisch-römischen Antike 14 (St. Katharinen 2001), 285–318.

sich Plinius d. Ä., Vergil und Tacitus zu landwirtschaftlichen Belangen geäußert. Da sich diese Schriftzeugnisse jedoch primär auf das antike Italien und damit auf die mediterrane Landwirtschaft beziehen, gilt es zu klären, inwiefern sie auch für die Nordwestprovinzen im Allgemeinen und für das Trierer Land im Besonderen verwertbar sind.[20] Wenige Zweifel bestehen in den Fällen, in denen sich die Autoren explizit auf die Region beziehen, wie beispielsweise Plinius, der sich im 18. Buch über die zufällige Ertragssteigerung im Land der Treverer äußert.[21] Auch in diesen Fällen müssen die Angaben quellenkritisch und bezüglich ihres Aussagewertes überprüft werden.

Bildquellen zur agrarischen und handwerklichen Produktion finden sich im Trierer Land besonders auf Grabreliefs. Sie geben Hinweise über Agrargerätschaften und deren Handhabung sowie über produktionstechnische Vorgänge.[22] Die Bildquellen werden demnach nicht als erläuternde Beispiele für im Text beschriebene Sachverhalte herangezogen, sondern als intentionelle Aussageträger auf ihren eigenen Wert hin überprüft.

Bei den archäologischen Funden, die neben den eigentlichen Villenbefunden weitere Aufschlüsse über die Agrarproduktion geben, handelt es sich um Gerätschaften und Werkzeuge, die aus Villen des Bearbeitungsgebiets stammen. Sie finden sich im Katalog jeweils unter den Fundorten, werden in einem eigenen Kapitel jedoch zusammenhängend auf ihren Aussagewert hin behandelt.[23] In den überwiegenden Fällen sind dies Hinterlassenschaften aus Eisen, die von spätantiken Depotfunden stammen, wie beispielsweise aus Bengel „Beckersbaum" *(Kat.–Nr. 8)*, aber auch um viele verstreute Einzelfunde, die im Verlauf von Ausgrabungen gemacht oder durch ehrenamtliche Sammler dem Rheinischen Landesmuseum Trier zur Bearbeitung überlassen wurden. Geräte aus weiteren Materialien treten nur äußerst selten auf, nur in den Fällen, in denen die äußeren Umstände dazu geführt haben, dass sich organische Materialien erhalten konnten. Ein Beispiel dafür sind die Hobel der Villa von Oberüttfeld „Auf der Burg" *(Kat.–Nr. 130)*, an denen sich noch Reste von Holz befanden.

„Bei Ausgrabungen geborgene Pflanzenreste ermöglichen vielseitige Aussagen über die Lebens-, Ernährungs-, Produktions- und Umweltverhältnisse der Menschen in der Vergangenheit."[24] Dieselben Prämissen gelten auch bei der Auswertung fossiler Reste von Tieren. Da sich diese Arbeit mit der Villenwirtschaft römischer Zeit auseinandersetzt, dürfen solche Nachweise nicht übergangen werden. Die bisher in Einzeluntersuchungen- und Publikationen vorliegenden Befunde des Trierer Landes werden zur Rekonstruktion der Villenwirtschaft zusammengetragen, um das durch den archäologischen Befund gewonnene Bild zu ergänzen. Dabei geht es in erster Linie um die Fragen, welche Produkte in den hiesigen Villen erzeugt wurden und welche Auswirkungen die Villenwirtschaft auf die sie umgebende Umwelt hatte.

---

20 Vgl. Stoll 2001, 294, der die Wirkung des Wissens der römischen Agrarschriftsteller auf die praktische Arbeit römischer Landwirte nicht sehr hoch einschätzt.
21 Plin. Nat. Hist. 18,183, vgl. Kapitel IV.1.5.
22 U. Willerding, Zur Agrarproduktion von der jüngeren vorrömischen Eisenzeit bis ins frühe Mittelalter, in: Historicum. Zeitschrift für Geschichte, Linz, Frühling 1996, 10–20, hier 11.
23 Vgl. Kapitel IV.1.7.
24 Willerding 1996, 11.

I.4.3 Quellenkritik

Die Quellen- und Forschungslage des ausgewerteten Materials ist sehr heterogen und reicht von partiell aufgenommenen Siedlungsstellen bis zu komplett erforschten Villen. Daher soll das Material hinsichtlich mehrerer Kriterien quellenkritisch hinterfragt werden.

Zunächst muss der zeitliche Kontext betrachtet werden, unter dem die Erforschung des Trierer Landes stattfand.[25] Die ersten wissenschaftlichen Grabungen an Villenstandorten begannen in der Mitte des 19. Jh., einer Zeit, in der sowohl der technische Stand als auch die Fragestellungen nicht den späteren Anforderungen entsprachen. Bereits Harald Koethe äußert sich 1934 bei der Aufarbeitung der Ausgrabung Felix Hettners der Villa Oberweis „Auf der Steinrausch" *(Kat.–Nr. 131)* von 1878 kritisch über die sich geänderten Bedingungen und Fragestellungen.[26] Ebenso tat es Paul Steiner über die Grabungen der Villa Bollendorf „In der Kroppicht" *(Kat.–Nr. 18)* von 1907/08, der sich 1919 bedenklich über die hinterlassene Dokumentation äußerte.[27] Als ein prägnantes Beispiel für eine unzureichende Überlieferung kann die Villa von Orenhofen „Auf der Kellermauer" *(Kat.–Nr. 135)* dienen. Die 1921 unter schwierigen finanziellen Bedingungen ausgegrabene Villa wurde nicht zufrieden stellend dokumentiert und nur in einem Vorbericht publiziert, der viele Fragen offen lässt.[28] Steinhausen und Koethe beziehen sich auf diese Publikation, allerdings ohne deren Aussagen kritisch zu überprüfen.[29] Bei genauer Betrachtung fallen Diskrepanzen auf, die sich wegen fehlender Dokumentation nicht mehr klären lassen. Die Villa von Orenhofen wäre jedoch ein lohnendes Studienobjekt, da sie gerade von ihren Umbauten und ihrer auffälligen Typologie her interessante Aspekte hinsichtlich verschiedener Fragestellungen liefern könnte. Weiterhin können viele Ergebnisse nicht überprüft werden, da einerseits die Standorte aufgrund moderner Überbauung nicht mehr zugänglich sind, andererseits die Grabungsunterlagen als verschollen gelten.

Neben der entsprechend kritischen Auseinandersetzung mit der forschungshistorischen Überlieferung steht die Auswertung der vorhandenen Informationen der Bodendenkmalpflege. Hartwig Löhr unterzog das Ortsarchiv des Rheinischen Landesmuseums Trier in einem Artikel, der sich mit der Erstellung eines Fundstellenkatasters im Raum Trier beschäftigt, einer kritischen Überprüfung.[30] Löhr behandelte vorrangig die rezenten Bedingungen zur Auffindung einer Siedlungsstelle. Gegenüber Grab- und Siedlungsfunden (ca. 30–50 %) bilden die Einzelfunde den Großteil des Materials im Ortsarchiv. Es ist jedoch davon auszugehen, dass es sich bei den meisten dieser Einzelfunde um ungenügend prospektierte Siedlungen handelt. In dicht besiedelten Bereichen ist die archäologische Sichtbarkeit aufgrund der guten Aufschlusssituation höher als bei ackerbaulich genutzten Flächen und dort wiederum höher als bei bewaldeten Gebieten. Bei der räumlichen Verteilung der Funde ist eine tendenzielle Abnahme der Funddichte mit zunehmender Entfernung vom Sitz der Denkmalpflege in Trier zu erkennen. Dieser Faktor kann, wie bereits genannt, auf die mangelnde Auffindbar-

---

25 Zur Forschungsgeschichte vgl. Kapitel I.3.
26 Koethe 1934, 20–21. Koethe geht kurz auf die Grabungstechniken und -umstände des Jahres 1878 ein und bedenkt die sich inzwischen geänderten Fragestellungen bezüglich der Villenforschung, welche sich vor allem aus einer größeren Kenntnis der Denkmäler ergab.
27 Steiner 1923a, 1.
28 S. Loeschcke, Orenhofen, in: Trierer Jahresberichte 13, 1923, 37–39 und 64 mit Abb. 1; Steinhausen 1932, 246–247.
29 Steinhausen 1932, 246–247; Koethe 1940, 81–82.
30 B. Schütt/H. Löhr/R. Baumhauer, Mensch-Umwelt-Beziehungen in Raum und Zeit. Konzeption eines Fundstellenkatasters für die Region Trier, in: Petermanns geographische Mitteilungen 2002/6, 74–83.

keit von Fundstellen in bewaldeten Gebieten zurückgeführt werden. Es gilt jedoch zu bedenken, dass dieser Umstand auch auf die geringere landwirtschaftliche Nutzung der Höhenlagen von Hunsrück und Westeifel in römischer Zeit geschuldet ist.[31] In beiden Regionen befinden sich dennoch römische Villen, beispielsweise in Mandern „Geierslay" im Hunsrück *(Kat.–Nr. 97)* oder in Waxweiler „Schmelzberg" in der Eifel *(Kat.–Nr. 168)*. Ob die geringe Funddichte auf schlechte Nutzungsbedingungen in römischer Zeit oder auf rezente Faktoren zurückzuführen ist, bleibt zu bedenken.

Die Auswertung der Ortsakten im Rheinischen Landesmuseum Trier stellt trotz der genannten Einschränkungen eine unverzichtbare Materialbasis dar, über die Fundstellen ausgemacht werden konnten, die bislang in der Literatur kaum oder keine Erwähnung fanden, beispielsweise Greimerath „Auf der Warte" *(Kat.–Nr. 53)* oder Bonerath „Auf Caselsheck" *(Kat.-Nr. 20)*.

Weitere Hinweise auf Villenstandorte, die in dieser Arbeit nicht berücksichtigt werden konnten, liefern die zahlreichen Gräber im ländlichen Bereich. Nekropolen sind Siedlungsanzeiger. Das bedeutet, dass sie im Fall des Trierer Landes zu einer nahe gelegenen Villa gehörten.[32] In einigen Fällen sind die Gräber der archäologischen Forschung bekannt, jedoch nicht die dazugehörige Villa. Ein bei Schankweiler (Kreis Bitburg-Prüm) ausgegrabenes Gräberfeld augusteischer bis frühflavischer Zeit gehört möglicherweise zu einer in ca. 700 m liegenden Siedlungsstelle, von der bislang nur Keramik des 2. und 3. Jh. n. Chr. aufgelesen werden konnte.[33] Anders als bei Steinhausen oder Krausse, die eine siedlungsarchäologische Auswertung vornehmen, spielt die Auflistung der Gräberfelder in dieser Arbeit eine untergeordnete Rolle.[34] Eine Aufarbeitung des reichhaltigen Materials des Trierer Landes stellt ein Desiderat dar und verdient eine eingehende Untersuchung.

Da ein großer Anteil der aufgenommenen Fundstellen nicht systematisch durch Forschung und Bodendenkmalpflege untersucht werden konnte, basieren auch die genannten chronologischen Angaben oftmals nur auf oberflächlich prospektiertem Material. Auf diesen Schwachpunkt machte bereits Steinhausen 1932 aufmerksam; es könnte, so Steinhausen, nicht daraus geschlossen werden, dass eine Siedlung, bei der Scherben etwa des 4. Jh. n. Chr. aufgelesen wurden, nicht auch schon im 2. und 3. Jh. n. Chr. bestanden habe.[35] Dieser problematische Sachverhalt ist weiterhin aktuell, da häufig in der Prospektionspraxis nach wie vor Oberflächenfunde bestimmend sind. Diese stammen meist aus den letzten Siedlungsphasen der Villen. Die früheren Besiedlungsspuren liegen in der Regel tiefer im Boden und werden demnach bei dieser Methode nicht erfasst.[36] Auch bei Grabungen, die als baubegleitende Maßnahmen durchgeführt werden, ist eine gesicherte Datierung meist nicht gegeben, da

---

31 Vgl. Krausse 2006, 235–236. Einen weiteren Faktor bilden die freiwilligen Sucher, die ihre Ergebnisse dem Rheinischen Landesmuseum Trier zur Verfügung stellen.

32 Zu Gräbern als Indikatoren einer Besiedlung vgl. H. Lohmann, Quellen, Methoden und Ziele der Siedlungsarchäologie, in: T. Mattern/A. Vött (Hrsg.), Mensch und Umwelt im Spiegel der Zeit. Aspekte geoarchäologischer Forschungen im östlichen Mittelmeergebiet (Wiesbaden 2009), 27–74, hier 36.

33 R. Ludwig, Das frührömische Brandgräberfeld von Schankweiler, Kreis Bitburg-Prüm, in: Trierer Zeitschrift 51, 1988, 51–422, hier 219. Vgl. auch Krausse 2006, Kat. 848 „Auf dem Kreuz" und 850 „Östlich Rohrbacher Mühle". Natürlich kann die Siedlungsstelle bereits im frühen 1. Jh. vorhanden sein. Zur Problematik der Datierung s. u. Chronologie, Kapitel I.2.3.

34 Vgl. Steinhausen 1932 und Krausse 2006, 232. Da in dieser Arbeit vorrangig agrarökonomische Fragen im Vordergrund stehen, konnte diese Quellengattung bei Gräbern ohne Siedlungskontext nicht berücksichtigt werden. Publizierte Gräberfelder von Villen werden im Katalog erwähnt.

35 Steinhausen 1932, X.

36 Vgl. Henrich 2006, 22.

Notgrabungen oft unter Zeitdruck und nur partiell stattfinden. Eine genauere Chronologie kann demnach nur bei den Fundstellen aufgestellt werden, die systematisch ausgegraben wurden, oder bei Funden, die auf einen bestimmten Zeitpunkt datiert werden können. Dies ist beispielsweise bei den Münzhorten der Krisenjahre um 353–55 n. Chr. der Fall, die oft in einer Zerstörungsschicht lagen und somit das Ende einer Villa markieren, so wie in Reil „Oleb" *(Kat.–Nr. 141).*[37]

Die in dieser Arbeit vorgeschlagenen Villendatierungen verstehen sich aus genannten Gründen in den meisten Fällen nur als Siedlungsausschnitt. Sie werden daher, außer in ausreichend erforschten Villen, nur in Jahrhunderthälften angegeben. Dennoch lassen sich bei einer Betrachtung aller datierten Standorte Aussagen über die Siedlungsdauer in der Region machen, woraus sich ein ländliches Siedlungsmuster ergibt. So kann beispielsweise die Nutzung vieler Villen bis in die zweite Hälfte des 4. Jh. oder gar bis ins 5. Jh. n. Chr. nachgewiesen werden. Schwieriger ist eine Aussage in Bezug auf die Gründungsphase vieler Villen, da sich, wie bereits genannt, viele ältere Strukturen noch im Boden befinden, andererseits mögliche Vorgängerbesiedlungen in Holzbauweise bei älteren Grabungen nicht erfasst werden konnten. Dies stellt ein Problem gerade bei der Übergangszeit zwischen spätlatènezeitlichen *aedificia* und frühkaiserzeitlichen Villen dar. Diese Phase zwischen den gallischen Kriegen und der Entstehung der ersten Steinbauvillen ab der Mitte des 1. Jh. n. Chr. wurde daher in der Villenforschung oft als Lücke empfunden.[38]

Das chronologische Gerüst der Villenbesiedlung im Trierer Land versucht anhand der Gegenüberstellung von genau datierten Ausgrabungen und Hinweisen der Oberflächenfunde einen chronologischen Besiedlungsrahmen zu schaffen. So lassen sich möglicherweise Fragen zu Siedlungsbrüchen, Degression oder Kontinuität beantworten.

Die in *Kapitel IV.1.1* und *IV.1.6* zusammen gestellten pflanzlichen und tierischen Überreste ergänzen den archäologischen Befund. Zunächst liegt aufgrund des Erhaltungszustands fossiler Pflanzenfunde und deren oftmals mangelnder Auswertung nur eine geringe Zahl an Befunden vor.[39] Weiterhin ergeben sich Beschränkungen in der Aussage durch die chronologische Uneinheitlichkeit und den unterschiedlichen Fundplätzen der vorliegenden Befunde. Dies bedeutet, dass die fossilen Befunde Aussagen über kultivierte Pflanzen und gezüchtete Tiere machen können, diese jedoch nur über einen Stichprobencharakter verfügen. Durch die Ergänzung mit Fundkomplexen nahe gelegener Untersuchungen, beispielsweise derjenigen der Villa Borg, und der bisherigen Forschung auf den Gebieten der Archäobotanik und Archäozoologie, wird dennoch der Versuch unternommen, ein Bild der landwirtschaftlichen Erzeugnisse und Produkte des Trierer Landes zu erhalten.[40]

---

37 Vgl. K.-J. Gilles, Ein weiterer Münzschatz der Mitte des 4. Jahrhunderts aus dem unteren Alftal, in: Trierer Zeitschrift 43/44, 1980/81, 317–339.
38 Zur neueren Diskussion vgl. Lenz 1998, 62 und 68–69; Heimberg 2002/2003, 64 und 133.
39 Zum Erhaltungszustand fossiler Pflanzenfunde vgl. Willderding 1996, 12. Zur unzureichenden Auswertung von Pflanzenfunden vgl. M. König, Die spätantike Agrarlandschaft an der Mosel II. Weinbau und Landwirtschaft im Umfeld der spätantiken Kaiserresidenz Trier, in: Funde und Ausgrabungen im Bezirk Trier 33, 2001, 96–102, hier 99–100.
40 Zur Villa Borg (Kreis Merzig-Wadern, Saarland) vgl. J. Wiethold, Kontinuität und Wandel in der landwirtschaftlichen Produktion und Nahrungsmittelversorgung zwischen Spätlatènezeit und gallo-römischer Epoche. Archäobotanische Analysen in der römischen Großvillenanlage von Borg, Kreis Merzig-Wadern, in: A. Haffner/S. von Schnurbein (Hrsg.), Kelten, Germanen, Römer im Mittelgebirgsraum zwischen Luxemburg und Thüringen. Akten des Internationalen Kolloquiums zum DFG-Schwerpunktprogramm „Romanisierung" in Trier vom 28. bis 30. September 1998. Kolloquien zur Vor- und Frühgeschichte, Bd. 5 (Bonn 2000), 147–159.

II. Das Trierer Land und seine Standortfaktoren

II.1 Die naturräumlichen Standortfaktoren

Die naturräumlichen Gegebenheiten einer Landschaft bilden die Basis ihrer gewinnbringenden agrarökonomischen Kultivierung. Ohne die Anpassung an diese Standortfaktoren wäre die Entwicklung der römischen Villenwirtschaft im Trierer Land nicht möglich gewesen. Bevor also die Villenstandorte für sich auf ihre wirtschaftlichen Aspekte hin analysiert werden, gilt es zunächst, die gegebenen Rahmenbedingungen zu untersuchen. Da es sich bei dem Bearbeitungsgebiet um einen landschaftlich sehr heterogenen Raum handelt, werden die unterschiedlichen Naturräume des Trierer Landes hinsichtlich geologischer und hydrologischer Ausstattung, Bodenbeschaffenheit und Klima beschrieben und bezüglich ihrer landwirtschaftlichen Nutzungsmöglichkeiten bewertet *(Karten 1–3)*.[1]

Welche Faktoren bei der Bodenbildung zusammenwirken und ob sich deren heutiger Zustand überhaupt auf antike Verhältnisse übertragen lässt, diskutierte Karl Brunnacker im Kolloquiumsband zu ländlicher Besiedlung und Landwirtschaft in den Rhein-Donau-Provinzen des Römischen Reiches: „Bei der Genese und Fruchtbarkeit der natürlichen Böden wirken folgende Faktoren zusammen: Ausgangsgestein, Klima, Zeitdauer der Bodenbildung, Relief und der biotische Faktor (Pflanzen, Tiere und Mensch)."[2] Trotz möglicher Abweichungen der Bodenbeschaffenheit zwischen römischer und heutiger Zeit kann dennoch davon ausgegangen werden, dass die Böden den heutigen Verhältnissen als ähnlich zu betrachten sind.[3] Doch aufgrund menschlicher Bewirtschaftung, Versauerung und Erosion ist mit einer Verschlechterung der Ertragsfähigkeit in und seit römischer Zeit zu rechnen.[4]

Das Trierer Land bietet für eine Untersuchung der römischen Agrarökonomie eine Heterogenität an Landschaften, an der sich Unterschiede in der Villenstruktur ablesen lassen. Die geographischen, hydrologischen und klimatischen Bedingungen sind im Moseltal, der Wittlicher Senke, dem Bitburger Gutland und dem Mosel-Saar-Gau sehr gut, die Höhen von Hunsrück und Eifel bieten auf den ersten Blick weniger geeignete Voraussetzungen. Doch musste nicht jede Villa zwangsläufig Getreideanbau betreiben. Viehwirtschaft auf Weideländern und Forstwirtschaft bieten ebenfalls agrarwirtschaftliche Betätigungsfelder, die jeweils noch in *Kapitel IV* diskutiert werden.[5]

Als landschaftliche Bewertungsgrundlage des Arbeitsgebietes dient die naturräumliche Gliederung Deutschlands, basierend auf der Publikation „Handbuch der naturräumlichen Gliederung Deutschlands" von E. Meynen und J. Schmitthüsen von 1957, die durch das Landesamt für Umwelt, Wasserwirtschaft und Gewerbeaufsicht Rheinland-Pfalz aktualisiert

---

1 Vgl. Tabelle 1.
2 K. Brunnacker Bodenkunde und Siedlungswesen nördlich der Alpen (In den römischen Rhein-Donau-Provinzen), in: H. Bender/H. Wolff, Ländliche Besiedlung und Landwirtschaft in den Rhein-Donau-Provinzen des Römischen Reiches. Passauer Universitätsschriften zur Archäologie 2 (Espelkamp 1994), 1–5, hier 1.
3 Brunnacker 1994, 1, 4.
4 H. Löhr, Umweltgeschichte – Zwischen Natur und Kulturgeschichte, in: L. Clemens/F. J. Felten/M. Schnettger (Hrsg.), Kreuz – Rad – Löwe. Rheinland-Pfalz. Ein Land und seine Geschichte Bd. 1 (Mainz 2012), 179–209, hier 182.
5 Zu den landwirtschaftlichen Produkten vgl. Kapitel IV.1.

wurde *(Diagramm 3, Karte 1)*.[6] Meynen und Schmitthüsen nahmen ihre Unterteilung aufgrund von Relief, Boden und Gestein vor und untergliederten die Naturräume in fünf Untereinheiten. Diese Arbeit beschränkt sich auf die Naturräume erster und zweiter Kategorie.[7] Die Nummerierung nach Meynen und Schmitthüsen besitzt nach wie vor Gültigkeit und wird im Folgenden in den Klammern nach den Naturräumen genannt.

Die naturräumlichen Einheiten sind bei allen aufgelisteten Standorten angegeben, sowohl im Villenkatalog als auch im Fundstellenverzeichnis. Die Naturräume werden im Folgenden kurz referiert, um eine Verteilung der in römischer Zeit genutzten Flächen zu ermitteln. Im Fokus steht dabei vor allem die Frage nach der Interaktion zwischen Landschaft und Villa: In welchen Gegenden errichtete man bevorzugt Villen und wie wurden die gegebenen naturräumlichen Standortfaktoren wirtschaftlich genutzt?

II.1.1 Hunsrück

Die im Bearbeitungsgebiet liegenden Teile des Hunsrücks werden dem westlichen Hunsrück zugeschrieben, der im Osten bei Bernkastel-Kues beginnt und sich im Westen bis zur Saar ausdehnt. Er besteht aus einem Teil des Moselhunsrücks (245), des Hoch- und Idarwaldes (242), der Hunsrückhochfläche (243) und dem Saar-Ruwer-Hunsrück (246).[8] Der Hoch- und Idarwald bildet die Wasserscheide zwischen der Mosel im Norden und der Nahe im Süden. Der Hunsrück stellt somit zudem eine sinnvolle geographische Begrenzung des Arbeitsgebietes im Süden dar.

Hoch- und Idarwald (242) sind in südwest-nordöstlicher Richtung verlaufende Quarzitrücken, die die Hunsrückhochfläche um ca. 200–300 m überragen.[9] Sie nehmen eine Fläche von 387,19 km² ein und erstrecken sich von Greimerath im Westen bis zur Simmerner Mulde im Osten.[10] Im Schwarzwälder Hochwald befindet sich mit dem Erbeskopf (816 m) die höchste Erhebung des Hunsrücks. Unterbrochen werden die Quarzitrücken durch Hochmulden, die sich geologisch durch Schiefer von den Quarzitrücken unterscheiden. Diese Rücken bilden lehmig-sandige Verwitterungsböden, die heute weitestgehend mit Wäldern überzogen sind. Unterteilt werden Hoch- und Idarwald (dazugehörig auch der Osburger Hochwald) durch Flussläufe, die auf der Hunsrückhochfläche und in den Hochwäldern ihre Quellen haben und die zur Mosel im Norden und zur Nahe im Süden hin entwässert werden. Die klimatischen Bedingungen sind aufgrund der Höhe ungünstig für die Landwirtschaft.

---

6   E. Meynen/J. Schmitthüsen, Handbuch der naturräumlichen Gliederung Deutschlands. 4. und 5. Lieferung (Remagen 1957). Vgl. Landesamt für Umwelt, Wasserwirtschaft und Gewerbeaufsicht Rheinland-Pfalz, Naturräumliche Gliederung von Rheinland-Pfalz. Onlinequelle (Stand 02. April 2014):
    http://www.luwg.rlp.de/Aufgaben/Naturschutz/Grundlagendaten/Naturraeumliche-Gliederung

7   Zur Nummerierung vgl. Meynen/Schmitthüsen 1957; J. Negendank/G. Richter, Geschichtlicher Atlas der Rheinlande, Beiheft I, 1–5. Geographische und geologische Grundlagen (Köln 1982). Zur Geologie des Trierer Landes grundsätzlich: Schiel 1964.

8   Zum Hunsrück im Folgenden: Meynen/Schmitthüsen 1957, 351–364; Negendank/Richter 1982, 34–35.

9   Meynen/Schmitthüsen 1957, 352 und 357–359; Negendank/Richter 1982, 34–35.

10 Alle Flächenmaße nach Landesamt für Umwelt, Wasserwirtschaft und Gewerbeaufsicht Rheinland-Pfalz. Zur besseren Lesart wurden die dort vermerkten Hektarangaben in km² umgerechnet.

Hoch- und Idarwald waren aufgrund der für die Landwirtschaft wenig geeigneten Voraussetzungen sehr dünn mit Villen besiedelt. Nur die Risalitvilla von Greimerath „Auf der Warte" *(Kat.-Nr. 53)* und eine weitere Fundstelle *(Fd-St. 127)* befinden sich in dieser Landschaft.[11]

Im westlichen, zum Arbeitsgebiet gehörenden Bereich des Hunsrücks, stellt sich die Hunsrückhochfläche (243) als Hochflächenmulde dar, die von den Quarzitrücken der Hochwälder umgeben ist.[12] Die Mittlere Hunsrückhochfläche nimmt eine Fläche von ca. 223,86 km² ein und erstreckt sich von der Ortschaft Mandern im Westen in südwestlich-nordöstlicher Richtung bis ca. Büchenbeuren im Osten. Die Hochfläche verfügt über zwei natürliche Pforten, im Westen bei Mandern zum Saartal und im Norden zur Mosel zwischen den Quarzitrücken des Osburger Hochwalds und des Haardtkopfes. Das Relief der Mittleren Hunsrückhochfläche ist durch die Flussläufe der Ruwer, des Dhroner Baches und der Nebenbäche der Oberen Prims in Riedel zerschnitten. Die Höhe bewegt sich zwischen 400 und 500 m über NN. Den geologischen Sockel bildet der Hunsrückschiefer, der lehmige Verwitterungsböden (saure Braunerden) trägt. Diese gelten für eine landwirtschaftliche Nutzung als wenig geeignet, neben Grünland und Ackerland befindet sich heute auch ein hoher Waldanteil in dieser Region.[13]

Aufgrund der geeigneteren Voraussetzungen für landwirtschaftliche Tätigkeiten befanden sich auf der Hunsrückhochfläche mehr Standorte als im Hoch- und Idarwald. Insgesamt zählt die Region zwölf im Katalog aufgeführte Villen und 20 weitere Fundstellen. Darunter befinden sich die von H. Cüppers publizierte Villa von Horath „Klosterwiesen" *(Kat.-Nr. 64)* oder die von A. Haffner ausgegrabene Villa von Mandern „Geierslay" *(Kat.-Nr. 97)*. Bei den auf der Hunsrückhochfläche gelegenen Villen handelte es sich offensichtlich um reine agrarwirtschaftliche Betriebe. Großvillen und Portikusvillen mit Eckrisaliten, wie sie im Bitburger Gutland und besonders an der Mosel lagen, sind hier nicht dokumentiert. Dennoch spielen die auf der Hunsrückhochfläche gelegenen Standorte eine wichtige wirtschaftliche Rolle, weil viele Villen die hier gelegenen Verkehrswege ausnutzen konnten und weil sie in Nähe des Vicus Belginum (Wederath, Kreis Bernkastel-Wittlich) lagen.[14]

Der Moselhunsrück (245) stellt einen Übergangsraum zwischen dem Moseltal und der Hunsrückhochfläche dar.[15] Nur ein geringer Teil liegt im Bearbeitungsgebiet: Beginnend bei Wintrich im Westen erstreckt er sich bis zur Grenze des Kreises Bernkastel-Wittlich im Osten. Dieser Teil nimmt eine Fläche von ca. 136,22 km² ein.[16] Das Relief ist durch Riedel (Geländerücken) mit einer Höhe von 300–450 m und tiefen Flusstälern geprägt. Außer dem Quarzitrücken des Haardtkopfes überwiegt der Hunsrückschiefer als geologische Basis. Obwohl auf den Verwitterungsböden die Möglichkeit besteht, Landwirtschaft zu betreiben, ist ein großer Teil des Moselhunsrücks heute bewaldet. Dies liegt an der unruhigen Gelände-

---

11 Zu bedenken gilt es bei Hoch- und Idarwald jedoch, dass aufgrund der heutigen bewaldeten Flächen nur wenige Fundstellen dem Rheinischen Landesmuseum Trier gemeldet werden; vgl. Quellenkritik Kapitel I.4.3.
12 Meynen/Schmitthüsen 1957, 359–360; Negendank/Richter 1982, 35. Im Arbeitsgebiet die Mittlere Hunsrückhochfläche (243.2), vgl. Landesamt für Umwelt, Wasserwirtschaft und Gewerbeaufsicht Rheinland-Pfalz.
13 Vgl. Negendank/Richter 1982, 35.
14 Vgl. Kapitel II.2.1 zu den Verkehrsverbindungen und Kapitel II.2.3 zu den Vici.
15 Meynen/Schmitthüsen 1957, 362–363; Negendank/Richter 1982, 35.
16 Zum Arbeitsgebiet gehören Haardtwald (245.0), Südwestlicher Moselhunsrück (245.1) und ein geringer Teil des Grendericher Riedellandes (245.2), vgl. Landesamt für Umwelt, Wasserwirtschaft und Gewerbeaufsicht Rheinland-Pfalz.

form mit ihren tiefen Taleinschnitten und den Quarzitverwitterungen des Haardtkopfes, die sich bis in tiefer liegende Schichten ausbreiten. Da nur ein geringer Teil dieser Landschaft im Bearbeitungsgebiet liegt, befindet sich mit Beuren „Ohne Standortbezeichnung" *(Kat.–Nr. 14)* nur eine Villa und eine weitere Fundstelle *(Fd.-St. 32)*.

Der Saar-Ruwer-Hunsrück (246) bildet den Übergang zwischen den Hunsrückhochwäldern im Südwesten, dem unteren Saartal und dem Moseltal bei Trier.[17] Er zieht sich auf einer Länge von ca. 50 km und einer Breite von 3–10 km von Saarhölzbach im Süden bis nach Naurath (Wald) im Norden und nimmt eine Fläche von ca. 195,74 km² ein. Der Saar-Ruwer-Hunsrück fällt in mehreren Terrassen von einer Höhe von ca. 400–500 m bis zu den Talweiten von Saar und Mosel (ca. 120 m) hin ab. Der prägende Fluss ist die Ruwer, deren Tal die Landschaft teilt, doch zerschneiden auch weitere Bachläufe das Relief, wodurch Riedel und Kämme gebildet werden. Zu den Bächen gehören der Feller Bach oder der Dhroner Bach. Der geologische Sockel besteht weitestgehend aus Hunsrückschiefer, auf dem sich saure Braunerden ausbilden.

Der Saar-Ruwer-Hunsrück bietet gute Voraussetzungen für die Landwirtschaft, sein nördlicher Teil liegt darüber hinaus im Einzugsgebiet der Stadt Trier.[18] Wichtige Verkehrsverbindungen durchliefen in römischer Zeit den Saar-Ruwer-Hunsrück, beispielsweise die beiden Flüsse Saar und Ruwer oder die Fernstraße von Trier nach Straßburg. Dementsprechend war die Landschaft auch mit Villen besiedelt. Insgesamt liegen im Saar-Ruwer-Hunsrück acht im Katalog aufgeführte Villen und 18 weitere Fundstellen. Darunter befinden sich einige in der frühen Villenforschung behandelte Gutshöfe wie Baldringen „Ortslage" *(Kat.-Nr. 5)* oder Vierherrenborn „Dürreich" *(Kat.-Nr. 162)*. Die hier gelegenen Villen weisen keine typologischen Besonderheiten auf, sie scheinen allgemein landwirtschaftlichen Zwecken gedient zu haben.

II.1.2 Moseltal

Den Kern des Arbeitsgebietes bildet das Mittlere Moseltal (250).[19] Es teilt das Gebiet in die nördlichen Regionen Bitburger Gutland, Eifel und Wittlicher Senke sowie die südlichen Mosel-Saar-Gau und Hunsrück. Ein Querschnitt der Region von Norden nach Süden macht das Höhenprofil deutlich: Zwischen den Erhebungen der Eifel und denjenigen des Hunsrücks bildet das Moseltal ein Becken *(Karte 1)*.[20]

Das Mittlere Moseltal nimmt eine Fläche von 480,76 km² ein und erstreckt sich im Arbeitsgebiet von der Saarmündung im Westen bis zu den Traben-Trarbacher Moselschlingen im Osten. Eine Untereinheit bildet die Trierer Talweite, die sich von der Saarmündung bis Schweich, wo die Mosel in das Schiefergebirge eintritt, erstreckt. Von dort aus fließt die Mosel in weiten Mäanderbögen und bildet ein enges Tal. Die Höhe reicht von 120 m im Tal bis ca. 250 m auf den Hängen. Geologisch ist das Moseltal aus Hunsrückschiefer, Talschotter, Sanden, Kiesen und Hochflutlehmen gebildet, nur an der Westseite der Trierer Talweite herrscht Buntsandstein vor. Die Böden bestehen aus Auenlehmen in Flussnähe und

---

17 Meynen/Schmitthüsen 1957, 363–364; Negendank/Richter 1982, 35.
18 Vgl. Kapitel II.2.2.1 zum Einzugsgebiet Triers.
19 Zum Moseltal im Folgenden: Meynen/Schmitthüsen 1957, 365–374; Negendank/Richter 1982, 35–36.
20 Vgl. Negendank/Richter 1982, 26, Abb. 5. Morphologisches Profil durch das Rheinische Schiefergebirge.

Braunerden auf sandigen Decklehmen im Bereich der höher gelegenen hochwasserfreien Terrassen. Durch die Strahleneinwirkung der Sonne auf den Südhängen bildet sich ein trockenes südlich-kontinentales Klima aus, wohingegen die nordexponierten Schatthänge im Allgemeinen feuchter und heute eher von Wäldern bewachsen sind. Die Flusszuläufe zur Mosel prägen das Mittlere Moseltal, da hier der Hunsrück aus dem Süden und die Eifel aus dem Norden entwässert werden.

Das Mittlere Moseltal war in römischer Zeit besonders durch seine Funktion als Verkehrsader geprägt, aber auch durch die Lage der Stadt Trier in der Trierer Talweitung. Dementsprechend vielfältig war auch die hier anzutreffende Villenlandschaft mit 36 im Katalog aufgeführten Villen und weiteren 87 Fundstellen. An der großen Zahl von Standorten zeigen sich die Beliebtheit und die Bedeutung dieser Landschaft in römischer Zeit. Neben den landwirtschaftlichen und verkehrstechnischen Vorzügen war das Mittlere Moseltal sicherlich auch aufgrund seiner landschaftlichen Ausprägung als Villenstandort beliebt. Dies zeigt sich an den zahlreichen Großvillen, die sich hier, insbesondere um Trier, befanden. Zu ihnen gehören Villen wie Longuich „Im Päsch" *(Kat.–Nr. 95)*, Pölich „Ortslage" *(Kat.–Nr. 140)* und nicht zuletzt auch die spätantiken Paläste in Konz „Kaiserpalast" *(Kat.–Nr. 84)* oder Trier-Euren „Kirche St. Helena" *(Kat.–Nr. 156)*.[21] Doch nicht nur Großvillen prägten das Mittlere Moseltal, sondern auch die zahlreichen nur auf Landwirtschaft ausgerichteten Villen, von denen besonders diejenigen von Lösnich „Hinterwald" *(Kat.–Nr. 94)* und Kinheim „Willenbungert" *(Kat.–Nr. 79)* zu nennen sind. Dass diese Standorte in einer prosperierenden Landschaft lagen, lässt sich an den baulichen Veränderungen einiger der hier gelegenen Villen überprüfen. Sie weisen zahlreiche An-, Neu- oder Überbauten auf, wie in Mehring „Kirchheck" *(Kat.–Nr. 100)* oder wiederum in Kinheim „Willenbungert" *(Kat.–Nr. 79)*.[22]

Die Wittlicher Senke (251) ist ein ca. 40 km langer und zwischen vier und sieben Kilometer breiter Streifen, der im Westen einen Übergang zur Trierer Talweite bildet, etwa im Bereich der Ortschaften Schweich und Quint beginnt und im Osten bei der Ortschaft Reil an der Mosel endet.[23] Sie nimmt eine Größe von ca. 178,98 km² ein und liegt mit ihrer Gesamtfläche im Bearbeitungsgebiet. Da es sich geologisch um einen alten Flusslauf der Mosel handelt, verläuft die Wittlicher Senke auch parallel zu dieser von Westen nach Osten entlang des Flusses, getrennt jedoch durch die sog. Moselberge. Nach Norden wird sie durch das höher gelegene Bitburger Gutland und die Moseleifel begrenzt. Der Untergrund der Wittlicher Senke besteht größtenteils aus Schluff und Tonsteinen des Rotliegenden, die von sandig-lehmigen, kalkarmen und staunassen Braunerden überdeckt werden.

In der Wittlicher Senke befinden sich insgesamt 11 Villen und 29 weitere Fundstellen. Bei den meisten Standorten handelt es sich um rein agrarisch ausgerichtete Güter, auffallend sind hier die beiden Großvillen von Bausendorf „Lichtacher Flur" *(Kat.–Nr. 6)* und Wittlich „An der Lieser" *(Kat.–Nr. 186)*.

Das Untere Saartal (252) ist ein Ausläufer des Mittleren Moseltales und eine natürliche Grenze zwischen den Ausläufern des Saar-Ruwer-Hunsrücks im Osten und dem Mosel-Saar-Gau im Westen.[24] Es nimmt eine Fläche von ca. 125,10 km² ein und liegt komplett im

---

21 Zu den Großvillen vgl. Kapitel III.1.2.4.
22 Zu den baulichen Veränderungen vgl. Kapitel III.1.3.
23 Meynen/Schmitthüsen 1957, 371–373; Negendank/Richter 1982, 35.
24 Meynen/Schmitthüsen 1957, 373–374; Negendank/Richter 1982, 35–36.

Bearbeitungsgebiet. Geologisch ist das Untere Saartal im Hunsrückschiefer ausgebildet, nur der westliche Rand ist durch einen Buntsandsteinstreifen geformt. Das teilweise enge Saartal wird von kies- und lehmbedeckten Terrassen geprägt, die Höhenunterschiede verlaufen von ca. 150 m im Tal bis zu 250 m auf den Höhen. Der westliche Buntsandsteinstreifen ist heute bewaldet und von Flussläufen zerfurcht. Die sonnenseitigen Schieferhänge bilden jedoch gute Voraussetzungen zum Weinbau, während die Terrassen und Talböden für den Ackerbau geeignet sind.

Aufgrund dieser naturräumlichen Voraussetzungen, der günstigen Verkehrslage mit der schiffbaren Saar und der wichtigen Fernstraße von Trier nach Metz sowie der Nähe zum Zentrum Trier ist das Untere Saartal trotz seiner flächenmäßig geringen Ausdehnung mit sechs Villen und 20 weiteren Fundstellen vertreten. Zu ihnen gehören einfache Risalitvillen wie in Konz „Lummelwiese" *(Kat.–Nr. 85)*, aber auch Großvillen wie diejenige von Könen „Ortslage" *(Kat.–Nr. 83)* oder Wiltingen „Kobig" *(Kat.–Nr. 181)*.

II.1.3 Gutland

Der Mosel-Saar-Gau (260) hat eine Fläche von 149,80 km² und wird im Westen von der Mosel, im Osten vom Unteren Saartal und im Süden durch die moderne Grenze zu Frankreich abgegrenzt.[25] Das Relief ist durch wellige Hügelländer von Höhen zwischen 200 bis 400 m über NN gekennzeichnet. Den geologischen Grund bilden Muschelkalke und Keuper, auf denen sich schwere Lehmböden befinden. Mit Ausnahme eines bewaldeten Buntsandsteinstreifens am Ostrand ist der Saargau eine fruchtbare Ackerbauhochfläche, die zur Mosel hin teilweise steil abfällt.

Die nördlichen Bereiche des Mosel-Saar-Gaues liegen im Einzugsgebiet Triers, jedoch auch in Nähe des Vicus Tawern.[26] Im Mosel-Saar-Gau liegen 17 Villen und 26 weitere Fundstellen. Die Villen nehmen typologisch die gesamte Bandbreite ein, vom einfachen Rechteckhaus in Freudenburg „Kasholz" *(Kat.–Nr. 48)* bis zur Großvilla in Wasserliesch „Ortslage" *(Kat.–Nr. 167)*.

Das Bitburger Gutland (261) wird im Westen von der Sauer zwischen Roth im Norden und dem Zufluss zur Mosel in Wasserbillig im Süden begrenzt.[27] Der östliche Grenzverlauf zwischen Wasserbillig und Ehrang bildet die Höhenstufe zwischen Trierer Talweite und Bitburger Gutland.[28] Im Osten und Norden wird das Gutland geologisch von der Moseleifel, der Kyllburger Waldeifel und der Westlichen Eifel begrenzt. Insgesamt nimmt es eine Fläche von 671,72 km² ein und liegt komplett im Arbeitsgebiet. Auf relativ kleinem Raum wechseln sich Sandsteine, Kalksandsteine, Kalke und Keupermergel ab, entsprechend vielgestaltig sind die Böden. Die lehmigen Verwitterungsböden des Muschelkalks und die schweren Tonböden des Keupers bilden heute die Grundlage für Getreide und Futterbauwirtschaft.[29] Das Bitburger Gutland stellt geographisch eine Übergangsregion zwischen der höher gelegenen Eifel und dem Moseltal dar.[30] Da der Hauptteil der Eifelentwässerung nach Süden in

---

25 Meynen/Schmitthüsen 1957, 377–378; Negendank/Richter 1982, 36.
26 Zu Trier vgl. Kapitel II.2.2, zum Vicus Tawern vgl. Kapitel II.2.3.
27 Zum Gutland im Folgenden: Meynen/Schmitthüsen 1957, 378–382; Negendank/Richter 1982, 36.
28 Schiel 1964, 30.
29 Schiel 1964, 30.
30 Schiel 1964, 30.

Richtung Mosel verläuft, durchziehen Flüsse wie Sauer, Nims, Prüm und Kyll in tiefen Furchen das Gutland. Zwischen diesen bilden wellige, flache Höhenrücken den Kernraum des Landes.

Eine Ausnahme im Bitburger Gutland bildet das Ferschweiler Plateau (262), das eine heute bewaldete Hochfläche zwischen den Flüssen Sauer, Nims und Prüm darstellt und geologisch zur Luxemburger Sandsteinplatte gehört.[31] Es handelt sich hierbei um eine Fläche von 93,16 km² mit mageren Sandböden, auf denen Laubwald dominiert. Nur an einzelnen Stellen bei den Dörfern Ferschweiler und Ernzen ist der Sandstein von einer dünnen Schicht von Kalkstein und Schiefer bedeckt, die eine Landwirtschaft ermöglichen.

Das Bitburger Gutland ist aufgrund seiner außerordentlich günstigen Voraussetzungen, sowohl in naturräumlicher als auch verkehrstechnischer Hinsicht die „Kornkammer" des Trierer Landes. Nirgends im Bearbeitungsgebiet findet sich mit 285 Standorten eine solche Besiedlungsdichte mit 77 Villen und weiteren 208 Fundstellen. Im Bereich des Ferschweiler Plateaus liegen zudem vier Villen und 21 Fundstellen, darunter die bekannten Beispiele Bollendorf „In der Kroppicht" *(Kat.–Nr. 18)* und Holsthum „Auf den Mauern" *(Kat.–Nr. 63)*. Gerade das südliche Bitburger Gutland liegt im Einzugsbereich der Stadt Trier und hat wohl maßgeblich an deren Versorgung Anteil gehabt. Dies lässt sich auch durch den Befund erschließen, wie beispielsweise das Horreum der Villa von Mötsch „Folker" *(Kat.–Nr. 111)* verdeutlicht.[32]

Zahlreiche Standorte des Bitburger Gutlandes wurden durch das Rheinische Landesmuseum Trier ausgegraben und publiziert, so dass sich durch sie eine Beurteilung der Wirtschaftsstruktur vornehmen lässt, beispielsweise in Newel „Im Kessel" *(Kat.–Nr. 118)*. Andere lassen eher Aussagen zur architektonischen Struktur zu, anhand derer sich typologische Veränderungen und Umbauten erkennen lassen, wie dies in Oberweis „Auf der Steinrausch" *(Kat.–Nr. 131)* der Fall ist. Die Villen des Gutlandes spiegeln sowohl in chronologischer als auch in typologischer Hinsicht die gesamte in dieser Arbeit vorkommende Villenvielfalt. Hier lagen Standorte, die in der archäologischen Forschung maßgeblich zur Beurteilung der Entwicklungsgeschichte römischer Villen in den Nordwestprovinzen beigetragen haben. Dazu gehören besonders die Villa von Bollendorf „In der Kroppicht" *(Kat.–Nr. 18)*, Newel „Im Kessel" *(Kat.–Nr. 118)* und Fließem-Otrang „Weilerbüsch" *(Kat.–Nr. 46)*. Zum typologischen Spektrum gehören die kleinsten Villenvertreter, die sog. Rechteckhäuser, wie beispielsweise in Irrel „Münsterbüsch" *(Kat.–Nr. 73)*, zahlreiche Risalitvillen wie in Holsthum „Auf den Mauern" *(Kat.–Nr. 63)* und alle Portikusvillen mit Eckrisaliten, beispielsweise Meckel „Scheiwelsheck" *(Kat.–Nr. 99)* und Oberweis „Auf der Steinrausch" *(Kat.–Nr. 131)*. Darüber hinaus befanden sich im Gutland einige Großvillen, die den Reichtum der Gegend spiegeln, so z. B. in Fließem-Otrang „Weilerbüsch" *(Kat.–Nr. 46)* und die spätantike Großvilla im Ortskern von Welschbillig „Ortslage" *(Kat.–Nr. 179)*. Bezeichnenderweise lag im Bitburger Gutland auch der sog. „Langmauerbezirk", der in der neueren Forschung als kaiserliche Domäne angesehen wird und sicherlich mit der Versorgung des Kaiserhofes in Trier in Zusammenhang steht. Auf ihn und die Villenstruktur des 4. Jh. wird in *Kapitel III.2.3* eingegangen.[33]

---

31 Zum Ferschweiler Plateau: Meynen/Schmitthüsen 1957, 380–382; Negendank/Richter 1982, 36.
32 Zu den Horrea vgl. Kapitel IV.1.8.
33 Zur aktuellen Deutung des Langmauerbezirks vgl. Gilles 1999, 245–258.

II.1.4 Eifel

Die Moseleifel (270) liegt im Bearbeitungsgebiet als Streifen zwischen dem Bitburger Gutland im Westen und der Wittlicher Senke im Osten.[34] Nach Norden hin verbreitet sich die Moseleifel und wird von der höher gelegenen Kyllburger Waldeifel begrenzt. Sie nimmt im Bearbeitungsgebiet eine Fläche von 313,75 km² ein.[35] Die Moseleifel gilt als Übergangsregion zwischen der Hocheifel und dem Moseltal. Sie stellt sich im Relief als eine nach Süden an Höhe abnehmende Hochfläche dar, die von tiefen Flusstälern zerfurcht wird. Zu diesen gehören im Bearbeitungsgebiet die Salm, der Alfbach und die Lieser, welche in nordsüdlicher Richtung verlaufen. Die Höhe beträgt zwischen 500 m in den Höhenlagen und 300 m in den Tälern, auf den Hochflächen finden sich sandig-lehmige Braunerden.

In der Moseleifel liegen acht Villen und 26 weitere Fundstellen. Bei ihnen handelt es sich um typologisch nicht definierbare Villen, ein Rechteckhaus in Wallscheid „Auf dem Kirsten" *(Kat.–Nr. 166)* oder Risalitvillen wie in Bettenfeld „In der Kammer" *(Kat.–Nr. 11)*, die als reine Landwirtschaftsbetriebe anzusehen sind.

Die Kyllburger Waldeifel (277) ist eine Hochflächenlandschaft von 342,84 km² Fläche, die durch die Kyll tief zerschnitten wird.[36] Begrenzt wird sie von der Westeifel im Westen, der Moseleifel im Osten und dem Bitburger Gutland im Süden. Die Höhen liegen bei über 500 m, in den Tälern bei ca. 400 m. Der Gesteinssockel aus Schiefer wird weitflächig von einer Buntsandsteindecke überlagert, die nur nährstoffarme Braunerden trägt. Eine Ausnahme bilden die Flusstäler mit alluvialen Hanglehmböden.

In der Kyllburger Waldeifel liegen nur die Villen von Burg an der Salm „Butterwiese" *(Kat.–Nr. 27)* und Malbergweich „Helsdorf" *(Kat.–Nr. 96)* und 15 weitere Fundstellen. Beide Villen lassen sich jedoch typologisch nicht näher bestimmen und geben auch keine Informationen über mögliche Wirtschaftsformen.

Ein geringer Teil des Bearbeitungsgebietes, die sog. Prümer Kalkmulde mit einer Fläche von ca. 86,39 km², liegt zudem in der Kalkeifel (276).[37] Darin befand sich die Villa von Schwirzheim „Ortslage" *(Kat.–Nr. 151)* und sieben weitere Fundstellen.

Das Islek und Ösling (280) wird im Westen von den Flüssen Our und Sauer (Grenze Deutschland-Luxemburg und Belgien), im Osten von der Kyllburger Waldeifel, im Süden vom Bitburger Gutland und im Norden von der Westlichen Hocheifel begrenzt und nimmt eine Fläche von 703,78 km² ein.[38] Das Relief ist durch die Flussläufe von Sauer, Our und Prüm in Hochflächen gegliedert, die auf einer Höhe bis 500–600 m liegen. Die Talsohlen befinden sich dabei 150–200 m tiefer als die Höhen. Verschiedene Schiefer bilden große Teile des Gesteinssockels des Islek. Diese tragen meist nährstoffarme Böden, große Flächen werden heute von Wald eingenommen. Aufgrund der schlechten klimatischen Bedingungen und Böden ist das Islek am ehesten für die Forstwirtschaft geeignet. Am besten lässt sich Landwirtschaft in den südlichen Übergangsregionen zum Bitburger Gutland hin betreiben.

---

34 Zur Moseleifel im Folgenden: Meynen/Schmitthüsen 1957, 384 und 386–388; Negendank/Richter 1982, 36–37.
35 Dazu gehören Teile der Östlichen Moseleifel und das Wittlicher Heckenland.
36 Zur Kyllburger Waldeifel im Folgenden: Meynen/Schmitthüsen 1957, 403–405; Negendank/Richter 1982, 37.
37 Zur Kalkeifel: Meynen/Schmitthüsen 1957, 400–403; Negendank/Richter 1982, 37.
38 Zum Ösling im Folgenden: Meynen/Schmitthüsen 1957, 408–410; Negendank/Richter 1982, 38.

Aus diesem Grund liegen hier immerhin vier Villen, darunter die Risalitvillen von Oberüttfeld „Auf der Burg" *(Kat.–Nr. 130)*, die durch den dortigen Hortfund mit Hobeln Hinweise auf Holzbearbeitung gab, und die Villa von Waxweiler „Schmelzberg" *(Kat.–Nr. 168)* sowie 15 weitere Fundstellen.

II.1.5 Ökotopgrenzlagen

Die bislang beschriebenen größeren naturräumlichen Einheiten sind nicht statisch aufzufassen, vielmehr werden sie durch eine Vielzahl von Untereinheiten gebildet, die in ihrer Struktur sehr unterschiedlich sein können. Diese werden in der Forschung Ökotope oder Biotope genannt. Mit ihnen und ihren Auswirkungen auf die Bildung einer Kulturlandschaft, und damit auf eine Villenlandschaft, setzte sich zum ersten Mal H. Bayer 1967 mit einer Untersuchung der ländlichen Besiedlung Rheinhessens in römischer Zeit auseinander.[39]

Zunächst gilt es für das Trierer Land als Bearbeitungsgebiet zu klären, wie ein solches Ökotop definiert werden kann und welche Auswirkungen dessen Wahl für die Agrarwirtschaftsform eines Gutshofes hatte. H. Bayer definierte den Begriff folgendermaßen: „Ökotope sind Standorttypen mit einem mehr oder weniger homogen entwickelten Naturhaushalt. Als solche werden sie durch ihre Gesteinzusammensetzung, Oberflächenformen, Boden- und Wasserverhältnisse, Lebensgemeinschaften und ihr Kleinklima bestimmt."[40] Bayer konnte nachweisen, dass sich viele der römischen Villenstandorte Rheinhessens an sog. Ökotopgrenzen befanden. Diese stellten in der Regel die Grenze zwischen feuchten und trockenen Gebieten dar. Agrarwirtschaftlich ausgedrückt bedeutet dies, dass eine solche Standortwahl in der unmittelbaren Nähe verschiedener Nutzflächen vielfältige Nutzungsmöglichkeiten bot. Beispielsweise wurden feuchte Ökotope als Wiesen- und Weiderareale genutzt, wohingegen auf trockenen und flachen Hanglagen Ackerbau betrieben werden konnte. Steilhänge indessen sind meist durch Waldflächen eingenommen und für eine landwirtschaftliche Nutzung relativ ungeeignet. Weitere Villenstandorte Rheinhessens lagen in Quellnähe an oberen Tal- und Plateauhängen oder auf Rücken zwischen zwei Tälern.[41]

Im weiteren Verlauf soll der Frage nachgegangen werden, ob sich die für Rheinhessen exemplarisch herausgearbeiteten Ökotopgrenzlagen auch im Trierer Land nachweisen lassen. Immerhin konnte auch J.-P. Petit für den nahe gelegenen Bliesgau eine ganz ähnliche Situation darlegen.[42]

Wie sieht der Befund im Trierer Land aus? Die Villen müssten an Standorten liegen, die beide Nutzungsmöglichkeiten, Ackerbau und Viehzucht, einschließen. Dies könnte beispielsweise dort sein, wo fruchtbare Muschelkalkböden auf Sandsteinböden treffen oder sich Gewässer, beispielsweise Quellmulden oder Flussauen, in unmittelbarer Nähe zu Villen befinden.

Tabellen 2 und *3* sowie *Diagramm 2* zeigen eine Übersicht der Villen, die sich an einer geologischen Grenzlage befanden. Dabei fällt auf, dass es sich bei 20 von 59 betroffenen Standorten um einen Wechsel zwischen Hunsrückschiefer und fluviatilen Ablagerungen

---

39 H. Bayer, Die ländliche Besiedlung Rheinhessens und seiner Randgebiete in römischer Zeit, in: Mainzer Zeitschrift 62, 1967, 125–175.
40 Bayer 1967, 127.
41 Bayer 1967, 159. Eine Ausnahme bilden die Rebkulturen an den Steilhängen der Mosel und des Rheins, Forstwirtschaft und Schweinemast.
42 J.-P. Petit, Bliesbruck-Reinheim. Celtes et Gallo-Romains en Moselle et en Sarre (Paris 2005), 180.

handelt, das bedeutet, dass bei diesen Villen gezielt die Auenbereiche der Bäche und Flüsse in die Standortwahl mit einbezogen wurden. Dies ist ebenfalls bei einem Wechsel von Muschelkalk, Hunsrückschiefer, Keuper und Buntsandstein mit fluviatilen Ablagerungen der Fall. Insgesamt konnte bei 35 von 59 Beispielen solch ein Aufeinandertreffen von geologischem Sockel auf Bach- oder Flussläufe festgestellt werden. Bei den übrigen Beispielen trifft Keuper auf Muschelkalk (8 Beispiele) oder Buntsandstein auf Muschelkalk (13 Beispiele). Demnach wussten auch die Villenbetreiber im Trierer Land die verschiedenen natürlichen Ökotope für die unterschiedlichen agrarwirtschaftlichen Tätigkeiten auszunutzen.

II.1.6 Klimatische Voraussetzungen

Die klimatischen Verhältnisse während der Eisenzeit und der römischen Kaiserzeit im südlichen Deutschland können durch verschiedene naturwissenschaftliche Auswertungen annährend rekonstruiert werden.[43] Gernot Patzelt untersuchte anhand von Gletscherschwankungen und Jahrringanalyse von Hochlagebäumen, die in den Alpen von Gletschern umgefahren wurden, die klimatischen Veränderungen zwischen dem 1. Jh. v. Chr. und dem 5 Jh. n. Chr.[44] Dabei konnte Patzelt anhand des Gletscherwachstums nachweisen, dass einer feuchten und mäßig kühlen Periode im 1. Jh. v. Chr. eine Erwärmung nach der Zeitenwende folgte.[45] Diese ca. 300-jährige sog. „kaiserzeitliche klimatische Gunstperiode" dauerte nach Patzelt bis in die erste Hälfte des 4. Jh. n. Chr., in der eine beginnende Abkühlung eintrat, die um 450 n. Chr. ihren Höhepunkt erreichte, der durch einen Gletscherhöchststand abgeleitet werden kann.[46]

Hartwig Löhr konnte für den Mosel-Eifel-Raum durch Auswertung von Sedimentkernen aus den Eifelmaaren mit der Sauerstoffisotopenmethode und Pollendiagrammen eine relative Klimarekonstruktion vornehmen.[47] Nach Löhr begann die „Gunstphase" bereits ab 300 v. Chr. und wurde während der Zeit der Gallischen Kriege, also Mitte des 1. Jh. v. Chr., unterbrochen. Seit der zweiten Hälfte des 1. Jh. v. Chr. setzte sich ein feucht-maritimes Klima durch, das ab ca. 250 n. Chr. zu einem Klima mit größerer Winterkälte um 400 n. Chr. wandelte. Die Gunstperiode wurde jedoch immer wieder von kürzeren Trockenperioden unterbrochen. Löhr warnt demnach vor einer „pauschal durchgängigen römischen Gunstphase", da diese zwar ohne größere Wetteranomalien beschrieben wird, jedoch von punktuellen Ereignissen wie Trockenheit oder Hochwasser unterbrochen wurde.[48] Insgesamt ist jedoch davon auszugehen, dass die klimatischen Bedingungen während des ausgehenden 1. Jh. v. Chr. und der Mitte des 3. Jh. n. Chr. die Landwirtschaft begünstigten. Patzelt ist zudem der Ansicht, dass dadurch die Einführung neuer Kulturpflanzen ermöglicht wurde.[49]

---

43 Vgl. F. Sirocko (Hrsg.), Wetter, Klima, Menschheitsentwicklung. Von der Eiszeit bis ins 21. Jahrhundert (Darmstadt 2009).
44 G. Patzelt, Die klimatischen Verhältnisse im südlichen Mitteleuropa zur Römerzeit, in: H. Bender/H. Wolf (Hrsg.), Ländliche Besiedlung und Landwirtschaft in den Rhein-Donau-Provinzen des Römischen Reiches. Passauer Universitätsschriften zur Archäologie 2 (Espelkamp 1994), 7–20.
45 Patzelt 1994, 7.
46 Patzelt 1994, 7; Sirocko 2009, 144–149.
47 Löhr 2012. Zur Sauerstoffisotopenmethode vgl. 180, zu den Pollendiagrammen und 181, zu den klimatischen Verhältnissen während der Eisenzeit und der römischen Kaiserzeit 194–195.
48 Löhr 2012, 195.
49 Patzelt 1994, 7.

Neben den beschriebenen klimatischen Verhältnissen müssen weiterhin die regionalen Unterschiede im Bearbeitungsgebiet beachtet werden. Hier unterscheiden sich die kontinentalen Beckenlagen, zu denen das Mittlere Moseltal zählt, von den ozeanisch geprägten Mittelgebirgen, zu denen Hunsrück und Eifel gehören.[50] Die Mittelgebirgslagen verfügen über höhere Niederschlagsmengen, von denen zwischen 10 und 25%, nach Maßstäben des späten 20. Jh., als Schnee fallen. Dadurch und aufgrund der eingeschränkten Verdunstung dienen die Mittelgebirge als Wasserspeicher, die bis weit in den Sommer hinein die Wasserführung der Flüsse prägen und ausgleichen.[51] Zu diesen Flüssen gehören diejenigen des Arbeitsgebietes, welche von Eifel und Hunsrück aus in Richtung Mosel entwässern und somit auch die Landschaft und die Landwirtschaft beeinflussen.

---

50 G. Richter, Orohydrographische Karte, in: J. Negendank/G. Richter, Geschichtlicher Atlas der Rheinlande, Beiheft I, 1–5. Geographische und geologische Grundlagen (Köln 1982), 10–12, hier 11.
51 Richter 1982, 11.

II.2 Infrastruktur und Absatzmärkte

Nach den naturräumlichen Gegebenheiten, die Grundvoraussetzung einer ertragreichen Agrarökonomie waren, beschäftigen sich die folgenden Kapitel mit der vom Menschen geschaffenen Infrastruktur. Diskutiert wird die Frage, inwiefern sich das seit dem 1. Jh. v. Chr. ausgebaute römische Verkehrsnetz Galliens auf die Standortwahl der Villen auswirkte und wie die Verkehrsinfrastruktur zum Erfolg der Landwirtschaft beitrug. Weiterhin soll untersucht werden, auf welchen Absatzmärkten die in den Villen erwirtschafteten Überschüsse abgesetzt werden konnten. Die Frage nach dem regionalen Handel und dem Absatz agrarischer Produkte in Kleinzentren (Vici) und der Stadt Trier setzt die Annahme voraus, dass es sich bei den Villen des Trierer Landes nicht um reine Subsistenzbetriebe handelte, sondern dass Überschüsse auf den Märkten weitergehandelt wurden. Neuere Studien gehen davon aus, dass dies während der römischen Kaiserzeit der Fall war, da zum einen die Zentren von der umliegenden Landwirtschaft versorgt werden mussten und zum anderen durch den Absatz von Gütern weitere Anreize zur Produktionssteigerung gegeben wurden.[1] Darüber hinaus waren auch die ländlichen Betriebe nicht von der Geldwirtschaft ausgenommen, mussten beispielsweise Steuern zahlen oder sich auf den lokalen Märkten Werkzeuge u. Ä. beschaffen.[2] Neben den gehandelten agrarwirtschaftlichen Erzeugnissen mussten die für zahlreiche Handwerke und Produktionen benötigten Rohstoffe wie Leder und Wolle zur Weiterverarbeitung in die dörflichen oder städtischen Produktionszentren geliefert werden.

Ziel ist es, durch Einbeziehung der naturräumlichen Gegebenheiten in Verbindung mit der römischen Infrastruktur im Trierer Land die Voraussetzungen einer erfolgreichen Agrarökonomie darzustellen. Handelte es sich bei den hiesigen Villen ebenfalls um Betriebe, die neben der reinen Subsistenzwirtschaft auch marktorientiert waren und zur Versorgung der Vici und Städte dienten?

II.2.1 Verkehrswege zu Land und Wasser

Der römische Agrarschriftsteller Columella stellt in seinem Werk *De re rustica* die gute Verkehrsanbindung einer Villa als wichtigen Standortfaktor heraus.[3] Dieser im 1. Jh. n. Chr. auf italische Gutshöfe bezogene Ratschlag besitzt auch für die Villen des Trierer Landes seine Gültigkeit, mussten doch die agrarischen Güter, gerade die leicht verderblichen, möglichst rasch zu den Märkten gelangen. Folgt man den Thesen einiger moderner Agrarhistoriker, so fand der größte Teil der römischen Warenwirtschaft innerhalb eines engen Raumes statt.[4] Dies gilt nicht nur für gewerbliche Güter, sondern vor allem für landwirtschaftliche Produkte, wie K. Hopkins präzisiert: „This short-haul transport of the agricultural surplus, typically by farmers themselves to a nearly market town constituted the greatest proportion of all transport wich occured in the Roman world".[5] Die Thesen einiger Althistoriker, die der Schule der "Primitivisten" zuzuschreiben sind und nach deren Auffassung der römische

---

1 Drexhage/Konen/Ruffing 2002a, 93–94
2 Pleket 1990, 87; Drexhage/Konen/Ruffing 2002a, 93 mit weiterer Literatur.
3 Columella, De re rustica 1,2,3.
4 Pleket 1990, 80; Drexhage/Konen/Ruffing 2002b, 49.
5 K. Hopkins, Models, Ships and Staples, in: P. Garnsey/C.R. Whittaker (Hrsg.), Trade and Famine in Classical Antiquity (Cambridge 1983), 85.

Landverkehr ein Hemmnis für die Entwicklung der Wirtschaft gewesen sei, gelten heute als weitestgehend überholt.[6] Die Auswertung epigraphischer, ikonographischer und archäologischer Zeugnisse vermittelt vielmehr das Bild eines ausgesprochen gut organisierten Verkehrswesens in römischer Zeit.[7]

Die Fernstraßen, sog. viae publicae, bildeten die Basis des römischen Straßennetzes, gefolgt von zahlreichen Nebenstraßen, den viae vicinales und den viae privatae, die als Querstraßen zwischen Vici und Fernstraßen dienten.[8] Eine via privata lief nicht wie die anderen über öffentliches Territorium, doch wurde auf allen Straßen das ius eundi et agendi eingeräumt, also das Recht des Gehens, und für die Villenwirtschaft von Belang das Recht, Vieh auf ihnen zu treiben.[9] Die Landwirte konnten also alle Straßen für eine problemlose Lieferung der Agrargüter nutzen. Außer den Fern- und größeren Querverbindungen gab es noch ein „engmaschiges Netz von gepflasterten oder ungepflasterten Neben- und Dorfstraßen, von Trassen, Wegen und Trampelpfaden."[10] Problematisch bei diesen Wegen ist, dass sie im archäologischen Befund nur äußerst schwer nachweisbar sind; dennoch müssen sie angenommen werden, besonders bei den Standorten, die auf den ersten Blick, also nach unserem Kenntnisstand, über eine schlechte Verkehrsanbindung verfügten.[11] Alle Villen besaßen darüber hinaus Zugänge an das Fernstraßennetz, die sich ebenfalls archäologisch nur sehr schwer nachweisen lassen. Aus dem Trierer Land ist lediglich das Beispiel der Villa von Oberöfflingen „Auf der Warte" (Kat.–Nr. 129) bekannt, wo in ca. 15 m Entfernung zur Siedlungsstelle ein ca. vier Meter breiter, mit Schieferplatten ausgelegter Weg zur Fernstraße führte.[12]

Außer den Waren, die in einem regionalen Rahmen gehandelt wurden, gab es noch solche, die über die Grenzen der Civitas Treverorum hinaus vertrieben wurden, darunter auch diejenigen, deren Rohstoffe aus der Villenwirtschaft stammten. Genannt seien die Fabrikate der gallischen Textilherstellung, die reichsweit gehandelt wurden.[13] Dieser Handel konnte jedoch nicht mehr von den Villeninhabern selbst durchgeführt werden, sondern wurde von Negotiatoren übernommen, die auch in Trier und dem Trevererland bezeugt sind.[14]

Neben dem Straßennetz wurden, wenn möglich, Flüsse als Verkehrswege genutzt, da auf ihnen der Transport schneller durchzuführen war.[15] Dies trifft nicht nur für den Fernhandel

---

6 Vgl. Kapitel I.1.1.
7 Der Frage nach der Rolle des Verkehrswesens im wirtschaftlichen Gesamtgefüge kann an dieser Stelle nicht weiterverfolgt werden. Verwiesen sei auf: Frézouls 1990,463–471; M. Polfer, Der Transport über den Landweg – Ein Hemmschuh für die Wirtschaft der römischen Kaiserzeit?, in: Helinium 31.2, 1991, 273–295 mit ikonographischen Beispielen aus der Gallia Belgica; Drexhage/Konen/Ruffing 2002b, 45–51 mit einer wissenschaftlichen Auseinandersetzung.
8 H. Bender, Verkehrs- und Transportwesen in der römischen Kaiserzeit, in: H. Jankuhn u. a. (Hrsg.), Untersuchungen zu Handel und Verkehr der vor- und frühgeschichtlichen Zeit in Mittel- und Nordeuropa, Teil V. Der Verkehr, Verkehrswege, Verkehrsmittel, Organisation (Göttingen 1989), 108–154, hier 109 mit weiterer Literatur.
9 Bender 1989, 109.
10 Drexhage/Konen/Ruffing 2002b, 46.
11 Krausse 2006, 270.
12 Jahresbericht 1962–1965, in: Trierer Zeitschrift 30, 1967, 272.
13 Vgl. Kapitel III.2.1.
14 Eine Ausnahme stellt eventuell die Familie der Secundinier aus Igel dar. Die Reliefs auf der Igeler Säule können in diese Richtung gedeutet werden; vgl. Kapitel IV.2.1.1. Zum Fernhandel vgl. J. Krier, Die Treverer außerhalb ihrer Civitas. Mobilität und Aufstieg. Trierer Zeitschrift, Beiheft 5 (Trier 1981); Jacobsen 1995 mit einer Fallstudie zu Trier und Luik 2001, 245–282, besonders 270–276.
15 Bender 1989, 149–150 mit weiterer Literatur.

zu, sondern auch für die Beförderung agrarwirtschaftlicher Produkte im regionalen Rahmen. Dass dies auch im Trierer Land möglich war und welche Flüsse befahren werden konnten, soll in *Kapitel II.2.1.2* geklärt werden.

II.2.1.1 Straßen und Villen im Trierer Land

Die Forschung zu den römischen Straßen im Trierer Land stellt nach wie vor ein Desiderat dar, zumal die letzten grundlegenden Zusammenstellungen von J. Hagen aus dem Jahr 1931 und von J. Steinhausen aus dem Jahr 1936 stammen.[16] Verschiedene Untersuchungen befassten sich immer wieder mit der Thematik, behandelten meist jedoch das Straßennetz in einem größeren Rahmen oder konzentrierten sich auf einzelne Abschnitte, wie beispielsweise der sog. „Ausoniusstraße" von Bingen und Mainz nach Trier.[17] In der vorliegenden Arbeit werden dennoch wichtige Fernstraßen in einem Überblick vorgestellt, um sie anschließend in einen Zusammenhang mit den Villenstandorten zu stellen.

Trier war mit einem seit der frühen Kaiserzeit ausgebauten Netz von Fernstraßen ein wichtiger Verkehrsknotenpunkt zwischen Mittelmeer und Rhein.[18] Von Süden führten zwei Verbindungen von Metz nach Trier, je eine westlich und eine östlich der Mosel. Die westliche Trasse verlief von Metz über die Vici *Caranusca* (Garche, Frankreich) und *Ricciacus* (Dalheim, Luxemburg) nach Wasserbillig (Luxemburg), wo sie auf einer Brücke die Sauermündung überquerte und von dort aus entlang der Mosel nach Trier führte. Der östliche Weg verlief über den Saar-Mosel-Gau, führte über den Vicus Tawern über die Saarbrücke nahe bei deren Mündung in die Mosel nach Konz und schließlich nach Trier.[19] Eine weitere wichtige Südverbindung stellte die Straße in Richtung des Legionslagers Straßburg dar, die von Trier ausgehend über den Hunsrück nach Tholey (Kreis St. Wendel) und von dort aus über den Vicus Schwarzenacker (Saarpfalz-Kreis) weiter nach Straßburg führte.[20] Eine wichtige Ost-West-Verbindung war die Straße von Trier nach Bingen und Mainz, die im ersten Teil ihres Verlaufes in zwei Strecken verlief. Die erste Möglichkeit führte über den Hunsrück nach *Belginum* (Wederath) und von dort aus weiter nach Bingen. Die zweite Variante folgte zunächst der Mosel, von der aus man bei Neumagen einem Einstieg in den Hunsrück folgen konnte. Kurz vor *Belginum*, bei Elzerath, verbanden sich beide Strecken.[21] Bei der zweiten Variante handelt es sich um die bekannte „Ausoniusstraße", die ihren modernen Namen aufgrund der spätantiken Dichtung *Mosella* des Ausonius erhielt.[22] Nördlich der Mosel gab es

---

16 J. Hagen, Römerstraßen der Rheinprovinz (Bonn ²1931); Steinhausen 1936. Zum Desiderat vgl. Krausse 2006, 268.
17 Heinen 1985, 107–110 mit Beilage 1: Römische Straßen und Orte (Vici) im Gebiet der Treverer; W. Binsfeld, Ausonius-Straße, in: Römisch-Germanisches Zentralmuseum Mainz (Hrsg.), Führer zu vor- und frühgeschichtlichen Denkmälern 34. Westlicher Hunsrück. Bernkastel-Kues, Idar-Oberstein, Birkenfeld, Saarburg (Mainz 1977), 202–207 = Westlicher Hunsrück; H. Cüppers, Die römische Moselstraße Trier-Riol-Detzem-Neumagen und die Schlacht bei Rigodulum (70 n. Chr.), in: Westlicher Hunsrück, 240–246; H. Cüppers/C. B. Rüger, Geschichtlicher Atlas der Rheinlande. Beiheft III/1 – III/2. Römische Siedlungen und Kulturlandschaften (Köln 1985), 25–27 mit Karte III.1.
18 Heinen 1985, 107; Luik 2001, 273–275 mit weiterer Literatur.
19 Hagen 1931, 450–459; Heinen 1985, 107.
20 Hagen 1931, 459–475.
21 Hagen 1931, 324–419; Steinhausen 1932, 181–197; Heinen 1985, 108–109.
22 Decimus Magnus Ausonius, Mosella, Bissula, Briefwechsel mit Paulinus Nolanus, hrsg. und übersetzt von P. Dräger (Düsseldorf, Zürich 2002). Zum Teilverlauf der „Ausoniusstraße" vgl. W. Binsfeld, Ausonius-Strasse, in: Westlicher Hunsrück, 202–207 mit Beilage 2.

zwei Fernstraßen, die Trier mit dem Rhein verbanden. Zunächst verlief die Verbindung von Trier durch die Wittlicher Senke weiter entlang der Mosel nach Koblenz und Andernach.[23] Die zweite wichtigste Nord-Süd-Verbindung war diejenige von Trier nach Köln, die vorbei an den Vici *Beda* (Bitburg), *Ausava* (Oos/Büdesheim?)[24] und *Icorigium* (Jünkerath) über die Eifel führte.[25] Als letzte der großen Verbindungen verlief die Straße von Reims über *Orolaunum* (Arlon, Belgien), *Andethanna* (Niederanven, Luxemburg) und Wasserbillig (Luxemburg), wo sie in die Straße von Metz nach Trier mündete.[26]

Diese Straßen spielten aus den bereits genannten Gründen der Transportmöglichkeiten eine wichtige Rolle für die Villenwirtschaft des Trierer Landes. Doch lässt sich diese theoretische Annahme auch im Befund der Standorte in Bezug zu den Straßen erkennen?

Im näheren Einzugsbereich von ca. fünf Kilometern Entfernung zur Fernstraße von Trier nach Köln befanden sich 27 der im Katalog aufgeführten Villen *(Tabelle 4a)*. Dabei fällt auf, dass diese vermehrt im Einzugsgebiet des Vicus *Beda* (Bitburg) lagen, wie beispielsweise die Großvilla von Fließem-Otrang „Weilerbüsch" *(Kat.–Nr. 46)*. Noch mehr verdichtet sich die Besiedlung jedoch im südlichen Bitburger Gutland, das bereits zum Einzugsgebiet der Stadt Trier gehörte. Hier zeigt sich, dass zahlreiche Villen Bezug auf die wichtige Straße nahmen, beispielsweise die Standorte in der Gemarkung der heutigen Gemeinden Aach, Newel, Olk, Trierweiler und Welschbillig.[27]

Im Einzugsbereich der östlichen Straße von Trier nach Metz *(Tabelle 4b)*, die über den Mosel-Saar-Gau verläuft, liegen 14 Villenstandorte, auch diese vermehrt im Einzugsgebiet der Stadt Trier im Bereich des Unteren Saartales, wie beispielsweise die Großvillen von Könen „Ortslage" *(Kat.–Nr. 83)*, Wasserliesch „Ortslage" *(Kat.–Nr. 167)* und nicht zuletzt die Palastvilla von Konz „Kaiserpalast" *(Kat.–Nr. 84)*. In diesem Gebiet befand sich eine Brücke über die Saar nahe ihrer Mündung in die Mosel.[28]

17 Villen konnten im Einzugsgebiet der Straße von Trier nach Mainz nachgewiesen werden *(Tabelle 4c)*. Diese lagen besonders im Bereich der Gemeinde Neumagen-Dhron, wo die sog. „Ausoniusstraße" die Mosel verließ und entlang der Kleinen Dhron in den Hunsrück führte. Hier befanden sich noch weitere Villenstandorte in Nähe der Straße, wie beispielsweise Horath „Klosterwiesen" *(Kat.–Nr. 64)*.

Entlang der Straße von Trier nach Straßburg, die über einen Bergrücken zwischen Saar und Ruwer verlief, befanden sich zwölf Villen *(Tabelle 4d)*. Diese lagen vermehrt im Einzugsgebiet der Stadt Trier, wie die Standorte der Gemeinden Baldringen, Franzenheim und Vierherrenborn, vereinzelt aber auch in höheren Lagen des Hunsrücks, wie Hermeskeil oder die Villa von Mandern „Geierslay" *(Kat.–Nr. 97)*.

Auch die Straße von Trier nach Koblenz verfügte über Villen in ihrem Einzugsgebiet *(Tabelle 4e)*. Da diese Straße im Bearbeitungsgebiet durch die verkehrstechnisch günstige Wittlicher Senke verlief, nahmen die dortigen Villen Bezug auf die Straße. In einem Korridor von ebenfalls ca. fünf Kilometern Abstand zur Straße lagen zwölf Villenstandorte, da-

---

23 Hagen 1931, 254–270; Steinhausen 1936, 171–180.
24 Krausse 2006, 279.
25 Hagen 1931, 100–156; Steinhausen 1936, 132–159; Heinen 1985, 107–108.
26 Heinen 1985, Karte 1.
27 Zur Besiedlung des südlichen Bitburger Gutlandes vgl. Kapitel II.1.3. (Gutland).
28 Zum Siedlungsausschnitt in römischer Zeit im Bereich Konz, Könen und Wasserliesch vgl. H. Löhr/H. Nortmann, Ein spätlatènezeitlich-frührömischer Siedlungsausschnitt bei Konz-Könen, Kreis Trier-Saarburg und die naturhistorische Entwicklung ihres Umfeldes am Saarmündungstrichter. Mit einem Beitrag von Mechthild Neyses, in: Trierer Zeitschrift 63, 2000, 35–254, hier 110–119 mit Abb. 34.

runter die Großvillen von Schweich „Hofgarten" *(Kat.–Nr. 150)*, Bausendorf „Lichtacher Flur *(Kat.–Nr. 6)* und Wittlich „An der Lieser" *(Kat.–Nr. 186)*, aber auch mittlere Gutshöfe wie Hetzerath „Hambuch" *(Kat.–Nr. 62)*, der über große Speicherbauten verfügte. Eine Abbildung bei Dirk Krausse, auf der ein Abschnitt der Straße nach Koblenz sowie die Villa von Hetzerath „Hambuch" und weitere Fundstellen markiert sind, zeigt beispielhaft, wie sich eine Villa auf die in ca. 600 m Entfernung gelegene Straße beziehen konnte.[29] Das Villenhauptgebäude lag mit seiner Portikus in Richtung Straße orientiert, die Speicherbauten gruppierten sich um das Hauptgebäude. Zwischen diesem und der Straße befanden sich die Gräberfelder, darunter das Fundament eines Grabmonuments.[30] Dicht westlich der Villa (bereits auf Gebiet der Gemeinde Föhren) soll zudem der Grabstein des „Primulus" gefunden worden sein, möglicherweise steht auch dieser in Zusammenhang mit der Villa von Hetzerath „Hambuch".[31]

Bei allen großen Fernstraßen ist also eine Verbindung zwischen Villen und Straßen zu beobachten. Dabei fällt auf, dass sich die Höfe nur selten in unmittelbarer Nähe zu einem Fernweg befanden, sondern meist in einem Abstand von wenigen Kilometern, etwa 0,5–5 km. Die Verkehrswege waren jedoch nicht durchgängig besiedelt. Längere Wegabschnitte scheinen nach unserem Kenntnisstand durch unbesiedelte Gebiete geführt zu haben. Auffällig ist immer der Bezug zu einem Marktort, beispielsweise zum Vicus *Beda* (Bitburg). Je mehr sich eine Straße jedoch der Stadt Trier näherte, umso dichter wurde die Besiedlung. Gerade im südlichen Bitburger Gutland ist ein deutlicher Zusammenhang zwischen naher Großstadt, günstigen naturräumlichen Bedingungen und Transportmöglichkeiten erkennbar.

II.2.1.2 Flüsse und Villen im Trierer Land

Die Mosel diente seit frührömischer Zeit als Hauptverkehrslinie zwischen dem Mittelmeer, Gallien und dem Rhein.[32] Die nördlich der Mosel gelegenen Zuflüsse ergeben sich aus der Entwässerung der Eifel in Richtung Süden, die südlich gelegenen aus derjenigen des Hunsrücks in Richtung Norden.[33] Der zweitgrößte Fluss im Bearbeitungsgebiet ist die Saar, die den Hunsrück vom Mosel-Saar-Gau trennt und bei Konz in die Mosel fließt. Die beiden großen Flüsse waren in römischer Zeit schiffbar, doch auch bei mittleren und kleineren Flussläufen ist davon auszugehen, dass sie mit Flößen oder Prahmen befahren werden konnten.[34] Zu ihnen gehörten die Sauer, die nachweislich bereits in römischer Zeit als Verkehrsweg genutzt wurde.[35] Problematischer ist es, einen Floßverkehr bei kleineren Flüssen des Bearbeitungsgebietes wie der Ruwer oder der Kyll nachzuweisen. Auf diesen könnte ein zeitweiliger Floßverkehr möglich gewesen sein.[36] Problematisch ist die unterschiedliche Wasserhö-

---

29 Krausse 2006, 268 Abb. 185.
30 Jahresbericht 1971–1973, in: Trierer Zeitschrift 37, 1974, 279–280; Krausse 2006, Kat. 95.
31 F. Hettner, Die römischen Steindenkmäler des Provinzialmuseums zu Trier unter Ausschluss der Neumagener Monumente (Trier 1893), 92 Kat. 195 = Hettner 1893a; W. Binsfeld, Ein römisches Kindergrab, in: Kurtrierisches Jahrbuch 14, 1974, 226–227; A. Binsfeld, Auf den Spuren der Sklaven im römischen Trier, in: Funde und Ausgrabungen im Bezirk Trier 43, 2011, 7–22, hier 13–14.
32 Heinen 1976, 78–79.
33 Negendank/Richter 1982, 11.
34 Rothenhöfer 2005, 31 mit Fassungsvermögen und Belastungsmöglichkeiten von Prahmen.
35 Krausse 2006, 270.
36 M. Eckholdt, Die Schiffbarkeit kleiner Flüsse in alter Zeit. Notwendigkeit, Voraussetzungen und Entwicklung einer Rechenmethode, in: Archäologisches Korrespondenzblatt 16, 1986, 203–206. Dagegen spricht H. Löhr,

he bei Entwässerung der Mittelgebirge Hunsrück und Eifel, die starken Schwankungen ausgesetzt ist. Während das Abflussmaximum im Januar und Februar erreicht ist, kann von Juli bis September Niedrigwasser auftreten.[37]

M. Eckholdt berechnete, dass auf kleinen Flussläufen Boote verwendet werden konnten, die ca. 5–12 m lang, 0,50–0,90 m breit und 0,40–0,60 m hoch waren und über einen Tiefgang von 0,30–0,40 m verfügten. Auf solchen Flössen sei der Transport von ca. 0,2 bis 1 Tonne möglich, also genug Gewicht für die Beförderung von 1–2 Personen samt Gepäck und mitgeführten Lasten.[38] Auf diese Art konnten landwirtschaftliche Produkte und Holz schneller als auf dem Landweg an die Mosel und nach Trier gebracht werden.[39]

Dementsprechend wurden die Flussverbindungen auch zum Transport agrarwirtschaftlicher Güter genutzt. Zahlreiche Villenstandorte liegen in unmittelbarer Nähe zu einem Fluss; im Katalog werden die Entfernungen in Luftlinie angegeben. Wenn auch die Erreichbarkeit der Flüsse nicht der hier angegebenen Luftlinie entsprach, so bestand doch die Möglichkeit, über Täler und archäologisch nicht nachweisbare Querverbindungen die Flüsse zeitnah zu erreichen.

Die Mosel wurde für den Warentransport intensiv genutzt, dies zeigen deutlich die 121 Fundstellen, inklusive 29 Villen, die in der naturräumlichen Einheit des Mittleren Moseltales lagen *(Tabelle 5a)*. Auch an den Nebenflüssen befinden sich zahlreiche Standorte, besonders entlang der südlichen Sauer lagen 12 Villen auf einer Länge von ca. 30 km zwischen Wallendorf und der Sauermündung, die diesen Fluss mit Sicherheit als Verkehrsweg nutzten *(Tabelle 5b)*. Dabei gilt es noch zu bedenken, dass hier nur die Villen des Bearbeitungsgebietes aufgenommen wurden und nicht die zahlreichen Standorte auf luxemburgischer Seite, zu denen beispielsweise auch die Großvilla von Echternach gehörte.[40] Die dichte Besiedlung des Sauertales zeigt sich neben den Villen auch durch mehrere nachgewiesene Vici wie Wallendorf oder die Straßenstationen bei Echternach und Wasserbillig.[41]

II.2.2 Absatzmarkt Trier

Die Beschäftigung mit der Stadt Trier als Absatzmarkt agrarischer Produkte verlangt eine Auseinandersetzung mit der Forschung über die ökonomische Rolle der antiken Stadt und ihrer Wechselbeziehungen zu dem sie umgebenden Land.[42] Die historische und inzwischen auch archäologische Forschung setzt sich nach wie vor mit den Thesen Max Webers zum Wesen einer Stadt auseinander.[43] Weber unterscheidet Städte in ökonomischer Hinsicht in Konsumentenstädte, Produzentenstädte und Handelsstädte.[44] Demnach verstand er unter

---

RLM Trier (mündliche Auskunft), der gerade bei der Kyll eine Problematik in der Flussbettstruktur sieht, beispielsweise durch herausragende Geröllblöcke.
37 Richter 1982, 12.
38 Eckholdt 1986, 203.
39 Heinen 1976, 78.
40 J. Metzler/J. Zimmer/L. Bakker (Hrsg.), Ausgrabungen in Echternach (Luxemburg 1981).Vgl. Krausse 2006, Beilage 4.
41 Zur Fundstellenübersicht auf deutscher und luxemburgischer Seite vgl. Krausse 2006, Beilage 4: Römerzeitliche Fundstellen im Untersuchungsgebiet (Dirk Krausse).
42 Die im Folgenden entwickelte Definition einer Stadt bezieht sich vor allem auf ihre wirtschaftliche Funktion. Die zahlreichen weiteren Aspekte können nicht berücksichtigt werden.
43 M. Weber, Wirtschaft und Gesellschaft. Grundriss der verstehenden Soziologie (5. Auflage, Tübingen 2002).
44 Weber 2002, 729.

Konsumentenstädte diejenigen, deren Kaufkraft hauptsächlich auf geldwirtschaftlichen, vornehmlich kapitalistisch bedingten Rentenquellen beruhte. Produzentenstädte hingegen erreichten ihre Kaufkraft durch die Produktion in Fabriken, Manufakturen oder durch Heimarbeit, während Händlerstädte diese durch die Verhandlung heimischer und fremder Produkte gewinnen. Nach Max Weber ist ein Hauptkriterium zur Definition jeder Stadt deren Marktgeschehen. Dies bedeutet, dass von einer Stadt im ökonomischen Sinn erst dann gesprochen werden könne, wenn die ortsansässige Bevölkerung einen ökonomisch wesentlichen Teil ihres Alltagsbedarfs auf dem örtlichen Markt befriedigt und zwar besonders durch Erzeugnisse, welche die ortsansässige und die Bevölkerung des nächsten Umlandes für den Absatz auf dem Markt erzeugt oder sonst erworben hat.[45]

Der Wirtschaftshistoriker M. Finley griff die Ansichten Webers auf und bezeichnete die antike Stadt als Konsumentenstadt, allerdings mit der Einschränkung, dass keine der modellhaft vorgestellten Stadttypen absolut mit einer antiken Stadt übereinstimme, da deren Wirtschaft aus Landwirtschaft, Handwerk und Handel bestehe.[46] Durch weitere historische Forschungen, die insbesondere die Stadt-Umland-Wechselbeziehungen, Bevölkerungszahlen sowie archäologische und epigraphische Ergebnisse in ihre Untersuchungen mit einbeziehen, lassen sich die weberschen Unterscheidungskriterien nur noch bedingt auf die antiken Verhältnisse übertragen. Dennoch behalten bestimmte Aspekte weiterhin ihre Gültigkeit, allein schon die Feststellung, dass sich eine Stadt u. a. durch ihr Marktgeschehen definieren lässt.

Besonders im Hinblick auf die Villenwirtschaft spielt ein Aspekt der weberschen Theorie eine große Rolle in der Bewertung der ökonomischen Grundlagen der Stadt. Nach Weber ist der antike Vollbürger ein „Ackerbürger", der sich durch seinen eigenen *fundus* selbst ernähren könne.[47] Weiterhin halte eine städtische Elite Großgrundbesitz in ihren Händen und lebe von deren Einnahmen.[48] Weber entwickelte die Thesen aufgrund der antiken schriftlichen Quellen und demnach für das italische Kernland. Dennoch soll im weiteren Verlauf untersucht werden, inwiefern sich die Verhältnisse auch auf das Trierer Land während der Kaiserzeit übertragen lassen. Doch sollen zunächst noch weitere Aspekte der Stadt als Absatzmarkt vorgestellt werden, die seit M. Weber in der Forschung entwickelt wurden.

Für H. W. Pleket bestand das römische Reich aus „ökonomisch isolierten Gegenden", d. h. Kleinstädte, die mit dem sie umgebenden Territorium einen geschlossenen Wirtschaftskreislauf bildeten.[49] Diese als Vici zu bezeichnenden Kleinzentren werden in *Kapitel II.2.3* eingehender untersucht. Neben diesen gab es nach Pleket jedoch auch „Pole", also Großzentren, um die herum Wachstum stattfinden konnte. Zu diesen Polen zählt Pleket auch explizit Trier als ein Beispiel des römischen Westens.[50] Diese von ihm als „geschlossene Märkte" bezeichneten Zentren oder Regionen bedurften aufgrund des Bevölkerungsanstiegs ab dem 1. Jh. n. Chr. eines Marktes, auf dem die Überschüsse der im Umkreis liegenden Landwirtschaft gehandelt werden konnten. Die Entstehung der Städte im Westen des römischen Reiches sieht er in einem engen Zusammenhang mit der Entstehung der Villenwirtschaft.[51] In diesem Sinne kann Trier auch als „zentraler Ort" nach der Theorie von W. Christaller ange-

---

45 Weber 2002, 728.
46 M. I. Finley, The Ancient Economy (Berkeley/Los Angeles 1973), 194. Vgl. Hofmann-Salz 2011, 477 mit weiterer Forschungsdiskussion.
47 Weber 2002, 731.
48 Weber 2002, 731.
49 Pleket 1990, 61.
50 Pleket 1990, 61 und 83.
51 Pleket 1990, 78 und 80.

sehen werden, der eine übergeordnete politische, soziale, ökonomische und religiöse Funktion innehatte.[52]

Der Urbanisierungsprozess, der seit der römischen Eroberung auch im Westen des Imperiums vonstattenging, ist auch nach H.-J. Drexhage u. a. der wesentliche Auslöser für die Ausdehnung und Intensivierung der Agrarerzeugung.[53] Als Auswirkung der Urbanisierung soll beispielsweise die Felderkultur in Nordafrika und Syrien auch in „Marginalzonen" vorgedrungen sein, um die Städte der Provinzen zu versorgen.[54] In gewissem Maße lässt sich dieser Umstand auch auf die entlegenen Villenstandorte des Trierer Landes übertragen, die sich in Zonen von Hunsrück und Eifel befanden, die aber seit spätantiker Zeit unbesiedelt blieben und erst wieder ab dem Mittelalter erschlossen wurden. Zwar lässt sich nicht beweisen, dass diese Regionen aus Not an vorhandenem Siedlungsland und zur Versorgung Triers besiedelt wurden, doch sollte dieser Aspekt nicht unberücksichtigt bleiben.

Mit der Wechselbeziehung zwischen der antiken Stadt und dem Umland setzte sich im Jahr 1997 ein Kolloquium des Architekturreferates des Deutschen Archäologischen Instituts auseinander.[55] In einem Kolloquiumsbeitrag entwickelte Franziska Lang ein Modell von Stadt und Umland, das sich im Gegensatz zur politisch-administrativen Interaktion auf die Siedlungsstrukturen bezieht.[56] Lang präzisiert darin das Zusammenspiel von Stadt und Land auf einer theoretischen Ebene, die auch in vorliegender Arbeit angewandt werden soll: „Im Bereich der Wirtschaft war die Stadt Ort des Handels, technischer Produktion und Tauschplatz. Das Land lieferte die notwendigen Subsistenzen, ohne die die Stadt funktionsunfähig, nicht überlebensfähig wäre. Auf diesen Ebenen sind Interdependenzen Stadt – Umland zu beschreiben."[57]

Bevor auf diese Interdependenzen zwischen Trier und der Villenwirtschaft des Trierer Landes eingegangen werden kann, muss zunächst geklärt werden, ob die Stadt Trier den genannten Kriterien als Zentrum überhaupt gerecht wird und um welche Stadt im Sinne Webers es sich dabei handeln könnte.

Zunächst diente Trier als Marktort, in dem Waren der näheren und weiteren Umgebung verhandelt wurden. Archäologisch lässt sich diese Funktion anhand des Forums fassen, das den wirtschaftlichen und urbanen Mittelpunkt der Stadt bildete. Das ab dem späten 1. Jh. n. Chr. monumental ausgebaute Forum enthielt in einer u-förmigen Portikus Ladenzeilen, die dem Detailhandel dienten, und eine Kryptoportikus, die zur Lagerung von Massengütern vorgesehen war.[58]

Mit den Wirtschaftsaktivitäten des kaiserzeitlichen Trier setzten sich in zwei Untersuchungen Martin Luik und Gurli Jacobsen auseinander. Luik ging dafür nach der Beschrei-

---

52 W. Christaller, Die zentralen Orte in Süddeutschland. Eine ökonomisch-geographische Untersuchung über die Gesetzmäßigkeit der Verbreitung und Entwicklung der Siedlungen mit städtischer Funktion (1933, Reprint Darmstadt 1980), zitiert nach Lohmann 2009, 28.
53 Drexhage/Konen/Ruffing 2002a, 25.
54 Drexhage/Konen/Ruffing 2002a, 25.
55 E.-L. Schwandner/K. Rheidt (Hrsg.), Stadt und Umland. Neue Ergebnisse der archäologischen Bau- und Siedlungsforschung. Bauforschungskolloqium in Berlin vom 7. bis 10. Mai 1997 veranstaltet vom Architekturreferat des DAI (Mainz 1999).
56 F. Lang, Stadt und Umland – Ein komplementäres System, in: Schwandner/Rheidt (1999), 1-18.
57 Lang 1999, 8.
58 H. Cüppers, Das römische Forum der Colonia Augusta Treverorum, in: Festschrift 100 Jahre Rheinisches Landesmuseum Trier. Trierer Grabungen und Forschungen, Bd. 14 (Mainz 1977), 211–262; Luik 2001, 276–278; G. Breitner, Das römische Forum in Trier, in: A. Demandt/J. Engemann (Hrsg.), Konstantin der Große. Ausstellungskatalog, Trier 2007 (Mainz 2007), CD-ROM, Kat.-Nr. I.15.61.

bung der historischen Voraussetzungen den verschiedenen gewerblichen Produktionen und Handelstätigkeiten nach.[59] Durch seine Untersuchung konnte er Metallverarbeitung, Töpferhandwerk, Glasherstellung, Textilherstellung und Steinbearbeitung in großem Stil nachweisen. Es kann also davon ausgegangen werden, dass es sich bei Trier um eine Produzentenstadt gehandelt hat. In ihrer 1995 erschienenen Untersuchung zum Handel in den gallisch-germanischen Provinzen während der römischen Kaiserzeit setzte sich Gurli Jacobsen in einem Fallbeispiel auch mit Trier auseinander.[60] Durch die Auswertung der Verkehrsverhältnisse, der epigraphischen und ikonographischen Zeugnisse treverischer Händler in Trier und anderen Reichsteilen gelangte Jacobsen zu dem Schluss, dass die Treverer eine „dominierende Position im Handelsleben der gallischen und germanischen Provinzen" einnahmen.[61] Trier war demnach auch eine Handelsstadt. Doch darüber hinaus war Trier auch eine Konsumentenstadt, da hier die politisch-administrative Verwaltung der *Civitas Treverorum* lag und darüber hinaus der Finanzprokurator der *Gallia Belgica* und der Germanischen Provinzen seinen Sitz hatte.[62] Dies bezieht sich zunächst auf die ersten drei nachchristlichen Jahrhunderte. Die Situation der Spätantike mit dem Status Triers als Kaiserresidenz wird eingehender in *Kapitel III.2.3* beschrieben.

Zusammenfassend lässt sich sagen, dass in Trier die Bereiche Produktion, Handel und Verwaltung ausgeübt wurden und sich hier ein enormes Potential an Kaufkraft etabliert hatte. Aussagen zur Einwohnerzahl Triers könnten die wirtschaftliche Bedeutung weiter verdeutlichen, doch sind solche Zahlen schwer zu ermitteln und stellen einen ungenauen Faktor dar, weswegen die hier genannten Zahlen nur als Leitfaden dienen können. Heinz Heinen nannte für das 2. Jh. n. Chr. eine Zahl von über 20 000 Einwohnern, während Helmut Bender von ca. 15 000 und Henri W. Pleket von 25 000 bis 50 000 ausgingen.[63]

Die Einwohner Triers lebten demnach, und dies lässt sich trotz eventueller Einschränkungen beispielsweise bei den suburbanen Villen sagen, nicht von der Landwirtschaft, sondern sie mussten durch die Agrarerzeugnisse des Trierer Landes versorgt werden. W. Dörfler u. a. sprachen gar von einer „Sogwirkung" dieses städtischen Zentrums.[64] Weiterhin muss jedoch auch davon ausgegangen werden, dass hier eine Großgrund besitzende Elite lebte, deren Güter in der Villenwirtschaft des Trierer Landes sicherlich eine besondere Rolle spielten, wie dies in *Kapitel III.1.3* zu zeigen sein wird. Diese Großgrundbesitzer müssen nicht – wie von Max Weber geäußert – selbst agrarwirtschaftlich tätig gewesen sein, sondern sie ließen ihre Landgüter durch Verwalter betreiben. Zu suchen sind diese städtischen Eliten im *ordo decurionum* oder bei alten keltischen Landadelsfamilien, die viel Geld in ihren gesellschaftlichen Aufstieg investierten.[65]

---

59 Luik 2001, 245–282.
60 Jacobsen 1995.
61 Jacobsen 1995, 127.
62 Heinen 1985, 99.
63 Heinen 1985, 121; Bender 1997, 287–288; Pleket 1990, 83 mit Anm. 66.
64 W. Dörfler/A. Evans/H. Löhr, Trier-Walramsneustraße – Untersuchungen zum römerzeitlichen Landschaftswandel im Hunsrück-Eifelraum an einem Beispiel aus der Trierer Talweite, in: A. Müller-Karpe u. a. (Hrsg.), Studien zur Archäologie der Kelten, Römer und Germanen in Mittel- und Westeuropa. Alfred Haffner zum 60. Geburtstag gewidmet. Internationale Archäologie. Studia honoraria, Bd. 4 (Rahden in Westphalen 1998), 119–152 hier 145.
65 Frézouls 1990, 436; Drexhage/Konen/Ruffing 2002b, 25. Zu den Dekurionen vgl. Heinen 1985, 100–101.

II.2.2.1 Modell des Einzugsgebietes der Stadt Trier

Nachdem im vorausgegangenen Kapitel die Position Triers als Absatzmarkt agrarischer Güter der Villenwirtschaft aufgezeigt werden konnte, soll nun die Interaktion zwischen der Stadt und den Villen des Trierer Landes untersucht werden. Eng mit der Frage nach den Absatzmärkten, Agrargütern und der Verkehrsinfrastruktur verbunden sind die Thesen, in welcher Entfernung die Erwerbslandwirtschaften zu den Märkten liegen dürfen. Mit diesen Berechnungen beschäftigte sich eingehend U. Fellmeth in einer eigenen Studie.[66] Er versuchte anhand archäologischer und epigraphischer Angaben, bisheriger Forschungsergebnisse sowie durch Überlegungen zur praktischen Durchführung von Transporten Modelle über die Erreichbarkeit von Märkten zu erstellen. Bei einer mittleren Transportgeschwindigkeit hätten demnach regionale Märkte einen Einzugsbereich von ca. 10 km und städtische Märkte einen von ca. 15–20 km.[67] Da die Ergebnisse aufgrund der archäologischen und epigraphischen Gegebenheiten der italischen Landschaft Kampanien, die über eine große Dichte an Märkten verfügte, berechnet wurden, können sie nicht exakt auf die Situation in den Provinzen übertragen werden. Unklar bleiben aus diesem Grund die Unterschiede der Distanzangaben zwischen regionalen und städtischen Märkten, da die Infrastruktur sowohl die Erreichbarkeit eines Vicus und Triers in der gleichen Geschwindigkeit erlaubte. Weiterhin bestand die Möglichkeit, den Transport nicht nur am Markttag selbst vorzunehmen, sondern eine Übernachtung einzuplanen. Noch mehr in Frage gestellt werden die Angaben dadurch, dass nicht nur der Landtransport in Erwägung zu ziehen ist, sondern auch die Binnenschifffahrt.[68] Dadurch relativiert sich die durchschnittliche Reichweite eines Marktes von 15–20 km erheblich. Dieser Wert kann also nur bei Berechnungen und Messungen von Standorten angewandt werden, die über eine gute Landverbindung verfügen und nicht an einem schiffbaren Flusslauf liegen. Der Wert an sich berechnet sich durch die durchschnittliche Geschwindigkeit von Ochsen-, Pferde- oder Maultiergespannen. Dass diese Art des Transportes nach Ausweis einiger Reliefdarstellungen im Trierer Land auch angewandt wurde, kann die Distanzangabe von ca. 15–20 km ein Richtwert sein, mit dem sich ein Modell aufbauen lässt.[69] U. Fellmeth stellte in seiner Untersuchung ein eigenes Modell vor, das den Versuch unternimmt, das Einzugsgebiet einer Stadt bei verschiedenen Verkehrsanbindungen zu ermitteln.[70] Danach wird zunächst um eine Stadt, im vorliegenden Fall könnte dies das Trier des 2. Jh. n. Chr. sein, ein Radius von 15 km gezogen, der das Maximum eines Landtransportes pro Tag darstellt *(Karte 4)*. Diese Distanz erscheint zudem dadurch sinnvoll, da der nächstgelegene Vicus Tawern sich in ca. 16 km Entfernung befand.[71] Bereits bei einem Radius von 15 km entsteht eine Fläche von 706,9 km². Wenn ein Fluss zur Verfügung steht, im vorliegenden Fall die Mosel, die Sauer, die Saar und möglicherweise die Kyll, erweitert sich dieses Territorium erheblich, da auf einem Fluss die Güter schneller und demnach aus einer größeren Distanz geliefert werden können. Nicht berücksichtigt werden in diesem Modell Agrargüter, die über eine weitere Distanz und über mehrere Tage hinweg transportiert werden konnten,

---

66 Fellmeth 2002.
67 Fellmeth 2002, 69–71.
68 Fellmeth 2002, 69–71.
69 Auf weiterführende Modelle, die bei Fellmeth 2002 angesprochen werden, beispielsweise die „Thünen'schen Kreise", wird an dieser Stelle verzichtet. Vgl. Fellmeth 2002, 74–80. Zu den Wagendarstellungen vgl. Polfer 1991, 278–284.
70 Fellmeth 2002, 109–112.
71 Vgl. Kapitel II.2.3.

beispielsweise Getreide oder Tiere, die zur Schlachtung in die Stadt getrieben wurden. Dennoch ergibt sich durch diese, wenn auch sehr schematische, Berechnung ein Einzugsgebiet von mindestens 706,9 km², die weiteren Flussverläufe nicht inbegriffen, das zur täglichen Versorgung der Stadt Trier in Anspruch genommen werden konnte. Die ermittelte Fläche betraf somit fast alle Natur- und Kulturlandschaften des Trierer Raumes, angefangen im Süden mit dem Mosel-Saar-Gau und dem Saar-Ruwer-Hunsrück sowie des südlichen Bitburger Gutlandes und des Mittleren Moseltals. Alle diese Gebiete umfassten einen hohen Anteil an landwirtschaftlich nutzbarer Fläche, die dementsprechend intensiv bewirtschaftet wurde. Allein in dem 15-km-Radius um die Stadt Trier liegen zunächst, ohne chronologische Unterscheidung, 65 der im Katalog beschriebenen Villen und zusätzlich 167 der im Fundverzeichnis aufgeführten Fundstellen. Für eine chronologische Unterscheidung können nur die im Katalog aufgeführten Villen herangezogen werden, die auch Hinweise zu ihrer Datierung liefern. Von den 63 im Umkreis von Trier liegenden Villen liefern noch 36 Standorte Datierungshinweise *(Tabelle 6, Karte 4)*. Dabei wird deutlich, dass bereits in der zweiten Hälfte des 1. Jh. n. Chr. 15 Villen nachweislich existierten. Zur Zeit der größten Villendichte, in der ersten Hälfte des 3. Jh. n. Chr., lagen im Einzugsgebiet nachweislich 32 Villen. Zur Mitte des 4. Jahrhunderts hatten insgesamt 30 Villen Bestand, von denen immerhin noch zehn bis zu Beginn des 5. Jh. n. Chr. genutzt wurden.[72] Die zahlreichen nicht datierbaren Fundstellen des Trierer Landes sind hier, wie gesagt, nicht mit inbegriffen.

Wenn es sich bei den vorgestellten Befunden auch nur um schematische Modelle handelt, so kann damit doch festgestellt werden, wie dicht die Landschaft um Trier mit Villen besiedelt war und wie intensiv die Landwirtschaft betrieben worden sein musste, damit dieses urbane Zentrum zwischen der ersten Hälfte des 1. Jh. n. Chr. und dem beginnenden 5. Jh. n. Chr. versorgt werden konnte.

II.2.3 Absatzmärkte Vici

Als die nächstliegenden Absatzmärkte für Produkte der Villenwirtschaft können die Vici des Trierer Landes angesehen werden, die sich hauptsächlich entlang der Fernstraßen befanden. Der Begriff Vicus kann dabei für eine Vielzahl unterschiedlicher Siedlungsformen als Oberbegriff dienen, er beinhaltet jedoch keine rechtliche Stellung.[73] Weitere gängige Bezeichnungen sind „zentrale Orte"[74] oder „agglomérations secondaires".[75] Gemeinsam ist ihnen, dass es sich um eine „geschlossene Siedlung"[76] mit mehreren Hauseinheiten handelte. Dies unterscheidet sie von den Villen, die als Einzelsiedlung gelten. Für das römische Gallien werden sie als der Ort des „lokalen Warenaustauschs gegen Bargeld" angesehen.[77] Bei den Vici handelte es sich um Siedlungen, die neben der Marktfunktion auch als Straßenstationen, Umschlagplätze von Waren und Produktionsorte dienten.[78] Demnach musste auch hier eine Ver-

---

72 Zur Chronologie vgl. Kapitel III.2.
73 Heinen 1985, 121.
74 J. Kunow, Zentralität und Urbanität in der Germania inferior, in: Die römische Stadt im 2. Jh. n. Chr. Xantener Berichte, Bd. 2 (Köln 1992), 143–152, hier 143.
75 J.-P. Petit u. a. (Hrsg.), Les agglomérations secondaires. La Gaule Belgique, les Germanies et l'Occident romain (Paris 1994).
76 Heinen 1985, 121.
77 Drexhage/Konen/Ruffing 2002a, 94. Zur Marktfunktion der Vici vgl. auch Frézouls 1990, 459.
78 H. von Petrikovits, Römischer Handel am Rhein und an der oberen und mittleren Donau, in: K. Düwel u. a. (Hrsg.), Untersuchungen zu Handel und Verkehr der vor- und frühgeschichtlichen Zeit in Mittel- und Nordeu-

sorgung mit Lebensmitteln gewährleistet sein. Umstritten ist, inwiefern von den römischen Vici aus Landwirtschaft betrieben wurde. Bei Grabungen im Vicus Tawern (Kreis Trier-Saarburg) konnte beispielsweise eine Grube mit Tierknochenfunden ausgewertet werden, Hinweise auf Stallungen lagen jedoch nicht vor.[79] Weiterhin bestand die Möglichkeit, dass sich Villen in unmittelbarer Nähe zu Vici befanden, wie dies beispielsweise in Bliesbruck (Frankreich, Dép. Moselle) und der unmittelbar benachbarten Villa von Reinheim (Saarpfalz-Kreis) der Fall war. Dort befand sich in einem Umkreis von 9–11 km um Bliesbruck ein dichtes Netz an Villen, die in einem kausalen Zusammenhang mit dem Vicus standen.[80]

Die Beziehungen zwischen Vicus und Villa im Trierer Land sollen im Folgenden anhand des vorliegenden Befundes herausgestellt werden. Dafür werden zunächst die Vici in ihren Landschaften und der Lage an Fernstraßen verortet und anschließend mit dem Villenbefund ihrer näheren Umgebung verbunden.

Die Vici, oder auch „agglomérations secondaires" des linksrheinischen Deutschlands, also auch des Trierer Landes, teilte K.-J. Gilles in unterschiedliche Kategorien ein.[81] Dazu gehören Heilthermen, Quellheiligtümer, Pilgerheiligtümer, „Industrieanlagen", Civitashauptorte, Vororte größerer Städte und die an Fernstraßen errichteten Vici. In einigen Fällen lassen sich mehrere Kategorien auf einen Standort anwenden. So besteht der Vicus von Bausendorf „Moret" (Kreis Bitburg-Prüm), in der Wittlicher Senke an der Straße nach Andernach gelegen, aus mindestens zwei Heiligtümern und einer Reihe von mindestens fünf Streifenhäusern, die ansatzweise freigelegt wurden.[82] Ähnlich dem Befund von Bliesbruck – Reinheim liegt die Großvilla von Bausendorf „Lichtacher Flur" *(Kat.–Nr. 6)* in unmittelbarer Nähe des Heiligtums/Vicus.

Die bislang bekannten Vici wurden 1994 von K.-J. Gilles im „Atlas des agglomérations secondaires" zusammengestellt.[83] Sie können durch die bei D. Krausse 2006 aufgeführten Standorte ergänzt werden.[84] Anhand dreier Fallbeispiele sollen im Folgenden die Interaktionen zwischen Vicus und Villenlandschaft im Trierer Land herausgearbeitet werden.

Der Vicus *Beda* (Bitburg, Kreis Bitburg-Prüm), an der Straße von Trier nach Köln gelegen, entwickelte sich seit augusteischer Zeit zu einem großen wirtschaftlichen Zentrum, das seinen Höhepunkt im 2. und 3. Jh. n. Chr. erreichte.[85] Hier befanden sich Produktionsbetriebe, die Ziegel, Keramik, Glas und Metalle herstellten. Auf dem Gelände des Vicus errichtete man in konstantinischer Zeit ein Kastell, das bis in die Mitte des 5. Jh. n. Chr. genutzt wurde. Das *Itinerarium Antonini Augusti* nennt *Beda* als erste Station auf der Straße von Trier nach

---

ropa, Teil 1 (Göttingen 1985), 299–336, hier 314–315. Zu weiteren Lebensbereichen eines Vicus im weiteren Bereich Triers vgl. J.-P. Petit, Bliesbruck – Reinheim. Celtes et Gallo-Romains en Moselle et en Sarre (Paris 2005).

79 Zu den Tierknochenfunden vgl. Kapitel IV.1.6; zu den fehlenden Stallungen freundlicher Hinweis von Frau Dr. S. Faust, RLM Trier.

80 Petit 2005, 169, 180.

81 K.-J. Gilles, Les agglomérations secondaires de la Rhénanie, in: J.-P. Petit u. a. (Hrsg.), Les agglomérations secondaires. La Gaule Belgique, les Germanies et l'Occident romain (Paris 1994), 136–146 = Gilles 1994a.

82 Vgl. Jahresbericht 1974–1977, in: Trierer Zeitschrift 40/41, 1977/78, 398–401 mit Abb. 12 und Krausse (2006), 281–282 mit Abb. 193.

83 K.-J. Gilles, Rhénanie, in: J.-P. Petit u. a. (Hrsg.), Atlas des agglomérations secondaires de la Gaule Belgique et des Germanies (Paris 1994b), 268–286 = Gilles 1994b.

84 Krausse 2006, Katalog und Tafel 4 „Römerzeitliche Fundstellen".

85 M. Frey/K.-J. Gilles/M. Thiel, Das römische Bitburg. Führer zu den archäologischen Denkmälern des antiken Beda (Trier 1995); Gilles 1994b, 271–272; Krausse 2006, 279.

Köln.⁸⁶ Bitburg gehört aufgrund seiner Größe und seiner Bedeutung als Straßenstation sowie Produktionsort zu den wichtigen ländlichen Zentren. Dementsprechend befinden sich in seiner näheren Umgebung, in einem Umkreis von zehn Kilometern, viele Villenstandorte, darunter die Großvillen von Fließem-Otrang „Weilerbüsch" *(Kat.–Nr. 46)* in ca. 5 km, Mettendorf „Menschengraben" *(Kat.–Nr. 106)* in ca. 6,5 km, von Mötsch „Folker" *(Kat.–Nr. 111)* in ca. 2 km, Oberweis „Auf der Steinrausch" *(Kat.–Nr. 131)* in ca. 7,5 km und Metterich „Auf dem Berg" *(Kat.–Nr. 107)* in ca. 4 km Entfernung.

Wird der in *Kapitel II.2.2.1* beschriebene Radius von zehn Kilometern zur Versorgung eines Vicus angewandt, der eine Fläche von 314,2 km² ergibt, befanden sich im Einzugsgebiet Bitburgs 24 Villen *(Tabelle 7a und Karte 5)*.

Der Vicus Tawern (Kreis Trier-Saarburg) lag an der östlichen Straße von Metz nach Trier, im Mosel-Saar-Gau.⁸⁷ Der Vicus befand sich ca. 16 km südwestlich von Trier und somit kurz vor dessen Einzugsgebiet.⁸⁸ Er umfasste mehrere Streifenhäuser, die sich entlang der Fernstraße zogen, einen Torbogen, der diese überspannte und einen Tempelbezirk auf dem benachbarten Metzenberg. Ein wichtiger Erwerbszweig war das Schmiedehandwerk, das im östlichen Bereich des Vicus festgestellt werden konnte. Möglicherweise steht dies in einem Zusammenhang mit der Straße, an der Reisende und Händler ihre Wagen reparieren lassen konnten. Im Zehn-km-Einzugsbereich des Vicus Tawern befanden sich 23 Villen *(Tabelle 7b und Karte 6)*.

Belginum (Wederath, Kreis Bernkastel-Wittlich), an der Straße von Trier nach Bingen und Mainz gelegen, verfügte in römischer Zeit über die für einen Vicus typischen Strukturen.⁸⁹ Zu ihnen gehörte die Wohnbebauung ebenso wie die Heiligtümer und das Gräberfeld, dessen Nutzung eine Kontinuität von der jüngeren Hunsrück-Eifel-Kultur des 4. Jh. v. Chr. bis in die Spätantike des 4. nachchristlichen Jahrhunderts aufweist.⁹⁰ Seine größte Ausdehnung erreichte der Vicus im 2. und 3. Jh. n. Chr. 275/6 n. Chr. wurde er weitestgehend zerstört und erlangte danach nur mehr eine geringe Bedeutung.⁹¹ Das Umland von *Belginum* hat den agrarökonomischen Nachteil, dass sich hier die relativ schlecht zu bewirtschaftenden Böden des Hunsrücks befinden. Dementsprechend lagen im Zehn-Kilometer-Umkreis von *Belginum* nur vier Villen *(Tabelle 7c und Karte 7)*.

Neben den hier vorgestellten Vici lagen im Trierer Land weitere Ansiedlungen, die ebenfalls als Kleinzentren angesehen werden können. Nahe der Stadt Trier, auf der linken Moselseite, befand sich der *Vicus Voclannionum*, an den Straßen Trier-Köln und Trier-Reims gelegen. Weihungen, Baureste römischer Gebäude und ein Gräberfeld zeugen von einer

---

86 Krausse 2006, 279.
87 S. Faust, Der römische Vicus von Tawern. Neue Grabungsergebnisse, in: Funde und Ausgrabungen im Bezirk Trier 28, 1996, 23–30; S. Faust, Der gallo-römische Vicus bei Tawern (Kreis Trier-Saarburg), in: R. Gográfe/K. Kell (Hrsg.), Haus und Siedlung in den römischen Nordwestprovinzen. Grabungsbefund, Architektur und Ausstattung. Internationales Symposion der Stadt Homburg vom 23. und 24. November 2000 (Homburg/Saar 2002), 133–139.
88 Vgl. Kapitel II.2.2.1. Angenommen wird dort ein Einzugsgebiet um Trier von ca. 15 km.
89 Gilles 1994b, 284; R. Cordie (Hrsg.), Belginum. 50 Jahre Ausgrabungen und Forschungen (Mainz 2007).
90 A. Haffner (Hrsg.), Gräber/Spiegel des Lebens. Zum Totenbrauch der Kelten und Römer am Beispiel des Treverer-Gräberfeldes Wederath-Belginum. Schriftenreihe des Rheinischen Landesmuseums Trier 2 (Trier/Mainz 1989); C. A. Möller, Die latènezeitlichen Gräber von Wederath-Belginum. Ein Überblick über Forschungsstand, Fragestellungen und Methodologie einer Auswertung, in: Cordie 2007, 59–107; N. Geldmacher, Belegungsgeschichte der Nekropole von Wederath-Belginum in römischer Zeit, in: Cordie 2007, 117–126.
91 Gilles 1994b, 284.

Besiedlung vom 1. bis ins 4. Jh. n. Chr.[92] In Neumagen-Dhron (Kreis Bernkastel-Wittlich), an der Straße Trier-Bingen-Mainz, unmittelbar an der schiffbaren Mosel gelegen, befand sich ein Vicus mit Schiffanlegestelle. An der Stelle des Vicus entstand in spätantiker Zeit ein Kastell.[93]

Wallendorf (Kreis Bitburg-Prüm) oberhalb der Sauer gelegen, zählt eher zu den kleinen Ansiedlungen.[94] In Wasserbilligerbrück befand sich eine Brücke über die Sauer, die aufgrund der Lage an den Fernverbindungen von Metz nach Trier und von Reims nach Trier von großer Bedeutung war. Möglicherweise bildete sich bereits seit der Erbauung der Straßen 18/17 v. Chr. hier eine Ansiedlung.[95] Kastel-Staadt auf einem Felsplateau oberhalb der schiffbaren Saar gelegen, entwickelte sich aus einem keltischen Oppidum zu einem eher unbedeutenden, weil abgelegenen, Vicus, der jedoch kontinuierlich bis ins frühe Mittelalter besiedelt war.[96]

Neben diesen bekannten, erforschten und veröffentlichten Vici ist mit einer weiteren Zahl an unbekannten oder nur durch Luftbilder oder Zufallsfunde bekannten Standorten zu rechnen. Ebenfalls nicht angesprochen wurden Ansiedlungen, die zum größten Teil der Warenproduktion dienten, beispielsweise den Töpfereien im Speicherer Wald.[97] Weiterhin ist bei einigen Fundorten nicht klar, ob es sich um eine Villa oder aufgrund der Ausdehnung nicht doch eher um einen Vicus handelt, wie beispielsweise in Aach „Kuhpeter" (Kreis Trier-Saarburg).[98] Diese an der Straße von Trier nach Köln gelegene Siedlungsstelle zieht sich auf über 200 m den Kuhpeterberg hinauf. Wegen der wiederholt festgestellten Keller, Treppen und Fundamente ging Krausse davon aus, dass es sich um eine „vicusartige Siedlung entlang der Fernstraße" handelte.[99] Zuletzt wurden an einigen der Vicusstandorte in spätantiker Zeit Kastelle errichtet, die in *Kapitel II.2.4* im Rahmen der militärischen Absatzmärkte behandelt werden.

Wie sich an den drei Fallbeispielen und den weiteren Vici zeigte, war das Trierer Land mit einem Netz von Ansiedlungen durchzogen, die für die Villenwirtschaft einen nicht unerheblichen Absatzmarkt darstellten. Zum einen musste die dortige Bevölkerung mit Agrargütern versorgt werden, andererseits dienten die kleinen Wirtschaftszentren als Märkte für den Verkauf der landwirtschaftlichen Waren oder den Tausch gegen nicht selbst erzeugbare Produkte wie Werkzeug, Töpfereiwaren etc. Gerade im Umkreis des Vicus von Bitburg konnte sich eine prosperierende Villenwirtschaft entwickeln. Dies lag an den günstigen naturräumlichen Faktoren wie den für die Landwirtschaft brauchbaren Muschelkalkböden und den Flüssen, die das Gebiet in Nord-Süd-Richtung durchlaufen, aber auch an den wichtigen Verkehrswegen, vor allem der Fernstraße von Trier nach Köln. Dass gerade die oben genannten Großvillen in einem Zusammenhang mit Bitburg standen, kann daran gezeigt werden, dass sich sowohl im westlichen, als auch im östlichen anschließenden Territorium fast keine Großvillen mehr befinden. Erst im südlichen Bereich, in Richtung Trier und entlang der Mosel, verdichtete sich wieder das Villennetz und auch erst hier lassen sich wiederum Großvillen finden.

---

92 Gilles 1994b, 283–284.
93 Gilles 1994b, 277.
94 Krausse 2006, 146–230.
95 Krausse 2006, Kat. 1393 mit weiterer Literatur.
96 Gilles 1994b, 275.
97 Gilles 1994b, 281.
98 Steinhausen 1932, 3 (7); Krausse 2006, Kat. 1342.
99 Krausse 2006, Kat. 1342.

Anders stellte sich der Befund in Tawern und Wederath dar. Zwar liegt der Vicus Tawern auch in einer besonders fruchtbaren und verkehrsgünstigen Lage des Mosel-Saar-Gaues, doch erlangte der Standort an sich nicht die Bedeutung, die Bitburg in römischer Zeit erreichte. Dennoch befanden sich in Nähe des Vicus im Mosel-Saar-Gau auch zahlreiche Villen, die zur Versorgung des Standortes dienten. Doch ist davon auszugehen, dass die dort gelegenen Großvillen eher in Bezug auf Trier und der bevorzugten Mosellandschaft zu sehen sind, da sich hier zwei Einzugsbereiche schnitten.

Belginum (Wederath) wiederum erlangte eine ähnliche Bedeutung wie Bitburg und war vor allem durch seine verkehrsgünstige Lage ein wichtiger Knotenpunkt. Dennoch konnten in diesem Bereich nur wenige Villenstandorte festgestellt werden, die auf für die Landwirtschaft eher ungünstigen Böden des Hunsrücks lagen. Die hier angesiedelten Villen gehören jedoch zu den kleineren, rein agrarischen Standorten. Großvillen befanden sich nicht im Bereich des Hunsrücks und demnach auch nicht im Bereich des Vicus *Belginum*. Durch seine Lage an der wichtigen Straße nach Mainz ist dennoch davon auszugehen, dass in *Belginum* keine Versorgungsengpässe herrschten, sondern dass der Vicus von Villen der weiteren Entfernung versorgt wurde. Dafür sprechen auch die vielseitigen Pflanzenfunde aus *Belginum*, die in *Kapitel IV.1.1* ausführlich besprochen werden.

II.2.4 Absatzmarkt Militär

Die Versorgung des römischen Militärs mit agrarischen Gütern im Allgemeinen und mit Getreide im Besonderen stellte eine große logistische Herausforderung dar. Im Folgenden soll der Frage nachgegangen werden, inwiefern sich auch die Villenwirtschaft des Trierer Landes an der Versorgung des römischen Heeres beteiligte und zu welcher Zeit.

Mit dem Heer als Wirtschaftsfaktor setzte sich eingehend L. Wierschowski auseinander.[100] Er stellte zunächst allgemeine Überlegungen zur Ernährung des stehenden Heeres auf. Demnach bestand die Möglichkeit, dieses durch Steuern und Abgaben, also auch des landwirtschaftlichen Ertrages, zu versorgen. Da diese Steuern jedoch auch zivilen Zwecken dienten, musste der größere Teil über andere Mittel eingetrieben werden.[101] Wenn nicht, wie in einigen Fällen bezeugt, die Versorgung auf gewaltsame Weise gewährleistet wurde, bestand in der Regel die Möglichkeit, Getreide durch Kauf zu erwerben. Dies konnte Wierschowski anhand schriftlicher Quellen besonders für das 1. und 2. Jh. n. Chr. herausstellen. Marschierende Heere mussten von den an der Marschroute gelegenen Städten versorgt werden.[102] Diese hier nur summarisch dargestellte Handhabung änderte sich erst gegen Ende des 2. Jh. n. Chr., als die Versorgung des Militärs sich schwieriger gestaltete und schließlich unter Septimius Severus die *annona militaris*, eine Sondererhebung zur Heeresversorgung, eingeführt wurde.[103]

Durch die stehenden Heere, deren Begleitung und schließlich die Kastellvici (*canabae legionis*) fand aufgrund der Kaufkraft des Heeres im Bereich dieser Garnisonsorte ein wirtschaft-

---

100 L. Wierschowski, Heer und Wirtschaft. Das römische Heer der Prinzipatszeit als Wirtschaftsfaktor (Bonn 1984). Darin besonders 151–173 „Das System der Heeresversorgung mit agrarischen Massengütern".
101 Wierschowski 1984, 152–153. Wie groß der Anteil der Steuern zur Heeresversorgung war, ist nicht zu bestimmen.
102 Wierschowski 1984, 151 mit Anm. 601.
103 Wierschowski 1984, 153.

licher und damit auch ein agrarwirtschaftlicher Aufschwung statt, der sich archäologisch durch eine dichte Villenstruktur fassen lässt, die sich in den entsprechenden Regionen etablieren konnte. P. Rothenhöfer berechnete beispielhaft, dass die Bewohner des südlichen Niedergermaniens aus dem eigenen Land versorgt werden konnten, inklusive des dort stationierten Militärs.[104] Eine Versorgung des am Niederrhein stationierten Militärs vom 1. bis zum 3. Jh. n. Chr. durch Lebensmittel aus dem Trierer Land scheint daraufhin sehr unwahrscheinlich zu sein.[105] Dennoch muss davon ausgegangen werden, dass auch die Villenwirtschaft an der Versorgung mindestens partiell beteiligt war. Auch wenn direkte Zeugnisse zur Belegung dieser These fehlen, können einige Argumente aufgeführt werden, die eine solche Beteiligung sehr wahrscheinlich machen. Zunächst mussten die Landwirte des Trierer Landes auch die üblichen Abgaben leisten, die sich aus Steuern und Naturalien zusammensetzen konnten. Weiterhin muss auch für Trier aufgrund der verkehrstechnisch günstigen Lage, die die Verschiebung großer Truppenkontingente ermöglichte, mit der Versorgung durchziehender Heere gerechnet werden. Ein weiteres indirektes Beispiel für die Lieferung von Lebensmitteln aus Gallien für die am Rhein stationierten Truppen liefert Tacitus in den Historien: Im Jahr 69/70 n. Chr. war am Niederrhein einer Dürre eine schlechte Ernte gefolgt, die im Zusammenhang mit den Bataveraufständen Engpässe bei der Versorgung des Heeres hervorrief.[106] Zudem weigerten sich die um Hilfe gebetenen gallischen Stämme zu Tributlieferungen. Zwar gilt es zu bedenken, dass die Begebenheit unter den besonderen Umständen des Bürgerkrieges des Vierkaiserjahres stattfand, dennoch wird durch die Quelle deutlich, dass auch aus Gallien Tributzahlungen an das Heer zu dessen Versorgung gefordert wurden. Leider werden bei Tacitus keine Angaben über die gallischen Stämme gemacht, doch ist davon auszugehen, dass das Trevererland in diesem Fall betroffen war, da es von allen gallischen Civitates den Kampfhandlungen am Rhein geographisch am nächsten lag.

Auf die sich durch die Erhebung Triers zur Kaiserresidenz, und in diesem Zusammenhang die Stationierung militärischer Einheiten, veränderte Situation wird eingehender in *Kapitel III.2.3.2* eingegangen.

---

104 Rothenhöfer 2005, 56–57.
105 Vgl. H. Cüppers, Wirtschaft und Handel im Trierer Land zur Römerzeit, in: L. Friedrich (Hrsg.), Beiträge zur trierischen Landeskunde. Unterrichtsmaterialien für Geschichte und Geographie (Trier 1979), 33–40, hier 33. Einzige Ausnahme das Problem der Heeresversorgung, vgl. Rothenhöfer 2005, 57.
106 Tac. Hist. 4, 26; vgl. Wierschowski 1984, 154.

III. Typologie und Chronologie

III.1 Typologie

III.1.1 Hoftypologie

Die Hoftypen der Villen des Trierer Landes weisen in der Regel keine Besonderheiten auf, sondern orientieren sich mit Ausnahme weniger Standorte an den gängigen Hoftypen römischer Villen in den Nordwestprovinzen. Sie werden nach F. Reutti in Größe und Form durch ihre Begrenzungen, beispielsweise durch Mauern, markiert.[1] Diese lassen sich bei einigen Villen des Bearbeitungsgebiets nicht mehr oder nur noch partiell nachvollziehen. Dennoch kann aufgrund der Lage der Nebengebäude und vorhandener Begrenzungsmauern bei einigen Villen der Hoftyp bestimmt werden.

Die Großzahl der Villen gehört zur Kategorie der Streubauhöfe, deren Hofareal nach F. Reutti zwischen einem und drei Hektar umfasste.[2] Die wichtigste Eigenschaft dieses Typus liegt darin, dass die Wirtschaftsgebäude nicht auf einer Achse, sondern unregelmäßig im Hof verteilt liegen.[3] Alle im Bearbeitungsgebiet vorhandenen Streubauhöfe verfügten über ein Hauptgebäude im Typ „Risalitvilla".

Zu den Streubauhöfen gehörte die Villa von Hetzerath „Hambuch" *(Kat.–Nr. 62)*, deren Verteilung von Haupt- und Nebengebäuden sich anhand von Luftbildern nachvollziehen lässt *(Abb. 29 und 30)*.[4] Im zum Hauptgebäude rückwärtigen Bereich des Hofes lagen Wirtschaftsgebäude entlang der Hofmauer, darunter ein auffällig großer Bau, der möglicherweise als Horreum diente.[5] Im vorderen Bereich des Areals befanden sich ein größeres Nebengebäude sowie ein in einiger Entfernung liegender Bau, die beide ebenfalls als Speicherbauten interpretiert werden können.[6]

Das am besten erforschte Beispiel eines Streubauhofes stellt die Villa von Lösnich „Hinterwald" *(Kat.–Nr. 94)* dar. Obwohl hier keine Hofummauerung nachgewiesen werden konnte, ist es offensichtlich, dass die ausgegrabenen und publizierten Nebengebäude nicht axial angeordnet waren, sondern sich verstreut im Bereich vor dem Hauptgebäude befanden.[7]

Ebenfalls zu den Streubauhöfen gehören die Villen von Leiwen „Auf Hostert" *(Kat.–Nr. 90)*, von der zwei Nebengebäude nachgewiesen werden konnten, und von Mandern „Geierslay" *(Kat.–Nr. 97)*. In Mandern blieb ein Teil der Umfassungsmauer erhalten, die nicht parallel zum Hauptgebäude verlief, sowie zwei Nebengebäude, die sich als Schutthügel im Gelände abzeichneten.[8] Bei keiner der Streubauhofvillen konnte die gesamte Ummauerung

---

1 Reutti 2006, 380.
2 Reutti 2006, 380.
3 Reutti 2006, 380.
4 Krausse 2006, 271–272 und 268 mit Abb. 185.
5 Vgl. Kapitel IV.1.8.
6 Vgl. Kapitel IV.1.8.
7 Moraitis 2003.
8 A. Haffner, Die römische Villa bei Mandern, Kreis Trier-Saarburg, in: Trierer Zeitschrift 40/41, 1977/78, 95–106.

des Geländes nachgewiesen werden, so dass auch keine Angaben zu den von Reutti vorgeschlagenen Größenverhältnissen gemacht werden können.

Axialhofvillen verfügten über größere Hofareale als Streubauhöfe und über ein großes Hauptgebäude, meist im Typ einer Portikusvilla mit Eckrisaliten oder in einer individuell gestalteten Großvilla. Bei Villen dieses Typs wird die *pars urbana* mit Hauptgebäude von der *pars rustica* mit Wirtschaftsgebäuden durch eine Mauer oder einem Graben getrennt. Die Größe der Höfe liegt nach F. Reutti zwischen 3 und 13 Hektar.[9] Er bezeichnet den Raum Trier und die Eifel als einen „Verbreitungsschwerpunkt" der Axialhofvillen.[10]

Alle genannten Kriterien passen zur Villa von Fließem-Otrang „Weilerbüsch" *(Kat.–Nr. 46)*. Bei diesem längsaxial angelegten Hof trennt eine Mauer *pars rustica* und *pars urbana*, in der sich das individuell gestaltete Hauptgebäude befand. In der *pars rustica* lagen die Nebengebäude axial entlang der Hofummauerung, die insgesamt eine Länge von 280 m und eine Breite von 132 m einnahm und somit eine Größe von 36 960 m² aufwies.[11]

Eine ganz ähnliche Struktur besaßen die Villen von Meckel „Scheiwelsheck" *(Kat.–Nr. 99)* und Wittlich „An der Lieser" *(Kat.–Nr. 186)*. In Meckel, deren Hof eine Größe von ca. 36 600 m² umfasste, waren *pars rustica* und *pars urbana* ebenfalls durch eine Mauer getrennt. In Wittlich ist davon auszugehen, dass die Trennung durch das Flüsschen Lieser erfolgte.[12] Hier konnten nur Teile der Umfassung nachgewiesen werden, so dass eine Größenbestimmung des Hofes bislang nicht erfolgen kann.

Durch geomagnetische Bodenprospektionen konnten C. Mischka und P. Henrich bei der Villa von Mettendorf „In der Ay" *(Kat.–Nr. 105)*, die ebenfalls zu den Axialhofvillen zählt, eine Trennung zwischen *pars rustica* und *pars urbana* dokumentieren, die aus einem Graben bestand.[13] Die beiden in den Prospektionen erscheinenden Nebengebäude lagen zwar in einer Flucht mit dem Hauptgebäude, jedoch nicht in einer strengen Axialität. Die bei Großvillen vorgenommene Trennung zwischen *pars urbana* und *pars rustica* hatte vor allem soziale Gründe. Zusammen mit der Monumentalität und Axialität der Hauptgebäude und deren physischer Abgrenzung entstand eine Trennung zwischen der Familie des Villenbesitzers und den von ihm unabhängigen Arbeitern, Pächtern oder Sklaven.[14]

In der Regel weit seltener, im Trierer Land jedoch nachgewiesen, sind die sog. queraxialen Höfe. Das bekannteste Beispiel eines solchen Hofes, bei dem sich das Hauptgebäude an einer Langseite der Ummauerung befand, ist die Villa von Newel „Im Kessel" *(Kat.–Nr. 118)* mit einem Hofareal von ca. 6000 m².[15] Durch Luftbilder kann auch die Villa von Welschbillig „Knaulöft" *(Kat.–Nr. 178)* diesem Typ zugeordnet werden.

---

9 Reutti 2006, 380.
10 Reutti 2006, 380.
11 Vgl. Kapitel IV.1.8.
12 Goethert/Goethert (2008), 59 mit neuer Rekonstruktion Abb. 16c.
13 P. Henrich/C. Mischka, Die römische Axialvillenanlage von Mettendorf, „In der Ay", Eifelkreis Bitburg-Prüm, in: Funde und Ausgrabungen im Bezirk Trier 40, 2008, 75–83, hier: Rekonstruktion 2007 Abb. 16c.
14 D. Habermehl, Exploring villa development in the northern provinces of the Roman Empire, in: N. Roymans/ T. Derks, Villa Landscapes in the Roman North. Economy, Culture and Lifestyle (Amsterdam 2011), 61–82, hier 70. Zur Diskussion, ob es sich bei den Mitarbeitern um Sklaven handelte, die an dieser Stelle nicht weiterverfolgt werden kann, vgl. Krausse 2006, 271 mit weiterer Literatur.
15 Falsche Angabe (9000 m²) bei Cüppers/Neyses 1971a, 221 und Heinen 1985, 137. Richtige Angabe von 6000 m² bei Cüppers 1977, 177 und H. Cüppers, Bauernhof bei Newel mit Tempel und Grabbezirk, in: Die Römer

Die Villa von Vierherrenborn „Dürreich" *(Kat.-Nr. 162)* besaß einen trapezförmigen Hof, in dessen Mitte das Villenhauptgebäude stand; die vier Nebengebäude lagen jeweils an den Ecken der Hofummauerung, die ein Areal von ca. 9000 m² umfasste.[16] Trapezförmige Höfe ordnet F. Reutti meist den Streubauhöfen zu, in Vierherrenborn handelt es sich jedoch nicht um einen solchen.[17]

Bei weiteren Villen des Bearbeitungsgebietes liegen zwar Nachweise zu Hofarealen und Nebengebäuden vor, sie sind aber aufgrund der lückenhaften Untersuchungen nur schwer mit Sicherheit einem Typ zuzuordnen. Über einen möglicherweise längsaxialen Hof verfügte die Villa von Horath „Klosterwiesen" *(Kat.-Nr. 64)*, von der zwei Nebengebäude festgestellt wurden, die axial vor dem Hauptgebäude lagen. Aufgrund mangelnder weiterer Dokumentation und einer fehlenden Trennung von *pars rustica* und *pars urbana* kann jedoch keine definitive Einordnung erfolgen. Bei der Villa von Oberweis „Auf der Steinrausch" *(Kat.-Nr. 131)* konnte H. Koethe durch Geländebegehungen Nebengebäude als Schutthügel feststellen.[18] Diese lagen jedoch nicht, wie zu erwarten, nur auf einer Achse mit dem großen und repräsentativen Hauptgebäude, sondern auch seitlich von diesem.

Die Hofflächen der Villen des Trierer Landes orientierten sich an den gängigen Typen der Nordwestprovinzen, wie sie von F. Reutti beschrieben wurden.[19] Beispiele wie Oberweis „Auf der Steinrausch" *(Kat.-Nr. 131)* oder Mettendorf „In der Ay" *(Kat.-Nr. 105)* zeigen allerdings, dass man sich nicht immer streng an Symmetrie und Axialität hielt. Die Hofgrößen schwankten zwischen 0,6 Hektar in Newel und knapp 4 Hektar in Fließem-Otrang. Die von F. Reutti vorgeschlagenen Hofgrößen können demnach nur als Orientierung dienen.

Weiterhin ist davon auszugehen, dass alle Villen landwirtschaftlichen Zwecken dienten. Dies kann einerseits durch die in *Kapitel IV.1.8* besprochenen Wirtschaftsgebäude als auch durch die Hoftypologie nachgewiesen werden. Selbst Großvillen wie Wittlich „An der Lieser" *(Kat.-Nr. 186)* und Fließem-Otrang „Weilerbüsch" *(Kat.-Nr. 46)* dienten diesem Zweck. Wie von F. Reutti vermutet, lag ein Verbreitungsschwerpunkt der Axialhofvillen im Trierer Raum, wie die hier besprochenen Beispiele verdeutlichen.[20]

III.1.2 Haustypologie

Die von Fridolin Reutti 2006 vorgeschlagene Villentypologie der Hauptgebäude liegt zunächst auch dieser Arbeit zugrunde, wird allerdings um die bei Krausse als „Hofhäuser" bezeichneten Rechteckhäuser ergänzt.[21] Daraus ergibt sich eine Unterteilung in Rechteckhäuser, Risalitvillen, Portikusvillen mit Eckrisaliten, Peristylhäuser und Großvillen.[22] Der in der Forschung häufig gebrauchte Begriff „Palastvilla" wird nur auf den Kaiserpalast in Konz

---

an Mosel und Saar, 124.
16 Zu den Nebengebäuden vgl. Kapitel IV.1.8.
17 Reutti 2006, 380.
18 Koethe 1934, 21–24.
19 Reutti 2006, 378–380.
20 Reutti 2006, 380.
21 Reutti 2006. Auf eine Feingliederung, wie sie in Reuttis Dissertation von 1975 vorgenommen wurde, wird verzichtet, da es sich hierbei um architektonische Ausformulierungen eines Types handelt, die zur Funktionalität nicht viel beitragen, vgl. Reutti 1975. Zu den „Hofhäusern" vgl. Krausse 2006, 272–273.
22 Der Einfachheit halber bezieht sich der Ausdruck „Villa" im Folgenden auf die Haupthäuser und nicht auf die Gesamtstruktur mit Hofareal, Nebengebäuden, Nekropolen und Heiligtümern.

(Kat.-Nr. 84) bezogen, da m. E. der Name „Palast" die zumindest zeitweise Anwesenheit eines Herrschers voraussetzt.[23] Von insgesamt 188 im Katalog aufgeführten Villen lassen sich 67 typologisch einordnen *(Tabellen 8–13, Karte 8)*. Einfache Portikusvillen tauchen im Bearbeitungsgebiet bislang nicht auf, ebenso wenig Rechteckhallenhäuser.[24] Als Peristylvilla kann, unter Vorbehalt des nicht zufriedenstellenden Forschungsstandes, nur die Villa von Orenhofen „Auf der Kellermauer" *(Kat.-Nr. 135)* bezeichnet werden. Das einzige nachweisbare Innenhofhaus mit Portikus-Risalit-Fassade liegt in Schleidweiler-Rodt „Beim Achenbäumchen" *(Kat.-Nr. 148)*.

III.1.2.1 Rechteckhäuser

Rechteckhäuser, bei D. Krausse „Hofstelle" genannt, bilden die kleinste typologische Hauptgebäudeeinheit der Villen des Trierer Landes *(Tabelle 8)*.[25] Von ihrer Form her unterscheiden sie sich durch ihren einfachen rechteckigen Grundriss von anderen Villenhauptgebäuden. Sie verfügen über keine Portikus und keine Eckrisaliten, sondern über ein bis drei Innenräume, die jedoch möglicherweise durch Holzwände nochmals unterteilt werden konnten. Die Außenwände bestanden zumindest aus einem Fundament in Steinbauweise. Im Untersuchungsgebiet konnten sechs Rechteckhäuser nachgewiesen werden, von denen bei vier Beispielen die Fläche bekannt ist *(Tabelle 8)*. Das kleinste Rechteckhaus mit einer Fläche von 156 m² lag in Irrel „Münsterbüsch" *(Kat.-Nr. 73)*. Trotz seiner geringen Größe verfügte der Bau über ein kleines angefügtes Bad, so dass davon auszugehen ist, dass es sich um ein Wohngebäude handelte. Bei drei weiteren Rechteckhäusern konnte die Größe festgestellt werden, die bei keinem die Fläche von 320 m² übertraf. Da das Rechteckhaus von Trierweiler „Langert" *(Kat.-Nr. 160)* in geringer Entfernung (600 m südöstlich) zur Villa von Trierweiler „In der Hell" *(Kat.-Nr. 158)* lag, nahm D. Krausse an, dass es in einem Abhängigkeitsverhältnis zu dieser gestanden haben könnte.[26]

III.1.2.2 Risalitvillen

Die Risalitvilla ist der im Trierer Land am häufigsten auftretende römische Villentyp, der insgesamt bei 45 Standorten nachgewiesen werden kann *(Tabellen 9–10)*. Weitere Bezeichnungen, die sich in der Forschung etabliert haben, sind Typus „Stahl", „Bollendorf" oder „Mayen", abgeleitet von den dortigen früh erforschten Villen.[27] Neben der Villa von Stahl „Häselberg" *(Kat.-Nr. 153)* ist diejenige von Bollendorf „In der Kroppicht" *(Kat.-Nr. 18)* der bekannteste Vertreter im Trierer Land. Risalitvillen zeichnen sich durch eine zentrale Wohn- und Wirtschaftshalle aus, um die sich je nach baulicher Ausführung an der Rück- und

---

23 Zur Diskussion siehe ausführlich im Katalog unter Konz „Kaiserpalast" (Kat.-Nr. 84). Vgl. U. Wulf-Rheidt, Die Entwicklung der Residenz der römischen Kaiser auf dem Palatin vom aristokratischen Wohnhaus zum Palast, in: G. von Bülow/H. Zabehlicky (Hrsg.), Bruckneudorf und Gamzigrad. Spätantike Paläste und Großvillen im Donau-Balkan-Raum ; Akten des Internationalen Kolloquiums in Bruckneudorf (Bonn 2011), 1–18, hier 1.
24 Reutti 2006, 385.
25 Krausse 2006, 272–273. Zur bei Krausse angestoßenen Diskussion über die Verteilung von Rechteckhäusern und Risalitvillen vgl. Kapitel III.1.2.2.
26 Krausse 2006, 273.
27 E. aus'm Weerth, Kleine römische Villa bei Stahl im Kreise Bitburg, in: Bonner Jahrbücher 62, 1878, 1–7; Steiner 1923a; Oelmann 1929; Reutti 2006, 382.

an den Schmalseiten Raumeinheiten gruppieren können. Risalitvillen im Reihentyp, wie sie für das Rheinland belegt sind, konnten im Trierer Raum nur selten festgestellt werden.[28] Ein Beispiel ist die Villa von Holsthum „Auf den Mauern" *(Kat.–Nr. 63)*. Hier lagen neben dem Zentralraum *13* im Nordwesten ein weiterer Raum *14* von etwa gleicher Größe, und im Südosten eine Gruppe, bestehend aus den Räumen *11*, *12* und *15*.

Das auffälligste architektonische Element der Risalitvillen ist die vorgelagerte Fassade, bestehend aus zwei symmetrisch angebrachten Eckrisaliten, zwischen denen die Portikus verläuft.[29] Portiken und Risalite gelten als „architektonische Statuszeichen".[30] Sie stellen römische Bauelemente dar, durch die eine römische Villa von eisenzeitlichen Gutshöfen unterschieden werden kann, selbst wenn ihre Bewohner Einheimische waren. Einige Vertreter des Typs verfügten über vier Risalite und zwei Portiken. Der Begriff Risalitvilla wird in vorliegender Arbeit als Sammelbegriff für Villen aufgefasst, die den genannten Grundrisskriterien entsprechen. Dabei zeigt sich eine große Variationsbreite in typologischer Ausformung und Größe. Zudem weisen zahlreiche Risalitvillen mehrere Umbauphasen auf, die in *Kapitel III.1.3* ausführlich besprochen werden.

Sinnvoll erscheint eine Unterteilung in Größen bis 600 m² und ab 600 m², da sich in diesem Bereich eine mögliche Standardgröße abzuzeichnen scheint *(Tabellen 9–11)*. Die kleinste nachweisbare Risalitvilla des Bearbeitungsgebietes lag mit einer Fläche von 398 m² in Konz „Lummelwiese" *(Kat.–Nr. 85)*, die größte in Köllig „Mescher Heck" *(Kat.–Nr. 82)* Phase II mit 1375 m² Grundfläche. Risalitvillen, deren Grundflächen deutlich unter 600 m² lag, waren meist auch von ihrer Struktur her in der einfachen Form mit Halle, Portikus, zwei Risaliten und nur geringer Innenstruktur ausgeführt. Ein Beispiel hierfür ist das Hauptgebäude der Villa von Konz „Lummelwiese" *(Kat.–Nr. 85)*, dessen einfacher Grundriss erst in einer zweiten Bauphase um ein Bad im bereits bestehenden Südostrisalit *2* ergänzt wurde. Diese einfache Form der Risalitvillen war im Trierer Land am weitesten verbreitet. Bei keiner Villa lässt sich der Grundtyp ohne Veränderungen nachweisen, wie sie in Konz „Lummelwiese" vorgenommen wurden. Wie in *Kapitel III.1.3* zu sehen sein wird, unterlagen alle Hauptgebäude im Laufe ihrer Nutzungszeit Veränderungen, die Hinweise auf eine sich entwickelnde Prosperität geben. Auch besaßen alle dieser einfachen Risalitvillen früher oder später eine Badeeinrichtung, die spätestens ab dem 3. Jh. n. Chr. zum Wohnstandard gehört haben muss.

Nur wenige Hauptgebäude mit einer Größe unter 600 m² verfügten über eine mit mehreren Räumen untergliederte Innenstruktur. Zu ihnen gehören die Villen von Lösnich „Hinterwald" *(Kat.–Nr. 94)* und Waxweiler „Schmelzberg" *(Kat.–Nr. 168)*.[31]

Villen der Gruppe mit über 600 m² Grundfläche zeichnen sich im Gegensatz zu ihren kleineren Verwandten durch eine mehrräumige Innengliederung aus, die teilweise durch Anbauten entstand, wie dies in Bollendorf „In der Kroppicht" *(Kat.–Nr. 18)* der Fall war. Andere Hauptgebäude scheinen bereits mit einer stärkeren Untergliederung der Räume geplant worden zu sein, wie beispielsweise das der Villa von Mehring „Kirchheck" *(Kat.–Nr. 100)*, dessen Grundriss von 644 m² bereits in der ersten Bauphase über zwei Räume innerhalb der Halle und weitere zwei an der Gebäudenordseite verfügte. Ebenso verhält es sich

---

28 Heimberg 2002/03, 91–104.
29 Reutti 2006, 382.
30 Heimberg 2002/03, 91.
31 Moraitis 2003; B. Bienert, Die römische Villa von Waxweiler, Eifelkreis Bitburg-Prüm, in: Funde und Ausgrabungen im Bezirk Trier 40, 2008, 63–74.

mit den noch größeren Risalitvillen, deren Hauptgebäudegrundfläche bei über 1000 m² lag. Die Größe konnte durch Um- und Anbauten erreicht werden. In Kinheim „Willenbungert" *(Kat.–Nr. 79)* ersetzte ein kompletter Neubau mit einer Fläche von 1075 m² einen kleineren und älteren Vorgängerbau. In Leiwen „Im Bohnengarten" *(Kat.–Nr. 91)* erhielt das Gebäude massive Erweiterungen, so dass es anschließend eine Fläche von 1344 m² einnahm. Bei diesen Beispielen lässt sich somit eindeutig der wirtschaftliche Erfolg der Standorte ablesen. Das einzige Hauptgebäude, welches im Laufe seiner Nutzungszeit nicht verändert wurde, ist dasjenige von Holsthum „Auf den Mauern" *(Kat.–Nr. 63)*. Dieser Ende des 1. oder Beginn des 2. Jh. n. Chr. in einer Grundfläche von 1121 m² errichtete Bau scheint den Ansprüchen der Besitzer von Beginn an genügt zu haben und stellt ein Erfolgsmodell dar, das keiner weiteren Vergrößerung oder Umgestaltung bedurfte.

Typologisch weiterentwickelte Hauptgebäude konnten mit architektonischen Sonderformen wie vier Risalite oder zwei Portiken ausgestattet sein.[32] Im Arbeitsgebiet lassen sich vier Risalite beispielsweise in Kinheim „Willenbungert" *(Kat.–Nr. 79)*, Leiwen „Im Bohnengarten" *(Kat.–Nr. 91)* und Mehring „Kirchheck" *(Kat.–Nr. 100)* nachweisen. Durch die Untersuchungen der Bauphasen in den genannten Villenhauptgebäuden wird deutlich, dass es sich dabei um architektonische Erweiterungen und Neubauten handelte, die nicht zu den ersten Bauphasen gehörten, sondern dass sich darin eine Vergrößerung des sozialen Status und der wirtschaftlichen Prosperität wiederspiegelt.[33]

Die Hallen der Risalitvillen dienten zunächst als Wirtschafts- und Wohnbereich. „Hauswirtschaftliche und handwerkliche Aspekte standen im Vordergrund".[34] Diese Funktionen und Nutzungen sind durch Präfurnien, Herdstellen, Backöfen, Schmieden und Mühlsteine nachweisbar. Beispielhaft kann ein weiteres Mal die Villa von Bollendorf „In der Kroppicht" *(Kat.–Nr. 18)* herangezogen werden. In der Halle *H* befanden sich der Herd und die zum Keller führende Treppe. Nachdem in der zwciten Hälfte des 3. Jh. n. Chr. ein hypokaustierter Raum und ein kleines Bad in die westliche Schmalseite integriert wurden, lag deren Präfurnium ebenfalls in der Halle. Die Verschiebung weg von der wirtschaftlichen Funktion der Halle hin zu einem häuslich geprägten Bereich lässt sich hier ebenfalls beobachten. Die an der Nordwestseite gelegene Toreinfahrt wurde durch den Umbau geschlossen und anschließend von dem hypokaustierten Raum überlagert, so dass es nicht mehr möglich war, die Halle beispielsweise mit einem Wagen zu erreichen.[35]

In Holsthum „Auf den Mauern" *(Kat.–Nr. 63)*, befanden sich ebenfalls im Zentralraum *13* die Kellertreppe *17* und ein Ofen *16*. In Lösnich „Hinterwald" *(Kat.–Nr. 94)* deuten mehrere Funde wie Schmiedeschlacken, landwirtschaftliches Gerät, ein Mühlstein sowie Einbauten wie das Präfurnium und weitere Herdstellen darauf hin, dass die Halle *2* als Wirtschaftsraum genutzt wurde. Unklar bleibt die chronologische Einordnung der Funde. Die Feuerstelle *F2* und die Grube *G2* stammen wahrscheinlich aus der Mitte des 4. Jh. n. Chr., als das Bad bereits aufgegeben war und somit auch das Präfurnium keine Funktion mehr hatte.[36]

---

32 Heimberg 2002/03, 94–108.
33 Zu den Erweiterungen vgl. Kapitel III.1.3.
34 Heimberg 2002/03, 92.
35 Vgl. Kapitel III.1.3.1 und Steiner 1923a, 22–23; S. Seiler, Die Villa von Bollendorf: klein aber fein, in: V. Rupp/H. Birley (Hrsg.), Landleben im römischen Deutschland (Stuttgart 2012), 164–166.
36 Moraitis 2003, 21.

Weitere Präfurnien und Herdstellen befanden sich in den Villen von Kinheim „Willenbungert" *(Kat.–Nr. 79)*, Leiwen „Auf Hostert" *(Kat.-Nr. 90)*, Newel „Im Kessel" *(Kat.-Nr. 118)*, Nusbaum „Unter der Hal" *(Kat.-Nr. 126)* und Schwirzheim „Ortslage" *(Kat.-Nr. 151)*.

Bei vielen Risalitvillen lassen sich Keller als Speicherplatz nachweisen. Diese lagen meist unter den Portiken, wie beispielsweise in Bollendorf „In der Kroppicht" *(Kat.-Nr. 18)*, unter einem der Risalite wie in Mehring „Kirchheck" *(Kat.-Nr. 100)* oder unter eigens dafür errichteten Speichertürmen wie in Lösnich „Hinterwald" *(Kat.-Nr. 94)*. Dass die Keller als Speicherräume eingesetzt wurden, lässt sich besonders an dem Beispiel der Villa von Waxweiler „Schmelzberg" *(Kat.-Nr. 168)* zeigen. In deren Keller (unter 3) befanden sich eine Sickergrube, Wandnischen und ein Sandbankett, das als Halterung für Vorratsgefäße diente, deren Standspuren sich im Befund abzeichneten.[37] In Holsthum „Auf den Mauern" *(Kat.-Nr. 63)* konnten im Keller, der unter der Portikus lag, eine Drainage und eine Abtrennung für Stückgut beobachtet werden.[38]

Die Risalitvillen können im Bearbeitungsgebiet nach wie vor als der gängige Siedlungstyp angesehen werden, auch wenn dies von Dirk Krausse zuletzt in Frage gestellt wurde.[39] Krausse vermutete, dass Rechteckhäuser die Großzahl der agrarischen Anwesen bildeten und nicht die üblichen Risalitvillen des Typs Bollendorf.[40] Bei diesen lägen bereits eine ansehnliche Größe und eine gewisse Prosperität vor, die sie deutlich von den einfachen Hofstellen abhoben. Zunächst stehen die Rechteckhäuser im Befund mit sechs Nachweisen mengenmäßig deutlich hinter den Risalitvillen, die mit 45 Beispielen im Arbeitsgebiet vertreten sind *(Tabellen 9–11)*. Wichtige Probleme, auf die Krausse jedoch hinwies, sind die Nachweisbarkeit von Rechteckhäusern vor allem dann, wenn sie in Holzbauweise entstanden und dass das Problem des möglichen Abhängigkeitsverhältnisses zu größeren Villenstandorten bislang nicht untersucht worden ist.[41] Sicherlich ist die Nachweisbarkeit der einfacheren Rechteckhäuser nicht in dem Maße gegeben, wie dies bei den Risalitvillen der Fall war, bei denen zumindest das Fundament in Steinbauweise errichtet war. Vor allem Gebäude in Holzbauweise lassen sich nur äußerst schwer finden.

Doch kann die fehlende archäologische Überlieferung nicht als alleiniger Grund für die Überzahl an Risalitvillen gegenüber Rechteckhäusern liegen. Der Fokus muss m. E. auf die Betrachtungsweise der gesamtwirtschaftlichen Situation im Trierer Land gerichtet werden. Es handelte sich hier weitestgehend um eine agrarwirtschaftlich prosperierende Gegend, die mit ihren Absatzmärkten und ihren naturräumlichen Gegebenheiten im Sinne H. W. Plekets einen Wachstumspol des römischen Nordwestens darstellte.[42] Wie noch zu zeigen sein wird, lässt sich dieser wirtschaftliche Erfolg an den architektonischen Veränderungen der Villenhauptgebäude ablesen. D. Krausse unterstellt Risalitvillen wie Bollendorf und Hetzerath zu Recht einen privilegierten Status. Doch warum sollte dieser in der wirtschaftlichen Hochphase des 2. und 3. Jh. n. Chr. nicht für weite Teile der ländlichen Bevölkerung gegolten haben? Selbst in den erwähnten ärmeren Landstrichen von Eifel und Hunsrück war die Risalitvilla der vorherrschende ländliche Siedlungstyp. Dies deutet darauf hin, dass auch die Einwohner

---

37 Bienert 2008, 69 Abb. 3.
38 Faust 1995, 30.
39 Krausse 2006, 272.
40 Krausse 2006, 272.
41 Krausse 2006, 273.
42 Pleket 1990, 61 und 83.

der abgelegenen Regionen von einem gewissen Reichtum profitieren konnten. Solange die archäologische Überlieferung kein anderes Bild ergibt, muss also weiterhin davon ausgegangen werden, dass die Risalitvilla den gängigen ländlichen Siedlungstyp darstellte.

III.1.2.3 Portikusvillen mit Eckrisaliten

Der Hauptgebäudetyp „Portikusvilla mit Eckrisaliten" ist eine erweiterte Form der Risalitvilla.[43] Hauptelemente dieses Typs sind eine Portikus, die teilweise die komplette Frontseite einnahm, und Eckrisaliten, die aus mehreren Räumen bestehen konnten. Die zentrale Halle blieb der Mittelpunkt des Baus, doch war sie in ihrer Funktion kein Wirtschaftsraum mehr, wie dies bei den Risalitvillen der Fall war, sondern ein großer und repräsentativer Speiseraum, ein Triklinium, wie beispielsweise Raum *19* in der Villa von Oberweis „Auf der Steinrausch" *(Kat.–Nr. 131)*.[44] Ebenfalls typisch ist der langestreckte Grundriss der Bauten mit Frontseiten, die wie in Oberweis bis zu 124 m in der ersten Bauphase erreichen konnten.[45] Durch die Reduktion der zentralen Halle und die Länge der Hauptgebäude sind die Portikusvillen im „Reihentyp" aufgebaut.[46] Der Unterschied zwischen Risalitvillen und Portikusvillen mit Eckrisaliten bestand hauptsächlich in den Proportionsunterschieden und der Reihung mehrerer Räume anstatt eines Zentralraumes hinter der Portikusfassade. Ein weiteres wichtiges Unterscheidungskriterium ist die Trennung von *pars rustica* und *pars urbana*, die bei Risalitvillen nicht nachgewiesen werden kann. Dies weist auf den entsprechend repräsentativen Charakter dieser Villen hin. Portikusvillen standen in Größe und Ausstattung zwischen Risalitvillen und Großvillen, doch sind auch hier die Übergänge zwischen den verschiedenen Typen fließend. Gerade bei Standorten wie Meckel „Scheiwelsheck" *(Kat.–Nr. 99)* und Oberweis „Auf der Steinrausch" *(Kat.–Nr. 131)* ist aufgrund von Größe und Ausstattung eine Abgrenzung zwischen Portikusvilla und Großvilla nur schwer zu ziehen.

Portikusvillen verfügten meist über einen längsaxialen Hof, dessen *pars rustica* von der *pars urbana* getrennt war. Dies konnte mittels einer Mauer geschehen, wie in Meckel „Scheiwelsheck" *(Kat.–Nr. 99)*, oder durch einen Graben, wie er möglicherweise bei der Villa von Mettendorf „In der Ay" *(Kat.–Nr. 105)* vorhanden war.[47] In Meckel befanden sich innerhalb der *pars urbana* die beiden Hauptgebäude *A* und *B* sowie ein dritter als Wirtschaftsgebäude anzusprechender Bau *D*, der keinem der Hauptgebäudetypen folgte.[48] Nicht jede Portikusvilla musste jedoch zwangsläufig über einen längsaxialen Hof verfügen, wie dies im bereits oben genannten Beispiel von Oberweis „Auf der Steinrausch" *(Kat.–Nr. 131)* deutlich wurde. Hier lagen die von H. Koethe als Schutthügel beobachteten Nebengebäude ohne Symmetrie um das Hauptgebäude gruppiert.[49]

Mit sechs sicher nachweisbaren Standorten im Untersuchungsgebiet waren die Portikusvillen weniger verbreitet als die Risalitvillen, doch befanden sich interessanterweise alle im

---

43 Reutti 2006, 381–382.
44 Koethe 1934, 28.
45 Vgl. H. Cüppers, Die römische Landvilla bei Oberweis, in: Römisch-Germanisches Zentralmuseum Mainz (Hrsg.), Führer zu vor- und frühgeschichtlichen Denkmälern Band 33. Südwestliche Eifel. Bitburg, Prüm, Daun, Wittlich (Mainz 1977) = Südwestliche Eifel, 127–132, hier 129.
46 Heimberg 2002/03, 91–104.
47 Henrich/Mischka 2008, 75–83.
48 Koethe 1940, 70–73. Steinhausen 1932, 180–182 deutet Gebäude D als Wirtschaftsgebäude.
49 Koethe 1934, 23 mit Abb. 2.

Bitburger Gutland *(Tabelle 12)*. Möglicherweise entstanden auch in anderen Regionen Villen dieses Typs. Die erhaltenen Teile der Villa von Könen „Ortslage" *(Kat.-Nr. 83)* deuten aufgrund ihrer langgestreckten Form darauf hin, dass nahe dem Zusammenfluss von Mosel und Saar solch eine Villa stand. Der Typus Portikusvilla impliziert eine Verbindung zwischen Landschaft, agrarwirtschaftlicher Prosperität und gehobener Wohnausstattung. Durch die Erforschung der *pars rustica* von Meckel „Scheiwelsheck" *(Kat.-Nr. 99)* wurde zudem deutlich, dass es sich hier um auf Landwirtschaft in großem Stil ausgelegte Betriebe handelte.

III.1.2.4 Großvillen

Großvillen stellen im nordgallischen Raum und speziell im Trierer Land eine eigene Gattung dar *(Tabelle 13)*. Sie sind in anderen römischen Kulturlandschaften, beispielsweise in Niedergermanien, nicht vorhanden. Die Bezeichnung „Großvilla" ist kein typologischer Begriff im Sinne einer architektonischen Form, sondern bezieht sich nach F. Reutti in erster Line auf die Größe der Hauptgebäude ab 3000 m².[50] Da nicht bei allen Villen des Trierer Landes die Fläche ermittelbar ist, werden in der vorliegenden Arbeit zusätzliche Kriterien zur Bezeichnung einer Großvilla herangezogen. Dabei handelt es sich in erster Linie um die Luxusausstattung der Bauten, die besonders in Bädern oder durch Mosaike sichtbar wird. Problematisch bei der Bezeichnung ist, dass Grenzfälle wie beispielsweise die Villa von Oberweis „Auf der Steinrausch" *(Kat.-Nr. 131)* zwischen Portikusvilla und Großvilla angesetzt werden können. Die Villa von Oberweis, im Typus Portikusvilla mit Eckrisaliten entworfen, hat eine Grundfläche von unter 3000 m², ist jedoch aufgrund ihrer Mosaikausstattung und anderer architektonischer Elemente wie zwei langgestreckter Portikusreihen, qualitätvoller Wandmalereien, der Marmorausstattung und des großen Bades durchaus als ein gehobenes Anwesen anzusehen.[51]

Obwohl bei der baulichen Umsetzung der Großvillen keine Grenzen gesetzt waren, wurde in allen Fällen, bis hin zum Kaiserpalast von Konz *(Kat.-Nr. 84)*, die typologische Form der Portikusvilla mit Eckrisaliten weitestgehend beibehalten. Wenngleich die Ausformung des Grundtyps maßgeblich in ihren Proportionen gesteigert wurde, blieben die Elemente der Axialität und Symmetrie konsequent bis in die Spätantike erhalten. Das Aufbrechen der axialen Form, wie es beispielsweise in spätantiken Großvillen und Palästen wie in Piazza Armerina auf Sizilien vorgenommen wurde, fand im Trierer Land nicht statt.[52] Die repräsentative Wirkung des Baues nach außen wurde durch Größe und Fassadengestaltung erzielt, nach innen durch eine bauliche Ausstattung, die sich aufgrund von hervorgehobenem Luxus von der Norm absetzte. Aufgrund der Größe, nach Reutti über 3000 m², kann im Bearbeitungsgebiet nur das Hauptgebäude der Villa von Wittlich „An der Lieser" *(Kat.-Nr. 186)* mit sei-

---

50 Reutti 2006, 380.
51 Koethe 1934, 45–53; Hoffmann/Hupe/Goethert 1999, 190–193. Zur Größe vgl. H. Cüppers, Die römische Landvilla bei Oberweis, in: Südwestliche Eifel, 127–132, hier 129.
52 R.J.A. Wilson, The fourth-century villa at Piazza Armerina (Sicily) in its wider imperial context: a review of some aspects of recent research, in: G. von Bülow/H. Zabehlicky (Hrsg.), Bruckneudorf und Gamzigrad. Spätantike Paläste und Großvillen im Donau-Balkan-Raum. Akten des Internationalen Kolloquiums in Bruckneudorf (Bonn 2011), 55–87; P. Marko, Die Villa Löffelbach – Polygonale Bauformen in spätantiken Villen und Palästen, in: G. von Bülow/H. Zabehlicky (Hrsg.), Bruckneudorf und Gamzigrad. Spätantike Paläste und Großvillen im Donau-Balkan-Raum. Akten des Internationalen Kolloquiums in Bruckneudorf (Bonn 2011), 285–291.

ner Fläche von 3920 m² als Großvilla bezeichnet werden.[53] Andere Villen werden in der vorliegenden Arbeit wegen ihrer baulichen Form und Ausstattung ebenfalls als Großvillen bezeichnet, obwohl aufgrund nicht komplett erhaltener Grundrisse die Fläche der Hauptgebäude nicht bekannt ist. Zu diesen gehören beispielsweise die an der Mosel gelegenen Villen von Pölich „Ortslage" (Kat.–Nr. 140), Schweich „Im Hofgarten" (Kat.–Nr. 150), Wasserliesch „Ortslage" (Kat.–Nr. 167) und Wiltingen „Kobig" (Kat.–Nr. 181). In Schweich deutet das in seiner Qualität herausragende „Venusmosaik" auf eine Villa mit besonderer Ausstattung hin,[54] in Wiltingen verfügte die Villa über ein mit Mosaikböden ausgelegtes Bad.[55] Die Villen von Pölich[56] und Wasserliesch[57] besaßen ebenfalls reich ausgestattete Badeanlagen mit Opus-sectile-Böden aus Kalkstein und Marmor, deren Größe und Bauweise Hinweise auf überdurchschnittlichen Luxus geben. Leider sind diese Standorte nur partiell ausgegraben und in ihren Grundrissen und Flächenmaßen nicht bekannt. Die Bezeichnung „Großvilla" muss demnach in diesen Fällen aus der vorhandenen Ausstattung hergeleitet werden.

Ebenfalls zu den Großvillen zählen die beiden Standorte in Trier-Euren „Kirche St. Helena" (Kat.–Nr. 156) und in Welschbillig „Ortslage" (Kat.–Nr. 179). Da diese allerdings in einem spätantiken Kontext zu verorten sind und aufgrund mangelnder Befundlage keine Hinweise zur Typologie geben können, werden sie in *Kapitel III.2.3* besprochen.

Rein typologisch gesehen folgen die meisten Großvillen, sofern ihr Grundriss bekannt ist, dem oben genannten Grundschema der Portikusvilla mit Eckrisaliten. Zu ihnen gehört auch die Villa von Wittlich „An der Lieser" (Kat.–Nr. 186), der eine gewaltige zweistöckige Portikus vorgelagert war.[58] An diesem Beispiel lässt sich die Erweiterung des Typs verfolgen. Die Flügelbauten, Höfe *A* und *B* sowie der Zentralraum *1* wurden ins Monumentale gesteigert, die Axialität dabei streng beibehalten. Mit einer Fassade von über 140 m Länge, die sich über dem Liesertal erhob, muss die Wittlicher Villa einen starken Eindruck auf den Besucher ausgeübt haben.

Vergleichbar ist die Übernahme des Grundschemas mit einer Monumentalisierung auch bei zwei Großvillen, die im weiteren Sinne noch dem Trierer Land zuzurechnen sind, nämlich die Villen von Nennig[59] im Saarland und Echternach[60] in Luxemburg.

Eine größere Abweichung vom Grundprinzip der Portikusvilla mit Eckrisaliten stellt die letzte Bauphase des Hauptgebäudes von Fließem-Otrang „Weilerbüsch" (Kat.–Nr. 46) dar. Zwar lassen sich in der ersten Bauphase auch hier ein Zentralbereich, bestehend aus den Räumen *30, 35, 36, 40* und *41*, sowie zwei Flügel fassen, die dem bekannten Typ folgen. Durch die anschließenden Erweiterungen entstand jedoch ein Grundriss, der nicht dem typischen lang gestreckten Schema entsprach, sondern einen quadratischen Aufbau aufwies.

---

53 Goethert/Goethert 2008, 58.
54 Vgl. Hoffmann/Hupe/Goethert 1999, 194–196.
55 Vgl. Hoffmann/Hupe/Goethert 1999, 198–200.
56 K.-J. Gilles, Die römische Villa und Wasserleitung von Pölich. Kreis Trier-Saarburg, Jahrbuch 1990, 113–121
57 J. N. von Wilmowsky, Das römische Bad zu Wasserliesch, in: Jahresberichte der Gesellschaft für nützliche Forschungen zu Trier 1857, 73–77
58 Goethert/Goethert 2008, 60 und Rekonstruktion Abb. 16c.
59 F. Bertemes/R. Echt, Nennig. Die römische Villa, in: J. Lichardus/A. Miron (Hrsg.), Der Kreis Merzig-Wadern und die Mosel zwischen Nennig und Metz. Führer zu archäologischen Denkmälern in Deutschland 24 (Stuttgart 1992), 135–147.
60 Metzler/Zimmer/Bakker 1981.

Dadurch, dass der Bau schließlich auf drei Seiten über eine Portikus verfügte, war er ausdrücklich auf eine Außenwirkung hin angelegt.[61]

Großvillen erfüllten aufgrund ihrer baulichen Gestalt und ihrer Form verschiedene Funktionen. Landwirtschaft wurde hier in großem Stil betrieben und diente mit ihrer Überschussproduktion als Erwerbsgrundlage. Dies zeigt sich eindeutig daran, dass alle Großvillen im Trierer Land über eine sehr große *pars rustica* mit axial angelegten Wirtschaftsgebäuden verfügten, beispielsweise die Villa von Fließem-Otrang „Weilerbüsch" *(Kat.-Nr. 46)* oder diejenige von Wittlich „An der Lieser" *(Kat.-Nr. 186)*.[62]

Auffallend viele Großvillen befanden sich an landschaftlich bevorzugten Lagen an Mosel und Saar. Die Hauptgebäude nutzen die Landschaftsbezüge mit Blick auf den Fluss und die gegenüber liegenden Hänge aus. Gerade in geringer Entfernung zum Zentrum Trier liegen einige Großvillen wie diejenigen von Kenn „Römerplatz" *(Kat.-Nr. 77)*, Longuich „Im Päsch" *(Kat.-Nr. 95)*, Pölich „Ortslage" *(Kat.-Nr. 140)* und Schweich „Hofgarten" *(Kat.-Nr. 150)* nördlich sowie Wasserliesch „Ortslage" *(Kat.-Nr. 167)* und Wiltingen „Kobig" *(Kat.-Nr. 181)* südlich von Trier. Diese Beobachtung könnte einen Hinweis darauf geben, dass es sich hier um städtische Eliten aus Trier handelte, den *ordo decurionum*, der sich aus altem keltischem Adel zusammensetzte. Möglicherweise könnte es sich um die nach dem Trevereraufstand 70 n. Chr. emporkommenden Eliten handeln, die auf Seiten Roms standen und aus diesem Grund nicht wie die am Aufstand Beteiligten anschließend ins Exil mussten.[63]

Weitere Großvillen und reich ausgestattete Portikusvillen befanden sich im Bitburger Gutland.[64] Dies könnte einen Hinweis darauf geben, dass es sich hier um ebenfalls vermögende Großgrundbesitzer handelte, die aufgrund einer ertragreichen Überschussproduktion, einer Spezialisierung oder einer Zulieferung zur Textilfabrikation zu Reichtum kamen. Dies schließt einen Bezug zur Stadt Trier und eine dortige Tätigkeit nicht aus.

Gerade bei großen Landgütern ist davon auszugehen, dass diese bei Abwesenheit der Besitzer durch einen Verwalter betrieben wurden. Eine Interpretation darauf kann das Gebäude F der Villa von Fließem-Otrang „Weilerbüsch" *(Kat.-Nr. 46)* geben, das bislang übereinstimmend als Verwaltergebäude gedeutet wurde.[65]

Großvillen integrierten sich immer in die Landschaft, in der sie standen, sei es durch eine ausgesucht schöne Lage an Mosel und Saar oder aufgrund der agrarwirtschaftlichen Vorzüge im Bitburger Gutland. Bezeichnenderweise fand sich bislang keine einzige Großvilla im Hunsrück südlich von Trier. Dass sich die Entwicklung von Großvillen auch auf die Stadt als Wirtschaftszentrum bezog, erkannten J. Metzler u. a. in ihrer Publikation der Großvilla von Echternach in Luxemburg, indem sie feststellten, dass sich in einem ca. 40 km Radius um die Stadt auffallend viele Villen befanden, die über qualitätsvolle Mosaike verfügten.[66] Daran lässt sich wiederum die Stadt-Land-Beziehung in wirtschaftlich-politischer Sicht erkennen, die für die römische Kaiserzeit auch eine Nutzung der Landwirtschaftsbetriebe als Oti-

---

61 Vgl. Thür 2011, 33.
62 Vgl. Kapitel IV.1.8 (Nebengebäude) und III.1.1 (Hoftypologie).
63 Tac. Hist. 5, 19. Vgl. Heinen 1979 25–53; Heinen 1985, 80–83.
64 Vgl. Wightman 1970, 161 und Karte 6 mit der Verteilung von Villen mit Mosaikböden in der Civitas Treverorum.
65 P. Hoffmann, Römische Villa Otrang, Edition Burgen Schlösser Altertümer in Rheinland-Pfalz 5 (Regensburg 2004), 23. Neuere unpublizierte Grabungsergebnisse erhärten die These, freundliche Auskunft Dr. K.-P. Goethert.
66 Metzler/Zimmer/Bakker 1981, 20–21 mit Abb. 10.

umvillen impliziert.⁶⁷ Auch bei den Großvillen des Trierer Landes ist mit Sicherheit davon auszugehen, dass diese neben den agrarökonomischen Funktionen und der Darstellung von Reichtum auch als Rückzugsraum städtischer Eliten zu Zwecken der Muße dienten.

III.1.3 Architektonische Veränderungen als Zeichen der Prosperität?

An zahlreichen Villen können architektonische Veränderungen nachgewiesen werden, die sich in die Kategorien Um- oder Anbauten sowie kompletter Neubau einteilen lassen. Durch die Untersuchung einiger exemplarischer Villenstandorte und deren baulichen Veränderungen soll der Frage nachgegangen werden, ob dies als ein Zeichen der Prosperität der Villenwirtschaft zu bewerten ist oder ob es sich um Wiederaufbauten nach gewaltsamer Zerstörung handelte. Dies betrifft in erster Linie die Germaneneinfälle der Jahre 259/260 n. Chr. und 275/276 n. Chr. sowie den Magnentiusaufstand Mitte des 4. Jh. n. Chr. Die Rückschlüsse, welche aus der Auswertung der Umbauphasen erfolgen, stehen in einem engen Zusammenhang mit der Chronologie der Villenwirtschaft des Trierer Landes und werden dementsprechend auch zur zeitlichen Bewertung in *Kapitel III.2* herangezogen.

III.1.3.1 Um- und Anbauten

Das ca. 26,5 x 23,5 m große Herrenhaus der Villa von Bollendorf „In der Kroppicht" *(Kat.–Nr. 18)* entstand um 100 n. Chr. als typische Risalitvilla mit Halle *H*, zwei Eckrisaliten (*1* und *4*) und einer Portikus *2*.⁶⁸ In einer ersten Erweiterung, die zeitlich jedoch nicht fassbar ist, wurde an die Halle ein langer Raum *18* angebaut, der sowohl von innen als auch von außen erreichbar war. In einer weiteren Umbauphase wurde die Villa von Bollendorf im Westflügel um ein Bad und einen hypokaustierten Raum *13* ergänzt. Datieren lässt sich diese Phase aufgrund eines Kleinerzes des Tetricus aus den Jahren 268–273 n. Chr., welches in der Packlage des Frigidariums *8/8a* gefunden wurde, in das letzte Drittel des 3. Jh. n. Chr.⁶⁹ Unklar bleibt, ob diese Veränderung allein dadurch mit den Germaneneinfällen 259/260 n. Chr. in Verbindung gebracht werden kann.⁷⁰ Die Villa bestand nach den Umbauten über weitere hundert Jahre und wurde erst durch die Frankeneinfälle zu Beginn des 5. Jahrhunderts endgültig zerstört, wie aus einer fast 30 cm dicken Brandschicht in Raum *H* deutlich wird. Durch die Einbauten in Bollendorf lassen sich Rückschlüsse auf die Nutzungsart und die Prosperität der Villa ziehen. D. Krausse ordnet die Villa von Bollendorf wegen ihrer Grundfläche, der Außenwirkung und der inneren Gliederung mit Bad und Hypokaustum bereits den privilegierten Landgütern zu, ohne jedoch zu erwähnen, dass gerade auch sie erst durch Umbauten dem gehobenen Wohnstandard angepasst wurde.⁷¹ Ob die Veränderungen im westlichen Bereich eine Reaktion auf kriegerische Auseinandersetzung darstellen, muss Interpretation bleiben, zumal keine weiteren Zerstörungsindizien auf eine solche hinweisen. Sie zeigen jedoch auch eine Funktionsverschiebung der Nutzung von Halle *H* als Wirtschaftsraum mit großer Toreinfahrt hin zu einer Aufwertung der Wohnsituation mit Bad und

---

67 Thür 2011, 19.
68 Steiner 1923a.
69 Steiner 1923a, 29.
70 Zur Diskussion vgl. Kapitel III.2.3.1.
71 Krausse 2006, 272; vgl. Seiler 2012a.

beheizbarem Wohnraum.[72] Die Raum- und Ausstattungserweiterung wurde allerdings, im Vergleich zu anderen Befunden, in der zweiten Hälfte des 3. Jh. n. Chr. erst zu einem relativ späten Zeitraum vorgenommen.

Weitreichender und umfangreicher gestalteten sich die Erweiterungen bei der Villa von Fließem-Otrang „Weilerbüsch" *(Kat.–Nr. 46)*, deren Hauptgebäude von einem Bau mittlerer Größe zu einer Großvilla umgestaltet wurde.[73] Zwar lassen sich die Umbauten nur noch annäherungsweise chronologisch einordnen, doch kann trotz der problematischen Forschungssituation davon ausgegangen werden, dass die Erweiterungsbauten keine Reaktion auf Zerstörungen sind, sondern dass die Villa kontinuierlich vergrößert wurde.[74] Die erste Bauerweiterung kann aufgrund der Mosaike in den Räumen *49–51* auf die Mitte oder das Ende des 2. Jh. n. Chr. datiert werden. Ebenso verhält es sich mit dem letzten und monumentalen Ausbau inklusive der mächtigen, unterkellerten Südportikus, deren Entstehungszeit in das beginnende 3. Jh. n. Chr. fällt.[75] Bereits H. Mylius sah in der Villa von Fließem-Otrang ein „Gebäudekonglomerat eines allmählich reich gewordenen Gutsbesitzers".[76] Aufgrund der Datierung der Gebäudeerweiterungen, die in eine friedliche Periode fallen, und der fehlenden Zerstörungshorizonte muss davon ausgegangen werden, dass es sich hierbei tatsächlich um das Anwesen einer reicher werdenden Gutsbesitzerfamilie handelte. Die Größe der baulichen Erweiterungen und deren qualitätsvolle Ausführung geben deutliche Hinweise auf die Prosperität und den Erfolg der damaligen Besitzer. Durch die Ausgestaltung des zur Villa gehörigen Temenos, der eine von römischen Einflüssen durchdrungene einheimische Tradition darstellt, wird deutlich, dass es sich bei den Besitzern des Anwesens um eine ursprünglich keltische Familie handelte, die sich seit dem 1. Jh. n. Chr. den römischen Machtverhältnissen anpasste und somit erfolgreich wirtschaften konnte.[77]

Der ausgegrabene Badebereich der Villa von Franzenheim „Jungenwald" *(Kat.–Nr. 47)* wies nach Aussage der Grabungstechniker zwei Bauphasen auf. Das gesamte Fundmaterial stammt aus dem 3. und 4. Jh. n. Chr., weswegen hier möglicherweise von einer Villa ausgegangen werden kann, deren Erbauungszeit relativ spät liegt. W. Binsfeld, der sich in einem Aufsatz 1995 nochmals mit der Datierung der in Franzenheim gefundenen Säulen beschäftigte, ging davon aus, dass diese in eine Zeit nach der Mitte des 4. Jh. n. Chr. datieren und aus diesem Grund zu einer Wiederaufbauphase nach einer Zerstörung in der Mitte des 4. Jh. n. Chr. gehören.[78]

Die Villa von Horath „Klosterwiesen" *(Kat.–Nr. 64)* weist sowohl Erweiterungen auf, die in friedlicher Zeit entstanden, als auch solche, die als Reaktion auf eine vorhergehende Zerstörung gedeutet werden können.[79] Die bis in das erste vorchristliche Jahrhundert zurückgehende Besiedlung der Villa konnte partiell unter dem späteren Zentralraum (*2*) des Villenhauptgebäudes nachgewiesen werden. Dabei handelte es sich nach H. Cüppers bereits um

---

72 Steiner 1923a, 22–23; Seiler 2012a, 164–166.
73 Mylius 1924, 109–128.
74 Mylius 1924, 127.
75 Vgl. Diskussion im Katalog *(Kat.–Nr. 46)*.
76 Mylius 1924, 127.
77 Zum Temenos vgl. E. Gose, Der Tempelbezirk von Otrang bei Fließem, in: Trierer Zeitschrift 7, 1932, 123–143 und *Kat.–Nr. 46*.
78 W. Binsfeld, Die römische Villa in Franzenheim und ihre Säulen, in: Trierer Zeitschrift 58, 1995, 183–189.
79 Cüppers 1967, 114–143.

einen ersten Steinbau, der durch die im beginnenden 2. Jh. n. Chr. entstandene Risalitvilla abgelöst wurde. Die erste Erweiterung dieses Baues, der Anbau des Nordflügels, datiert in die zweite Hälfte des 2. oder den Beginn des 3. Jh. n. Chr. Durch diesen erhielt das Hauptgebäude eine deutliche Aufwertung. Erst in der zweiten Hälfte des 3. Jh. n. Chr. wurden Teile der Villa zerstört, wie eine Brand- und Zerstörungsschicht belegt. Das Bad wurde aufgegeben und anschließend in den Räumen *18-19* neu errichtet. Den südlichen Trakt nutzte man kontinuierlich bis in die zweite Hälfte des 4. Jh. n. Chr. und gab ihn erst dann auf. Nach H. Cüppers diente das Nebengebäude *IV* anschließend als „Ausweichquartier", bis man auch dieses im beginnenden 5. Jh. n. Chr. endgültig verließ.

Bei der Villa von Konz „Lummelwiese" *(Kat.–Nr. 85)* liegen Hinweise auf einen Umbau aus der Mitte des 4. Jh. n. Chr. vor.[80] Die aus dem 2. Jh. n. Chr. stammende einfache Risalitvilla mit zentraler Halle *1* und zwei Eckrisaliten (*2* und *4*) erhielt nach ihrem Umbau ein kleines Bad in ihrem Südostrisalit und einen Anbau im nördlichen Hausbereich. Nach Durchsicht des Fundmaterials ging P. van Ossel davon aus, dass der Umbau in der Mitte des 4. Jh. n. Chr. stattfand und aus diesem Grund in einen Zusammenhang mit dem Magnentiusaufstand zu dieser Zeit gebracht werden könne.[81]

In Lösnich „Hinterwald" *(Kat.–Nr. 94)* liegen Zerstörungshinweise aus der zweiten Hälfte des 3. Jh. und der Mitte des 4. Jh. n. Chr. vor. Diese lassen sich nach A. Moraitis sowohl im Hauptgebäude *I* als auch in den Wirtschaftsgebäuden *II* und *VI* nachweisen.[82] Ein von seinem Besitzer nicht wieder geborgener Münzschatz aus der Öffnung der Heizungsanlage deutet auf eine weitere kriegerische Auseinandersetzung in der Mitte des 4. Jh. n. Chr. hin. In einem Schwarzfirnisbecher befanden sich 271 Münzen aus der Zeit von 342–348 n. Chr.[83] Der Zentralraum des Hauptgebäudes wurde weiterhin zu wirtschaftlichen Zwecken genutzt und nach Ausweis des Fundmaterials erst gegen Ende des 4. Jh. n. Chr. aufgegeben. Neben diesen Zerstörungshinweisen liegen in Lösnich Anbauten vor, die eine Erweiterung der Hauptgebäudekapazitäten darstellen. Sowohl Keller *A* als auch die Räume *8* und *9* sind Anbauten, die nicht im ursprünglichen Mauerverbund standen, sondern zu einem unbekannten Zeitpunkt an den Kernbau des 1. Jh. n. Chr. angegliedert wurden. Die Umbauten, welche in der Villa von Lösnich vorgenommen wurden, sind demnach Zeugnis einer Erweiterung zu wirtschaftlichen Zwecken und eine Reaktion auf kriegerische Auseinandersetzungen.

Im Bereich des Bades der Villa von Mandern „Geierslay" *(Kat.–Nr. 97)* konnte A. Haffner bei Ausgrabungen drei Bauperioden nachweisen.[84] Die Risalitvilla entstand um die Mitte des 2. Jh. n. Chr. Westlich des Zentralraums *7* wurde zu Beginn des 3. Jh. n. Chr. ein Bad integriert (Räume *1–5*), welches nicht lange Bestand hatte, sondern bereits im weiteren Verlauf des 3. Jh. n. Chr. durch Brand zerstört wurde. A. Haffner geht davon aus, dass dieser Brand nicht mit den Franken- und Alamanneneinfällen der Jahre 259/260 n. Chr. in Zusammenhang steht, sondern dass es sich um einen auf den Badebereich begrenzten Brand handelte. Anschließend folgte eine kurze Wiederaufbauperiode des Bades im 3. Jh. n. Chr. bis zur endgültigen Zerstörung der Gesamtvilla in der zweiten Hälfte des 3. Jh. n. Chr., die

---

80 Jahresbericht 1978–1980, in: Trierer Zeitschrift 49, 1986, 376–377; van Ossel 1992, 250.
81 Van Ossel 1992, 250.
82 Moraitis 2003, 46.
83 A. Neyses, Das römerzeitliche Land- und Weingut im Hinterwald bei Lösnich, in: Kelten und Römer im Kröver Reich (1979) 13–19, hier: 18; Gilles 1980/81, 335.
84 Haffner 1977/78.

Haffner schließlich mit den Germaneneinfällen dieser Zeit in Verbindung bringt. Die Villa von Mandern wurde danach aufgegeben und nicht wieder besiedelt.

Die Villa von Mehring „Kirchheck" *(Kat.–Nr. 100)* kann als Paradigma eines Villenstandortes gelten, der in seiner ca. vierhundertjährigen Nutzungszeit zahlreichen Umbauten unterworfen war, die sowohl in friedlichen Zeiten ein Zeugnis der Prosperität liefern als auch deutliche Hinweise auf gewaltsame Zerstörungen geben.[85] Am Beispiel Mehring kann exemplarisch die Entwicklung der Villen des Trierer Landes vorgestellt werden. In der ersten Hälfte des 2. Jh. n. Chr. entstand die erste Bauphase des Hauptgebäudes, eine relativ einfache Risalitvilla mit einer zentralen Halle *7*, in die zwei Raumeinheiten integriert waren (*15* und *17*), zwei Eckrisaliten (*12* und *14*), einer Portikus *13* und einem nördlich anschließenden Raum *19*. In mehreren darauf folgenden Bauphasen wurde diese Grundstruktur deutlich erweitert, so dass das Gebäude gegen Ende des 2. Jh. n. Chr. bereits über mindestens 28 Räume und eine vollständig veränderte Außengestaltung verfügte (Phase III). Bis zum Ende des 3. Jh. n. Chr. wurden im Osten die Räume *3–5* umstrukturiert, von denen der hypokaustierte Raum *3* eine luxuriöse Innenausstattung erhielt. Hierzu wurden für den Opus-sectile-Boden Materialien aus Ägypten verwendet.[86] Für eine Verheerung im 3. Jh. n. Chr. liegen keine Erkenntnisse vor. Erst um das Jahr 355 n. Chr. wurden Teile der Villa zerstört, in der Schuttschicht der Räume *3–5* fanden sich über 200 Münzen, welche die Schicht in die Mitte des 4. Jh. n. Chr. datieren.[87] Doch auch anschließend wurde die Villa nicht vollständig aufgegeben, sondern von germanischen Siedlern weitergenutzt. Dies lässt sich an diversen Einbauten, beispielsweise dem Schmiedeofen im aufgeschütteten Keller *12* und dem germanischen Fundmaterial erkennen (Phase VI).[88] Die Entwicklung der Mehringer Villa verdeutlicht somit Aufstieg und Niedergang einer zunächst relativ einfachen Risalitvilla, die im 2. und 3. Jh. n. Chr. zu einem luxuriösen Landsitz anwuchs und in der Mitte des 4. Jh. n. Chr. der Zerstörung anheimfiel. Die anschließende Ansiedlung germanischer Siedler bis in das beginnende 5. Jh. n. Chr. kann als Notwendigkeit angesehen werden, das Trierer Land auch in der zweiten Hälfte des 4. Jh. n. Chr. zu bewirtschaften. Die eigentliche Gutsfamilie hatte ihr Anwesen zu dieser Zeit bereits verlassen oder sie fiel dem Bürgerkrieg infolge des Magnentiusaufstandes zum Opfer.

Die Villa von Newel „Im Kessel" *(Kat.–Nr. 118)* ist einer der seltenen Standorte im Trierer Land, bei dem unter dem Villenhauptgebäude eine Vorgängerbesiedlung in Holzbauweise nachgewiesen werden konnte.[89] Diese erste Bauphase ließ sich aufgrund der Planierung des Geländes und somit fehlender Fundnachweise nicht datieren. Über dem Holz- oder Fachwerkbau entstand im letzten Drittel des 1. Jh. n. Chr. die Risalitvilla in ihrer Steinbauphase. Zu einem nicht bestimmbaren Zeitpunkt im Verlauf des 2. oder 3. Jh. n. Chr. wurden im westlichen Wohnbereich das Bad eingebaut und dort anschließend verschiedene Änderungen vorgenommen. Nach H. Cüppers und A. Neyses wurde das Hauptgebäude in der zweiten Hälfte des 3. Jh. n. Chr. partiell zerstört. Diese Annahme zog P. van Ossel allerdings

---

[85] K.-J. Gilles, Die römische Villa von Mehring, in: Funde und Ausgrabungen im Bezirk Trier 17, 1985, 33–39. Leider liegen von der gesamt ausgegrabenen Villa bislang nur Vorberichte und Phasenpläne vor, auf deren Aussagen sich die vorliegende Arbeit stützt.
[86] P. Hoffmann/J. Hupe/K. Goethert, Katalog der römischen Mosaike aus Trier und dem Umland (Trier 1999), 188–189.
[87] Van Ossel 1992, 257.
[88] Gilles 1985a, 36–39; Demandt/Engemann 2007, CD-ROM I.16.47–50.
[89] Cüppers/Neyses 1971a, 151.

in Zweifel, da sich aus dem Befund kein Nachweis über eine solche Katastrophe ergäbe.[90] Letzte Veränderungen im Bereich des Bades und der Einbau des Kellers unter Raum *7* fallen nach P. van Ossel in die Zeit zwischen dem ausgehenden 3. Jh. und dem beginnenden 4. Jh. n. Chr. und hatten Bestand bis zur partiellen Zerstörung gegen Mitte des 4. Jh. n. Chr. Anschließend wurden Kernbereiche des Hauptgebäudes von germanischen Siedlern bis in das beginnende 5. Jh. n. Chr. weiter genutzt. Diese Siedler bauten diverse wirtschaftliche Elemente in die vorherigen Wohnbereiche ein, beispielsweise einen T-förmigen Ofen in die Portikus.[91]

Bei der Villa von Oberweis „Auf der Steinrausch" *(Kat.–Nr. 131)* ging H. Koethe davon aus, dass der Westflügel des Hauptgebäudes mit den Räumen *1–10* jüngeren Datums ist als die restlichen Teile, da der Bau aus zwei in sich geschlossenen Baukörpern bestand.[92] Durch den Korridor *11* und die Nordportikus gelang es, später beide Flügel miteinander zu verbinden. Zur genauen zeitlichen Abfolge konnte Koethe keine Angaben machen. Die Entstehung der Villa von Oberweis wird in die Zeit um 100 n. Chr. gesetzt.[93] Nach der unveröffentlichten Grabungsdokumentation F. Hettners, auf der die Publikation Koethes basiert, wurde die Villa in der zweiten Hälfte des 3. Jh. zerstört und im beginnenden 4. Jh. n. Chr. wieder aufgebaut. Der Westflügel und der zentrale Bereich des Hauptgebäudes wurden auf den bereits vorhandenen Grundmauern wiedererrichtet, wohingegen im östlichen Flügel stärkere Veränderungen vorgenommen wurden. Diese zeigen sich am deutlichsten im Bad, welches in einem zum Vorgängerbau abweichenden Winkel komplett neu errichtet wurde und somit vom restlichen Bau abwich. Nach Koethe erlangte die Villa, mit Ausnahme des Bades, erst nach ihrem Neubau den Eindruck eines symmetrischen und geschlossenen Baukörpers. In beiden Bauphasen legte man Wert auf eine gehobene Wohnausstattung. Diese äußerte sich sowohl in den Mosaiken und Wandmalereien der ersten Phase als auch durch die bauliche Ausstattung des Neubaus, beispielsweise in dem qualitätsvollen Pilasterkapitell aus Marmor, das um die Wende des 3. zum 4. Jh. n. Chr. entstand.[94]

Weitere Villen des Bearbeitungsgebietes weisen mehrere Bauphasen oder partielle Veränderungen an der Bausubstanz auf, ohne dass diese jedoch in ihrer Phasenabfolge präzisiert werden können.

In Meckel „Scheiwelsheck" *(Kat.–Nr. 99)*[95] und Mettendorf „In der Ay" *(Kat.–Nr. 105)*[96] überliefert J. Steinhausen 1932 mehrere Bauphasen, ohne diese jedoch zu präzisieren.

Die Villa von Wellen „Im Bungert" *(Kat.–Nr. 175)* wurde bereits 1875 ausgegraben, jedoch erst 1940 von H. Koethe im Rahmen seines Aufsatzes über die Bäder der Villen im Trierer Land vorgestellt.[97] Nach H. Koethe stammt das Bad der Villa aus einer späteren Bauphase, die er allerdings nicht datieren konnte.

Die Um- und Anbauten, welche in Villen des Trierer Landes vorgenommen wurden, lassen sich zunächst als Bedürfnis nach Erweiterung von Wohn- und Wirtschaftsraum ansehen.

---

90 Cüppers/Neyses 1971a, 222; van Ossel 1992, 262.
91 Cüppers/Neyses 1971a, 148, 224–225.
92 Koethe 1934, 27.
93 Koethe 1934, 27 und 56.
94 Koethe 1934, 45–46 mit Abb. 6.
95 Steinhausen 1932, 180–182.
96 Steinhausen 1932, 193–194.
97 Koethe 1940, 92–94.

Gerade die Befunde aus Fließem-Otrang „Weilerbüsch" *(Kat.–Nr. 46)* und Mehring „Kirchheck" *(Kat.–Nr. 100)* weisen sehr deutlich auf gesteigerte Wohnansprüche hin. Ebenso können die diversen Erweiterungen in den kleineren Villen als ein Zeichen der Prosperität gedeutet werden. Dies zeigt sich besonders durch die Installationen von Badeeinrichtungen, beheizbaren Räumen und architektonischen Akzenten. Weiterhin lässt sich an einigen Befunden der gesteigerte Bedarf von wirtschaftlich nutzbarem Raum ablesen, beispielsweise in Lösnich „Hinterwald" *(Kat.–Nr. 94)* mit dem Neubau des erweiterten Kellers *A* und der im hinteren Bereich angegliederten Räume *8* und *9*. Ursula Heimberg interpretierte ähnliche Befunde an Villen des Rheinlandes als Zeichen ökonomischen Erfolgs, Statusgewinn und steigender Ansprüche.[98]

Neben diesen auf die Prosperität der Villenbesitzer zurückzuführenden Erweiterungen der Villenhauptgebäude können an diesen auch Zeichen der gewaltsamen Zerstörung abgelesen werden, die ebenfalls zu baulichen Veränderungen führten und in *Kapitel III.2.3* diskutiert werden.

III.1.3.2 Neubauten

Bei mehreren Villen des Trierer Landes konnte durch Ausgrabungen ein vollständiger Neubau des Herrengebäudes nachgewiesen werden, da sich Reste der Vorgängerbauten unter den jüngeren Neubauten erhielten. In Kinheim „Willenbungert" *(Kat.–Nr. 79)* entstand anstelle des alten Hauptgebäudes im Typ Risalitvilla (Phase I) ein kompletter Neubau (Phase II), dessen Grundfläche nahezu die doppelte Größe des ersten Gebäudes einnahm. Dabei handelte es sich, wie B. Brühlmann in ihrer unpublizierten Magisterarbeit nachweisen konnte, um einen schrittweise vollzogenen Umbauprozess.[99] Neben den ursprünglichen Eckrisaliten wurden neue errichtet, anschließend musste der Altbau weichen. Die zwischen den Eckrisaliten liegende Rückmauer der Portikus wurde eventuell in beiden Phasen genutzt. Wann dies genau geschah, ließ sich nicht bestimmen. Das Fundmaterial belegt eine Besiedlungszeit der Villa vom 2. bis zum Ende des 4. Jh. n. Chr. Im Befund lässt sich keine gewaltsame Zerstörung nachweisen, so dass im Fall Kinheim von einem Neubau zur Erweiterung des Lebensstandards auszugehen ist.

In Leiwen „Im Bohnengarten" *(Kat.–Nr. 91)* wurden unter dem Villenhauptgebäude Reste eines Vorgängerbaus gefunden.[100] Über diesem entstand zu einem unbekannten Datum eine Risalitvilla, welche wiederum in einer weiteren Bauphase um mehrere Flügel erweitert wurde. Möglicherweise datiert die Risalitvilla in das 3. Jh. n. Chr., da das früheste Fundmaterial aus dieser Zeit stammte. Da dem darunter liegenden ersten Bau jedoch bei der Notgrabung nicht nachgegangen wurde, ist dessen Datierung nicht möglich.

In Vierherrenborn „Dürreich" *(Kat.–Nr. 162)* wurden bei Grabungen in den 1930er Jahren unter einer Planierungsschicht für den späteren Zentralraum Mauerzüge eines Vorgängerbaus gefunden.[101] Die quadratische Mauerstruktur lag in einem zur darüber errichteten

---

98 Heimberg 2002/03, 95.
99 B. Brühlmann, Der römische Gutshof von Kinheim: Auswertung der Grabung und Überlegungen zum Typus der „Portikusvilla mit Eckrisaliten" (unpublizierte Magisterarbeit, Trier 2005), 29–30. Genehmigung der Nutzung durch B. Brühlmann.
100 Jahresbericht 1945–58, in: Trierer Zeitschrift 24–26, 1956–58, 583–593.
101 Jahresbericht 1938, in: Trierer Zeitschrift 14, 1939, 248–253.

Risalitvilla abneigenden Winkel und wurde von den Ausgräbern aufgrund von Fundmaterial aus der Herdstelle in das beginnende 2. Jh. n. Chr. datiert. Weitere ältere Baustrukturen konnten im Bereich der Küche und des Kellers beobachtet werden. Bei diesen bleibt jedoch unklar, ob sie ebenfalls zum älteren Quadratbau gehörten. Die anschließend erbaute Risalitvilla datiert in das beginnende 3. Jh. n. Chr. und ist somit als geplanter Neubau zu bewerten.

Am deutlichsten ist der Unterschied zwischen ursprünglich einfachem Gutshof und Großvilla in Longuich „Im Päsch" *(Kat.–Nr. 95)* fassbar.[102] Ursprünglich gehörte das Herrengebäude (Phase I) zum einfachen Typ „Risalitvilla", deren Erbauungszeit in die erste Hälfte des 2. Jahrhunderts fällt. Die Risalitvilla hatte allerdings nicht lange Bestand, denn noch gegen Ende desselben Jahrhunderts wurde das Gebäude niedergelegt und durch eine monumentale Großvilla überbaut, die nach K.-J. Gilles eine Gesamtlänge von ca. 110 m und einer Breite von 28 m aufwies.[103]

---

102 K.-J. Gilles, Die römische Landvilla von Longuich, in: Kreis Trier-Saarburg. Ein Jahrbuch (Trier 1989), 200–205; S. Seiler, In herrlicher Lage: die Palastvilla von Longuich, in: V. Rupp/H. Birley (Hrsg.), Landleben im römischen Deutschland (Stuttgart 2012), 131–132.
103 Gilles 1989, 202.

III.2. Chronologie

III.2.1 Die Entstehung der Villenwirtschaft

Die Erforschung der vorrömischen Besiedlung späterer Villenstandorte und die Frühzeit der römischen Villenwirtschaft im Trierer Land stellen die Untersuchung in chronologischer Hinsicht vor einige methodische Schwierigkeiten *(Tabelle 20)*. Bei Altgrabungen des 19. und der ersten Hälfte des 20. Jh. achteten die Ausgräber meist nicht auf mögliche latènezeitliche oder frührömische Siedlungsstrukturen in Holz- oder Fachwerkbauweise. Zudem muss auch stets mit der Möglichkeit gerechnet werden, dass die späteren Hauptgebäude aus Stein, auf die sich meist der wissenschaftliche Fokus richtete, nicht an der Stelle der Vorgängerbebauung errichtet wurden, sondern an einer anderen Stelle innerhalb des Villenareals.[1] Aus diesen Gründen sind besonders die frühen Funde und Befunde stets quellenkritisch zu betrachten. Sie ergeben in der Regel kein umfassendes Siedlungsbild, wie es für einige kaiserzeitliche Villen rekonstruiert werden kann, sondern zeigen lediglich Tendenzen der Entwicklung auf. Beispielsweise liefern latènezeitliche oder frühaugusteische Keramikfunde noch keine Hinweise zur baulichen Struktur oder Wirtschaftsform einzelner Standorte, sondern ergeben in ihrer Summe Tendenzen zur Erschließung der Landschaft. Zudem stellen die Übergangsphasen zwischen der Stufe Latène D2 (Lt. D2), dem frühen gallo-römischen Horizont und der frühen Kaiserzeit wichtige Ausgangssituationen für die spätere Entwicklung der römischen Villenlandschaft dar. Dies betrifft besonders den ökonomischen Wandel dieser Zeit, der in einem engen Zusammenhang mit der Villenentwicklung steht.

Im weiteren Verlauf wird für den Übergang von latènezeitlicher Besiedlung zur römischen Kaiserzeit die für das Trierer Land gebräuchliche Chronologie angewendet, welche 1974 von A. Haffner entwickelt und 2006 von D. Krausse weitgehend bestätigt wurde.[2] Demnach datiert die Phase Lt. D1 in die Zeit zwischen 130/120 bis 60/50 v. Chr. und die Phase Lt. D2 von ca. 60/50 bis 20/10 v. Chr.[3] Im letzten Viertel des 1. Jh. v. Chr. wird die „materialisierte Kultur der einheimischen Gesellschaften massiv von römischen Formen durchdrungen".[4] Dieser sog. „gallo-römische Horizont" verbreitete sich demnach im zweiten Jahrzehnt v. Chr. in der Trierer Talweite, dem Bitburger Gutland, dem Hunsrück und etwas zeitversetzt in spätaugusteischer Zeit in den höher gelegenen Regionen der Eifel.[5]

Trotz der oben genannten forschungsgeschichtlichen Probleme und der Schwierigkeiten der Nachweisbarkeit organischen Materials lassen sich bei einigen Villenstandorten Funde und Befunde der Phasen Lt. D2 und „gallo-römischer Horizont" nachweisen *(Karte 9)*.

In Horath „Klosterwiesen" *(Kat.–Nr. 64)* stellte nach H. Cüppers Gebäude III, ein ursprünglich einfaches Rechteckgebäude mit Fachwerkunterteilung, den frühesten Bereich der Villa dar.[6] Dieser einfache, zunächst nur aus einem Raum bestehende Fachwerkbau wurde

---

1   Vgl. H. Nortmann, Zu den eisenzeitlichen Wurzeln römischer Besiedlung im westlichen Treverergebiet, in: M. Grünewald/S. Wenzel (Hrsg.), Römische Landnutzung in der Eifel. Neue Ausgrabungen und Forschungen. RGZM-Tagungen 16 (Mainz 2012), 321–325, hier 323.
2   A. Haffner, Zum Ende der Latènezeit im Mittelrheingebiet unter besonderer Berücksichtigung des Trierer Landes, in: Archäologische Korrespondenzblätter 4, 1974, 59–72; Krausse 2006, 122 mit Abb. 5 und weiteren Chronologievorschlägen, 127–128, 133–134.
3   Krausse 2006, 127–128.
4   Krausse 2006, 133.
5   Krausse 2006, 133.
6   Cüppers 1967, 135–139.

nach und nach „römischen Architekturformen angepasst", d.h. er wurde durch zwei Risalite und eine Portikus erweitert.[7] Da er jedoch auch spätlatènezeitliche Keramik enthielt, ist davon auszugehen, dass hier möglicherweise das einzige Beispiel des Untersuchungsgebietes vorliegt, wie aus einem *aedificium* von der zweiten Hälfte des ersten Jahrhunderts v. Chr. an nach und nach eine römische Villa entstand.[8]

Nach D. Krausse muss bei der Villa von Mötsch „Folker" *(Kat.-Nr. 111)* von einer spätlatènezeitlichen Vorgängerbesiedlung ausgegangen werden, die sich im Fundmaterial spiegelt. Hier fanden sich eine große Zahl handgemachter Keramik, ein Spinnwirtel und eine spätlatènezeitliche Bronzefibel.[9]

Unter einem Laufhorizont des 2. Jh. n. Chr. wurde bei Ausgrabungen in der Großvilla von Wittlich „An der Lieser" *(Kat.-Nr. 186)* eine Grube entdeckt, die spätlatènezeitliche Keramik und ein Mahlsteinfragment aus Mayener Basaltlava enthielt.[10] Zwar liegt zwischen den Befunden eine Zeitspanne von knapp 150 Jahren, doch wies D. Krausse zurecht darauf hin, dass die Fundsituation der Altgrabung von 1904/05 nur unzureichend dokumentiert wurde, weswegen eine mögliche Verbindung zwischen latènezeitlicher Vorgängerbesiedlung und späterer Villa nicht kategorisch ausgeschlossen werden sollte.[11]

Sowohl auf dem Areal der *pars rustica* als auch im Tempelbezirk der Villa von Fließem-Otrang „Weilerbüsch" *(Kat.-Nr. 46)* konnten vorrömische Funde beobachtet werden, die zwar keinen eindeutigen Befund ergeben, jedoch auf eine seit der Spätlatènezeit durchgängige Besiedlung hindeuten.[12]

Das Fundmaterial des Gräberfeldes der Villa von Stahl „Häselberg" *(Kat.-Nr. 153)*, ca. 300 m nordwestlich von dieser gelegen, setzt im zweiten Jahrzehnt des 1. Jh. v. Chr. ein und besitzt demnach bereits einen „gallo-römischen Horizont".[13]

Bei allen weiteren latènezeitlichen und frührömischen Funden und Befunden aus Villen handelt es sich entweder um einzelne Streufunde, die weder mit Sicherheit eine Besiedlung nachweisen können noch Hinweise zu einer möglichen Siedlungsstruktur geben, oder um Befunde, die sich nicht datieren ließen. Zu diesen gehört auch die Holzkonstruktion einer Vorgängerbebauung, die sich unter der in Steinbauweise errichteten Villa von Newel „Im Kessel" *(Kat.-Nr. 118)* befand.[14] Ebenfalls aus Newel, jedoch vom Areal der Villa „Kreuzerberg" *(Kat.-Nr. 119)* stammt eine Lt. D1-zeitliche Silbermünze[15], von Olk „Bei der Kalkmauer" *(Kat.-Nr. 132)* eine Bronzemünze der Sequaner[16], vom Areal der Villa von Hetzerath „Am Alten Weiher" *(Kat.-Nr. 61)* ein republikanischer Denar.[17] Ebenso datieren Funde republikanischer Münzen die Ursprünge der Villa von Hetzerath „Hambuch" *(Kat.-Nr. 62)* in die Mitte des 1. Jh. v. Chr.[18] Im Fundmaterial der Portikusvilla von Spangdahlem

---

7 Cüppers 1967, 139.
8 Cüppers 1967, 141.
9 Jahresbericht 1996, in: Trierer Zeitschrift 61, 1998, 390 mit 391 Abb. 1; Krausse 2006, 265.
10 Krausse 2006, 265.
11 Krausse 2006, Kat. 253.
12 Steiner 1929, 82–83. Zu den spätlatènezeitlichen Befunden im Tempel: E. Gose, Der Tempelbezirk von Otrang bei Fließem, in: Trierer Zeitschrift 7, 1932, 123–143, hier 128–129.
13 Steinhausen 1932, 308.
14 Cüppers/Neyses 1971a, 151.
15 K.-J. Gilles, Keltische Fundmünzen im östlichen Treverergebiet, in: Trierer Zeitschrift 56, 1993, 35–66, hier 49, Nr. 43; Krausse 2006, 265 und Kat. 1423.
16 Gilles 1993a, 50.
17 Jahresbericht 2001–03, in: Trierer Zeitschrift 67/68, 2004/05, 372 (3).
18 Jahresbericht 2001–03, in: Trierer Zeitschrift 67/68, 2004/05, 372 (1, 3).

„Breitenacker" *(Kat.–Nr. 152)* befanden sich ca. fünfzig Münzen, darunter zwei republikanische Denare.[19] Möglicherweise geht die Besiedlung dieser Villa auf das 1. Jh. v. Chr. zurück, doch ist dieser Befund kritisch zu bewerten, da sich Steinhausen 1932 auf Material aus Altgrabungen bezog, deren Dokumentation er auswertete. Ebenfalls nur vereinzelt traten latènezeitliche Funde im Areal der Villa von Könen „Ortslage" *(Kat.–Nr. 83)* auf.[20]

Die archäologischen Befunde und Auswertungen belegen demnach bei mindestens elf Villen eine Besiedlung, in welcher Form auch immer, während der Stufen Lt. D2 oder dem gallo-römischen Horizont. Sie lassen bislang jedoch keine Rückschlüsse auf sog. „Protovillen" zu, wie sie beispielsweise im Rheinland nachgewiesen werden konnten.[21] Dennoch geht D. Krausse davon aus, dass es um die Mitte bzw. das dritte Viertel des 1. Jh. v. Chr. zu „zahlreichen Siedlungsgründungen kam".[22] Diese ländlichen Einzelsiedlungen können auch als *aedificia* bezeichnet werden.[23] Sie bildeten in einigen Fällen mit Sicherheit die Gründungsphase späterer Villen, auch wenn aufgrund der materiellen Überlieferung eine Kontinuität zwischen den Phasen nur schwer auszumachen ist. Meist muss sich die Annahme einer durchgängigen Besiedlung auf kritisch zu beurteilende Kriterien stützen. Problematisch ist besonders die Annahme, dass der alleinige Fund einer spätlatènezeitlichen Münze auch eine Siedlung dieser Zeit impliziert.[24]

Genauere Beobachtungen bei weiteren Villengrabungen könnten möglicherweise dazu beitragen, zeitliche Lücken zu ergänzen. Ein weiteres Desiderat liegt auch in der verbesserten Auswertung der ländlichen Gräberbefunde. Da diese immer eine Siedlung voraussetzen, die jedoch oft nicht nachweisbar ist, könnte die Gräberchronologie diejenige der architektonischen Befunde in einem gewissen Rahmen ersetzen.[25]

Durch eine Verknüpfung der archäologischen Befunde mit dem Zeitgeschehen ergibt sich allerdings ein Bild, das trotz aller methodischen Lücken eine gewisse Stringenz aufweist. In den Jahren nach den Gallischen Kriegen, die auch im Trierer Land als eine Zäsur aufgefasst werden müssen, bestand aufgrund der römischen Bürgerkriege ein reduziertes Interesse an den von Caesar eroberten Gebieten Galliens.[26] Unterbrochen wurde die „Friedhofsruhe", wie H. Heinen die Zeit nannte, durch einen Aufstand der Treverer, der durch Nonius Gallus im Jahr 29 v. Chr. niedergeschlagen wurde.[27] In diese Zwischenphase könnten auch die von Krausse genannten Siedlungsgründungen fallen, welche noch eindeutig in latènezeitlicher Tradition standen. Diese auch als *aedificia* zu bezeichnenden Gutshöfe können in manchen Fällen als Keimzelle der späteren Villen angesehen werden. Es kann jedoch aufgrund der

---

19 Steinhausen 1932, 293–294 (1).
20 Löhr/Nortmann 2000, 109–110.
21 Heimberg 2002/03, 95. Vgl. Lenz 1998.
22 Krausse 2006, 267.
23 Vgl. Gros 2001, 322.
24 Vgl. Nortmann 2012, 322.
25 Vgl. Krausse 2006, 267: „Die zugehörigen Siedlungen werden die Form unbefestigter Hofstellen in Holzbauweise gehabt haben und sind unter den Überresten gallo-römischer Villen im Umfeld der jeweiligen Bestattungsplätze zu suchen".
26 Heinen 1985, 39. Zur Okkupation des Trierer Landes während der Gallischen Kriege vgl. S. Hornung, Ein spätrepublikanisches Militärlager bei Hermeskeil (Lkr. Trier-Saarburg). Vorbericht über die Forschungen 2010–2011, in: Archäologisches Korrespondenzblatt 42,2, 2012, 205–224.
27 H. Heinen, Augustus in Gallien und die Anfänge des römischen Trier, in: Trier – Augustusstadt der Treverer. Katalog Trier 1984 (Mainz 1984), 32–47, hier: 35; Heinen 1985, 37–38. Zum Aufstand der Treverer: Cass. Dio 51,20,5.

mangelnden Befunde nicht von einer schnellen Siedlungsentwicklung gesprochen werden. Auch für den gallo-römischen Horizont, der parallel zur anschließenden augusteischen Konsolidierungspolitik in Gallien verlief, können nur relativ wenige ländliche Befunde herangezogen werden. Ein Beispiel hierfür ist das Gräberfeld der Villa von Stahl „Häselberg" *(Kat.-Nr. 153)*, das in dieser Zeit einsetzt.

Von der agrarwirtschaftlichen Fragestellung aus gesehen zeigen diese Befunde, dass im Trierer Land während der Phase Lt. D2, also nach den gallischen Kriegen, durchaus rege Landwirtschaft betrieben wurde, die noch keine römische Beeinflussung erkennen lässt, sondern weiterhin der einheimischen Tradition verhaftet war.[28] Die Gutshöfe (*aedificia*) waren in Holzbauweise errichtet und dienten aller Wahrscheinlichkeit nach der Subsistenzwirtschaft. Eine weitere These, die von S. Hornung in Zusammenhang mit dem Oppidum von Otzenhausen entwickelt wurde, geht zudem davon aus, dass die spätlatènezeitliche Landwirtschaft auch die Versorgung der noch bestehenden keltischen Oppida aufrecht erhielt.[29] Darüber hinaus mussten auch die nach den Gallischen Kriegen im Trierer Land stationierten römischen Truppen versorgt werden – ein Aspekt, der in der Forschung noch weitgehend unbehandelt blieb.[30] Von der räumlichen Verteilung her fällt auf, dass sich die meisten der frühen Siedlungsnachweise im Bitburger Gutland befanden, aber auch in der Wittlicher Senke und dem Hunsrück.[31] Aufgrund der späteren Überbauung und Siedlungskontinuität der Trierer Talweite lässt sich im Bereich der Stadt Trier die ländliche Besiedlung nur noch partiell erfassen. Zudem weisen diese Befunde in die Diskussion um die Gründung der Stadt Trier und einer möglichen Vorgängersiedlung, die an dieser Stelle jedoch nicht diskutiert werden.[32]

Ähnlich stellt sich die Situation bei Villen dar, die Befunde aus der ersten Hälfte des 1. Jh. n. Chr. aufweisen *(Karte 10)*. Auch bei diesen Beispielen ergeben sich die Datierungen aus Einzelfunden, die dementsprechend kritisch zu bewerten sind, z. B. Grabbeigaben und dendrochronologisch bestimmbare Befunde.

In Fusenich „Kummertal" *(Kat.–Nr. 50)* wurden ca. 40 m östlich der Villa zwei Eichenstämme entdeckt, deren Fälldatum dendrochronologisch in die Jahre ab 11 n. Chr. und 25 n. Chr. datiert.[33] Möglicherweise handelt es sich hierbei um einen frühkaiserzeitlichen Vorgängerbau in Holzbauweise, der in flavischer Zeit durch die nahe gelegene Villa in Steinbauweise ersetzt wurde.

---

28 Vgl. Kapitel IV.1 zu den landwirtschaftlichen Produkten.
29 S. Hornung, Das spätrepublikanische Militärlager bei Hermeskeil – Überlegungen zu den Auswirkungen der römischen Eroberung auf die spätlatènezeitliche Besiedlung. Vortrag im Rahmen des Kolloquiums „Probleme des römischen Westens" an der Universität Trier vom 15.01.2013.
30 Zum möglicherweise caesarischen Lager von Hermeskeil vgl. Hornung 2012, 205–224. Zum Lager auf dem Petrisberg, dessen Belegungszeit in die Jahre um 30 v. Chr. datiert wird, vgl. H. Löhr, Das frührömische Militärlager auf dem Petrisberg bei Trier. Landesgartenschau und Archäologie, in: Funde und Ausgrabungen im Bezirk Trier 35, 2003, 21–20.
31 Vgl. Krausse 2006, 133. Zur latènezeitlichen Besiedlung des Hunsrücks vgl. A. Haffner, Die Eisenzeit im westlichen Hunsrück, in: Westlicher Hunsrück, 22–55.
32 H. Löhr, Drei Landschaftsbilder zur Natur- und Kulturgeschichte der Trierer Talweite, in: Funde und Ausgrabungen im Bezirk Trier 30, 1998, 7–28, hier 16–26; Zur Diskussion über die Gründung Triers: J. Morscheiser-Niebergall, Die Anfänge Triers im Kontext augusteischer Urbanisierungspolitik nördlich der Alpen. Philippika Marburger altertumskundliche Abhandlungen 30 (Wiesbaden 2009).
33 Jahresbericht 1984–86, in: Trierer Zeitschrift 52, 1989, 461–463.

Ein weiterer frührömischer Siedlungsplatz befand sich auf dem Areal der Villa von Könen „Ortslage" *(Kat.–Nr. 83)*.[34] Ein nördlich des Hauptgebäudes gelegener Pfostenbau konnte dendrochronologisch auf das Jahr 25 n. Chr. datiert werden.

Das Fundmaterial der kleinen Villa von Wehlen „Ober dem Lieserpfad" *(Kat.-Nr. 171)* datiert in die erste Hälfte des 1. Jh. n. Chr.[35] Die römische Villa lag in einem bereits länger vorhandenen Siedlungsplatz, in deren Bereich sich eine bandkeramische und eine latènezeitliche Siedlung befanden. Die latènezeitlichen Siedlungsphasen sind nur gering und ein direkter Zusammenhang zwischen diesen und der römischen Villa konnte bislang noch nicht festgestellt werden.

In ca. 400 m Entfernung zur Villa von Bausendorf „Lichtacher Flur" *(Kat.–Nr. 6)* wurde in den 1980er Jahren ein Waffengrab „Auf der Lay" entdeckt, das nach D. Krausse in Zusammenhang mit der Villa stand.[36] Das Grab enthielt Fundmaterial der ersten Hälfte des 1. Jh. n. Chr. Diese Datierung deckt sich auch mit dem frühesten Material der Villa, das ebenfalls frührömische Keramik enthielt, darunter südgallische Terra Sigillata.[37]

Bei den weiteren Villenstandorten, die möglicherweise auf die erste Hälfte oder die Mitte des 1. Jh. n. Chr. zurückgehen, liegen Einzelfunde vor: In Welschbillig „Auf Kirchberg" *(Kat.-Nr. 177)* Keramik des 1. Jh. n. Chr. und eine neronische Münze[38], in Mettendorf „Menschengraben" *(Kat.–Nr. 106)* eine spätaugusteische Fibel[39], in Ordorf „Borpesch" *(Kat.–Nr. 134)* claudische Münzen[40], in Bettingen „Auf der Mauer" *(Kat.-Nr. 13)* Kleinfunde aus der Mitte des 1. Jh. n. Chr.[41] und in Oberüttfeld „Auf der Burg" *(Kat.-Nr. 130)* Keramik ab Mitte des 1. Jh. n. Chr.[42]

Wie bereits bei den *aedificia* der Phase Lt. D2 und dem „gallo-römischen Horizont" ist bislang keine Villa in Steinbauweise mit Sicherheit der ersten Hälfte des 1. Jh. n. Chr. zuzuweisen. Demnach muss bis auf weiteres auch während der frühen Kaiserzeit, in diesem Fall der julisch-claudischen Epoche, bis zu deren Ende im Vierkaiserjahr 69/70 n. Chr. mit einer ländlichen Besiedlung gerechnet werden, die noch sehr stark von der vorrömischen Tradition geprägt war. Die wenigen dendrochronologisch bestimmbaren Befunde weisen in diese Richtung. Es ist davon auszugehen, dass das Gros aller zu dieser Zeit bestehenden Gutshöfe in Holzbauweise errichtet war. Zu den ersten Villen in Steinbauweise zählt die Großvilla von Echternach in Luxemburg, die bereits in frühflavischer Zeit in den 70er Jahren des 1. Jh. n. Chr. in dieser Form entstand.[43]

---

34 Löhr/Nortmann 2000, 96–99 (mit einem Beitrag von M. Neyses).
35 Jahresbericht 1981–83, in: Trierer Zeitschrift 50, 1987, 418; Jahresbericht 1987–90, in: Trierer Zeitschrift 55, 1992, 384–85; Krausse 2006, Kat. 45.
36 Krausse 2006, Kat. 14.
37 Jahresbericht 1987–90, in: Trierer Zeitschrift 55, 1992, 403–404.
38 Steinhausen 1932, 367–368 (7); Jahresbericht 1978–80, in: Trierer Zeitschrift 49, 1986, 392–393 (1); Krausse 2006, Kat. 1528.
39 Jahresbericht 1981–83, in: Trierer Zeitschrift 50, 1987, 405; Krausse 2006, Kat. 695.
40 Steinhausen 1932, 245; Krausse 2006, Kat. 427.
41 T. Kaszab-Olschewski, Die Oberflächenfunde der Villa rustica Ingendorf/Bettingen, in: Eiflia Archaeologica 3, 2006, 15–47; C. Credner, Die römische Villa rustica von Ingendorf/Bettingen „Bey Mauern", in: Eiflia Archaeologica 3, 2006, 7–14.
42 Faust, Ein römisches Gebäude bei Oberüttfeld (Kreis Bitburg-Prüm), in: Trierer Zeitschrift 62, 1999, 155–167.
43 Metzler/Zimmer/Bakker (1981), 59.

III.2.2 Die Entwicklung während der mittleren Kaiserzeit

Ab der zweiten Hälfte des 1. Jh. n. Chr. ist eine deutliche Entwicklung der Villenbesiedlung festzustellen. Von 188 im Katalog aufgeführten Villen kann bei 37 Standorten eine Belegung während des ausgehenden 1. Jh. n. Chr. nachgewiesen werden *(Tabelle 20. Karte 11)*. Darunter befinden sich Beispiele, deren Chronologie als Bestandteil von Aufsätzen oder monographischen Abhandlungen vorliegt, weswegen sie an dieser Stelle genannt, jedoch nicht mehr ausführlich behandelt werden.[44] Ein wichtiger Aspekt, der die meisten dieser Villen verbindet, liegt im fehlenden Nachweis einer latènezeitlichen oder gallo-römischen Besiedlung. Hierbei stellt sich die Frage, inwiefern dieser Negativbefund auf die fehlende wissenschaftliche Überlieferung zurückzuführen ist oder ob es sich nicht eher um Neugründungen des späteren 1. nachchristlichen Jahrhunderts handelt. Dies könnte z. B. bei Lösnich „Hinterwald" *(Kat.-Nr. 94)* der Fall sein. Die Villa wurde großflächig erforscht und in einer Monographie von A. Moraitis publiziert.[45] Außer einem Becherfragment und einer Tüpfelplatte für Münzschrötlinge fanden sich keine Nachweise latènezeitlicher oder frühkaiserzeitlicher Siedlungsspuren, weder bei den Funden noch im Befund. Nach A. Moraitis handelte es sich bei der Villa von Lösnich um eine Gründung des ausgehenden 1. Jh. n. Chr.[46] Ebenso verhält es sich bei den Villen von Bollendorf „In der Kroppicht" *(Kat.-Nr. 18)*[47], Oberüttfeld „Auf der Burg" *(Kat.-Nr. 130)*[48] oder Oberweis „Auf der Steinrausch" *(Kat.-Nr. 131)*[49]. Andere Villenstandorte, deren Fundmaterial ebenfalls erst in der zweiten Hälfte des 1. Jh. n. Chr. einsetzt, wurden nicht umfassend genug ausgegraben und erforscht, weswegen sie aus methodischen Gründen nicht zur Bestätigung der These herangezogen werden können. Dennoch fällt auf, dass sich das Fundspektrum dieser Zeit im Vergleich zu den vorhergehenden Jahrzehnten vermehrt. Den elf Nachweisen von Fundmaterial des 1. Jh. v. Chr. und neun Nachweisen des frühen 1. Jh. n. Chr., die sich teilweise decken, stehen 37 Villenstandorte entgegen, die erst Material der zweiten Jahrhunderthälfte aufweisen. Zwar reichen diese Zahlen keineswegs zu einer statistischen Auswertung, doch genügen sie wiederum dazu, eine Besiedlungstendenz aufzuzeigen, die sich im 2. Jh. n. Chr. fortsetzt und verstärkt.

Zu Beginn des 2. Jh. n. Chr. ist bei 54 Villen eine Besiedlung belegt *(Tabelle 20, Karte 12)*. Auch für diese Jahrzehnte lassen sich Beispiele nennen, die über keine bekannte Vorgängerstruktur verfügen und aus diesem Grund ebenfalls als Neugründungen angesehen werden können. Zu ihnen gehören die Villen von Kinheim „Willenbungert" *(Kat.-Nr. 79)*[50], Mehring „Kirchheck" *(Kat.-Nr. 100)*[51], Vierherrenborn „Vorderst Neunhäuser Gewann" *(Kat.-Nr. 165)*[52] oder Waxweiler „Schmelzberg" *(Kat.-Nr. 168)*[53]. Dieser Trend setzt sich im Verlauf des 2. Jh. n. Chr. und dem beginnenden 3. Jh. n. Chr. fort und auch für diese Zeit ist weiterhin mit Neugründungen zu rechnen. A. Haffner nimmt für die Villa von Mandern „Geierslay" *(Kat.-Nr. 97)* eine Gründung im späteren 2. Jh. an[54], die Villa von Leiwen „Im

---

44 Vgl. auch die Beschreibungen und Datierungen im Katalogteil.
45 Moraitis 2003.
46 Moraitis 2003, 71 und 78–80 zur Datierung.
47 Steiner 1923a.
48 Faust 1999, 155–167.
49 Koethe 1934, 20–56.
50 Brühlmann 2005.
51 Gilles 1985a, 33–39.
52 W. Binsfeld, Vierherrenborn, in: Westlicher Hunsrück, 290–291.
53 Bienert 2008, 63–74.
54 Haffner 1977/78, 95–106.

Bohnengarten" *(Kat.–Nr. 91)* scheint gar eine Gründung des 3. Jh. zu sein.[55] Der vorläufige Höhepunkt der Villenbesiedlung ist in der Mitte des 3. Jh. n. Chr. mit 77 nachweislich zu dieser Zeit datierbaren Standorten erreicht. Von der zweiten Hälfte des 1. Jh. bis zur ersten Hälfte des 3. Jh. n. Chr. kann demnach eine markante Siedlungsentwicklung verfolgt werden. In der steigenden Anzahl von Villenstandorten zeigt sich eindeutig die wachsende wirtschaftliche Bedeutung der Region, die mit den in *Kapitel II* beschriebenen Standortfaktoren und den in *Kapitel I.2.3* genannten günstigen historischen Rahmenbedingungen parallel verlief. Zu den Faktoren, die eine profitable landwirtschaftliche Entwicklung förderten, gehörten u. a. die ländlichen Absatzmärkte, die Stadt Trier und die in römischer Zeit ausgebaute Infrastruktur. Die wirtschaftliche Prosperität zeigt sich im Besonderen auch in den in *Kapitel III.1.3* beschriebenen baulichen Veränderungen, die sich an zahlreichen Villenbauten nachweisen lassen. Aus einfachen Risalitvillen wurden während des 2. und frühen 3. Jh. n. Chr. große und luxuriöse Anwesen, wie beispielsweise in Fließem-Otrang „Weilerbüsch" *(Kat.–Nr. 46)* und Mehring „Kirchheck" *(Kat.–Nr. 100)*, oder sie wurden vollständig durch neue Villen ersetzt, wie dies in Longuich „Im Päsch" *(Kat.–Nr. 95)* geschah. Die mittlere Kaiserzeit war demnach die Epoche der Villenerweiterungen, der Um- und Anbauten sowie der Neubauten über älteren Vorgängerstrukturen. Hierbei wurde deutlich, dass sich zahlreiche dieser Befunde nicht auf gewaltsame Zerstörung oder sonstige Schadensfälle zurückführen ließen, sondern dass diese vielmehr während der friedlichen Periode des 2. und beginnenden 3. Jh. n. Chr. durchgeführt wurden. Die Befunde basieren auf einer sich positiv entwickelnden Wirtschaft, so dass die Periode als Wachstumsperiode angesehen werden kann.

Die mittlere Kaiserzeit wird in dieser Arbeit als die Zeit zwischen dem Vierkaiserjahr 69/70 n. Chr. und den Krisen des 3. Jh. n. Chr. definiert. Diese Zeiteinheit kann als friedliche und reiche Epoche angesehen werden, in der das Trierer Land von inneren und äußeren Gewalteinflüssen verschont blieb und sich somit kulturell und ökonomisch entfalten konnte. Diese Voraussetzungen waren für eine günstige wirtschaftliche Entwicklung unabdingbar. Auf den Zusammenhang zwischen innerer und äußerer Sicherheit als Grundlage der landwirtschaftlichen Prosperität machte H.-J. Drexhage aufmerksam und auch für die Villen des Trierer Landes ist dies offensichtlich.[56] Nur unter den Voraussetzungen der Stabilität war es möglich, dass das Land mit zahlreichen Villen verschiedener Größe besiedelt war, dass Absatzmärkte entstehen konnten, dass dadurch eine Spezialisierung erfolgte und dass auch abgelegene Teile von Hunsrück und Eifel mit Villen erschlossen wurden *(Karten 12 und 13)*.

III.2.3 Die Spätantike

Die Spätantike beginnt in dieser Arbeit mit den Krisen der zweiten Hälfte des 3. Jh. n. Chr., von denen besonders die Franken- und Alamanneneinfälle der Jahre 259/260 und 275/276 n. Chr. einen tiefen Einschnitt in die politischen, gesellschaftlichen und agrarwirtschaftlichen Verhältnisse darstellen, und endet mit dem Übergang von der römischen zur fränkischen Herrschaft im Trierer Land im ausgehenden 5. Jh. n. Chr. Die Epoche ist von markanten Gegensätzen geprägt, welche sich zwischen wirtschaftlicher Prosperität in Bezug auf die Kaiserresidenz Trier und schweren Krisen bewegen. Die historischen, gesellschaftlichen und ökonomischen Rahmenbedingungen stellen die Besonderheiten des Trierer Landes während

---

55 Jahresbericht 1945–58, in: Trierer Zeitschrift 24–26, 1956–58, 583–593.
56 Drexhage/Konen/Ruffing 2002a, 75.

der Spätantike dar und unterscheiden es dadurch von benachbarten Siedlungsbereichen der Nordwestprovinzen.[57] Die Wechselwirkungen zwischen Kaiserresidenz und Villenwirtschaft, der archäologische Befund und nicht zuletzt die literarische Überlieferung, allen voran Ausonius Werk *Mosella*, trugen dazu bei, dass sich eine Reihe von Wissenschaftlern in besonderem Maße mit der Spätantike im Trierer Land auseinandersetzten. Ein kurzer Überblick über die wichtigsten Abhandlungen zur ländlichen Besiedlung und zur Agrarwirtschaft der Spätantike zeigt, welche Themen und Fragestellungen im Folgenden behandelt werden.

In ihrem Buch „Roman Trier and the Treveri" von 1970 setzte sich M. E. Wightman mit zahlreichen Phänomenen der Spätantike auseinander.[58] Sie beginnt zunächst mit den Zerstörungen des 3. Jh. n. Chr. und geht davon aus, dass nicht alle Regionen des Trierer Landes in gleicher Weise betroffen waren.[59] So wiesen vor allem die Villen nahe den Fernstraßen, im Hunsrück und im Bitburger Gutland häufigere Zerstörungshorizonte auf als diejenigen der höheren Lagen der Eifel. Weiterhin beschreibt Wightman den Wiederaufbau nach diesen Ereignissen und geht davon aus, dass die wiedererrichteten Villen in zahlreichen Fällen vergrößert worden seien und neue Standorte hinzukamen.[60] Zudem geht sie auf die Zerstörungen der Mitte des 4. Jh. n. Chr. ein, welche ihrer Meinung nach weitreichendere Folgen hatten als die des 3. Jh. n. Chr. In valentinianischer Zeit kam es zu einem Rückgang der ländlichen Bevölkerung und die noch ansässigen Siedler suchten die Nähe zur Stadt Trier.[61] Weitere beschriebene Phänomene sind die Großvillen von Euren „Kirche St. Helena" *(Kat.-Nr. 156)*, Welschbillig „Ortslage" *(Kat.-Nr. 179)*, Konz „Kaiserpalast" *(Kat.-Nr. 84)* und Pfalzel, die sie in einen Zusammenhang mit den kaiserlichen Familien der konstantinischen und valentinianischen Epochen stellt.[62] Den Langmauerbezirk setzt Wightman in Verbindung mit der Versorgung der Stadt Trier durch landwirtschaftliche Güter; sie legt sich jedoch nicht fest, ob es sich um einen kaiserlichen Besitz handelte. Ihrer Meinung nach diente dieser der Züchtung von Pferden für das in Trier stationierte Militär, lieferte notwendiges Getreide und Wolle für die in Trier ansässigen Tuchmanufakturen, den sog. „Gynaecia".[63]

Das umfassende Standardwerk Heinz Heinens „Trier und das Trevererland in römischer Zeit" von 1985 widmet der Spätantike und im Besonderen den wirtschaftlichen Gegebenheiten, die für eine Bewertung der Epoche von Bedeutung sind, viel Raum.[64] Zunächst hebt Heinen nochmals die Besonderheiten des Trierer Landes in der Spätantike hervor und ver-

---

57 Beispielsweise rechtsrheinische Gebiete, die in der zweiten Hälfte des 3. Jh. n. Chr. von Rom aufgegeben wurden. Zur Aufgabe des Obergermanisch-Raetischen Limes vgl. H.U. Nuber, Das Ende des Obergermanisch-Raetischen Limes – eine Forschungsaufgabe, in: H. U. Nuber u. a., Archäologie und Geschichte des ersten Jahrtausends in Südwestdeutschland. Archäologie und Geschichte. Freiburger Forschungen zum ersten Jahrtausend in Süddeutschland 1 (Sigmaringen 1990), 51–68; zur Wetterau vgl. J. Lindenthal, Die ländliche Besiedlung der nördlichen Wetterau in römischer Zeit. Materialien zur Vor- und Frühgeschichte von Hessen 23 (Wiesbaden 2007), 51–52.
58 Wightman 1970, 162–172.
59 Wightman 1970, 162–164.
60 Wightman 1970, 164–165.
61 Wightman 1970, 165.
62 Wightman 1970, 165–170. Pfalzel (Palatiolum) besaß einen Verteidigungscharakter und war als Festung konzipiert. Aus diesem Grund ist es nicht Teil der Arbeit. Vgl. H. Cüppers, Pfalzel, in: Führer zu vor- und frühgeschichtlichen Denkmälern 32,1. Trier (Mainz 1977), 278–290.
63 Wightman 1970, 171. Zu den Gynaecia vgl. Kapitel IV.2.1.
64 Heinen 1985, 285–299 „Das Umland Triers in der Spätantike" und 299–321 „Wirtschaft und Gesellschaft in der Spätantike".

gleicht den archäologischen Befund mit den historischen Ereignissen.[65] Weiterhin geht er auf die Bewirtschaftung einiger Villen durch germanische Siedler ein. Der von Ausonius in der *Mosella* beschriebene Sachverhalt der Neuansiedlung zeigt sich auch im archäologischen Befund und ist nach Heinen ein Indiz für die „gesunkene Zahl und Produktivität der einheimischen Landbevölkerung".[66] Im Gegensatz zu Wightman geht er davon aus, dass es sich bei dem Langmauerbezirk mit Sicherheit um einen kaiserlichen Besitz handelte, und diskutiert dessen Nutzung als Domäne zur Versorgung von Stadt und Kaiserresidenz oder als Jagdrevier des als „leidenschaftlichen Jägers" bekannten Kaisers Gratian.[67] In wirtschaftlicher Hinsicht war nach Heinen die Spätantike durch den Wiederaufbau nach kriegerischen Zerstörungen und die Ausbreitung des Großgrundbesitzes geprägt.[68] Zudem macht er auf die Unterschiede zwischen eben diesen Großvillen und der panegyrischen Beschreibung des Landes durch Ausonius einerseits und den teilweise bescheidenen Lebensverhältnissen andererseits aufmerksam. Zudem sei die Wirtschaft der Spätantike durch strenge staatliche Kontrollen geprägt, die große Mittel zum Unterhalt des Kaiserhofes aufwendete. Andererseits scheinen die Ressourcen knapp gewesen zu sein, wie die in manchen Villen eingebauten Öfen zur Metallgewinnung aus Altmetallen verdeutlichen.[69]

Den Ansatz, archäologische Befunde mit historischen Daten zu verbinden, um somit ein Bild der ländlichen Besiedlung Nordgalliens während der Spätantike zu erhalten, setzte Paul van Ossel in seiner 1992 erschienen Dissertation mit dem Titel: „Etablissements ruraux de l'Antiquité tardive dans le nord de la Gaule" um.[70] Seine auf eine gute Materialbasis gestützte Arbeit beinhaltet und diskutiert ausführlich die Befunde des Trierer Landes. Aus diesem Grund wird auch in der vorliegenden Untersuchung immer wieder auf van Ossels Ergebnisse zurückgegriffen, um sie mit den hier herausgearbeiteten Resultaten zu vergleichen.

Weitere Publikationen zur Spätantike im Trierer Land beziehen sich wiederholt auf die drei genannten Standardwerke und fügen dem bisher gewonnenen Bild verschiedene neue Aspekte hinzu. H.-P. Kuhnen integrierte in einem Aufsatz über die „spätantike Agrarlandschaft an der Mosel" die naturräumlichen Gegebenheiten des Mittleren Moseltals und machte auf Defizite und Desiderate in der Forschung aufmerksam.[71] Zu diesen zählt er eine fehlende flächendeckende, interdisziplinäre Denkmälerprospektion durch geophysikalische Methoden, Luftbilder, Begehungen und Sondierungsgrabungen, geologische und bodenkundliche Spezialkarten, eine aktuelle archäologische Übersichtskarte und moderne Flächengrabungen in ländlichen Siedlungen und Gräbern.[72]

J. Haas beschäftige sich in seiner Dissertation „Die Umweltkrise des 3. Jh. n. Chr. im Nordwesten des Imperium Romanum" interdisziplinär mit historischen, archäologischen, klimatischen und naturräumlichen Gegebenheiten, um die Krisen des 3. Jh. n. Chr. in einen

---

65 Heinen 1985, 285.
66 Heinen 1985, 287, 292. Ausonius Mosella 8. Vgl. auch Heinen 1985, 302.
67 Heinen 1985, 290.
68 Heinen 1985, 301–302.
69 Heinen 1985, 304–305. Vgl. den Rennofen in Raum *7a* der Villa von Horath „Klosterwiesen" *(Kat.–Nr. 64)* und Kapitel IV.2.5.
70 Van Ossel 1992.
71 H.-P. Kuhnen, Die spätantike Agrarlandschaft an der Mosel I. Fundstellenerfassung und Aspekte der Siedlungsarchäologie, in: Funde und Ausgrabungen im Bezirk Trier 33, 2001, 67–95 = Kuhnen 2001b.
72 Kuhnen (2001b), 72–73. Durch die Installation der GIS-basierten Datenbank Pfalz-GIS im RLM Trier konnte inzwischen ein flächendeckendes Fundstellenkataster entwickelt werden. Vgl. Schütt/Löhr/Baumhauer 2002, 74–83.

umfassenderen Kontext zu stellen.[73] Darin widmete er auch den Befunden des Trierer Landes ein Kapitel und wertete das archäologische Material basierend auf der älteren Forschung und einer Zusammenstellung spätantiker Villen durch Michel Polfer aus dem Jahr 2001 aus.[74] Diese Auswertung ist insofern problematisch, da sie im Prinzip nur die drei Kategorien „Villen ohne genauere Datierung, Villen mit datierbarem Material des 1. bis 3. Jh. und Villen mit datierbarem Material zusätzlich oder ausschließlich des 4. und 5. Jh." unterscheidet.[75] Die Werte stammen zudem aus verschiedenen Mikroregionen Luxemburgs und Deutschlands, sie sind also weder als flächendeckend noch als differenziert anzusehen. Die einzelnen Villenbefunde werden außer Acht gelassen, die genauen Abläufe zwischen Zerstörung, Wiederaufbau und Kontinuität lassen sich somit nur schwerlich fassen. Dennoch übernimmt Haas M. Polfers Abstand von einem umfassenden „Katastrophenhorizont" um die Mitte des 3. Jh.[76]

Der Beitrag Thomas Fontaines über das „Trierer Umland im 4. Jh." im 2007 erschienen Katalog zur großen Konstantinausstellung in Trier bietet eine übersichtliche Zusammenfassung, die die Kernthemen und Befunde der Spätantike in knapper und prägnanter Form vorstellt.[77]

Mit dem Siedlungswesen spätantiker Provinzen an Rhein und Donau setzte sich H. Bender auseinander und entwickelte vier Grundmuster, die er, wie folgt, umschrieb: Siedlungsverlagerung, meist einhergehend mit Reduzierung, Siedlungskonzentration, wieder mit Reduzierung, Rückzug hinter Langmauern und Höhenbefestigungen oder Höhensiedlungen.[78]

Mit Höhensiedlungen im Trierer Land beschäftigte sich K.-J. Gilles in seiner 1985 erschienenen Dissertation.[79] Demnach bestanden diese seit dem ausgehenden 3. Jh. n. Chr. bis ins späte 5. Jh. parallel zu Villen. Ihre Funktion lag laut Gilles nach Auswertung der Neufunde seit der Publikation von 1985 mehrheitlich im militärischen Bereich, sie wurden systematisch entlang der Mosel und ihrer Nebenflüsse sowie der Fernstraßen errichtet und dienten aller Wahrscheinlichkeit nach deren Absicherung.[80] Sie stellten also keine zivilen Siedlungen dar und bildeten demnach keine Ergänzungen zu den weiterhin bestehenden Villen, sondern eher einen zu versorgenden militärischen Absatzmarkt.

Zusammenfassend lassen sich folgende Fragestellungen zur spätantiken Villenwirtschaft aus der Literatur erschließen: Betreffend der Chronologie der Villen, ihrer Zerstörungen und Neugründungen lohnt sich ein genauer Blick auf die vorhandene Materialbasis und die archäologischen Befunde. Dadurch sollen Rückschlüsse, die durch vereinfachte Statistiken gewonnen werden können, vermieden werden. Ziel ist es, die Zerstörungshorizonte des 3. und 4. Jh. n. Chr. zu analysieren, um somit die Reaktionen der ländlichen Bevölkerung auf

---

73 J. Haas, Die Umweltkrise des 3. Jahrhunderts n. Chr. im Nordwesten des Imperium Romanum. Interdisziplinäre Studien zu einem Aspekt der allgemeinen Reichskrise im Bereich der beiden Germaniae sowie der Belgica und der Raetia. Geographica Historica 22 (Stuttgart 2006).

74 Haas 2006, 204–211. Vgl. M. Polfer, Occupation du sol et évolution de l'habitat rural dans la partie occidentale de la cité des Trévires au Bas-Empire (IVe–Ve siècles), in: P. Ouzoulias und u. a. (Hrsg.): Les campagnes de la Gaule à la fin de l'Antiquité. IVe colloque de l'association AGER. Antibes, S. 69–112.

75 Haas 2006, 206–207.

76 Haas 2006, 207: „Wie mir scheint, hat Polfer recht, wenn sie (sic!) Abstand von einem Katastrophenhorizont um die Mitte des 3. Jh. nimmt."

77 T. Fontaine, Das Trierer Umland im 4. Jh., in: A. Demandt/J. Engemann (Hrsg.), Konstantin der Große. Ausstellungskatalog, Trier 2007 (Mainz 2007), 333–341.

78 Bender 2001, 20–21.

79 K.-J. Gilles, Spätrömische Höhensiedlungen in Eifel und Hunsrück. Trierer Zeitschrift Beiheft 7 (Trier 1985).

80 Zur militärischen Funktion: K.-J. Gilles, Vortrag vom 12. Februar 2013 im Rahmen des Kolloquiums „Probleme des römischen Westens" der Universität Trier.

Krisenzeiten zu gewinnen. Dadurch lässt sich im Anschluss möglicherweise ein besserer Überblick darüber erreichen, welche Regionen tatsächlich mehr betroffen waren und welche Einflüsse die historischen Rahmenbedingungen auf das Siedlungsbild nahmen. Für die Spätantike gilt es zu untersuchen, welche Reaktionen die Krisen auslösten und welche Rolle die Villen weiterhin im wirtschaftlichen Gesamtgefüge einnahmen.[81] Kam es zu einer weiträumigen Zerstörung, wie in der Forschung oftmals angenommen wurde, oder erholte sich die Ökonomie, indem die Villen wieder errichtet und weiterhin bewirtschaftet wurden?

In der historisch-archäologischen Literatur wurde wiederholt die Annahme vertreten, dass viele Villenstandorte den Germaneneinfällen von 259/260 und 275/276 n. Chr. nicht standhielten und danach aufgegeben wurden.[82] Durch eine Analyse des Befundes soll diese These überprüft und der Frage nachgegangen werden, ob dieser Einschnitt tatsächlich solch große Auswirkungen auf die Villenwirtschaft hatte.

Die wirtschaftlichen Aspekte lassen sich ebenso zusammenfassen: Für die Spätantike steht die Frage im Mittelpunkt, inwiefern sich die ausgebaute Residenzstadt mit ihrer Verwaltung, dem stationierten Militär und nicht zuletzt mit der anwachsenden Bevölkerung und der neuerlichen wirtschaftlichen Blüte auf die Villenwirtschaft auswirkte. Die Erhebung der Stadt Trier zur Kaiserresidenz musste einen enormen wirtschaftlichen Schub auslösen, der nicht zuletzt auch die Villen als Versorger der Kaiserresidenz und der zur Großstadt gewachsenen spätantiken Metropole betraf.

Dem Phänomen der Großvillen wird die Armut weiter Teile der ländlichen Bevölkerung entgegengestellt. Ebenso stellen sich Fragen nach der Ressourcenknappheit und der Ansiedlung germanischer Siedler als Indiz für eine gesunkene Bevölkerung und damit auch der Produktivität. Ein weiterer Abschnitt beschäftigt sich mit dem Langmauerbezirk und untersucht, inwiefern sich die dortigen Standorte von denjenigen außerhalb des Bezirks unterscheiden.

III.2.3.1 Die Krisen des 3. Jh. n. Chr.

Wie bereits in *Kapitel I.2.3* dargelegt, war die zweite Hälfte des 3. Jh. n. Chr. durch zahlreiche Krisen geprägt, von denen sich besonders die Franken- und Alamanneneinfälle der Jahre 259/260 und 275/76 n. Chr. im archäologischen Befund der Villen niederschlagen müssten. Die wissenschaftliche Diskussion stellt in diesem Zusammenhang die Frage nach der Reaktion auf diese einschneidenden Ereignisse und die Intensität der durch die Einfälle entstandenen Zerstörungen.[83] Im Folgenden wird der Versuch unternommen, die Befunde in drei Kategorien einzuteilen, um somit ein Siedlungsbild zu erstellen, das sich mit den Konsequenzen der Krisen auseinandersetzt. Welche Villen wurden zu dieser Zeit nachweislich zerstört und anschließend nicht wieder errichtet? Bei welchen lassen sich bauliche Veränderungen nachweisen, die als Reaktion auf Zerstörung vorgenommen wurden? Die dritte Kategorie beinhaltet die Villen, welche in ihrem Befund keinerlei Hinweise auf eine Zerstörung geben. Weiterhin stellen sich die Fragen nach der regionalen Verteilung der Zerstörungsho-

---

81 Zur Diskussion der Festlegung des Beginns der Spätantike vgl. Heinen 1985, 211; van Ossel 1992, 41.
82 Heinen 1976, 84; Haas 2006, 207.
83 Heinen 1985, 285; van Ossel 1992, 70; G. von Bülow, Die archäologischen Quellen zur Entwicklung der Villenwirtschaft, in: K.-P. Johne (Hrsg.), Gesellschaft und Wirtschaft des Römischen Reiches im 3. Jahrhundert (Berlin 1993), 17–63.

rizonte. So ging Heinz Heinen bislang davon aus, dass beispielsweise der Hunsrück nach den Germaneneinfällen des 3. Jh. n. Chr. weitgehend „fundleer" blieb.[84]

Die folgenden Beispiele weisen Befunde des 3. Jh. n. Chr. auf. In der Villa von Fusenich „Kummertal" *(Kat.-Nr. 50)* befand sich eine Brandschicht, die durch Münzfunde in die zweite Hälfte des 3. Jh. n. Chr. datiert werden konnte.[85] Es liegen keine Hinweise auf eine Besiedlung nach der zweiten Hälfte des 3. Jh. n. Chr. vor.

Am deutlichsten konnte A. Haffner das gewaltsame Ende einer Villa in Mandern „Geierslay" *(Kat.-Nr. 97)* nachweisen.[86] In fast allen Räumen befand sich eine Versturzschicht, die Haffner in die zweite Hälfte des 3. Jh. n. Chr. datieren konnte. Nach dieser endgültigen Zerstörung durch eine Brandkatastrophe wurde die Ruine nicht wieder besiedelt.

Weitere Villen weisen ein Fundspektrum auf, das in der zweiten Hälfte des 3. Jh. n. Chr. endet. Die Befundlage reicht allerdings nicht dazu aus, eine eindeutige Zuweisung als zerstörte oder verlassene Villa vorzunehmen. Es handelt sich um die Standorte von Kaschenbach „Alte Heide" *(Kat.-Nr. 75)*[87] und Trierweiler „In der Hell" *(Kat.-Nr. 158)*[88] deren Münzfunde bis in die zweite Hälfte des 3. Jh. n. Chr. reichen. Vierherrenborn „Vorderst Neunhäuser Gewann" *(Kat.-Nr. 165)*[89] und Irrel „Münsterbüsch" *(Kat.-Nr. 73)*[90] weisen datierendes Material bis in zweite Hälfte des 3. Jh. n. Chr., jedoch keinen Zerstörungshorizont vor.

Als zunächst methodisch problematisches Beispiel eines Erweiterungsbaus können das Bad und der hypokaustierte Raum *13* im westlichen Flügel der Villa von Bollendorf „In der Kroppicht" *(Kat.-Nr. 18)* angesehen werden. Datiert wurden sie von P. Steiner aufgrund eines Kleinerzes des Kaisers Tetricus aus den Jahren 268–273 n. Chr., das sich in der Packlage des Frigidariums *8a* fand.[91] Dieser Fund liefert einen *terminus post quem*, der sich zunächst zeitlich mit den Germaneneinfällen der Jahre 259/60 n. Chr. in Zusammenhang bringen lässt. Da jedoch keine weiteren Anhaltspunkte einer Zerstörung, beispielsweise durch Brand, vorliegen, bezweifelte Paul van Ossel die zwangsläufige Zusammenfügung von archäologischem Befund und historischer Überlieferung.[92] Im Fall Bollendorf bleibt demnach nur die Tatsache, dass im westlichen Flügel des Hauptgebäudes in der zweiten Hälfte des 3. Jh. n. Chr. bauliche Veränderungen vorgenommen wurden. Der Bau des Bades und des hypokaustierten Raumes als Reaktion auf eine Zerstörung zu dieser Zeit muss Interpretation bleiben.

In der Villa von Horath „Klosterwiesen" *(Kat.-Nr. 64)* konnte H. Cüppers einen Brandhorizont nachweisen, den er in Verbindung mit den Germaneneinfällen des 3. Jh. n. Chr. brachte.[93] Danach wurde das Bad aufgegeben und in die Räume *18* und *19* verlegt.

In Kenn „Römerplatz" *(Kat.-Nr. 77)* handelte es sich aller Wahrscheinlichkeit nach um eine Großvilla, deren Überreste verschiedentlich im Ortskern auftraten. Am besten dokumentiert ist der Keller der Villa, welcher nach 275 n. Chr. mit Bauschutt aufgefüllt und nicht

---

84 Heinen 1985, 285.
85 Jahresbericht 1984–86, in: Trierer Zeitschrift 52, 1989, 461–463; Krausse 2006, Kat. 1511.
86 Haffner 1977/78, 103–105.
87 Jahresbericht 1965–169, in: Trierer Zeitschrift 33, 1970, 261; Krausse 2006, Kat. 606.
88 Jahresbericht 1984–86, in: Trierer Zeitschrift 52, 1989, 475 (1).
89 Jahresbericht 1971–73, in: Trierer Zeitschrift 37, 1974, 290–292.
90 Jahresbericht 1971–73, in: Trierer Zeitschrift 37, 1974, 281–282; Krausse 2006, Kat. 598.
91 Steiner 1923a, 29; Steiner 1923b, 43.
92 Van Ossel 1992, 238–239.
93 Cüppers 1967, 141.

weiter genutzt wurde.[94] Die weitere Besiedlung der Villa ist nicht dokumentiert, doch weisen Funde des 4. und 5. Jh. n. Chr. auf eine weitere Nutzung der Ruine hin. Bemerkenswert ist der Nachweis einer lokalen Münzprägestätte im bereits verfallenen Keller, die K.-J. Gilles in das beginnende 5. Jh. n. Chr. datieren konnte.[95]

Die in *Kapitel III.1.3.1* beschriebenen baulichen Veränderungen, welche in den Bauten *I, II* und *VI* der Villa von Lösnich „Hinterwald" *(Kat.-Nr. 94)* beobachtet werden konnten, führte A. Moraitis auf Zerstörungen des 3. Jh. n. Chr. zurück.[96] Auch in Lösnich geben die Einbauten Hinweise darauf, dass die Villa zu dieser Zeit nicht aufgegeben, sondern weiterhin genutzt wurde. Schließlich liegt für Lösnich Material vor, das den Standort bis in das ausgehende 4. Jh. n. Chr. datiert.[97]

In Oberweis „Auf der Steinrausch" *(Kat.-Nr. 131)* traten die Zerstörungen des späten 3. Jh. n. Chr. besonders markant im Befund hervor. Weite Teile des Hauptgebäudes fielen einer Brandkatastrophe zum Opfer und wurden von der Wende vom 3. zum 4. Jh. n. Chr. komplett neu gestaltet.[98] Zu den großflächig vorgenommenen Veränderungen gehören die Einbeziehung des Westflügels als Risalit in den Hauptbau, der Bau eines entsprechenden Risalits im Osten und die Neuerrichtung des Bades mit neuer Orientierung etwas abseits des Wohnhauses.[99]

Das Bad der Villa von Veldenz „Hauptstraße" *(Kat.-Nr. 161)* konnte von K.-J. Gilles in zwei Bauphasen unterschieden werden, von denen die erste in der zweiten Hälfte des 3. Jh. n. Chr. endete.[100] Das darüber vollständig neu errichtete Bad der zweiten Phase wurde anschließend bis in die Mitte des 4. Jh. n. Chr. genutzt.

Einige Villen weisen keine in Zusammenhang mit den Germaneneinfällen des 3. Jh. stehende Beeinträchtigungen auf. In Fließem-Otrang „Weilerbüsch" *(Kat.-Nr. 46)*, Holsthum „Auf den Mauern" *(Kat.-Nr. 63)* und Mehring „Kirchheck" *(Kat.-Nr. 100)* lieferten die Untersuchungen keinerlei Hinweise auf Zerstörungen, Um- oder Neubauten in der zweiten Hälfte des 3. Jh. n. Chr.

Obwohl einige der beschriebenen Neu- und Umbaubefunde nicht mit Sicherheit mit den Germaneneinfällen in Verbindung gebracht werden können, wie bereits P. van Ossel einwendete, ist die große zeitliche Übereinstimmung der Neubauperioden ein Indiz dafür, dass die kriegerischen Einschnitte der Jahre 259/260 und 275/76 n. Chr. das Land schwer trafen *(Karte 14 und 15)*.[101] Die Zerstörungen im Trierer Land in Folge dieser Auseinandersetzungen lassen sich vermehrt bei Villen ablesen, deren Befund durch Um- und Neubauten Rückschlüsse auf die Reaktionen der Villenbewohner geben. Unklar bleibt, ob es sich dabei um die ursprünglichen Bewohner handelte oder ob die Villen neu besiedelt wurden. Die Bautätigkeiten und die Befunde des anschließenden 4. und 5. Jh. n. Chr. zeigen jedoch, dass die in zahlreichen Fällen katastrophalen Auswirkungen der Überfälle zumeist wieder beseitigt, die Villen weiterhin besiedelt und das Land bewirtschaftet wurde.

---

94 K.-J. Gilles, Ein ungewöhnlicher römerzeitlicher Keller in Kenn, in: Jahrbuch Kreis Trier-Saarburg (Trier 1990), 122–129.
95 Vgl. Kapitel IV.2.6.
96 Vgl. Moraitis 2003, 46.
97 Moraitis 2003, 46.
98 Vgl. Kapitel III.1.3.1 und Koethe 1934, 24, 35–39.
99 Koethe 1934, 24.
100 K.-J. Gilles, Die römische Villa im Ortskern von Veldenz, in: Schloß Veldenz Festbuch 1993, 84–88.
101 Van Ossel 1992, 70.

III.2.3.2 Blüte und Krise des 4. Jh. n. Chr.

Unter sich verändernden Prämissen stellt sich die gesellschaftliche und wirtschaftliche Situation im Trierer Land vom späten 3. bis zum ausgehenden 4. Jh. n. Chr. dar. Trier bekam als Kaiserresidenz seit dem ausgehenden 3. Jahrhundert erstmals in größerem Rahmen stationiertes Militär und die Einwohnerzahlen der Stadt stiegen dementsprechend an. H. Heinen geht für den spätantiken Aufschwung der Stadt von einer Einwohnerzahl von ca. 50 000 Menschen aus, von denen allein nach Berechnungen A. H. M. Jones ca. 3000 zur kaiserlichen Gardetruppe gehört haben sollen.[102] In einem Zusammenhang mit der Getreideversorgung der Kaiserresidenz stehen auch die spätantiken Horrea, die sich im Bereich des Klosters St. Irminen in Trier befanden.[103] Weiterhin wurden seit konstantinischer Zeit zuvor zerstörte Vici als Kastelle ausgebaut, wie beispielsweise Bitburg, Neumagen, Trier-Pfalzel oder das jüngst nachgewiesene und noch nicht publizierte spätantike Kastell von Bernkastel-Kues.[104] Nicht zuletzt geht auch der Dichter Ausonius in seinem Gedicht *Ordo urbium nobilium* (Rangordnung berühmter Städte) auf die Versorgung der kaiserlichen Verwaltung in Trier ein:[105]

„Armipotens dudum celebrari Gallia gestit
Trevericaeque urbis solium, quae proxima Rheno
Pacis ut in mediae gremio secura quiescit,
Imperii vires quod alit, quod vestit et armat.
Lata per extentum procurrunt moenia collem:
Largus tranquillo praelabitur amne Mosella,
Longinqua omnigenae vectans commercia terrae."

Das 4. Jh. n. Chr. war demnach zum einen durch die Kaiserresidenz als Wirtschaftsfaktor geprägt, andererseits durch den Bürgerkrieg in Zusammenhang mit der Usurpation des Magnentius, den anschließenden Alamanneneinfällen und der Verarmung großer Teile der ländlichen Bevölkerung. Diese Diskrepanzen gilt es im Folgenden anhand des archäologischen Befundes der Villen des Trierer Landes zu analysieren und in verschiedene Befundkategorien zu unterteilen.

III.2.3.3 Villen mit nachweisbarem Ende in der Mitte des 4. Jh. n. Chr.

In der Villa von Holsthum „Auf den Mauern" *(Kat.-Nr. 63)* war bei den Grabungen der 1990er Jahre kein Zerstörungshorizont nachweisbar, allerdings endet das Fundmaterial um die Mitte des 4. Jh. n. Chr.[106] In Veldenz „Hauptstraße" *(Kat.-Nr. 161)* markiert eine auf die

---

102 A. H. M. Jones, The Later Roman Empire, Bd. I (Oxford 1973), 367. Vgl. Heinen 1985, 268, Anm. 2.
103 H. Eiden, Untersuchungen an den spätrömischen Horrea von St. Irminen in Trier, in: Trierer Zeitschrift 18, 1949, 73–106; Heinen 1985, 281–282; Luik 2001, 278–280.
104 Heinen 1985, 293–299.
105 Ausonius, Ordo urbium nobilium 28–34, zitiert nach: The works of Ausonius. Edited with introduction an commentary by R. P. H. Green (Oxford 1991), 170. Deutsche Übersetzung nach Heinen 1985, 255: „Waffenmächtig brennt lange schon Gallien auf seine Preisung, auch der Thron der Stadt Trier, die, obgleich nahe dem Rhein, sicher wie im Schoße des tiefsten Friedens ruht, denn sie nährt, denn sie kleidet und waffnet des Reiches Kräfte. Weit dehnen sich vor gestreckter Höhe die Mauern hin, breit zieht der Fluss die Mosel vorbei, mit fernen Waren der alles erzeugenden Erde beladen."
106 Freundlicher Hinweis Frau Dr. S. Faust, RLM Trier.

Mitte des 4. Jh. n. Chr. datierte Brandschicht im Bad das Ende der Villa.[107] Die Villa von Waxweiler „Schmelzberg" *(Kat.–Nr. 168)* wurde Mitte des 4. Jh. n. Chr. niedergebrannt und anschließend nicht wieder besiedelt.[108] In Wehlen „Ober dem Lieserpfad" *(Kat.–Nr. 171)* deutet eine prägefrische Münze des Magnentius im Brandschutt des Kellers auf eine gewaltsame Zerstörung in der Mitte des 4. Jh. n. Chr. hin.[109]

III.2.3.4 Münzhorte der Mitte des 4. Jh. n. Chr. aus Villen

Münzhorte aus der Mitte des 4. Jh. n. Chr. sind Hinweise auf den Bürgerkrieg infolge der Usurpation des Magnentius und der anschließenden Alamanneneinfälle. Sie bedeuten jedoch nicht zwangsläufig das gewaltsame Ende einer Villa. Vielmehr konnten die Standorte anschließend durch andere Siedler weitergenutzt werden, die keine Kenntnisse von den Münzschätzen hatten, wie dies beispielsweise in Lösnich „Hinterwald" *(Kat.–Nr. 94)* der Fall war. In einem Schwarzfirnisbecher, versteckt in der Heizanlage des Bades, befanden sich 271 Münzen aus der Zeit von 342–348 n. Chr.[110]

Aus einem Nebengebäude der Villa von Baldringen „Ortslage" *(Kat.–Nr. 5)* stammt ein Münzschatz der Zeit um 354 n. Chr. aus 119 Bronzemünzen des Constantius II., Magnentius und Decentius.[111] Bei den folgenden Münzhorten deuten die Fundumstände auf ein Ende der Nutzung der jeweiligen Villen in der Mitte des 4. Jh. n. Chr. hin. Ein Münzschatz, bestehend aus 55 Maiorinen der Zeit von 346–353 n. Chr., stammt aus der Villa von Bengel „Reudelheck" *(Kat.–Nr. 10)*.[112] Da er sich in einem Mauerversturz befand, steht er möglicherweise in Zusammenhang mit der Zerstörung der Villa in der Mitte des 4. Jh. n. Chr. Der im Frigidarium des Bades der Villa von Reil „Oleb" *(Kat.–Nr. 141)* gefundene Münzschatz mit Münzen aus der Zeit von Gallienus (260/268 n. Chr.) bis Magnentius (350/353 n. Chr.) deutet auch in diesem Fall auf ein Ende der Villa in der Mitte des 4. Jh.n. Chr. hin.[113] In Schleidweiler-Rodt „Auf der First" *(Kat.–Nr. 147)* lag unter dem Boden des Hauses ein Münzhortfund mit 120 Bronzemünzen aus der Zeit kurz nach 350 n. Chr.[114] Zudem fand sich in der Villa von Traben-Trarbach „Gonzlay" *(Kat.–Nr. 154)* in einer Zerstörungsschicht der Mitte des 4. Jh. ein Münzschatz mit über tausend Münzen.[115]

III.2.3.5 Oberflächenfunde aus Villen bis Mitte des 4. Jh. n. Chr.

Neben den Zerstörungshorizonten und den Münzschätzen deuten einige Befunde aus Oberflächenbeobachtungen auf ein Ende der jeweiligen Villa in der Mitte des 4. Jh. n. Chr. hin. Zwar sind die Befunde aufgrund mangelnder wissenschaftlicher Ausgrabung und Auswer-

---

107 K.-J. Gilles, Die römische Villa im Ortskern von Veldenz, in: Schloß Veldenz Festbuch 1993, 84–88, hier 86.
108 Bienert 2008, 72.
109 Jahresbericht 1987–1990, in: Trierer Zeitschrift 55, 1992, 385.
110 Gilles 1980/81, 335.
111 Lehner 1895 57.
112 W. Binsfeld, Zwei mosselländische Münzschätze des 4. Jahrhunderts, in: Trierer Zeitschrift 38, 1975, 101–103.
113 Gilles 1980/81, 317–339
114 Gilles 1980/81, 336–337.
115 W. Binsfeld, Eine Zerstörungsschicht des Jahres 353 in Traben-Trarbach, in: Trierer Zeitschrift 36, 1973, 119–132.

tung methodisch nicht korrekt verwertbar, doch ergänzen sie die bisher genannten Befunde. In Bettingen „Auf der Mauer" *(Kat.–Nr. 13)* enden die Oberflächen- und Münzfunde in der Mitte des 4. Jh. n. Chr.[116], in Edingen „Auf der Huf" *(Kat.–Nr. 35)* laufen die Münzfunde bis Mitte des 4. Jh. n. Chr. und ebenso in Schwirzheim „Ortslage" *(Kat.–Nr. 151)*.[117]

III.2.3.6 Wiederaufbau und Weiternutzung in der zweiten Hälfte des 4. Jh. n. Chr.

Die bisher vorgestellten Befunde des 4. Jh. n. Chr. markieren das Ende zahlreicher Villen im Trierer Land in der Mitte des Jahrhunderts *(Karte 16)*. Die Zerstörungs- und Münzhorizonte können mit dem Magnentiusaufstand und den folgenden Alamanneneinfällen in Verbindung gebracht werden. Weiterhin liegen jedoch auch zahlreiche Befunde vor, die einen Wiederaufbau oder gar einen kompletten Neubau im 4. Jh. n. Chr. dokumentieren. Gerade für die valentinianische Epoche der zweiten Hälfte des Jahrhunderts spielte Trier als Kaiserresidenz nochmals eine wichtige Rolle. Dementsprechend musste auch das Trierer Land bewirtschaftet werden. Nicht zuletzt dokumentiert der Dichter Ausonius für diese Zeit nochmals eine prosperierende Landschaft, auch wenn diese als panegyrisches Werk aufzufassende Dichtung immer wieder quellenkritisch betrachtet wurde.[118]

Doch wie stellt sich der archäologische Villenbefund der zweiten Hälfte des 4. Jh. n. Chr. dar und welche Schlüsse lassen sich aus ihm ziehen? In Franzenheim „Jungenwald" *(Kat.–Nr. 47)* stammen die Portikus und das Fundmaterial der zweiten Bauphase aus der zweiten Hälfte des 4. Jh. n. Chr. W. Binsfeld geht davon aus, dass die Villa nach einer Zerstörung in der Mitte des 4. Jh. n. Chr. wieder errichtet wurde.[119] Säulenstellung und Bad weisen zudem einen gehobenen Wohnstandard aus und deuten daher nicht auf ein Provisorium hin, sondern auf ein bewusst geplantes und durchgeführtes Bauvorhaben. Auch in Konz „Lummelwiese" *(Kat.–Nr. 85)* deutet der Umbau der Mitte des 4. Jh. n. Chr. eher auf einen Neubeginn unter sogar verbesserten Umständen hin.[120] Schließlich wurde die kleine Risalitvilla in der zweiten Hälfte des 4. Jh. n. Chr. mit einem Bad im Ostrisalit ausgestattet.

Anders stellt sich der Befund in den folgenden Villen dar. In Horath „Klosterwiesen" *(Kat.–Nr. 64)* konnte H. Cüppers keine Zerstörung der Mitte 4. Jh. n. Chr. feststellen. Eine Besiedlung in der zweiten Jahrhunderthälfte und eine wirtschaftliche Nutzung ließen sich im südwestlichen Wohntrakt nachweisen. Hier, in Raum *7a*, befand sich auch der birnenförmige Metallofen, der der örtlichen Eisenherstellung diente.[121] Bis in das beginnende 5. Jh. n. Chr. wurde die Fundstelle *IV* genutzt, die sich in einiger Entfernung zum Villenhauptgebäude befand. Cüppers ging davon aus, dass sich die Bewohner entweder zurückzogen oder dass es sich hierbei nochmals um eine späte „Neusiedlung" handelte.[122]

Das Fundmaterial der Villa von Lösnich „Hinterwald" *(Kat.–Nr. 94)* deutet auf eine weitere, vor allem wirtschaftliche Nutzung während der zweiten Hälfte des 4. Jh. n. Chr. hin. A. Moraitis bezeichnete das Hauptgebäude während dieser Zeit nur noch beschränkt als Wohn-

---

116 Kaszab-Olschewski 2006, 15–47.
117 Van Ossel 1992, 270.
118 Vgl. Kommentar in: Decimus Magnus Ausonius, Mosella, Bissula, Briefwechsel mit Paulinus Nolanus, hrsg. und übersetzt von P. Dräger (Düsseldorf, Zürich 2002) 264–65.
119 W. Binsfeld, Die römische Villa in Franzenheim und ihre Säulen, in: Trierer Zeitschrift 58, 1995, 183–189.
120 Jahresbericht 1978–80, in: Trierer Zeitschrift 49, 1986, 376–377; van Ossel 1992, 250.
121 Vgl. Kapitel IV.2.5.
122 Cüppers 1967, 141.

haus.¹²³ Die Baderäume und das Präfurnium waren bereits außer Betrieb und in den zentralen Raum *2* wurden wirtschaftlich genutzte Anlagen eingebaut, beispielsweise Feuerstellen, Gruben, eine Darre und ein Ofen.

Große Teile der Villa Mehring „Kirchheck" *(Kat.–Nr. 100)* wurden Mitte des 4. Jh. n. Chr. zerstört.¹²⁴ In den Räumen *3–5* fanden sich in einer Schuttschicht über 200 Münzen, deren Schlussmünze die Zerstörung in die Mitte des 4. Jh. n. Chr. datiert. Die anschließend in Mehring angesiedelten Germanen bewohnten nur noch den Kernbau um den Zentralraum *7* und die östlich und südlich anschließenden Raumgruppen. Das Hauptgebäude wurde wirtschaftlich genutzt, wie mehrere Einbauten deutlich machen, beispielsweise ein Schmiedeofen im aufgefüllten Keller *12*. Weiterhin beuteten die Siedler Baumaterial der nicht mehr bewohnten Teile des Hauptgebäudes aus, beispielsweise die Hypokaustpfeiler aus Raum *3*.

Ebenfalls lassen sich in Newel „Im Kessel" *(Kat.–Nr. 118)* germanische Siedler für die letzte Nutzungsphase nachweisen. Besiedlung und Bewirtschaftung konzentrierten sich auch hier auf den Kernbereich der Villa, Teile des vorherigen Wohnbereichs wurden nun wirtschaftlich genutzt. Einen Abschnitt der Portikus trennten die neuen Siedler ab und ersetzten die Säulenfront durch Mauern, so dass dadurch ein neuer Raum entstand, der wirtschaftlichen Zwecken diente, wie die Feuerstelle *c* und die T-förmige Darre *d* zeigen.¹²⁵ Der Hauptraum *2* war in der zweiten Hälfte des 4. Jh. n. Chr. aller Wahrscheinlichkeit nach nicht mehr abgedeckt, wie die fehlenden Dachziegel und die Verlegung der Herdstelle in die Portikus nahe legen.¹²⁶

III.2.3.7 Neue Standorte des 4. Jh. n. Chr.

Die drei nachweislich im 4. Jh. n. Chr. entstandenen Villen von Konz, Euren und Welschbillig gehören typologisch zu den Großvillen und heben sich aufgrund von Größe und Ausstattung deutlich von den übrigen Standorten der Spätantike im Trierer Land ab. Auch wenn diese drei Großvillen in ihrer heute nachweisbaren Struktur in der Mitte und der zweiten Hälfte des 4. Jh. n. Chr. entstanden, so muss doch davon ausgegangen werden, dass sie auf eine Vorgängerbebauung zurückgehen.¹²⁷ Alle drei wurden in der Forschung wiederholt mit dem kaiserlichen Umfeld in Verbindung gebracht. Dies gilt in erster Linie für den Konzer „Kaiserpalast" *(Kat.–Nr. 84)*, der aufgrund schriftlicher Quellen eindeutig als Palast Valentinians I. identifiziert werden kann.¹²⁸ Die spätantike Villa in Trier-Euren „Kirche St. Helena" *(Kat.–Nr. 156)* kann aufgrund ihrer Nähe zur Stadt als *villa suburbana* bezeichnet werden. Sie zeichnet sich besonders durch ihre weitläufigen, stilistisch ins 4. Jh. n. Chr. datierbaren Mosaike aus.¹²⁹ Ob und in welcher Form in Euren bereits eine Vorgängervilla stand, ließ sich bislang nicht klären. J. N. von Wilmowsky schloss eine frühere Besiedlung aufgrund einiger Münzfunde nicht aus.¹³⁰

---

123 Moraitis 2003, 24.
124 Gilles 1985a, 33–39; van Ossel 1992, 257.
125 Cüppers/Neyses 1971a, 224–225.
126 Cüppers/Neyses 1971a, 148 Anm. 6.
127 Van Ossel 1992, 91.
128 Vgl. ausführliche Diskussion *Kat.–Nr. 84*.
129 Hoffmann/Hupe/Goethert 1999, 171–174.
130 Von Wilmowsky 1872/1873, 36.

Das Anwesen in Welschbillig „Ortslage" *(Kat.–Nr. 179)* ist besonders aufgrund seines 58,30 x 17,80 m großen Bassins und der Hermengalerie, die das Becken umgab, bekannt.[131] Zwar deuten auch in Welschbillig vereinzelte Funde auf eine Vorgängerbebauung hin, doch werden die Hermen und die Mosaiken der Portikus übereinstimmend in die zweite Hälfte des 4. Jh. n. Chr. datiert.[132] Die eigentliche Form des Villenhauptgebäudes ist weitgehend unbekannt. Doch lassen der Ausnahmefund der Hermen, die Größe des Bassins, die Reste der Bauausstattung und historische Argumente darauf schließen, dass es sich hier möglicherweise um den Sitz des in der kaiserlichen Hierarchie hochrangigen Verwalters des Langmauerbezirks handelte.[133] Zwar können die genannten Argumente keinen Beweis dieser Funktion der Welschbilliger Villa erbringen, doch deutet auch die Motivwahl der Hermen, die sich aus mythischen Personen, Griechen, Römern und Barbaren zusammensetzt, für Heinz Heinen auf eine Verbindung zum valentinianischen Kaiserhaus hin.[134]

III.2.3.8 Ziegelstempel in Villenbefunden des 4. Jh. n. Chr.

Die im 4. Jh. n. Chr. vorgenommenen Bautätigkeiten an Villen des Trierer Landes lassen sich besonders gut an Ziegelstempel ablesen, die in dieses Jahrhundert datiert werden können. Der Chronologie und den Werkstätten ist ein Kapitel in Paul van Ossels Dissertation gewidmet[135], eine weitere Untersuchung konnte Andrea Binsfeld im Rahmen der Trierer Domgrabungen durchführen.[136]

Van Ossel wies darauf hin, dass der Nachweis solcher Ziegel noch keinen vollständigen Neubau bedeuten muss, sondern dass es sich dabei auch um Reparaturen oder Einbauten handeln kann.[137] Die am häufigsten gefundenen Ziegel aus Villen des Trierer Landes tragen die Produzentennamen ADIVTEX, CAPIONACVS, ARMO, ASSATVS und GAVDENTI.[138] Die Herstellungs- und Verwendungslaufzeit der Ziegel stellt einige Probleme dar. Ziegel der Gruppe ADIVTEX, CAPIONACVS und ARMO wurden unter anderem in Trierer Großbauten des beginnenden 4. Jh. n. Chr., beispielsweise in der Basilika und den Kaiserthermen, gefunden.[139] Produziert wurden sie nach bisherigem Kenntnisstand bis in das dritte Viertel des 4. Jh. n. Chr. Verbreitet waren die Ziegel dieser Hersteller vorwiegend in der *Civitas Treverorum*, sie wurden aber auch in Metz und in einigen Rheinkastellen gefun-

---

131 H. Wrede, Die spätantike Hermengalerie von Welschbillig, Römisch-Germanische Forschungen 32, (Berlin 1972).
132 Vgl. *Kat.–Nr. 179*.
133 H. Koethe, Die Hermen von Welschbillig, in: Jahrbuch des Deutschen Archäologischen Instituts 50, 1935, 198–237; Wrede 1972, 7–14. Dagegen ist W. Weber der Ansicht, dass die von Koethe und Wrede vorgetragenen Indizien nicht für eine solche Zuschreibung ausreichen. Vgl. W. Weber, Rezension zu: Hennig Wrede, Die spätantike Hermengalerie von Welschbillig, in: Bonner Jahrbücher 173,1973, 557–560, hier 557–558.
134 Heinen 1985, 292–293.
135 Van Ossel 1992, 106–110.
136 A. Binsfeld, Die Ziegelstempel aus den Trierer Domgrabungen, in: W. Weber (Hrsg.), Die Trierer Domgrabung Bd. 6. Kataloge und Schriften des Bischöflichen Dom- und Diözesanmuseums Trier Bd. VII (Trier 2009), 473–534.
137 Van Ossel 1992, 91.
138 Van Ossel 1992, 107–109.
139 Van Ossel 1992, 107–109; A. Binsfeld 2009, 302–303.

den. Andrea Binsfeld konnte weitere Argumente dafür liefern, dass es sich bei den drei letztgenannten um staatliche Betriebe handelte.[140]

Tabelle 14 zeigt die Verbreitung der Ziegelstempel in Villen des Untersuchungsgebietes. Es liegen Beispiele aus den Großvillen vor, die mit der valentinianischen Dynastie in Verbindung stehen, im Kaiserpalast von Konz *(Kat.–Nr. 84)* und in Welschbillig „Ortslage" *(Kat.–Nr. 179)*, ebenso in weiteren Villen, die in der zweiten Hälfte des 4. Jh. n. Chr. nochmals einen Wiederaufbau erfuhren, in Franzenheim „Jungenwald" *(Kat.–Nr. 47)* und in Konz „Lummelwiese" *(Kat.–Nr. 85)*. Daneben tauchen die genannten Ziegelstempel aber auch in Villen auf, die spätestens seit der Mitte des Jahrhunderts nur noch partiell bewohnbar waren, wie in Lösnich „Hinterwald" *(Kat.–Nr. 94)* und Newel „Im Kessel" *(Kat.–Nr. 118)*. Da die vorliegenden Beispiele Streufunde sind, kann nicht mehr nachvollzogen werden, ob sie für Umbauten der ersten Hälfte oder für Reparaturarbeiten nach der Mitte des Jahrhunderts Verwendung fanden. Schließlich warf van Ossel noch die Frage auf, ob die Ziegel von den Villenbesitzern in einem privatwirtschaftlichen Kaufakt erworben wurden oder ob sich hier ein zentral gesteuertes Wiederaufbauprogramm des frühen 4. Jh. n. Chr. oder nach der Mitte des 4. Jh. n. Chr. spiegelt.[141] Das verbreitete Aufkommen dieser Ziegelstempel in Villen könnte demnach auf eine staatliche Unterstützung hindeuten. Aufgrund des Vorkommens der Ziegel in offiziellen und militärischen Bauten liegt eine Verbindung zur kaiserlichen Administration zumindest nahe.

III.2.3.9 Der Langmauerbezirk

Der nördlich von Trier gelegene Langmauerbezirk umfasste ein Areal von rund 220 km², maß an seiner längsten Nord-Süd-Ausdehnung über 28 km und in der Ost-West-Ausdehnung 12 km *(Abb. 2)*.[142] Die Mauer erreichte eine Länge von ca. 72 km, maß in ihrer Höhe jedoch nur knapp zwei Meter und in ihrer Breite ca. 0,80 m. Das umschlossene Gebiet umfasste große Teile der fruchtbaren Muschelkalkböden des Bitburger Gutlandes und sparte bewaldete Flächen weitgehend aus. Die Bauzeit konnte aufgrund von Keramikfunden und zweier Inschriften zur Fertigstellung eines Bauabschnitts durch militärische Einheiten in die zweite Hälfte des 4. Jh. n. Chr. datiert werden.[143]

Weitgehend Einigkeit herrscht inzwischen bei der Interpretation des Langmauerbezirks. Aufgrund der geringen Höhe der Mauer fällt eine militärische Nutzung aus. Ebenfalls diskutiert wurde ein kaiserlicher Domänenbezirk zur Zucht von Pferden und Schafen. Letztere sollten die Rohstoffe für die in Trier ansässigen sog. „Gynaecia", die Tuchmanufakturen, liefern.[144] K.-J. Gilles trug 1999 die wichtigsten Argumente zusammen, wonach der Langmauerbezirk als kaiserliche Domäne der Versorgung der Kaiserresidenz Trier mit landwirtschaftlichen Gütern diente.[145] Die Mauer sollte die umschlossenen Güter vor „einströmen-

---

140 A. Binsfeld 2009, 303.
141 Van Ossel 1992, 109–110.
142 J. Steinhausen, Die Langmauer bei Trier und ihr Bezirk, eine Kaiserdomäne, in: Trierer Zeitschrift 6, 1931, 41–79; H. Cüppers/A. Neyses, Untersuchungen und Beobachtungen im südlichen Langmauerbezirk, in: Trierer Zeitschrift 34, 1971, 227–232 = Cüppers/Neyses 1971b; van Ossel 1992, 95; Gilles 1999a, 245–258.
143 Zur Datierung vgl. Gilles 1999a, 251–252. Zu den Bauinschriften: CIL XIII, 4139 und 4140.
144 Wightman 1970, 171 und Kapitel IV.2.1.
145 Gilles 1999a, 256 mit weiterer Lit.

dem Raub- und Fresswild"¹⁴⁶ schützen. Im Langmauerbezirk wurden laut Gilles von Valentinian I. Germanen angesiedelt, um die nach der Mitte des 4. Jh. n. Chr. brachliegenden Felder wieder zu bewirtschaften.¹⁴⁷

Vom archäologischen Kontext her ging K.-J. Gilles davon aus, dass die innerhalb des Langmauerbezirks gelegenen Villen länger bestanden als diejenigen außerhalb, eine These, die bereits Paul van Ossel 1992 in Frage stellte.¹⁴⁸ Eine Gegenüberstellung der Villen innerhalb und außerhalb des Bezirks verdeutlicht, dass in chronologischer Hinsicht keine Unterschiede bestehen. In *Tabelle 15* sind die Villenstandorte aufgelistet, die sich innerhalb des Langmauerbezirks befanden. Tatsächlich sind unter ihnen einige Beispiele, deren Fundmaterial bis in die zweite Hälfte des 4. und das beginnende 5. Jh. n. Chr. reicht. Im Vergleich zu den außerhalb liegenden Standorten besteht jedoch kein Unterschied in der Nutzungsdauer. Villen wie Bollendorf „In der Kroppicht" *(Kat.–Nr. 18)*, an der Sauer gelegen, Horath „Klosterwiesen" *(Kat.–Nr. 64)* im Hunsrück oder Mehring „Kirchheck" *(Kat.–Nr. 100)* im Mittleren Moseltal und weitere Beispiele weisen ebenfalls bis in das 5. Jh. n. Chr. reichendes Fundmaterial auf.¹⁴⁹ Ebenso datieren gleichzeitig mit dem Langmauerbezirk die Palastvilla von Konz *(Kat.–Nr. 84)* und die kleine Risalitvilla von Konz „Lummelwiese" *(Kat.–Nr. 85)*. Ein besonderer Schutz scheint demnach weder von der Mauer noch von den dort ansässigen germanischen Siedlern ausgegangen zu sein. Der chronologische Vergleich lässt in diesem Sinne keine bessere Erhaltung der Villen innerhalb des Langmauerbezirks zu. Vielmehr scheint er parallel zur außerhalb liegenden ländlichen Besiedlung des Trierer Landes verlaufen zu sein.

III.2.3.10 Das Ende der römischen Villenwirtschaft im Trierer Land

Durch die Verheerungen der Mitte des 4. Jh. n. Chr. war die Villenwirtschaft im Trierer Land bereits deutlich geschwächt. Die Wiederaufbaubemühungen während der valentinianischen Dynastie brachten einigen Villenstandorten einen Aufschwung. Gerade im Zusammenhang mit dem kaiserlichen Hof und der Residenz in Trier konnte in dieser Phase nochmals eine wirtschaftliche Erholung erfolgen. Dennoch zeigte sich in der zweiten Hälfte des 4. Jh. n. Chr., dass die Lebensumstände in zahlreichen Villen sehr ärmlich waren und bei weitem nicht mehr den Standard der vorangegangenen Jahrhunderte erreichten. Paul van Ossel ging zudem von Villen aus, die gegen Ende des 4. Jh. n. Chr. unbewohnt waren und ohne kriegerische Fremdeinwirkung verfielen.¹⁵⁰

Für das beginnende 5. Jh. n. Chr. liegen Befunde aus immer noch 13 Villen des Untersuchungsgebiets vor *(Karte 17)*. Eine fast 30 cm dicke Brandschicht im zentralen Raum *H* der Villa von Bollendorf „In der Kroppicht" *(Kat.–Nr. 18)* markiert nach P. Steiner ihr gewaltsames Ende.¹⁵¹ Die Funde aus der Brandschicht datieren bis in das frühe 5. Jh. n. Chr., so dass Steiner von einer Zerstörung im Zuge der Frankeneinfälle um 410 n. Chr. ausging.¹⁵²

---

146 Gilles 1999a, 256.
147 Gilles 1999a, 257–258 mit Fundmaterial Abb. 10–13.
148 Van Ossel 1992, 95 mit weiterer Lit.
149 Vgl. Kapitel III.2.3.3.
150 Van Ossel 1992, 74.
151 Steiner 1923b, 41–42.
152 Steiner 1923b, 41–42.

Die späteste Keramik, „Mayener Ware", der Villa von Horath „Klosterwiesen" *(Kat.–Nr. 64)* stammt aus dem von H. Cüppers als „Neusiedlung" bezeichneten Nebengebäude *IV*.[153] Die letzten Nutzungsphasen des Hauptgebäudes reichen bis in das späte 4. Jh. n. Chr. Cüppers ging nicht von einer Zerstörung im 5. Jh. n. Chr. aus, vielmehr sei die Siedlungsstelle aufgegeben worden.

Im bereits Ende des 3. Jh. n. Chr. zerstörten Keller der Villa von Kenn „Römerplatz" *(Kat.–Nr. 77)* wurde im 5. Jh. n. Chr. der westliche Raum *3* zur Herstellung von Notgeld genutzt.[154] Aus einem ebenfalls zur Villa gehörigen Abwasserkanal wurden dem Rheinischen Landesmuseum Trier Funde des späten 4. und frühen 5. Jh. n. Chr. vorgelegt. Merowingische Streufunde deuten auf eine Siedlungskontinuität der Stelle bis ins frühe Mittelalter hin.[155]

Die endgültige Zerstörung des Hauptgebäudes der Villa von Newel „Im Kessel" *(Kat.–Nr. 118)* kann in einen Zusammenhang mit den Frankeneinfällen des frühen 5. Jh. n. Chr. gebracht werden. Eine Zerstörungsschicht, die über den Gebäuderesten lag, enthielt das meiste Fundmaterial, welches in das 4. bis beginnende 5. Jh. n. Chr. datiert; beispielsweise sind Keramik des 4. Jh. n. Chr. und Ziegelstempel der Marke ASSATVS aus einer 0,20 m hohen Brand- und Schuttschicht in Raum *9* gefunden worden.[156] Aus dem Bereich der Portikus stammen Münzfunde, die von Valentinian bis Arcadius reichen.[157]

In Mehring „Kirchheck" *(Kat.–Nr. 100)* wurde das Ende der Villa bislang ebenfalls mit den Frankeneinfällen des frühen 5. Jh. n. Chr. in Zusammenhang gebracht. Nach neueren Erkenntnissen reicht das Fundmaterial allerdings bis in die Mitte des 5. Jh. n. Chr. hinein.[158]

Die Villa von Wintersdorf „Ortslage" *(Kat.–Nr. 184)* weist durch ein zugehöriges spätantikes Gräberfeld eine Siedlungskontinuität bis in fränkische Zeit auf.[159] Die Befunde der Villa selbst wurden bislang jedoch nicht auf diese Fragestellung hin untersucht, da sich die Reste unter dem heutigen Ortskern befinden.

Die römische Villenwirtschaft im Trierer Land endete keineswegs schlagartig, sondern in einem langfristigen Prozess, der mit den Franken- und Alamanneneinfällen des späten 3. Jh. n. Chr. begann und sich bis weit in das 5. Jh. n. Chr. erstreckte. Kriege und Krisen des 4. und beginnenden 5. Jh. n. Chr. bedeuteten für zahlreiche Standorte Zerstörung, Wiederaufbau unter veränderten Prämissen, wiederholte Zerstörung und letztendliche Aufgabe.

Durch den Abzug des Kaisers Valentinians II. 394/95 n. Chr. und den damit verbundenen Wegfall der Kaiserresidenz sowie der Verlegung der Prätorianerpräfektur von Trier nach Arles im späten 4. Jh. n. Chr. brach der für die Spätantike wichtigste Absatzmarkt des kaiserlichen Hofes weg.[160] Dennoch bestand in Trier weiterhin römisches Leben und auch von den Frankeneinfällen der Jahre 407/408 n. Chr. blieb die Stadt nach neueren Erkenntnissen verschont.[161] Weitere Frankeneinfälle folgten im Verlauf des 5. Jh. n. Chr. bis zur endgültigen

---

153 Cüppers 1967, 141.
154 Jahresbericht 1987–1990, in: Trierer Zeitschrift 55, 1992, 418.
155 Jahresbericht 1987–1990, in: Trierer Zeitschrift 55, 1992, 418.
156 Cüppers/Neyses 1971a, 155.
157 Cüppers/Neyses 1971a, 169.
158 Freundliche Auskunft Dr. K.-J. Gilles, RLM Trier.
159 S. Gollub, Wintersdorf an der Sauer, in: Südwestliche Eifel, 162–166.
160 Zu den historischen Ereignisse vgl. Heinen 1985, 256–265.
161 Vgl. Heinen 1985, 366–371.

Vereinnahmung Triers und des Trierer Landes in den achtziger Jahren des Jahrhunderts und der Installation des Merowingerkönigs Chlodwig zu Beginn des 6. Jh. n. Chr.[162]

Die noch bestehenden Villen fielen im Verlauf des 5. Jh. n. Chr. aller Wahrscheinlichkeit nach in eine weitgehende Subsistenzwirtschaft zurück. H. Löhr konnte durch Pollenanalysen für die Übergangszeit zwischen römischer und fränkischer ländlicher Besiedlung einen Rückgang der bewirtschafteten Flächen und eine Zunahme des Waldes ausmachen.[163] Letztendlich kann von einem Ende der römischen Villenwirtschaft zu einem Zeitpunkt gesprochen werden, bei dem fränkische Siedler nach deren schrittweise erfolgten Eroberung des Trierer Landes und der Installierung der Herrschaft Chlodwigs im frühen 6. Jh. n. Chr. noch verbleibende Standorte übernahmen.[164] In einigen Fällen herrschte eine Siedlungskontinuität vor, die sich von der Spätantike bis ins frühe Mittelalter zog. Weitere Forschungen mit dieser gezielten Fragestellung könnten zusätzliche Auskunft über die Übergangszeit geben.

---

162 Vgl. Heinen 1985, 371.
163 Löhr 2012, 203 mit Anm. 219.
164 Zur fränkischen Landnahme vgl. K. Böhner, Die Besiedlung der südwestlichen Eifel im frühen Mittelalter, in: Südwestliche Eifel, 73–92.

IV. Die Villa als Wirtschaftseinheit

IV.1 Agrarwirtschaft

Das folgende Kapitel behandelt die landwirtschaftliche Produktion, die als Haupterwerbszweig der Villen des Trierer Landes angesehen werden muss.[1] Hierbei stellen archäobotanische Befunde, d. h. pflanzliche Überreste im archäologischen Kontext, die Hauptquelle an Informationen dar. Die Auswertung botanischer Funde gibt sowohl Aufschluss über den Bestand der Nutzpflanzen und den Anbau von Sonderkulturen[2] als auch über die Kontinuität der landwirtschaftlichen Nutzung.[3] Für die römische Kaiserzeit ist von einer hohen Spezialisierung der Agrarwirtschaft auszugehen.[4] Die Standbeine der Landwirtschaft waren Ackerbau, Gemüse- und Obstanbau, Forstwirtschaft, Weidewirtschaft und damit verbunden die Tierzucht. Daneben bestand Bedarf an Öl- und Faserpflanzen sowie an Heilpflanzen.

Um einen möglichst großen Überblick der im Trierer Land erzeugten Produkte zu erhalten, werden Funde der Stadt und der Vici mit eingeschlossen, da davon auszugehen ist, dass diese Zentren Absatzmärkte der im näheren Umkreis produzierten Güter waren.[5] Zu Bedenken gilt es bei diesen Befunden jedoch, dass zwar Aussagen über die Kultivierung bestimmter Pflanzen und Tiere gemacht werden können, jedoch selten Klarheit darüber gewonnen werden kann, wo genau diese Nahrungsmittel angebaut wurden. Es steht jedoch fest, dass der Hauptanteil der hier nachgewiesenen Pflanzen- und Tierfunde auf den Villen des Trierer Landes erwirtschaftet worden sein muss.[6] Es gilt jedoch stets zu bedenken, dass die vorgestellten Befunde Einzelfunde sind und keine flächendeckende Auswertung bieten.

Zunächst wird eine Aufstellung der archäobotanisch ausgewerteten und publizierten Fundkomplexe des Landes und der Stadt vorgenommen, aus der die Analyse der im Trierer Land kultivierten Nutzpflanzen resultiert. Die Kenntnis des Vorkommens dieser Pflanzen basiert hier vor allem auf Funden von Samen (Karpologie) und Pollen (Palynologie).[7]

---

1 Vgl. Kapitel I.2.1.
2 Aus den in der Einleitung genannten Gründen bleibt der für die Moselgegend wichtige Wirtschaftsfaktor Weinbau im Folgenden unberücksichtigt.
3 H. Küster, Botanische Untersuchungen zur Landwirtschaft in den Rhein-Donau-Provinzen vom 1. bis zum 5. Jh. nach Chr., in: H. Bender/H. Wolf (Hrsg.), Ländliche Besiedlung und Landwirtschaft in den Rhein-Donau-Provinzen des Römischen Reiches. Passauer Universitätsschriften zur Archäologie 2 (Espelkamp 1994), 21–36, hier 21.
4 Vgl. Bender 2001, 2–3 und 17.
5 Vgl. Kapitel II.2.2 und II.2.3. Zu Verkehrswegen vgl. Kapitel II.2.1.
6 Vor allem bei schnell verderblichen Nahrungsmitteln, wie beispielsweise Obst und Gemüse, aber auch Getreide, das nicht sachgemäß gelagert wird. Vgl. Bender 2001, 17 und Küster 1994, 28.
7 K. Schroeder, Geologisch-palaeobotanische Untersuchung eines römerzeitlichen Brunnens bei Irrel, Kreis Bitburg-Prüm (Eifel), in: Trierer Zeitschrift 34, 1971, 97–117, hier 99; Küster 1994, 21: „Der Botaniker hat vor allem zwei methodische Ansätze, mit denen er die Landwirtschaft vergangener Epochen rekonstruieren kann. Die Pollenanalyse liefert Resultate darüber, ob in einer Landschaft Ackerbau betrieben wurde, und zur Kontinuität des bäuerlichen Wirtschaftens, zur Holzwirtschaft und zur Umgestaltung der Landschaft als Folge agrarischer Nutzung. Sogenannte pflanzliche Makroreste werden untersucht, um Aufschluss über den Bestand an Getreidearten und anderen angebauten Pflanzen zu erhalten, über Spezialkulturen wie den Wein- und Obstbau, Importe von Vegetabilien, aber auch über die Methoden des Ackerbaus und der Grünlandbewirtschaftung." Zum Fach allgemein: S. Jacomet, A. Kreuz, Archäobotanik. Aufgaben, Methoden und Ergebnisse

Problematisch bei diesen Verfahren ist, dass in kalkreichen Böden pflanzliche Reste vollkommen zersetzt werden. Dies ist gerade im Untersuchungsgebiet von Bedeutung, da sich außerordentlich viele Villen auf solchen Böden befanden, vor allem im Bitburger Gutland.[8] Neben den Kulturpflanzen finden auch solche Erwähnung, bei denen nicht eindeutig geklärt werden kann, ob es sich um angebaute oder gesammelte Pflanzen handelt, beispielsweise bei Beeren und Nüssen. Eine zusätzliche, ergänzende Quelle zur Erschließung landwirtschaftlicher Produkte sind die in Trier gefundenen „Bleimarken", die Mengen- und Preisangaben zu pflanzlichen Agrargütern enthalten.

Auf die Besprechung der Kulturpflanzen folgt eine Auswertung der Tierknochenfunde von auf Villen gehaltenen Nutztieren (Archäozoologie) aus der Stadt Trier und weiter entfernt gelegener Villen, die als Vergleichsbeispiele dienen. Archäozoologisch ausgewertete Befunde aus Villen des Bearbeitungsgebietes liegen bislang nicht vor. Weiterhin gilt es zu beurteilen, inwiefern auf den Landgütern eine Verteilung bzw. die Gewichtung von Ackerbau, Viehzucht und von Obst- und Gemüseanbau nachvollziehbar ist.[9] Dies muss im Trierer Land auf einer meist theoretischen Basis geschehen, da hier bisher nicht die Möglichkeit bestand, die gesamte Hoffläche einer Villa archäobotanisch zu untersuchen, wie dies bei der Villa Hambach 59, Kreis Düren, möglich war.[10]

Die landwirtschaftliche Forschung beschäftigt sich seit einigen Jahren mit der Verteilung von Kultur- und Grünflächen. Wie bereits in *Kapitel II.1.5* deutlich wurde, lagen viele Villen in einem Ökotopgrenzbereich zwischen feuchten und trockenen Ökotopen, d. h. dass höher gelegene Flächen mit fruchtbaren Böden vorwiegend dem Ackerbau dienten, wohingegen feuchtes Gelände in Nähe von Gewässern oder im Auebereich als Grünland genutzt wurde.[11] Die Grünlandbewirtschaftung steht in Zusammenhang mit der Tierhaltung, da das Futter während der Weidezeit und für die Aufstallungszeit im Winter bereitgehalten werden musste. Um die Bedeutung der technischen Hilfsmittel in der Agrarwirtschaft herauszustellen, werden Werkzeugfunde der Villen ausgewertet und Denkmäler mit Darstellungen von Geräten vorgestellt. Zuletzt soll noch der Frage nachgegangen werden, inwiefern sich aus den Befunden der Wirtschaftsgebäude Informationen zur Agrarproduktion gewinnen lassen. Ziel ist es, trotz der genannten Einschränkungen, durch die Analyse der Pollen- und Samenfunde, der Einbeziehung der Ökotopgrenzlagen, der archäozoologischen Befunde, der technischen Hilfsmittel und der Nebengebäude ein Bild der Agrarwirtschaft des Trierer Landes zu erhalten.

---

vegetations- und agrargeschichtlicher Forschung (Stuttgart 1999).
8 Bender 1997, 305. Zu den Villen des Bitburger Gutlandes vgl. Kapitel II.1.3.
9 B. Beyer-Rotthoff/M. Luik, Wirtschaft in römischer Zeit. Geschichtlicher Atlas der Rheinlande Beiheft III/3–4. (Bonn 2007), 12.
10 Die archäobotanische Auswertung von vier Brunnen auf dem Gelände der Villa Hambach 59 führte zur Rekonstruktion der Vegetation auf den Wirtschafts- und Nutzflächen, vgl. Rothenhöfer 2005, 47 mit Abb. 9; K.-H. Knörzer, Geschichte der synanthropen Flora im Niederrheingebiet. Rheinische Ausgrabungen 61 (Mainz 2007), 398 mit weiterer Literatur.
11 Vgl. Kapitel II.1.5; Bayer 1967; Bender 1997, 302, 309; Beyer-Rotthoff/Luik (2007), 12.

IV.1.1 Pflanzenfunde im Trierer Land und in der Stadt Trier

Die ersten Pflanzenbefunde, die in Zusammenhang mit einer archäologischen Maßnahme im Trierer Land archäobotanisch ausgewertet wurden, stammen aus einem 12,23 m tiefen römischen Brunnen bei Irrel, Eifelkreis Bitburg-Prüm.[1] Der Brunnen, dessen Bauzeit von E. Hollstein dendrochronologisch in das Jahr 104 n. Chr. datiert werden konnte, hatte eine Nutzungszeit bis ca. in die Mitte des 2. Jh. n. Chr.[2] Innerhalb dieses Zeitraums fielen zwei Bronzekessel in den Schlamm der Brunnensohle, aus denen je eine wissenschaftliche Probe mit Pflanzenresten zur Untersuchung entnommen wurde. Proben 1 und 2 stammen demnach aus der Frühzeit der Brunnennutzung. Eine dritte Probe, aus der Mitte des 2. Jh. n. Chr., wurde in einer Brunnenhöhe von 5,60 m über der Sohle entnommen. Insgesamt enthielten die drei Proben 69 verschiedene Pflanzenarten, die anhand der darin enthaltenen Früchte, Samen und Pollen bestimmt wurden.[3] K. Schroeder unterschied zwischen Kulturpflanzen, Kulturanzeigern, Laubbäumen und sonstigen Pflanzen. Die ältesten Proben 1 und 2 enthielten gegenüber der jüngeren Probe 3 noch relativ wenige Kulturpflanzen, doch wurden bereits hier Kulturanzeiger und Gemüsesorten nachgewiesen, die Hinweise auf eine Besiedlung gaben.

Zu den Kulturpflanzen der dritten und jüngsten Probe gehörte der wilde Spinat (*Chenopodium bonus henricus*), der als Gemüse angebaut wurde, ebenso verschiedene Kohlarten (*Brassica*).[4] Himbeere (*Rubus idaeus*) und Erdbeere (*Fragaria vesca*) sind Waldfrüchte, die ursprünglich wild gesammelt wurden, hier aber wahrscheinlich bereits angebaut wurden. Süßkirsche (*Prunus avium*) und Apfel (*Malus spec.*) gehörten nicht zu den einheimischen Obstsorten, sondern zu den aus dem Süden eingeführten Pflanzen, ebenso Senf (*Sinapis*) und Koriander (*Coriandrum sativum*) als Gewürzpflanzen sowie Eisenkraut (*Verbena officinalis*) und Schlafmohn (*Papaver somniferum*) als Arzneipflanzen; letzterer diente auch als Ölpflanze. Nur mit einem Samenfragment vertreten war der Saatweizen (*Triticum aestivum*) als einzige Getreidesorte. Weiterhin befanden sich im Brunnen wenige Samen von Laubbäumen und sonstige Pflanzen aus feuchten und trockenen Standorten.[5]

Die Auswertung dieser Funde ergab, dass vermutlich bereits zu Beginn der Bauzeit des Brunnens im Jahr 104 n. Chr. die Flora in der Umgebung aus einer Ruderalflora bestand. Dies deutet auf eine bereits bestehende Siedlung in der Nähe des Brunnens hin.[6] Im weiteren Verlauf, d.h. bis in die Mitte des 2. Jh. n. Chr., ist eine Veränderung der Vegetation in der Umgebung des Brunnens feststellbar. Während zu Beginn des Jahrhunderts nur wenige Samen von Gemüsepflanzen in den Brunnen gerieten, muss gegen Mitte des Jahrhunderts bereits eine hohe Gartenkultur bestanden haben. Das Gelände wurde agrarisch genutzt, Wälder

---

1 Schroeder 1971, 97–117.
2 W. Binsfeld, Ein römischer Brunnen bei Irrel, Kreis Bitburg-Prüm, in: Trierer Zeitschrift 34, 1971, 83–91 mit einem Beitrag von E. Hollstein. Zur Neudatierung in das Jahr 104 n. Chr. vgl. E. Hollstein, Mitteleuropäische Eichenchronologie. Trierer dendrochronologische Forschungen zur Archäologie und Kunstgeschichte. Trierer Grabungen und Forschungen 11 (Mainz 1980), 69 mit aktualisierter Dendrochronologie.
3 Der Unterschied zwischen karpologischen Untersuchungen (Samen und Früchte) und der Pollenanalyse besteht darin, dass die Samen in der Regel den Bewuchs der Umgebung der Fundstelle recht gut widerspiegeln, während die Pollen grundsätzlich aus einem weiteren Umkreis stammen können. Vgl. Schroeder 1971, 103.
4 Die lateinischen Pflanzenbezeichnungen werden bei der ersten Nennung aufgeführt. Zu den Pflanzen aus Irrel vgl. im Folgenden Schroeder 1971, Tabelle 1.
5 Vgl. Kapitel IV.1.3 zur Wald- und Kapitel IV.1.4. zur Grünlandwirtschaft.
6 Schroeder 1971, 112.

befanden sich laut der Pollenanalyse erst in einiger Entfernung zum Brunnen.[7] Obwohl der Irreler Brunnen keiner Villa zugewiesen werden konnte, muss in unmittelbarer Nähe eine gelegen haben, wie die Auswertung der Pflanzenfunde zeigte.[8]

Archäobotanische Befunde aus weiteren Villen des Trierer Landes sind sehr selten und bleiben ein Desiderat.[9] Als ein nahe gelegenes Vergleichsbeispiel dient im weiteren Verlauf die Villa von Borg, Kreis Merzig-Wadern (Saarland), deren Pflanzenbefunde im Rahmen des DFG-Schwerpunktprogramms „Romanisierung" von J. Wiethold archäobotanisch ausgewertet wurden.[10] Nur bei zwei Villen des Untersuchungsgebiets konnten Pflanzenproben karpologisch untersucht werden. Aus der Kelteranlage in Gebäude II der Villa von Lösnich „Hinterwald" *(Kat.–Nr. 94)* wurden in den Jahren 1990 und 1992 Erdproben entnommen, die auswertbares Pflanzenmaterial enthielten.[11] Die 1990 untersuchten Proben enthielten zwei Traubenkerne (*Vitis spec.*) und weitere Traubenkernfragmente. Bei den im Jahr 1992 gemachten Proben enthielt die erste einen fragmentierten Linsensamen (*Lens culinaris*), die zweite ein weiteres Traubenkernfragment und einen Himbeerkern. In der Villa von Neumagen-Dhron „Papiermühle" *(Kat.–Nr. 116)* konnte der Ofeninhalt der Darre *C* in Bau *2* analysiert werden, er enthielt Reste von Linsensamen.[12]

Besser als bei den Villenbefunden stellt sich die Publikationslage bei den Vici und Weinkelteranlagen des Trierer Landes dar. Zu diesen Beispielen gehört der Vicus Belginum-Wederath, Kreis Trier-Saarbug, dessen botanisches Material, das aus den Gräberfeldern stammt, M. König auswertete.[13] Die in den Gräbern und Aschekisten gefundenen Reste blieben in verkohltem Zustand erhalten und können in den meisten Fällen als Grabbeigaben angesehen werden. Dies betrifft vor allem die Kultur- und Sammelpflanzen, wohingegen die Wildpflanzen wohl als unbeabsichtigte Beigaben gelten müssen. Zu den am häufigsten vorkommenden Getreidesorten zählten Emmer (*Triticum dicoccum*) und Gerste (*Hordeum*). Eine untergeordnete Bedeutung hatten Saatweizen, Dinkel (*Triticum spelta*), Einkorn (*Triticum monococcum*), Saathafer (*Avena sativa*) und Rispenhirse (*Panicum miliaceum*). Zu den Hülsenfrüchten gehörten Linse, Erbse (*Pisum sativum*) und Ackerbohne (*Vicia faba*). M. König unterscheidet zwischen Kulturpflanzen und Sammelpflanzen; von letzteren wurden Haselnuss (*Corylus avellana*), Roter- und Schwarzer Holunder (*Sambucus racemosa, Sambucus nigra*), Brombeere (*Rubus fruticosus*), eine unbestimmte Kirschenart (*Prunus spec.*) und Weinrebe nachgewiesen.

Die in einem Brunnen des Vicus Tawern, Kreis Trier-Saarburg, gefundenen Pflanzenreste geben Auskünfte über die Kulturpflanzen des Mosel-Saar-Gaues und die Anbaumethoden in der Umgebung des Vicus.[14] In einer Grube, die möglicherweise ursprünglich als Brunnen

---

7 Schroeder 1971, 112.

8 Binsfeld 1971b, 90.

9 Vgl. M. König, Die spätantike Agrarlandschaft an der Mosel II. Weinbau und Landwirtschaft im Umfeld der spätantiken Kaiserresidenz Trier, in: Funde und Ausgrabungen im Bezirk Trier 33, 2001, 96–102, hier 99–100.

10 Deutsche Forschungsgemeinschaft Schwerpunktprogramm „Romanisierung". Wiethold 2000.

11 Moraitis 2003, 28; Jahresbericht 1992, in: Trierer Zeitschrift 57, 1994, 486.

12 A. Neyses, Drei neuentdeckte gallo-römische Weinkelterhäuser im Moselgebiet, in: Archäologisches Korrespondenzblatt 7, 1977, 217–224, hier 218 mit Anm. 4.

13 M. König, Die vegetabilischen Beigaben aus dem gallo-römischen Gräberfeld Wederath-Belginum im Hunsrück, in: Funde und Ausgrabungen im Bezirk Trier 23, 1991, 11–19.

14 M. König, Pflanzenreste aus dem römischen Vicus Tawern. Ein Beitrag zu Landwirtschaft und Umwelt, in: Funde und Ausgrabungen im Bezirk Trier 28, 1996, 31–40.

diente, befand sich verkohltes und unverkohltes Pflanzenmaterial. Die Grube wurde bis in das 4. Jh. n. Chr. benutzt. Die archäobotanische Auswertung ergab, dass u. a. Gerste, Saatweizen und Dinkel vorhanden waren. Bei der Möhre (*Daucus carota L.*) blieb unklar, ob es sich um eine kultivierte Variante handelte, die nicht von der wild wachsenden unterschieden werden kann. An Gewürzpflanzen enthielt die Grube Reste von Koriander, Dill (*Anethum graveolens*) und Sellerie (*Apium graveolens*). Das hier gefundene Bilsenkraut (*Hyoscyamus niger*) gehört trotz seiner Giftigkeit zu den Heilpflanzen. An Nüssen und Obst wurden Haselnuss, Himbeere, Brombeere, Schwarzer- und Zwergholunder *(Sambucus ebulus)*, Schlehe (*Prunus cf. spinosa*), Süßkirsche, Weinrebe, Birne (*Pyrus spec.*) und Apfel nachgewiesen. Diese Pflanzenfunde zeigen, dass in der Gegend des Vicus Tawern im 4. Jh. n. Chr. eine ausgeprägte Gartenkultur bestand. Die Anwesenheit von Hackfruchtkräutern belegt nahe gelegene Äcker; bei ihnen handelt es sich durchweg um solche, die auf nährstoffreichen Böden wachsen, wie dies im Mosel-Saar-Gau gegeben ist.[15]

Im Rahmen des DFG-Schwerpunktprogramms „Romanisierung" wertete H. Kroll die Pflanzenfunde des Tempelareals und des kleinen Vicus Wallendorf, Eifelkreis Bitburg-Prüm, aus.[16] Obwohl sich die Probenaufbereitung relativ schwierig gestaltete, lagen insgesamt über 50 000 Pflanzenreste aus rund 500 Befunden vor, die sowohl aus vorrömischer als auch aus römischer Zeit stammten. Dadurch entstand die Möglichkeit, die Unterschiede zwischen latènezeitlicher und römischer Agrarproduktion zu untersuchen. In beiden Epochen wurden an Getreidesorten Gerste, Dinkel, Emmer, Hafer, Saatweizen und Roggen (*Secale cereale*), selten jedoch Einkorn angebaut. Die Unterschiede in der Häufigkeit der einzelnen Kulturpflanzen zwischen den vorrömischen und den römischen Befunden waren hierbei jedoch nur graduell. Am häufigsten vertreten war jeweils die Gerste; Dinkel und Emmer lagen in vorrömischer und römischer Zeit in etwa gleichbedeutend an zweiter bzw. dritter Stelle. Als Ölsaaten konnten sehr viel Leindotter (*Camelia sativa*), etwas Lein (*Linum*) und wenig Mohn nachgewiesen werden, wovon der Leindotter in römischer Zeit wohl bewusst reduziert wurde. Von den Hülsenfrüchten lagen Erbse, Linse, Linsenwicke (*Vicia ervilia*) und Ackerbohne vor, von denen der Anbau der Linsenwicke in römischer Zeit rückläufig war. An Obstsorten gab es Funde von Süßkirsche und Wein. Dill, der erst seit römischer Zeit eingeführt wurde, war die einzige nachgewiesene Gewürzpflanze. Insgesamt zeigte sich, dass Veränderungen im Anbau der unterschiedlichen Kulturpflanzen zwischen vorrömischer und römischer Zeit nur gradueller Natur waren. Aufgegeben wurden Kolbenhirse (*Setaria italica*), Leindotter und Linsenwicke; neu importierte Nutzpflanzen lagen, außer dem Dill, im Befund von Wallendorf nicht vor.

Weitere Hinweise zur Kultivierung von Nutzpflanzen lieferten die an der Mosel gelegenen Weinkeltern. Neben den zu erwartenden Funden von Weintraubensamen stammten aus den Kelteranlagen wiederholt weitere Pflanzenfunde, die eine vielseitige Nutzungsmöglichkeit dieser Anlagen bezeugten.[17]

---

15 Vgl. König 1996, 37. Zusammenstellung der sonstigen nachgewiesenen Pflanzenarten in Tawern bei König 1996, 38–39. Zu den naturräumlichen Gegebenheiten des Mosel-Saar-Gaues vgl. Kapitel II.1.3.

16 H. Kroll, Zum Ackerbau in Wallendorf in vorrömischer und römischer Zeit, in: A. Haffner/S. von Schnurbein (Hrsg.), Kelten, Germanen, Römer im Mittelgebirgsraum zwischen Luxemburg und Thüringen. Akten des internationalen Kolloquiums zum DFG-Schwerpunktprogramm „Romanisierung" in Trier vom 28.–30. September 1998. Kolloquien zur Vor- und Frühgeschichte 5 (Bonn 2000), 121–128.

17 Vgl. K.-J. Gilles, Römerzeitliche Kelteranlagen an der Mosel, in: K.-J. Gilles (Hrsg.), Neuere Forschungen zum römischen Weinbau an Mosel und Rhein. Schriftenreihe des Rheinischen Landesmuseums Trier 11 (Trier 1995), 5–59 = Gilles 1995a; M. König, Pflanzenfunde aus römerzeitlichen Kelteranlagen der Mittelmo-

Eine Erdprobe aus Raum *3* der Kelteranlage von Erden an der Mosel, Kreis Bernkastel-Wittlich, enthielt 4840 verkohlte Hanffrüchte (*Cannabis sativa*).[18] Der Befund datiert in die Mitte des 4. Jh. n. Chr. und zählt zu den seltenen Hanffunden aus römischer Zeit. Aus der Kelteranlage von Brauneberg, Kreis Bernkastel-Wittlich, stammen neben Traubenkernen ebenfalls zahlreiche Funde von unterschiedlichen Nutzpflanzen:[19] Holunder, Brombeere, Haselnuss, Vogelkirsche (*Prunus avium*), Gerste, Kolbenhirse sowie einige Wildkräuter. M. König interpretiert die Zusammenstellung dahingehend, dass neben der klassischen Traubenkelter die Anlagen vorübergehend auch als Getreidelagerstätten genutzt worden sein könnten.[20] Ein ähnlicher Befund liegt in der Kelteranlage von Zeltingen-Rachtig, Kreis Bernkastel-Wittlich, vor. Neben den Traubenkernen fanden sich auch hier Reste von Getreide (nicht genauer bestimmt), Linse, Walnuss (*Juglans regia*), Haselnuss, Zwergholunder und Schlehe.[21]

Aus Trier liegen weitere Pflanzenfunde vor, die das Spektrum der Getreideversorgung, zumindest in spätantiker Zeit, aufzeigen. Als Beispiel sei der während einer Grabung in der Hindenburgstraße 1999 zutage getretene Getreidefund genannt. Dieser spätantike, ca. 100 Liter umfassende Fund lag unter einer Schicht von verbranntem Bauschutt. M. König untersuchte ca. 450 ml karbonisierten Pflanzenmaterials, das fünf Getreidesorten, drei Arten von Sammelpflanzen und diverse Kulturbegleiter enthielt.[22] Den Hauptanteil stellte Dinkel, gefolgt von Emmer; Einkorn, Roggen und Gerste waren weitaus seltener vertreten und wurden laut M. König vermutlich als „Beimengung" geduldet. Weiterhin enthielt die Probe drei verschiedene Holunderarten, den Schwarzen-, den Trauben *(Sambucus racemosa)*- und den Zwergholunder. Die nachgewiesenen Kulturbegleiter stammten sowohl von kalkarmen als auch von kalkreichen Böden. Dies bestärkt die Annahme, dass das vorgefundene Getreide auf verschiedenen Feldern geerntet wurde. Gemeinsam war allen Kulturbegleitern, dass sie üblicherweise auf nährstoffreichen Böden wachsen.[23]

Auch Spargel (*Asparagus officinalis*) wurde bereits in römischer Zeit im Trierer Raum kultiviert und gehandelt, wovon zwei in Trier gefundene Warenetiketten aus Blei Zeugnis ablegen.[24] Beide Etiketten nennen den Preis eines Denars für Spargel, bei dem nicht sicher ist, ob es sich um Wilden oder Gartenspargel handelte. L. Schwinden konnte nachweisen, dass es sich bei der Anzahl, die zu einem Denar erhältlich war, eher um marktübliche Mengen handelte, als um Haushaltsmengen. Die beiden Etiketten bilden den ersten archäologischen Hinweis auf den Verzehr von Spargel im römischen Deutschland. Es ist mit großer

---

sel, in: Gilles (1995a), 60–73.
18 M. König, Ölproduktion und/oder Fasergewinnung? Über einen römerzeitlichen Hanffund aus Erden/Mosel, in: Funde und Ausgrabungen im Bezirk Trier 26, 1994, 42–48. Zur Bedeutung der einzelnen Pflanzenfunde vgl. Kapitel IV.1.2.
19 Vgl. König 1995, 62–65.
20 Vgl. König 1995, 65.
21 M. König, Jahresbericht 2001–2003, in: Trierer Zeitschrift 67/68, 2004/05, 396.
22 M. König, Ein umfangreicher spätantiker Getreidefund aus Trier, in: Funde und Ausgrabungen im Bezirk Trier 31, 1999, 87–94.
23 Vgl. König 1999, 92.
24 RLM Trier EV 1993,147. Vgl. L. Schwinden, Asparagus – römischer Spargel. Ein neues Bleietikett mit Graffiti aus Trier, in: Funde und Ausgrabungen im Bezirk Trier 26, 1994, 25–32. Vgl. L. Schwinden, Warenetikett für Spargel, in: M. Reuter/M. Scholz (Hrsg.), Geritzt und entziffert. Schriftzeugnisse der römischen Informationsgesellschaft. Schriften des Limesmuseums Aalen 59 (Esslingen 2004), 87.

Sicherheit davon auszugehen, dass dieser in Trier gehandelte Spargel auch im Trierer Land angebaut oder zumindest gesammelt wurde.[25]

IV.1.2 Auswertung der Nutzpflanzen

Bei den nachgewiesenen Pflanzenfunden handelt es sich zwar nur um einen kleinen Teil des gesamten Nutzpflanzenspektrums[26], dennoch kann dieser Ausschnitt zu allgemeineren Aussagen über die Agrarwirtschaft des Trierer Landes herangezogen werden. Im Folgenden werden die Kulturpflanzen nach Arten sortiert und in ihrer jeweiligen Bedeutung beschrieben.[27] Die Beschreibung erfolgt im Text nach der Quantität der nachgewiesenen Proben, d. h. die am häufigsten im Befund vorkommenden Pflanzen werden zuerst behandelt. Dies belegt allerdings nicht die Bedeutung der jeweiligen Nutzpflanze in Anbau und Verbrauch, vielmehr ist die Anzahl der Befunde für statistische Aussagen wesentlich zu klein.[28]

IV.1.2.1 Getreide und Hülsenfrüchte

Getreide verfügt über einen hohen Nährstoffgehalt und liefert wichtige Kohlenhydrate. Aus diesen Gründen stellt es auch im Trierer Land in römischer Zeit das wichtigste Grundnahrungsmittel dar. Bei dem hier vorgefundenen römerzeitlichen Getreide bilden die Weizenarten die Hauptgruppe.[29] Zu ihnen gehörten als älteste Sorten Einkorn und Emmer, weiterhin Dinkel als einheimische Sorte und aus dem Süden und Westen eingeführt der Saatweizen. Die weiteren Getreidesorten sind Gerste, Saathafer und Roggen.

Den Hauptanteil der in den genannten Fundkomplexen auftretenden Getreidesorten stellten Gerste, Saatweizen und Dinkel. Gerste war in römischer Zeit ein Grundnahrungsmittel, das viele Vorteile mit sich brachte. Sie gedeiht auf nährstoffärmeren Böden, verträgt Trockenheit und hat einen hohen Nährwert. Gerste konnte dadurch zum Bierbrauen und als Kraftfutter für Reit- und Lasttiere eingesetzt werden.[30] In Wallendorf war sie sowohl in vorrömischer als auch in römischer Zeit am häufigsten vertreten.[31]

Das Wintergetreide Dinkel wird von Plinius als anspruchslos, widerstandsfähig und unempfindlich gegenüber Kälte beschrieben.[32] Dadurch kann er auch in den höheren Lagen der Mittelgebirge, beispielsweise in Eifel und Hunsrück, mit gutem Ertrag angebaut werden.[33]

---

25 Vgl. Schwinden 1994, 28. Den literarischen Hinweis auf die Kultivierung von Spargel in Obergermanien liefert Plinius, Nat. hist. 19, 145.
26 Vgl. König 1991, 15.
27 Die Tabelle mit den in Kapitel IV.1.1 vorgestellten Befunden (Tabelle 16) gibt keine Auskunft über Qualität und tatsächlicher Quantität der nachgewiesenen Nutzpflanzen, sondern soll lediglich der Übersicht dienen. Allgemein: U. Körber-Grohne, Nutzpflanzen in Deutschland. Kulturgeschichte und Biologie (Stuttgart 1987); D. Zohary/M. Hopf, Domestication of plants in the old world (Oxford 1988); K.-H. Knörzer u. a., Pflanzenspuren. Archäobotanik im Rheinland: Agrarlandschaft und Nutzpflanzen im Wandel der Zeiten. Materialien zur Bodendenkmalpflege im Rheinland 10 (Köln/Bonn 1999); V. Matterne, Agriculture et alimentation végétale durant l'âge du fer et l'époque gallo-romaine en France septentrionale. Archéologie des plantes et des animaux 1 (Montagnac 2001).
28 Vgl. Knörzer u. a. 1999, 71.
29 Alle Getreidesorten gehören zur Familie der Süßgräser (Poaceae), vgl. Knörzer 2007, 68–100.
30 Zohary/Hopf 1988, 52.
31 Vgl. Kroll 2000, 122, Tab. 1.
32 Plin. nat. hist. 18,83.
33 J. Wiethold, Archäobotanische Aspekte der „Romanisierung" in Südwestdeutschland. Bemerkungen zur Un-

Ein Nachteil von Dinkel besteht darin, dass es sich um einen sog. Spelzweizen handelt, d.h. er muss vor dem Mahlen in einem Gerbgang entspelzt werden, was im Gegensatz zum Saatweizen, einem Nacktweizen, einen zusätzlichen Arbeitsgang bedeutet.[34] Der Vorteil des Dinkels besteht insbesondere darin, dass der Spelz das Korn schützt, wohingegen der Saatweizen anfälliger für Pilzbefall und Fäulnisbakterien ist.[35] Dadurch ist Dinkel auch besser zum Transport geeignet. Die Saatweizenernte ist gegenüber der Dinkelernte zwar ergiebiger, es bedurfte in Mitteleuropa jedoch spezieller Speicher, der Horrea, um sie schützend zu lagern.[36] Aufgrund dieser Eigenschaften tritt Dinkel in den Befunden des Rheinlandes als Hauptgetreide auf.[37] Auch in den hiesigen Befunden ist er häufig vertreten, sowohl in Belginum, Tawern und Wallendorf als auch im Trierer Getreidefund, bei dem er den Hauptanteil bildete. Saatweizen fehlt in den vorrömischen Befunden noch größtenteils. Er wurde über Italien und Gallien in den Norden eingeführt.[38] Weitere Getreidesorten vervollständigten das Angebot: Die älteren Spelzweizenarten Emmer und Einkorn traten jeweils in drei Proben auf.

Im Getreidefund der Trierer Hindenburgstraße scheinen sich Dinkel als Winter- und Emmer als Sommergetreide ergänzt zu haben. Einkorn verlor in römischer Zeit an Bedeutung, wurde aber als Beimengung geduldet.[39] Roggen verbreitete sich erst in römischer Zeit im Südwesten Deutschlands.[40] Wegen seiner Kälteverträglichkeit, seiner Widerstandsfähigkeit gegen Dürre und der Möglichkeit, ihn auch auf sandigen Böden anzubauen, stellt er ein typisches Getreide der gemäßigten Zonen in Nord- und Osteuropa dar.[41] Mit nur einer Probe aus Belginum ist der Saathafer vertreten. Hafer konnte auch als Grundnahrungsmittel für den Menschen dienen, fand aber besonders als Tierfutter Verwendung. Mit je zwei Proben waren Rispenhirse und Kolbenhirse vertreten.

In den germanischen Provinzen bildeten laut H. Bender Dinkel, Roggen und Saatweizen die Grundversorgung.[42] Im Trierer Land scheint nach Ausweis der Proben der Roggen gegenüber der Gerste eine untergeordnete Rolle gespielt zu haben. Möglicherweise hängt dies mit der Verbreitung des Roggens aus dem nordosteuropäischen Bereich in römischer Zeit zusammen.[43] Im vorrömischen Befund von Wallendorf tritt er nur in sehr geringem Maße auf, in römischer Zeit gar nicht mehr. Im Vergleichsbefund der Villa Borg konnte in den spätlatènezeitlichen und frührömischen Proben kein Roggen nachgewiesen werden.[44] Gerste hingegen befand sich in allen Vicus-Proben, in der Villa Borg und im spätantiken Trierer Getreidefund. Festzuhalten bleibt, dass im Untersuchungsgebiet Gerste, Dinkel, Saatweizen und in geringerem Maße Emmer die Hauptgetreidesorten waren.

---

krautflora römerzeitlicher Dinkeläcker, in: A. Müller-Karpe u. a. (Hrsg.), Studien zur Archäologie der Kelten, Römer und Germanen in Mittel- und Westeuropa. Alfred Haffner zum 60. Geburtstag gewidmet. Internationale Archäologie Studia honoraria, Bd. 4 (Rahden in Westphalen 1998), 531–551, hier 531.
34 Bender 1997, 306.
35 Ebd.
36 Zu Horrea in Villen vgl. Kapitel IV.1.8. Zu den spätantiken Horrea in Trier vgl. Kapitel II.2.2.
37 Vgl. Rothenhöfer 2005, 52–53.
38 Küster 1994, 30.
39 König 1999, 90.
40 Küster 1994, 30.
41 Zohary/Hopf 1988, 63.
42 Bender 1997, 306.
43 Küster 1994, 30.
44 Vgl. Kroll 2000, 122–123, Tabellen 1 und 2; Wiethold 2000, 151, Tabelle 1.

Hülsenfrüchte (*Leguminosae*) gehören zu den ältesten Kulturpflanzen; sie bildeten eine weitere Basis der Ernährung und lieferten neben den Kohlenhydraten des Getreides wichtige Proteine.[45] Hülsenfrüchte haben den Vorteil, auch auf relativ nährstoffarmen Böden zu wachsen.[46] Zudem wirken sie als stickstoffbindende Pflanzen im Fruchtwechsel mit Getreide der Erschöpfung des Bodens entgegen. Am häufigsten ist im Arbeitsgebiet die Linse mit fünf Proben vertreten. In Lösnich, Neumagen-Dhron und Zeltingen-Rachtig befanden sich die Linsen in den Kelteranlagen bzw. Darren, in denen sie weiterverarbeitet, getrocknet und gelagert wurden. Weiterhin vorhanden waren Erbse, Ackerbohne und in Wallendorf Linsenwicke, die hauptsächlich in vorrömischer Zeit kultiviert wurde und im weiteren Verlauf nur eine untergeordnete Rolle spielte.[47]

IV.1.2.2 Öl-, Faser- und Heilpflanzen

Lein, Leindotter, Hanf und Schlafmohn dienten zur Herstellung von Pflanzenölen, die als Speiseöl, Lampenöl oder zur Körperpflege Verwendung fanden.[48] Lein und Hanf waren zudem wichtige Faserpflanzen, die zur Herstellung von Seilen, Tauen, Textilien u. a. verwendet wurden. M. König geht davon aus, dass der Hanf aus dem Befund von Erden an der Mosel, Kreis Bernkastel-Wittlich, zur Produktion von Öl verwendet wurde, da es sich um ausgereifte Früchte handelte, schließt aber eine Hanffaserherstellung nicht aus.[49]

Der in Irrel gefundene Schlafmohn diente entweder zur Ölgewinnung oder wurde zu medizinischen Zwecken eingesetzt. Schlafmohn stammt ursprünglich aus dem Mittelmeergebiet, das bedeutet, dass er in Irrel mit Sicherheit kultiviert wurde und nicht wild wuchs.[50]

An Heilpflanzen lagen in den Proben Bilsenkraut aus Tawern und Eisenkraut aus dem Irreler Brunnen vor. M. König widmete sich in einem Beitrag ausführlich den römischen Heilpflanzen.[51] Demnach konnte aus den Samen, Stängeln und Blättern des Bilsenkrautes, einer eigentlich giftigen Pflanze, eine Heilsalbe hergestellt werden; Eisenkraut eignete sich bei der Wundheilung.[52]

IV.1.2.3 Gemüse und Gewürze

Botanische Überreste von Gemüse und Salaten sind äußerst selten und – falls im Befund vorhanden – nur als Samen überliefert.[53] Weiterhin ist eine Trennung zwischen wilden Formen und kultivierten Pflanzen meist nur schwer möglich. Dies ist auch der Fall bei den in Irrel nachgewiesenen Formen von Wildem Spinat, Kohl und den aus Tawern stammenden Möhren.[54] Bei dem durch Bleietiketten für Trier nachgewiesenen Spargel kann ebenfalls nicht bestimmt werden, ob es sich um wilden oder kultivierten Spargel handelte.

---

45 Zohary/Hopf 1988, 83.
46 Körber-Grohne 1987, 97.
47 Kroll 2000, 126.
48 Körber-Grohne 1987, 366; Knörzer u. a. 1999, 96.
49 König 1994, 48.
50 Schroeder 1971, 104; Zohary/Hopf 1988, 123–125 mit Karte 16.
51 M. König, Nicht nur Aesculap half. Römerzeitliche Heilkräuter und ihre Verwendung, in: Funde und Ausgrabungen im Bezirk Trier 32, 2000, 29–37.
52 König 2000, 33–34.
53 Bender 1997, 308.
54 Schroeder 1971, 104.

Gewürze lagen hauptsächlich in den Irreler und Tawerner Brunnenproben vor. Koriander, ursprünglich aus dem östlichen Mittelmeergebiet stammend, war eine beliebte Gewürz- aber auch eine Heilpflanze. Ebenfalls aus dem Osten stammt der Dill, der wie der Koriander als Küchen- oder Heilpflanze eingesetzt wurde. Sellerie galt in der römischen Küche als Gewürz und nicht als Knollengemüse.[55]

IV.1.2.4 Obst und Sammelpflanzen

Die vielfältigen Obstfunde deuten darauf hin, dass im Trierer Land eine ausgeprägte Gartenkultur entwickelt war. Bei einigen der vorgefundenen Obstsorten wurden die Früchte sowohl wild gesammelt als auch die Pflanzen domestiziert. Dies betrifft zumeist die Beeren, wie die in Irrel nachgewiesenen Himbeeren, Erdbeeren und Brombeeren sowie Süßkirschen. Die weiteren Obstarten Apfel, Birne, Kirsche und Schlehe waren vor allem im Brunnenfund von Irrel und der Grube in Tawern vertreten. Diese Kulturobstbäume stammen ursprünglich aus dem Nahen Osten und wurden über die römischen Südprovinzen eingeführt.[56] Die an der Mosel zu erwartende Weinrebe ist am häufigsten nachgewiesen, was sicherlich mit der Publikationslage der zahlreichen Kelterhäuser und den für die Kultivierung von Wein an der Mosel hervorragenden Bedingungen zu erklären ist.[57]

Zu den Sammelpflanzen konnten die bereits genannten Beeren und Nüsse gehören. Die heimische Haselnuss war in vier Proben vorhanden, während die aus dem Süden eingeführte Walnuss nur einmal nachgewiesen wurde.

Holunder war in seinen verschiedenen Sorten Schwarzer Holunder, Traubenholunder und Zwergholunder in einigen Pflanzenproben vertreten. M. König beschäftigte sich in einem Beitrag mit den vielseitigen Nutzungsmöglichkeiten des Holunders als Nahrungs-, Heil-, Färbe- und Zauberpflanze.[58] Demnach konnte der Schwarze Holunder in allen vier Bereichen eingesetzt werden, während Zwergholunder vor allem als Färbe- und Heilpflanze und Traubenholunder als Nahrungspflanze dienten.[59]

IV.1.3 Forstwirtschaft

Die Forstwirtschaft war in der römischen Wirtschaft von großer Bedeutung, da Holz in allen Bereichen des Lebens eingesetzt wurde; H. Küster nennt das Holz gar einen „universalen Rohstoff."[60] Ohne die Thematik ausführlicher behandeln zu können, soll an dieser Stelle ein kurzer Überblick gegeben werden, zu welchem Zweck Holz in der römischen Kaiserzeit mit besonderem Augenmerk auf das Bearbeitungsgebiet genutzt wurde.[61]

---

55 König 1996, 31–32 für alle drei Gewürze.
56 Knörzer, u. a. 1999, 96.
57 Auf den Weinbau an der Mosel wird in vorliegender Arbeit nicht eingegangen, vgl. Einleitung.
58 M. König, Über die Bedeutung des Holunders (Sambucus spec.) in vorgeschichtlicher und jüngster Zeit. Paleoethnobotanische Betrachtung über eine Nahrungs-, Heil-, Färbe- und Zauberpflanze, in: Funde und Ausgrabungen im Bezirk Trier 25, 1993, 3–9.
59 König 1993, 8.
60 H. Küster, Geschichte des Waldes. Von der Urzeit bis zur Gegenwart (München 1998), 78.
61 Grundsätzlich: M. Nenninger, Die Römer und der Wald. Untersuchungen zum Umgang mit einem Naturraum am Beispiel der römischen Nordwestprovinzen. Geographica historica 16 (Stuttgart 2001); P. Herz, Holz und Holzwirtschaft, in: P. Herz/G. Waldherr (Hrsg.), Landwirtschaft im Imperium Romanum. Pharos 14 (St. Katharinen 2001), 101–117.

An erster Stelle steht der Gebrauch von Holz als Energielieferant. Dieses wurde bei den zahlreichen Produktionsvorgängen benötigt, die in den Werkstätten, den Vici und in Trier stattfanden. Dazu gehören die energieintensiven Herstellungsprozesse der Glas-, Metall-, Kalk- und der Keramikproduktion, sowohl was die Herstellung von Gebrauchs- als auch Baukeramik betrifft.[62] Gerade bei der Glas- und Metallherstellung waren hohe Temperaturen nötig, die nur durch den Gebrauch von Holzkohle erreicht werden konnten.[63] Weiterhin musste zur Beheizung der vielen Thermen und hypokaustierten Räume im städtischen und ländlichen Bereich ständig Holz zur Verfügung stehen. F. Kretzschmer errechnete allein für die Beheizung der Trierer Basilika einen täglichen Holzverbrauch von 1,8 Tonnen bei Dauerbetrieb.[64] Rechnet man den Konsum der weiteren Großbauten hinzu, beispielsweise den Bedarf zur Beheizung der Barbarathermen, muss Trier während der gesamten Kaiserzeit einen sehr hohen Verbrauch an Holz, allein als Energielieferant für den Unterhalt seiner Großbauten, gehabt haben. Hinzu muss der tägliche Bedarf privater Haushalte gerechnet werden. Doch nicht nur in der Stadt, sondern auch im ländlichen Bereich muss der Verbrauch groß gewesen sein. Gerade im Bearbeitungsraum verfügte die überwiegende Anzahl der Villen, auch die einfachen Portikus-Risalitvillen, früher oder später über ein Bad oder beheizbare Räume.[65]

Zur Errichtung der Trierer Großbauten musste ebenfalls Holz als Baumaterial in großen Mengen vorhanden sein, beginnend bei der Herstellung der Ziegel und des Kalkputzes, weiterhin als Bauholz für Verschalungen, Gerüste, etc.[66] Für die zweite Trierer Römerbrücke konnte E. Hollstein nachweisen, dass beim Bau der Holzfundamentierung Tannenholz verwendet wurde, eine Sorte also, die in römischer Zeit nicht in Hunsrück oder Eifel wuchs, sondern wahrscheinlich aus den Vogesen oder dem Schwarzwald stammte.[67]

Doch nicht nur die Großbauten, jedes Haus im Trierer Land enthielt in irgendeiner Form Holz, sei es im Dachgebälk oder bei Nebengebäuden und Stallungen, die oftmals aus Holz- oder einer Holz-Lehm-Konstruktion bestanden.[68] Einen Überblick, zu welchen Zwecken Holz in einem Vicus verwendet werden konnte, geben die Funde aus dem Vicus Tawern, Kreis Trier-Saarburg, zu denen Bauholz, Dachschindeln und Geräte des täglichen Bedarfs wie Teller oder Spindeln gehörten.[69]

Nach der Klärung des Holzbedarfs im Trierer Land stellt sich nun die Frage nach der Bedeutung der Villenwirtschaft bezüglich der Forstwirtschaft. M. Nenninger setzte sich ausführlich mit den literarischen Quellen lateinischer Agrarschriftsteller und spätantiker Rechtsquellen auseinander, die wichtige Hinweise auf Forstwirtschaft in Villen des italienischen

---

62 Frézouls 1990, 450; Rothenhöfer 2005, 71.
63 Küster 1994, 26.
64 F. Kretzschmer, Die Heizung der Aula Palatina in Trier, in: Germania 33, 1955, 200–210. Vgl. Herz (2001), 109.
65 Eine eigene Aufstellung der Bäder wird in vorliegender Arbeit nicht vorgenommen, doch sind im Katalog die jeweiligen Einrichtungen aufgeführt und besprochen. Vgl. auch Koethe 1940.
66 Vgl. Herz 2001, 107–109 mit einem Beispiel der Caracallathermen in Rom.
67 Hollstein 1980, 142–147. Für weitere Beispiele von Tannenholz als Baumaterial in Trierer Großbauten vgl. M. Neyses, Römerzeitliche Tannenchronologie für die Nordwest-Provinzen, in: Trierer Zeitschrift 61, 1998, 137–154, hier 139. Der Einsatz von Tannenholz kann durch die optimale Verwendung als Baumaterial erklärt werden, vgl. Küster (1994), 26. Zur Verbreitung der Tanne in römischer Zeit vgl. Neyses 1998, 137.
68 Frézouls 1990, 450.
69 M. Neyses-Eiden, Holzbauten im römischen Vicus Tawern. Beobachtungen zur Dendrochronologie und Holztechnologie, in: Funde und Ausgrabungen im Bezirk Trier 34, 2002, 29–38.

Kernlandes und im Falle der Rechtstexte für das gesamte Imperium geben.[70] Nach Columella sollten Villen über Waldstücke verfügen, die entweder zur Anpflanzung von Fruchtbäumen, als Schlagwälder oder als Wälder zur Viehweide dienten.[71] Die Quelle gibt wichtige Hinweise zu verschiedenen Nutzungsmöglichkeiten der Wälder, doch sollte man auch in diesem Fall bedenken, dass sich das genannte Beispiel bei Fragen der Besitzverhältnisse nicht ohne Weiteres auf die Nordwestprovinzen übertragen lässt. Schriftliche Hinweise aus dem Trierer Land, die eine solche Aufteilung des Waldes in verschiedene Nutzungsmöglichkeiten nahe legen, sind nicht vorhanden. Ebenso fehlen epigraphische Quellen, die sich auf die Besitzverhältnisse bezüglich der Wälder beziehen.[72] Nach Auswertung der Agrarschriftsteller und im Besonderen spätantiker Digesten arbeitete M. Nenninger verschiedene Möglichkeiten des Besitzes und der Nutzung heraus. Zunächst konnte es sich bei Wäldern um einer Villa zugehörigen Privatbesitz handeln, der versteuert werden musste und vererbbar war.[73] Daneben bestand die Möglichkeit, dass Wälder in öffentlichem Besitz waren und zur Versorgung der Städte und Vici dienten.[74] Ferner konnte auch Wald in Form des Nießbrauchs (*usus fructus*) genutzt werden, d. h., dass dieser unter Schonung der Substanz von einem Pächter genutzt werden konnte. Wälder konnten somit beispielsweise durch Baumschulen, die in Hand der Nießnutzer lagen, wieder aufgeforstet werden.[75] In wirtschaftlicher Hinsicht diente die Holzproduktion laut der Quellen als Brenn- und Bauholz zur Deckung des Eigenbedarfs; durch den Holzverkauf bestand die Möglichkeit eines Zusatzverdienstes.[76]

Bezeichnenderweise muss M. Nenninger für die Beschreibung der Besitzverhältnisse auf römisch-literarische und spätantik-rechtliche Quellen zurückgreifen, da die Überlieferungssituation für die Nordwestprovinzen in diesen Bereichen nicht ergiebig genug ist. Auch für das Trierer Land liegen keine verwertbaren Informationen vor und so muss die Frage nach der Verteilung von privat und öffentlich genutztem Wald offen bleiben, auch wenn davon auszugehen ist, dass die *Civitas Treverorum* über ihre eigenen Waldflächen verfügte und die Stadt auf eine Versorgung mit Holz aus oben genannten Gründen angewiesen war.[77]

Einige Villenstandorte des Trierer Landes liegen in Gebieten, die aufgrund ihrer naturräumlichen Gegebenheiten ursprünglich bewaldet gewesen sein müssen. Dazu gehören besonders die Quarzitrücken des Hoch- und Idarwalds im Hunsrück und die Kyllburger Waldeifel sowie das Islek in der Eifel.[78] Zwar waren in diesen abgelegenen Landschaften auch Villen vorhanden, doch kann aufgrund des fehlenden Fundmaterials eine Forstwirtschaft in diesen Standorten nicht zwangsläufig bewiesen werden. Weitere Möglichkeiten der Bewirt-

---

70 Nenninger 2001, 41–47; M. Nenninger, Forstwirtschaft, in: H. Sonnabend (Hrsg.), Mensch und Landschaft in der Antike. Lexikon der Historischen Geographie (Stuttgart 1999), 151–153.
71 Colum. 1,2,3; Nenninger 2001, 41–47.
72 Zu den Besitzverhältnissen allgemein vgl. Nenninger 2001, 52–59.
73 Nenninger 2001, 52–55 mit Quellen.
74 Nenninger 2001, 55–59 mit Quellen.
75 Nenninger 2001, 53.
76 Nenninger 2001, 46.
77 Als weitere Beispiele für die unklare Quellenlage können die Weihung eines saltuarius namens Vegetus aus der Nähe von Köln aufgeführt werden, bei dem auch unklar bleibt, ob es sich um den Verwalter eines privaten Gutes handelte oder um denjenigen eines Besitzes der Colonia Claudia Ara Agrippinensium. Vgl. Rothenhöfer 2005, 71–72 und die Grabinschrift mit Erwähnung eines saltuarius aus Waldfischbach, Kreis Pirmasens, bei der ebenfalls nicht zu entscheiden ist, ob es sich bei dem Verwalter um denjenigen eines kaiserlichen Gutes oder eines Privatgutes handelte. Vgl. H. Bernhard, Waldfischbach, in: H. Cüppers (Hrsg.), Die Römer in Rheinland-Pfalz (Stuttgart 1990), 656–659.
78 Zu den naturräumlichen Gegebenheiten vgl. Kapitel II.1.

schaftungsformen dieser Villen können auch in der Viehzucht oder dem Anbau anspruchsloserer Getreidesorten gelegen haben. Durch entsprechende Werkzeuge könnte eine Forstwirtschaft nachgewiesen werden, doch liegen für den Bearbeitungsraum nur vereinzelte Zeugnisse vor. Die beiden Hobel von Oberüttfeld „Auf der Burg" *(Kat.–Nr. 130)* geben zwar Hinweise auf eine Holzbearbeitung, jedoch nicht auf eine Forstwirtschaft. Ebenso die noch in 1,05 m Länge erhaltene Säge, die im Nebengebäude *V* der Villa von Lösnich „Hinterwald" *(Kat.-Nr. 94)* zusammen mit verkohlten Holzresten gefunden wurde.[79] Die Flößerketten aus dem Metallhortfund im Brunnen der Villa von Bengel „Beckersbaum" *(Kat.–Nr. 8)* können in Bezug zur Forstwirtschaft gedeutet werden, da die Hölzer von ihrem Einschlagsort zum Verwendungsort auf Flüssen transportiert werden mussten.[80]

Neben den großen zusammenhängenden Waldflächen der Mittelgebirge gab es mit Sicherheit vereinzelte, kleinere Waldstücke im gesamten Arbeitsgebiet. Diese befanden sich zumeist an den Stellen, wo sich die Flussläufe tief in das Relief eingraben, was beispielsweise bei der Kyll und ihrer Zuflüsse im südlichen Bitburger Gutland der Fall ist. Durch karpologische und pollenanalytische Untersuchungen konnten in den letzten Jahrzehnten Aussagen zur Bewaldung des Trierer Landes in römischer Zeit gemacht werden. K. Schroeder wies aus der Untersuchung der Baumpollen des bereits genannten Irreler Brunnens[81] nach, dass Proben 1 und 2 aus dem beginnenden 2. Jh. n. Chr. noch über einen höheren Stand an Baumpollen verfügten als die dritte Probe des mittleren 2. Jh. n. Chr. In Proben 1 und 2 waren besonders die Kiefern (*Pinus spp.*), die Eichen (*Quercus spp.*) und die Rotbuchen (*Fagus sylvatica*) vertreten, aber auch die weiteren Arten Weiden (*Salix spp.*), die Birke (*Betula*), Ulme (*Ulmus*), Linde (*Tilia*), Erle (*Alnus*) und Fichte (*Picea*). In der dritten Probe hingegen fanden sich nur noch zwei Eichenpollen und je ein Pollen von Kiefer und Erle.[82] Dieser deutliche quantitative Rückgang im Pollenspektrum und damit auch im Baumbestand verlief parallel zur Entwicklung der Kulturlandschaft, wie sie der Irreler Brunnenfund nachzeichnet.[83]

Den bereits eisenzeitlichen Rückgang weiter Waldflächen im Trierer Land wies H. Löhr durch weitere pollenanalytische Untersuchungen nach. Das Pollendiagramm aus dem Holzmaar bei Gillenfeld, Kreis Vulkaneifel-Daun, zeigte bereits eine intensive Landwirtschaft während der gesamten Eisenzeit bei einer Verminderung der Baumpollen und damit der Waldflächen. Nur die Zeit des Gallischen Krieges deutet auf einen kurzen Rückgang der Sträucher, Kräuter und Gräser zugunsten des Waldes hin. Erst ab dem ausgehenden 4. und beginnenden 5. Jh. n. Chr. nimmt der Wald wieder deutlich zu.[84]

Untersuchungen in der Walramsneustraße in Trier ergaben ebenfalls, dass zumindest dieser Ausschnitt der Trierer Talweite bereits in frührömischer Zeit einen Entwaldungsgrad aufwies, „der als extrem zu bezeichnen ist."[85] Ein weiterer Pollenbefund, der auf eine intensive Landwirtschaft bei deutlichem Rückgang des Waldes bereits im ersten nachchristlichen Jahrhundert hinweist, liegt aus dem Vicus Tawern, Kreis Trier-Saarburg, vor.[86] Diese Befun-

---

79 Moraitis 2003, 74 mit Taf. 50,10.
80 Küster 1994, 25.
81 Vgl. Kapitel IV.1.1.
82 Schroeder 1971, 110.
83 Schroeder 1971, 112: „Das Gelände im Umkreis des Brunnens wurde landwirtschaftlich genutzt; der Wald war weiter entfernt."
84 H. Löhr/H. Nortmann, Sichtbares und Unsichtbares. Archäologische Denkmäler im Trierer Land, in: Denkmäler 2008, 25 mit Abb. 21.
85 Dörfler/Evans/Löhr 1998, 145 und Abb. 8–10.
86 Unpubliziert, freundlicher Hinweis Frau Dr. S. Faust und Herr Dr. H. Löhr, Rheinisches Landesmuseum

de scheinen sich mit weiteren Beispielen Nordostgalliens zu decken, einer Gegend, in der bereits in vorrömischer Zeit ein „sehr hoher Entwaldungsgrad erreicht war."[87] Dies gibt zu bedenken, ob die Forstwirtschaft – bei gleichzeitiger Zunahme einer intensiven Landwirtschaft – tatsächlich einen hohen Anteil am wirtschaftlichen Gesamtvolumen der Villen im Trierer Land hatte.

Die Bewertung der Forstwirtschaft im Rahmen der Villenwirtschaft lässt weiterhin in einigen Bereichen viele Fragen offen. Fehlende schriftliche und epigraphische Hinweise sowie fehlendes Fundmaterial machen eine sinnvolle wirtschaftliche Beurteilung dieses Erwerbszweiges schwierig. Sicherlich war die Forstwirtschaft auch im Trierer Land ein ertragreicher Wirtschaftszweig, doch fehlen uns wichtige Informationen bezüglich der Besitzverhältnisse und der Organisationsformen der Holzwirtschaft, beispielsweise Import und Export betreffend sowie privater und öffentlicher Nutzung. Zudem muss mit einem massiven Rückgang der bewaldeten Flächen bereits seit der vorrömischen Eisenzeit gerechnet werden, ein Umstand, der sich auch in der Folgezeit durch den gesteigerten römischen Bedarf an Holz als Energieträger und Baumaterial noch verschlechtert hat.[88]

IV.1.4 Grünlandwirtschaft

Die Grünlandwirtschaft steht in engem Zusammenhang mit der Tierzucht. Für die Haltung der Viehbestände, darunter auch die für die Wollproduktion benötigten Schafe, musste ausreichend Grünfutter zur Verfügung stehen. Im Winter während der Aufstallungszeit war darüber hinaus Heuschnitt als Einstreu in den Ställen notwendig.

Die Weiden befanden sich vornehmlich im Auebereich der Bäche bzw. auf Wiesen trockener bis frischer Standorte.[89] Pflanzenfunde, die auf eine Grünlandwirtschaft hinweisen, sind auch im Bearbeitungsgebiet nachgewiesen. Durch die Auswertung der Samen- und Pollenproben aus dem Brunnen bei Irrel konnte K. Schroeder ein Pflanzenspektrum erarbeiten, das auf Trockenrasen, insbesondere aber auf feuchte Wiesen deutet.[90] Er verbindet diese Funde zum einen mit der breiten Talaue der Nims, die sich auf über acht Kilometer von Niederweis bis Messerich erstreckt. Weiterhin können diese sowohl von feuchteren Standorten entlang der Nims und der Prüm als auch aus den Schluchten des Luxemburger Sandsteins stammen.

Weitere Hinweise auf feuchte bis nasse Standorte konnte M. König im Befund des Vicus Tawern ausmachen. Aus den vorgefundenen Graslandpflanzen wurde erkennbar, dass die Wiesen um den Vicus einmal im Jahr gemäht und als Weide genutzt wurden.[91] Die Pflanzensamen gelangten laut M. König als Heu- oder Einstreulieferer in den Vicus. Weiterhin konnte König durch die Analyse der Pflanzenfunde der Kelter entlang der Mosel mehrfach Hinweise auf Mäh- und Weidewiesen feuchter Standorte nachweisen.[92]

Trier.
87 H. Löhr, Intesivierte Bodenerosion in der Trierer Talweite, in: Haffner/von Schnurbein 2000, 175–199, hier 192 mit Anm. 85.
88 Löhr 2012, 196 mit Anm. 135.
89 Bender 1997, 304, 309. Zur Lage der Villen in Ökotopgrenzbereichen und der Aufteilung zwischen Acker- und Weideland vgl. Kapitel II.1.5.
90 Schroeder 1971, 109–110.
91 König 1996, 36–37.
92 König 2001, 98.

IV.1.5 Anbaumethoden

Plinius erwähnt in seiner Naturkunde, dass im Gebiet der Treverer in einem sehr kalten Winter die Saat erfror und die Felder im März nochmals besät wurden, woraus eine reiche Ernte resultierte.[93] Dieses Zitat gibt Anlass zu Überlegungen der Aussaat, des Fruchtwechsels und weiterer Anbaumethoden in den Nordwestprovinzen, und im Besonderen im Gebiet der Treverer, in römischer Zeit.[94] Zwischen den unterschiedlichen Getreidesorten bestehen Abweichungen bei der Zeit der Aussaat. Als Sommerfrucht kommen Ackerbohne, Erbse, Hafer, Gerste, Emmer und Weizen in Betracht; Roggen, Einkorn und Dinkel wurden hauptsächlich als Winterfrüchte angebaut.[95] Durch eine zeitlich versetzte Aussaat konnten mit verschiedenen Sorten, die demnach auch versetzt geerntet wurden, größere Erträge erzielt werden. Der Fruchtwechsel zwischen Sommer- und Winterfrüchten sorgt zudem dafür, dass die Ackerböden durch wiederholten Anbau derselben Art nicht zu sehr verarmen.[96] Hinweise auf einen Fruchtwechsel finden sich vor allem bei Funden von Getreidevorräten. Wenn in einem solchen Fund eine zweite Art mit nur geringem Anteil vorkommt, kann dies als Hinweis auf eine Fruchtfolge aufgefasst werden.[97] Laut U. Willerding können sich Körner, die vor oder bei der Ernte ausgefallen und in den Boden gelangt sind, zwischen der Saat eines anschließend angebauten Getreides im Boden behaupten. In römischer Zeit war dies oftmals der Fall, wenn Wintergetreide auf Sommergetreide folgte.[98] Auch im Falle des spätantiken Getreidefundes aus Trier, Hindenburgstraße, könnte dies möglich sein, da neben dem hauptsächlichen Vorkommen von Dinkel, einem Wintergetreide, vermehrt Emmer als Sommergetreide vorhanden ist. M. König interpretiert den Fund dahingehend, dass entweder Dinkel und Emmer dicht beieinander gelagert wurden und sich bei dem Brand vermischten, oder dass es sich um eine Emmersorte handelte, die auch als Winterfrucht angebaut werden konnte.[99] Tatsächlich könnte es sich jedoch um die von U. Willerding beschriebene Variante handeln, nach der sich Emmer weiterhin in der Folgefrucht von Dinkel behaupten konnte.

Der Fruchtwechsel zählt neben der Düngung und der Brache zu den Maßnahmen, die zu einer Aufbesserung des Ackerbodens führt und deren Auslaugung durch Monokultur verhindert.[100] Die Düngung erfolgte entweder durch die Tierhaltung auf brach liegenden Feldern, oder indem man den im Winter anfallenden Mist auf die Felder trug. Der Agrarschriftsteller Varro und Plinius erwähnen in ihren Schriften die Düngmethoden in den Nordwestprovinzen. Plinius überliefert den Abbau von „blauem Mergel" in Gallien, der die Fruchtbarkeit

---

93 Plin. nat. hist. 18,183. Die bei Plinius erwähnte Zeitangabe „vor drei Jahren" ist nicht genau bestimmbar, da nicht bekannt ist, wann Plinius das Buch 18 verfasst hat. Das Vorwort wurde um 77/78 n. Chr. geschrieben; es könnte also das Jahr 74 n. Chr. gemeint sein. Vgl. C. Plinii Secundi, naturalis historia libri XXXVII. Liber XVIII, herausgegeben und übersetzt von R. König in Zusammenarbeit mit J. Hopp und W. Glöckner (Zürich 1995), 268.
94 Vgl. Pleket 1990, 75–79.
95 Willerding 1996, 18; Rothenhöfer 2005, 62.
96 Willerding 1996, 18.
97 Willerding 1996, 18.
98 Willerding 1996, 18.
99 König 1999, 90.
100 Rothenhöfer 2005, 61.

von Feldern und Wiesen in gleichem Maße fördere.[101] Varro nennt einen weißen Kalkmergel, der in Gallien Verwendung zum Düngen der Felder fand.[102]

Daneben war es üblich, die Felder zur Erholung brach liegen zu lassen. Möglichkeiten bestanden darin, sie als Viehweiden zu nutzen oder auf ihnen Hülsenfrüchte wie die Ackerbohne anzubauen. Dies hatte den Vorteil, dass die Leguminosen aufgrund ihrer Stickstoff bindenden Eigenschaften zur Erholung der Felder beitrugen.[103]

P. Rothenhöfer geht davon aus, dass diese Bewirtschaftungsformen in vorrömischer Zeit noch nicht verbreitet waren und dass sie sich erst im Verlauf des 1. Jh. n. Chr. durchsetzen konnten. Seiner Meinung nach verliefen im Rheinland diese ackerbaulichen Verbesserungen, die zu einer Ertragssteigerung führten, parallel zur Entwicklung der Villenwirtschaft, die sich in ihrer Steinbauphase ab der Mitte des 1. Jh. n. Chr. greifen lässt. Wie die schriftliche Überlieferung zeigt, waren diese Ertrag steigernden Methoden auch in Gallien bekannt und fanden vielfache Verwendung; sie müssen demnach ebenso für die römische Agrarwirtschaft des Trierer Landes angenommen werden.

IV.1.6 Viehzucht

Tierknochenfunde von Schlacht- und Speiseabfällen geben Erkenntnisse über Tierhaltung, Aufzucht sowie über die Fleischversorgung der damaligen Bevölkerung.[104] Auch für die Villenwirtschaft des Trierer Landes ist eine intensive Viehhaltung und -züchtung anzunehmen, jedoch verfügen wir bislang über keinen archäozoologisch ausgewerteten Tierknochenbefund aus einem Villenstandort des Bearbeitungsgebietes. Lediglich Befunde der Stadt Trier[105], des Vicus Tawern (Kreis Trier-Saarburg)[106], der spätantiken befestigten Höhensiedlung Nahekopf bei Frauenberg (Kr. Birkenfeld)[107], aus Heiligtümern[108] und weiter gelegener

---

101 Plin. nat. hist. 17,47.
102 Varro rust. 1,7,8. Mergel findet sich im Trierer Land besonders in den Schichten des Mittleren Muschelkalks, vgl. H. W. Wagner u. a. (Hrsg.), Trier und Umgebung. Geologie der Süd- und Westeifel, des Südwest-Hunsrück, der unteren Saar sowie der Maarvulkanismus und die junge Umwelt- und Klimageschichte. Sammlung geologischer Führer Bd. 60. 3. Völlig neu bearbeitete Auflage (Stuttgart 2012), 134.
103 Rothenhöfer 2005, 57–58; Matterne 2001, 122–123.
104 J. Peters, Nutztiere in den westlichen Rhein-Donau-Provinzen während der römischen Kaiserzeit, in: H. Bender/H. Wolff (Hrsg.), Ländliche Besiedlung und Landwirtschaft in den Rhein-Donau-Provinzen des römischen Reiches. Passauer Universitätsschriften zur Archäologie, Bd. 2 (Espelkamp 1994), 37–62. Zur Tierhaltung in römischer Zeit vgl. W. Rinkewitz, Pastio Villatica. Untersuchungen zur intensiven Hoftierhaltung in der römischen Landwirtschaft (Frankfurt am Main 1984) als Auswertung der Agrarschriftsteller und J. Peters, Römische Tierhaltung und Tierzucht. Eine Synthese aus archäozoologischer Untersuchung und schriftlich-bildlicher Überlieferung. Passauer Universitätsschriften zur Archäologie, Bd. 5 (Rahden/Westfalen 1998).
105 W.-R. Teegen, Archäozoologische Untersuchungen an Tierknochen aus einem spätantiken Brunnen von der Feldstraße in Trier, in: Trierer Zeitschrift 71/72, 2008/09, 359–368; W.-R. Teegen, Archäozoologische Untersuchungen an spätantiken Tierknochen aus der Grabung Saarstraße 28 in Trier, in: Trierer Zeitschrift 73/74, 2010/11, 155–200; W.-R. Teegen, Von Schlachtern und Knochenschnitzern im Umkreis der Porta Nigra in Römerzeit und Mittelalter, in: Kurtrierisches Jahrbuch 51, 2011, 21–58; R. Schoon, Archäozoologische Untersuchungen an Tierknochenfunden des 2. und 11. Jahrhunderts vom Domfreihof in Trier, in: W. Weber (Hrsg.), Die Trierer Domgrabung 6. Fundmünzen, Ziegelstempel und Knochenfunde aus den Grabungen im Trierer Dombereich. Kataloge und Schriften des Bischöflichen Dom- und Diözesanmuseums, Bd. 7 (Trier 2009), 473–534.
106 C. Wustrow, Tierreste aus dem römischen Vicus Tawern, in: Trierer Zeitschrift 61, 1998, 365–386.
107 W.-R. Teegen, Osteologische Untersuchungen, in: A. Miron/A. V. B. Miron/D. Sauer/M. Schrickel/W.-R. Teegen, Der Nahekopf bei Frauenberg (Kr. Birkenfeld). Bericht über die Ausgrabungen 2007, in: Trierer

Villen wie Rheinheim (Saarpfalz Kreis)[109] und Borg (Kreis Merzig-Wadern)[110] können durch ihre archäozoologische Auswertung Angaben zur Viehhaltung in römischer Zeit machen. Der im Bearbeitungsgebiet gelegene Brunnen von Irrel (Kreis Bitburg-Prüm) lieferte, anders als bei der archäobotanischen Auswertung der Pflanzenreste, zu wenig Knochenmaterial für statistisch relevante Aussagen. In ihm fanden sich lediglich die Reste eines Rindes (*bos primigenius f. taurus*), eines Pferdes (*equus ferus f. caballus*) und zweier Schafe (*ovis ammon f. aries*).[111] Die archäozoologische Auswertung ländlicher Befunde des Trierer Raumes stellt demnach ein dringendes Desiderat dar.[112]

Die ausgewerteten mittelkaiserzeitlichen und spätantiken Tierknochenfunde aus Trier ermöglichen, einen Einblick in das Nutztierspektrum römischer Zeit zu erhalten. In einem Brunnen in der Feldstraße, dessen Inhalt in das 4. Jh. n. Chr. datiert, befand sich eine große Anzahl Tierknochen, die von W.-R. Teegen archäozoologisch ausgewertet wurden.[113] In der Verfüllung lagen Überreste von mindestens 61 Rindern, eines Pferdes, eines Hausschafes bzw. Ziege und dreier Hausschweine (Mindestindividuenanzahl).[114]

Das Tierknochenmaterial, welches bei Grabungen in der Saarstraße 28 in Trier gefunden wurde, stammt aus dem beginnenden 5. Jh. n. Chr. und wurde ebenfalls durch W.-R. Teegen archäozoologisch ausgewertet. Der Befund enthielt die Reste von mindestens fünf Hauspferden, 45 Hausrindern, zehn Hausschafen, drei Hausziegen, 19 Hausschafen- oder Ziegen und 32 Hausschweinen (Mindestindividuenanzahl). Des Weiteren fanden sich Reste von Wild, Haushunden, Geflügel, Fischen, Schnecken und Austern.[115] Verarbeitungsspuren an Knochen und das Halbfertigprodukt einer Nadel deuten auf eine knochenverarbeitende Produktionsstätte im Bereich oder im Umkreis der Fundstelle hin.[116]

Im Bereich des Simeonstiftes wurden beim Neubau des Stadtmuseums 2004/05 archäologische Maßnahmen durchgeführt und anschließend das gefundene Knochenmaterial von

---

Zeitschrift 71, 2008/09 (2010) 259-266; W.-R. Teegen, Osteologische Untersuchungen, in: M. Schrickel/ A. Miron/A. V. B. Miron/D. Sauer/ W.-R. Teegen, Der Nahekopf bei Frauenberg (Kr. Birkenfeld). Bericht über die Ausgrabungen 2008, in: Trierer Zeitschrift (im Druck).

108 Exemplarisch: Der Tempelbezirk von Möhn, Kreis Trier-Saarburg mit zahlreichen Tierknochenfunden, vgl. M. Ghetta, Spätantikes Heidentum. Trier und das Trevererland (Trier 2008), 320–323, Kat. 29; C. Wustrow, Die Tierreste aus dem römischen Tempel von Wederath-Belginum, in: C. Wustrow (Hrsg.), Die Tierreste aus der römischen Villa von Borg, Kr. Merzig-Wadern. Universitätsforschungen zur Prähistorischen Archäologie 113 (Bonn 2004), 233–242; C. Oelschlägel, Die Tierknochen aus dem Tempelbezirk des römischen Vicus von Dalheim (Luxemburg). Dossiers d'Archéologie du Musée National d'Histoire et d'Art 13 (Luxembourg 2006).

109 R. Schoon, Archäozoologische Untersuchungen zum Vicus von Bliesbruck, Moselle und zur Großvilla von Rheinheim, Saarland. Blesa 6 (Bliesbruck-Reinheim/Sarreguemines 2005).

110 C. Wustrow, Die Tierreste aus der römischen Villa von Borg, Kr. Merzig-Wadern, in: S. Haffner/S. von Schnurbein (Hrsg.), Kelten, Germanen, Römer im Mittelgebirgsraum zwischen Luxemburg und Thüringen. Akten des Internationalen Kolloquiums zum DFG-Schwerpunktprogramm „Romanisierung" in Trier vom 28. bis 30 September 1998. Kolloquien zur Vor- und Frühgeschichte, Bd. 5 (Bonn 2000), 160–173; C. Wustrow, Die Tierreste aus der römischen Villa von Borg, Kr. Merzig-Wadern. Universitätsforschungen zur Prähistorischen Archäologie 113 (Bonn 2004).

111 H. Reichstein, Tierknochenfunde aus einem römischen Brunnen in Irrel, Kreis Bitburg-Prüm, in: Trierer Zeitschrift 34, 1971, 93–95.

112 Zum Forschungsstand vgl. Teegen 2011, 22.

113 Teegen 2008/09, 360.

114 Teegen 2008/09, 360 Tab. 1.

115 Vgl. Teegen 2010/11, 156 Tab. 1.

116 Teegen 2010/11, 195–196.

W.-R. Teegen ausgewertet.[117] Die in diesem Bereich gemachten Befunde datieren „vorwiegend kaiserzeitlich", vor 275 n. Chr., enthalten jedoch vereinzelt mittelalterliches Material.[118] Die Knochenfunde stammen sowohl aus Speiseabfällen als auch aus der weiteren Knochenverarbeitung. Auch bei diesem Befund überwog das Rind mit einem Prozentsatz von 43,67% (Anzahl der Knochen) vor dem Hausschwein mit 21,6% und den Schafen/Ziegen mit 10,86%. Weiterhin befanden sich in dem Befund Reste von Pferden, Wildsäugetieren, Vögeln, Fischen und Mollusken.[119]

Befunde der Trierer Domgrabungen aus dem 2. Jh. n. Chr. ergaben neben Knochenfunden der Nutztiere Rind, Schaf/Ziege und Schwein insbesondere Funde von Geflügelknochen. Das Schwein war mit einer Mindestindividuenanzahl von sieben Tieren besonders stark vertreten, es folgten Schaf/Ziege mit zwei Tieren und mindestens ein Rind. Beim Geflügel fanden sich fünf Hühner, zwei Gänse und eine Stockente. Zuletzt enthielt der Befund die Knochen von mindestens einem Feldhasen.[120]

Neben diesen städtischen Befunden können als Vergleichsbeispiele Tierknochenauswertungen aus zwei Villen der weiteren Umgebung Triers Aufschlüsse über die dort gehaltenen Tiere geben. In der Villa von Borg überwog die Knochenanzahl der Hausschweine über Rinder und Schafe/Ziegen. Des Weiteren konnten Geflügel, Wildsäugetiere, Wildvögel, Fische und Mollusken in geringerer Zahl nachgewiesen werden.[121] Während im repräsentativen Bereich des Haupthauses vor allem die Anteile an Geflügel, Wildsäugetieren, Wildvögel, Mollusken und Fischen lagen, verteilten sich die übrigen Funde der Haussäugetiere auf den gesamten Bereich der *pars urbana* mit Innenhof und Wasserbassin.[122] Die zeitliche Auswertung ergab, dass hier die Schweinezucht vom 1. bis in das 4. Jh. n. Chr. dominierte, gefolgt von Schaf/Ziege und Rind im 1. und 2. Jh. n. Chr., und Rind, gefolgt von Schaf/Ziege im 3. und 4. Jh. n. Chr. Der Geflügelanteil blieb vom 1. bis in das 4. Jh. n. Chr. in etwa gleich, stieg im 2. Jh. n. Chr. jedoch etwas an.[123]

In der Villa Reinheim dominierte ebenfalls das „Schlachtvieh" Rind, Schaf/Ziege und Schwein, gefolgt von Hausgeflügel und Pferd. Hund, Katze und Wild spielten eine untergeordnete Rolle.[124] In Reinheim bestand ebenfalls die Möglichkeit, das Fundmaterial nach relativen Zeitphasen und zudem nach Haupt- und Nebengebäuden auszuwerten. Während im 1. und 2. Jh. n. Chr. die Anzahl der Knochenfunde von Rind, Schaf/Ziege und Schwein noch annähernd auf einer Ebene lagen, veränderte sich das Spektrum im Verlauf des 3. Jh. und besonders in der ersten Hälfte des 4. Jh. n. Chr. zugunsten der Schweinezucht. Doch auch Rind, Schaf/Ziege und Geflügel befanden sich weiterhin in großer Menge im Fundgut.[125]

Problematisch bei der Heranziehung städtischer und dörflicher Befunde zur Beurteilung der Villenwirtschaft ist, dass Haustiere auch in ebendiesen Siedlungsformen gehalten werden konnten und nicht zwangsläufig einer Villa bedurften. Oftmals reichte zur Haltung einiger

---

117 Teegen 2011.
118 Teegen 2011, 21 mit Anm. 4.
119 Teegen 2011, 48 Tab. 1.
120 Schoon 2009, 478.
121 Wustrow 2000, 161–162; Wustrow 2004, 129–131.
122 Wustrow 2000, 168–169 mit Abb. 11; Wustrow 2004, 129–131
123 Wustrow 2000, 167, Abb. 8; Wustrow 2004, 129–131.
124 Schoon 2005, 33–35 mit Tab. 9.
125 Schoon 2005, 21 Tab. 1 (Zeitstellung) und 33–34 Tab. 9 (Tierartliche Übersicht nach Knochenanzahl).

Schweine, Ziegen, Schafe oder Geflügel der Hof eines Streifenhauses.[126] Die Haltung großer Herden verlangt jedoch eine intensivere Bewirtschaftung und eine Spezialisierung. Für die Rinder- oder Schafherden musste ausreichend Nahrung zur Verfügung gestellt werden, sowohl im Sommer durch Weideflächen als auch im Winter durch eingebrachtes Heu.[127] Demnach waren große Bewirtschaftungsflächen die Voraussetzung zur Viehzucht. Die hohe Anzahl an Rindern legt die Vermutung nahe, dass diese nicht in der Stadt gezüchtet werden konnten, sondern nur zu Zwecken der Schlachtung, des Verzehrs und der Weiterverarbeitung des organischen Materials, also der Knochen und des Leders, nach Trier gebracht wurden.

W.-R. Teegen geht davon aus, dass Rinder, Schafe und Ziegen in den „ländlichen Randbereichen Triers auf Wiesen/Weiden und Brachflächen gehalten wurden", ohne dies jedoch genauer zu präzisieren.[128] Durch die fehlende Auswertung der Villenbefunde kann dieser Umstand bislang nicht genauer umschrieben werden. Es kann nur davon ausgegangen werden, dass die Villenwirtschaft des Trierer Landes auch in der Tierhaltung eine maßgebliche Rolle spielte. Einige sekundäre Hinweise deuten jedenfalls in diese Richtung. Viele Villenstandorte liegen an Ökotopgrenzlagen, die sowohl den Anbau von Getreide aber auch eine intensive Weidewirtschaft ermöglichen.[129] Weiterhin lassen sich Wirtschaftsgebäude von Villen des Bearbeitungsgebietes aufgrund ihrer Struktur überzeugend als Stallungen interpretieren, wie dies beispielsweise in Newel „Im Kessel" *(Kat.–Nr. 118)* der Fall ist.[130] Und nicht zuletzt deuten einige Viehglockenfunde auf die Tierhaltung in den Villen des Trierer Raumes hin, wie ebenfalls in Newel[131] oder in Lösnich „Hinterwald" *(Kat.–Nr. 94)*.[132]

Diese Befunde können keine statistisch auswertbaren Aussagen zur Viehwirtschaft im Trierer Raum geben, doch sind durchaus Tendenzen zu erkennen, die sich mit der weiteren archäozoologischen Forschung in den Nordwestprovinzen verbinden lassen. In den Villenbefunden von Borg und Reinheim war das Hausschwein am häufigsten vertreten, gefolgt von Schafen/Ziegen und Rindern. Bei den städtischen Befunden fällt die hohe Anzahl an Rinderknochen auf. Dies scheint mit der Schlachtung und Weiterverarbeitung in städtischen Zentren zusammenzuhängen und würde bedeuten, dass die Rinder zwar auf den Villen gezüchtet und gehalten wurden, in großem Stil jedoch nicht vor Ort geschlachtet wurden, sondern dort, wo auch die Hauptabnehmer des Fleisches und die Werkstätten zur Weiterverarbeitung lagen, d. h. in der Stadt. Diese Tendenzen stimmen mit der Auswertung der Knochenfunde nach Siedlungstypen überein, die J. Peters 1994 für die Rhein-Donau-Provinzen vornahm.[133] Demnach finden sich in Legionslagern und größeren Zivilsiedlungen (in diesem Fall Trier) hohe Prozentanteile an Rinderknochen. Zudem weisen Knochensammlungen aus kleineren Militärlagern und Gutshöfen (in diesem Fall Borg und Reinheim, beide 1994 noch nicht ausgewertet) einen höheren Prozentsatz an Knochen von Schwein und Schaf bzw. Ziege auf. Besonders die Anzahl an Schweineknochen dominierte in beiden Villenbefunden. Peters erklärt dies durch den täglichen städtischen Bedarf an Fleisch, der nur durch das Schlachten von Rindern vor Ort gedeckt werden konnte und dadurch, dass Rindfleisch günstiger war als

---

126 Peters 1994, 50.
127 Zur Grünlandwirtschaft vgl. Kapitel IV.1.4.
128 Teegen 2011, 38.
129 Vgl. Kapitel II.1.5.
130 Cüppers/Neyses 1971a, 218
131 Cüppers/Neyses 1971a, 182 mit Abb. 27,5.
132 Moraitis 2003, 75 Nr. 13 und 15.
133 Peters 1994, 49.

z. B. Schweinefleisch.¹³⁴ Zudem könnte die Möglichkeit bestehen, dass Schweine eher in Villen geschlachtet wurden, wohingegen Rinder dazu in dörfliche oder städtische Zentren gebracht wurden.

Rinder waren für die Landwirtschaft unersetzlich, da sie als Arbeitstiere beispielsweise zur Feldbestellung herangezogen wurden oder als Dunglieferanten und Packtiere dienten.¹³⁵ Im Gegensatz zu den Mittelmeerländern, in denen man die Milch der Schafe und Ziegen bevorzugte, waren die Kuhmilch und deren Produkte in Gallien und Germanien wichtige Grundnahrungsmittel.¹³⁶ Weiterhin gab es einen großen Bedarf an Rinderhäuten, die der städtischen Lederfabrikation als Rohstoff dienten; die Knochen der Tiere wurden in Knochenschnitzereien und Leimsiedereien verarbeitet.¹³⁷ Ein Nachteil der Rinderzucht war die relativ aufwendige Haltungsbedingung. Vorteile waren, dass gerodete Freiflächen, brachliegende Äcker und Weiden an Ökotopgrenzlagen und Bachläufen dazu genutzt werden konnten.

Schweine wurden hauptsächlich zur Fleischversorgung gezüchtet. Dies lässt sich am Befund des Simeonstiftes nachvollziehen. Ein Fünftel der Tiere wurde unter einem bzw. zwei Jahren bereits geschlachtet, das Schlachtmaximum lag bei zwei Jahren, ältere Tiere waren kaum vertreten.¹³⁸ Nach J. Peters wurden nur Zuchttiere länger als drei Jahre gehalten; da die Tiere zudem während des Sommers im Freien gehalten wurden, konnte man durch eine Schlachtung im Herbst eine Stallhaltung umgehen.¹³⁹ Das Schweinefleisch war besonders in den gallischen Provinzen beliebt, der Schinken ein Exportgut, das bis nach Italien gehandelt wurde.¹⁴⁰

Schafe hielt man wegen des großen Bedarfs an Wolle, die der wichtige Rohstoff der im Trierer Land beheimateten Textilproduktion war.¹⁴¹ Für den Fleischbedarf waren Schafe und Ziegen nach J. Peters in den nördlichen Provinzen weniger geschätzt als Rinder und Schweine, wenngleich es auch einen Markt für das Fleisch und die Milch dieser Tiere gab.¹⁴² Schafe und Ziegen waren weitaus einfacher zu halten als Rinder. Sie konnten auch in Gegenden mit einseitigerem oder qualitativ schlechterem Nahrungsangebot gehalten werden.¹⁴³

Geflügel wurde primär wegen des Fleisches, der Eier und der Federn gehalten. Zudem wurde in der Landwirtschaft der Dung des Geflügels sehr geschätzt.¹⁴⁴ Auf eine spezialisierte Geflügelzucht und -haltung, entweder in Villen und/oder in der Stadt selbst, weist der Fund eines Pfauknochens aus der Saarstraße in Trier hin.¹⁴⁵

---

134 Peters 1994, 49.
135 Eine ausführliche Auflistung der Tiernutzung findet sich bei Teegen 2011, 49–51: Tab. 2: Nutzungsmöglichkeiten für ein Rind, Tab. 3: Schafe und Ziegen, Tab. 4: Schweine.
136 Peters 1994, 42.
137 Vgl. Kapitel IV.2.2.
138 Teegen 2011, 28 und Abb. 5.
139 Peters 1994, 42.
140 Teegen 2011, 28.
141 Vgl. Kapitel IV.2.1.
142 Peters 1994, 43.
143 Peters 1994, 38.
144 White 1970, 126–127.
145 W.-R. Teegen, Ein römischer Pfau aus der Saarstraße in Trier. Funde und Ausgrabungen im Bezirk Trier 37, 2005 (2006) 44-49.

Weitere wichtige Tiere, die gerade im Trierer Land einen hohen Stellenwert besaßen, sind Pferde und andere Equiden. Diese werden im Folgenden jedoch nicht besprochen, da sie in einer Trierer Dissertation von Simone Martini ausführlich behandelt wurden.[146]

IV.1.7 Werkzeuge

Werkzeugfunde aus Villen liefern Hinweise zu den Anbaumethoden und möglicherweise auch zur Wirtschaftsform des jeweiligen Gutshofes. Es gilt allerdings zu bedenken, dass es sich bei den Objekten meist um Altfunde handelt, die weder nach Befunden noch stratigraphisch einzuordnen sind und die teilweise nicht publiziert wurden.[147] Einzig Brunnen- oder Hortfunde können in der Regel einer Nutzungsphase zugewiesen werden. Weiterhin wurde in Publikationen des 19. und frühen 20. Jh. nur geringer Wert auf Werkzeugfunde gelegt, vielmehr wurden diese nur summarisch genannt, wie es beispielsweise bei der Villa von Wellen „Im Bungert" *(Kat.–Nr. 175)* geschah.[148] Auch H. Koethe weist in der Aufarbeitung der Villa von Oberweis „Auf der Steinrausch" *(Kat.–Nr. 131)* auf diese Problematik hin und führt in der Fundliste nur vereinzelte kontextlose Metallfunde auf.[149] Die komplett ausgegrabenen Standorte von Lösnich „Hinterwald" *(Kat.–Nr. 94)* und Newel „Im Kessel" *(Kat.–Nr. 118)* zeigen allerdings, dass bei systematischen Grabungen durchaus zahlreiche Werkzeugfunde gemacht werden können.[150] Diese lassen sich durch Darstellungen auf Grabreliefs ergänzen, die im Folgenden ebenfalls herangezogen werden. Eine systematische Aufarbeitung der Werkzeugfunde im Trierer Land fehlt bisher und auch die vorliegende Arbeit kann nur bereits publiziertes Material zusammentragen und in einen Bezug zur bisherigen Forschung zu römischen Werkzeugen stellen.[151]

Die in Lösnich „Hinterwald" *(Kat.–Nr. 94)* entdeckten Geräte stammen aus dem Hauptgebäude oder den Wirtschaftsgebäuden und geben das zu erwartende Spektrum landwirtschaftlicher Geräte wieder. Dazu gehören eine Flachhacke, eine Sense, eine Breitsäge, eine Sichel, verschiedene Messer, eine dreizinkige Gabel, ein Löffelbohrer, ein Meißel sowie Glocken und ein Pflugmesser mit einer Länge von 51 cm.[152]

Ein weiteres Pflugmesser mit einer Länge von 67 cm stammt von der Villa in Riveris „Auf der Rei" *(Kat.–Nr. 146)*.[153]

---

146 S. Martini, Civitas equitata. Eine archäologische Studie zu Equiden bei den Treverern in keltisch-römischer Zeit. Philippika. Altertumswissenschaftliche Abhandlungen 62 (Wiesbaden 2013).

147 Im Rheinischen Landesmuseum Trier befinden sich Eisenwerkzeuge aus der Villa von Fließem-Otrang „Weilerbüsch" *(Kat.–Nr. 46)*, die nicht publiziert wurden. Darunter zwei Glocken, eine Spitzhacke und ein Hammer. Vgl. Fotoarchiv RLM Trier C 382.

148 Jahresbericht der Gesellschaft für nützliche Forschungen zu Trier 1874–1877, 82: „Scheere (sic!), Schlüssel, Glocken etc."

149 Koethe 1934, 53: „Die Einzelfunde sind, wie gesagt, spärlich und dadurch stark entwertet, dass Angaben über Fundort und -umstände fehlen."

150 Lösnich: Moraitis 2003; Newel: Cüppers/Neyses 1971a.

151 Allgemein: K. D. White, Farm equipment of the roman world (Cambridge 1975); W. Gaitzsch, Römische Werkzeuge. Kleine Schriften zur Kenntnis der römischen Besetzungsgeschichte Deutschlands 19 (Stuttgart 1978); W. Gaitzsch, Eiserne römische Werkzeuge. Studien zur römischen Werkzeugkunde in Italien und den nördlichen Provinzen des Imperium Romanum. BAR International Series 78 (Oxford 1980); E. Künzl, Die Alamannenbeute aus dem Rhein bei Neupotz. Plünderungsgut aus dem römischen Gallien. RGZM Monographie 34,1–4. 4 Bände (Mainz 1993).

152 Moraitis 2003, 73–75 mit Herkunftsangaben.

153 Vgl. Jahresbericht 1938, in: Trierer Zeitschrift 14, 1939, 247 mit Abb. 28.

In Traben-Trarbach „Gonzlay" *(Kat.–Nr. 154)* befanden sich im Fundgut des ca. 353 n. Chr. zerstörten Gutshofes u. a. zwei Beile, eine Feile mit rautenförmigem Querschnitt und eine zweizinkige Hacke.[154]

In Bengel „Beckersbaum" *(Kat.–Nr. 8)* konnte 1972 in einem Brunnen der Villa ein spätantiker Hortfund gemacht werden.[155] Zu den gefundenen eisernen Geräten gehören u. a. eine Eisenkette, eine Fußfessel, eine Floßkette, Reifen von Radnaben, ein Eisenwinkel, ein Ring mit Krampen, zwei Ringdreifüße und ein Eimerbügel. Werkzeuge, die speziell agrarischen Tätigkeiten dienten, waren eine Kreuzhacke mit einer Länge von 38 cm, eine Breithacke mit einer Länge von 23 cm, das Blatt einer Sense, dessen Länge noch 70 cm betrug, und Reste von mindestens einer weiteren Sense.

Bei den Ausgrabungen der Villa von Newel „Im Kessel" *(Kat.–Nr. 118)* wurden sowohl Einzelfunde von Werkzeugen gemacht als auch ein spätantiker Hortfund, in dem sich ebenfalls diverse Gerätschaften befanden.[156] H. Cüppers und A. Neyses sortierten die Metallfunde nach Sachgruppen, die im Folgenden nur summarisch aufgeführt werden: Dazu gehören u. a. Feilen, Glocken, Eimergriffe, Hammer, Jagdspieße, Hacken, Ketten, Krampen, Klauen, Bohrer, Meißel, Messer, Nägel, Picken, Sicheln, Schäleisen, Scheren, Spatel, Stecheisen, Striegel, Trensen, Zimmermannsbeile, eine Zange und Teile von Wagenbeschlägen. Diese Geräte wurden aus verschiedenen Räumen der Villa geborgen. Leider macht die Publikation nur wenige Herkunftsangaben über die genauen Fundstellen. So wurden in Hofraum *B1* Teile wie Steckachsen für Wagenräder und Trensen gefunden, die eine Nutzung des Hofes als Wagenremise und Schirrplatz für Pferde wahrscheinlich macht.[157] Aus der Halle 2 stammen diverse Messer, Feilen und Bohrer, die möglicherweise ebenso in die letzte Nutzungsphase der Villa gehören wie die aus der in spätantiker Zeit wirtschaftlich genutzten Portikus.[158] Ebenfalls in spätantiker Zeit wurden im nördlichen Eckrisalit verschiedene Metallteile versteckt. Aus diesem Hortfund stammen eine Metallkanne und verschiedene größere Metallteile, die überwiegend zu einem Wagen gehörten. Vor allem die Vierkanteisen und Beschläge ähneln auffällig Funden aus der Alamannenbeute von Neupotz.[159] Besondere Funde innerhalb des Hortes stellen zwei „Eiserne Schuhe" dar, die von H. Cüppers und A. Neyses als Kufspitzen von Dreschschlitten interpretiert wurden.[160] Diese Interpretation ist nicht auszuschließen, doch können beide Teile ebenso Wagenkastenbeschläge sein, wie sie auch im Neupotzer Hortfund und in der Villa von Laufen (Kanton Bern, Schweiz) gefunden wurden.[161] Möglicherweise handelt es sich in Newel um einen Hortfund, in dem Teile eines Wagens versteckt wurden.

Weiterhin gehören zu den Werkzeugen Einzelfunde, die an verschiedenen Standorten gemacht wurden, darunter vermehrt sog. Reb-, Baum- oder Laubmesser, beispielsweise aus

---

154 Binsfeld 1973, 129–130 mit Abb. 2 und 6.
155 Jahresbericht 1971–1973, in: Trierer Zeitschrift 37, 1974, 274; W. Binsfeld, In den Brunnen gefallen. Metallgerät aus einem römischen Brunnen, in: Kölner Römer-Illustrierte 2, 1975, 183–184.
156 Cüppers/Neyses 1971a, 169–195.
157 Vgl. B. Hanemann, Ein Eisenhortfund mit Eisenteilen aus der römischen Großvilla von Bartringen „Burmicht", in: Archaeologia Mosellana 8, 2012, 85–154 mit vergleichbaren Metallfunden.
158 Cüppers/Neyses 1971a 172–173.
159 Vgl. Z. Visy, Wagen und Wagenteile, in: E. Künzl, Die Alamannenbeute aus dem Rhein bei Neupotz. Plünderungsgut aus dem römischen Gallien, Teil 1. Untersuchungen. RGZM Monographien, Bd. 34,1 (Mainz 1993), 257–327 und Künzl 1993, Tafeln 366–702, hier: Taf. 366–523.
160 Cüppers/Neyses 1971a, 177–178 mit Abb. 18 und 19.
161 Vgl. Visy 1993, 305–308 mit Vergleichsbeispiel aus Laufen Abb. 10; Künzl 1993, Taf. 491–494.

der Villa von Leiwen „Im Bohnengarten" *(Kat.–Nr. 91)* ein Hiebmesser, das mit dem Fabrikantenstempel SERVAT(VS) versehen war.[162] Ein weiteres gekrümmtes Rebmesser, das zusammen mit Schleifsteinen gefunden wurde, stammt aus dem einfachen Bauernhaus von Trierweiler „Langert" *(Kat.–Nr. 160)*.[163]

Darstellungen von Geräten sind auf der Grabkiste des Maiorius abgebildet, die 1860 in Igel gefunden wurde *(Abb. 4)*.[164] Die dargestellte Dechsel (*ascia*) gehört nicht zum Werkzeugensemble, sie hat vielmehr die Bedeutung einer „dedicatio sub ascia", die häufig auf gallischen Grabmälern zu finden ist, und deren Bedeutung in Zusammenhang mit dem Grabstein steht.[165] Weiterhin befindet sich auf dem Relief ein Korb (*vannus*) und ein weiteres Gerät, welches verschiedene Interpretationen erfuhr. F. Hettner sah darin ein Brett, das zum Festschlagen des Samens diente, wohingegen E. Christmann in einer neueren Deutung darin einen Dreschstock erkennt.[166]

Zu den landwirtschaftlichen Werkzeugen, die auch im Trierer Land Verwendung fanden, muss weiterhin die sog. gallo-römische Erntemaschine (*vallus*) gezählt werden, die nur in bildlichen Darstellungen und schriftlichen Quellen überliefert ist *(Abb. 6)*.[167] Da dieses Gerät in der archäologischen Forschung bereits eingehend untersucht wurde, unter anderem durch experimentalarchäologische Versuche, sollen an dieser Stelle nur nochmals die Vorteile dieses Gerätes genannt werden. Diese liegen vor allem in einer schnelleren Einbringung der Ernte mit geringerem Personalaufwand und in der Möglichkeit, große Flächen zu bewirtschaften.[168] Zudem ließ sich durch den Nachbau eines *vallus* nachweisen, dass dieser besonders zur Dinkelernte geeignet ist, dem Getreide, das in römischer Zeit bevorzugt angebaut wurde. Den rationellen Aspekt der Erntemaschine erwähnt Palladius im 4. Jh. n. Chr., indem er auf die Energieleistung des der Maschine vorgespannten Ochsens, oder wie in den bildlichen Darstellungen gezeigten Maultiers, verweist: „Im gallischen Flachland gebraucht man das nachstehend beschriebene Hilfsmittel für die Getreideernte, und anstelle von Menschenhand wird damit durch die Kraft eines einzigen Ochsen die gesamte Erntefläche abgeräumt."[169]

---

162 Einzelfund aus dem „Abbruchschutt", vgl. Jahresbericht 1945–58, in: Trierer Zeitschrift 24–26, 1956–58, 593 mit Abb. 158.

163 Vgl. Jahresbericht 1965–1969, in: Trierer Zeitschrift 33, 1970, 273–274.

164 CIL XIII, 4205; Hettner 1893a, 90–91; E. Christmann, Wiedergewinnung antiker Bauerngeräte. Philologisches und Sachliches zum Trierer und zum rätischen Dreschsparren sowie zum römischen Dreschstock, in: Trierer Zeitschrift 48, 1985, 139–155; W. Binsfeld, Zu treverischen Denkmälern mit Dreschgerät, in: Trierer Zeitschrift 48, 1985, 157–161.

165 Vgl. Christmann 1985, 140 Anm. 8 mit weiterer Literatur und W. Gaitzsch, Römische Werkzeuge. Kleine Schriften zur Kenntnis der römischen Besetzungsgeschichte Südwestdeutschlands 19 (Stuttgart 1978), 21: „Diese Weihung – unter der Kelle – sollte wahrscheinlich die noch leeren Grabmäler vor Beschädigung schützen und ihre nachträgliche Veränderungsmöglichkeit garantieren."

166 Hettner 1893a, 90–91; Christmann 1985, 139.

167 Plin. nat. hist. 18, 30; 18, 296; Pall. agr. 7, 2, 2–4. Literatur: H. Cüppers, Gallo-römische Mähmaschine auf einem Relief in Trier, in: Trierer Zeitschrift 27, 1964, 151–153; H.-H. Müller, Die gallo-römische Erntemaschine, in: Historicum (Frühling 1996), 21–23; Wiethold 2000, 152–153 mit älterer Literatur in Anm. 25 und 26.

168 Wiethold 2000, 153.

169 Pall. Agr. 7,2, übersetzt von J. Mertens, Römische Skulpturen von Buzenol, Provinz Luxemburg, in: Germania 36, 1958, 386–392.

Die Werkzeuge lassen sich in Bodenbearbeitungsgeräte, zu denen u. a. Pflug, Hacke und Spaten gehören, und Erntegeräte wie Sichel, Sense, Messer und Gabel unterscheiden.[170] Zu letzteren zählte auch die erwähnte gallo-römische Erntemaschine, die einen hohen technischen Standard repräsentiert.[171] Die sog. Rebmesser dienten sicherlich im Weinbau, doch ist ihre Form derjenigen von Laub- und Baummessern ähnlich.[172] Weitere Werkzeuge dienten der Holzbearbeitung; zu ihnen gehören die diversen Sägen, Bohrer, Hobel, Feilen und Beile. Insgesamt spiegelt sich in den Befunden des Trierer Landes das bekannte römische Werkzeugspektrum. Über die Formen und Funktionsweisen der meisten Werkzeuge herrscht in der Forschung weitgehend Einigkeit. Innovationen lagen vor allem in den Geräten, die zur rationellen Bearbeitung großer Flächen dienten, hauptsächlich die gallo-römische Erntemaschine.

IV.1.8 Nebengebäude

Aufgrund einiger untersuchter Wirtschafts- oder Nebengebäude der Villen lassen sich Aussagen über die hier vorgenommenen agrarwirtschaftlichen Tätigkeiten machen. Die Grabungssituation der meisten Standorte erlaubt jedoch nur geringe Aufschlüsse bezüglich der Nebengebäude, da diese in den meisten Fällen nicht erforscht wurden. Dies liegt einerseits am Hauptinteresse der Forschung den Hauptgebäuden gegenüber, andererseits an den oftmals unter Zeit- und Finanzdruck durchgeführten Villengrabungen, bei denen sich die Ausgräber auf einen Bereich konzentrieren mussten. Es ist davon auszugehen, dass jede Villa über vom Hauptgebäude getrennt liegende Nebengebäude verfügte; allein die vierzig in *Tabelle 17* aufgeführten Standorte geben Hinweise auf mehrere Gebäudeeinheiten auf dem Villenareal.[173]

Im Folgenden werden die Wirtschaftsgebäude vorgestellt, deren Grabungsbefunde Aufschlüsse über die vorgenommenen agrarwirtschaftlichen Tätigkeiten liefern.

Auf dem Gelände der *pars rustica* der Villa von Fließem-Otrang „Weilerbüsch" *(Kat.- Nr. 46)* konnte P. Steiner in den 1920er Jahren drei Nebengebäude näher untersuchen, die entlang der nördlichen Hofmauer lagen.[174] Wirtschaftsgebäude *H* hatte eine Größe von 27,33 x 11,0 m und war in seiner Struktur dreigeteilt. Die Befundlage im östlichen Werkraum ergab eine Kelteranlage, die über ein Becken *B* von 2,18 x 1,72 m Größe und ca. 0,75 m Tiefe verfügte. Das Kelterbecken war leicht zu seiner südlichen Seite gesenkt, an der sich der Abfluss des Beckens befand. Ebenfalls im östlichen Raum, unter dem Estrich, lagen drei kleinere Abflusskanäle, die allerdings in ihrer Funktion und ihrem Verlauf von Steiner letztlich nicht gedeutet werden konnten. Der Raum war zweigeteilt, im östlichen Bereich, demjenigen der Kelteranlage, war er mit einem Estrich ausgelegt, im westlichen Teil mit einem Lehmboden. In diesem Teil des Raumes lag ein Depot von gestapelten Tegulae, die entweder zu Dachreparaturen genutzt werden konnten oder als Fußbodenbelag, wie er im mittleren Raum des Wirtschaftsgebäudes *H* vorhanden war. Neben den Tegulae lag ein 0,68 x 0,56 m

---

170 Bender 1997, 313.
171 Bender 1997, 131.
172 Gaitzsch 1978, 26.
173 Die Nachweise können durch Ausgrabungen, Luftbilder, Bodenprospektionen oder Geländebeobachtungen entstanden sein. Sie geben oftmals keine weiteren Hinweise auf die wirtschaftliche Tätigkeit oder den Hoftypus, sondern nur über die Existenz weiterer Nebengebäude. Vgl. Kapitel III.1.1.
174 Steiner 1929, 75–83.

großer Sandsteinquader, um den eine 8 cm tiefe eckige Rinne verlief. Er gehörte, wie P. Hoffmann nachweisen konnte, als Gewichtsstein zu der hier befindlichen Kelter, ebenso die noch von Steiner als Pfostenlöcher interpretierten Basissteine, die seiner Meinung nach den Raum mit einer Fachwerkwand unterteilten. Auch sie waren ein Teil der Kelteranlage und bildeten eine Vorrichtung zur Anhebung des Kelterbaumes.[175] Im westlichen und mittleren Raum konnte Steiner keine Strukturen mehr nachweisen. Den Abschluss von Gebäude *H* bildete im Westen ein 2,65 x 3,15 m großer Anbau, dessen Boden um ca. 1 m tiefer lag als derjenige von Bau *H*. Da das Innere des Anbaus bei der Auffindung mit Ziegelschutt und Brandresten verfüllt war, interpretierte Steiner ihn als Keller mit einem später verbrannten Oberbau.

Das westlich anschließende Nebengebäude *J*, ein zweiräumiger 17,6 x 13,8 m großer Bau, wurde von Steiner aufgrund eines 2,6 m breiten Tores und einer ebenso breiten Kalksteinplatte, die im Inneren auf dem Boden lag, als Scheune mit Tenne interpretiert.[176] Weiter im Westen schloss das einräumige, 16,6 x 8,8 m große Nebengebäude *K* an, dessen Befund keinerlei Hinweise auf eine Interpretation lieferte, ebenso wie diejenigen der Nebengebäude *B-E* der südlichen Langseite. Das auf der dem Hauptgebäude gegenüberliegenden westlichen Schmalseite liegende Gebäude *F* wird als Verwalter- oder Bedienstetengebäude gedeutet, der kleine rechteckige Bau *G* als Torbau.[177]

Von der Villa in Leiwen „Auf Hostert" *(Kat.–Nr. 90)* konnten im Jahr 1980 die Nebengebäude *B* und *C* partiell untersucht werden.[178] Zu Bau *C* wurden aufgrund der nur teilweise erfolgten Ausgrabung keine Interpretationen vorgenommen. Im Wirtschaftsgebäude *B* befanden sich in der Nordwestecke zwei Darren, die nach K.-J. Gilles in das 4. Jh. n. Chr. datiert werden können, aber nicht zeitgleich in Funktion waren.[179] Da in diesem Nebengebäude auch Mühlsteinfragmente gefunden wurden, liegt in diesem Fall eine Nutzung der Darre als Korndarre nahe.[180]

Aufgrund der Ausgrabung des gesamten Wirtschaftsbereiches der Villa Lösnich „Hinterwald" *(Kat.–Nr. 94)* lassen sich bei diesem Standort beispielhaft die Nutzung des Hauptgebäudes, der Nebengebäude und darüber hinaus der umliegenden Landschaft darstellen.[181]

---

175 P. Hoffmann, Römische Villa Otrang. Edition Burgen, Schlösser, Altertümer Rheinland-Pfalz, Führungsheft 5 (Regensburg 2004), 24–25.

176 Die auf dem Plan erkennbare dreiräumige Struktur von Gebäude *J* gehört einer älteren Bauphase an. Steiner bezieht sich bei seiner Interpretation „Scheune mit Tenne" auf die letzte Nutzungsphase. Vgl. Steiner 1929, 81.

177 Vgl. *Kat.–Nr. 46* mit weiterer Literatur. Der Torbau könnte ähnlich demjenigen der Villa in Reinheim, Saarpfalzkreis, gewesen sein. Vgl. hierzu J.-P. Petit/P. Brunella, Bliesbruck-Reinheim. Celtes et Gallo-Romains en Moselle et en Sarre (Paris 2005), 176.

178 Jahresbericht 1978–1980, in: Trierer Zeitschrift 49, 1986, 378–380; R. Loscheider, Archäologische Zeugnisse in Leiwen und Umgebung, in: H. Erschens u. a. (Hrsg.), Leiwen. Eine Ortsgeschichte (Leiwen 2005), 1–14.

179 Auskunft K.-J. Gilles an P. van Ossel, in: Van Ossel 1992, 138–146, 250–252 mit Fig. 60 und 61. Nach Typologie Morris handelt es sich bei der älteren Darre um eine RTF-förmige, bei der jüngeren um eine T-förmige Darre. Diese Typologie behandelt jedoch nur Form und nicht Funktion der Darren, weswegen Paul van Ossel eine neue Typologie vornahm, nach der beide zu Typ A gehören, deren Trocknungsraum über dem Heizkanal lag. Vgl. P. Morris, Agricultural buildings in Roman Britain. BAR British Series 70 (Oxford 1979); van Ossel (1992), 139–141 mit Fig. 4.

180 Zur Diskussion über die Verwendung von Darren vgl. Kapitel IV.1.9.

181 A. Neyses, Die Getreidemühlen beim römischen Land- und Weingut von Lösnich (Kreis Bernkastel-

Da Haupt- und Nebengebäude sowie ihre Nutzung ausführlich in der Dissertation von A. Moraitis beschrieben sind, werden sie im Folgenden in Kurzform dargestellt.[182] Zunächst seien die verstärkten Mauern des Kellers des Hauptgebäudes *A* genannt, der nach einem Umbau laut A. Moraitis als Fundament eines Speicherturms diente, ähnlich der Anlage in Mayen, Kreis Mayen-Koblenz.[183] Von den Nebengebäuden verfügte Kelterhaus *II* über zwei Becken, aus denen botanische Proben zur archäobotanischen Untersuchung entnommen werden konnten.[184] Im mehrfach erweiterten Bau *III* wurden eine Feuerstelle, Eisenschlacken und Eisenteile entdeckt, weswegen er als Werkstatt und Schmiede interpretiert wird.[185] Das zweigeteilte Wirtschaftsgebäude *IV* enthielt die selten nachweisbare Kombination eines Kelterbeckens mit anschließender T-förmiger Darre, eine Anlage, die Moraitis durch Vergleichsbeispiele überzeugend als Brauerei deutet. Im ebenfalls zweigeteilten Nebengebäude *V* befanden sich die Reste mehrerer Gruben, Feuerstellen und aus Schieferstein gesetzter Kanälchen. Diese Einrichtungen und das Fundmaterial deuten auf eine rein wirtschaftliche Nutzung ohne genauere Präzisierung. Zu dem Fundmaterial aus *V* gehörten Eisenteile, wie eine Axt, eine Heugabel, eine Breitsäge und ein Stecheisen, weiterhin ein Mühlstein, Fensterglas und Bleiklumpen nahe einer Feuerstelle. Für die Bauten *VI* und *VIII*, zwei einräumige und nur partiell ausgegrabene Gebäude, blieb die Nutzung aufgrund fehlender Funde und Befunde unklar. Wirtschaftsgebäude *VII* hingegen verfügte wiederum über eine Darre und eine von dieser unabhängigen Feuerstelle. Des Weiteren befand sich auf dem Gelände der Villa Nebengebäude *IX* mit apsidialem Abschluss, das aufgrund seiner Feuerstelle, die auf hohe Brenntemperaturen deutete, als Schmiede interpretiert wurde. Allerdings fehlen eindeutige Hinweise wie Schmiedeschlacken oder Altmetall. Eine Deutung als Backofen scheidet wegen der Spuren intensiver Hitzeeinwirkung aus, ebenso diejenige als Töpfer-, Schmelz- oder Kalkofen, da hier die charakteristische Feuerungsstelle fehlte.

In den 1970er Jahren konnte A. Neyses zwei Getreidemühlen nachweisen, von der mindestens eine der Villa von Lösnich zugehörig war.[186] Ca. 200 m nördlich des Hauptgebäudes, bereits auf der modernen Gemarkung von Kinheim liegend, befanden sich eine in den Schieferfelsen eingeschrotete Radrinne und der Bodenstein eines Mahlganges *XIII*, die zu einer wassergetriebenen Getreidemühle gehörten. Diese wurde durch den Kluckertbach angetrieben, der an dieser Stelle ein tief eingeschnittenes Tal bildet. Um die Mühle steuern zu können, befanden sich westlich oberhalb von ihr zu beiden Seiten des Baches Felsabschrotungen *XIV*, die das Bachtal auf eine Breite von ca. 13 m brachten, um ihn somit zu stauen. A. Neyses schlägt zu diesem Zweck eine Staumauer in Lehm-Holz-Konstruktion vor, die nicht mehr erhalten sei. Eine zweite Mühle *XV* lag ca. 85 m nordöstlich der ersten Mühle *XIII*. Nördlich ihrer unteren Radrinne hatte man das Tal ebenfalls durch Felsabarbeitungen erweitert; A. Neyses schlägt vor, hier ein Mühlengebäude zu verorten. Diese zweite Mühle war aufgrund des Höhenunterschiedes von ca. 25 m und der steilen Topographie nicht zur Villa Lösnich zugehörig. Ob sie zur Villa von Kinheim „Willenbungert" *(Kat.-Nr. 79)* gehörte, die in ca. 1,5 km Entfernung lag, ist eine Vermutung. Die beiden Mühlen mussten jedoch aufgrund

---

Wittlich), in: Trierer Zeitschrift 46, 1983, 209–221; Moraitis 2003.
182 Moraitis 2003; Siehe auch im Katalog der vorliegenden Arbeit *Kat.–Nr. 94*.
183 Moraitis 2003, 24; Oelmann 1929, 51–140. Zur Problematik der Speichertürme und Bauten vgl. Kapitel IV.1.9.
184 Vgl. Kapitel IV.1.1.
185 Zur Schmiede vgl. Kapitel IV.2.5.
186 Folgende Angaben ausführlich bei: Neyses 1983, 209–221.

ihrer gemeinsamen Lage am Kluckertbach und der Wasserorganisation aufeinander abgestimmt sein.

Auf dem Gelände der Villa von Mötsch „Folker" *(Kat.–Nr. 111)* zeichnen sich im Luftbild mehrere Nebengebäude ab, die nicht näher definiert werden können. Eines davon hebt sich aufgrund der Mauerstärke und der Größe offensichtlich von den anderen ab und könnte möglicherweise als Horreum gedient haben.[187]

Das einzig nachgewiesene Wirtschaftsgebäude, Bau *II*, der Villa von Neumagen-Dhron „Papiermühle" *(Kat.–Nr. 116)*, lag nur wenige Meter von Hauptgebäude *I* entfernt und hatte eine Größe von 10 x 9,20 m.[188] Gebäude und Einrichtung unterlagen offensichtlich mehreren Umbauten.[189] In seiner letzten Nutzungsphase zu einem unbestimmten Zeitpunkt im 4. Jh. n. Chr. befanden sich in ihm zwei Becken, *A* und *B*, eine Kelteranlage und eine Darre *C*, die erst zu dieser letzten Phase gehörte. In ihr konnten Reste von Linsen nachgewiesen werden.

Obwohl in Newel „Im Kessel" *(Kat.–Nr. 118)* die Gesamtvilla mit Hofbereich ausgegraben und publiziert wurde, erlauben die Nebengebäude nur wenige Aufschlüsse über ihre wirtschaftliche Bedeutung.[190] Die *pars rustica* wird an der Nord-, Ost- und Südseite von Wirtschaftsgebäuden umgeben (Gebäude *C-O*). In Bau *M*, an der Südostecke des Hofes gelegen, befanden sich die Reste einer 2,30 x 1,56 m großen Wanne, die mit Viertelrundstäben abgedichtet war. Räume *L-H* benannten H. Cüppers und A. Neyses allgemein als „Stallungen", ohne jedoch eine Erklärung zu geben. Die Interpretation ist aufgrund der lang gezogenen Struktur der Räume plausibel. In der südwestlichen Hoffläche befand sich des Weiteren eine ca. 10 x 10 m große Fläche aus Stampflehm, die mit einem Abflussgräbchen und einer Überdachung versehen war und als Dreschtenne diente.

Die Funde der Ausgrabung vermitteln also mehrere agrarwirtschaftliche Tätigkeiten und Handwerke, die in der Villa von Newel vorgenommen wurden. Die Länge der Nebengebäude *D*, *F*, *L* und *N* könnte ein Hinweis auf Stallungen sein, zudem befand sich im Fundmaterial auch eine Glocke aus Eisen.[191] Die Publikation liefert allerdings keine Verortung des Materials, so dass ein Zusammenhang zwischen der Nutzung der Wirtschaftsgebäude und den Funden nicht zwingend hergestellt werden kann. Bei der in die Portikus des Hauptgebäudes eingebauten Darre handelt es sich um eine Einrichtung der letzten Nutzungsphase der zweiten Hälfte des 4. Jh. n. Chr., die nichts mit der ursprünglichen Ausstattung der Villa zu tun hat.[192] Weitere Darren sind auf dem Gelände nicht nachgewiesen worden.

Die vier Nebengebäude der Villa von Vierherrenborn „Dürreich" *(Kat.–Nr. 162)* lagen jeweils an den Ecken des trapezförmigen Hofes.[193] Aufgrund des schlechten Erhaltungszustandes und des nur im Jahresbericht 1938 erfolgten Vorberichts können bei diesem Beispiel nur Vermutungen über die Nutzung der Nebengebäude geäußert werden. Der nördliche Bau wurde von den Ausgräbern aufgrund seiner Zweiteilung als Stallung interpretiert. Dies kann

---

187 Zur Diskussion vgl. Kapitel IV.1.9.
188 A. Neyses, Drei neuentdeckte gallo-römische Weinkelterhäuser im Moselgebiet, in: Archäologisches Korrespondenzblatt 7, 1977, 218–219, Abb. 2; van Ossel 1992, 257–258.
189 Vgl. van Ossel 1992, 257 ohne weitere Angaben.
190 Cüppers/Neyses 1971a, 164–166.
191 Ebd. 182 mit Abb. 27,5.
192 Vgl. van Ossel 1992, 262 mit Abb. 73.
193 Jahresbericht 1938, in: Trierer Zeitschrift 14, 1939, 226, 248–253.

durchaus möglich sein, wird jedoch durch keinerlei weitere Anhaltspunkte gestützt. Der östliche Bau hatte im Vergleich zu den weiteren Gebäuden deutlich verstärkte Grundmauern. Er könnte, wie vermutet, als hoher Speicherbau für Getreide gedient haben. Das südlich gelegene Gebäude verfügte über die Struktur „zweier ineinander geschachtelter Rechtecke", denen sich südwestlich drei weitere Räume anschlossen.[194] In einem von ihnen befand sich eine Kanalheizung, weswegen er als Wohnraum für Personal angesehen werden kann.[195] Als letztes der vier in den Hofbereich integrierten Nebengebäude lag das westliche aller Wahrscheinlichkeit nach neben der angenommenen Einfahrt des Villengeländes. Falls dies tatsächlich der Fall wäre, könnte die Interpretation als „Wagenschuppen" richtig sein. Weitere Anhaltspunkte, die diese These stützen könnten, liegen allerdings nicht vor. Neben den vier integrierten Wohn- und Wirtschaftsgebäuden lagen außerhalb des Hofbereichs noch drei weitere Nebengebäude, von denen eines aufgrund einiger Metallfunde als „Werkstatt" gedeutet wurde.[196]

Unmittelbar vor der Rückseite des Hauptgebäudes der Villa von Holsthum „Auf den Mauern" *(Kat.–Nr. 63)* befand sich eine weitere ca. 2 m lange T-förmige Darre aus einer einfachen Steinlegung. Die Darre kann wegen fehlendem Fundmaterial nicht datiert werden, die schlichte Machart und die ungewöhnliche Lage können Anhaltspunkte für eine eher späte Errichtung dieser Anlage sein.[197]

Zuletzt seien noch die Stallungen der Villa von Wittlich „An der Lieser" *(Kat.–Nr. 186)* genannt, die in den 1970er Jahren dem Autobahnbau der A1 zum Opfer fielen.[198] Der Stall *59* befand sich im Untergeschoss des Hauptgebäudes. Er verfügte über mehrere Sandsteintröge und über einen Rost aus Sandstein, der zur Auflage eines Bodens aus Holzbohlen gedient hatte.[199] Innerhalb der *pars rustica* der Villa von Wittlich konnten in den 1980er Jahren Reste eines Nebengebäudes untersucht werden. Dieser ca. 8,0 x 5,0 m große Bau enthielt ein 3,30 x 2,65 m großes, in den Boden eingelassenes Becken mit Treppenstufen, dessen geringe Tiefe auf eine wirtschaftliche Nutzung, möglicherweise als Kelter, deutet.[200] Außerdem befanden sich auf dem Gelände ein Brunnen und ein weiteres, undefiniertes Nebengebäude sowie östlich außerhalb der Hofmauer ein Bau, dessen Nutzung ebenfalls nicht geklärt werden konnte.

---

194 Ebd. 249–250.
195 W. Binsfeld, Vierherrenborn, in: Westlicher Hunsrück, 288. Vgl. die Kanalheizungen in: J.-M. Degbomont, Hypocaustes. Le chauffage par hypocauste dans l'habitat privé. De la place St-Lambert à Liège à l'Aula Palatina de Trèves (Liège 1984), 118.
196 Jahresbericht 1938, 250–253. Zu den Funden gehören ein eiserner Klappstuhl und ein 22 cm langer Schlüssel aus Eisen mit Bronzezierstab. Fundumstände und Publikation erlauben keine Deutung als Hortfund oder Streufund. Die beiden anderen Nebengebäude lassen eine zuverlässige Interpretation nicht zu; bei einem der beiden handelte es sich möglicherweise jedoch um ein kleines Heiligtum.
197 Unpubliziert, freundliche Mitteilung Frau Dr. S. Faust, RLM Trier. Die Darre ist auf dem Villengrundriss eingezeichnet, vgl. Faust 1995, 27–32, Abb. 1.
198 Goethert/Goethert 2008, 50–64.
199 Jahresbericht 1940, in Trierer Zeitschrift 16/17, 1941/42, 229–235, hier 233 mit Taf. 35,2.
200 Goethert/Goethert 2008, 56–57.

IV.1.9 Darren und Speicherbauten

Darren und Speicherbauten gehörten zu den wichtigsten agrarwirtschaftlichen Einrichtungen in Villenbefund des Trierer Landes. Dabei fällt auf, dass die Darren relativ selten sind und erst im 4. Jh. n. Chr. auftreten.[201] Eine Ausnahme bilden die Anlagen in Lösnich „Hinterwald" *(Kat.–Nr. 94)*, deren Bau in das Ende des 2. Jh. respektive die erste Hälfte des 3. Jh. n. Chr. fällt. Sowohl die Darren aus Leiwen „Auf Hostert" *(Kat.–Nr. 90)*, Neumagen-Dhron „Papiermühle" *(Kat.–Nr. 116)* und Newel „Im Kessel" *(Kat.–Nr. 118)* können jedoch eindeutig in das 4. Jh. n. Chr. datiert werden. Gerade die in die Portikus der Villa von Newel eingebaute Darre ist ein Beispiel für die spätantike Nutzung des sich im Verfall befindlichen Hauptgebäudes. Eine frühere Anlage ist trotz weitestgehend kompletter Ausgrabung in Newel nicht nachgewiesen worden. Unklar bleibt, ob die fehlenden Anlagen aufgrund der schlechten Erforschungslage der meisten *partes rusticae* nicht entdeckt, ausgegraben oder dokumentiert wurden oder ob es sie nicht gab. Mit dem Phänomen der relativ selten vorkommenden Darren in Nordgallien hat sich bereits P. van Ossel 1992 auseinandergesetzt. Gerade im Vergleich mit der Häufigkeit solcher Anlagen im römischen Britannien fiel auf, dass der Befund hier geringer ist und sich auf die Zeit ab dem 3. Jh. n. Chr. zu beschränken scheint.[202] Eine Lösung des Problems konnte P. van Ossel nicht finden und erklärte, dass dieser Umstand erst mit einer weiteren Aufarbeitung des Befundmaterials gelöst werden könne.

Zunächst soll nochmals in Erinnerung gerufen werden, dass laut einiger Forscher beim Anbau des Spelzgetreides Dinkel der Röst- oder Gerbvorgang zum Entspelzen des Getreides nötig sei.[203] Da sich der Dinkel als das überwiegend kultivierte Getreide herausstellte, müssten große Darren in zahlreichen Villen nachzuweisen sein. Da dies jedoch nicht der Fall ist, stellt sich die Frage nach der Weiterverarbeitung des Dinkels und anderer Spelzgetreidearten nach deren Ernte. W. Gall setzte sich 1975 mit den Weiterverarbeitungstechniken in urgeschichtlicher Zeit auseinander.[204] Demnach muss zwischen drei Schritten unterschieden werden, die oftmals bei der Bewertung von Darren nicht bedacht werden. Zunächst kann Getreide getrocknet werden, d. h. es findet ein geringer Wasserentzug bei mäßig hohen Temperaturen statt. Weiterhin kann das Getreide gedörrt werden, wobei mittels einer Heizanlage, also einer Darre, ein starker Wasserentzug stattfindet. Zuletzt besteht die Möglichkeit, das Getreide zu rösten, ihm also das Wasser zu entziehen, wobei sich die Kohlenhydrate umwandeln und eine weitere Keimfähigkeit nicht mehr gegeben ist. W. Gall erklärt weiterhin, dass im größten Teil Europas eine künstliche Trocknung des Korns mittels einer Darre nicht notwendig war. Mit diesem Aspekt setzte sich J. Lüning im Jahr 2000 vertieft auseinander: „Tatsächlich lässt sich zeigen, dass eine Erhitzung beim Entspelzen nicht üblich und auch nicht notwendig ist, ... Als einfaches Verfahren ist das Entspelzen von kaltem Getreide in Holzmörsern weithin belegt und effektiv."[205] Diese Aussage bezieht sich zunächst auf die Landwirtschaft im Neolithikum, doch kann die Tatsache, dass das Getreide zum Entspelzen nicht erhitzt werden muss, auch für die römische Landwirtschaft gelten. Wie und wo wurde der Dinkel entspelzt? Den frühneuzeitlichen Entspelzungsvorgang hat U. Körber-Grohe fol-

---

201 Vgl. Heimberg 2002/03, 125.
202 Van Ossel 1992, 142–145. Als Vergleichsbeispiele in Großbritannien vgl. Morris 1979, 5–22.
203 Vgl. Kapitel IV.1.2.1; Bender 1997, 306.
204 W.Gall, Rösten und Darren in urgeschichtlicher Zeit, in: Alt-Thüringen 13, 1975, 196–204.
205 J. Lüning, Steinzeitliche Bauern in Deutschland. Die Landwirtschaft im Neolithikum. Universitätsforschungen zur prähistorischen Archäologie, Bd. 58 (Bonn 2000), 77.

gendermaßen beschrieben: „Das Entspelzen der Vesen geschieht in Mühlen, die einen sogenannten Gerbgang besitzen… Das Gerben (Entspelzen) geschieht in sog. Schweigern zwischen großen Mahlsteinen von 1,10 Meter Durchmesser. Sie bestehen aus grobem Sandstein mit höckerig löchriger Oberfläche. Der untere Stein (Bodenstein) liegt still, der obere (Läufer) dreht sich 150–200 Mal in der Minute. Während des Drehens werden die Körner durch die Reibung aus den Spelzen herausgedrückt. Anschließend befördern Elevatoren (Saugvorrichtungen) das Gerbgut in eine Gerbmaschine, in der die Spelzen (Spreu) von den Körnern getrennt werden. Zuletzt wird gesiebt, wobei die Körner durch das Sieb fallen."[206]

Einfacher, und im täglichen Gebrauch zur Zubereitung von Graupe angewandt, war es, in einem Mörser das Getreide von den Hülsen zu befreien, um es anschließend zu zerstoßen.[207] Neben dem Röstverfahren konnte der Dinkel also auch durch das sog. Gerbverfahren und durch das Stampfen in einem Mörser entspelzt werden.[208] Dieser letzte Verarbeitungsvorgang, das Entspelzen, fand jedoch erst kurz vor der Weiterverarbeitung des Dinkels zu Mehl statt, da der Spelz das Getreide bei der Lagerung schützte. Dazu J. Lüning: „Beim Spelzgetreide geht man allgemein davon aus, dass direkt die bespelzten Körner gelagert wurden, sei es in ganzen Ähren oder in deren Teilgliedern, den Ährchen, was auch entsprechende Funde bezeugen."[209] Die Entspelzung musste also nicht zwangsläufig auf einer Villa und nach der Getreideernte vorgenommen werden, sondern am Ort der Weiterverarbeitung, also auch in Städten, Vici und Militärlagern.[210] Große Mühlsteine von mehr als 50 cm Durchmesser gelten für die römische Kaiserzeit als zu kommerziellen Anlagen gehörig, solche von 38–50 cm Durchmesser im häuslichen Bereich.[211] Mühlsteine sind in zahlreichen Villen des Bearbeitungsgebietes nachgewiesen *(Abb. 5)*. Sie sind in erster Linie zur Herstellung von Mehl aus Getreide zu sehen, doch können sie m. E. auch beim Entspelzungsvorgang der Weiterverarbeitung des Dinkels gedient haben. *Tabelle 18* listet die in Villen des Arbeitsgebietes gefundenen Mühlsteine und Mühlsteinfragmente auf. Obwohl es sich hierbei sicherlich nur um einen Ausschnitt des einstigen Materials handelt, wird deutlich, dass auch Mühlsteine mit einer Größe von über 50 cm vorhanden waren.

Wichtig war es, das Getreide bereits nach der Ernte zu trocknen und es trocken zu lagern.[212] Dies konnte durch Lufttrocknung bei günstigen Witterungsverhältnissen geschehen und durch eine sachgemäße Lagerung, beispielsweise in Dachräumen oder extra für die Getreidelagerung vorgesehenen Speicherbauten, den Horrea. Gedörrt werden musste das Getreide erst, wenn es einer hohen Feuchtigkeit ausgesetzt war, um Schimmel vorzubeugen. Geröstet wurde es nur zur Vorbereitung bestimmter Suppen oder Breispeisen; durch das Rösten konnte jedoch auch bereits von Schimmel befallenes Getreide wieder genießbar ge-

---

206 Körber-Grohne 1987, 69 beschreibt zwar eine frühneuzeitliche Methode; diese wurde in römischer Zeit im Prinzip im gleichen Verfahren angewandt. Vgl. Bender 1997, 306.
207 H. Blümner, Technologie und Terminologie der Gewerbe und Künste bei Griechen und Römern, Bd. 1 (Leipzig, Berlin ²1912), 56.
208 Das Stampfen im Mörser beschreibt E. Seebold als ein Verfahren „in alter Zeit", ohne dies zu präzisieren. Möglicherweise wurde dieses Verfahren in kleinem Rahmen auch in römischer Zeit im häuslichen Bereich eingesetzt. Vgl. E. Seebold, Spelt, in: Reallexikon der Germanischen Altertumskunde 29 (Berlin 2005), 339–340.
209 Lüning (2000), 82.
210 A. Ferdière, L'agriculture dans le nord de la Gaule romaine. Techniques et développement, in: Le blé, l'autre or des Romains (Bavay 2010), 17.
211 F. Boyer/P. Picavet, Les meules romaines de Bavay, in: Le blé, l'autre or des Romains (Bavay 2010), 21–28.
212 Heimberg 2002/03, 116.

macht werden.[213] Wie ein Experiment zeigt, das J. Lüning und J. Meurers-Balke von 1977 bis 1980 durchführten, war bei dem Röstvorgang jedoch Vorsicht geboten, weil das Getreide ab einer Temperatur von 250° Celsius verkohlte und somit ungenießbar war.[214] Bei einer Temperatur von 200° Celsius war der Dinkel jedoch noch spröde, während sich die Spelzen von Einkorn und Emmer leicht von den Körnern trennen ließen.[215]

Die im Bearbeitungsgebiet nachgewiesenen Darren hatten demnach wenig mit der Röstung oder Entspelzung von Getreide zu tun, wenn dies auch in Einzelfällen nicht ausgeschlossen werden kann *(Tabelle 19)*; vielmehr dienten sie zur Trocknung von Hülsenfrüchten, Obst oder Lein.[216] Außerdem konnte in Darren das Grünmalz zur Herstellung von Bier geröstet werden, wie dies in Lösnich mit guten Argumenten angenommen wurde.[217] Dinkel hingegen scheint nicht durch einen Röstvorgang entspelzt worden zu sein, sondern durch den auch im Arbeitsaufwand schnelleren und einfacheren Gerbvorgang und im häuslichen Rahmen durch Mörsern.[218]

Die Lagerung des Getreides war äußert wichtig, da davon die eigene Subsistenz abhing sowie der erfolgreiche Export und darüber hinaus das Saatgut für die kommende Saison gesichert werden musste. Berechnungen gehen davon aus, dass ca. ein Drittel der Ernte für die kommende Aussaat benötigt wurde.[219] Das Getreide benötigt zur Speicherung eine gleichmäßige Temperatur von unter 16° Celsius und trockene Bedingungen mit einer Luftfeuchtigkeit von ca. 10–15%, um es vor Schimmel und Schädlingsbefall zu schützen.[220]

Gelagert werden konnte das Getreide in Kellern, Erdgruben, in trockenen Dachstühlen oder in größerer Menge in speziell dafür vorgesehenen Speicherbauten. Gerade die Dachstühle der Villenhauptgebäude scheinen dafür geeignet gewesen zu sein, da sich hier in den Zentralräumen die Herdstelle des Hauses befand, die für ein relativ trockenes Klima sorgte. Weiterhin dienten die Keller der Hauptgebäude der Lagerung des Getreides. Im Keller *3* der Villa von Waxweiler „Schmelzberg" *(Kat.–Nr. 168)* konnte B. Bienert nachweisen, dass dem Wandfuß der Nord-, Ost- und wohl auch der Südseite ein ca. 60 cm breites Sandbankett vorgelagert war, auf dem sich die Standspuren mehrerer Vorratsgefäße abzeichneten.[221]

Eine weitere Möglichkeit, Getreide im Hauptgebäude zu lagern, sind sog. Speichertürme, deren bekanntestes Beispiel derjenige der Villa von Mayen „Im Brasil", Kreis Mayen-Koblenz, ist.[222] A. Moraitis schlug vor, den bereits genannten Keller *A* der Villa von Lösnich „Hinterwald" *(Kat.–Nr. 94)* aufgrund seiner verstärkten Fundamentmauern ebenfalls als solch einen Speicherturm anzusprechen.[223] Solche meist rechteckigen Getreidelager mussten laut der Typologie der Speicherbauten von P. Morris erhöht liegen, damit unter dem gelager-

---

213 Gall 1975, 199; Lüning 2000, 79.
214 J. Lünig/J. Meurers-Balke, Experimenteller Getreideanbau im Hambacher Forst, Gemeinde Elsdorf, Kreis Bergheim/Rheinland, in Bonner Jahrbücher 180, 1980, 305–344.
215 Lünig/Meurers-Balke 1980, 339.
216 G. Dreisbusch, Darre oder Räucherkammer? Zu römischen Heizanlagen in Westdeutschland, in: Fundberichte aus Baden-Württemberg 19/1, 1994, 181–205, hier 187.
217 Moraitis 2003, 33.
218 Vgl. Bender 1997, 306. Beim Röstgang wird bei geringer Hitze in einem langsamen Prozess der Spelz entfernt.
219 Morris 1979, 29.
220 Morris 1979, 32.
221 Bienert 2008, 69 mit Abb. 3. Ein Vergleichsbeispiel findet sich in Bliesbruck (F, Dép. Moselle), vgl. Bliesbruck. Informations archéologiques Lorraine, in: Gallia 38, 1980, 413 und 415 Abb. 10.
222 Oelmann 1929, 60–61.
223 Moraitis 2003, 22–24.

ten Getreide, also im Keller, Luft zirkulieren konnte.[224] Diese „rooms with floors raised on internal offsets", wie sie von Morris benannt wurden, mussten nicht zwangsläufig Teil des Hauptgebäudes sein, sondern konnten auch als Einzelbauten auftreten oder an weitere Nebengebäude angegliedert werden. Dies scheint auch der Fall bei dem angebauten „Kellerraum" des Wirtschaftsgebäudes *H* der Villa von Fließem-Otrang „Weilerbüsch" *(Kat.-Nr. 46)* der Fall gewesen zu sein.[225] Ob sich im Bereich der *partes rusticae* weitere Speicherbauten, also Horrea, befanden, ist aufgrund mangelnder Pflanzenfunde nur über die Typologie oder die Bauweise zu erschließen.

Der langrechteckige Grundriss des im Luftbild *(Abb. 63)* auffällig großen Nebengebäudes der Villa von Mötsch „Folker" *(Kat.-Nr. 111)* ist in einen großen Raum und einen Vorraum gegliedert. Vor dem Gebäude zeichnen sich drei runde Flächen ab, die möglicherweise Säulen einer Vorhalle waren. Besonders zeichnet sich dieser Bau neben der Größe durch die verstärkten Grundmauern aus, die im Luftbild deutlich zu erkennen sind. Er gleicht in seinem Grundriss und der Mauerstärke sehr einem Horreum in Bad Rappenau, Kreis Heilbronn, das ebenfalls zunächst aus Luftbildern bekannt war. Es gehörte zu einer ländlichen Zivilsiedlung, wies verstärkte Fundamente mit einer Breite von ca. 1,20 m auf und konnte durch Ausgrabungen in seiner Funktion bestätigt werden.[226] Der vorliegende Horreatyp war zunächst nur durch Beispiele aus dem militärischen Kontext überliefert. Durch die archäobotanisch ausgewerteten Pflanzenfunde des Horreums in Bad Rappenau konnte die Funktion auch für den zivilen Bereich bestätigt werden.[227] Roggen, Spelzgerste und Dinkel waren die hier überwiegend gefundenen Getreidesorten. Bei dem auffälligen Nebengebäude von Mötsch handelte es sich mit großer Sicherheit ebenfalls um ein solches Horreum.

P. van Ossel diskutierte 1992 zu Recht die Problematik der verstärkten Mauern, die sowohl bei Speichertürmen, aber auch bei anderen Bauten, bspw. Wachtürmen, auftreten können. Weiterhin zweifelt er auch den Vergleich von Horrea in Militärlagern mit solchen auf Landgütern an.[228] Dieser Zweifel kann nun durch die Befunde in Bad Rappenau und Mötsch beseitigt werden. Die zivilen Speicherbauten scheinen sich an den militärischen Vorbildern orientiert zu haben. Weitere Befunde, die sich entweder in Luftbildern oder Plänen abzeichnen, liegen in Hetzerath „Hambuch" *(Kat.-Nr. 62)* vor, wo sich nach Ausweis des Luftbildes *(Abb. 30)* drei solche Horrea um das Hauptgebäude gruppieren, und in Vierherrenborn „Dürreich" *(Kat.-Nr. 162)*, deren westliches Nebengebäude ebenfalls über verstärkte Grundmauern verfügte. Zusätzliche Luftbildprospektionen oder gezielte Grabungen in Wirtschaftsgebäuden der Villen würden mit Sicherheit weitere Horrea und Speichertürme nachweisen.

---

224 Morris 1979, 34.
225 Steiner 1929, 80 und Abb. 2.
226 J.-C. Wulfmeier/H. H. Hartmann, Reichlich Speicherplatz. Ein horreum von Bad Rappenau, Kreis Heilbronn, in: J. Biel u. a. (Hrsg.), Landesarchäologie. Festschrift für Dieter Planck zum 65. Geburtstag (Stuttgart 2009), 341–378.
227 M. Rösch, Der Inhalt eines horreums von Bad Rappenau, Kreis Heilbronn, in: Biel u. a. (Hrsg.), Landesarchäologie. Festschrift für Dieter Planck zum 65. Geburtstag (Stuttgart 2009), 379–391. Zu den Horrea aus Militärlagern vgl. Wulfmeier/Hartmann 2009, 342 mit Anm. 5. Vgl. Speicherbauten im Rheinland bei Heimberg 2002/03, 116–122.
228 Van Ossel 1992, 154–155 mit Anm. 76.

138 Agrarwirtschaft

IV.1.10 Die Entwicklung der Agrarwirtschaft

Aufgrund der ausgewerteten Pflanzen- und Tierknochenfunde, der agrarökonomischen Werkzeuge und der nachgewiesenen Tätigkeiten in den Villennebengebäuden lässt sich in Grundzügen eine Entwicklung der Agrarwirtschaft des Trierer Landes entwerfen. H. Kroll konnte nach Auswertung der Wallendorfer Pflanzenfunde die Unterschiede vom vorrömischen zum römischen Ackerbau herausarbeiten, ebenso J. Wiethold für die Großvilla in Borg, die als Vergleichsbeispiel herangezogen wurde. Zur Bewertung der eisenzeitlichen Kultivierung dient zudem der Pflanzenfund aus einer Grube in Konz-Könen, der in das 3. vorchristliche Jahrhundert datiert.[229] Den Hauptanteil der hier vorgefundenen Getreidereste bildete die Gerste, gefolgt von Emmer. Viele der bereits in der Eisenzeit kultivierten Getreidesorten wurden auch weiterhin in römischer Zeit angebaut. Dies betraf zunächst Gerste, Dinkel und Emmer. Der den Römern unbekannte Dinkel gehörte weiterhin zu dem am häufigsten angebauten Getreide, neu hinzu kam der Saatweizen. Die Dominanz des Dinkels konnte J. Wiethold aufgrund eines Vergleichs spätlatènezeitlicher Pflanzenfunde aus Borg mit solchen des 2.–4. Jh. n. Chr. herausstellen.[230] Während Dinkel in den spätlatènezeitlichen Funden in geringem Umfang auftrat, war er in den römerzeitlichen „in großer Stetigkeit und in hohen Fundzahlen vertreten."[231] Die „römische Landwirtschaft", die nachweislich von Einheimischen durchgeführt wurde, übernahm bewährte Getreidearten und „Anbaustrategien", forcierte jedoch eine rationellere Bewirtschaftung.[232] Der Irreler Brunnenfund, dessen dritte Probe aus der Mitte des 2. Jahrhunderts stammt, zeigte eine ausgeprägte Gartenbaukultur, zu deren Kulturpflanzen die ursprünglich nicht einheimischen, sondern römisch eingeführten Sorten Apfel, Süßkirsche, Schlafmohn, Koriander und Sellerie gehörten. Diese fehlen jedoch in den ersten beiden Proben des beginnenden 2. Jh. n.Chr. J. Wiethold schließt daraus eine verzögerte Übernahme der römischen Obstsorten.[233] Gerade dieses breite Spektrum an Obstbaukultur und Gewürzpflanzen kennzeichnen nach Wiethold die römische Epoche.[234] Die Vielseitigkeit des Pflanzenspektrums zeigte sich auch bei der Auswertung der römerzeitlichen Pflanzenbefunde aus dem Vicus Belginum. Hier konnten fast alle Getreidesorten nachgewiesen werden genauso wie Hülsenfrüchte, Gemüse und ein breites Spektrum an Obst- und Sammelpflanzen. Daraus lässt sich trotz der geringen Auswahl an Befunden schließen, dass sich die Getreidekultivierung von der Spätlatènezeit bis in den weiteren Verlauf der Kaiserzeit nur geringfügig änderte. Bewährte Sorten wurden weiterhin angebaut, ja im Falle von Dinkel sogar ausgebaut, außer Saatweizen kamen wenige neue Arten hinzu. Römische Einflüsse sind primär in der Gartenbaukultur durch eingeführte Obst- und Gemüsesorten zu fassen. Diese scheinen sich jedoch erst mit Verzögerung durchgesetzt zu haben, möglicherweise erst seit dem 2. Jh. n. Chr., waren dann aber bis in die Spätantike weit verbreitet. Dass sich die Anbaugewohnheiten auch dann nicht änderten, zeigten die Funde aus der Mitte des 4. Jh. n. Chr., die im Brunnen des Vicus Tawern und in Trier gemacht werden konnten. In Trier waren weiterhin alle maßgeblichen Getreidesorten vorhanden, ebenso in Tawern, wo lediglich der Emmer als gängiges Getreide fehlte. Dort waren zudem fast alle

---

229 M. König, Eisenzeitliche Pflanzenfunde aus Konz-Könen, Landkreis Trier-Saarburg, in: Funde und Ausgrabungen im Bezirk Trier 30, 1998, 29–34.
230 Wiethold 1998, 538–551.
231 Wiethold 1998, 538. Vgl. Ebd. 543, Abb. 3.
232 Wiethold 2000, 155.
233 Wiethold 2000, 154.
234 Wiethold 2000, 155.

Obstsorten vertreten, ein Hinweis auf die weiterhin bestehende Gartenkultur in der Mitte des 4. Jh. n. Chr. M. König konnte durch die Auswertung von Pflanzenfunden aus Kelteranlagen für die Spätantike auch das Nebeneinanderbestehen von Ackerbau und Grünlandwirtschaft belegen.[235]

Die Grünlandwirtschaft spielte vor allem im Zusammenhang mit der Viehzucht eine große Rolle. Wenn bislang auch kein direkter osteologischer Befund einer Villa des Arbeitsgebietes vorgestellt werden kann, ist davon auszugehen, dass es sich bei der Tierhaltung um einen wichtigen Wirtschaftsfaktor handelte. Die Nutztierhaltung war neben dem Getreideanbau der zweite Haupterwerbszweig der Villen. Zunächst war auch hier wieder die Versorgung der Stadt Trier mit Lebensmitteln Aufgabe der ländlichen Betriebe des Umlandes. Des Weiteren dienten die tierischen Rohstoffe in vielen Branchen als Ausgangsmaterial, beispielsweise bei der Lederfabrikation und der Knochenschnitzerei.

Die Lage an Ökotopgrenzlagen, an Bachläufen und Fruchtwechselsysteme zwischen Getreideanbau und Brache machten eine Viehwirtschaft im Trierer Land in großem Stil möglich. Ausgewertete Vergleichsbeispiele von Villen der weiteren Umgebung Triers geben zudem Hinweise auf die dort gehaltenen Nutztiere, zu denen primär Rinder, Schweine, Schafe, Ziegen, Equiden und Geflügel gehörten. Statistische Aussagen, die den Trierer Raum betreffen, können aufgrund der mangelnden Befunde bislang nicht gemacht werden, doch ließen sich die vorliegenden Auswertungen in Verbindung zu weiteren Forschungen der Tierhaltung römischer Zeit in den Nordwestprovinzen bringen.

Unklar bleibt die Frage, ob die Getreideproduktion oder die Viehhaltung „den ersten Platz am landwirtschaftlichen Gesamtertrag gebührt, oder ob beide nebeneinander standen."[236] Dieser Frage gingen bereits H. Cüppers und H. Heinen nach, ohne jedoch zu einem abschließenden Urteil zu gelangen.[237] Auch durch die aktuelle Befundlage ist diese Frage nicht zufrieden stellend zu beantworten, da die Befunde sowohl an Pflanzenmaterial als auch an Knochenmaterial bislang noch nicht ausreichend ausgewertet vorliegen. Die naturräumlichen und infrastrukturellen Voraussetzungen waren für beide gegeben und die Absatzmärkte waren sowohl für den Getreideanbau als auch für die Viehzucht vorhanden.[238]

---

235 König 2001, 98: „Getreide, Hackfrucht- und Ruderalbegleiter, Vertreter von Mähwiesen und Weidegesellschaften und auch von feuchten Plätzen sind belegt."
236 L. Schwinden, Gallo-römisches Textilgewerbe nach Denkmälern aus Trier und dem Trevererland, in: Trierer Zeitschrift 52, 1989, 279–318, hier 279 mit Anm. 1.
237 Heinen 1985, 148; H. Cüppers, Getreideproduktion und Getreidehandel im Trierer Land zur Römerzeit, in: Kurtrierisches Jahrbuch 14, 1974, 238–241.
238 Vgl. Kapitel II.2; Heinen 1985, 148.

IV.2 Gewerbliche Produktion und Handwerk

Neben den klassischen agrarökonomischen Tätigkeiten Ackerbau und Viehzucht wurde in römischen Villen Handwerk betrieben und Waren produziert. Dabei muss zwischen den Tätigkeiten und Waren unterschieden werden, die der Eigenversorgung der Villenbewohner dienten, und denjenigen, die zum Verkauf auf lokalen Märkten oder zum Export gedacht waren.[1] Im Folgenden werden die verschiedenen gewerblichen Produktionen und Handwerkstätigkeiten, die in den Villen des Trierer Landes nachzuweisen sind, vorgestellt und untersucht. Im Mittelpunkt stehen dabei die wirtschaftlichen Aspekte, inwiefern die Waren tatsächlich nur für den Eigenbedarf hergestellt wurden, oder ob sich eine für den Verkauf ausreichende Produktion nachweisen lässt. Zur Veranschaulichung der theoretischen Überlegungen wird der Befund einiger gut überlieferter Villen exemplarisch herangezogen.[2]

Außer in den Villen wurden Waren in größerem Stil auch in Vici und industriellen Ansiedlungen produziert, die sich auf ein Handwerk spezialisiert hatten.[3] Zu ihnen gehören in erster Linie Anlagen zur Eisenverhüttung, Töpfereien und Werkstätten zur Textilfabrikation.[4] Diese Produktionsstätten werden zwar nicht untersucht, sind jedoch für die Villenwirtschaft insofern von Bedeutung, da viele Rohstoffe aus der Agrarproduktion stammen, wie die Schafswolle oder die Tierhäute zur Lederverarbeitung, die später in den Produktionsorten, den Vici und der Stadt Trier, weiterverarbeitet wurden. Aus diesem Grund werden zunächst die Gewerbe untersucht, deren organische Rohstoffe von Villen stammen, und in einem zweiten Schritt diejenigen mit anorganischen Rohstoffen.

IV.2.1 Textilfabrikation

Ein wichtiger, aber aus Gründen der Konservierung im archäologischen Befund nur schwer nachweisbarer Tätigkeitsbereich, ist die mit der Villenwirtschaft untrennbar verbundene Textilfabrikation.[5] Ihr Ausgangsprodukt, das Wollvlies, musste durch die Schafshaltung in den Villen erwirtschaftet werden. Inwieweit auch die daran anschließende Tuchproduktion,

---

1 Zur Produktion in römischer Zeit im gallisch-germanischen Raum allgemein: M. Luik, Gewerbliche Produktionsstätten in Villen des römischen Rheinlandes, in: M. Polfer (Hrsg.), Artisanat et productions artisanales en milieu rural dans les provinces du nord-ouest de l'Empire romain. Actes du Colloque d' Erpeldange. Monographies instrumentum 9 (Montagnac 1999), S. 209–216; Polfer 2005a; Beyer-Rotthof/Luik 2007.

2 Die Beispiele können keine flächendeckende Beweisführung unterstützen, sondern sollen exemplarisch die hier gemachten Beobachtungen veranschaulichen. Wenn beispielsweise in einigen Villen Webgewichte gefunden wurden, beweist dies noch keine Weberei in allen Villen, sondern kann nur als Nachweis für einige Villen gelten und eventuelle Tendenzen aufzeigen.

3 H. von Petrikovits, Kleinstädte und nichtstädtische Siedlungen im Nordwesten des Römischen Reiches, nachgedruckt in: H. von Petrikovits, Beiträge zur römischen Geschichte und Archäologie II. Beihefte der Bonner Jahrbücher 49 (Bonn 1991), 17–54. Zur Spezialisierung vgl. H. von Petrikovits, Die Spezialisierung des römischen Handwerks, nachgedruckt in: H. von Petrikovits, Beiträge zur römischen Geschichte und Archäologie II. Beihefte der Bonner Jahrbücher 49 (Bonn 1991), 87–146; ders., Die Spezialisierung des römischen Handwerks II, nachgedruckt in: H. von Petrikovits, Beiträge zur römischen Geschichte und Archäologie II. Beihefte der Bonner Jahrbücher 49 (Bonn 1991), 147–168.

4 Beispielsweise die Verhüttungsanlage von Bitburg-Stahl, deren Produktionsvermögen sicherlich den Eigenbedarf überschritt, s. u. Zu Speicher und Herforst vgl. S. Loeschcke, Die römischen Ziegelöfen im Gemeindewald von Speicher, in: Trierer Zeitschrift 6, 1931, 1–7 mit Taf. I–II. Krause 2006, 277–279, nennt sie „industrielle und handwerkliche Ansiedlungen im ländlichen Bereich". Zu den Vici vgl. Polfer 2005a, 103–104.

5 Allgemein: J.-P. Wild, Textile manufacture in the northern Roman provinces (Cambridge 1970).

die Färberei und der Vertrieb der Textilien in den Villen vorgenommen wurden, ist eine vieldiskutierte Frage.[6] Während A. Ferdière von einer räumlichen Trennung der Produktionsvorgänge ausgeht – wonach das Spinnen auf dem Land, das Weben und Färben hingegen in den Städten und Vici durchgeführt wurden – vermutet M. Polfer, dass alle Vorgänge in allen Siedlungsformen vorgenommen wurden.[7]

Inschriften von Tuchhändlern zeigen, dass dieser Wirtschaftszweig in der *Gallia Belgica* und besonders im Trierer Land von großer Bedeutung war. Der reichsweite Handel gallischer Tücher spiegelt sich in der Literatur wider.[8] Auf vielen Reliefs finden sich Darstellungen von Tuchproben und Tuchhandel, nicht zuletzt auf dem Grabmal der Secundinier, der sog. „Igeler Säule".[9] L. Schwinden setzte sich 1989 in einem Beitrag der Trierer Zeitschrift mit allen drei Gattungen auseinander und konnte den hohen Stellenwert der Tuchfabrikation und des Handels gerade im Gebiet der Treverer darstellen.[10] Allein die Tuchprobe ist auf Grabreliefs im Gebiet der *Civitas Treverorum* bislang sechs Mal nachgewiesen.[11] Die nötigen Produktionsvorgänge bis zum fertigen Tuch sind auf den Monumenten dagegen selten dargestellt, auf der Igeler Säule fehlen sie womöglich ganz.[12] Die nicht dargestellten Arbeitsvorgänge nahmen wohl einen geringeren Stellenwert ein und werden meist über den archäologischen Befund, also über Spinnwirtel und Webgewichte, nachgewiesen. Das Spinnen beispielsweise gehörte in den häuslichen Bereich und war eine Tätigkeit der Frauen.[13]

Die zahlreichen Produktionsschritte waren die Grundlage der anschließenden Händlertätigkeit. Doch wo fanden sie statt? Den Produktionsprozess von der Schafzucht bis zum fertigen Textil hat K. Droß-Krüpe anhand einer Auswertung von erhaltenen Papyri für das römische Ägypten ausführlich dargestellt.[14] Dazu gehörten die Schafzucht, das Scheren der Tiere, das Sortieren und Waschen der Wolle, das Spinnen zum fertigen Garn, das Weben zum groben Stoff, das Walken, das dem Stoff eine Struktur gab, das Färben und schließlich der Handel. Auch wenn die ägyptischen Verhältnisse nicht ohne Weiteres auf die gallischen übertragbar sind, bleiben die handwerklichen Tätigkeiten sowie die räumlichen und techni-

---

6 Vgl. zur Diskussion: M. Polfer, Römerzeitliches Handwerk im ländlichen Raum – Erste Ergebnisse zur Gallia Belgica, in: M. Polfer (Hrsg.), Artisanat et économie romaine: Italie et provinces occidentales de l'Empire. Monographies instrumentum 23 (Montagnac 2005), 55–64, hier 59.

7 A. Ferdière, Le travail du textile en Région Centre de l'Age du Fer au Moyen-Age. in: Revue archéologique du Centre de la France 23, 1984, 209–275; Polfer 2005, 59.

8 Zusammenstellung bei: Ferdière 1984, 237–238.

9 Zur Problematik der Igeler Säule und ihrer Darstellungen vgl. Kapitel IV.2.1.1.

10 L. Schwinden, Gallo-römisches Textilgewerbe nach Denkmälern aus Trier und dem Tretrerland, in: Trierer Zeitschrift 52, 1989, 279–318. Dort auch ein Überblick über die Forschung und ältere Literatur. Zum Stellenwert auf Seite 305 schreibt Schwinden: „Die Tuchproben aus dem Tretrergebiet nehmen unter den verwandten gallischen Reliefs auch auf Grund ihrer Häufigkeit eine einzigartige Stellung ein, die durch das hier neu vorgestellte Relief noch bestärkt wird".

11 Zusammenstellung bei Schwinden 1989, 289–305 mit Abbildungen. Zur Darstellung der Tuchprobe vgl. M. Baltzer, Die Alltagsdarstellungen der treverischen Grabdenkmäler, in: Trierer Zeitschrift 46, 1983, 7–151, hier 40–46.

12 Einige gallische Grabmäler, die Frauen mit Spinnwirteln darstellen, bei Ferdière 1984, 248. Zur Igeler Säule vgl. F. Drexel, Die Bilder der Igeler Säule, in: Mitteilungen des Deutschen Archäologischen Instituts, Römische Abteilung 35, 1920, 83–143.

13 Vgl. Schwinden 1989a, 297. Gerade in Frauengräbern des Vicus Belginum (Wederath) befinden sich vermehrt Spinnwirtel, vgl. Schwinden 1989a, 297 Anm. 52.

14 K. Droß-Krüpe, Wolle – Weber – Wirtschaft. Die Textilproduktion der römischen Kaiserzeit im Spiegel der papyrologischen Überlieferung. Philippika. Marburger altertumskundliche Abhandlungen 46 (Wiesbaden 2011), 13–46.

schen Voraussetzungen die gleichen.[15] Die Großproduktion von Wolltextilien erforderte einen erheblichen logistischen Aufwand. Es bedurfte Lagerhallen für die Rohstoffe, Werkstätten für Webstühle, großer Mengen an Wasser bei Färb- und Walkvorgängen und dementsprechend viel Platz für Bottiche oder Becken.

Welche Rückschlüsse zu den Produktionsabläufen ermöglichen die Befunde der Villen im Trierer Land? Lassen sich hier Nachweise über die Abläufe der Produktion und des Handels gewinnen? Beginnen wir mit den Werkzeugen in der Textilherstellung: Schurscheren befanden sich im Fundmaterial der Villen von Newel „Im Kessel" *(Kat.–Nr. 118)*[16], im Gräberfeld von Lösnich „Hinterwald" *(Kat.–Nr. 94)*[17], in Mehring „Kirchheck" *(Kat.–Nr. 100)*[18], Kenn „Römerplatz" *(Kat.–Nr. 77)*[19] und aus dem Gräberfeld der Villa von Minden „Jünkerkopf" *(Kat. Nr. 108)*.[20] Webgewichte und Spinnwirtel konnten in Lösnich „Hinterwald" *(Kat.–Nr. 94)*[21], Holsthum „Auf den Mauern" *(Kat.–Nr. 63)*[22] und Bettingen „Auf der Mauer" *(Kat.–Nr. 13)*[23] nachgewiesen werden. Ein weitgehend erhaltener Eisenkamm, der zur Nachbearbeitung der Wolltücher diente, stammt aus Hontheim, Kreis Bernkastel-Wittlich, aus einem Streufund unterhalb der Entersburg. Leider ist bei diesem Objekt unklar, ob es sich um einen römischen oder um einen mittelalterlichen Fund handelt.[24]

Neben den Villen wurden Spinnwirtel und Webgewichte auch in großer Zahl in den Vici des Trierer Landes und in der Stadt selbst gefunden.[25] Dieser Befund untermauert die These M. Polfers, nach der alle Produktionsvorgänge, außer der Schafszucht und Schur, in den drei Bereichen Villa, Vicus und Stadt stattfanden. Inwiefern sich die Tätigkeiten in den Villen auf den häuslichen Bereich beschränkten oder ein wichtiges Glied in der Produktionskette von Großlieferanten wie den Secundiniern waren, ist nicht mehr zu bestimmen. Möglicherweise wurde hier für einen lokalen Markt produziert, der unabhängig vom Handelsvolumen der Großhändler in Betracht gezogen werden muss.

Die Textilfabrikation spielte auch in spätantiker Zeit eine wichtige Rolle in Trier und dem Trevererland, wenn auch unter veränderten Bedingungen. Im Preisedikt Diokletians aus dem Jahr 301 n. Chr. sind treverische *fibulatoria* (Fibelmäntel) mit einem festgelegten Höchstpreis von *octo milibus*, also 8000 Denaren, aufgeführt.[26] Von großer wirtschaftlicher Bedeutung waren die kaiserlichen Textilfabriken der spätantiken Metropole, die sog. *Gynaecea*, von denen für Trier 14 Stück anhand der *Notitia dignitatum* nachgewiesen sind.[27] Ein sog. *procurator gynaecii Triberorum* und ein *procurator rei privatae gynaeciorum Triberorum*

---

15 Beispielsweise scheint das Färben der Wolle in Ägypten sofort nach der Schur erfolgt zu sein, während in Gallien das Färben am fertigen Textil stattfand. Vgl. J.F. Drinkwater, Die Secundinier von Igel, in: Trierer Zeitschrift 40/41, 1977/78, 107–125, hier: 109–123.
16 Cüppers/Neyses 1971a, 192 Fnr. 19, 21 und 28 mit Abb. 25,4 und 25,10.
17 Moraitis 2003, 142–143.
18 RLM Trier EV 1984,23. Freundlicher Hinweis Dr. S. Faust.
19 RLM Trier EV 1988,59 Fnr. 46.
20 Vgl. Römer an Mosel und Saar 1983, 196–197, Kat. 140 mit Abb.
21 Moraitis 2003, 75–76.
22 RLM Trier EV 1991,78 Fnr. 29–32.
23 RLM Trier Inv. 1966,114.
24 RLM Trier EV 2000,170. Vgl. Jahresbericht 2000, in: Trierer Zeitschrift 65, 2002, 303.
25 Eine repräsentative Zusammenstellung bei K. Goethert, in: Römer an Mosel und Saar, 196–198.
26 Edict. Diocl. 19,66. Vgl. S. Lauffer (Hrsg.), Diokletians Preisedikt. Texte und Kommentare 5 (Berlin 1971), 158–159.
27 Not. Dign. oc. 11,77. Vgl. Schwinden 1989a, 313.

verwalteten diese Werkstätten für den kaiserlichen Hof.[28] Die *Gynaecea* existierten wohl seit dem Ende des 3. Jh. n. Chr. und versorgten das Militär und die kaiserlichen Beamten.[29] Demnach musste noch im späten 3. und 4. Jh. n. Chr. der Nachschub an Wolle durch die Villen des Umlandes erwirtschaftet werden. J.-P. Wild äußerte in diesem Zusammenhang die Vermutung, dass der spätantike, nördlich von Trier gelegene Langmauerbezirk *(Abb. 2)* in Beziehung zu den städtischen und kaiserlichen Textilmanufakturen stehen könnte.[30] Archäologische Hinweise, die diese Annahme stützen, fehlen allerdings, so dass die Mauer nach wie vor als Schutz vor Raub- und Fresswild angesehen werden kann.[31]

Neben der Verarbeitung von Wolle bestand in den Nordwestprovinzen auch ein großer Markt für Leinwandware.[32] Diese wurden nicht nur in der Bekleidungsbranche genutzt, sondern insbesondere zur Herstellung von Segeln oder Vorhängen verwendet. Auch hier stammt das Rohmaterial, der Flachs (*Linum usitatissimum L.*), aus der landwirtschaftlichen Produktion. Im Trierer Land sind zudem zwei Flachskämme erhalten, die einen Hinweis auf die Ausübung dieses Gewerbes geben. In der Villa Newel „Im Kessel" *(Kat.–Nr. 118)* befand sich ein fragmentierter Kamm, bei dem die Kammzähne beidseitig an ein Eisenblatt anschließen.[33] Ein weiteres Exemplar stammt aus einem Grab des Vicus Belginum.[34]

IV.2.1.1 Das Grabmal der Secundinier und das Problem der Villa

Der Reichtum, der durch die Textilproduktion und den Handel erreicht werden konnte, wird nirgends deutlicher als auf dem Grabmal der Secundinier in Igel.[35] Die Inschrift und die bildlichen Darstellungen des Monuments bieten nach wie vor Anlass zu einer wissenschaftlichen Debatte. Diskutiert werden die genaue Tätigkeit der Secundinier zwischen Tuchproduktion und Handel, die soziale Stellung der Familie und der Standort ihres Anwesens. Handelte es sich um eine Familie mit Großgrundbesitz, auf dem die Rohstoffe der Tuchproduktion erwirtschaftet wurden? Waren die Secundinier auch Fabrikanten, die in einer eigenen Manufaktur Tücher herstellten, oder handelte es sich um eine reine Handelsdynastie? Und welche Rolle spielt in diesen Zusammenhängen die Villenwirtschaft? Bevor diese Fragen diskutiert werden können, lohnt es sich zunächst, die für diese Arbeit relevanten „Alltagsdarstellungen" auf der Igeler Säule zu besprechen.

---

28 Not. Dign. oc. 11,58; 12,26.
29 Vgl. Schwinden 1989a, 313.
30 Vgl. Wild 1970, 9.
31 Vgl. Gilles 1999a, 245–258; Luik 2001, 266 mit Anm. 101.
32 A. Böhme-Schönberger, Tracht, Tuchhandel und Leinenwaren, in: L. Wamser (Hrsg.), Die Römer zwischen Alpen und Nordmeer. Katalog-Handbuch zur Landesausstellung des Freistaates Bayern Rosenheim 2000 (Mainz 2000), 145–149, hier 148.
33 Cüppers/Neyses 1971a, 184 mit Abb. 27, 9.
34 Belginum, Grab 1266 (RLM Trier Inv. Nr. 1978,183b), vgl. R. Cordie-Hackenberg/A. Haffner, Das keltischrömische Gräberfeld von Wederath-Belginum Bd. VI,4 (Mainz 1991), 2 mit Taf. 341 und 492, 2.
35 F. Drexel, Die Bilder der Igeler Säule, in: Mitteilungen des Deutschen Archäologischen Instituts, Römische Mitteilungen 35, 1920, 83–124; H. Dragendorff/E. Krüger, Das Grabmal von Igel. Römische Grabmäler des Moselandes und der angrenzenden Gebiete I (Trier 1924); E. Zahn, Die Igeler Säule bei Trier. Rheinische Kunststätten 38 (Köln 1976); Drinkwater 1977/78; Baltzer 1983; Heinen 1985, 148–151; Schwinden 1989a; J. France/H.-P. Kuhnen/F. Richard (Hrsg.), La colonne d'Igel, société et religion au IIIe siècle, in: Annales de l'est 2/2001, 5–195; J.-F. Drinkwater, The Gallo-Roman woollen industry and the great debate: the Igel column revisited, in: David J. Mattingly/J. Salmon, Economies beyond agriculture in the classical world (London, New York 2001), 297–308.

Auf den mittleren Stufen der Nord- und der Westseite befinden sich Treidelszenen mit je einem Schiff, das zwei große Stoffballen trägt und von zwei Männern Mosel aufwärts gezogen wird.[36] Auf dem Sockel der Südseite ist ein sog. „Tuchladen" dargestellt. Im Hintergrund befinden sich die in Regalen aufgestapelten Tücher, während sich im rechten Vordergrund einige Männer um ein Tuch gruppieren, um es zu prüfen, und in der linken Hälfte die geschäftlichen Tätigkeiten vollzogen werden *(Abb. 3)*. Auf dem Sockel der Westseite verlässt ein Wagen mit Gespann und Ware ein angedeutetes Tor, während auf dem Sockel der Nordseite Arbeiter einen Warenballen verschnüren. Eine weitere Tuchprobe oder -vorführung ist auf der Attika der Südseite dargestellt. Die bisher beschriebenen Szenen werden von der Forschung übereinstimmend interpretiert.[37] Schwieriger ist eine Interpretation der stark beschädigten Darstellung auf dem Sockel der Ostseite, auf dem Dragendorff und Krüger eine Tuchwerkstatt mit Webern zu sehen meinten. Ist dies der Fall, könnte man davon ausgehen, dass die Secundinier auch an der Tuchherstellung beteiligt waren, doch muss dies aufgrund des schlechten Erhaltungszustandes spekulativ bleiben. Unterschiedlich wird die sog. „Kontorszene" auf der Attika der Ostseite interpretiert. Während Dragendorff und Krüger[38] die Darstellung als Pachtzahlung von Kolonen sahen, dreht Drinkwater die Szene um und sieht darin nicht eine Zahlung von Pächtern, sondern eine Zahlung der Secundinier an ihre Pächter für vollbrachte Arbeiten.[39] Ebenfalls unterschiedlich interpretiert Drinkwater den sog. „Gebirgstransport" auf dem Fries der Nordseite. Nicht ein Ferntransport von Waren der Secundinier sei hier dargestellt, sondern die Wolleinfuhr aus Italien oder Spanien zur weiteren Verarbeitung in Trier.[40]

Eine stimmige Interpretation des Grabmals in Zusammenhang mit wirtschaftlichen Aspekten lieferte Eberhard Zahn.[41] Seiner Meinung nach handelte es sich bei den Secundiniern um Treverer, die sich in die römische Wirtschaft einspannen ließen und es dadurch zu Reichtum und Ansehen brachten: „Sie waren Großgrundbesitzer, die ihr Land an Pächter verpachteten und dafür Pachtzins in Gestalt von Geld, Naturalerzeugnissen oder Fertigwaren, z. B. Tuch, erhielten."[42] Zahn war der Ansicht, dass die Secundinier auch über eine Textilmanufaktur verfügten, falls das Sockelrelief der Ostseite richtig gedeutet sei. Zugleich hätten sie auch ein Transportunternehmen besessen, das die eigene Ware exportierte.

J.-F. Drinkwater ging davon aus, dass es sich um Tuchfabrikanten und Händler handelte, die ein spezielles Gewebe für einen weit über den lokalen Absatz hinaus reichenden Markt produzierten und handelten.[43] Die für eine solche Menge an exportierten Waren nötigen und sehr komplexen Arbeitsschritte konnten seiner Meinung nach gar nicht unter einem Dach durchgeführt werden. Für den immensen Aufwand an Material, an Lagerkapazitäten und vor allem an Wasser zum Walken und Färben waren Platz, die Nähe zu einem fließenden Gewässer und ein Anschluss an das Verkehrsnetz nötig. Drinkwater geht also von einer Produktionsaufteilung aus, die jedoch stets unter der Verwaltung der Secundinier verlief. Die verschiedenen Arbeitsschritte wurden demnach von Zulieferern, die zugleich Pächter waren, ausgeführt, die in einem hohen Grade von den Secundiniern abhängig waren. Das Rohmate-

---

36 Heinen 1985, 151.
37 Dragendorff/Krüger 1924, 77–78; Drinkwater 1977/78, 120; Schwinden 1989a, 292.
38 Dragendorff/Krüger 1924, 78–79.
39 Drinkwater 1977/78, 117–118.
40 Drinkwater 1977/78, 113–114.
41 Zahn 1976.
42 Zahn 1976, 37.
43 Drinkwater 1977/78, 109–123.

rial stammt seiner Ansicht nach nicht mehr nur aus heimischer Schafszucht, sondern musste aus Italien oder Spanien importiert werden, um die Großproduktion der Textilien aufrecht zu erhalten.

J.-P. Wild wandte sich in einem Aufsatz wiederum gegen die Annahme Drinkwaters, dass es sich bei den Secundiniern um Gewerbetreibende handelte, die Einfluss auf alle Produktionsabläufe hatten und auf Zulieferung angewiesen waren, sondern nahm an, dass es sich um durch Schafszucht und Tuchproduktion zu Reichtum gelangte Großgrundbesitzer handelte.[44] Heinen resümiert, dass auf der Igeler Säule der Wohlstand der Familie zum Ausdruck gebracht werden sollte: „Der Gedanke, dass sich bei den Secundiniern Großgrundbesitz (mit abhängigen Landarbeitern) und Großhandel in einer Hand befanden, liegt nahe, kann aber nicht bewiesen werden".[45]

Tatsächlich lassen sich allein aus den Darstellungen des Monuments heraus nur folgende Schlüsse ziehen: Die Secundinier waren eine bedeutende Familie, deren Reichtum auf dem Tuchhandel basierte. Sie verfügten über ein Warenlager oder einen Verkaufsraum, der auf dem Sockel der Südseite dargestellt ist, und waren auch am Export ihrer Ware beteiligt, sowohl über Land (Wagenszene) als auch über Wasser (zwei Treidelszenen). Heinen interpretierte zu Recht, dass die Stoffe die Mosel aufwärts geliefert wurden, um sie zur Kleidungsherstellung weiter ins Innere Galliens zu liefern.[46] Ob die Familie auch an der Produktion beteiligt war, kann nicht geklärt werden, da der Sockel der Ostseite für eine zufrieden stellende Interpretation zu beschädigt ist. Falls dies der Fall war, muss von einer Arbeitsteilung, wie sie Drinkwater beschreibt, ausgegangen werden. Ein Import von Rohstoffen aus Italien oder Spanien ist durch das Gebirgstransportrelief nicht bewiesen, wahrscheinlicher scheint die Versorgung aus heimischer Produktion. Möglicherweise lieferten die Pächter der Secundinier die Wolle, wofür sie von diesen entlohnt wurden, wie dies auf dem „Kontorrelief" der Attika-Ostseite zu sehen ist.[47]

Dass es sich bei den Secundiniern um Großgrundbesitzer handelte, steht außer Frage, schließlich stand ihr Grabmonument nicht an einer der Ausfallstraßen in unmittelbarer Nähe Triers, sondern in acht Kilometern Entfernung an der Fernstraße nach Metz. Dass der Großgrundbesitz in der Nähe des Grabmonument zu suchen ist, liegt ebenfalls nahe. Bereits mehrfach wurde versucht, Fundstellen in Verbindung mit der Igeler Säule zu bringen, jedoch ohne zwingende Beweise darzulegen. Dragendorff und Krüger identifizierten als möglichen Ort die Fundstelle Igel „Königsacht" *(Kat.–Nr. 71)*, von der im Jahr 1911 Mauerzüge, ein Brunnen und römische Keramik freigelegt wurden.[48] Die Grabung ist jedoch nicht dokumentiert und seit 1911 wurde die Stelle nicht weiter erforscht, da sie sich in der Nähe des späteren Bahnhofs von Igel befand. Weiterhin argumentieren Dragendorff und Krüger, dass sich der Name „Königsacht" auf ein fränkisches Königsgut zurückverfolgen ließe und dass dieses Gut aller Wahrscheinlichkeit nach das ehemalige Besitztum der Secundinier sei. Da die Stelle jedoch nicht wirklich untersucht wurde und die Namensinterpretation spekulativ ist, muss die Lokalisierung der Villa der Secundinier weiterhin offen bleiben.

---

44 Vgl. J.-P. Wild, Textile manufacture: a rural craft?, in: M. Polfer (Hrsg.), Artisanat et productions artisanales en milieu rural dans les provinces du nord-ouest de l'Empire romain. Actes du Colloque d'Erpeldange mars 1999. Monographies instrumentum 9 (Montagnac 1999), 29–37, hier 34.
45 Heinen 1985, 151.
46 Heinen 1985, 151.
47 Interpretation J.-F. Drinkwater 1977/78, 116–118.
48 Dragendorff/Krüger 1924, 1–5.

Auch die Interpretation H.-P. Kuhnens, nach der die Nekropole zu einem Vicus gehört haben könnte, kann durch keinen archäologischen Befund bewiesen werden.[49] Die Säule befand sich nördlich der Fernstraße von Trier nach Metz, an der sich in einigen hundert Metern Entfernung weiter westlich zusätzliche Gräber befanden.[50] Ob es sich jedoch um eine geschlossene Nekropole handelte, die auf einen Vicus deuten würde, konnte nicht nachgewiesen werden. Auf der Gemarkung Igel liegen einige Fundstellen, bei denen es sich mit großer Wahrscheinlichkeit um römische Villen handelt, die jedoch aufgrund der mangelnden Dokumentation von geringem Aussagewert sind.[51] Die Identifizierung einer der Fundstellen mit dem Anwesen der Secundinier muss bis auf weiteres offen bleiben. Ebenso wenig können Aussagen über Form und Funktion des Anwesens gemacht werden. Weder lässt sich eine der Igeler Fundstellen als ein prächtiges Herrenhaus identifizieren noch liefern sie Hinweise auf Produktionsvorgänge, die im Entferntesten mit der Textilproduktion in Verbindung gebracht werden können.

IV.2.2 Lederfabrikation

Leder war in römischer Zeit ein äußerst wichtiger Grundstoff, aus dem u. a. Schuhe und zahlreiche weitere Artikel des täglichen Lebens gefertigt waren. Dazu gehören Gürtel, Taschen, Geldbeutel, Riemen, Zaumzeug, Sättel und Weinschläuche, die sowohl im zivilen als auch im militärischen Bereich Verwendung fanden.[52] Die dazu notwendigen Tierhäute stammten aus den Nutztierherden des Landes; die Villen standen demnach auch hier mit der Viehzucht an der ersten Stelle des Produktionsablaufes. Wo die Häute gegerbt und anschließend weiterverarbeitet wurden, kann aufgrund der schweren Nachweisbarkeit von Gerbereiund Verarbeitungsprozessen nur ansatzweise beantwortet werden.[53] Vermutlich fanden diese Produktionsprozesse wegen der Geruchsbelästigung in speziell dafür vorgesehenen Handwerkervierteln statt. Nach dem Schlachten der Tiere folgte unmittelbar danach die Fleischverarbeitung. Anschließend konnten Nebenprodukte wie Knochen und Horn, aber auch Tierhäute weiterverarbeitet werden. Aus dem Glutin des Knochenmarks konnte Leim hergestellt werden. W.-R. Teegen stieß bei der Auswertung von Tierknochenfunden aus einem spätantiken Brunnen in Trier auf eine hohe Anzahl von Knochen, die in Längsrichtung aufgespalten waren. Teegen deutet diesen Befund als Abfall einer Leimsiederei.[54]

Die Lederverarbeitung war aufwendig und verlangte die Verfügbarkeit von Wasser, da die Häute gespült und die Produktionsabfälle über das fließende Wasser entsorgt werden mussten.[55]

Einige Befunde aus den untersuchten Villen deuten auf eine Lederverarbeitung direkt vor Ort hin. In Kinheim „Willenbungert" *(Kat.–Nr. 79)* befand sich im Fundmaterial ein 65 cm

---

49 H.-P. Kuhnen, Le pilier d'Igel et ses environs, in: J. France/H.-P. Kuhnen/F. Richard (Hrsg.), La colonne d'Igel, société et religion au IIIᵉ siècle, in: Annales de l'est 2/2001, 15–25.
50 Zu den weiteren Gräbern vgl. Hettner 1893a, 90–92, Nr. 193; 194 und Jahresbericht 1940, in: Trierer Zeitschrift 16/17, 1941/42, 227–229 mit Taf. 28–31. Zur Straße vgl. Kuhnen 2001, 19.
51 Vgl. Igel „Königsacht" *(Kat.–Nr. 71)*, Igel „Löwener Mühle" *(Kat.–Nr. 72)* und Fundstellenverzeichnis Nr. 166–168.
52 Vgl. Rothenhöfer 2005, 185.
53 Rothenhöfer 2005, 186 mit Anm. 603 und M. Wintergerst, Gerberei, in: Reallexikon der Germanischen Altertumskunde Bd. 11 (Berlin, New York 1998), 145–151, hier 149–151.
54 Teegen 2008/09, 359–368. Zur Viehzucht vgl. Kapitel IV.1.6.
55 Zum Produktionsablauf vgl. Wintergerst 1998, 145–149.

langes Schabeisen mit leicht gebogener Klinge, verstärktem Rücken und zu Griffen umgeschlagenen Enden. Damit konnten die Fett- und Fleischreste von den Tierhäuten geschabt werden.[56] Zu den Werkzeugen, mit denen das fertige Leder weiter bearbeitet werden konnte, zählen die sog. Ahlen, spitz zulaufende Stifte mit einer Verdickung im oberen Teil, die zur Vorbereitung von Löchern dienten. Ahlen fanden sich in der Villa von Newel „Im Kessel" *(Kat.–Nr. 118)*.[57]

Bei der Lederverarbeitung kann zwischen dem Ausgangsprodukt, das tierischer Herkunft ist, und den weiteren Produktionsvorgängen unterschieden werden. Für den lokalen Gebrauch wurde Leder in zahlreichen Villen bearbeitet, die Großproduktion fand jedoch hauptsächlich in den Handwerkervierteln der Städte und Vici statt.[58]

IV.2.3 Holzverarbeitung

Die wirtschaftliche Bedeutung der Forstwirtschaft wurde bereits in *Kapitel IV.1.3* untersucht. Im Folgenden wird der Frage nachgegangen, ob das Holz auch vor Ort in den Villen bearbeitet wurde. Das Holz diente als grundlegendes Baumaterial für Wohn- und Nebengebäude. Außerdem wurden daraus Werkzeuge, landwirtschaftliches Gerät und Möbel hergestellt, so dass davon ausgegangen werden muss, dass in jedem Gutshof Holz verarbeitet wurde. Ähnlich der Schmiedetätigkeit handelte es sich dabei vornehmlich um Beschäftigungen, die für die täglichen Arbeiten unverzichtbar waren. Dementsprechend finden sich Werkzeuge zur Holzbearbeitung in den meisten Fundkomplexen der Villen. Wie bei allen römischen Handwerken waren auch die Schreiner sehr spezialisiert; es gab Zimmerleute, Bautischler, Drechsler, Stellmacher und Küfer.[59]

In Lösnich „Hinterwald" *(Kat.–Nr. 94)* fanden sich eine Breitsäge und ein Löffelbohrer,[60] in Newel „Im Kessel" *(Kat.–Nr. 118)* Feilen, Löffelbohrer, Schäleisen und ein Zimmermannsbeil[61] und in Trierweiler „Keutel" *(Kat.–Nr. 159)* ein Dreifachbohrer und eine Dechsel.[62] Im Fundmaterial von Kinheim „Willenbungert" *(Kat.–Nr. 79)* befand sich ein Schabmesser mit gebogener Klinge, von dem vermutet wird, dass es zum Ausschaben und Glätten von Fässern eingesetzt wurde.[63]

Weitere technische Hinweise zur Verwendung von Holz lieferten die Funde in einem römischen Brunnen in Irrel.[64] In seinem 12,23 m tiefen Brunnenschacht konnten sich zehn Holzteile erhalten, die von E. Hollstein dendrochronologisch ausgewertet wurden und eine

---

56 Brühlmann 2005, 58, Taf. 5,72. Zum Schabeisen im Produktionsablauf vgl. Wintergerst 1998, 147.
57 Cüppers/Neyses 1971a, 188 mit Abb. 24.
58 Zu den Wegen der Viehherden vgl. Kapitel II.2.1.
59 W. Gaitzsch, Werkzeuge und Geräte in der römischen Kaiserzeit. Eine Übersicht, in: H. Temporini/W. Haase (Hrsg.), Aufstieg und Niedergang der römischen Welt II.12.3 (Berlin, New York 1985), 170–204, hier: 181–185.
60 Breitsäge: Moraitis 2003, 74 Nr. 4, Taf. 50,10; Löffelbohrer: Moraitis 2003, 74 Nr. 8, Taf. 50,4.
61 Feilen: Cüppers/Neyses 1971a, 182, Abb. 24,10; Löffelbohrer: Cüppers/Neyses 1971a, 186, Abb. 26,9 und 25, 16; Schäleisen: Cüppers/Neyses 1971a, 190–191, Abb. 26,10; 27,6 und 23,1; Zimmermannsbeil: Cüppers/Neyses 1971a, 195, Abb. 23,8.
62 RLM Trier EV 1962,14. In: Jahresbericht 1962–1965, in: Trierer Zeitschrift 30, 1967, 280 (2) mit Abb. 19.
63 Brühlmann 2005, 57. Brühlmann sieht darin eine Verbindung zum Relief des Sucellus, dem Schlegelgott, das ebenfalls aus der Villa von Kinheim „Willenbungert" stammt. Vgl. Binsfeld/Goethert/Schwinden 1988, 152 Kat. 313 mit Taf. 74.
64 Binsfeld 1971b, 83–91. Unklar bleibt, zu welcher Villa der Brunnen gehörte: vgl. Binsfeld 1971, 90.

Datierung der Bauzeit in das Jahr 104 n. Chr. ermöglichten.[65] Unter den Stücken befanden sich Holzpfosten und ein Holzrädchen.[66]

Dass Werkzeuge zur Holzbearbeitung von großem Wert sein konnten, veranschaulichen die deponierten Geräte aus Oberüttfeld „Auf der Burg" *(Kat.–Nr. 130)*. Die beiden Hobel waren zusammen mit einem reich verzierten Hiebmesser sorgfältig im Hypokaustum von Raum 5 abgelegt, um sie wieder bergen zu können. Es handelte sich also nicht um ein Altmetalldepot zur Einschmelzung und Wiederverwertung, sondern um wertvolle Werkzeuge, die voll gebrauchsfähig waren.[67] D. Bach untersuchte die beiden Hobel auf ihre Funktion hin.[68] Der größere der Hobel, ein sog. „Zahnhobel", konnte für größere Flächen eingesetzt werden, wohingegen der kleinere, ein „Putzhobel", zur Säuberung von bereits bearbeiteten Holzflächen diente. Demnach wurde das Holz in Oberüttfeld bereits weiterverarbeitet. Unklar bleibt, ob dies zum Eigenbedarf geschah oder ob in dieser Villa Holz in größerem Stil bearbeitet wurde.

IV.2.4 Korb- und Seilerwaren

Körbe und Seile waren ein unverzichtbares Hilfsmittel in der Landwirtschaft und dem übrigen Gewerbe.[69] In römischer Zeit wurden geflochtene Körbe aus Weiden für die Weinernte, als Bienenstöcke, Siebe, Kornschwingen oder Aufbewahrungsgefäße benutzt. Weiterhin konnten Möbel aus Korb hergestellt sein und nicht zuletzt war das Flechtwerk ein wichtiger Faktor im Bauwesen, denn Zäune und Mauern konnten daraus bestehen. Seile, Taue, Stricke und Netze verwendete man bei der Bedienung von Öl- und Weinpressen, der Verpackung von Waren oder in der Fischerei.

Vergängliche Materialien haben sich im Trierer Land nur mit wenigen Ausnahmen konserviert, doch können die Waren aus Korb und Seil sowie deren praktische Anwendung durch zahlreiche Reliefs der Gegend rekonstruiert werden.[70] Auf der Aschenkiste des Maiorius Ianuarius, die nahe der Siedlungsstelle „Löwener Mühle" in Igel *(Kat.–Nr. 72)* gefunden wurde, ist neben einer Futterschwinge und einem Schlagbrett oder einem Dreschstock ein Korb dargestellt *(Abb. 4)*.[71] Abbildungen von Seilen, die der Verpackung von Waren dienten, befinden sich auf zwei Reliefs der Igeler Säule, auf denen die Stoffballen zusammengeschnürt werden.[72]

Wie bei den übrigen organischen Materialien stehen auch bei den Flecht- und Seilerwaren die Villen wiederum als Rohstofflieferanten an erster Stelle der Produktionskette. Die Pro-

---

65 E. Hollstein in: Binsfeld 1971b, 90–91 und Hollstein 1980, 69 mit aktualisierter Dendrochronologie.
66 Binsfeld 1971, 87 mit Abb. 3 und 4.
67 Faust 1999, 165–167.
68 D. Bach, Zwei römische Hobel aus Oberüttfeld. Funktionstechnologische Betrachtungen, in: Trierer Zeitschrift 62, 1999, 181–191. Zu Hobeln allgemein: W. Gaitzsch/H. Matthäus, Runcinae – römische Hobel, in: Bonner Jahrbücher 181, 1981, 205–247.
69 Zusammenfassend: W. Gaitzsch, Antike Korb- und Seilerwaren. Schriften des Limesmuseums Aalen 38 (Aalen 1986).
70 Eine Ausnahme bilden Reste eines Flachsseils, die sich im bereits genannten Brunnen in Irrel erhalten haben. Vgl. Binsfeld 1971b, 88.
71 Hettner 1893a, 90 Nr. 193.
72 Relief der Nordseite des Sockels: „Arbeiter verschnüren einen Warenballen", vgl. Dragendorff/Krüger 1924, 56 mit Abb. 33; Relief der Westseite des Sockels: „Lastwagen", vgl. Dragendorff/Krüger (1924), 54–55 mit Abb. 32.

dukte wurden primär für landwirtschaftliche Aktivitäten eingesetzt, aber auch in die nahen Zentren geliefert.

IV.2.5 Metallgewinnung und -verarbeitung

Bereits 1926 setzte sich Josef Steinhausen in einem Aufsatz mit Eisenschmelzen in der Südeifel auseinander.[73] Er konnte nachweisen, dass die geologischen Voraussetzungen zur Eisengewinnung in der Gegend der südlichen Kyll und in anderen Bereichen des Trierer Raumes bereits in vormoderner Zeit genutzt wurden.[74] Was jedoch die Metallgewinnung in römischen Villen anbelangt, gab sich Steinhausen skeptisch. In zwei von ihm vorgestellten Villenstandorten, an denen vermehrt Eisenschlacken aus Verhüttungsvorgängen festgestellt wurden, datieren die betreffenden Schichten mittelalterlich. Dies betrifft die Villa von Orenhofen „Auf der Kellermauer" *(Kat.–Nr. 135)* und von Mötsch „Folker" *(Kat.–Nr. 111)*. In Orenhofen datieren die Schlackenschichten in das Ende des 1. Jahrtausends n. Chr., in Mötsch gar in das 14./15. Jh. n. Chr. Steinhausens Kenntnisstand ließ ihn zu der Annahme führen, dass „eine über jeden Zweifel erhabene Eisenschmelze aus römischer Zeit nicht bekannt ist".[75] Rund fünfzig Jahre später konnte Reinhard Schindler in einem Aufsatz über die römische Eisenverhüttung bereits auf einen größeren Denkmälerbestand zurückgreifen.[76] Schindler ging von der Annahme aus, dass der hohe Bedarf an Metallen auch in Villen sowohl von Importen als auch durch die Ausschöpfung bodenständiger Vorkommen gedeckt wurde. Keiner der von ihm beschriebenen Standorte in Bengel „Kondelwald" oder Serrig „Volkersgewann" kann jedoch als Villa bezeichnet werden. Bei ihnen, so wie demjenigen in Bitburg-Stahl, den Schindler 1976 noch nicht kannte, handelte es sich um reine Verarbeitungsanlagen oder nach einer Definition von Michel Polfer aus dem Jahr 1999 um „ateliers isolés, sans connexion directe avec un habitat".[77] Erst der Fund eines Verhüttungsofens in der Villa von Horath „Klosterwiesen" *(Kat.–Nr. 64)* in den 1960er Jahren änderte die Befundlage. Der in Raum *7a* gefundene birnenförmige Ofen wurde von Ausgräber Heinz Cüppers als Schmiede- oder Rennofen gedeutet. Obwohl einiges am Befund zunächst für die Deutung als Rennfeuerofen zur Verhüttung sprach, konnte ein definitiver Beweis nicht erbracht werden, da trotz „sorgfältiger Durchsicht des in Raum *7a* anlagernden Schutts keinerlei Reste von Abstichdüsen, Pfeifen oder ähnlichem Zubehör gefunden wurden, die mit letzter Sicherheit eine Bestimmung des Ofens als Rennfeuerofen ermöglichen könnten".[78] Der Vergleich mit ähnlich spätantiken birnenförmigen Öfen im Rheinland deutet vielmehr darauf hin, dass diese im 3. und 4. Jh. n. Chr. gezielt in teilbeschädigte Villen installiert wurden, um dort Altmetalle zu sammeln und wiederzuverwerten.[79] Ein ähnlicher Befund liegt in der Villa von Mehring „Kirchheck" *(Kat.–Nr. 100)* vor. Dort wurde in der letzten Nutzungsphase

---

73 J. Steinhausen, Alte Eisenschmelzen in der Südeifel, in: Trierer Zeitschrift 1, 1926, 49–63.
74 Steinhausen unterscheidet zunächst nicht zwischen römischem und mittelalterlichem Abbau.
75 Steinhausen 1926, 54.
76 R. Schindler, Fragen zur römischen Eisenverhüttung im Moselland, in: Trierer Zeitschrift 39, 1976, 45–59.
77 M. Polfer, La métallurgie du fer en Gaule du nord et en Rhénanie à l'époque romaine – Le rôle des villae, in: M. Polfer, (Hrsg.), Artisanat et productions artisanales en milieu rural dans les provinces du nord-ouest de l'Empire romain. Actes du Colloque d' Erpeldange, mars 1999. Monographies instrumentum 9 (Montagnac 1999), 45–76.
78 Cüppers 1967, 132.
79 Vgl. A. Werner, Zur Interpretation römischer Öfen mit birnenförmigem Grundriss, in: Archäologie im Rheinland 1991, 163–165.

(*Phase VI*) nach der Mitte des 4. Jh. n. Chr. von den germanischen Siedlern der Keller unter Risalit *12* aufgefüllt und ein Ofen an die noch bestehende Wand gebaut.[80]

Bei der Metallverarbeitung in Villen muss zwischen der Metallgewinnung aus den Bodenschätzen der Region und einfachen Schmiedetätigkeiten für den täglichen Bedarf unterschieden werden. Beides zeigt sich im Befund der Villen durch Eisenschlacken. Eine Trennung zwischen Schlacken aus der Eisenverhüttung und aus Schmiedetätigkeiten ist allerdings schwer vorzunehmen.[81] Um eine Eisenverhüttung sicher nachzuweisen, bedarf es einer Dokumentation und anschließenden vergleichenden Analyse der Schlackenform. Dies ist in den meisten Fällen jedoch nicht durchgeführt worden. Zudem erfordert es weiterer Hinweise zu den Rennöfen und vor allem dem Rohmaterial, den Eisenerzen.[82]

Wie sieht nun die Befundlage zur Metallgewinnung und Verarbeitung in den Villen des Trierer Landes aus? Neben der bereits genannten Villa von Horath, die in der Forschung immer wieder als Beispiel für Eisenverhüttung herangezogen wird, sind folgende Befunde bekannt:

In Nähe der Fundstelle von Breit „Dölkent" *(Kat.-Nr. 24)* liegen Vorkommen von Raseneisenerz, jedoch verfügen wir über keine Hinweise darauf von der Siedlungsstelle selbst. Diese liegen hingegen bei einer anderen Fundstelle in Breit, „Batzebur" *(Kat.-Nr. 23)* vor, in der Schlacken und Mantelreste eines Schmelzofens zusammen mit Keramik des 2. und 3. Jh. n. Chr. gefunden wurden. Martin Luik sah darin den Hinweis auf eine Metallverarbeitung bereits zu dieser Zeit,[83] allerdings lässt sich durch die Streufunde allein nicht sagen, ob es sich um Metallverarbeitung oder -gewinnung handelte. Selbst im Falle einer Metallgewinnung bleibt es ungewiss, ob es sich bei der Fundstelle überhaupt um eine Villa handelte oder um eine gewerbliche Verarbeitungsanlage des Typs „atelier isolé"[84] wie in Bengel „Kondelwald". Ebenso unklar ist die Befundlage in Idesheim „Königsberg" *(Kat.-Nr. 70)*, auf deren Trümmerstelle Eisenschlacken gefunden wurden. Zwar befinden sich ca. 0,3 km westlich Sedimente tertiären Alters, die Brauneisenstein enthalten, der zur Verhüttung geeignet ist,[85] eine Datierung der Stelle in römische Zeit konnte jedoch nicht vorgenommen werden. Möglicherweise handelt es sich bei dem Befund um einen mittelalterlichen wie in Mötsch oder Orenhofen. Dort dienten die verlassenen Ruinen römischer Villen als geeigneter Ort zur Eisenverhüttung.

Ein weiterer Fund von Mantelresten und Eisenschlacken wurde im südwestlichen Bereich des Zentralraumes der Villa von Reil „Oleb" *(Kat.-Nr. 141)*, Oberbillig „Fallert" *(Kat.-Nr. 127)* und Welschbillig „Auf Kirchberg" *(Kat.-Nr. 177)* gemacht. Doch auch hier ist die Befundlage zu gering, um von einer Eisenverhüttung zu sprechen. Zudem ähnelt die Situation denjenigen, die in anderen Villen vorgefunden wurden und bei denen es sich mit Sicherheit um Schmieden handelte. Jede Villa verfügte über eine eigene Schmiede, da hier Reparatur-

---

80 Freundliche Mitteilung Dr. K.-J. Gilles, RLM Trier.
81 Freundlicher Hinweis Dr. M. Fröhlich, RLM Trier. Zu Bergbau und Eisenverhüttung allgemein: H. Steuer/U. Zimmermann, Alter Bergbau in Deutschland. Sonderheft der Zeitschrift „Archäologie in Deutschland" 1993 (Stuttgart 1993).
82 Zum Vergleich der Schlacken vgl. N. Dieudonné-Glad, Métallurgie du fer et habitat rural: comment reconnaître les vestiges archéologiques? In: M. Polfer, (Hrsg.), Artisanat et productions artisanales en milieu rural dans les provinces du nord-ouest de l'Empire romain. Actes du Colloque d' Erpeldange, mars 1999. Monographies instrumentum 9 (Montagnac 1999), 39–43.
83 Luik 2005, 24.
84 Zum Begriff „atelier isolé" vgl. Polfer 1999a, 53.
85 Steinhausen 1926, 56; Steinhausen 1932, 139 (3).

arbeiten am Werkzeug vorgenommen werden mussten. In Holsthum „Auf den Mauern" *(Kat.–Nr. 63)* befand sich ein quadratischer Kochofen *(16)* von ca. 2,6 m Seitenlänge im hinteren Bereich des Hauptraumes *13* nahe der Treppe. Silikathaltige Schlacken und Eisenteile weisen hier eindeutig auf Schmiedetätigkeiten hin. Auch die drei Eisenschlacken aus dem Hauptraum des Hauptgebäudes der Villa von Lösnich „Hinterwald" *(Kat.–Nr. 94)* stammen aller Wahrscheinlichkeit nach nicht von einer Eisenverhüttung, sondern von einer Schmiede.[86] In Lösnich wird von A. Moraitis zudem das Nebengebäude *III* als mögliche Schmiede angesehen, da hier Reste von Eisenschlacken, Eisenteilen und Feuerstellen gefunden wurden, allerdings können diese keiner Nutzungsphase definitiv zugeordnet werden.[87] In Nebengebäude *IX* befand sich in dem apsidialen Raumabschluss eine rot angeglühte bis schwarz verbrannte Lehmschicht, die auf eine große Hitzeeinwirkung schließen lässt. Auch hier wurden möglicherweise Schmiedetätigkeiten vorgenommen, fehlendes Fundmaterial lässt jedoch auch diese Interpretation hypothetisch.[88]

Diverse Werkzeuge verweisen zudem auf Schmiedetätigkeiten, wie beispielsweise die kleine Schmiedezange aus der Villa von Newel „Im Kessel" *(Kat.–Nr. 118)*.[89]

Lange Zeit galt es als erwiesen, dass sich die Metallgewinnung auf die spätantiken Nutzungen vieler Villen beschränkte, wie in Horath „Klosterwiesen" *(Kat.–Nr. 64)*, dessen Ofenbefund in das späte 3. und 4. Jh. n. Chr. datiert. Schindler wies auf fehlendes Beobachtungsmaterial für das 2. und 3. Jh. n. Chr. hin und deutete diese Lücke mit dem Import aus leistungsfähigen Produktionsstätten. Im späteren 3. und 4. Jh. n. Chr. bediente man sich demnach an den eigenen Erzvorkommen, da sich das Angebot auf den Märkten verknappt habe.[90] Dagegen spricht der Befund der Eisenhütte bei Bitburg-Stahl, die 1982 entdeckt und ausgegraben wurde und in der die Verhüttung von Raseneisenerz für das 2. bis 5. Jh. n. Chr. nachgewiesen ist.[91] Der Ofen in Horath ist möglicherweise eine Reaktion auf Ressourcenknappheit, beweisen lässt sich dies jedoch nicht. Entweder diente der Ofen einer Eisenerzverhüttung in geringem Maße oder der Wiederverwertung von Altmetallen.

Für die Villen des Trierer Landes kann daher als Fazit gezogen werden, dass die Metallproduktion keine große wirtschaftliche Rolle spielte, sogar der Negativbefund Steinhausens aus dem Jahr 1926 hat in diesem Bereich weiterhin seine Gültigkeit. Die Villen in der Umgebung von Trier waren also im Metallbereich keine Produktionsbetriebe. Wenn Metall in Villen verhüttet wurde, dann nur zum Eigenbedarf in eingeschränktem Maße und nicht für den Handel oder Export. Ebenso dienten die Schmieden zur Abdeckung des Eigenbedarfs. Sie waren in jedem landwirtschaftlichen Betrieb anzutreffen, in ihnen konnten Neu- oder Altmetall verarbeitet sowie Reparaturmaßnahmen an Werkzeugen vorgenommen werden. Gerade das Altmetall scheint in spätantiker Zeit einen großen Wert gehabt zu haben, wie die Hortfunde aus Bengel „Beckersbaum" *(Kat.–Nr. 8)* und Newel „Im Kessel" *(Kat.–Nr. 118)* verdeutlichen. Zu einem ganz ähnlichen Befund gelangte auch M. Polfer in seiner Untersuchung der Eisenproduktion und Eisenverarbeitung in Nordgallien und dem Rheinland.[92]

---

86 Moraitis 2003, 20.
87 Moraitis 2003, 30–31.
88 Moraitis 2003, 42–43.
89 Cüppers/Neyses 1971a, 195 mit Abb. 25, 15.
90 Vgl. Schindler 1976, 58–59.
91 Vgl. K.-J. Gilles, Ausgrabung einer römischen Eisenhütte bei Bitburg-Stahl, in: Heimatkalender Landkreis Bitburg-Prüm 1983, 49–57; Luik (1999), 209–216.
92 M. Polfer, Eisenproduktion und Eisenverarbeitung in Nordgallien und dem Rheinland während der römischen Kaiserzeit, in: M. Feugère/M. Gustin (Hrsg.), Iron, Blacksmiths and Tools. Ancient European Crafts. Acts of

IV.2.6 Münzprägung

Ein ebenfalls spätes und relativ seltenes Phänomen ist die Prägung von sog. „barbarisierten Münzen", die in zwei Villen des Bearbeitungsgebietes nachgewiesen werden konnte.[93] In Holsthum „Auf den Mauern" *(Kat.–Nr. 63)* wurden vor der Terrassenmauer des Hauptgebäudes die Reste einer lokalen Münzherstellung entdeckt.[94] Der Fund enthielt eine mit Einkerbungen versehene Bronzestange und einige noch nicht flach geschlagene Münzschrötlinge mit einem hohen Bleigehalt, der ihnen eine silberne Oberfläche verlieh. Weil die Schrötlinge noch nicht geschlagen waren, ist eine Datierung des Befundes problematisch. Vergleichsbeispiele aus Sarreinsming (Lothringen) und Hambach legen einen Zeitraum im späten dritten Jahrhundert nahe.[95] Da die Villa bis zur Mitte des 4. Jh. n. Chr. durchgehend genutzt wurde, steht die Münzprägung vermutlich nicht in Zusammenhang mit einer spätantiken Nachnutzung, sondern fand in der Endphase der römischen Besiedlung statt.

Anders verhält sich der Befund von Kenn „Römerplatz" *(Kat.–Nr. 77)*, wo die Münzprägung als Nachnutzung im Keller der bereits zerstörten Villa stattfand. Hier wurden neben Bronzemünzen auch solche aus Silber und Blei geschlagen. Zu dem Fund gehören ein fragmentierter Silberbarren, neun Silbermünzen, drei Bleischrötlinge und ein Bronzeschrötling. Obwohl auch diese Schrötlinge nicht geprägt waren, konnte sie K.-J. Gilles durch die Befundsituation und Vergleichsbeispiele in das frühe 5. Jh. n. Chr. datieren.[96]

Bei dem Phänomen der Münzprägung in Villen kann davon ausgegangen werden, dass es sich nicht um professionelle illegale Fälscherwerkstätten handelte. Vielmehr sind sie als Reaktionen auf Notsituationen anzusehen, die sich im privaten Rahmen abspielten. Mit den sog. „barbarisierten Münzen" versuchte man seit dem 3. Jh. n. Chr. dem Mangel an offiziellen Kleingeldprägungen zu begegnen.[97] Der Befund von Holsthum scheint in diesem Kontext zu stehen.

Durch das Ausfallen der regulären Bronzeprägung in Trier in der Zeit nach 394/95 n. Chr., spricht R. Loscheider von einem „Impuls für Nachprägungen" und dem Fortbestand einer lokalen Münzgeldwirtschaft.[98] Auch den Befund in Kenn stellte er in diesen Zusam-

---

the Instrumentum Conference at Podsreda (Slovenia) in April 1999. Monographies instrumentum, 12 (Montagnac 1999), 67–87, hier 77 = Polfer 1999b.

93 Zusammenfassend: R. Loscheider, Exkurs: Münzherstellung als Teilaspekt des lokalen Handwerks, in: B. Beyer-Rotthoff/M. Luik, Wirtschaft in römischer Zeit. Geschichtlicher Atlas der Rheinlande, Beiheft III/3–4 (Bonn 2007), 27–32. Zur Herstellungstechnik siehe: R. Loscheider, Ein Halbfabrikat zur Münzherstellung aus Belginum, in: Trierer Zeitschrift 61, 1998, 93–99, hier 94–95.
94 Vgl. S. Faust, Jahresbericht 1994, in: Trierer Zeitschrift 59, 1996, 238–241 mit Vergleichsbeispielen.
95 Sarreinsming: J. Schaub/F. Hiller, Münzprägestätte Sarreinsming, in: Römer an Mosel und Saar, 289-299. Kat. 261. Barbarisierte von Tetricus I. und II. sowie Claudius II.; Hambach: Zeitraum von 270–283/85 n. Chr. Anders Loscheider 2007, 31, der die Datierung offen lässt und auch Nachprägungen des 4. Jh. in Erwägung zieht.
96 Gilles 1990a, 122–129; K.-J. Gilles, Das Münzkabinett im Rheinischen Landesmuseum Trier. Schriftenreihe des Rheinischen Landesmuseums Trier 13 (Trier 1996), 43–45.
97 Schaub/Hiller 1983, 299.
98 Loscheider 2007, 32.

menhang. Die Ausdehnung solcher Notprägungen blieb in der Regel lokal beschränkt und die Münzen dienten als Kleingeld zum täglichen Gebrauch.

IV.2.7 Steinbrüche und Kalkbrennereien

Im näheren Umfeld von Trier liegen zahlreiche Steinbrüche, die vor allem für die Großbauten der Stadt ausgebeutet wurden. Entlang der Mosel und im unteren Kylltal können seit der Mitte des 2. Jh. n. Chr. größere Steinbrüche nachgewiesen werden.[99] Weiterhin überliefert Ausonius Steinsägemühlen im Ruwertal, in denen Marmorblöcke für die Trierer Großbauten bearbeitet wurden.[100] Für diese massive Aufgabe, bei der es großen Fachwissens und Arbeiter bedurfte, spielten die Villen keine Rolle. Vielmehr wurden private Baufirmen mit der Ausbeutung der Steinbrüche beauftragt, wie dies J. Steinhausen für die Porta Nigra belegen konnte.[101] Steinbrüche, die in unmittelbarer Nähe zu Villen entdeckt wurden, lieferten in aller Regel das Baumaterial zur Errichtung der Haupt- und Nebengebäude. Der nahe der Villa von Lösnich „Hinterwald" (Kat.–Nr. 94) entdeckte Steinbruch diente wegen seiner abgelegenen Lage ausschließlich zur Erbauung des Gutshofes.[102]

In den untersuchten Villen wurden wiederholt Werkzeuge zur Steinbearbeitung gefunden, die ebenfalls dem lokalen Gebrauch dienten, darunter diverse Flach- und Spitzmeißel in Kinheim „Willenbungert" (Kat.–Nr. 79) und Newel „Im Kessel" (Kat.–Nr. 118).[103]

Ein unterschiedlicher Befund ergibt sich bei den Kalkbrennereien, die vermehrt in Nähe einiger Villen nachgewiesen werden können, vor allem im Bereich der Muschelkalkvorkommen des Bitburger Gutlandes. Das Rohmaterial wurde aus Gründen der Kosten- und Zeitersparnis wohl an Ort und Stelle gebrannt, um einen kostspieligen Transport der Kalksteinquader zu vermeiden. Kalköfen befanden sich in den Villen von Butzweiler „In der Grube" (Kat.–Nr. 29), Könen „Ortslage" (Kat.–Nr. 83)[104] und Wincheringen „Auf der Hardt" (Kat.–Nr. 183). Eine ganze Batterie von sieben bis acht Öfen lag südöstlich des Hauptgebäudes der Villa von Ehlenz „Ackerburg" (Kat.–Nr. 36). In einigen dieser Öfen befanden sich noch Kalksteine, die bereits teilweise zu Kalk gebrannt waren.

Unklar ist der Befund zweier ineinander stehender Kalkbrennöfen in Gilzem „Belsheck", die 1930 durch das damalige Provinzialmuseum Trier untersucht wurden. Der jüngere, äußere Ofen enthielt Keramik des 3. Jh. n. Chr. Er war um den inneren älteren Ofen gebaut.[105] Möglicherweise stehen die Anlagen in Zusammenhang mit der Villa von Gilzem „Wellbüsch" (Kat.–Nr. 51), die sich in ca. 1,1 km Entfernung befand, oder der Villa von Meckel „Scheiwelsheck" (Kat.–Nr. 99) in ca. 1,5 km Entfernung. Da eindeutige Hinweise auf eine Verbindung zu einem der beiden Standorte fehlen, muss auch in diesem Fall neutral von

---

99 Luik 2001, 266–267.
100 Aus. Mos. 364.
101 J. Steinhausen, Zu den Quaderinschriften der Porta Nigra in Trier, in: Trierer Zeitschrift 23, 1954/55, 181–223.
102 A. Neyses, Die Getreidemühlen beim römischen Land- und Weingut von Lösnich, in: TZ 46, 1983, 209–221.
103 Kinheim: Brühlmann 2005, 58. Newel: Cüppers/Neyses 1971a, 186 mit Abb. 25.
104 Löhr/Nortmann 2000, 117 Nr. 1 und 118 Nr. 10.
105 Steinhausen 1932, 113; Jahresbericht 1945–1958, in: Trierer Zeitschrift 24–26, 1956–58, 577–580 mit Abb. 147–150.

einem „atelier isolé" gesprochen werden. Der gebrannte Kalk fand anschließend als Baustoff im Straßen- und Gebäudebau Verwendung.[106]

IV.2.8 Töpfereien

Töpferöfen sind in Villen des Bearbeitungsgebietes nicht mit letzter Sicherheit nachzuweisen. Bei dem Befund eines Töpferofens in Hollnich, Kreis Bitburg, ist nicht klar, in welche Siedlungsstruktur dieser einzuordnen ist. Möglicherweise gehörte er zu einer Villa, doch muss auch hier ein ländlicher Produktionsstandort in Form eines „atelier isolé" in Erwägung gezogen werden. Die schlechten Fundumstände und die während des Krieges 1940 gemachte Dokumentation lassen keinen definitiven Schluss zu.[107] Auch zwei weitere Töpferöfen, die im ländlichen Raum lagen, können letztlich keiner Villa zugeschrieben werden. Sie liegen im Wald von Longuich in ca. 1,7 km Entfernung zur Villa „Im Päsch" *(Kat.–Nr. 95)*. Ob Öfen und Villa in einem Zusammenhang standen, ist zweifelhaft.[108]

Falls die Herstellung von Keramik in Villen trotz fehlender Nachweise vorgenommen wurde, dürfte sie sich auf den Eigenbedarf oder den Verkauf an nahe gelegene Gutshöfe reduziert haben, wie dies für andere Herstellungsorte nachgewiesen ist.[109] Zudem befanden sich in der Region größere Produktionszentren wie Speicher, Herforst und nicht zuletzt Trier, wo sich seit der Mitte des 1. Jh. n. Chr. eine reiche Keramikproduktion entwickelte, deren Waren weit über die Grenzen der Provinz Belgica hinaus gehandelt wurden.[110] Der Bedarf an Gebrauchs- und Feinkeramik konnte demnach durch die Waren der lokalen Produktionszentren gestillt werden, die man auf den Märkten der Vici den Gutsbesitzern verkaufte oder gegen Agrarerzeugnisse tauschte.

IV.2.9 Baukeramik

Ziegeleien zur Herstellung von Baukeramik sind in Villen des Bearbeitungsgebietes nicht sicher nachweisbar. Bei den großen Ziegelöfen in Temmels und Rehlingen handelte es sich um professionelle Ziegeleien, die nicht nur für den regionalen Bedarf produzierten, sondern deren Produkte bis an den Rhein exportiert wurden. Beide Standorte liegen in unmittelbarer Nähe zur Mosel, damit die fertigen Produkte dort leicht transportiert werden konnten. Laut S. Donié, die den Ziegelofen von Rehlingen 2002 auswertete, befand sich an der Mittleren Mosel eine regelrechte Ziegelindustrie.[111] Bei dem Ofen in Temmels handelte es sich um einen 6,5 x 6,5 m großen Ziegelofen, der nur rund 20 m von der Mosel entfernt lag, so dass

---

106 Rothenhöfer 2005, 110 mit Anm. 274.
107 Jahresbericht 1940, in: Trierer Zeitschrift 16/17, 1941/42, 223–224.
108 Jahresbericht 1974–77, in: Trierer Zeitschrift 40/41, 1977/78, 419; Jahresbericht 1978–80, in: Trierer Zeitschrift 49, 1986, 380.
109 Vgl. W. Drack, Der römische Gutshof bei Seeb, Gem. Winkel. Ausgrabungen 1958–1969. Berichte der Zürcher Bodendenkmalpflege, Archäologische Monographien 8 (Zürich 1990), 161. Die hier hergestellte Gebrauchskeramik konnte auf umliegenden Gutshöfen nachgewiesen werden. Ein Nachweis im Trierer Land kann nicht erbracht werden; es handelt sich nur um eine Vermutung.
110 Zum Töpferhandwerk in Speicher und Herforst vgl. Loeschcke 1931; K. Goethert, Speicher-Herforst, in: Südwestliche Eifel, 200–207 mit älterer Literatur. Zum Töpferhandwerk in Trier zusammenfassend: Luik 2001, 253–263.
111 S. Donié, Ein römischer Ziegelbrennofen und frühmittelalterliche Siedlungsspuren bei Rehlingen, Gemeinde Nittel, Kreis Trier-Saarburg, in: Trierer Zeitschrift 65, 2002, 99–120. Zu Temmels vgl. Jahresbericht 1945–1958, in: Trierer Zeitschrift 24–26, 1956–58, 569–573.

die fertigen Produkte gleich verschifft werden konnten. Die Fundkeramik stammt aus dem 3. und 4. Jh. n. Chr. Ein in der Nähe gefundenes Ziegelfragment trägt den Produzentenstempel MALIC.[112]

P. van Ossel beschäftigte sich 1992 mit den Ziegeln der Großhersteller ADIVTEX, CAPIONACVS, ARMO u. a. und stellte eine relative Chronologie der Ziegelwerkstätten auf.[113] Demnach produzierten diese Werkstätten seit dem beginnenden 4. Jh. n. Chr. Unklar ist in einigen Fällen das Ende der Produktion, doch lassen sich beispielsweise die Stempel ADIVTEX bis in die zweite Hälfte des 4. Jh. n. Chr. verfolgen. Weiterhin listete van Ossel die Fundstellen dieser Ziegel auf, woraus deutlich wird, dass es sich um Ware handelte, die über die Grenzen der *Civitas Treverorum* hinaus exportiert wurde. Neben militärischen Anlagen am Rhein finden sich die Ziegelstempel in den Trierer Großbauten, der Basilika und den Kaiserthermen, aber auch in vielen Villen des Trierer Landes, wo sie im 4. Jh. n. Chr. verbaut wurden. Hieraus wird deutlich, dass zumindest seit dem beginnenden 4. Jh. n. Chr. Ziegel in großer Anzahl produziert und diese zum Bau oder zu Reparaturarbeiten auch im ländlichen Bereich eingesetzt wurden. Die Ziegel wurden also nicht vor Ort in den Villen hergestellt und verbaut, sondern von den großen Produktionsorten geliefert. Möglicherweise lassen sich daraus auch Hinweise auf ein gesteuertes Wiederaufbauprogramm im beginnenden 4. Jh. n. Chr. finden.[114] Denn nicht nur in den Großvillen von Welschbillig „Ortslage" *(Kat.–Nr. 179)* oder Fließem-Otrang „Weilerbüsch" *(Kat.–Nr. 46)* sowie dem Kaiserpalast in Konz *(Kat.–Nr. 84)*, sondern auch in kleineren Standorten sind diese Ziegel wiederholt nachgewiesen.[115]

IV.2.10 Glasherstellung

In sehr vielen Villen des Bearbeitungsgebietes konnte Fensterglas nachgewiesen werden. Wenn die Befunde auch nur wenig Aufschluss darüber geben, wo dieses Fensterglas produziert wurde, so kann doch davon ausgegangen werden, dass es meist vor Ort beim Bau des Hauptgebäudes oder bei Restaurierungsarbeiten hergestellt worden ist. Befunde von Glasfritten aus der lokalen Herstellung konnten nur im Hauptgebäude und etwas abseits der Villa von Bollendorf „In der Kroppicht" *(Kat.–Nr. 18)* aus dem 4. Jh. n. Chr., in Rivenich „Freiland" *(Kat.–Nr. 145)* und in Freudenburg „Kollesleuken" *(Kat.–Nr. 49)* dokumentiert werden, die zur lokalen Herstellung zu zählen sind.[116] Die Befunde aus den Villen sind jedoch insgesamt zu selten, als dass man von einer Produktion sprechen könnte. Die Herstellung von Gläsern scheint in den Vici vorgenommen worden zu sein, beispielsweise in Tawern, wo sich Glashafenfragmente fanden. Ein weiterer wichtiger Standort der Glasfabrikation war vor allem Trier, in dessen südlichen Stadtvierteln die Glasproduktion nachgewiesen ist.[117]

---

112 Jahresbericht 1945–58, in: Trierer Zeitschrift 24–26, 1956–58, 571.
113 Van Ossel 1992, 106–110; vgl. Binsfeld, A. 2009.
114 Vgl. Kapitel III.2.3.2.
115 Vgl. van Ossel 1992, 108–109. Auffälligerweise finden sich in allen drei Konzer Standorten Ziegelstempel der Firmen ARMO und CAPIONACVS.
116 Bollendorf: Steinhausen 1932, 50–51; Rivenich: Jahresbericht 1939, in: Trierer Zeitschrift 15, 1940, 68.
117 Tawern: RLM Trier EV 1994,126 zu FNr. 339. Zu Trier zuletzt: K. Goethert, Spätantike Glasfabrikation in Trier. Funde aus dem Töpfereiviertel und an der Hohenzollernstraße in Trier, in: Trierer Zeitschrift 73/74, 2010/11, 67–146.

V. Die Entwicklung der Villenwirtschaft im Trierer Land

V.1 Die Villa und ihre Wirtschaftsstrukturen

Im Agrarsektor bestätigt sich durch die exemplarische Untersuchung des Trierer Landes die Annahme W. Plekets, wonach die einheimische Landwirtschaft unter römischem Einfluss auf der Ebene der Organisation, der Ackerbaugerätschaften und des Fachwissens nach und nach verbessert wurde.[1] Diese Entwicklung konnte auch im Trierer Land nur parallel zur Entwicklung der Villenwirtschaft vonstattengehen. Mehrere Faktoren trugen dazu bei, dass sich der Agrarsektor zu einem prosperierenden Wirtschaftsbereich entwickelte. Zugleich konnte jedoch festgestellt werden, dass heimische eisenzeitliche Anbaumethoden und Kulturpflanzen weiterhin Verwendung fanden. Diese hatten sich über Jahrhunderte bewährt und waren für die bisher vorherrschende weitgehende Subsistenzwirtschaft ausreichend. Der Veränderungsprozess hin zu einer auf Überschussproduktion ausgelegten rationellen Landwirtschaft vollzog sich konsekutiv während des gesamten ersten nachchristlichen Jahrhunderts.

Die bereits seit vorrömischer Zeit angebauten Getreidesorten wurden auch weiterhin kultiviert, wobei der Dinkel aufgrund seiner Eigenschaften in Bezug auf Anbau, Transport und Lagerfähigkeit als die Hauptgetreidesorte galt. Durch den Einsatz von Erntemaschinen, die Arbeitsaufteilung und den Bau von Getreidespeichern konnten immer größere Felder ertragreicher bewirtschaftet werden. Weitere Sorten ergänzten den Dinkelanbau, darunter der neu eingeführte Saatweizen, während andere Getreidearten wie das Einkorn im weiteren Verlauf rückläufig waren. Eine Ertragssteigerung wurde durch den Einsatz organischer und mineralischer Düngungen sowie durch Fruchtwechsel von Winter- und Sommerfrüchten erreicht. Um einer Verarmung der Böden entgegenzuwirken, bestand die Möglichkeit, die Felder brach liegen zu lassen. Die Erfahrungen der römischen Landwirtschaft spiegeln sich bei den Agrarschriftstellern; es ist jedoch nicht davon auszugehen, dass deren Wissen im Rahmen einer literarischen Überlieferung in den Nordwestprovinzen eingesetzt wurde. Vielmehr scheint dieses Wissen mündlich und durch Erfahrungswerte tradiert worden zu sein. Neu eingeführte Kulturpflanzen führten zu einem erweiterten Angebot. Durch den Anbau der aus dem Süden stammenden Pflanzen entwickelte sich spätestens seit der Wende des 1. zum 2. Jh. n. Chr. eine vielseitige Gartenkultur im Trierer Land. Weiterhin kennzeichnete sich die Landwirtschaft seit dieser Zeit durch eine Spezialisierung, die sich durch den Anbau von Getreide, Hülsenfrüchten, die Gartenkultur und den Anbau von Sonderkulturen spiegelt. Die Spezialisierung fand auch in den Nebengebäuden der Villen ihren Ausdruck. Dort konnten Darren, Kelterbecken und große Speichergebäude nachgewiesen werden. Da das Trierer Land ein heterogenes Gebilde mit unterschiedlichen naturräumlichen Einheiten darstellt, war es weiterhin möglich, verschiedene Anbauweisen mit den vorhandenen Böden und natürlichen Gegebenheiten zu kombinieren.

---

1 Pleket 1990, 78. Zu den Agrarschriftstellern als Quelle vgl. Kapitel I.4.3.

Wie in *Kapitel. II.1* deutlich wurde, nutzte man gezielt die natürlichen Standortfaktoren für eine spezialisierte Kulturlandschaft. Dabei wurden Plätze an Ökotopgrenzen gewählt, die sich sowohl für den Ackerbau als auch für die Viehzucht eigneten. Die Viehhaltung war neben dem Getreideanbau das zweite agrarwirtschaftliche Standbein der Villen im Trierer Land. Neben der Rinderzucht waren besonders die Schweine-, Geflügel- und Schafszucht verbreitet. Die Tiere deckten nicht nur den Fleischbedarf der städtischen Einwohner, sondern lieferten wichtige Rohstoffe für die Produktion, beispielsweise Häute für die Weiterverarbeitung zu Leder.

Um eine Ertragssteigerung der Kulturpflanzen, der Viehzucht und der Forstwirtschaft zu erreichen, wurde in alle Bereiche der Landschaft eingegriffen. Die intensive Landwirtschaft musste somit auch Spuren in der Umwelt hinterlassen. Diese können durch die Pollenanalyse nachvollzogen werden. So erkannte Hartwig Löhr beispielsweise, dass bereits in vorrömischer Zeit weite Teile des Waldes abgeholzt und durch Felder ersetzt sein mussten.[2] Die Situation änderte sich auch in römischer Zeit nicht, da hier von einem immensen Bedarf an Holz ausgegangen werden muss.

Die Steigerung der agrarischen Produktivität und die Erschließung des Trierer Landes begannen also nicht erst seit der römischen Eroberung, sondern wurden mit ihr verstärkt. All dies war jedoch nur durch den Ausbau der Villenwirtschaft möglich, denn hier konnte eine auf Überschuss ausgelegte Landwirtschaft entwickelt werden. Am deutlichsten lässt sich dieser Wandel mit dem Aufkommen der Villen in Steinbauweise in Verbindung setzen. P. Rothenhöfer konnte für das Rheinland einen vergleichbaren Befund darlegen: „Im ersten Jh. waren beide Formen nebeneinander anzutreffen, und die Übernahme provinzialrömischer Landbaumethoden durch die Bewohner des Hinterlandes der Rheinzone dürfte sich wohl vor allem parallel zu der archäologisch gut fassbaren Phase der intensiven Verbreitung der *villae rusticae* (2. Hälfte 1. Jh.–1. Hälfte 2. Jh. n. Chr.) vollzogen haben. Die Durchsetzung der produktiveren Bewirtschaftungsart, die den Bewohnern der Höfe höhere Erträge und damit auch bessere Einkünfte bescherte, verlief also mit einiger Wahrscheinlichkeit parallel zur Ausbreitung des Siedlungstyps *villa rustica*."[3]

Für die Bewertung der Rolle der Villen an der Produktion des Trierer Landes wurde in *Kapitel IV.2* zwischen Eigenbedarf und der Bedienung lokaler Märkte sowie dem Export von Waren unterschieden. Außerdem bewährte sich eine Trennung zwischen anorganischen und organischen Rohstoffen, welche die Ausgangsbasis der produzierten Waren lieferte.

Die Textilproduktion stellt als Beispiel für die Verarbeitung organischer Materialien in doppelter Hinsicht einen wichtigen Wirtschaftszweig im Trierer Land dar. Erstens lieferte die Landwirtschaft durch die Schafszucht das Ausgangsmaterial, das Wollvlies. Zum anderen konnten auch weitere Produktionsabläufe wie das Spinnen und Weben in Villen nachgewiesen werden, wobei nicht festgestellt werden konnte, ob sich das Weben auf den häuslichen Bedarf beschränkte oder der Großproduktion diente. Für diese muss von einer Spezialisierung der Arbeitsabläufe ausgegangen werden, was jedoch in den Villen nicht nachgewiesen werden konnte.[4] Gerade das Walken und Färben fand aller Wahrscheinlichkeit

---

2 Löhr 2012, 195–197.
3 Rothenhöfer 2005, 60.
4 Zur Spezialisierung im Handwerk, auf die im Rahmen der Arbeit nicht weiter eingegangen werden kann, verweise ich auf: Von Petrikovits 1991b; Von Petrikovits 1991c; K. Ruffing, Die berufliche Spezialisierung in Handel und Handwerk. Untersuchungen zu ihrer Entwicklung und zu ihren Bedingungen in der römischen Kaiserzeit im östlichen Mittelmeerraum auf der Grundlage griechischer Inschriften und Papyri. Pharos. Stu-

nach nicht mehr in den Villen statt, sondern in Werkstätten, die in den Vici oder dem städtischen Bereich zu suchen sind. Der anschließende Handel mit Textilprodukten verhalf einigen Familien zu großem Reichtum, der sich auf Grabreliefs des Trierer Landes widerspiegelt. In der Spätantike blühte die Textilherstellung wiederum auf, jedoch nicht mehr unter der Führung reicher Händlerfamilien, sondern unter kaiserlicher Verwaltung.

Weitere Rohstoffe, die in Villen des Trierer Landes erwirtschaftet wurden und einen nicht unerheblichen Wirtschaftsfaktor darstellten, sind Leinen und Flachs für Seile, Tierhäute für Leder, Tierknochen für die Leimsiederei und Zweige für die Korbmacherei.

Der Export des Rohstoffs Holz fällt ebenfalls unter die agrarischen Tätigkeiten. Es ist jedoch durchaus vorstellbar, dass Holz bereits in einigen Standorten direkt weiterverarbeitet wurde. Möglich wäre dies in Oberüttfeld „Auf der Burg" *(Kat.–Nr. 130)*, wo durch den Fund zweier Hobel eine Holzverarbeitung nachgewiesen ist. Durch das Fehlen weiterer Quellen lässt sich jedoch nicht mehr überprüfen, ob es sich um den Eigenbedarf handelte oder ob das Holz bereits nahe dem Ort der Fällung in großen Mengen weiterverarbeitet wurde. Der Handel mit organischen Produkten bediente einen lokalen Markt, der vor allem in den Vici und der Stadt Trier zu suchen ist. Ein überregionaler Export der Waren, wie er für die gallischen Textilien überliefert ist, kann in den übrigen Fällen nicht nachgewiesen werden.

Eine eher geringe Bedeutung für die Villenwirtschaft hatten die Ausbeutung von Bodenschätzen und die Weiterverarbeitung anorganischer Materialien. Außer der an einigen Standorten nachgewiesenen Kalkbrennerei fehlen eindeutige Hinweise auf eine systematische Gewinnung und Weiterverarbeitung von Bodenschätzen. Die Verhüttung von Metall, das Brechen von Steinen, die Herstellung von Baukeramik und die Glas- und Keramikherstellung scheinen sich ebenfalls auf den Eigenbedarf konzentriert zu haben. Die Produktion in größerer Menge wurde in eigens dafür vorgesehenen „ateliers isolés"[5] oder den Vici vorgenommen. Einige dieser „ateliers isolés" können mit Villen in Verbindung gebracht werden, doch fehlen in der Regel eindeutige Hinweise für einen Zusammenhang zwischen Villa und Atelier, wie dies beispielsweise bei den Kalköfen von Gilzem „Wellbüsch" *(Kat.–Nr. 51)* der Fall ist.[6]

Insgesamt lassen sich die Ergebnisse in die Untersuchungen M. Polfers integrieren, der die Rolle des Handwerks in der gesamten Provinz *Gallia Belgica* auswertete.[7] Auch in diesem weiter gefassten Gebiet ließen sich Produktionsstrukturen und andere Indikatoren für eine Gewinnung und Verarbeitung von Eisen wie auch für die Keramik- und Ziegelproduktion nur sporadisch in Villen nachweisen und waren in aller Regel auf den Eigenbedarf ausgerichtet.[8]

Als Fazit kann gezogen werden, dass die Villen dort einen großen wirtschaftlichen Faktor darstellten, wo es um die Weiterverarbeitung organischer Materialien ging. Diese Rohstoffe gewährleisteten einen weiteren Produktionsablauf und somit die Versorgung der lokalen Märkte. Im Fall der Textilproduktion ist sogar von einem reichsweiten Handel auszugehen, der in den Villen des Trierer Landes seinen Ursprung hatte.[9]

---

dien zur griechisch-römischen Antike, Bd. 24 (Rahden/Westf. 2008).
5   Vgl. Kapitel IV.2.
6   Vgl. Kapitel IV.2.7.
7   Polfer 2005a, 77–79.
8   Polfer 2005a, 77; M. Polfer, Zur Rolle des städtischen Handwerks in der Wirtschaft der römischen Provinz Gallia Belgica auf der Grundlage der archäologischen, epigraphischen und ikonographischen Quellen, in: Zeitschrift für Schweizerische Archäologie und Kunstgeschichte 65, Heft 1/2, 2008, 37–42, hier 39–40.
9   Vgl. Kapitel IV.2.1.

Durch die Untersuchung der naturräumlichen und infrastrukturellen Standortfaktoren in *Kapitel II.1* konnte nachgewiesen werden, dass in römischer Zeit Villen bewusst an den Standorten errichtet wurden, an denen sich erfolgreich Landwirtschaft betreiben ließ und von denen aus die Absatzmärkte effektiv erreichbar waren. In *Tabelle 1* sowie den *Diagrammen 3* und *4* wurden die Villen in Zusammenhang mit der Größe der im Bearbeitungsgebiet gelegenen Naturräume gebracht. Dabei zeigt sich, dass im Bitburger Gutland, das über eine Fläche von über 671 km² verfügt, mit 77 nachweisbaren Villen und 208 sonstigen Fundstellen die dichteste ländliche Besiedlung vorlag.[10] Im Vergleich dazu lagen im Ösling, das mit über 700 km² die größte Fläche einnimmt, nur vier nachweisbare Villen und 15 sonstige Fundstellen.[11] Durch diese Gegenüberstellung wird deutlich, in welchem Maße die fruchtbaren Muschelkalk- und Keuperböden, aber auch die Buntsandsteinböden genutzt wurden, wohingegen die nährstoffarmen Böden der Eifel nur begrenzt landwirtschaftlichen Zwecken dienten. Innerhalb des Bitburger Gutlandes gab es allerdings große Unterschiede in der Siedlungsdichte. Während die östlichen und nördlichen Bereiche eher dünn besiedelt waren, nahm die Dichte um den Vicus Bitburg und zunehmend im Süden, im Einzugsbereich der Stadt Trier, deutlich zu. Dadurch zeigte sich, dass die Absatzmärkte für die römische Villenwirtschaft von ihrem Beginn an bis zu ihrem Ende im 5. Jh. n. Chr. von größter Bedeutung waren. Um die Überschüsse zu diesen Märkten zu bringen, waren die Villen verkehrstechnisch günstig an das Straßennetz und die Flussverbindungen angeschlossen.

Ein ähnlicher Befund wie zwischen Bitburger Gutland und Eifel im nördlichen Bearbeitungsgebiet zeigt sich auch im südlichen Teil. Hier wurden bevorzugt die guten Lagen des Mosel-Saar-Gaues und des Saar-Ruwer-Hunsrücks genutzt, während die höher gelegenen Gebiete des Hunsrücks, vor allem der Hoch- und Idarwald, kaum besiedelt waren. Auch in diesen südlichen Gebieten zeigte sich eine deutliche Zunahme der Standorte, je näher die Gegend an Trier lag. Den Mittelpunkt des Bearbeitungsgebiets bildet das Mittlere Moseltal. Dieses bot in römischer Zeit sowohl naturräumliche als auch verkehrstechnische Vorteile und war dementsprechend dicht mit Villen besiedelt. Insgesamt zeigte sich, dass die Landschaft in römischer Zeit intensiv kultiviert wurde, dass durch die Vici, die Stadt Trier und zeitweise das Militär attraktive Absatzmärkte vorhanden waren und die römische Infrastruktur eine wichtige Rolle bei der Erreichbarkeit der Märkte spielte. Das Zusammenwirken all dieser Standortfaktoren ermöglichte die Entwicklung einer prosperierenden Villenwirtschaft zwischen dem 1. und dem 5. Jh. n. Chr.

---

10 Von 188 Villen im Katalog und 494 weiteren Fundstellen im Fundstellenverzeichnis. Dies entspricht 41% der Villen und 42% der Fundstellen.
11 Entspricht 2% der Villen und 3% der Fundstellen.

V.2 Typologische und bauliche Aspekte der Villenwirtschaft

Jede Villa verfügte über eine eigene Entstehungs- und Entwicklungsgeschichte, die auf verschiedene Faktoren zurückzuführen war. Zunächst zeigte sich, dass die meisten, jedoch nicht alle, der gängigen Risalitvillen über einen Streubauhof verfügten, wie er exemplarisch in Lösnich „Hinterwald" *(Kat.–Nr. 94)* vorliegt. Unterschiedliche Hofformen lagen bei den Villen von Newel „Im Kessel" *(Kat.–Nr. 118)* mit einem queraxialen und Vierherrenborn „Dürreich" *(Kat.–Nr. 162)* mit einem trapezförmigen Hof vor. Bei größeren Villen, zu denen die Portikusvillen mit Eckrisaliten und die Großvillen zählten, war die Hoffläche als *pars rustica* jeweils von der *pars urbana*, die das Hauptgebäude umgab, getrennt.

Die Typologie der Hauptgebäude unterschied sich in Form, Größe und Funktionalität. Die einfachste Form war die der Rechteckhäuser, die einen rechteckigen Grundriss aufwiesen und nur über eine geringe Binnenstruktur verfügten. Eine Stufe darüber, sowohl in Größe als auch im Grundriss, lagen die einfachen Risalitvillen mit einer zentralen Wohn- und Wirtschaftshalle, einer Portikusfassade und zwei Eckrisaliten als Basiselementen. Dieses Grundmuster variierte bei allen Gebäuden und konnte im Laufe der Zeit erweitert werden. Risalitvillen mit einer Größe über 600 m² wiesen in der Regel eine untergliederte Innenstruktur mit mehreren Raumeinheiten auf. Bei den zentralen Hallen standen zunächst „hauswirtschaftliche und handwerkliche Aspekte" im Vordergrund.[1] In einigen der Hallen lag ein Befund vor, der auf vielseitige Nutzung der Herdstellen bis hin zu Schmiedetätigkeiten hinwies. Ebenso wurden von hier aus meist das Präfurnium der Bäder und hypokaustierte Räume bedient, die spätestens ab dem 3. Jh. n. Chr. zum Standard jeder Villa gehörten. Weiterhin verfügten zahlreiche Villen über einen Keller, welcher der Vorratslagerung diente. Beispiele hierfür waren Holsthum „Auf den Mauern" *(Kat.–Nr. 63)* und Waxweiler „Schmelzberg" *(Kat.–Nr. 168)*, deren Befund auf die Lagerung von Stückgut hinwies.

Die Portikusvillen mit Eckrisaliten unterschieden sich von den Risalitvillen dadurch, dass deren Hauptgebäude über einen langgestreckten Baukörper verfügten, bei dem der Zentralraum nicht mehr wirtschaftlichen Aspekten diente, sondern als eine Art Triklinium aufgefasst werden kann. Weiterhin lag bei diesen Villen eine Trennung zwischen *pars urbana* und *pars rustica* vor, was bei den Risalitvillen nicht der Fall war. Dennoch waren die typologischen Übergänge bei einigen Standorten zwischen Risalitvilla und Portikusvilla mit Eckrisaliten fließend ebenso wie derjenige zu den Großvillen. Diese stellten zwar keine eigene typologische Form dar, hoben sich jedoch aufgrund von Größe und luxuriöser Ausstattung erheblich von den gängigen Villen ab. Zwar wiesen fast alle Großvillen, außer dem Kaiserpalast von Konz *(Kat.–Nr. 84)*, dessen topographisches Umfeld ungeklärt ist, einen landwirtschaftlichen Betrieb auf, doch diente das Hauptgebäude weitestgehend repräsentativen Ansprüchen sowohl nach außen durch aufwendige Fassadengestaltung als auch nach innen durch luxuriöse Einrichtungselemente.

Dass die Villentypologie nicht als starres Gebilde aufgefasst werden darf, verdeutlichten die zahlreichen baulichen Veränderungen, die während des 2. und in der ersten Hälfte des 3. Jh. n. Chr. vorgenommen wurden. Sie lassen sich auf den wachsenden Reichtum der Villenbesitzer zurückführen. U. Heimberg, die eine ähnliche Untersuchung für die Villen an Rhein und Maas durchführte, stellte für ihr Untersuchungsgebiet folgende Faktoren als Ursache für

---
[1] Heimberg 2002/03, 92.

bauliche Erweiterungen an: „Ökonomischer Erfolg, Statusgewinn und steigende Ansprüche mögen zu solchen Erweiterungen geführt haben."[2]

Während es sich im Rheinland bereits um weitläufige Vergrößerungen der Bausubstanz handelte, kann dies für das Trierer Land umso mehr gelten, da hier aus mittleren Standorten Großvillen entstanden, wie dies beispielsweise in Fließem-Otrang „Weilerbüsch" *(Kat.–Nr. 46)* oder in Ansätzen auch in Oberweis „Auf der Steinrausch" *(Kat.–Nr. 131)* der Fall war. Als außergewöhnliches Beispiel kann an dieser Stelle die Villa von Longuich „Im Päsch" *(Kat.–Nr. 95)* genannt werden, die nicht nur eine massive Erweiterung darstellte, sondern bei der eine Großvilla den schlichten Vorgängerbau im Typ Risalitvilla ersetzte. Alle diese Villen lagen zudem in landschaftlichen Vorteilsregionen wie dem Bitburger Gutland oder dem Moseltal sowie im Einzugsgebiet der Stadt Trier oder des Vicus Bitburg. Unter diesen Prämissen muss davon ausgegangen werden, dass hier ein Zusammenhang zwischen baulichen Erweiterungen und wirtschaftlicher Prosperität vorhanden war.

Im Verlauf des 2. und 3. Jh. n. Chr. ist eine allgemeine Anpassung in Wohnkomfort und Ausstattung an den römischen Lebensstil zu beobachten. Selbst ein mittlerer Villenstandort wie Mehring „Kirchheck" *(Kat.–Nr. 100)* verfügte über ein Bad, das mit wertvollen Materialien, die aus Ägypten an die Mosel importiert wurden, ausgestattet war. Überhaupt muss eine Therme spätestens ab dem 3. Jh. n. Chr. als Standard gegolten haben. Auch wenn diese nicht bei allen im Katalog aufgeführten Villen nachgewiesen werden kann, muss davon ausgegangen werden, dass sie vorhanden war. Selbst das sehr kleine Hauptgebäude des Gutshofs von Irrel „Münsterbüsch" *(Kat.–Nr. 73)* im Typ Rechteckgebäude verfügte über ein kleines Bad. Weitere Merkmale einer gehobenen Ausstattung waren beheizbare Wohnräume wie derjenige, über den die Villa von Bollendorf „In der Kroppicht" *(Kat.–Nr. 18)* seit spätestens dem 3. Jh. n. Chr. verfügte.

Dass es sich bei gehobener Ausstattung und relativer Größe des Hauptgebäudes um ein Erfolgsmodell handelte, kann an einer der wenigen Villen abgelesen werden, die über keinerlei bauliche Veränderungen verfügte. Es handelt sich hierbei um diejenige von Holsthum „Auf den Mauern" *(Kat.–Nr. 63)*, die zwischen ihrer Bauzeit um 100 n. Chr. bis zu ihrem Ende in der Mitte des 4. Jh. n. Chr. kontinuierlich besiedelt wurde.[3] Anscheinend waren die Größe von 1121 m² Wohnfläche und die Ausstattung für ihre Bewohner über die zweieinhalb Jahrhunderte dauernde Nutzungszeit ausreichend, so dass bauliche Erweiterungen in diesem Fall nicht nötig waren.

Nicht alle architektonischen Veränderungen ließen sich auf die Entwicklung der Prosperität in friedlichen Zeiten hinweisen. An zahlreichen Beispielen lagen gewaltsame Zerstörungen im Befund vor. Doch auch diese können nicht zwangsläufig auf historische Ereignisse zurückgeführt werden. In manchen Fällen muss von Schadensfeuern ausgegangen werden, die nicht mit kriegerischen Auseinandersetzungen in Bezug standen. Als Beispiel kann hier die Villa von Mandern „Geierslay" *(Kat.–Nr. 97)* genannt werden, in deren Befund A. Haffner eine Zerstörung der Badeanlage durch Brand nachweisen konnte.[4] Andere Teile des Hauptgebäudes waren davon nicht betroffen. Die endgültige Zerstörung dieses Standortes konnte Haffner jedoch eindeutig mit den Germaneneinfällen des 3. Jh. n. Chr. in Verbindung bringen. Die Villa wurde nach diesem gewaltsamen Einschnitt nicht wieder errichtet und besiedelt.

---

2 Heimberg 2002/03, 95.
3 Jahresbericht 1994, in Trierer Zeitschrift 59, 1994, 238–241; Faust 1995, 27–32.
4 Haffner 1977/78, 102.

V.3 Chronologische Aspekte der Villenwirtschaft

Bei der Auswertung der Pflanzenbefunde des Trierer Landes hatte sich gezeigt, dass der Übergang von der vorrömischen Landwirtschaft zur römischen fließend verlief und ursprüngliche Elemente wie der Dinkelanbau bis in die Spätantike weitergeführt wurden. Der archäologische Villenbefund ergab, dass bei einigen Villen ebenfalls eine späteisenzeitliche Besiedlung vorlag.[1] Der hinsichtlich der Übergangsphase punktuell vorliegende Befund ließ jedoch nur bei wenigen Beispielen eine durchgängige Chronologie zu. Einzig in Horath „Klosterwiesen" *(Kat.–Nr. 64)* war dies mit Einschränkungen der Fall. Bei den meisten der insgesamt elf nachgewiesenen spätlatènezeitlichen Befunde und solchen des gallo-römischen Horizonts, der im letzten Viertel des 1. Jh. v. Chr. einsetzte und eindeutig römische Materialspuren enthält, handelte es sich um Streufunde. Frührömische Befunde der ersten Hälfte des 1. Jh. n. Chr. ergaben sich durch dendrochronologische Untersuchungen von Gebäuden in Holzbauweise, beispielsweise in Könen „Ortslage" *(Kat.–Nr. 83)*, wo ein nördlich des Villenhauptgebäudes gelegener Pfostenbau auf das Jahr 25 n. Chr. datiert werden konnte.[2] Die Frühzeit der römischen Villenbesiedlung stellt nach wie vor den methodisch unsichersten Faktor der Chronologie dar. Die mangelnde Auswertung solcher Befunde bis in die Mitte des 20. Jh. und die teilweise schwer identifizierbare oder vergangene Holzbauweise der Villen sind die Gründe hierfür. Die Befundlage ändert sich ab der zweiten Hälfte des 1. Jh. n. Chr., einer Zeit, in der die ersten Villenhauptgebäude in Steinbauweise errichtet wurden. Während für das Ende des ersten Jahrhunderts bereits 37 Villen mit einem datierbaren Befund vorliegen, entwickelte sich deren Anzahl kontinuierlich bis in die erste Hälfte des 3. Jh. n. Chr. mit 77 zu dieser Zeit datierbaren Standorten. Die prosperierende Villenlandschaft des Trierer Landes hatte während des 2. und der ersten Hälfte des 3. Jh. n. Chr. ihren Höhepunkt erreicht, der auch abgelegene Regionen in Hunsrück und Eifel erfasste. Als wichtige historische Faktoren für die Prosperität der Villen können die innere und äußere Sicherheit angesehen werden. Erst die Germaneneinfälle der zweiten Hälfte des 3. Jh. n. Chr. stellten einen ersten Einschnitt in der Besiedlung dar, der jedoch, anders als bislang oft angenommen, rasch beseitigt wurde.

Von den 77 Villen, bei denen eine Besiedlung im 3. Jh. n. Chr. nachgewiesen werden konnte, sind in der ersten Hälfte des 4. Jh. n. Chr. noch 70 Villen erhalten. Archäologisch sicher konnte nur das Ende der Villen von Fusenich „Kummertal" *(Kat.–Nr. 50)* und Mandern „Geierslay" *(Kat.–Nr. 97)* für die zweite Hälfte des 3. Jh. n. Chr. nachgewiesen werden. In Stahl „Häselberg" *(Kat.–Nr. 153)* ist der Befund unklar; bei weiteren vier Villen liegt kein Material des 4. Jh. n. Chr. vor. Diese Standorte wurden jedoch auch nicht methodisch ausgegraben. Alle weiteren Villen mit datierendem Material wurden umgebaut, erweitert oder nicht zerstört. Außerdem liegt bei ihnen Fundmaterial der ersten Hälfte des 4. Jh. n. Chr. vor. Die Zerstörungen fanden demnach flächendeckend statt, doch lässt sich daraus kein geographisches Muster erkennen. Paul van Ossel fiel bereits auf, dass manche Villen zerstört wurden, wohingegen benachbarte Standorte verschont blieben.[3] Dass auch der Hunsrück nicht

---

1 Zur Chronologie vgl. Diagramm 1.
2 Vgl. Kapitel III.2.1.
3 Van Ossel 1992, 70.

„fundleer"⁴, d. h. im 4. Jh. n. Chr. nicht besiedelt blieb, zeigen die Villen von Horath „Klosterwiesen" *(Kat.–Nr. 64)* und Franzenheim „Jungenwald" *(Kat.–Nr. 47)*. Insgesamt gab man im gesamten Trierer Land nur wenige Standorte auf. Vielmehr scheint in Verbindung mit der Erhebung Triers zur Kaiserresidenz ein neuer Aufschwung entstanden zu sein, der die weitere Bewirtschaftung der Villen erforderlich werden ließ.

Für die zweite Hälfte des 4. Jh. n. Chr. kann immer noch die Besiedlung von 56 Villen nachgewiesen werden im Vergleich zu 70 Villen in der ersten Hälfte desselben Jahrhunderts. Der Magnentiusaufstand und wiederholte Alamanneneinfälle können für die Mitte des 4. Jh. n. Chr. als deutliche Zäsur angesehen werden. Doch auch die Möglichkeit der Standortaufgabe ohne kriegerische Einwirkung in der zweiten Hälfte des 4. Jh. n. Chr. muss in Betracht gezogen werden.⁵ Dennoch scheinen sich viele der Standorte in einem gewissen Rahmen von den Zerstörungen erholt zu haben. Allerdings verlief die Villenbesiedlung der zweiten Hälfte des 4. Jh. bis ins beginnende 5. Jh. n. Chr. unter stark veränderten Prämissen zu den vorausgehenden Epochen. Die Befunde aus Horath „Klosterwiesen" *(Kat.–Nr. 64)*, Lösnich „Hinterwald" *(Kat.–Nr. 94)*, Mehring „Kirchheck" *(Kat.–Nr. 100)* und Newel „Im Kessel" *(Kat.–Nr. 118)* verdeutlichen die teilweise ärmlichen Lebens- und Wirtschaftsverhältnisse. Ephemere wirtschaftliche Einbauten in den bereits zerstörten Hallen, Portiken und Wohnräumen zeigen die einfache Art der Bewirtschaftung. Die Nachweise germanischer Siedler in einigen Standorten belegen die Neuansiedlung in bereits verlassene Villen zu Zwecken der weiteren Bewirtschaftung des Landes und der Versorgung der Kaiserresidenz.⁶ Diesem Zweck diente auch der für die Spätantike nachgewiesene Großgrundbesitz im Trierer Land. Die Villen von Konz „Kaiserpalast" *(Kat.–Nr. 84)*, Trier-Euren „Kirche St. Helena" *(Kat.–Nr. 156)* und Welschbillig „Ortslage" *(Kat.–Nr. 179)*, aber auch die weiterhin bewirtschafteten Standorte in Fließem-Otrang „Weilerbüsch" *(Kat.–Nr. 46)* und Oberweis „Auf der Steinrausch" *(Kat.–Nr. 131)* können als Beispiele für Großvillen des 4. Jh. n. Chr. angesehen werden. Auf regionaler Ebene scheinen sich in der zweiten Hälfte des 4. Jh. n. Chr. keine ländlichen Siedlungsräume etabliert zu haben. Nicht nur im Langmauerbezirk oder in Nähe zur Stadt Trier wurden Villen weiterhin bewirtschaftet, sondern auch in allen weiteren Teilregionen.

Von einem abrupten Ende der römischen Villenwirtschaft kann nicht gesprochen werden. Vielmehr zeigt sich ein Prozess des Verfalls und Niedergangs seit dem ausgehenden 4. Jh. n. Chr. Einige Villen wurden bis in das 5. Jh. n. Chr. hinein bewirtschaftet und bei wenigen Beispielen konnte eine Siedlungskontinuität bis zur fränkischen Landnahme und darüber hinaus beobachtet werden.

---

4 Heinen 1985, 285.
5 Van Ossel 1992, 74.
6 Zu den germanischen Siedlern im Trierer Land ausführlich: K.-J. Gilles, Germanen im Trierer Land, in: Trier – Kaiserresidenz und Bischofssitz. Die Stadt in spätantiker und frühchristlicher Zeit. Ausstellungskatalog RLM Trier (Mainz 1984), 335–351; Heinen 1985, 321–327; van Ossel 1992, 94–95; Gilles 1999a, 252–258.

V.4 Zusammenfassung

Die vorliegende Arbeit geht der Frage nach, anhand welcher Faktoren sich im Trierer Land eine prosperierende Villenlandschaft im Verlauf der römischen Kaiserzeit entwickeln konnte. Dabei wurde ein besonderer Fokus auf die agrarwirtschaftlichen Aspekte einer Villa gelegt und untersucht, inwiefern sie zum Reichtum des Landes und der jeweiligen Villenstandorte beitrugen. Fragestellung und methodische Vorgehensweise wurden aus den bisherigen Forschungen über die römische Landwirtschaft, die Villenbesiedlung und das Trierer Land sowie dem reichen archäologischen Befund entwickelt.

Zunächst wurde in *Kapitel II.1* die Villenwirtschaft in einen landschaftlichen Kontext gestellt und untersucht, inwiefern einzelne Standorte mit den naturräumlichen Gegebenheiten und der römischen Infrastruktur als Voraussetzungen für eine erfolgreiche Landwirtschaft interagierten. Dabei stellte sich heraus, dass Villen vorrangig in den bevorzugten Lagen der Mosel, des Bitburger Gutlandes, des Saar-Ruwer-Hunsrücks, der Wittlicher Senke und des Mosel-Saar-Gaus errichtet wurden, aber auch in entlegeneren Höhenlagen von Hunsrück und Eifel. Ebenfalls zeigte sich, dass Villen in die römische Verkehrsinfrastruktur und die Flüsse als Transportwege eingebunden waren. Somit ließen sich die Absatzmärkte erreichen, von denen besonders die mit Lebensmitteln und Rohstoffen zu versorgende Großstadt Trier einen wirtschaftlichen Pol darstellte.

Kapitel III.1 behandelte typologische Fragen mit einem ebenfalls wirtschaftlichen Fokus. Dabei zeigte sich, dass ein Zusammenhang zwischen Größe, Form und Funktion der jeweiligen Villen bestand. Einfache Rechteckhäuser und die Masse der gängigen Risalitvillen bildeten die Grundlage der Villenwirtschaft. Am archäologischen Befund ließ sich bei einigen Standorten exemplarisch die Entwicklungsgeschichte rekonstruieren. Dabei fiel auf, dass selbst einfache Standorte im Verlauf ihrer Nutzungszeit vergrößert wurden und über gehobene Einrichtungsmerkmale wie beispielsweise Bäder und hypokaustierte Wohnräume verfügten. Diese und die baulichen Veränderungen waren bis zur Mitte des dritten Jahrhunderts Zeichen der allgemeinen Prosperität im Trierer Land. Weiterhin gab es zahlreiche Villen im Typ Portikusvilla mit Eckrisaliten und Großvillen. Beide zeichneten sich dadurch aus, dass ihre Hoffläche, die *pars rustica*, vom Wohnbereich, der *pars urbana*, getrennt war. Großvillen hoben sich nochmals durch eine gesteigerte Monumentalität und durch einen hohen Lebensstandard von den Risalitvillen und den Portikusvillen mit Eckrisaliten ab. Sie dienten neben der Landwirtschaft, die hier in großem Maße betrieben wurde, einer repräsentativen Funktion.

Die zeitlichen Aspekte, welche in *Kapitel III.2* behandelt wurden, zeigten, dass sich die Villenwirtschaft im Trierer Land zunächst aus der latènezeitlichen Kultur entwickelte. Im Verlauf des ersten nachchristlichen Jahrhunderts ließen sich jedoch vermehrt römische Einflüsse beobachten, die in einem großflächigen Ausbau der Villen in Steinbauweise ab der zweiten Hälfte des Jahrhunderts gipfelte. Als die wirtschaftlich erfolgreichste Phase kann die Zeit vom späten 1. bis zur Mitte des 3. Jh. n. Chr. angesehen werden. In der zweiten Hälfte des 3. Jh. n. Chr. wurde das Wachstum durch verschiedene Franken- und Alamanneneinfälle unterbrochen. Dabei zeigte sich jedoch, dass nur sehr wenige Villenstandorte aufgegeben wurden, sondern vielmehr von einer anschließenden neuen wirtschaftlichen Blüte gesprochen werden kann, die sicherlich in einem Zusammenhang mit der Erhebung Triers als Residenzstadt stand. Erst durch erneute Einfälle und den Magnentiusaufstand Mitte des

4. Jh. n. Chr. entstanden weitläufige Schäden. Neu angesiedelte Germanen bewirtschafteten die Villen, die jedoch aufgrund von Zerstörungen nur noch partiell besiedelt werden konnten. Erst im Verlauf des 5. Jh. n. Chr. wurden die meisten Villen endgültig aufgegeben, einige aber auch durch fränkische Siedler weiterhin genutzt.

Kapitel IV.2 ging der Frage nach, was in den Villen produziert wurde. Dabei war zu unterscheiden zwischen agrarwirtschaftlichen Erzeugnissen aus der Kultivierung von Nutzpflanzen bzw. der Tierzucht und handwerklichen Produkten. Diese wurden einerseits aus landwirtschaftlichen Erzeugnissen oder durch den Abbau von anorganischen Rohstoffen wie Eisenerz oder Ton hergestellt. Es zeigte sich, dass die Villen im Trierer Land vorrangig dem Agrarsektor zuzurechnen sind und die gewerbliche Produktion nur eine untergeordnete Rolle spielte. Das Handwerk diente primär der Eigenversorgung. Waren, deren Ausgangsprodukte aus der Agrarwirtschaft stammten und die regional oder gar überregional gehandelt wurden, spielten eine große wirtschaftliche Rolle im Trierer Land. Hervorzuheben ist die Textilproduktion, deren Rohstoff, die Schafswolle, in den Villen erwirtschaftet wurde. Die weitere Textilproduktion scheint allerdings hier nicht stattgefunden zu haben, sondern war eher im dörflichen und städtischen Bereich angesiedelt.

Der archäologische Befund, naturwissenschaftliche Rahmenbedingungen, schriftliche und bildliche Quellen ergaben eine Rekonstruktion der Villenwirtschaft im Trierer Land. Durch eine Spezialisierung der Produkte und deren Kommerzialisierung auf den Absatzmärkten war die ländliche Bevölkerung in der Lage, einen wichtigen Anteil zur Prosperität der Region beizutragen. Ihre erfolgreiche Besiedlung war die Grundlage für das wirtschaftliche Wachstum im Verlauf der römischen Kaiserzeit bis hin zu Ausonius, der noch im Jahr 371 n. Chr. deren Pracht besingen konnte.

Katalog

Die im Katalog aufgeführten Villen sind alphabetisch nach Ortschaft gegliedert, unabhängig von Landkreis, Naturraum, Datierung und Typ.
Im Katalog werden folgende Abkürzungen gebraucht:
Abb.: Abbildungen
Lit.: Auswahlliteratur
PM Provinzialmuseum Trier (heute Rheinisches Landesmuseum Trier)
RLM Trier Rheinisches Landesmuseum Trier
m ü. N.N. Meter über Normal Null (Höhenmeter)

1. Aach „Galgenberg" („Hinter dem Galgen")
Kreis: Trier-Saarburg
Landschaft: Bitburger Gutland
Höhe: 300 m ü. N.N.
Topographie: Auf leicht geneigtem Osthang in geschützter Quellmulde eines Zuflusses des Aacher-Baches
Geologie: Muschelkalk
Anbindung: Nahe der Straße von Trier nach Bitburg und Köln (ca. 1 km)
Typ: Villa, Typus unbekannt
Datierung: Fundmaterial: 2.–4. Jh. n. Chr.
Befund: Die bereits 1855 von P. Schmitt erwähnte Siedlungsstelle wurde 1911 bei einer Privatgrabung freigelegt. Bei Steinhausen überliefert sind Mauerzüge aus Kalksteinen, Wandputz, Estrichbrocken und eine Türschwelle. P. Schmitt berichtet ferner von Mosaiksteinchen aus Kalkstein. Ca. 200 m weiter südlich lag eine Tonröhrenleitung, die zur Anlage gehört. Diese Befunde sind leider nicht dokumentiert. Im RLM Trier sind einige Klein- und Streufunde der Stelle, u. a. ein Henkelgriff aus Bronze und mehrere Münzen, aufbewahrt.
Lit.: Steinhausen 1932, 2 (4); H. Menzel, Die römischen Bronzen aus Deutschland 2. Trier (Mainz 1966), 125, Nr. 307, Abb. 57; CAL 14, 1985, 68 (41); Hoffmann/Hupe/Goethert 1999, 176, Kat. 175; Krausse 2006, Kat. 1337.

2. Aach „In den Häuserchen"
Kreis: Trier-Saarburg
Landschaft: Bitburger Gutland
Höhe: 290 m ü. N.N.
Topographie: Auf einem Südhang nördlich des Klinkbaches
Geologie: Muschelkalk
Anbindung: Nahe der Straße von Trier nach Bitburg und Köln (ca. 1,5 km)
Typ: Größere Villa unbekannten Typus mit Nebengebäuden

Datierung: Ein Antonian für Maximianus (RIC 473) und ein Cententonialis des Valens (RIC 7b / 32b) belegen eine Nutzung der Villa bis in die 2. Hälfte des 4. Jh. n. Chr.
Befund: Nach Schmitt 1855 und Steinhausen 1932 handelt es sich um eine ausgedehnte römische Trümmerstelle, die sich durch mehrere Bodenschwellungen bemerkbar macht und eine Ausdehnung von gut 200 m hat. Mehrere Einzelfunde sind nachgewiesen, u. a. ein Stück Basaltlava, das zu einem Handmühlstein gehört (das Stück wird bei Steinhausen unter der Fundstelle (6) „Im Bodenstück" nochmals erwähnt). 2003 legte Herr Kersch, Newel, Kleinfunde und zwei Münzen der 2. Hälfte des 4. Jh. n. Chr. vor. Ca. 300 m weiter südöstlich, unter der alten abgebrochenen Kirche von Aach befand sich eine weitere römische Siedlungsstelle „Auf dem Kirchberg" mit Ziegelstreuung, die möglicherweise zur Stelle „In den Häuserchen" gehörte (vgl. Steinhausen 1932, 1 (1) und Krausse 2006, Kat. 1334).
Lit.: Trierer Jahresberichte 5, 1912, 25; Steinhausen 1932, 2 (2); Cüppers/Neyses 1971a, Fundkarte Nr. 2; CAL 14, 1985, 67 (34); Krausse 2006, Kat. 1341; TrZ 67/68, 2004/5, 363 (3).

3. Altrich „An der Lieser"
Kreis: Bernkastel-Wittlich
Landschaft: Wittlicher Senke
Höhe: 150 m ü. N.N.
Topographie: In Tallage nahe der Lieser
Geologie: Fluviatile Ablagerungen
Anbindung: Nahe der Straße Trier-Koblenz; bei Altrich waren an der Stelle der römischen Straße die Reste einer Brücke über die Lieser erhalten.
Typ: Villa, Typus unbekannt
Datierung: Keramikfunde des 3./4. Jh. n. Chr.
Befund: Fundstreuung von ca. 10 m Durchmesser mit römisch datierten Funden von Dach- und Hohlziegeln sowie Keramik.
Lit.: TrZ 40/41, 1977/78, 398; TrZ 50, 1987, 397; Krausse 2006, Kat. 1.

4. Altrich „Kurfürstenstaudt" („Staudt, Tempelkloster")
Kreis: Bernkastel-Wittlich
Landschaft: Wittlicher Senke
Höhe: 220 m ü. N.N.
Topographie: Auf einer nach Nordwesten vorspringenden Terrasse
Geologie: Buntsandstein
Anbindung: Nahe der Straße von Trier nach Koblenz. Bei Altrich waren an der Stelle der römischen Straße die Reste einer Brücke über die Lieser erhalten.
Typ: Villa, Typus unbekannt
Datierung: 2.–spätes 4. Jh. n. Chr.
Befund: Römische Siedlungsstelle, an der Mauerwerk und Ziegel gefunden wurden. Die Fundstelle hebt sich im Gelände deutlich ab. Zahlreiche Bronze- und Münzfunde des 2. bis späten 4. Jh. n. Chr.
Lit.: TrZ 8, 1933, 140; TrZ 37, 1974, 273; Krausse 2006, Kat. 4; TrZ 67/68, 2004/05, 363–364 (1).

5. Baldringen „Ortslage"

Kreis: Trier-Saarburg
Landschaft: Saar-Ruwer-Hunsrück
Höhe: 442 m ü. N.N.
Topographie: Oberhalb der Ruwer, auf Osthang
Geologie: Hunsrückschiefer und fluviatile Ablagerungen
Anbindung: Nahe der Straße von Trier nach Straßburg
Typ: Risalitvilla
Datierung: Datierung des Bades und Hauptgebäudes durch den Ausgräber: 2. Hälfte 3. Jh. n. Chr.; Münzschatzfund: 354 n. Chr.
Befund: Risalitvilla mit Nebengebäuden, Brunnen und Gräberfeld. Vom Hauptgebäude konnten Ende des 19. Jh. der Keller *C* mit einer gut erhaltenen Luke sowie die Räume *A* und *B*, die den südöstlichen Eckrisalit bilden, ausgegraben werden. Raum *D* ist ein langrechteckiger Raum mit Zugang zur Innenhalle. Über Keller *C* kann eine Portikus gestanden haben, wie dies für zahlreiche Standorte überliefert ist (vgl. Bollendorf „In der Kroppicht" *(Kat.–Nr. 18)*).

Das im Südwesten gelegene Bad besteht aus dem Apodyterium *K*, einem Präfurnium *L*, einem Heizkanal *M*, dem Caldarium *J* und dem Tepidarium *H* mit Piscina *G*. Diese wurde durch ein Bleirohr nach *F* entwässert, einem Raum, der daher als Latrine diente. Dessen Ablauf verlief unterhalb von Raum *F* in Richtung Osten, kann danach jedoch nicht weiter verfolgt werden.

Das Bad liegt nicht mit den übrigen Räumen in einer Flucht. Lehner konnte belegen, dass es erst in einer zweiten Bauphase nach dem Abriß der oben genannten Teile des Hauptgebäudes errichtet wurde. Er vermutet den jüngeren Bau anschließend im Nordwesten in Verbindung mit Mauer *n-o*. Dieser Bau konnte jedoch nicht nachgewiesen werden. Die als Beweis angeführte Bruchstelle *k* zwischen den Gebäudeteilen muss keine Lücke ergeben, da die Außenmauer unterhalb des Bades liegt und später abgebrochen worden sein kann. Wahrscheinlicher ist ein nachträglicher Einbau des Bades in das bereits bestehende Wohnhaus, von dem die Mauer *n-o* demnach die Rückwand bilden könnte. Die leicht trapezoide Form wurde auch bei anderen Villen, beispielsweise in Bettenfeld „In der Kammer" *(Kat.–Nr. 11)*, nachgewiesen.

Wenig Fundmaterial der zweiten Hälfte des 3. Jh. n. Chr. stammt aus der Latrine und dem Kernbau. Möglich wären eine Zerstörung während der Germaneneinfälle des Zeitraumes und ein Wiederaufbau der Villa mit neu integriertem Bad. Nach Koethe bedeutet das Fundmaterial eher das Ende als den Beginn der Anlage. Dagegen spricht jedoch der Münzfund von 119 Bronzemünzen des Constantius II., Magnentius und Decentius, der aus der Zeit um 354 n. Chr. stammt und in einem Gemäuer, vielleicht einem Nebengebäude, weiter südöstlich vergraben wurde.

Abb.: Tafel 3, Abb. 7.
Lit.: H. Lehner, Baldringen, in: Westdeutsche Zeitschrift 14, 1895, Korrespondenzblatt, 49–57; H. Koethe 1940, 45–46; TrZ 55, 1992, 403.

170 Katalog

6. Bausendorf „Lichtacher Flur"
Kreis: Bernkastel-Wittlich
Landschaft: Wittlicher Senke
Höhe: 180 m ü. N.N.
Topographie: Auf leichter in nordöstlicher Richtung orientierter Terrasse am Ufer des Alfbaches. In unmittelbarer Nähe liegt der Vicus mit Heiligtümern „Auf Moret".
Geologie: Buntsandstein und fluviatile Ablagerungen
Anbindung: Nahe der Straße von Trier nach Koblenz (ca. 1,3 km). In der Nähe wird eine Brücke über die Alf vermutet.
Typ: Großvilla
Datierung: 1.Jh. n. Chr. bis 275 n. Chr., danach partieller Wiederaufbau bis ca. 4. Jh. n. Chr.
Befund: 1927 wurde bei Bauarbeiten ein betonierter Wasserkanal als erster Hinweis auf die Villa entdeckt. In den folgenden Jahren sind bemalte Putzreste, Keramik und ein ornamentales Mosaikfragment in den Jahresberichten erwähnt.
In den Jahren 1972–74 führte der Privatmann Hans Radke, Hetzhof, zusammen mit dem RLM Trier Sondierungsgrabungen an der Villa durch. In 14 Schnitten konnten folgende Beobachtungen gemacht werden: Das Mauerwerk aus Sandsteinquadern stand an einigen Stellen noch bis zu drei Metern aufrecht. Das Hauptgebäude verfügte über eine U-förmige Frontseite mit einer ca. 20 m langen Portikus. Vor dieser, seitlich der Steintreppe, befand sich eine „Kulturschicht" mit Essensabfällen, z. B. Tierknochen und Austernschalen, sowie Trinkgeschirr. Im östlichen Wohnbereich lag ein polychromes ornamentales Mosaik in Versturzlage, das in das 4. Jh. n. Chr. datiert wird, und der Schürkanal eines Hypokaustums. Radke rekonstruiert ein Gesamtareal des Hauptgebäudes auf ca. 3000–4000 m² mit einer Frontseitenlänge von etwa 100 m. Leider ist die Grabung nicht ausreichend dokumentiert. Ca. 400 m ostsüdöstlich befindet sich ein römisches Grab, Flur „Auf der Lay", das in die Mitte des 1. Jh. n. Chr. datiert und wahrscheinlich in Zusammenhang mit der Villa steht (vgl. Krausse 2006, Kat. 12).
Lit.: TrZ 3, 1928, 184; TrZ 30, 1967, 248; TrZ 37, 1974, 274; TrZ 40/41, 1977/78, 398 (1); TrZ 49, 1986, 362 (2); H. Radke, Bausendorf und Olkbach in römischer Zeit, in: Das Alftal in Gegenwart und Geschichte. Chronik der Alftal Verbandsgemeinden (Bausendorf 1990/91), 57–63; Hoffmann/Hupe/Goethert 1999, 176–177, Kat. 176; Krausse 2006, Kat. 14.

7. Bengel „Am Kellerberg"
Kreis: Bernkastel-Wittlich
Landschaft: Wittlicher Senke
Höhe: 280 m ü. N.N.
Topographie: Auf dem Osthang dicht unterhalb einer Bergkuppe
Geologie: Oberems (Schiefer)
Anbindung: Über die nahe gelegene Alf Zugang zur Mosel. Die Straße von Trier nach Koblenz verläuft weiter nördlich, vermutlich bestand ein Anschluss zu ihr (vgl. Krausse 2006, Beilage 4).
Typ: Risalitvilla mit Nebengebäude oder Bad
Datierung: Keramik des Herrengebäudes: 3./4. Jh.; Keramik des Nebengebäudes: 2.–4. Jh. Grabhügel: Beigaben der Mitte des 2. Jh.

Befund: Siedlungsstelle aus zwei nachweisbaren Gebäuden, die bei der Verbreiterung eines Weges entdeckt und partiell untersucht wurden. Bei dem südlicheren handelt es sich nach Hans Radke um eine Risalitvilla mit einer Frontlänge von ca. 26 m (Länge der Risaliten je 5,5 m) und einer Tiefe von ca. 18 m. Weiter nördlich befindet sich ein weiterer Bau von mindestens 15 m Länge, der über ein Becken und Hohlziegel verfügt, möglicherweise das separate Bad oder ein Nebengebäude mit beheizbarem Raum.

In 600 m Entfernung zur Villa liegt ein Hügelgrab mit einer Ringmauer aus Schieferplatten (4 m Durchmesser), die im Inneren mit einer angeschütteten Schicht aus Asche, Holzkohle und Scherben gefüllt war. Die Grabbeigaben datieren in die Mitte des 2. Jh. n. Chr.

Lit.: TrZ 37, 1974, 274 (3); TrZ 40/41, 1977/78, 402 (7); W. Binsfeld, Zwei römische Grabhügel mit Mauerkranz, in: Trierer Zeitschrift 42, 1979, 93–100; van Ossel 1992, 374, Kat. 346; A. Abegg, Grabhügel des 2. und 3. Jahrhunderts n. Chr. an Mittelrhein, Mosel und Saar. Trierer Zeitschrift, Beiheft 16 (Trier 1993), 129–130; Krausse 2006, Kat. 23.

8. Bengel „Beckersbaum"

Kreis: Bernkastel-Wittlich
Landschaft: Wittlicher Senke
Höhe: 220 m ü. N.N.
Topographie: Im Tal des Füllersbaches, auf flach geneigtem Nordhang
Geologie: Oberems (Schiefer) und Buntsandstein
Anbindung: Über Füllersbach und Alf ergibt sich ein Zugang zur nahe gelegenen Mosel
Typ: Villa, Typus unbekannt
Datierung: Holzkonstruktion des Brunnens nach 251 n. Chr.
Befund: Brunnenfüllung: 6 Antoniniane der Gallischen Kaiser, Keramik des 3./4. Jh. n. Chr. Von der Fundstelle konnte ein hypokaustierter Raum freigelegt werden, zudem ein Ziegel mit Stempel ARM(otraci) und ein Mühlstein aus Basaltlava. In unmittelbarer Nähe liegt ein Brunnen, der aufgrund eines erhaltenen Konstruktionsholzes in die Jahre nach 251 n. Chr. datiert. Der Brunnen enthielt neben Münzfunden und Keramik einen Metallhort aus Eisen- und Bronzeteilen, darunter landwirtschaftliches Gerät, einen Wasserabfluss mit Verschlussdeckel, Ketten und eine Fußfessel mit zwei Fußbügeln und einem Schloss (Inv. 1972,308–325).

Lit.: TrZ 37, 1974, 274 (1); W. Binsfeld, In den Brunnen gefallen. Metallgeräte aus einem römischen Brunnen, in: Kölner Römerillustrierte 2, 1975, 183–185; E. Hollstein, Mitteleuropäische Eichenchronologie. Trierer dendrochronologische Forschungen zur Archäologie und Kunstgeschichte (Mainz 1980), 50; van Ossel 1992, 374, Kat. 345; Krausse 2006, Kat. 17.

9. Bengel „Klosterflur"

Kreis: Bernkastel-Wittlich
Landschaft: Wittlicher Senke
Höhe: 180 m ü. N.N.
Topographie: Auf Osthang oberhalb des Füllersbaches und in ca. 1 km Entfernung zur Alf
Geologie: Oberems (Schiefer) und Buntsandstein
Anbindung: Über Füllersbach und Alf Zugang zur nahe gelegenen Mosel
Typ: Villa, Typus unbekannt

Befund: Römische Siedlungsstelle mit Oberflächenfunden von Dachziegeln, Mörtelbrocken und Keramik.
Lit.: TrZ 35, 1972, 306; Krausse 2006, Kat. 24.

10. Bengel „Reudelheck"
Kreis: Bernkastel-Wittlich
Landschaft: Wittlicher Senke
Höhe: 430 m ü. N.N.
Topographie: Auf einem Südosthang oberhalb der Quellen des Springiersbaches
Geologie: Oberems (Schiefer)
Anbindung: Die Mosel und die Straße von Trier nach Koblenz liegen jeweils in ca. 5 km Entfernung.
Typ: Villa, Typus unbekannt
Datierung: Keramik des 2.–4. Jh. n. Chr.; Münzschatz mit 55 Maiorinen der Mitte des 4. Jh. (Prägedaten 346–353 n. Chr.); Quellfassung aus Eiche um 335 n. Chr.
Befund: In einem römischen Mauerversturz fand der Privatmann Herr Radke, Hetzhof, 1972 einen Münzschatz aus 55 Maiorinen der Jahre 346–353. Dicht unterhalb der Siedlung befinden sich zwei Quellmulden mit einer Eichenfassung, die dendrochronologisch in das Jahr 335 n. Chr. datiert werden kann. Von der Stelle stammen auch eine Bronzemünze des Hadrian, ein eiserner Meißel (L. 9,5 cm), eine eiserne Spitze (L. ca. 18 cm) und ein Ziegel mit dem Fabrikstempel ARMO(traci).
Lit.: TrZ 37, 1974, 275–277 (5); W. Binsfeld, Zwei mosselländische Münzschätze des 4. Jahrhunderts, in: Trierer Zeitschrift 38, 1975, 101–103; TrZ 40/41, 1977/78, 402 (5); E. Hollstein, Mitteleuropäische Eichenchronologie. Trierer dendrochronologische Forschungen zur Archäologie und Kunstgeschichte (Mainz 1980), 50; van Ossel 1992, 236, Kat. 37; TrZ 64, 2001, 334; Krausse 2006, Kat. 29.

11. Bettenfeld „In der Kammer"
Kreis: Bernkastel-Wittlich
Landschaft: Moseleifel
Höhe: 308 m ü. N.N.
Topographie: Auf Nordhang, oberhalb der Kleinen Kyll. Das Hauptgebäude ist nach Südosten orientiert.
Geologie: Obersiegen (Herdorf Gruppe)
Anbindung: Über die Kleine Kyll Verbindung zur Lieser
Typ: Risalitvilla
Datierung: Keramik 2.–4. Jh.
Befund: Im 19. Jh. ausgegrabene und publizierte Risalitvilla mit externem Bad, Nebengebäuden und partiell erschlossenem Hof. Der Grundriss des Hauptgebäudes (ca. 32 x 20 m), bei dem keine Bauphasen unterschieden werden, verfügt über eine leicht trapezoide Form und vier Eckrisaliten. Den Mittelpunkt bildet der große Hauptraum *IV*. Das abschüssige Gelände lässt laut dem ersten Beobachter E. aus'm Weerth nur einen Zugang über die Nordseite zu, und so interpretiert er den auf dieser Seite liegenden Raum *I* als Hof, eine Vermutung, die sich zudem auf den Fund zweier Säulenschäfte stützt. Raum *II* diente als Küche, wie ein Rauchfang und eine Ascheschicht mit Knochen belegen. In Raum *III* fanden sich zwei Huf-

eisen, er wird demnach als Stall interpretiert. Die westlich gelegenen Räume *V–VII* verfügten über eine Hypokaustenheizung. Der östliche Raum *VIII* und die in den beiden vorderen Eckrisaliten gelegenen Räume *IX*, *X* und *XII*, *XIII* werden keiner genauen Funktion zugewiesen, sondern allgemein als Privaträume angesprochen. Die im Süden vorgelagerte Porticus war über Hauptraum *IV* zu erreichen; zwischen beiden fand sich eine Steinschwelle mit sechs quadratischen Einlassungen. Die vordere Portikusmauer bildet auf einer geringen Höhe einen Abschluss, auf dem Sandsteinsäulen standen, von denen das Fragment einer Basis mit Schaft gefunden wurde. Die Außenmauern bestanden aus Schiefer, die Innenstrukturen aus Vulkangestein, die Säulen und Schwellen aus Sandstein. Das Dach war mit Schieferplatten gedeckt, von denen sich viele noch mit enthaltenen Nägeln fanden, ebenso Fragmente von Wandmalerei.

An den südwestlichen Eckrisalit schließt eine Mauer an, die durch ein Tor unterbrochen wird und in ein kleines, nur partiell ergrabenes Nebengebäude mündet. Der Torstein mit Zapfenloch und eiserner Pfanne stand noch in situ. Aufgrund der Tordurchfahrt ist davon auszugehen, dass dem Hauptgebäude ein umschlossener Hof vorgelagert war. Innerhalb diesem, dem südöstlichen Eckrisalit vorgelagert, befindet sich das separate Bad der Anlage, bestehend aus Frigidarium mit Becken (*XV* mit *13*), Tepidarium, Caldarium und Präfurnium. Unterhalb des Hauptgebäudes erwähnt E. aus'm Weerth einen kleinen, nicht definierten Gebäuderest, bei dem es sich um ein Wirtschaftsgebäude handeln dürfte.

Abb.: Tafel 4, Abb. 8.
Lit.: E. aus'm Weerth, Römische Villa bei Manderscheid in der Eifel, in: Bonner Jahrbücher 39/40, 1866, 256–264, Taf. 3; H. Koethe 1940, 48–49; TrZ 14, 1939, 246; TrZ 40/41, 1977/78, 420, 422; Krausse 2006, Kat. 48.

12. Bettenfeld „Mittelstöh"
Kreis: Bitburg-Prüm
Landschaft: Moseleifel
Höhe: 409 m ü. N.N.
Topographie: Auf Osthang, nahe der Quelle des Horngrabens, einem Zufluss zur Kleinen Kyll
Geologie: Basalttuffe und Schlacken
Typ: Villa, Typus unbekannt
Datierung: 2.–4. Jh.
Befund: 1938 entdeckte und 1996 prospektierte Villa, die sich auf einer Länge von ca. 100 m mit römischen Oberflächenfunden von Ziegeln, Mörtel, bemaltem Wandputz und Mauerresten abzeichnet.
Lit.: TrZ 14, 1939, 246; TrZ 61, 1998, 395; Krausse 2006, Kat. 49.

13. Bettingen „Auf der Mauer"
Kreis: Bitburg-Prüm
Landschaft: Bitburger Gutland
Höhe: 280 m ü. N.N.
Topographie: Auf einer Terrasse nahe der Quellmulde des Schleidbaches, ca. 2 km östlich der Prüm

Geologie: Keuper und Muschelkalk

Anbindung: Nahe der Nord-Süd-Straße, die auf dem Kamm zwischen Prüm und Nims verläuft

Typ: Risalitvilla

Datierung: Nach Steinhausen Münzfunde von Nero bis Constantin, die inzwischen als verschollen gelten. Oberflächenfunde: Münzfunde: 2. Hälfte des 3. Jh. bis 353 n. Chr.; Trachtzubehör: 1./2. Jh.; Pferdegeschirrteile: 1.–3. Jh.; Keramik: Mitte 1.–Mitte 4. Jh. Die Oberflächenfunde geben jedoch keine Auskunft über eine kontinuierliche Besiedlung oder Unterbrechungen. Die Fundstelle war seit der Mitte des 1. Jh. besiedelt, die Masse der Funde stammt aus dem 2. und 3. Jh., das Ende der Besiedlung dürfte um die Mitte des 4. Jh. anzunehmen sein (um 353 n. Chr.); vgl. Kaszab-Olschewski (2006).

Befund: Villenstandort, der 1841 durch den Bitburger Landrat Thilmany partiell ergraben wurde und zu Beginn der 2000er Jahre durch Initiative des ehrenamtlichen Denkmalpflegers Dr. C. Credner mit Luftbildaufnahmen und Geländebegehungen näher untersucht werden konnte.

Laut Thilmanys Bericht, der bei Steinhausen aufgegriffen wird, wurden bei der Grabung 1841 ein „wohl erhaltenes Badezimmer", anstehende Mauern, ein Ziehbrunnen, Hypokausten und Fragmente von Wandmalerei entdeckt.

Herr Dr. C. Credner, Lambertsberg, konnte durch Luftbildaufnahmen ein detailliertes Bild der Anlage liefern. Das Gelände der Villa war von einer Mauer umgeben, die auf zwei Seiten deutlich im Luftbild erscheint. Bei dem Wohnhaus handelt es sich um eine Risalitvilla mittlerer Größe (ca. 50 m Frontlänge), der laut C. Credner eine Portikus vorgelagert war. Das Luftbild weist im Bereich des Herrenhauses eine Störung auf, die wahrscheinlich mit der Grabung von 1841 zusammenhängt. Mehrere Nebengebäude befinden sich in der Achse des Hauptgebäudes. Unklar bleibt jedoch, bei welchem dieser Bauten es sich um den sog. Hof „Bey Mauern" handelt, der nach 1841 erbaut, jedoch Ende des 19. Jh. wieder aufgegeben wurde und heute nicht mehr steht.

Etwa 300 m südöstlich des Herrenhauses ist auf dem Luftbild ein quadratischer Bau (9 x 9 m) zu erkennen, bei dem es sich um ein Grab oder ein Heiligtum handeln könnte, das in Bezug zur Villa steht. Ebenfalls außerhalb des Wirtschaftsbereiches in nordöstlicher Richtung befinden sich zwei Wälle (90 und 105 m) entlang des Schleidbaches, die möglicherweise einen römischen Staudamm bildeten.

Abb.: Tafel 4, Abb. 9.

Lit.: Steinhausen 1932, 16–17 (2); TrZ 35, 1972, 306; van Ossel 1992, 374, Kat. 349; C. Credner, Der römische Gutshof Ingendorf/Bettingen und die neuzeitliche Wüstung „Bey Mauern", in: Beiträge zur Geschichte des Bitburger Landes 14, 2004, 76–87; TrZ 67/68, 2004/05, 366; T. Kaszab-Olschewski, Die Oberflächenfunde der Villa rustica Ingendorf/Bettingen, in: Eiflia Archaeologica 3, 2006, 15–47; C. Credner, Die römische Villa rustica von Ingendorf/Bettingen „Bey Mauern", in: Eiflia Archaeologica 3, 2006, 7–14; Krausse 2006, Kat. 286.

14. Beuren „Ohne Standortbezeichnung"

Kreis: Bernkastel-Wittlich
Landschaft: Moselhunsrück
Höhe: 473 m ü. N.N.
Topographie: Auf leichtem Nordosthang in der Quellmulde des Lommersbaches
Geologie: Hunsrückschiefer
Anbindung: Nahe der Straße von Trier nach Bingen und Mainz
Typ: Villa, Typus unbekannt
Befund: Eine durch Raubgrabungen freigelegte Mauerecke mit Bad, welches dadurch teilweise zerstört wurde. Reste von Hohlziegeln an der Mauer und Hypokaustpfeiler.
Lit.: TrZ 40/41, 1977/78, 403.

15. Biesdorf „Auf dem Lehm"

Kreis: Bitburg-Prüm
Landschaft: Bitburger Gutland
Höhe: 310 m ü. N.N.
Topographie: Auf Südwestkuppe oberhalb des Gaybaches
Geologie: Keuper
Anbindung: Über den Gaybach Zugang zur Sauer. Nahe der Straße, die von der Sauer entlang des Gaybaches in Richtung Norden führt.
Typ: Villa, Typus unbekannt
Datierung: Münzen: 2.–4. Jh., darunter ein Follis von Constantin I.; Keramik: 1./2.–4. Jh.
Befund: Mauerreste auf einer Fläche von 20 x 30 m, davon sollen laut Steinhausen Sandsteinquader zu Schweinetrögen verwendet worden sein. Bei einer Begehung 1995 wurden Siedlungskeramik und Münzen des 2.–4. Jh. n. Chr. aufgelesen. Laut Krausse könnten Scherben der Keramik noch ins 1. Jh. n. Chr. datieren.
Lit.: Steinhausen 1932, 18, TrZ 52, 1989, 454; Krausse 2006, Kat. 297.

16. Biesdorf „Kiemen"

Kreis: Bitburg-Prüm
Landschaft: Bitburger Gutland
Höhe: 320 m ü. N.N.
Topographie: Auf leichtem Südhang
Geologie: Keuper
Anbindung: Über den Gaybach Zugang zur Sauer
Typ: Villa, Typus unbekannt
Datierung: Frühes 2.–spätes 4. Jh., Datierung unsicher
Befund: Siedlungsstelle, die von Raubgrabungen betroffen war. Ein Privatsammler konnte aus einem Raubgräberloch Streufunde bergen, darunter einen bronzenen Ring, einen Mahlstein aus Basaltlava und späte Keramik. Münzen, die von der Fundstelle stammen (teilweise nicht gesichert), sollen von Trajan bis Theodosius reichen.
Lit.: Steinhausen 1932, 71 unter Gemeinde Cruchten (1) verzeichnet; TrZ 40/41, 1977/78, 404; TrZ 49, 1986, 363 (2); van Ossel 1992, 374, Kat. 350; Krausse 2006, Kat. 306.

17. Bitburg „Auf Eichenhart"

Kreis: Bitburg-Prüm
Landschaft: Bitburger Gutland
Höhe: 310 m ü. N.N.
Topographie: Auf dem Rücken zwischen Nims und Prüm
Geologie: Keuper
Anbindung: An der Straße gelegen, die zwischen Nims und Prüm in nord-südlicher Richtung verläuft. Von hier aus direkte Verbindung nach Bitburg.
Typ: Villa, Typus unbekannt
Datierung: 2.–4. Jh.
Befund: Von Steinhausen 1932 beschriebene Siedlungsstelle mit ausgebrochenen Fundamentmauern, Bruchsteinen, Estrichböden und Ziegelresten. Die aufgelesene Keramik datiert vom 2. bis ins 4. Jh. n. Chr.
Lit.: Steinhausen 1932, 39–40 (3c); TrZ 50, 1987, 398 (2); Krausse 2006, Kat. 308.

18. Bollendorf „In der Kroppicht"

Kreis: Bitburg-Prüm
Landschaft: Ferschweiler und Luxemburger Sandsteinhochfläche
Höhe: 210 m ü. N.N.
Topographie: Auf relativ steilem Südhang
Geologie: Keuper und Muschelkalk
Anbindung: Oberhalb der Sauer; bei Bollendorf Brücke über die Sauer (vgl. Krausse Kat. 342)
Typ: Risalitvilla
Datierung: Ausführliche Publikation des Fundmaterials von P. Steiner (1923), 41–59; Keramik von Ende 1. Jh. bis Anfang 5. Jh.; Münzfunde: Tetricus I. (268–273 n. Chr.) bis Magnus Maximus (383–388 n. Chr.). Steiner nimmt den Beginn der Villa um 100 n. Chr. an. Nach mehreren Umbauphasen (s.u.) setzt er das endgültige Ende aufgrund einer Brandschicht in Hauptraum *H* in das frühe 5. Jh. an und stellt es in Zusammenhang mit den Frankeneinfällen ab 407 n. Chr.
Forschungsgeschichte: Die Villa Bollendorf war seit ihrer Entdeckung 1895/96 durch den Ortsbürgermeister M. Müller wiederholt namengebend für den Typus „Risalitvilla". Zu Beginn des 20. Jh. konnte der Standort unter der Leitung des damaligen Provinzialmuseums Trier ausgegraben und in einem Kurzbericht des Grabungsleiters G. Kropatschek mit Grundriss publiziert werden. Bereits in den Bonner Jahrbüchern des Jahres 1908 wurde sie als ein „lehrreiches Beispiel der Gattung" bezeichnet. Dennoch lag eine wissenschaftliche Publikation erst durch die Arbeit von P. Steiner und D. Krencker vor, die, bedingt durch eine Versetzung des ursprünglichen Ausgräbers G. Kropatschek und den 1. Weltkrieg, erst in den Trierer Jahresberichten von 1923 erschien. Steiner konnte zu seinem Bedauern nicht mehr die originalen Grabungstagebücher einsehen, sondern musste den bereits druckfertigen Bericht Kropatscheks neu bearbeiten und teilweise am Objekt Nachgrabungen veranlassen. Die Bedeutung innerhalb der Gattung lässt sich auf die komplette Erschließung des Herrenhauses und die frühe Veröffentlichung eines Grundrisses des „gängigen Villentypus in seiner einfachsten Form" (Heinen 1985) zurückführen.

Hauptgebäude: Das ca. 26,5 x 23,5 m große Hauptgebäude der Villa von Bollendorf entstand um 100 n. Chr. als Hallenhaus mit Portikus-Risalitfassade. Der zentrale überdachte Hauptraum *H* bildete in dieser ersten Bauphase den Mittelpunkt des Gebäudes, sowohl als Aufenthaltsraum als auch als Wirtschaftsraum. Nach P. Steiner war die Halle im Westen durch ein ca. 2,60 m großes Tor für Wagen zugänglich, was eine landwirtschaftliche Nutzung in dieser Zeit wahrscheinlich macht. Diese Einfahrt lag zwischen Raum *15*, einem nördlich an die Halle *H* angebauten Raum mit ungewisser Funktion, und einem Torpfeiler, der unter dem später entstandenen Bad (zwischen *12* und *13*) eingemauert war. In der Halle befanden sich außerdem der Herd und der Zugang zum Keller *5*, welcher unter der Portikus *2* lag. Durch die Hanglage nach Süden hob sich die Fassade mit vorgelagerten Eckrisaliten und Portikus, die über eine Außentreppe zu erreichen war, deutlich im Gelände ab. Aufgrund des massiven Fundaments ist davon auszugehen, dass die Ecktürme zweigeschossig waren.

In einer ersten Erweiterung, die zeitlich jedoch nicht gefasst werden kann, wurde an die Halle ein langer Raum *18* angebaut, der sowohl von innen als auch von außen zu erreichen war. Er ersetzte die Halle möglicherweise als Wirtschaftsraum. P. Steiner geht davon aus, dass bei diesem Umbau auch das Tor zugemauert wurde. In einer letzten Umbauphase, die sich aufgrund von Münzfunden in das Ende des 3. Jahrhunderts datieren lässt, wurde die Villa von Bollendorf um ein Bad ergänzt. Das Frigidarium (Räume *8* und *9*) verfügte in Raum *9* über ein Becken. Dem Badeablauf gemäß folgte das Tepidarium *10* und schließlich das Caldarium *12*, welches wiederum ein Becken besaß. Ein kleiner Umkleideraum *6*, das Apodyterium, war der Einrichtung vorgelagert. Nicht zum Bad gehörte der durch eine Hypokaustenanlage beheizbare Raum *13*, der sich über der ursprünglichen Toreinfahrt befand. Hier handelte es sich um einen Wohnraum, der den Komfort einer Fußbodenheizung aufwies. Beheizt wurde dieser Raum zusammen mit dem Bad durch ein Präfurnium, welches sich in der Halle befand und durch Kanäle mit den Hypokausten verbunden war (*14*). Unklar bleibt, ob diese letzte Veränderung mit den Germaneneinfällen um 260 n. Chr. in Verbindung gebracht werden kann. Eindeutig ist jedoch, dass die Villa nach den Umbauten in einer über hundertjährigen Friedenszeit Bestand hatte und erst mit den Frankeneinfällen zu Beginn des 5. Jahrhunderts endgültig zerstört wurde, wie aus einer fast 30 cm dicken Brandschicht in Raum *H* deutlich wird.

Zugehörig scheinen die Bollendorfer Fundstellen „Auf Rosch" und „Im Hopfengarten" zu sein (vgl. Steinhausen 1932, 51), bei denen es sich um Wirtschaftsgebäude handeln könnte.

Abb.: Tafel 5, Abb. 10.

Lit.: Bonner Jahrbücher 117, 1908, 372; Trierer Jahresberichte 2, 1909, 15; Trierer Jahresberichte 4, 1911, 17; Trierer Jahresberichte 5, 1912, 22; P. Steiner, Römische Villen im Treverergebiet I. Die Villa von Bollendorf, in: Trierer Jahresberichte 12, 1919/20 (Trier 1923), 1–37; D. Krencker, Die äußere Gestalt der villa rustica von Bollendorf, in: Trierer Jahresberichte 12, 1919/20 (Trier 1923), 38–40; P. Steiner, Die Kleinfunde der Bollendorfer Villa, in: Trierer Jahresberichte 12, 1919/20 (Trier 1923), 41–59; Steinhausen 1932, 50–51; Koethe 1940, 49–50; E. M. Wightman, Roman Trier and the Treveri (1970) 139–141; R. Schindler, Die Denkmäler des Ferschweiler Plateaus, in: Südwestliche Eifel, 154–155; H. Cüppers, Modell der Villa von Bollendorf, Befund und Rekonstruktion, in: Die Römer an Mosel und Saar, 121 und 124; Heinen 1985, 133–134; Cüppers 1990, 338–340; van Ossel 1992, 238–239; Krausse 2006, Kat. 358; K.-J. Gilles, Bollendorf, in: Denkmäler 2008, 26; S. Seiler, Die Villa von Bollendorf: klein aber fein, in: V. Rupp/H. Birley (Hrsg.), Landleben im römischen Deutschland (Stuttgart 2012), 164–166.

19. Bollendorf „Roter Hügel"
Kreis: Bitburg-Prüm
Landschaft: Ferschweiler und Luxemburger Sandsteinhochfläche
Höhe: 220 m ü. N.N.
Topographie: Auf Südosthang oberhalb der Sauer
Geologie: Keuper und Muschelkalk
Anbindung: Bei Bollendorf Brücke über die Sauer (vgl. Krausse Kat. 342)
Typ: Villa, Typus unbekannt
Befund: Römische Mauerreste mit Bad, die 1911 entdeckt und partiell ergraben wurden. Eine weitere Erschließung und Dokumentation fand nicht statt.
Lit.: Trierer Jahresberichte 4, 1911, 23; Trierer Jahresberichte 5, 1912, 25; P. Steiner, Römische Villen im Trevererget I. Die Villa von Bollendorf, in: Trierer Jahresberichte 12, 1919/20, 2–3; Steinhausen 1932, 52 (2); Krausse 2006, Kat. 370.

20. Bonerath „Auf Caselsheck"
Kreis: Trier-Saarburg
Landschaft: Saar-Ruwer-Hunsrück
Höhe: 435 m ü. N.N.
Topographie: Auf leichtem Südhang nahe der Quellmulde eines Ruwerzuflusses
Geologie: Hunsrückschiefer
Anbindung: Nahe der Ruwer (ca. 2 km)
Typ: Villa, Typus unbekannt
Datierung: Keramik 3./4. Jh.
Befund: Beim Bau der Ortskanalisation wurde 1958 ein 4,10 m breiter Raum mit Hypokausten angeschnitten. Die Schiefermauern, deren Abbruchhöhe durchschnittlich über 40 cm über dem Hypokaustenboden liegen, sind an der Innenseite mit Ziegelplatten abgedichtet. Starke Abbruchmassen des Gebäudes überlagern die Baureste auf einer Ausdehnung von ca. 9 m.
Abb.: Tafel 5, Abb. 11.
Lit.: TrZ 24–26, 1956–58, 576; van Ossel 1992, 374, Kat. 356.

21. Brecht „Auf der Flachsspreit"
Kreis: Bitburg-Prüm
Landschaft: Bitburger Gutland
Höhe: 290 m ü. N. N.
Topographie: In geschützter Wiesenmulde
Geologie: Keuper
Anbindung: Nahe der Prüm und dem Vicus Bitburg (ca. 5 km)
Typ: Risalitvilla
Befund: Von Steinhausen 1932 beschriebene Siedlungsstelle mit Streufunden und Bodenschwellungen. Auf einem Luftbild, das dem RLM Trier zur Verfügung steht, ist der Standort eindeutig als Hauptgebäude im Typ Risalitvilla erkennbar.
Abb.: Tafel 5, Abb. 12.
Lit.: Steinhausen 1932, 61 (1); Krausse 2006, Kat. 377.

22. Breit „Auf der Höh" („Krethenberg, Oberer Bitting")
Kreis: Bernkastel-Wittlich
Landschaft: Hunsrückhochfläche
Höhe: 393 m ü. N.N.
Topographie: Auf Nordwesthang, oberhalb der kleinen Dhron (ca. 900 m)
Geologie: Hunsrückschiefer
Anbindung: Nahe der Straße von Trier nach Bingen und Mainz
Typ: Villa, Typus unbekannt
Datierung: Keramik 2.–4. Jh.
Befund: Umfangreiche Spuren zweier Gebäude, bei denen es sich um ein Haupt- und ein Nebengebäude handeln könnte. Nach Angaben von Herrn Andres aus Breit soll hier 1955 im Zuge einer Flurbereinigung ein römisches Bad angeschnitten worden sein. Dafür sprechen auch Funde von Estrichbrocken und Tubuli. Ca. 300 m weiter südlich liegt auf dem „Krethenberg" eine weitere Fundstelle, die wahrscheinlich zugehörig ist. Dort fand sich Keramik des 3. und 4. Jh. n. Chr. sowie ein Mühlstein aus Basaltlava.
Lit.: TrZ 49, 1986, 363–364 (1), (2) und (3); van Ossel 1992, 375, Kat. 360 und 361.

23. Breit „Batzebur"
Kreis: Bernkastel-Wittlich
Landschaft: Hunsrückhochfläche
Höhe: 443 m ü. N.N.
Topographie: Auf Nordwesthang
Geologie: Hunsrückschiefer
Anbindung: 250 m nördlich der Straße von Trier nach Bingen und Mainz
Typ: Siedlungsstelle, unbekannt ob Villa oder Werkstatt
Datierung: Keramik 2./3. Jh.
Befund: Siedlungsstelle mit Resten von Schlacke und Mantelresten eines Schmelzofens, Keramikfunden und einem Mühlstein.
Lit.: TrZ 40/41, 1977/78, 406; TrZ 49, 1986, 364 (6).

24. Breit „Dölkent"
Kreis: Bernkastel-Wittlich
Landschaft: Hunsrückhochfläche
Höhe: 381 m ü. N.N.
Topographie: Auf Nordwesthang zwischen zwei Quellmulden, Zuflüssen der Kleinen Dhron
Geologie: Hunsrückschiefer
Anbindung: Nahe der Straße von Trier nach Bingen und Mainz
Typ: Villa, Typus unbekannt
Datierung: Keramik 2.–4. Jh.
Befund: Oberflächlich zeichnen sich ein größeres Gebäude (ca. 30 x 15 m) und mindestens drei Nebengebäude ab. Funde von Ziegeln, Schiefersteinen und Keramik. In Nähe der Fundstelle liegen Vorkommen von Raseneisenerz.
Lit.: TrZ 49, 1986, 364 (5); van Ossel 1992, 375, Kat. 363.

25. Bruch „Priesterberg" („Jungenwald")
Kreis: Bernkastel-Wittlich
Landschaft: Moseleifel
Höhe: 330 m ü. N.N.
Topographie: Auf dem Priesterberg in südwestlicher Richtung, in der Nähe eine Quellmulde, die zum Kailbach führt
Geologie: Diluvialplatte mit vulkanischem Sand
Typ: Villa, Typus unbekannt
Datierung: Keramik 1.–3. Jh. n. Chr.
Befund: Nach Steinhausen 1932 ein ausgedehntes Trümmerfeld mit mehreren Bodenschwellungen. Überliefert ist ebenfalls ein Säulenstück aus Sandstein. Im Jahresbericht 1981–83 wird die Stelle abermals erwähnt mit einer Ausdehnung des Trümmerfeldes von ca. 40 m, Ziegelfragmenten und Keramik des 1. Jh. n. Chr.
Lit.: Steinhausen 1932, 66 (2); TrZ 50, 1987, 399; Krausse 2006, Kat. 61.

26. Bruch „Priesterwand" („Priestertisch, Priestert")
Kreis: Bernkastel-Wittlich
Landschaft: Moseleifel
Höhe: 260 m ü. N.N.
Topographie: Auf Nordhang südlich oberhalb des Priesterbaches
Geologie: Gladbachschichten (Unteremsstufe)
Typ: Risalitvilla
Befund: Freiliegendes Mauerwerk der Siedlungsstelle ist zuerst in den Bonner Jahrbüchern von 1925 verzeichnet. Steinhausen erwähnt bemalten Wandputz, Säulenfragmente und vier sich im Gelände abzeichnende Schutthügel. Eine summarische Aufnahme der Siedlungsstelle erfolgte 1930 durch das PM Trier. Das Desiderat einer fundierten Ausgrabung wurde jedoch bereits im folgenden Jahresbericht 1930 ausgesprochen und 1958 wegen wiederholter Raubgrabungen erneuert. Die Untersuchung von 1930 ergab eine Risalitvilla, deren Portikus nach Norden zum Tal des Priesterbaches orientiert liegt. Eine Skizze des Grabungstechnikers Badry zeigt, dass es sich bei drei der Schutthügel um die Eckrisaliten und die Portikus handelt (Skizzenbuch RLM Trier 366, 31). Der Hauptraum konnte durch Steinkonzentrationen ergänzt werden. Im oben genannten Skizzenbuch befinden sich zudem Fotografien der Mauer des östlichen Risalits und eine technische Zeichnung der vorhandenen Säulenfragmente. Ein weiterer Schutthügel zeichnet sich nordöstlich des Herrengebäudes ab, wahrscheinlich handelt es sich hier um ein nicht weiter definiertes Nebengebäude. Datierendes Material ist nicht dokumentiert.
Lit.: Bonner Jahrbücher 130, 1925, 352; TrZ 3, 1928, 184; TrZ 6, 1931, 177; Steinhausen 1932, 65–66 (1); TrZ 24–26, 1956–58, 605; Krausse 2006, Kat. 62.

27. Burg an der Salm „Butterwiese"
Kreis: Bernkastel-Wittlich
Landschaft: Kyllburger Waldeifel
Höhe: 290 m ü. N.N.
Topographie: Auf Nordosthang über dem Salmtal

Geologie: Buntsandstein

Anbindung: An der Salm gelegen und nahe der vermuteten Parallelstraße zur Salm (vgl. Krausse 2006, Beilage 4)

Typ: Villa, Typus unbekannt

Befund: Römische Mauerzüge auf einer Fläche von ca. 60 x 100 m. Durch die Nutzung des Ackerlandes und Raubgrabungen ist die Fundstelle inzwischen völlig zerstört.

Lit.: TrZ 24–26, 1956–1958, 605; TrZ 33, 1970, 253; Krausse 2006, Kat. 154.

28. Butzweiler „Altkirch"

Kreis: Trier-Saarburg

Landschaft: Bitburger Gutland

Höhe: 375 m ü. N.N.

Topographie: Auf leichtem Nordosthang nahe einiger Quellmulden und des Neweler Dorfbaches

Geologie: Muschelkalk

Anbindung: An der Querverbindung zwischen Biewermündung und der Straße von Trier nach Bitburg und Köln

Typ: Villa, Typus unbekannt

Datierung: Keramik von der Mitte 1. bis zum Ende des 4. Jh. n. Chr.; Münzfunde: Valens (367/375 n. Chr., RIC 32b) und Theodosius I. (378/383 n. Chr., RIC 65c)

Befund: Von Herrn R. Loscheider entdeckte Fundstelle, die sich im Gelände als ein größeres längliches und ein kleineres Gebäude abhebt. Außer Keramik des 1.–4. Jh. n. Chr. und Münzen des späten 4. Jh. n. Chr. fanden sich vermehrt Eisenschlacken.

Lit.: CAL 14, 1985, 61 Nr. 61; TrZ 50, 1987, 399 (1); van Ossel 1992, 375, Kat. 366; Krausse 2006, Kat. 1434.

29. Butzweiler „In der Grube" („In der Grov, Im Kalkofen")

Kreis: Trier-Saarburg

Landschaft: Bitburger Gutland

Höhe: 340 m ü. N.N.

Topographie: Auf flachem Osthang, in der Quellmulde des Butzweilerbaches

Geologie: Muschelkalk

Anbindung: Nahe der Querverbindung zwischen Biewermündung und der Fernstraße von Trier nach Köln

Typ: Villa, Typus unbekannt

Datierung: 1.–4. Jh. n. Chr.

Befund: Ausgedehnte Siedlungsstelle, von der laut Steinhausen Ende des 19. Jh. Wandputz, Marmorplatten, Heizkästen, Eisengeräte und Münzen beobachtet wurden. Von der Fundstelle stammt ein vollständig erhaltener Mahlstein *(Tafel 2, Abb. 5)* aus Lava mit einem Durchmesser von 41 cm (vgl. TrZ 27, 1964, 276). Ein Kalkofen von ca. 3,53 m Durchmesser (vgl. TrZ 24–26, 1956–58, 576) konnte ebenfalls dokumentiert werden. Die Funde deuten auf eine größere Villa hin, deren Typus jedoch unbekannt ist.

Lit.: Steinhausen 1932, 69; TrZ 27, 1964, 276; TrZ 24–26, 1956–58, 576; CAL 14, 1985, 65, Nr. 16; van Ossel 1992, 375, Kat. 365; Krausse 2006, Kat. 1439.

30. Daleiden „Hinter Loh"
Kreis: Bitburg-Prüm
Landschaft: Islek und Ösling
Höhe: 480 m ü. N.N.
Topographie: Auf Südhang
Geologie: Klerf-Schichten (Unteremsstufe)
Anbindung: Sehr abgelegener Standort. Nächstgelegene Wasserverbindung ist der Irserbach, ein Zufluß zur Our.
Typ: Villa, Typus unbekannt
Datierung: Keramik 2. Jh.
Befund: 1959 entdeckte römische Siedlungsstelle mit Mauerwerk aus Grauwacke und Kalkmörtel. Im Erdaushub fanden sich weitere Schuttreste, die auf eine Funktion der Stelle als Villa hindeuten: Estrichbrocken, Dachschiefer, Tubuli und Ziegelreste. Der Grundstückbesitzer legte 1960 zudem eine Fußbodenheizung frei.
Lit.: TrZ 27, 1964, 275; Krausse 2006, Kat. 408.

31. Dockendorf „Hinter Mauern" („Bei der Brück, Auf der Steinrausch")
Kreis: Bitburg-Prüm
Landschaft: Bitburger Gutland
Höhe: 225 m ü. N.N.
Topographie: Östlich der Nims in Tallage
Geologie: Fluviatile Ablagerungen
Anbindung: Nahe der Nims gelegen; nahe der vermuteten Querverbindung nach Bitburg (vgl. Krausse 2006, Beilage 4)
Typ: Portikusvilla mit Eckrisaliten
Befund: Nach Steinhausen handelt es sich um ein ausgedehntes Trümmerfeld mit „Mauern, Aschenkaulen, Steintrögen und Münzen". Nach dessen Überlieferung soll auch ein heute verschollener Steinkopf von der Stelle stammen. Im Jahresbericht 1994 ist die Siedlung mit Dachziegelfragmenten, Kalksteinen und Keramik erwähnt. Auf einem Luftbild von 2010, das Herr Dr. Credner dem RLM Trier zur Verfügung stellte, ist der Grundriss des großen Hauptgebäudes im Typ Portikusvilla deutlich zu erkennen.
Abb.: Tafel 6, Abb. 13.
Lit.: Steinhausen 1932, 76; TrZ 59, 1996, 236; Krausse 2006, Kat. 413.

32. Dudeldorf „Hinkelskopf"
Kreis: Bitburg-Prüm
Landschaft: Bitburger Gutland
Höhe: 260 m ü. N.N.
Topographie: Auf einer nach Südwesten vorspringenden „Bergnase" (Steinhausen); etwa 200 m entfernt eine Quellmulde
Geologie: Muschelkalk und Buntsandstein
Anbindung: Nahe der Kyll und der Querverbindung zwischen Salm und Kyll (vgl. Krausse 2006, Beilage 4)
Typ: Villa, Typus unbekannt

Datierung: Spätes 1.–4. Jh. n. Chr.
Befund: Römische Siedlungsstelle, die bereits Steinhausen bekannt war und in der Folgezeit nochmals partiell untersucht wurde. Dabei legte man 1939 eine Mauerecke und eine in östliche Richtung verlaufende Quermauer frei, die aus Rotsandsteinplatten gebaut waren. Nördlich der Quermauer wurde der gut erhaltene Estrich eines Raumes angeschnitten. In diesem Raum waren die Wände zudem mit Ziegelplatten ausgelegt, so dass vermutet wurde, dass es sich hierbei um einen Baderaum handeln könnte. Weitere Streufunde: Reste von roter und grüner Wandmalerei, Ziegelbrocken und Hohlziegel.

Krausse interpretiert die Fundstelle aufgrund von bei Steinhausen erwähnten Terrakottafunden als Heiligtum. Diese waren bereits zur Zeit Steinhausens verschollen. Die Befunde, welche auf ein Bad hindeuten, machen eine Interpretation als Villa wahrscheinlicher.
Lit.: Steinhausen 1932, 79 (1); TrZ 14, 1939, 246; TrZ 15, 1940, 68; TrZ 18, 1949, 322; Krausse 2006, Kat. 419

33. Dudeldorf „Im Märchen"
Kreis: Bitburg-Prüm
Landschaft: Bitburger Gutland
Höhe: 243 m ü. N.N.
Topographie: Auf Südhang nahe des Langebaches
Geologie: Muschelkalk
Anbindung: Nahe der Kyll und der vermuteten Querverbindung zwischen Salm und Kyll (vgl. Krausse 2006, Beilage 4)
Typ: Villa, Typus unbekannt
Datierung: Gräberfeld: 2. Jh. bis beginnendes 3. Jh.; Villenhauptgebäude: Nicht weiter präzisierte „Sigillata der späten Zeit" (Steinhausen)
Befund: Nach Steinhausen 1932 handelt es sich um ein Villenhauptgebäude mit Fundamentmauern und Säulenresten. Ein ca. 250 m ost-nordöstlich gelegenes Brandgräberfeld mit Keramik des 2. und beginnenden 3. Jh. n. Chr. gehört nach Steinhausen zur Villa.
Lit.: Steinhausen 1932, 80 (3); Krausse 2006, Kat. 422

34. Echternacherbrück „Kalkesborn"
Kreis: Bitburg-Prüm
Landschaft: Bitburger Gutland
Höhe: 170 m ü. N.N.
Topographie: Auf Südhang oberhalb der Sauer
Geologie: Keuper und fluviale Ablagerungen
Anbindung: Unmittelbar oberhalb der Sauer
Typ: Villa, Typus unbekannt
Befund: Im 19. Jh. entdeckte Fundstelle mit Mauerzügen, die nach einem Bericht von C. Bone Keramik, Ziegelbruch, Estrich und Verputzstücke enthielt. Die Stelle ist seitdem nicht mehr begangen worden, auch Steinhausen 1932 und Krausse 2006 beziehen sich auf den Bericht Bones.

Lit.: C. Bone, Das Plateau von Ferschweiler bei Echternach. Seine Befestigung durch die Wickinger Burg und die Niederburg und seine nichtrömischen und römischen Alterthumsreste (Trier 1876), 14 (η); Steinhausen 1932, 82 (2); Krausse 2006, Kat. 432.

35. Edingen „Auf der Huf"
Kreis: Trier-Saarburg
Landschaft: Bitburger Gutland
Höhe: 360 m ü. N.N.
Topographie: Auf leicht geneigtem Südosthang oberhalb des Schleiderbaches
Geologie: Keuper und Muschelkalk
Anbindung: Nahe der Straße von Trier nach Bitburg und Köln (ca. 3 km)
Typ: Villa, Typus unbekannt
Datierung: Hülsenscharnierfibel ähnlich Typ Riha 1979, 5.3 der 1. Hälfte des 1. Jh. n. Chr.; Backenscharnierfibel Typ Riha 1979, 7, 18 aus der 1. Hälfte des 2. Jh. n. Chr.; Münzfunde: Antonian des Claudius II., RIC V1, 45; Follis des Constantin I., RIC VII 368; Maiorina des Magnentius 353 n. Chr., RIC VIII, 320.
Befund: Von Steinhausen 1932 beschriebene Fundstelle mit Mauerzügen und einem toskanischen Kapitell. In den Jahresberichten sind Streufunde erwähnt, darunter Fibeln, späte Keramik und späte Münzfunde. 1992 konnten bei Drainagearbeiten zwei Mauerzüge und viel Ziegelbruch durch das RLM Trier gesichtet werden.
Lit.: Steinhausen 1932, 84; CAL 14, 1985, 36 Nr. 68; TrZ 49, 1986, 366; TrZ 52, 1989, 458; TrZ 56, 1993, 302; van Ossel 1992, 375, Kat. 374; Krausse 2006, Kat. 1452.

36. Ehlenz „Ackerburg"
Kreis: Bitburg-Prüm
Landschaft: Bitburger Gutland
Höhe: 390 m ü. N.N.
Topographie: Auf Westhang oberhalb des Ehlenzbaches
Geologie: Buntsandstein
Anbindung: Zwischen Prüm und Nims nahe der Straße vom Vicus Bitburg in die westliche Eifel
Typ: Villa, Typus unbekannt
Befund: Die Fundstelle ist in den Bonner Jahrbüchern des Jahres 1843 beschrieben. Darin wird erwähnt, dass sie noch oberirdisch erhalten sei. Weiterhin werden als Architekturfunde Dach- und Bauziegel, Säulenfragmente, Wandputz mit Farbresten, Estrich und eine Heizstelle genannt. Am besten erhalten ist ein Kellerraum des Hauses, der in nachantiker Zeit mit einem Gewölbe versehen und später als Kartoffelkeller genutzt wurde. Seine Grundmaße betragen 6,08 x 3,45 m (umgerechnet nach preußischem Fuß und Zolleinheiten: 1 Fuß = 31,4 cm; 1 Zoll = 3,76 cm). Herr B. Altmann der Kreisverwaltung Bitburg-Prüm (Denkmälertopographie) ließ dem RLM Trier 1990 gemachte Aufnahmen zukommen. Erhalten waren von der originalen Bausubstanz noch die Mauern in einer Höhe von 1,73 m, der Eingang mit Treppe, eine schräge Fensteröffnung und drei Nischen. Das ganze Areal der Villa verfügte laut Beschreibung über weitere Nebengebäude und war durch eine Mauer umschlossen.

Südöstlich des Herrenhauses befinden sich sieben bis acht Kalköfen, von denen einige mit Kalksteinen gefüllt waren, die teilweise bereits zu Kalk gebrannt waren.
Abb.: Tafel 6, Abb. 14.
Lit.: Bonner Jahrbücher 3, 1843, 66–67; Krausse 2006, Kat. 434.

37. Eisenach „Affels"
Kreis: Bitburg-Prüm
Landschaft: Bitburger Gutland
Höhe: 320 m ü. N.N.
Topographie: Auf Nordwesthang oberhalb des Lammbaches
Geologie: Muschelkalk
Anbindung: Nahe der Ost-West-Verbindung zwischen Prüm und der Straße von Trier nach Bitburg und Köln
Typ: Risalitvilla
Befund: Bei Feldarbeiten stieß man 1923 auf Baureste, die im Folgenden zerstört wurden. Durch eine Luftaufnahme von Herrn Dr. C. Credner ist die Siedlungsstelle eindeutig als Risalitvilla mit großer Zentralhalle, seitlich gelegenen Räumen und Portikus dokumentiert.
Abb.: Tafel 7, Abb. 15.
Lit.: Bonner Jahrbücher 129, 1924, 280; Steinhausen 1932, 91 (5); CAL 14, 1985, 33 (32); Krausse 2006, Kat. 440.

38. Ensch „Ortslage"
Kreis: Trier-Saarburg
Landschaft: Mittleres Moseltal
Höhe: 160 m ü. N.N.
Topographie: Auf Osthang, oberhalb der Mosel
Geologie: Oberems und fluviatile Ablagerungen
Anbindung: Nahe der Mosel (ca. 400 m). Unweit der Stelle verläuft eine Querverbindung, die von der Fernstraße Trier-Koblenz zur Mosel führt.
Typ: Villa, Typus unbekannt
Befund: Bad einer Villa, das bei Bauarbeiten im Ortskern von Ensch entdeckt wurde. Die Anlage ist nach Koethe 1940 „großzügig" und besteht aus mindestens drei beheizten Räumen. Die Grabung von 1919 ist in den Skizzenbüchern des RLM Trier dokumentiert, eine Kopie findet sich in der Chronik der Verbandsgemeinde Ensch.
Lit.: Trierer Jahresberichte 12, 1918, 34; Steinhausen 1932, 94 (1); Koethe 1940, 50–51; TrZ 49, 1986, 366; B. Weiter-Matysiak, Chronik der Verbandsgemeinde Ensch (Ensch 1991), 20–22; Krausse 2006, Kat. 1348.

39. Fastrau „In der Küsterei"
Kreis: Trier-Saarburg
Landschaft: Mittleres Moseltal
Höhe: 159 m ü. N.N.
Topographie: Auf Osthang, oberhalb westlich des Fellerbaches

Geologie: Hunsrückschiefer
Anbindung: Über das Tal des Fellerbaches ca. 1,8 km zur Mosel
Typ: Eventuell Risalitvilla
Datierung: Keramik 2.–3. Jh.
Befund: Bereits bei Steinhausen 1932 überlieferte Siedlungsstelle. Bei Errichtung einer Pumpstation wurde der Bau 1978 wieder angeschnitten und in einer Kampagne des RLM Trier partiell freigelegt. Es handelt sich um einen einfachen Bau aus Schiefermauerwerk, der in der Dokumentation des Jahresberichts als kleine Risalitvilla rekonstruiert wird. Allerdings liegt der erschlossene Teil des angenommenen Nordrisalits nicht in einer Flucht mit der Ecke des westlichen Flügels, so dass die vorgeschlagene Rekonstruktion nicht zwingend ist. Am besten bewahrt war das kleine Bad der Villa, bestehend aus dem Becken des Frigidariums (1,19 x 1,48 m) und einem weiteren Baderaum mit gut erhaltenem Viertelrundstab.
Abb.: Tafel 7, Abb. 16.
Lit.: Steinhausen 1932, 101 (1); TrZ 49, 1986, 367–368.

40. Fell „Scholemskopf"
Kreis: Trier-Saarburg
Landschaft: Saar-Ruwer-Hunsrück
Höhe: 238 m ü. N.N.
Topographie: Auf Südwesthang über dem Fellerbach
Geologie: Hunsrückschiefer
Anbindung: Nahe der Straße von Trier nach Mainz und Bingen und der Mosel
Typ: Villa, Typus unbekannt
Befund: Seit Anfang des 20. Jahrhunderts bekannte Fundstelle, die im Jahr 2002 erneut begangen wurde. Laut Fundbericht von Grabungstechniker B. Kremer (RLM Trier) konnte ein Schiefermauerzug von 0,65 m Länge freigelegt werden, der auf einer Stickung aus Quarzbrocken und Schieferstücken ruht. Auf dem anstehenden Lehmboden liegt eine Brandschicht, die mit Eisennägeln und Holzkohle durchsetzt ist. Eine weitere Brandschicht enthielt zahlreiche Dachziegel. Vor der Mauer lagen Reste des teilweise erhaltenen Estrichs.
Abb.: Tafel 7, Abb. 17.
Lit.: Steinhausen 1932, 102 (2).

41. Fellerich „Grundstück Kalkes"
Kreis: Trier-Saarburg
Landschaft: Mosel-Saar-Gau
Höhe: 279 m ü. N.N.
Topographie: Auf Osthang über dem Albach
Geologie: Muschelkalk und fluviatile Ablagerungen
Anbindung: Nahe dem Vicus Tawern und der Straße von Trier nach Metz
Typ: Villa, Typus unbekannt
Datierung: Keramikfunde 1. Hälfte 3.–2. Hälfte 4. Jh.
Befund: Römische Mauerzüge, die 1985 durch das RLM Trier partiell untersucht wurden. Dabei konnte eine 11,69 m lange, 0,72 m breite und nach Norden weisende Mauer erschlossen werden, die in weitere Richtungen fortgesetzt werden kann. An Funden ein Ziegelfrag-

ment mit Stempel CAPIO, Bleistücke von Röhren, ein Sichelfragment (L. noch 0,25 m) und Keramik des 3. und 4. Jh. n. Chr.
Lit.: TrZ 52, 1989, 460.

42. Fellerich „Knellwald"
Kreis: Trier-Saarburg
Landschaft: Mosel-Saar-Gau
Höhe: 311 m ü. N.N.
Topographie: Auf leichtem Nordhang
Geologie: Muschelkalk und fluviatile Ablagerungen
Anbindung: Nahe dem Vicus Tawern, der Straße von Trier nach Metz (ca. 1,5 km) und der Mosel (ca. 2 km)
Typ: Villa, Typus unbekannt
Datierung: Münzfunde (Auswahl): Dupondius (?) des Nero (63–68 n. Chr.); As des 1./2. Jh. n. Chr. korrodiert und abgerieben; Dupondius des Hadrian (119–121 n. Chr., RIC 600); 2 Minimi eines Gallischen Kaisers (abgerieben); Follis von Constantin I. (322/323 n. Chr., RIC 153); 5 Centenionales von Valentinian I.; Centenionalis von Gratian I. (367–375 n. Chr., RIC 19b); Bronzemünzen (undef.) von Constantin I. bis Theodosius I.
Befund: Reste einer Siedlungsstelle, die durch eine Erhebung im Bodenniveau erkennbar sind. Beim Pflügen wurden sowohl Mauerzüge angeschnitten als auch Oberflächenfunde gemacht. Die Stelle wird vermehrt durch ehrenamtliche Sammler begangen, so dass eine große Zahl von Münzen, Keramik und Kleinfunden, beispielsweise ein peltaförmiger Bronzebeschlag, vorliegt.
Lit.: TrZ 33, 1970, 255; TrZ 50, 1987, 401; TrZ 67/68, 2004/2005, 369 (2), 388 (unter Temmels).

43. Ferschweiler „Ob dem Mäuerchen"
Kreis: Bitburg-Prüm
Landschaft: Ferschweiler und Luxemburger Sandsteinhochfläche
Höhe: 340 m ü. N.N.
Topographie: Auf Südosthang in der Quellmulde des Ansbaches
Geologie: Luxemburger Sandstein
Anbindung: Nahe der vermuteten Nord-Süd-Verbindung zwischen Prüm und Sauer (vgl. Krausse 2006, Beilage 4)
Typ: Risalitvilla
Datierung: Münzfunde: Zwei Folles von Constantin I. (vgl. TrZ 67/68, 2004/05, 369)
Befund: Von C. Bone 1879 ausgegrabener südwestlicher Teil einer Villa. Raum *a* kann als Eckrisalit betrachtet werden, bei den Räumen *b*, *c*, *d* und *e* handelt es sich nach Bone und Steinhausen 1932 um ein Bad mit einem Abflußkanal *z* aus Ziegel- und Schieferplatten. Raum *e* enthielt noch Reste eines Estrichs. Räume *e* und *c* wurden durch einen Kanal verbunden. Hier (in *c*) fanden sich auch Bleiplatten, die nach Bone als Becken gedient haben könnten. Koethe zweifelt an der These eines Bades, da er außer der Verbindung keine weiteren Beweise für ein Bad erkennt und der Kanal auch eine Hypokaustenanlage bedient haben könnte. Die Bleiplatten weiß er nicht zu interpretieren. Der im äußeren Bereich liegende Abflußkanal *z* macht die Interpretation als Bad jedoch wahrscheinlich. Aufgrund der

schlechten Dokumentation der Ausgrabung kann eine abschließende Deutung nicht mehr vorgenommen werden. An Funden erwähnt Bone diverse Kleinfunde, nicht mehr zu bestimmende Münzen, Keramik, Fensterglas, Austernschalen sowie Eberzähne. Auf diese wird jedoch nicht näher eingegangen, was auch eine Datierung der Anlage unmöglich macht. Ca. 200 m westlich der Siedlung wurden 1937 auf der Flur „In der Arensbach" die Reste eines Grabpfeilers aus Sandstein entdeckt, die in das 3. Jh datieren und von Krausse in einen Zusammenhang mit der Villa gebracht werden. Dies ist aufgrund der unmittelbaren Nähe sehr wahrscheinlich.
Abb.: Tafel 8, Abb. 18.
Lit.: C. Bone, Das Plateau von Ferschweiler bei Echternach. Seine Befestigung durch die Wickinger Burg und die Niederburg und seine nichtrömischen und römischen Alterthumsreste (Trier 1876), 15 (3); C. Bone; Das Plateau von Ferschweiler bei Echternach. Nachtrag zu Das Plateau von Ferschweiler, in: Jahresbericht der Gesellschaft für nützliche Forschungen zu Trier 1878–81 (Trier 1882), 30–48 (hier 35–38) mit Grundriß Taf. IV Fig. 1; Steinhausen 1932, 106 (2); Koethe 1940, 51; TrZ 67/68, 2004/05, 369; Krausse 2006, Kat. 487.

44. Fisch „Alter Hof"
Kreis: Trier-Saarburg
Landschaft: Mosel-Saar-Gau
Höhe: 280 m ü. N.N.
Topographie: Auf Südwesthang oberhalb des Mannebaches
Geologie: Buntsandstein und Muschelkalk
Anbindung: Nahe der Straße von Trier nach Metz und in ca. 7 km Entfernung zum Vicus Tawern
Typ: Villa, Typus unbekannt
Befund: Siedlungsstelle, die 1999 vom RLM Trier partiell freigelegt wurde (unpubliziert). Dabei wurden zwei Räume ausgegraben, von denen der größere noch über einen Estrich verfügte. Zwischen beiden Räumen besteht ein gemauerter Kanal. Von der Fundstelle sind Fragmente von Sandsteinsäulen belegt.
Abb.: Tafel 8, Abb. 19.
Lit.: TrZ 64, 2001, 337 (2).

45. Fisch „Eichelknopp"
Kreis: Trier-Saarburg
Landschaft: Mosel-Saar-Gau
Höhe: 267 m ü. N.N.
Topographie: Auf Nordhang nahe einer Quellmulde und dem Mannebach
Geologie: Buntsandstein und Muschelkalk
Anbindung: Nahe der Straße von Trier nach Metz und in ca. 7 km Entfernung zum Vicus Tawern
Typ: Villa, Typus unbekannt
Befund: Teile eines ungeheizten Raumes mit Viertelrundstab sowie eines hypokaustierten Raumes, die 1976 durch den Grundstückseigentümer freigelegt wurden.
Lit.: TrZ 40/41, 1977/78, 408.

46. Fließem-Otrang „Weilerbüsch"

Kreis: Bitburg-Prüm
Landschaft: Bitburger Gutland
Höhe: 348 m ü. N.N.
Topographie: Auf leichtem Südhang nahe der Quellmulde des Dalsgrabens, eines Zuflusses zur Kyll
Geologie: Muschelkalk
Anbindung: Nördlich des Vicus Bitburg, nahe der Straße von Trier nach Bitburg und Köln (ca. 700 m) und der Kyll (ca. 1 km)
Typ: Hof: Achsenhof; Hauptgebäude: Großvilla mit individuellem Grundriss
Datierung: Pars rustica: Latènezeitliche Funde (nicht genauer definiert) in einer Grube nordöstlich von Nebengebäude *J*. Sonst keine Angaben. Tempelbezirk: Spätlatènezeitliche Funde unter Brandschicht. Darüber Fibeln, Keramik und Münzen von Beginn 1.–Ende 4. Jh. n. Chr., vgl. Gose 1932. Hauptgebäude: Mindestens drei Bauphasen. Enstehung im 1. Jh. n. Chr. wahrscheinlich, erste Erweiterung während des 2. Jh., zweite Erweiterung zu Beginn des 3. Jh. n. Chr.
Forschungsgeschichte: Um 1825 durch einen zufälligen Mosaikfund entdeckte und anschließend durch die Gesellschaft für nützliche Forschungen Trier freigelegte Großvilla. Nach einer Besichtigung durch den Kronprinzen Friedrich Wilhelm IV. 1838 wurde das Gelände von der preußischen Regierung erworben und ein Teil der Mosaike durch Schutzbauten konserviert, die inzwischen unter Denkmalschutz stehen. 1843 Vermessung des Herrengebäudes und Veröffentlichung der Ergebnisse durch den Trierer Architekten C. W. Schmidt. 1873/74 erneute Untersuchungen, u. a. der *pars rustica* durch E. aus'm Weerth. In der ersten Hälfte des 20. Jh. Ausgrabung und Publikation des Tempelbezirks und der nördlichen Nebengebäude. Seit diesen Veröffentlichungen und der Rekonstruktion des Herrengebäudes durch H. Mylius in den Bonner Jahrbüchern von 1924 konnten nur noch vereinzelt Publikationen zum Verständnis der Villa beitragen. Die berühmten Mosaike wurden von K. Parlasca 1959 und P. Hoffmann, J. Hupe und K. Goethert 1999 wissenschaftlich vorgelegt. Zusammenfassend sind die Führungshefte von H. Cüppers und P. Hoffmann aus den Jahren 1979 und 2004. Seit 2009 erforscht die Universität Trier unter Leitung von K.-P. Goethert das sog. „Verwaltergebäude" der *pars rustica*.
Pars rustica: Vom Gesamtareal der Villa (379 x 132 m) entfallen 280 x 132 m auf die Wirtschaftsfläche, die sich westlich des Herrenhauses als eine rechteckige Fläche erstreckt. Auf ihr befinden sich mindestens neun Nebengebäude *B–K*, deren Funktionen nur unzureichend geklärt sind. Sie gruppieren sich axial um den Wirtschaftshof. *B*, *C*, *D* und *E* liegen entlang der Südseite, *F* und *G* im Westen, *H*, *J* und *K* entlang der Nordseite. Gebäude *F* mit dem Grundriss einer Risalitvilla und einer Exedra an der Nordwestseite kann als Verwaltergebäude angesehen werden. Am besten erforscht und vorgelegt sind *K*, *J* und *H*, in dem eine Kelteranlage nachgewiesen wurde (vgl. Steiner 1929, Hoffmann 2004 und *Kapitel IV.1.8*).

Hauptgebäude: Das Hauptgebäude liegt im östlichen Teil der Villa und ist durch eine Mauer und einen gestaffelten Eingang, der sich im Westen des Gebäudes befindet, von der *pars rustica* getrennt. In der letzten Bauphase werden die dadurch entstandenen Höfe mit *I* als äußerer und *II* als innerer Hof gekennzeichnet. Da das natürliche Gelände von Norden nach Süden abschüssig ist, lagen die nördlichen Bereiche des Gebäudes ebenerdig, während die südlichen zweigeschossig waren, ein Umstand, der nicht in allen Plänen berücksichtigt wird (Mylius behilft sich mit der Einklammerung der betroffenen Räume).

Erste Bauphase Hauptgebäude: In seiner ersten Bauphase war das Herrenhaus als repräsentativer Bau mittlerer Größe mit je ca. 40 m Seitenlänge angelegt. Es handelt sich um einen dreiflügeligen Bau, bestehend aus Nord-, Mittel- und Südtrakt, der über vier Eckrisaliten verfügte, die im Westen und Osten je eine Portikus einrahmten. Mylius fordert ebenfalls eine Portikus für die Südseite, da dies gängige Praxis sei und die Südseite mit ihrer Hanglage einen schöneren Blick in die Landschaft biete. Da an dieser Stelle in einer späteren Bauerweiterung die große Südportikus mit Kryptoportikus entstand, kann dies nicht mehr geprüft werden. Bereits in der ersten Anlage fällt die Symmetrie des Grundrisses auf, die bei jeder Erweiterung beibehalten wird. Der Nordtrakt setzt sich aus Wohneinheiten in den West- und Ostrisaliten zusammen sowie dem ersten Bad, das möglicherweise nicht von Beginn an in das bauliche Konzept einbezogen war. Als Wohneinheiten dienten laut Mylius u. a. die Räume *19–23*, die über Flur *20* zu erreichen waren. Von diesem aus konnte das Bad betreten werden, das mit dem Apodyterium *24* über einen großen Umkleideraum verfügte und in den Räumen *25–29* die Badereihenfolge von Frigidarium (*25, 26*) und Caldarium (*27, 28*) aufweist. Ein Tepidarium fehlt. Beheizt wurde das Bad über das Präfurnium in *29*. Da das Raumverhältnis zwischen großem Apodyterium und relativ kleinem Bad in einem ungleichen Verhältnis steht, vermutet Koethe, dass das ganze Bad möglicherweise nachträglich in einen bereits vorhandenen Raum integriert wurde (Koethe 1940, 54–55).

Der Mitteltrakt besteht aus je einem kleineren Hofbereich *30* im Norden und einem kleineren im Süden (*40* mit abgetrenntem Raum *41*). Vor beiden Höfen liegt eine Portikus (*32* im Norden, *37* im Süden). Dazwischen befinden sich die auf der Ostwest-Achse des Gebäudes liegenden Säle *35* und *36*.

Der Südflügel ist der Aufnahme von Wohneinheiten vorbehalten: *53–55* im Südwestrisalit, *48–51* im mittleren Bereich und *43–44* im Südostrisalit. Unklar bleibt, ob die Säle *49* und *51*, die in späteren Erweiterungen mit Mosaiken und Fußbodenheizungen ausgestattet wurden, auch schon in der ersten Phase nach Süden hin auf eine mögliche Portikus geöffnet waren. K.-P. Goethert konnte inzwischen zweifelsfrei nachweisen, dass es sich bei dem in diesen Räumen verlegten Mosaiken um einen ungeteilten Boden handelte (vgl. Goethert 2010/11).

Zweite Bauphase Hauptgebäude: In einer ersten Erweiterung wurde der Nordwestrisalit vergrößert und darin ein umfangreicheres, luxuriöseres Bad installiert, das der Reihenfolge Frigidarium mit Piscina (*10* mit *4*), Tepidarium *11* und Caldarium *8, 9* folgt. Zum Bau des Bades wurde der westliche Teil der Nordportikus abgetrennt und daraus ein geschlossener Raum *13* gebildet, der als Vestibül diente. Um die Symmetrie der westlichen Risalite nach Bau des Bades zu bewahren, ergänzte man den südlichen der beiden um Raum *56*, so dass zwischen den Risaliten und der Portikus Hof *II* entstand. In das 2. Jh. n. Chr. gehört das Mosaik der Räume *49, 50* und *51*. Unklar bleibt, ob die Nordportikus bereits in dieser zweiten Phase zu einem Wirtschaftsflügel umgebaut wurde oder ob dies erst beim Bau der großen Südportikus geschah. In den Räumen *17* und *18* fanden sich Feuerstellen, daher nimmt H. Cüppers hier eine Küche an. Die zweite Bauphase kann aufgrund der Mosaiken und der architektonischen Ausstattung in die Mitte oder die zweite Hälfte des 2. Jh. n. Chr. datiert werden.

Dritte Bauphase Hauptgebäude: In einem weiteren großen Umbau enstand die monumentale Südportikus, die zum Ausgleich des Nord-Süd-Gefälles mit einer Kryptoportikus unterkellert war. Das Ensemble wird von zwei Flügeln umflankt, an deren Südende je ein apsidenförmiger Abschluß steht. Um auch auf der Eingangsseite im Westen die Symmetrie beizubehalten, entstand vor dem Nordwestrisaliten ein weiterer apsidialer Abschluß, der die Form des südlichen aufnimmt (*1* und *2*). Im Nordosten des Gebäudes wurde Raum *19* um eine Exedra erweitert und mit einem polychromen Mosaik ausgelegt. Durch einen Vergleich dieses Mosaiks mit demjenigen aus Raum *46* wird deutlich, dass sich beide stilistisch ähnlich sind und demnach in die letzte große Umbauphase gehören. Nach P. Hoffmann, J. Hupe und K. Goethert werden sie in das beginnende dritte Jahrhundert datiert. Ebenfalls zu dieser Phase gehören die Mosaiken in den Räumen *23*, *43* und *44* (zur Datierung s. u.).

Tempelbezirk: Das kleine Heiligtum liegt ca. 400 m südöstlich der Villa auf einer kleinen Erhebung und besteht aus zwei Einheiten, die von einer Mauer umgeben waren. Im südlichen Bereich des Temenos befindet sich ein Umgangstempel (11,5 x 12,25 m), an dessen Seiten je vier Säulenstellungen rekonstruiert werden können, und 10,30 m nördlich von diesem ein Antentempel mit Vorhalle (9,6 x 6,0 m). Um den Umgangstempel verläuft auf drei Seiten eine abgedeckte, aus Kalksteinplatten bestehende Wasserleitung *F*, die nach E. Gose der Entwässerung des quellenreichen Areals und nicht kultischen Zwecken diente, ebenso eine zwischen beiden Tempeln angeschnittene Leitung *E*. Die Oberkanten beider Wasserleitungen liegen auf dem Gehniveau der Tempel, dies deutet auf deren gleichzeitige Erbauung hin. Unter den Estrichen beider Tempel lag eine 20 cm dicke Brandschicht mit spätlatènezeitlichem Fundmaterial. Eine weitere Brandschicht im Inneren des Umgangstempels und des umgebenden Wasserkanals markiert die Zerstörung der Anlage Ende des 4. Jh. n. Chr.

Die Frage der Kultempfänger lässt sich aufgrund uneinheitlicher Dokumentation und fehlender Fundeintragungen nicht mehr sicher bestimmen, Hinweise deuten jedoch auf Mars, gemeinsam mit einer weiblichen Gottheit als Empfänger im Umgangstempel und Diana im Antentempel hin. Von einer Gruppe, bestehend aus mehreren Kalksteinfragmenten, wurde ein Teil nachweislich im Umgangstempel gefunden. Die Fragmente zeigen einen Kopf und ein Rückenteil des Mars sowie Reste einer weiblichen Gewandstatue. Laut Gose lässt sich dadurch eine Kultgruppe rekonstruieren, die dem Umgangstempel zugeschrieben werden kann. Ein weiterer Marskopf sowie ein Bronzetäfelchen mit einer Weihung an Lenus-Mars (CIL XIII, 4137) unterstreichen diese These. Der Schaft einer reliefierten Kalksteinsäule zeigt die Darstellung einer Diana beim Bade, die von Aktaeon beobachtet wird. Ob es sich hierbei um ein weiteres Kultbild handelt und somit dem Antentempel ein Dianakult zugeschrieben werden kann, bleibt hypothetisch, da der genaue Auffindungsort nicht dokumentiert wurde. Weiterhin befindet sich im Fundmaterial ein weiblicher Kopf aus Sandstein, eine Bronzestatuette des Merkur und eine große Anzahl an Terrakotten, die Pferde und Muttergottheiten darstellen, sowie Münzen, Fibeln und Keramik.

Bei dem Heiligtum ist eine Kultkontinuität von der Spätlatènezeit bis zum Ende des 4. Jh. n. Chr. gegeben, die einzig durch die Brandschicht gestört wird, die sich über dem Latènehorizont befindet. Es scheint sich jedoch nicht um eine lange Unterbrechung gehandelt zu haben, da die Aktivitäten früh im 1. Jh. n. Chr. wieder aufgenommen und die Tempel errichtet wurden. Die Auswertung der Befunde des Temenos kann diesen jedoch weder in eine zeitliche Reihenfolge bringen noch einen Terminus der Bauzeiten liefern. Erkennbar ist eine einheimische Tradition, die von römischen Einflüssen durchdrungen wird. Dies zeigt sich sowohl in den Tempelgrundrissen als auch im Fundmaterial.

Datierungsgrundlagen: Die Chronologie der Villa stellt aus verschiedenen Gründen ein Problem dar. Die Grabungsdokumentation des 19. Jh. wurde zwar nicht nach heutigem Standard vorgenommen, doch stellt diese sehr frühe Form der Ausgrabung und Vermessung den Beginn der archäologischen Erforschung des Trierer Landes dar. Auf ländliche Vergleichsbeispiele konnte C. W. Schmidt innerhalb Deutschlands nicht zurückgreifen, weswegen er sich vor allem auf Vorbilder in Italien und die bekannten Großbauten Triers bezog. Seine Resultate lassen sich kaum mehr überprüfen, da die Schutzbauten des 18. Jh. selbst unter Denkmalschutz stehen und der Großteil des Fundmaterials dieser Grabungen als verschollen gilt. Dies betrifft vor allem das Villenhauptgebäude. Die wissenschaftliche Aufarbeitung der Grabungen des 20. Jh. ist publiziert. Es handelt sich um das Nebengebäude *H*, vorgelegt von P. Steiner in der Trierer Zeitschrift 4 von 1929, und den Tempelbezirk, vorgelegt von E. Gose in der Trierer Zeitschrift 7 von 1932.

Da eine wissenschaftliche Publikation des Herrenhauses fehlt, sind wir bei der Datierung auf die Grabungsberichte des 19. Jh. und eine stilistische Untersuchung der erhaltenen Mosaike und Bauglieder angewiesen. Das Problem dabei besteht jedoch darin, dass eine zeitliche Verbindung zwischen der Verlegung eines Mosaikbodens und einer neuen Bauphase nicht zwingend sein muss, so dass eine absolutchronologische Datierung des Baues und seiner Phasen dadurch nicht vorgenommen werden kann. Da keine Fundbearbeitung des Materials aus dem Herrenhaus vorgelegt wurde und dieses auch nicht nach Schichten oder Befunden gegraben wurde, kann es auch nicht eindeutig datiert werden. Des Weiteren ist nicht dokumentiert, von welchen Stellen die Bauglieder, wie Säulen und Kapitelle, stammen, die aus verschiedenen Materialien bestehen und über verschiedene Qualitäten verfügen. Ein weiteres Problem besteht darin, dass die latènezeitlichen Funde der Villa im Tempelbezirk und im Wirtschaftsbereich gemacht wurden. Dies bedeutet zwar, dass die Stelle bereits in vorrömischer Zeit besiedelt war, es deutet jedoch nichts auf eine Besiedlungskontinuität hin. In allen Publikationen wird für die erste Bauphase des Herrenhauses das erste nachchristliche Jahrhundert genannt, doch nichts unterlegt diese These. Möglicherweise gab es eine Siedlungsunterbrechung zwischen der spätlatènezeitlichen Besiedlung und der Errichtung der Villa. Außerdem ist es m. E. problematisch, die Chronologie der Tempelanlage auf das Hauptgebäude zu übertragen. Einzig in der Annahme, dass letzteres mindestens zweimal erweitert wurde und somit wenigstens drei Bauphasen aufweist, herrscht einigermassen Einigkeit.

Trotz der beschriebenen Problematik soll der Versuch unternommen werden, die Bauphasen anhand der Mosaike voneinander zu unterscheiden. Zuerst können die Mosaike herangezogen werden, über deren Datierung in der Forschung relative Einigkeit besteht (vgl. Tabelle unten). Es sind die Böden der Räume *49–51* im Südflügel und *19* und *23* im Nordostrisalit. Das Mosaik *49–51* wird in das 2. Jh. n. Chr. datiert. Dies würde bedeuten, dass es nachträglich in den Bau der ersten Phase integriert wurde. Möglicherweise wurde dieser Raum durch die Mosaikböden aufgewertet. Dies könnte in Zusammenhang mit einer vergrößerten Öffnung in Richtung Süden stehen. Des Weiteren besteht Übereinstimmung bei den Böden der Räume *19* und *23*, die in die erste Hälfte des 3. Jh. n. Chr. datiert werden. Diese stimmen stilistisch mit demjenigen aus Raum *46*, der zur letzten Bauphase, der großen Süderweiterung, gehört, überein, ebenso mit den Mosaiken aus Räumen *43* und *44*. Der geometrische Boden aus dem Bad *8* im Nordwestrisalit wird von Parlasca kurz vor die Mitte des 2. Jh. angesetzt, von Goethert, Hupe und Hoffmann jedoch in das beginnende 3. Jh. n. Chr. Möglicherweise wurde der Boden nachträglich in das Bad integriert, das bereits in der zweiten Phase des 2. Jh. n. Chr. errichtet wurde.

In einer ersten Umbauphase gegen Mitte des 2. Jh. n. Chr. entstanden die Mosaike der Räume *49, 50* und *51*; aus der zweiten Erweiterung, die zu Beginn des 3. Jh. stattgefunden haben muss, diejenigen der Räume *19, 23, 43, 44* und *46* (anders Cüppers, der die dritte Phase in die Mitte des 2. Jh. n. Chr. setzt). Unklar bleibt weiterhin die Datierung der ersten Steinbauphase, die möglicherweise noch ins 1. Jh. n. Chr. gehört, aber auch um die Wende vom 1. zum 2. Jh. n. Chr. ausgeführt worden sein kann, wie dies bei vielen Villen der Region fassbar ist. Das Ende der Anlage kann mit dem Zerstörungshorizont des Temenos gegen Ende des 4. Jh. n. Chr. angenommen werden. Jedoch ist im Hauptgebäude und im Verwaltergebäude *F* keine Zerstörungsschicht dokumentiert worden und auch die gute Erhaltung der Mosaiken spricht gegen eine gewaltsame Zerstörung der Villa. Möglicherweise handelt es sich bei der Zerstörung des Temenos um eine Verbannung heidnischer Kulte, die Villa hingegen wurde aufgegeben und verfiel.

Chronologie der Mosaike:

Raum	*Parlasca 1959/ Parlasca 1965*	*Hoffmann/Hupe/Goethert 1999*
8	Kurz vor der Mitte 2. Jh.	Beginn 3. Jh.
19	Ende 2. Jh. / Beginn 3. Jh.	1. Hälfte 3. Jh.
23	Kurz vor der Mitte 2. Jh. / Beginn 3. Jh.	1. Hälfte 3. Jh.
43	Kurz vor der Mitte 2. Jh.	Beginn 3. Jh.
44	Kurz vor der Mitte 2. Jh.	Beginn 3. Jh.
46	Kurz vor der Mitte 2. Jh.	Beginn 3. Jh.
49/50/51	Kurz vor der Mitte 2. Jh.	2. Hälfte 2. Jh.

Interpretation: Die Villa von Fließem-Otrang kann ohne Zweifel als Exempel eines Landgutes genannt werden, das durch mehrere Umbauten von einem mittleren Anwesen zu einer Großvilla gestaltet wurde. H. Mylius nennt sie ein „Gebäudekonglomerat eines allmählich reich gewordenen Gutsbesitzers" (Mylius 1924, 127). Problematisch bleibt weiterhin die unzureichend geklärte Datierungsfrage. Aus diesem Grund kann Fließem-Otrang für die Fragestellungen der Arbeit nur bedingt als Beispiel herangezogen werden. Beobachten lassen sich jedoch römische, angepasste Bauformen, die bereits in der ersten Phase Portiken und zentrale Säle einbeziehen. Der gesamte Grundriss ist auf die Symmetrie der Gebäudeglieder und der Axialität der Gesamtanlage ausgelegt. Bezeichnenderweise fehlt im Herrenhaus von Fließem-Otrang der zentrale Hallenraum bereits seit der ersten Anlage. Möglicherweise lässt sich darin eine frühe Hinwendung zu italischen Formen erkennen. Diese werden zumindest bei der dritten Bauerweiterung mit ihrer nach Süden ausgerichteten Monumentalfassade und der hochwertigen Mosaikausstattung eindeutig.

Abb.: Tafel 9, Abb. 20; Tafel 10, Abb. 21; Tafel 11, Abb. 22.
Lit.: C. F. Hesse, Die Ruine bei Fliessem, in: Rheinische Provinzialblätter, Neue Folge 3, Bd. 9 (Köln 1843), 201–205; G. Bärsch, Fließem, in: Bonner Jahrbücher 1, 1842, 42; C.W. Schmidt, Die Jagdvilla zu Fließem (Trier 1843); L. Urlichs, Rezension zur C. W. Schmidt (1843), in: Bonner Jahrbücher 4, 1844, 196–201; C. W. Schmidt, Bemerkungen über das römische Baudenkmal zu Fließem, in bezug auf die, im IV. Hefte dieser Jahrbücher, erschienene Recension, in: Bonner Jahrbücher 6, 1844, 396–402; A. von Behr, Die römischen Baudenkmäler in und um Trier. Architektonische Betrachtungen

über ihre Bedeutung und Instandhaltung, in: Trierer Jahresberichte 1, 1908, 74–81; P. Steiner, Römische Landhäuser (villae) im Trierer Bezirk (Berlin 1923) 30–38; H. Mylius, Die Rekonstruktion der römischen Villen von Nennig und Fließem, in: Bonner Jahrbücher 129, 1924, 109–128; F. Koepp, Die Villa von Odrang, in: Germania 8, 1924, 6–13; P. Steiner, Ausgrabungen in der Villa von Odrang, in: Trierer Zeitschrift 1, 1926, 40; P. Steiner, Neue Ausgrabungen in Odrang, in Trierer Zeitschrift 4, 1929, 75–83; TrZ 5, 1930, 156; E. Gose, Der Tempelbezirk von Otrang bei Fließem, in: Trierer Zeitschrift 7, 1932, 123–143; P. Steiner, Das römische Landgut bei Fließem. Führungsblätter der Trierer Museen (Trier 1934); J. Steinhausen, Archäologische Siedlungskunde des Trierer Landes (Trier 1936) 336–337; TrZ 13, 1938, 252; H. Kähler, Die römischen Kapitelle des Rheingebietes. Römischgermanische Forschungen 13 (Berlin 1939), 36, 40, Taf. 4 D 20; Koethe 1940, 53–56; TrZ 24/26, 1956/58, 540; K. Parlasca, Die römischen Mosaiken in Deutschland. Römisch-Germanische Forschungen 23 (Berlin 1959); K. Parlasca, Neues zur Chronologie der römischen Mosaiken in Deutschland, in: La mosaïque gréco-romaine. Colloques internationaux du Centre National de la Recherche scientifique, Paris 29 août–3 septembre 1963 (Paris 1965), 77–84; E. M. Wightman, Roman Trier and the Treveri (London 1970) 143–145; H. Cüppers, Die römische Villa Otrang, in: Südwestliche Eifel, 279–291; TrZ 40/41, 1977/78, 408; H. Cüppers, Römische Villa Otrang. Landesamt für Denkmalpflege, Verwaltung der staatlichen Schlösser, Führungsheft 5 (Mainz 1979); H. Merten, Der Kult des Mars im Tervererraum, in: Trierer Zeitschrift 48, 1985, 83–84; Binsfeld/Goethert/Schwinden 1988, Kat. 55, 96, 173, 245 und 400; Cüppers 1990, 367–371; van Ossel 1992, 240; Paul 1994, 197–198; 240; J. Merten, „Ich war außer mir vor Wonne!": Die Aufdeckung der römischen Mosaiken bei Fliessem in der ersten Hälfte des 19. Jahrhunderts, in: Funde und Ausgrabungen im Bezirk Trier 31, 1999, 123–126; Hoffmann/Hupe/Goethert 1999, 178–185; L. Schwinden, Ausgrabungen und Untersuchungen der Gesellschaft für Nützliche Forschungen, in: Kurtrierisches Jahrbuch 40, 2000, 111–116; P. Hoffmann, Römische Villa Otrang, Edition Burgen Schlösser Altertümer in Rheinland-Pfalz 5 (Regensburg 2004); Krausse 2006, Kat. 502 und 503; S. Faust, Fließem, in: Denkmäler 2008, 106, Kat. 34; K.-P. Goethert, Zur Überlieferung des Mosaiks aus Raum 49–51 der römischen Villa Otrang bei Fließem, Eifelkreis Bitburg-Prüm, in: Trierer Zeitschrift 73/74, 2010/2011, 57–65.

47. Franzenheim „Jungenwald" („Jungenwaldswild, Westabhang")
Kreis: Trier-Saarburg
Landschaft: Saar-Ruwer-Hunsrück
Höhe: 295 m ü. N.N.
Topographie: Oberhalb des Franzenheimerbaches
Geologie: Hunsrückschiefer
Anbindung: Nahe der Ruwer und der Straße von Trier nach Straßburg
Typ: Villa, Typus unbekannt
Datierung: Ende 3.–Ende 4. Jh. (Fundaufstellung bei Binsfeld 1995, 186–188).
Befund: 1903 wurden Mauerreste der Villa von Landarbeitern selbstständig ausgegraben. Das damalige Provinzialmuseum konnte weitere Grabungen unterbinden und die bereits freigelegten Mauerzüge dokumentieren. Dazu gehört primär der „stark zerstörte Grundriss eines Bades" (E. Krüger) und weitere von diesem abgehende Mauerzüge. Der Grabungstechniker des PM konnte anhand der Befunde zwei Bauphasen des Bades unterscheiden, wobei er das apsidiale Caldarium *A*, das Tepidarium *C* und das Frigidarium *B* zur zweiten wiederhergestellten Periode zählte. Nahe der Grube des Präfurnium fanden sich vier Säulen, die wahrscheinlich von einer Portikus stammend an diese Stelle verschleppt wurden. Ver-

mutlich handelt es sich um eine späte Villa. Das Fundmaterial datiert weitestgehend in das 3. und 4. Jh. n. Chr. Binsfeld nimmt an, dass die Säulen und die zweite Bauphase des Bades aus der Zeit eines möglichen Wiederaufbaus der Villa nach der Mitte des 4. Jh. n. Chr. stammen. Der Standort wurde nicht weiter untersucht, demnach lassen sich auch keine Aussagen über mögliche frühere Bauphasen oder die Größe des Gesamtkomplexes machen.
Abb.: Tafel 12, Abb. 23.
Lit.: E. Krüger, Franzenheim, in: Westdeutsche Zeitschrift 23, 1904, 378, Korrespondenzblätter 207–208; H. Dragendorff, Franzenheim, in: Bonner Jahrbücher 113, 1905, 235; W. Binsfeld, Die römische Villa in Franzenheim und ihre Säulen, in: Trierer Zeitschrift 58, 1995, 183–189; S. Faust, Säulen vom Herrenhaus eines römischen Gutshofs, in: Demandt/Engemann 2007, CD-ROM I.3.10.

48. Freudenburg „Kasholz"
Kreis: Trier-Saarburg
Landschaft: Mosel-Saar-Gau
Höhe: 385 m ü. N.N.
Topographie: Auf Südhang in der Quellmulde des Breinsbaches
Geologie: Muschelkalk und Buntsandstein
Anbindung: Nahe der Straße von Trier nach Metz, die über den Saargau führt
Typ: Rechteckhaus
Datierung: 2.–4. Jh.
Befund: Rechteckhaus mit einem Grundriss von 20,5 x 11 m, darin ein abgetrennter, nachträglich integrierter Raum von 4,5 x 5,5 m, dessen Wände an die Außenmauern angesetzt sind. Ein ursprünglich drei Meter breites Tor wurde in späterer Zeit zugemauert. Zwei Nebengebäude zeichnen sich westlich davon im Wald ab. Funde von Schieferabdeckungen, Keramik und Kleinfunden. Die rechteckigen, oftmals nur einräumigen Häuser bilden die einfachste Variante der Villa (vgl. *Kapitel III.1.2.1*).
Lit.: TrZ 4, 1929, 189; TrZ 35, 1972, 308–309; TrZ 56, 1993, 302.

49. Freudenburg „Kollesleuken"
Kreis: Trier-Saarburg
Landschaft: Mosel-Saar-Gau
Höhe: 206 m ü. N.N.
Topographie: Auf Westhang oberhalb des Leukbaches
Geologie: Muschelkalk und Buntsandstein
Anbindung: Nahe der Straße von Trier nach Metz, die über den Saargau führt
Typ: Villa, Typus unbekannt
Datierung: As des Domitian, As des 1. /2. Jh. n. Chr. (unbestimmt)
Befund: Siedlungsstelle von ca. 30 m Durchmesser. Von hier stammen Ziegelbruch, ortsfremde Kalksteine, Dachschiefer und Keramik, darunter ein Stück mit Glasschlacke.
Lit.: TrZ 62, 1999, 348; TrZ 63, 2000, 416.

50. Fusenich „Kummertal"
Kreis: Trier-Saarburg
Landschaft: Bitburger Gutland
Höhe: 345 m ü. N.N.
Topographie: Auf Südhang des Firstberges nahe der Quellmulde des Dürrbaches
Geologie: Keuper und Muschelkalk
Anbindung: Unmittelbar nordwestlich der Straße von Trier nach Metz
Typ: Villa, Typus unbekannt
Datierung: Hauptgebäude: Keramik: Spätes 1. Jh. bis spätes 3. Jh. n. Chr.; Münzen: As für Domitian (RIC Vespasian 713) und Minimus der Zeit 270/280 n. Chr. Gebäude in 40 m Entfernung: Zwei Eichenstämme, von denen der erste in die Jahre ab 11 n. Chr. datiert, der zweite in das Jahr 25 n. Chr.
Befund: Siedlungsstelle mit Mauerabschnitten und Resten eines Treppenaufganges, die mehrere Bauphasen und Brandhorizonte aufweist und beim Autobahnbau der A 48 1985 von Raubgräbern ausgebeutet wurde. Bei anschließenden Sondierungen des RLM Trier konnte eine Brandschicht in das spätere 3. Jh. n. Chr. datiert werden. Ca. 40 m östlich wurden in der Autobahntrasse zwei Eichenstämme ausgebaggert, deren Fälldatum dendrochronologisch in die Jahre ab 11 n. Chr. und 25 n. Chr. datiert. Möglicherweise handelt es sich um einen frühkaiserzeitlichen Vorgängerbau der Villa aus Holz, der ab flavischer Zeit durch den zuerst genannten Steinbau ersetzt wurde. Eine Besiedlung der Steinvilla nach der zweiten Hälfte des 3. Jh. n. Chr. ist nicht belegt.
Abb.: Tafel 13, Abb. 24.
Lit.: Steinhausen 1932, 110; CAL 19, 1983, 30 Nr. 163; TrZ 52, 1989, 461–463; Krausse 2006, Kat. 1511.

51. Gilzem „Wellbüsch"
Kreis: Bitburg-Prüm
Landschaft: Bitburger Gutland
Höhe: 390 m ü. N.N.
Topographie: Auf leicht nach Südwesten abfallendem Rücken nahe mehrerer Quellmulden, die in die Nims entwässern
Geologie: Keuper und Muschelkalk
Anbindung: Nahe der Straße von Trier nach Bitburg und Köln (ca. 1,3 km)
Typ: Villa, Typus unbekannt
Datierung: Ende 1. bis Mitte 4. Jh. n. Chr.
Befund: Von Steinhausen 1932 beschriebene Siedlungsstelle, von der im Jahr 1890 ein Keller und Estrichreste freigelegt wurden. Das Fundmaterial setzt im 1. Jh. n. Chr. mit Münzen Domitians ein und endet im 4. Jh. n. Chr. mit „spätrömischer Keramik" (Steinhausen) und einem Centenionalis des Magnentius. Zwei Hülsenscharnierfibeln (Riha Typ 5.12 und 5.17) stammen aus dem 1. und 2. Jh. n. Chr.
Lit.: Steinhausen 1932, 113 (2); TrZ 35, 1972, 309–310; TrZ 55, 1992, 412; van Ossel 1992, 375, Kat. 381; Krausse 2006, 515.

52. Godendorf „Runzelt"

Kreis: Trier-Saarburg
Landschaft: Bitburger Gutland
Höhe: 240 m ü. N.N.
Topographie: Auf einem Südosthang oberhalb der Sauer; in unmittelbarer Nähe ein kleiner Sauerzufluss
Geologie: Muschelkalk
Anbindung: Nahe der Sauer (ca. 600 m)
Typ: Villa, Typus unbekannt
Datierung: Beginn 2.–Mitte 4. Jh.
Befund: Von Steinhausen 1932 beschriebene Siedlungsstelle, die sich auf ca. 200 x 150 m erstreckt. Neben Mauerzügen und Ziegelestrich sind Reste von Wandmalerei, Hypokaustenpfeiler, Marmorplatten und ein „Kellergewölbe" überliefert. Qualitätvolle Kleinfunde und die erwähnten Bauglieder lassen auf eine wohlhabend ausgestattete Villa schließen. Die Keramik- und Münzfunde, darunter ein Mittelerz Constantins II., datieren den Bau von der ersten Hälfte des 2. Jh. bis in die Mitte des 4. Jh. n. Chr.
Lit.: Steinhausen 1932, 115 (1); CAL 14, 1985, 37 (71); Krausse 2006, Kat. 1456.

53. Greimerath „Auf der Warte"

Kreis: Trier-Saarburg
Landschaft: Hoch- und Idarwald
Höhe: Ca. 448 m ü. N.N.
Topographie: Auf einem Westhang unterhalb des „Judenkopfes" nahe einer Quellmulde
Geologie: Hunsrückschiefer
Anbindung: Nahe der Straße von Trier nach Straßburg
Typ: Risalitvilla
Befund: Hauptlehrer Zang lieferte 1928 Bilder und einen Grundriss einer Villa, wahrscheinlich einer Risalitvilla. Im Jahresbericht befindet sich der Hinweis, dass das römische Gebäude „allmählich zu Grunde geht". Zang konnte auf einer Fläche von ca. 32 x 29,60 m Teile des Gebäudes dokumentieren und dabei neun Räume nachweisen, von denen einer ein Kellerraum war, zu dem eine gut erhaltene Treppe führte.
Abb.: Tafel 13, Abb. 25.
Lit.: TrZ 4, 1929, 189.

54. Hamm „Bungert"

Kreis: Trier-Saarburg
Landschaft: Unteres Saartal
Höhe: 136 m ü. N.N.
Topographie: Auf Westhang östlich der Saar
Geologie: Fluviatile Ablagerungen
Anbindung: Nahe der Saar (ca. 40 m)
Typ: Villa, Typus unbekannt
Datierung: Spätes 2.–4. Jh.

Befund: Von Grabungstechniker Badry (ehemals Provinzialmuseum) 1937 begangene Siedlungsstelle, von der auf einer freigelegten Fläche von ca. 5 x 2 m ein Mauerzug, eine Ascheschicht und Bauschutt dokumentiert wurden. Das Mauerwerk bestand aus Schieferstein und festem Kalkmörtel. Es schien jünger als die beobachtete Zerstörungsschicht zu sein. Diese enthielt Verputzreste mit Wandmalerei, römische Ziegel und Keramik des späteren 2. bis 4. Jh. n. Chr. Möglicherweise handelte es sich bei dem Mauerzug um einen spätantiken Wiederaufbau der Villa.
Lit.: TrZ 12, 1937, 284.

55. Heidweiler „Fliegenwäldchen"
Kreis: Bernkastel-Wittlich
Landschaft: Moseleifel
Höhe: 377 ü. N.N.
Topographie: Auf leichtem Nordosthang, neben einer Quellmulde
Geologie: Buntsandstein
Typ: Villa, Typus unbekannt
Befund: Von Steinhausen 1932 beschriebene Siedlungsstelle mit Mauerresten, Verputzresten und Wandmalereifragmenten, die rote und grüne Streifen auf einem weißen Untergrund tragen. 1964 wurde die Stelle nochmals durch das RLM Trier begangen und dabei weitere Reste von Mörtel, Wandverputz, Dachziegeln und Holzkohle festgestellt.
Lit.: Steinhausen 1932, 120; TrZ 30, 1967, 260; Krausse 2006, Kat. 94.

56. Heilenbach „Im Hewel"
Kreis: Bitburg-Prüm
Landschaft: Bitburger Gutland
Höhe: 430 m ü. N.N.
Topographie: Auf einem Westhang oberhalb des Ehlenzbaches
Geologie: Buntsandstein
Anbindung: Direkt neben der vermuteten Nord-Südverbindung von Bitburg in die Eifel (vgl. Krausse 2006, Kat. 528, Karte 4)
Typ: Villa, Typus unbekannt
Datierung: 2.–3. Jh.
Befund: Bei Drainagearbeiten 1968 entdeckte Villa, von der ein hypokaustierter Raum mit Präfurnium freigelegt wurde. Unter dem Präfurnium lag ein abgedeckter Wasserkanal. Eine nicht weiter definierte „Zerstörungsschicht" enthielt Keramik des 2. und 3. Jh. n. Chr. Auf der Gemarkung Heilenbach befinden sich weitere römische Siedlungsstellen, die jedoch nicht dokumentiert werden konnten; beispielsweise sollen auf der Flur „Kalkhof" Reste eines Bodenmosaiks freigelegt und zerstört worden sein (vgl. Hoffmann/Hupe/Goethert 1999, 186 Nr. 192). Eine zuverlässige Beschreibung oder Dokumentation dieser Fundstelle liegt nicht vor.
Abb.: Tafel 13, Abb. 26.
Lit.: TrZ 33, 1970, 258(5); Krausse 2006 Fdst. 528.

57. Heinzerath „Im Flürchen"
Kreis: Bernkastel-Wittlich
Landschaft: Hunsrückhochfläche
Höhe: 495 m ü. N.N.
Topographie: Auf Südwesthang nahe der Quelle des Heinzerbaches
Geologie: Hunsrückschiefer
Anbindung: An der Straße von Trier nach Bingen und Mainz ca. 6 km westlich des Vicus Belginum
Typ: Villa, Typus unbekannt
Befund: 1953 entdeckte römische Siedlungsstelle, von der ein 2,70 m langes Mauerstück mit zwei angrenzenden Räumen freigelegt wurde. Bei dem ersten handelt es sich um einen 2 m schmalen Raum, der über einen besonders soliden Estrich mit mehreren Pack- und Mörtellagen verfügte. Möglicherweise das Fundament eines Baderaumes. Der gegenüberliegende enthielt eine Brand- und Schuttschicht, in der sich Reste von Wandputz, Dachschiefer und viele Eisennägel befanden.
Lit.: TrZ 24/26, 1956/58, 499; H. Cüppers, Archäologische Funde im Landkreis Bernkastel. Archiv für Kultur und Geschichte des Landkreises Bernkastel 3, (Bernkastel 1966), 84.

58. Hermeskeil „Borwiese"
Kreis: Trier-Saarburg
Landschaft: Hunsrückhochfläche
Höhe: 516 m ü. N.N.
Topographie: Auf Nordwesthang nahe des Lösterbaches
Geologie: Züsch–Schiefer
Anbindung: An der Straße, die vom Ruwertal in den südlichen Hunsrück und weiter nach Straßburg führt
Typ: Villa, Typus unbekannt
Datierung: Keramik 2. Jh. n. Chr.
Befund: Bei Ausschachtungsarbeiten wurde 1954 ein Mauerwinkel durchschlagen. 0,75 m starke Schiefermauern saßen auf einem 0,50 m hohen Trockenfundament. In der Schuttschicht befanden sich Scherben und Dachziegel. Nach Eiden 1970 ist die Fundstelle des Herrengebäudes ca. 80 x 60 m groß. Der südwestlich gelegene, im Jahresbericht genannte Pfad aus Schiefer und Kiesel gehört nach Eiden 1970 wahrscheinlich zum ehemaligen Kirchweg.
Lit.: TrZ 24/26, 1956–58, 581; Eiden 1970, 41 und Kat. 25.

59. Hermeskeil „Erzberg"
Kreis: Trier-Saarburg
Landschaft: Hunsrückhochfläche
Höhe: 507 m ü. N.N.
Topographie: Auf einem Südhang oberhalb des Lösterbaches
Geologie: Züsch–Schiefer
Anbindung: An der Straße, die vom Ruwertal in den südlichen Hunsrück und weiter nach Straßburg führt
Typ: Villa, Typus unbekannt

Datierung: Keramik 2. Jh. n. Chr.; Münze Trajans
Befund: Bei Drainagearbeiten wurde die Badeanlage einer römischen Villa angeschnitten. Als Funde stammen aus diesem Standort ein Bleirohr, Tubuli und Scherben.
Lit.: TrZ 6, 1931, 186; TrZ 14, 1939, 247; Eiden 1970, 39–41 und Kat. 24.

60. Hermeskeil „Hascheid"
Kreis: Trier-Saarburg
Landschaft: Hunsrückhochfläche
Höhe: 542 m ü. N.N.
Topographie: Auf einer Kuppe zwischen den Bachläufen des Forstelbaches und der Prims
Geologie: Quarzitsandstein
Anbindung: An der Straße, die vom Ruwertal in den südlichen Hunsrück und weiter nach Straßburg führt
Typ: Rechteckhaus
Befund: Rechteckiges Gebäude, 23,3 x 11,1 m, von dessen sonst ungeteilten Innenraum an der einen Längswand ein kleines quadratisches Zimmer abgetrennt war. Die Fundamente des Baus waren bereits 1933 herausgerissen, um als Baumaterial Verwendung zu finden.
Abb.: Tafel 14, Abb. 27.
Lit.: TrZ 8, 1933, 135; Germania 18, 1934, 57; Eiden 1970, Kat. 37.

61. Hetzerath „Am Alten Weiher" („Forst")
Kreis: Bernkastel-Wittlich
Landschaft: Wittlicher Senke
Höhe: 220 m ü. N.N.
Topographie: Auf flachem Westhang nahe der Salm
Geologie: Buntsandstein und fluviatile Ablagerungen
Anbindung: Nahe der Salm und der Straße von Trier nach Koblenz (ca. 2 km)
Typ: Villa, Typus unbekannt
Datierung: Keramik 2.–spätes 4. Jh.; Münzfund: Republikanischer Denar (vgl. TrZ 67/68, 2004/05, 372 (3)).
Befund: Nach Steinhausen 1932 recht ausgedehnte Siedlungsstelle eines Villenhauptgebäudes, das im frühen 20. Jh. von Laien partiell freigelegt und 1927 durch das damalige Provinzialmuseum dokumentiert wurde. Neben Keramik des 2. und 3. Jh. n. Chr. lieferte die Stelle Fragmente einer toskanischen Säule aus Sandstein. In jüngster Zeit beging Herr Lang aus Hetzerath wiederholt die Fundstelle und meldete dem RLM Trier zwei weitere Ziegelstreuungen, die sich in ca. 200 und 400 m Entfernung zum Hauptgebäude befinden. Möglicherweise handelt es sich dabei um Nebengebäude der Villa. Neben den Ziegelfragmenten finden sich Reste von Kalkestrich, bemalte Putzstücke und diverse Eisenteile.

Auf Luftbildern der Villa, die dem RLM Trier zur Verfügung gestellt wurden, sind deutlich der Grundriss des Hauptgebäudes im Typ Risalitvilla sowie mindestens ein Nebengebäude erkennbar.
Abb.: Tafel 14, Abb. 28.
Lit.: Steinhausen 1932, 127 (2); TrZ 67/68, 2004/05, 372 (3); Krausse 2006, Kat. 97.

62. Hetzerath „Hambuch"

Kreis: Bernkastel-Wittlich
Landschaft: Wittlicher Senke
Höhe: 195 m ü. N.N.
Topographie: Auf Nordosthang nahe dem Raselbach
Geologie: Fluviatile Ablagerungen
Anbindung: Nahe (ca. 600 m) der Straße von Trier nach Koblenz
Typ: Risalitvilla
Datierung: Keramik: 2.–4. Jh.; Münzfunde: 1. Jh. v. Chr.–spätes 4. Jh. n. Chr.
Befund: Durch Bodenprospektionen und Luftbilder bekannte Villa, deren ca. 25 x 25 m großes Hauptgebäude vom Typ Risalitvilla in einer ca. 200 x 100 m großen Hoffläche liegt. Entlang der Hofbegrenzung befinden sich mehrere Seitengebäude. Drei weitere Nebengebäude, die sich im Luftbild abzeichnen, liegen in einiger Entfernung. Diese großen rechteckigen Gebäude dienten möglicherweise als Horrea. In neuerer Zeit legte Herr Lang aus Hetzerath wiederholt Streufunde der Stelle vor, darunter Keramik des 2. und 3. Jh. n. Chr., Kleinfunde und Münzfunde, die von der Mitte des 1. Jh. v. Chr. bis in die zweite Hälfte des 4. Jh. n. Chr. datieren.
Abb.: Tafel 15, Abb. 29–30.
Lit.: Steinhausen 1932, 127–128 (4); TrZ 67/68, 2004/05, 372 (1, 3); Krausse 2006, Kat. 101.

63. Holsthum „Auf den Mauern"

Kreis: Bitburg-Prüm
Landschaft: Ferschweiler und Luxemburger Sandsteinhochfläche
Höhe: 240 m ü. N.N.
Topographie: Auf einer nach Südwesten gelegenen Kuppe, oberhalb der Prüm
Geologie: Keuper
Anbindung: Nahe der Prüm und einer vermuteten West-Ostverbindung in die Eifel (vgl. Krausse 2006, Beilage 4)
Typ: Risalitvilla
Datierung: Spätlatènezeitliche, augusteische Vorgängersiedlung. Steinbau aus dem späten 1. oder frühen 2.–4. Jh. n. Chr.
Befund: Zu Beginn der 90er Jahre unter der Leitung des RLM Trier ausgegrabene Risalitvilla, die als Siedlungsstelle bereits bei Steinhausen 1932 aufgeführt ist. Das 47,4 x 23,65 m große Herrengebäude der Villa liegt auf einer nach Südwesten orientierten Kuppe oberhalb der Prüm. Aufgrund des Gefälles ist eine Mauer unterhalb der Portikus nötig; diese ist dadurch über zwei Rampen zugänglich. Ein Keller befand sich im mittleren Bereich der Portikus. Hier lagen verstürzte Architekturteile, u. a. toskanische Säulenschäfte aus anstehendem gelbem Sandstein, durch die die Frontseite des Baus mit einer erhöhten Ädikula rekonstruiert werden kann (vgl. Rekonstruktionsvorschlag S. Faust, Zeichnung B. Kremer). Der innere Bereich ist durch eine Untergliederung der üblichen Haupthalle gekennzeichnet. Im Zentralraum *13* befinden sich ein Ofen *16* und der Kellerzugang *17*. Der westlich davon gelegene Raum *14* weist keine weitere Unterteilung auf, anders die untergliederten östlichen Räume *11*, *12* und *15*, dieser mit einem Treppenansatz, der in das erste Obergeschoß führte. Eine Funktionszuweisung kann aufgrund der ausgeraubten Strukturen sowohl bei diesen Räumen als auch bei denjenigen des Südostrisalits nicht mehr vorgenommen werden. Im

Nordwestrisalit lag das Bad mit der typischen Unterteilung von Apodyterium *4*, Frigidarium (*1a*, *1b*, *2*), Tepidarium *6* und Caldarium *5*. Beheizt wurde dieses über das tiefer liegende Präfurnium *3*.

Außer den Säulenresten stammen aus der Villa noch weitere Architekturteile wie Wandputz und Fensterglas. Hinweise auf kurzfristige Schmiedetätigkeiten, beispielsweise Reparaturarbeiten, fanden sich als Eisenschlacken im Ofen des Zentralraumes. An der Rückseite des Gebäudes lag eine Getreidedarre, in Raum *21* ein weiterer Ofen, dessen Funktion nicht geklärt werden kann. Wirtschafts- oder Nebengebäude einer *pars rustica* konnten nicht nachgewiesen werden.

Historisch interessant ist der Nachweis einer lokalen Münzproduktion. Bei der Terrassenmauer fand sich ein aus Bronzeresten hergestelltes Stäbchen, aus dem Münzschrötlinge gefertigt wurden. Durch einen Vergleich mit ähnlichen Befunden in Villen, wie beispielsweise in Sarreinsming in Lothringen, kann dieser Fund in die Zeit des Gallischen Sonderreiches datiert werden.

Das Hauptgebäude wurde Ende des 1. Jh. n. Chr. auf einer planierten Schicht erbaut, die auf eine Vorgängerbesiedlung hinweist. Jedoch bestand keine Kontinuität zu dieser. Bauliche Veränderungen oder Zerstörungsschichten wurden in der Steinbauphase nicht nachgewiesen. Ebenso konnte keiner der Räume, außer im Bad, eine installierte Heizung aufweisen. Das Fundmaterial deutet auf eine Nutzung der Villa bis in die Mitte des 4. Jh. n. Chr. hin.

Abb.: Tafel 16, Abb. 31–33.
Lit.: Steinhausen 1932, 130; TrZ 27, 1964, 265; TrZ 55, 1992, 415; TrZ 56, 1993, 304; TrZ 59, 1994, 238–241; S. Faust, Das Wohnhaus der römischen Gutshofes bei Holsthum (Kreis Bitburg-Prüm), in: Beiträge zur Geschichte des Bitburger Landes 18 (Bitburg 1/1995), 27–32; S. Faust, Holsthum, in: Denkmäler 2008, 38; Krausse 2006, Kat. 552; K.-J. Gilles, Lokale Münzwerkstätte in Holsthum, in: Demandt/Engemann 2007, CD-ROM I.3.34.

64. Horath „Klosterwiesen" („Schlechtwiesen")
Kreis: Bernkastel-Wittlich
Landschaft: Hunsrückhochfläche
Höhe: 390 m ü. N.N.
Topographie: Auf flachem Südhang, in einem Tal nördlich der Dhron; im Tal ein Zufluss zur Dhron
Geologie: Hunsrückschiefer
Anbindung: Ca. 2,4 km südlich der Straße von Trier nach Bingen und Mainz und nahe der Dhron
Typ: Risalitvilla
Datierung: Zeitphasen der Gesamtvilla nach Cüppers (1967): Spätlatènezeitliche Siedlungsspuren Ende 1. Jh. v. Chr.; spätlatènezeitliche Keramik und frühe Belgische Ware in Fundstelle *III*; erste Spuren einer Steinbauphase (unter Raum *2*) 2. Hälfte 1. Jh. n. Chr. Risalitvilla Beginn 2. Jh. n. Chr.; Erweiterung „Nordflügel" 2. Hälfte 2. Jh. bis 1. Hälfte 3. Jh. n. Chr.; „Brand- und Zerstörungsschicht" 2. Hälfte 3. Jh. n. Chr.; veränderter Neubau bis 4. Jh. n. Chr.; nachweisliche Besiedlung in Räumen *2* und *7a* bis 2. Hälfte 4. Jh. n. Chr.; späteste Nachweise in Nebengebäude *IV* und Aufgabe Beginn 5. Jh. n. Chr.
Befund: Mehrere bekannte Fundstellen gehören zum Areal der Villa, die 1961–63 unter der Leitung des RLM Trier ausgegraben und 1967 von H. Cüppers in der Trierer Zeitschrift pu-

bliziert wurde. Das ca. 41 x 22 m große Hauptgebäude im Typ Risalitvilla (Fundstelle *I*) bildet mit seiner nach Süden orientierten Frontseite den Mittelpunkt der Anlage. Ihm ist ein 32,5 x 18 m großes ummauertes Wasserbecken vorgelagert, welches eher wirtschaftlichen als dekorativen Zwecken diente. Die Frontseite ist durch eine *porticus triplex* gekennzeichnet, die über ein 3,25 m breites Tor mit einem zentralen Hauptraum *2* verbunden ist. Dieser 9 x 10,25 m große Raum war mit einer Säulenstellung ausgestattet, die das Gebälk trug. Auf den Seiten gruppierten sich die Wohnräume (*3–6* im Westen und *15–20* im Osten), die durch spätere Umbauten in ihrer Funktion verändert wurden. Unter ihnen war Raum *16* bereits in der ersten Bauphase durch eine Hypokaustenanlage und Tubuli beheizbar. Räume *21* und *22* waren von außen erreichbar. Bei ihnen handelt es sich um Wirtschaftseinheiten oder Stallungen. Der axiale Grundriss ist nicht genau symmetrisch, da die im Ostflügel gelegenen Räume *15–17* im Westen keine Entsprechung finden. Dies fällt nicht weiter auf, da die Frontseite durch die Portikus einheitlich und symmetrisch gestaltet ist. An die Nordseite des Gebäudes wurde bei einer Erweiterung ein Bad errichtet (*8–14*). Ebenfalls aus einer späteren Bauphase stammen die Räume *7c* und *7b*, die als Keller dienten. Der birnenförmige Schmelzofen einer Eisenverhüttungsstätte oder einer Schmiede *7a* wurde in spätantiker Zeit an der Nordseite des Gebäudes betrieben. Das Rohmaterial stammt wahrscheinlich aus Tagebaugruben, die nördlich auf dem Gelände im Schiefergestein nachgewiesen werden konnten.

Fundstellen *II* und *III* liegen südlich des Hauptgebäudes. *III* gilt als dessen Vorgänger, *II* als Wirtschaftsgebäude. Eine weitere Siedlungsstelle mit einem Fundhorizont der zweiten Hälfte des 4. Jh. n. Chr. befindet sich nordwestlich des Hauptgebäudes und könnte nach dessen Zerstörung als Wohnstätte gedient haben.

Der oberhalb der Villa gelegene Grabhügel „Im Tönnchen" (Fundstelle *VI*) enthielt über 140 Beigaben, die in das erste Jahrzehnt des 2. Jh. n. Chr. datieren (vgl. Cüppers 1990).
Die folgende Phasenbeschreibung nach Cüppers 1967 ordnet die chronologischen Zusammenhänge des Gesamtareals.

Phase I: Fundstelle *III* scheint der früheste Teil der Villa gewesen zu sein. Ein ursprünglich einfaches Rechteckhaus mit Fachwerkunterteilung wurde durch einen Nord- und einen Südrisalit, verbunden mit einer Portikus, erweitert. Von hier stammt spätlatènezeitliche und frühe Belgische Keramik. Gleichzeitig oder wenig später wurde unter der Risalitvilla *I* ein weiteres Steingebäude errichtet, dessen Mauerfragmente unter dem Zentralraum *2* des Hauptgebäudes nachgewiesen wurden. Dieser ältere Steinbau unter dem späteren Herrengebäude entstand nach Cüppers in der zweiten Hälfte des 1. Jh. n. Chr.

Phase II: Erste Steinbauphase des Hauptgebäudes *I* als Risalitvilla. Dieses stellt nach Cüppers eine architektonische Weiterentwicklung zu den einfachen Risalitvillen von Bollendorf und Stahl dar und wurde demnach nicht vor dem beginnenden 2. Jh. n. Chr. erbaut.

Phase III: Mit dem Anbau eines Bades im Norden wird das Herrengebäude deutlich aufgewertet (Räume *8–14*). Gleichzeitig erhält der westliche Flügel durch die Nordmauer der Räume *7b* und *7c* eine Erweiterung.

Phase IV: Nach einem Brand oder einer Zerstörung wurde das Bad aufgegeben und in die Räume *18–19* verlegt. Raum *19* erhielt eine Erweiterung, deren apsidialer Anbau in die Portikus greift. In der Brandschicht des Raumes *8* wurden zahlreiche Scherben des späten

Niederbieberhorizontes gefunden. Cüppers stellt diese Zerstörung in Zusammenhang mit Alamanneneinfällen der zweiten Hälfte des dritten Jahrhunderts.
Im südlichen Trakt der Villa reicht der Fundhorizont kontinuierlich bis in die zweite Hälfte des 4. Jh. n. Chr.

Phase V: In Raum *7a* wurde der birnenförmige Metallofen installiert. Keramik in diesem Raum belegt eine Nutzung bis in die zweite Hälfte des 4. Jh. n. Chr.

Phase VI: Mayener Ware belegt in Nebengebäude *IV*, die Nutzung als „Ausweichquartier" oder „Neusiedlung" (Cüppers 1967). Spätestens zu Beginn des 5. Jh. wurde auch diese Siedlungsstelle aufgegeben.

Interpretation: Bei der Villa von Horath handelt es sich um einen Gutshof mittlerer Größe, an dem sich die typischen baulichen Veränderungen, denen er unterzogen wurde, relativ sicher beobachten lassen. Cüppers legt bei der Publikation kein Fundmaterial vor, sondern erwähnt nur einzelne Formen, aufgrund derer er seine Datierungen vornimmt. Seine Beobachtungen zur Phasenabfolge sind vor allem durch Befunde und den Vergleich zu anderen Standorten des Trierer Landes gedeckt. Demnach können sie nur als mit Vorsicht gelten, beispielsweise die Errichtung des Hauptgebäudes in der ersten Hälfte des 2. Jh. Dennoch lassen sich einige Merkmale beobachten.

Bereits die erste Steinbauphase des Herrengebäudes weist durch ihre Frontseite und den großen Zentralraum einen gewissen Repräsentationsanspruch auf. Allerdings fehlen Zeugnisse von Wohnluxus; es wurden keine Reste von Wandmalerei, Marmor oder Mosaiken gefunden. Ebensowenig verfügte dieser erste Bau über ein Bad. Einzig Raum *16* wies durch seine bereits in der ersten Phase bestehende Heizung einen größeren Wohnkomfort auf. Das Ende des 2. oder Anfang des 3. Jh. n. Chr. errichtete Bad kann als Zeichen für Wohlstand gedeutet werden. Auf diesen wollte man auch nach Zerstörung der Anlage in der zweiten Hälfte des 3. Jh. n. Chr. nicht verzichten und integrierte das Bad neu in den Ostflügel des Herrengebäudes, wo es bis zur Aufgabe in der zweiten Hälfte des 4. Jh. in Betrieb war. Cüppers geht aufgrund der Funde von Keramik, Typ Niederbieber 89, davon aus, dass der Wohntrakt bis auf eine kurzfristige Unterbrechung kontinuierlich besiedelt war (vgl. Cüppers 1967, 141).

Unklar bleibt weiterhin, ob sich die Besiedlung der 2. Hälfte des 4. Jh. n. Chr. auf die Schmiede in Raum *7a* und den Raum *2* konzentriert oder ob die restlichen Wohneinheiten zu dieser Zeit bereits aufgelassen wurden.

Was die wirtschaftlichen Aspekte der Anlage betrifft, so verweist Cüppers (1967), 142 auf die nahe gelegene „Ausoniusstraße" zur Erreichbarkeit der Absatzmärkte in Belginum und die Möglichkeiten der Getreide-, Holz-, Weide- und Viehwirtschaft, welche am Standort betrieben werden können.

Abb.: Tafel 17, Abb. 34; Tafel 18, Abb. 35.
Lit.: TrZ 27, 1964, 259; H. Cüppers, Archäologische Funde im Landkreis Bernkastel. Archiv für Kultur und Geschichte des Landkreises Bernkastel 3, 1966, 96–99; H. Cüppers, Gallo-römischer Bauernhof bei Horath, Kreis Bernkastel, in: Trierer Zeitschrift 30, 1967, 114–143; TrZ 33, 1970, 259–260; E. M. Wightman, Roman Trier and the Treveri (1970) 280; H. Cüppers, Gallo-römischer Bauernhof bei Horath, in: Westlicher Hunsrück, 213–218; Cüppers 1990, 395–397; van Ossel 1992, 240–242.

65. Hüttingen bei Lahr „Auf der Mauer"
Kreis: Bitburg-Prüm
Landschaft: Bitburger Gutland
Höhe: 270 m ü. N.N.
Topographie: Auf Westhang, oberhalb des Notzenbaches
Geologie: Buntsandstein und Muschelkalk
Anbindung: Nahe der Sauer (ca. 5 km)
Typ: Villa, Typus unbekannt
Befund: Von Steinhausen 1932 beschriebene Siedlungsstelle mit Wandputz und Resten von Tubuli, deren Mauerzüge sich in trockenen Sommern im Kalkboden abzeichneten. Von der Fundstelle stammt ein As augusteischer Zeit (TrZ 49, 1986, 372), das allerdings in keinem Fundkontext steht.
Lit.: Steinhausen 1932, 135; TrZ 49, 1986, 372; Krausse 2006, Kat. 574.

66. Idenheim „Auf dem Kalk"
Kreis: Bitburg-Prüm
Landschaft: Bitburger Gutland
Höhe: 350 m ü. N.N.
Topographie: Auf steilem Südosthang, oberhalb des Falzerbaches mit einer Quelle hangaufwärts
Geologie: Muschelkalk
Anbindung: Nahe der Straße von Trier nach Bitburg und Köln (ca. 1,3 km)
Typ: Villa, Typus unbekannt
Befund: Von Steinhausen 1932 beschriebene Siedlungsstelle, die sich als „ausgedehntes Trümmerfeld" darstellte. Das vermutete Hauptgebäude stand auf einer Terrasse im steilen Südosthang. Ein 0,4 km nordwestlich gelegenes Gräberfeld (Flur „Beilenholz/Beilenbüsch") gehörte nach Steinhausen zur Villa. Van Ossel 1992 erwähnt unpubliziertes Material, beispielsweise eine bronzene Gürtelschnalle des 4. Jh. n. Chr.
Lit.: Steinhausen 1932, 136–137 (3); van Ossel 1992, 376, Kat. 393; Krausse 2006, Kat. 576 und 577.

67. Idenheim „Ortslage"
Kreis: Bitburg-Prüm
Landschaft: Bitburger Gutland
Höhe: 360 m ü. N.N.
Topographie: Auf flachem Südosthang
Geologie: Muschelkalk
Anbindung: Nahe der Straße von Trier nach Bitburg und Köln (über Querverbindung ca. 1,5 km, vgl. Krausse 2006, Karte 4)
Typ: Villa, Typus unbekannt
Befund: In den Bonner Jahrbüchern von 1925 und bei Steinhausen 1932 beschriebene Fundstelle einer „ausgedehnten Villenanlage" (Steinhausen) von der Mauerzüge, Wandputz, Tubuli und Reste von Dachschieferplatten überliefert sind.
Lit.: Bonner Jahrbücher 130, 1925, 352; Steinhausen 1932, 135–136 (1); Krausse 2006, Kat. 582

68. Idenheim „Unter Stielbüsch"
Kreis: Bitburg-Prüm
Landschaft: Bitburger Gutland
Höhe: 360 m ü. N.N.
Topographie: Auf relativ flachem Gelände
Geologie: Keuper
Anbindung: Nahe der Straße von Trier nach Bitburg und Köln (ca. 0,5 km)
Typ: Villa, Typus unbekannt
Datierung: Streufunde 2.–4. Jh.
Befund: Von Steinhausen 1932 beschriebene Siedlungsstelle, die sich durch Mauerzüge und Erhebungen im Gelände abzeichnete. Bei einer Notgrabung des RLM Trier in den 1960er Jahren wurde in einem vermutlichen Keller eine Säule von 1,35 m Höhe und 0,45 m Durchmesser entdeckt.
Lit.: Steinhausen 1932, 136 (4); TrZ 33, 1970, 260 (1); van Ossel (1992), 376, Kat. 392; Krausse 2006, Kat. 583.

69. Idesheim „Auf der Hühnerbach"
Kreis: Bitburg-Prüm
Landschaft: Bitburger Gutland
Höhe: 355 m ü. N.N.
Topographie: Auf Südosthang, über der Quelle des Falzerbaches
Geologie: Muschelkalk und Keuper
Anbindung: Nahe der Straße von Trier nach Köln (ca. 0,5 km)
Typ: Villa, Typus unbekannt
Datierung: Keramik Mitte 3.–4. Jh.
Befund: Von Steinhausen 1932 beschriebene Siedlungsstelle mit Erwähnung „gelegentlicher Grabungen", bei der eine Badeanlage entdeckt wurde. An Funden nennt Steinhausen Estrichbrocken, Hypokaustpfeiler, Tubuli, Bleiröhren und Ziegel sowie rot geflammte Speicherer Keramik, die jedoch nicht eingehender präzisiert wird.
Lit.: S. Loeschcke, Jahresbericht 1920, in: Trierer Jahresberichte 13, 1921/22, 31–64, bes. 56 mit Tafel X; Steinhausen 1932, 139 (4); Krausse 2006, Kat. 589.

70. Idesheim „Königsberg"
Kreis: Bitburg-Prüm
Landschaft: Bitburger Gutland
Höhe: 350 m ü. N.N.
Topographie: Auf Südosthang nahe zweier Quellen
Geologie: Muschelkalk und Tertiärschichten
Anbindung: Nahe der Straße von Trier nach Köln (ca. 0,5 km)
Typ: Villa, Typus unbekannt
Datierung: Keramik Mitte 3.–4. Jh.
Befund: Von Steinhausen 1932 beschriebene Siedlungsstelle mit einer Ausdehnung von „2 Morgen" (entspricht ca. einem halben Hektar). Überliefert sind ein Keller, Säulenbasen, Münzen, Eisengeräte und ein 20 m langes Mauerstück, das eventuell zu einer Umfassungs-

mauer gehört. An der Stelle wurden vermehrt Eisenschlacken gefunden, da sich in umittelbarer Nähe zur Siedlungsstelle eine ausgedehnte Tertiärschicht, die reich an Brauneisenstein ist, befindet. Möglicherweise wurde die Stelle im Mittelalter zur Eisenverhüttung genutzt. An Keramik überliefert Steinhausen rotgeflammte Speicherer Ware.

Lit.: J. Steinhausen, Alte Eisenschmelzen in der Südeifel, in: Trierer Zeitschrift 1, 1926, 49–63; Steinhausen 1932, 139 (3); Krausse 2006, Kat. 591.

71. Igel „Königsacht"

Kreis: Trier-Saarburg
Landschaft: Mittleres Moseltal
Höhe: 140 m ü. N.N.
Topographie: Auf leichtem Südwesthang oberhalb der Mosel.
Böden: Fluviatile Ablagerungen.
Anbindung: Nahe der Fernstraße Trier-Metz und sehr nahe der Mosel (ca. 300 m).
Typ: Villa, Typus unbekannt
Befund: Villa, von der im Jahr 1911 Mauerzüge und ein Brunnen freigelegt wurden. Keramik datiert den Ort als römisch, jedoch ohne weitere Präzisierung. Die Fundstelle kann aufgrund der günstigen Lage zwischen Mosel und Fernstraße sicherlich als Villa angesehen werden. Eine Identifizierung als Villa der Secundinier, der Familie des Grabmals von Igel, ist von H. Dragendorff und E. Krüger vorgeschlagen worden, jedoch aufgrund fehlender eindeutiger Indizien problematisch (vgl. *Kapitel IV.2.1.1*).

Lit.: H. Dragendorff/E. Krüger, Das Grabmal von Igel (Trier 1924), 3; CAL 19, 1983, 43 (71); Krausse 2006, Kat. 1359.

72. Igel „Löwener Mühle"

Kreis: Trier-Saarburg
Landschaft: Mosel
Höhe: 140 m ü. N.N.
Topographie: Auf Nordhang oberhalb der Mosel.
Böden: Muschelkalk, fluviatile Ablagerungen.
Anbindung: Nahe der Fernstraße Trier-Metz und nahe der Mosel (ca. 250 m).
Typ: Villa, Typus unbekannt
Chronologie: Münzfunde 1. Jh.n. Chr.–ca. 390 n. Chr.
Befund: Von Daniel Krencker im Jahr 1920 identifizierte Villa, deren Lage im Jahr 2006 durch ein Oberflächensurvey bestätigt werden konnte. H. Jakobs aus Mertesdorf und W. Knickrehm aus Trier konnten mit Genehmigung des RLM Trier auf dem Gelände der „Löwener Mühle" und des „Grutenhäuschen" genannten Grabtempels vier Trümmerstellen identifizieren, von denen die größte mit einer Ausdehnung von ca. 80 x 80 m aller Wahrscheinlichkeit nach das Villenhauptgebäude darstellt. Die Oberflächenfunde des Geländes setzen sich aus wenig Keramik, Kleinfunden und Münzen, die von ca. 100 n. Chr. bis in das ausgehende 4. Jh. n. Chr. datieren. Bemerkenswert ist eine Fundlücke in der Münzreihe, die von ca. 280 bis 330 n. Chr. reicht. Ältere Münzen stammen nicht vom Villengelände, sondern aus dem Bereich der römischen Straße (vgl. Knickrehm 2010, 167 zum As des P. Lurius Agrippa aus dem Jahr 6 v. Chr. und 169–173 zur restlichen Datierung).

Lit.: D. Krencker, Das „Grutenhäuschen" bei Igel. Ein römisches Mausoleum, in: Germania 6, 1922, 8–19, hier 9; CAL 19, 1983, 43 (73); Krausse 2006, Kat. 1357; W. Knickrehm, Die römische Villa an der Löwener Mühle und das „Grutenhäuschen". Neue Erkenntnisse durch neue Funde, in: Jahrbuch Kreis Trier-Saarburg 2010, 164–175.

73. Irrel „Münsterbüsch"

Kreis: Bitburg-Prüm
Landschaft: Bitburger Gutland
Höhe: 190 m ü. N.N.
Topographie: Auf einem Westhang oberhalb der Prüm
Geologie: Keuper und Luxemburgischer Sandstein
Anbindung: Nahe der Prüm und einer vermuteten Nord-Süd-Straße, die östlich der Prüm verläuft
Typ: Rechteckhaus
Datierung: 1. Hälfte 2.–2. Hälfte 3. Jh.
Befund: Rechteckiger Bau mit Maßen 19,50 x 8,0 m. Dieses Einraumhaus verfügte nur über eine geringe Binnenstruktur, jedoch über ein angefügtes Bad von 6,0 x 4,5 m Größe mit einem Präfurnium, einem Caldarium und einem Frigidarium mit Becken. Zwei Kanäle entwässern Bad und Gebäude. Das Fundmaterial, bestehend aus Keramik, Münzen und weiteren Kleinfunden, datiert von der ersten Hälfte des 2. Jh bis in die zweite Hälfte des 3. Jh. n. Chr. Krausse deutet das Irreler Einraumhaus als Wohngebäude eines bescheidenen agrarischen Anwesens.
Abb.: Tafel 18, Abb. 36.
Lit.: TrZ 37, 1974, 281–282; Krausse 2006, Kat. 598.

74. Kanzem „In den Sandgruben"

Kreis: Trier-Saarburg
Landschaft: Unteres Saartal
Höhe: 145 m ü. N.N.
Topographie: Auf einem Nordhang direkt südlich der Saar
Geologie: Fluviatile Ablagerungen, Moselterrassen und Hunsrückschiefer
Anbindung: Nahe der Saar und der Straße von Trier nach Metz über den Saargau (ca. 3,5 km)
Typ: Risalitvilla
Datierung: 2.–4. Jh.
Befund: Reste einer Villa, die 1978 in einer Notgrabung partiell durch das RLM Trier untersucht wurde. Den Mittelpunkt bildet ein Zentralraum *5*, an den sich auf der Südseite drei Räume anschließen (*2–4*), von denen *4* ein späterer Anbau ist. Unklar ist, inwiefern sich der westliche Raum *1* und die getrennt im Norden liegenden Räume *9* und *10* zum Komplex verhalten. Rinne *8* und Raum *11* gehören nicht zur antiken Bebauung, sie sind mittelalterlich oder frühneuzeitlich.
Abb: Tafel 19, Abb. 37.
Lit.: TrZ 24/26, 1956/58, 565–566; TrZ 49, 1986, 372–374; van Ossel 1992, 376, Kat. 396.

75. Kaschenbach „Alte Heide"

Kreis: Bitburg-Prüm
Landschaft: Bitburger Gutland
Höhe: 330 m ü. N.N.
Topographie: Auf leichtem Nordwesthang in Nähe zum Grasbach, Daufenbach und Nims
Geologie: Muschelkalk
Anbindung: In der Nähe der Querverbindung, die von der Straße Trier-Bitburg-Köln zur Prüm und weiter Richtung Norden führt
Typ: Villa, Typus unbekannt
Datierung: 2. Hälfte 1. Jh. n. Chr.–2. Hälfte des 3. Jh. n. Chr.; Münzfunde: Sesterz des Trajan, Antoninian des Tetricus (?), barbarisierter Antoninian um 270 n. Chr. (vgl. TrZ 33, 1970, 261). Dupondius des Marc Aurel (vgl. TrZ 35, 1972, 311).
Befund: Von Steinhausen 1932 beschriebene Fundstelle, aus der viel Mauerwerk ausgebrochen wurde. Weitere Begehungen bezeugen eine Besiedlung der Stelle von der zweiten Hälfte des 1. Jh. n. Chr. bis in die zweite Hälfte des 3. Jh. n. Chr. Möglicherweise wurde die Stelle in dieser Zeit aufgegeben und nicht wieder besiedelt. Bemerkenswert ist der Fund eines bronzenen Wagen- oder Jochaufsatzes (vgl. TrZ 40/41, 1977/78, 412 mit Abb. 19.).
Lit.: Steinhausen 1932, 146 (2); TrZ 33, 1970, 261; TrZ 35, 1972, 311; TrZ 40/41, 1977/78, 412; Krausse 2006, Kat. 606.

76. Kelsen „Ortslage"

Kreis: Trier-Saarburg
Landschaft: Mosel-Saar-Gau
Höhe: 327 m ü. N.N.
Topographie: Auf Osthang in der Quellmulde des Sprenkelbaches
Geologie: Muschelkalk
Anbindung: Nahe der Straße von Trier nach Metz
Typ: Villa, Typus unbekannt
Befund: 1933 und 1955 beobachtete Hypokaustanlage in Ortslage von Kelsen. Bei Kanalarbeiten im Jahr 2000 konnten Herr und Frau Steffny frei liegende Hypokaustpfeiler eines beheizbaren Raumes dokumentieren. Weitere Funde von Baumaterial wie Wandputz, Estrich und Mörtelproben deuten auf das Hauptgebäude einer Villa.
Abb.: Tafel 19, Abb. 38.
Lit.: J. Steinhausen, Archäologische Siedlungskunde des Trierer Landes (Trier 1936), 526; TrZ 64, 2001, 336 (dort fälschlicherweise unter „Dittlingen"); TrZ 65, 2002, 305.

77. Kenn „Römerplatz"

Kreis: Trier-Saarburg
Landschaft: Mittleres Moseltal
Höhe: 144 m ü. N.N.
Topographie: Auf leichtem Nordhang südlich der Mosel
Geologie: Fluviatile Ablagerungen
Anbindung: Nahe der Straße von Trier nach Bingen und Mainz
Typ: Großvilla

Datierung: Keller und Bad: Mitte 2. Jh. bis ca. 275 n. Chr.; partielle Nutzung zu Beginn des 5. Jh.; Münzfunde aus Kanal: 379–395 n. Chr. (vgl. Gilles 1990, 124).
Befund: Mehrere Fundstellen im Ortskern von Kenn gehören zum Hauptgebäude einer ausgedehnten Villa. Wasserleitungen, das Frigidarium eines Bades, Mosaikreste und die Statue einer „Quellnymphe" waren Teil der Ausstattung. 1988 konnte eine dreiräumige Kelleranlage von insgesamt 23 m Länge durch das RLM Trier ausgegraben werden. In den mittleren Raum *2* führte von Süden her eine Holztreppe, die im 3. Jh. n. Chr. mit Kalksteinquadern geschlossen wurde. Im östlichen, mit vier Nischen versehenen Raum *1* war die geometrische Wandbemalung am besten erhalten, sie war jedoch in allen drei Räumen vorhanden. Nicht eindeutig geklärt ist, ob der Keller im Verbund mit dem Hauptgebäude der Villa stand oder isoliert. Laut K.-J. Gilles könnte es sich bei dem Keller aufgrund der Bemalung und der Funde um einen Kultraum handeln. Nach 275 n. Chr. wurden Bad und Keller aufgegeben und dieser mit Bauschutt gefüllt. Im Fundmaterial befanden sich weitere qualitätvolle Fragmente von Wandmalerei und die Terrakotta einer Muttergottheit. Der westliche Raum des Kellers *3* wurde im frühen 5. Jh. n. Chr. zur Herstellung von Notgeld genutzt.

Als weitere Fundstelle wurden 1988 Teile des zur Villa gehörigen Abwasserkanals untersucht und von Frau Hilgers aus Kenn dem RLM Trier Münzen des späten 4. bzw. frühen 5. Jh. n. Chr. vorgelegt. Das Fundmaterial und die weite Befundstreuung innerhalb des Dorfes weisen darauf hin, dass es sich um eine prächtig ausgebaute und große Villa gehandelt haben muss. Ca. 300 m östlich des Hauptgebäudes befindet sich eine weitere Siedlungsstelle, die wohl zur Villa zugehörig ist (vgl. TrZ 60, 1997, 347).

Zeitlich lässt sich die Villa ab der Mitte des 2. Jh. n. Chr. fassen. Große Teile wie der Keller müssen um 275 n. Chr. zerstört worden sein; eine partielle Nutzung ist für das späte 4. und frühe 5. Jh. n. Chr. nachgewiesen. Merowingische Streufunde deuten auf eine Siedlungskontinuität ins frühe Mittelalter.
Abb.: Tafel 19, Abb. 39.
Lit.: Steinhausen 1932, 149 (1); TrZ 24–26, 1956–58, 581–582; B. Hilgers, Kenn. Geschichte und Geschichten eines Moselortes. Schriftenreihe Ortschroniken des Trierer Landes, Bd. 18 (Trier 1985), 39–56; Binsfeld/Goethert/Schwinden 1988, 141–142, Kat. 294, Tafel 69; K.-J. Gilles, Ein ungewöhnlicher römerzeitlicher Keller in Kenn, in: Jahrbuch Kreis Trier-Saarburg (Trier 1990), 122–129; TrZ 55, 1992, 418; TrZ 60, 1997, 347; Hoffmann/Hupe/Goethert 1999, 186, Kat. 194; K.-J. Gilles, Kenn, in: Denkmäler 2008, 130, Kat. 46.

78. Kersch „Unten auf der Gleich"
Kreis: Trier-Saarburg
Landschaft: Bitburger Gutland
Höhe: 320 m ü. N.N.
Typ: Villa, Typus unbekannt
Topographie: Auf flachem Südhang oberhalb des Katzenbaches
Geologie: Muschelkalk
Anbindung: Nahe der Straße von Trier nach Bitburg und Köln (ca. 1,8 km) und der Sauer (ca. 1,5 km)
Datierung: 2.–5. Jh.
Befund: Von Schmitt 1855 und Steinhausen 1932 beschriebene Siedlungsstelle. Demnach liegen auf einer Fläche von ca. „400 x 400 Schritt" (Schmitt, nach Steinhausen 1932) fünf

bis sechs auseinanderliegende Gebäude und Keramik des 4. und frühen 5. Jh. n. Chr. Neuere Begehungen lieferten Keramik des 2. bis 4. Jh. n. Chr. und römisches Baumaterial, darunter Kalksteine, Mörtel-, Estrich- und Ziegelreste. Nach Krausse 2006 handelt es sich bei der Fundstelle um eine Villa (dort als *aedificium* bezeichnet) mit Nebengebäuden. Aufgrund der Ausdehnung der Fundstelle wäre jedoch auch ein kleiner Vicus in Betracht zu ziehen.
Lit.: Steinhausen 1932, 152 (1); TrZ 49, 1986, 375; TrZ 55, 1992, 419; TrZ 56, 1993, 306; Krausse 2006 Kat.1466.

79. Kinheim „Willenbungert"
Kreis: Bernkastel-Wittlich
Landschaft: Mittleres Moseltal
Höhe: 180 m ü. N.N.
Topographie: Auf Nordhang südlich der Mosel
Geologie: Hunsrückschiefer
Anbindung: Nahe der Mosel (ca. 800 m)
Typ: Risalitvilla
Datierung: Villa I: 1. Hälfte 2.–1. Hälfte 3. Jh. (?) n. Chr.; Umbau und Villa II: unklar; Ansiedlung von Germanen nach ca. 360 n. Chr.; Aufgabe: Beginn 5. Jh. n. Chr.
Befund: 1976 nach Flurbereinigungmaßnahmen durch das RLM Trier in einer Notgrabung komplett freigelegtes Hauptgebäude einer Villa. Der Bau kann in zwei Phasen unterschieden werden. Das Gebäude der ersten Phase *I* entstand zu Beginn des 2. Jh. n. Chr. als einfache Risalitvilla (im Plan schraffiert) mit Hauptraum *2* und Portikus *12*. Eine Binnengliederung dieses ersten, 29 x 17 m großen Baus besteht in der Teilung des Hauptraumes in drei kleinere Einheiten. Nachgewiesen ist dieser Bau durch die Fundamentgräben, die sich unter dem Neubau *II* erhalten haben. Das Gebäude wurde nicht gewaltsam zerstört, sondern in einem mehrphasigen Umbau sukzessive abgetragen. B. Brühlmann nimmt in ihrer Magisterarbeit zur Villa Kinheim an, dass zwischen dem Abbruch des ersten Gebäudes und dem Neubau eine weitere Bauphase gelegen haben muss, in der Teile des alten in das neue Gebäude integriert wurden, beispielsweise die Wand zwischen Hauptraum *2* und der nördlichen Portikus. Der Neubau lag mit einer Ausdehnung von 43 x 25 m in derselben Ausrichtung der Mittelachse wie bei Bau *I* direkt über diesem Vorgängerbau. Als zentrales Element blieb weiterhin Hauptraum *2* bestehen, der jedoch im Osten durch die annähernd quadratischen Räume *7–10* unterteilt wurde. Die östliche Mauer von *7* und *9* bildete die Außenmauer des Gebäudes; *6* ist als Hof zu bezeichnen. Neben die bereits vorhandene, jedoch erweiterte Nordportikus trat im Süden eine Portikus triplex mit einem weiteren Eingang *1*, so dass der Neubau über vier Risalite verfügte. Der westliche Flügel des Hauses beinhaltete das Bad (Räume *16–21*), dessen Frigidarium mit seiner apsidialen Form einen architektonischen Akzent setzte. Betreten wurde das Bad durch Raum *21* über die südliche Portikus. Es folgt dem typischen Schema Kalt-, Warm- und Heißbad. Beheizt wurde das Caldarium *16* von einem Präfurnium, welches in Hauptraum *2* lag. Brühlmann interpretiert den apsidialen Mauerzug um das Präfurnium nicht als zu Bau *I* gehörig, wie im Plan eingezeichnet, sondern als halbrunde Treppenanlage, die zum Heizraum hinabführt. Im Südostrisalit befanden sich als Wohneinheit zwei Räume (*3* und *4*), die über ein Präfurnium *5* beheizt wurden. Unklar bleibt, wann der Umbau vorgenommen wurde. Gilles schlägt die erste Hälfte des 3. Jh. n. Chr. vor, ohne jedoch zwingende

Argumente dafür zu liefern. In Befund und Fundmaterial deutet nichts auf eine gewaltsame Zerstörung hin. Die Datierung der Umbauphase bleibt weiterhin ungeklärt.

Das Hauptgebäude *II* gehört aufgrund seiner Größe, der Ausstattung mit Bad und den hypokaustierten Räumen zu den größeren Gutshöfen, die einen gewissen Wohlstand aufweisen. Da der Umbau nicht zerstörungsbedingt vollzogen wurde, ist davon auszugehen, dass eine wachsende Prosperität diese markante Erweiterung ermöglichte. Grundlage des Reichtums könnte der Weinbau gewesen sein. Darauf deutet der wohl bekannteste Fund der Villa Kinheim, die Steinskulptur des Gottes Sucellus, hin. Ein eindeutiger Beweis lässt sich jedoch nicht erbringen, da die Nebengebäude (von denen mindestens eines nachgewiesen werden konnte) nicht untersucht wurden. Ein weiterer bemerkenswerter Fund ist ein Wasserbecken (*labrum*) aus Granit mit einem Durchmesser von 0,66 m. Das Gebäude erfuhr in spätantiker Zeit einige Umbauten, die auf einen veränderten Nutzungsanspruch hinweisen. In Raum *3* wurde die Heizungsanlage aufgegeben und entfernt und im Westteil eine große Feuerstelle angelegt. Große Eisenschlacken deuten auf eine wirtschaftliche Nutzung in diesem ehemaligen Wohnbereich. Ein germanischer Dreilagenkamm und weiteres Fundmaterial deuten auf eine Besiedlung der Villa seit der Mitte des 4. Jh. n. Chr. durch Germanen. Endgültig aufgegeben wurde der Standort zu Beginn des 5. Jh. n. Chr.

Abb.: Tafel 20, Abb. 40.
Lit.: TrZ 40/41, 1977/78, 414–415 (3); W. Binsfeld, Die römische Villa von Kinheim, in: Kelten und Römer im Kröver Reich (Kröv 1979), 9–12; Cüppers 1990, 414–415; K.-J. Gilles, Die römische Villa von Kinheim. Das Landgut eines Moselwinzers, in: Kreis Bernkastel-Wittlich, Jahrbuch 1991, 144–148; van Ossel 1992, 243; B. Brühlmann, Der römische Gutshof von Kinheim: Auswertung der Grabung und Überlegungen zum Typus der „Portikusvilla mit Eckrisaliten" (Unpublizierte Magisterarbeit, Trier 2005); S. Faust, Statuette des Sucellus, in: Demandt/Engemann 2007, CD-ROM I.13.37.

80. Kirf „Altenberg" („Wollscheid")

Kreis: Trier-Saarburg
Landschaft: Mosel-Saar-Gau
Höhe: 320 m ü. N.N.
Topographie: Auf Nordosthang in Nähe mehrerer Quellen, die zum Leukbach führen
Geologie: Muschelkalk
Anbindung: Nahe der östlichen Straße von Trier nach Metz, die über den Saargau führt
Typ: Villa, Typus unbekannt
Datierung: 2.–Mitte 4. Jh.
Befund: Siedlungsstelle mit Resten von Mauern, Ziegeln und Hypokausten (= Fundstelle „Altenberg"). Mauern eines rechteckigen Gebäudes mit ca. 9,15 m Seitenlänge befinden sich ca. 230 m südwestlich. Dort konnte Keramik des 2. bis Mitte 4. Jh. n. Chr. aufgelesen werden (= Fundstelle „Wollscheid").
Lit.: TrZ 13, 1938, 254; TrZ 37, 1974, 284.

81. Klüsserath „Urmel"
Kreis: Trier-Saarburg
Landschaft: Mittleres Moseltal
Höhe: 270 m ü. N.N.
Topographie: Auf Osthang zwischen zwei kleinen Moselzuflüssen
Geologie: Hunsrückschiefer
Anbindung: Nahe der Mosel (ca. 1 km)
Typ: Villa, Typus unbekannt
Datierung: Streufunde 2.–4. Jh.; Münzfund: Kleinbronze der Theodora Flavia Maxima (nach 286 n. Chr.)[1]
Befund: Seit dem 19. Jh. bekannte Siedlungsstelle, die vom RLM Trier partiell untersucht wurde. Dabei konnten Mauerwerk aus Schieferbruchsteinen und Kalkmörtel, ein fester Estrichboden, Dachziegel und laut einer privaten Fundmeldung auch Reste von Wandmalerei festgestellt werden. Bei einer Prospektion im Jahr 1979 wurde das Terrain durch das RLM Trier vermessen und Streufunde aufgelesen, die vom 2. bis 4. Jh. n. Chr. datieren. Ebenfalls von der Fundstelle stammt eine Kleinbronze der Theodora Flavia Maxima.
Lit.: TrZ 24–26, 1956–58, 582; TrZ 49, 1986, 376; van Ossel 1992, 376, Kat. 401; Krausse 2006, Kat. 1370

82. Köllig „Mescher Heck" („Längden")
Kreis: Trier-Saarburg
Landschaft: Mosel-Saar-Gau
Höhe: 280 m ü. N.N.
Topographie: An einem Westhang oberhalb der Mosel
Geologie: Muschelkalk
Anbindung: Nahe der Mosel (ca. 1 km)
Typ: Risalitvilla
Datierung: Münzfunde des 2.–4. Jh. (vgl. TrZ 58, 1995, 492)
Befund: Größere Villa mit mehreren Umbauphasen, die 1871 und 1875 von E. aus'm Weerth ausgegraben wurde. Die Pläne und Manuskripte von Seyffahrt und aus'm Weerth blieben unpubliziert, wurden jedoch von Koethe 1940 kritisch zitiert. Demnach handelte es sich bei dem Herrenhaus um einen rechteckigen Baukörper mit drei Eckrisaliten (ca. 41 x 22 m), der in einer Erweiterungsphase um einen weiteren Trakt ergänzt wurde. Auffällig ist eine Unterteilung des üblichen Hauptraumes in einen quadratischen Teil im Norden und einen abgeschlossenen Raum im Westen. Im östlichen quadratischen Bereich des Hauptraumes befanden sich drei toskanische Säulen, aufgrund derer er von den Ausgräbern als Peristyl angesehen wurde. Wahrscheinlicher scheint jedoch eine nachträgliche Deponierung der Säulen, wie dies beispielsweise auch in Franzenheim „Jungenwald" *(Kat.–Nr. 47)* beobachtet wurde. Nach der Erweiterung verfügte der Bau mindestens über die Maße von ca. 55 x 25 m. Der südwestliche Anbau gruppierte sich um einen Innenhof und wird von Koethe als Gebäude mit Wirtschaftsräumen interpretiert. Ein im Süden angrenzendes Raumgefüge kann ebenfalls als zur *pars rustica* gehörig angesehen werden. Das Bad wurde laut Koethe nachträglich im östlichen Bereich des ursprünglichen Kernbaus angefügt. Die Innenausstattung scheint

---
1 Vgl. W. Enßlin, Theodora Flavia Maxima, in: RE 10,2 (1934), 1773–1774.

gehoben gewesen zu sein, wie die qualitätvoll gearbeiteten Säulen und Fragmentskizzen der Mosaikausstattung zeigen.

Aufgrund der fehlenden Publikation und der nicht mehr verfügbaren Originaldokumente des 19. Jh. lassen sich diese Aussagen leider nicht mehr überprüfen. Lediglich die Grabungspläne und einige Skizzen befinden sich noch im Planarchiv des RLM Trier; sie geben jedoch keine Auskunft über Phasen und Bauabschnitte.

Abb.: Tafel 20, Abb. 41.
Lit.: Bonner Jahrbücher 52, 1872, 184; Koethe 1940, 59–62, Abb. 16, 17; Hoffmann/Hupe/Goethert 1999, 186; TrZ 58, 1995, 492; TrZ 67/68, 2004/5, 376.

83. Könen „Ortslage"
Kreis: Trier-Saarburg
Landschaft: Unteres Saartal
Höhe: 148 m ü. N.N.
Topographie: Im Mündungstrichter westlich der Saar
Geologie: Fluviatile Ablagerungen
Anbindung: Straße Trier-Tawern-Metz und Brücke über Saar in unmittelbarer Nähe; diese dendrochronologisch ca. 60 n. Chr. datiert.
Typ: Großvilla
Datierung: Steinbauphase: Beginn 2.–Ende 4. Jh. n. Chr. (Münzfunde bis Theodosius (vgl. Steinhausen 1936); latènezeitlicher Siedlungsplatz und frührömischer Pfostenbau nördlich der Villa, dendrochronologisch ca. 25 n. Chr. datiert. Keramik Mitte 1. Jh. n. Chr. (auf Gelände).
Befund: Im Ortskern von Könen wurden bereits 1844 und 1854 unzusammenhängende Teile eines reich ausgestatteten Villenhauptgebäudes ausgegraben, dessen Frontlänge sich auf mehr als 70 m belief. Im östlichen Flügel des Baus befanden sich Reste eines Bades. Unklar bleibt der Zusammenhang zwischen der Steinbauphase des Hauptgebäudes und weiteren Siedlungsfunden im näheren Bereich zu diesem. Dazu gehören ein nördlich gelegener frührömischer Pfostenbau, der dendrochronologisch auf ca. 25 n. Chr. datiert werden kann, und eine römische Siedlungsstelle ebenfalls nördlich des Hauptgebäudes, die eine Belegungsdauer von der Mitte des 1. Jh. bis in die Mitte des 2. Jh. n. Chr. aufwies. Letzteres wurde somit einige Zeit parallel zum Villenhauptgebäude genutzt (vgl. Löhr/Nortmann, 2000, 110); möglicherweise löste das monumentale Hauptgebäude den kleineren Vorgängerbau ab.
Abb.: Tafel 21, Abb. 42.
Lit.: J. Steinhausen, Archäologische Siedlungskunde des Trierer Landes (Trier 1936), 449 mit Anm. 1482; Koethe 1940, 62–63; TrZ 30, 1967, 261–63 (Abb.); CAL 19, 1983, 47 (130); van Ossel 1992, 376, Kat. 403; H. Löhr/H. Nortmann, Ein spätlatènezeitlich-frührömischer Siedlungsausschnitt bei Konz-Könen, Kreis Trier-Saarburg und die naturhistorische Entwicklung ihres Umfeldes am Saarmündungstrichter. Mit einem Beitrag von Mechthild Neyses, in: Trierer Zeitschrift 63, 2000, 35–154, Abb. 34,1. Darin besonders 117, Kat. Konz-Könen 1.

84. Konz „Kaiserpalast"

Kreis: Trier-Saarburg
Landschaft: Mittleres Moseltal
Höhe: 150 m ü. N.N.
Topographie: Auf einem vorspringenden Nordhang, östlich des Zusammenflusses von Saar und Mosel
Geologie: Fluviatile Ablagerungen
Anbindung: Nahe der Flüsse Saar und Mosel sowie der östlichen Straße von Metz nach Trier
Typ: Palastvilla
Datierung: 2. Viertel 4.–1. Hälfte 5. Jh. n. Chr.
Forschungsgeschichte: Bei dem spätantiken Kaiserpalast in Konz handelt es sich um ein Bauwerk, das bereits seit dem 17. Jh. als römisch erkannt wurde. Der Trierer Jesuit Christoph Brower und der Jurist Jakob Meelbaum nahmen in der zweiten Hälfte des 17. Jh. die ersten Beschreibungen des Gebäudes vor, die der Luxemburger Jesuit Alexander von Wiltheim erweiterte und mit zwei Skizzen der zu dieser Zeit noch in vielen Bereichen gut erhaltenen Ruine ergänzte. Infolge der Ausbeutung der vorhandenen Baustoffe durch die Konzer Bevölkerung und eines Kirchenneubaus in den Jahren 1959–61 wurde der Restbau weitestgehend zerstört. Die letzten Reste der noch Mitte des 19. Jh. aufragenden Ruine wurden 1853 durch die Gesellschaft für nützliche Forschungen unter der Leitung des Pfarrers von St. Paulin, Philipp Schmitt, käuflich erworben, um sie vor weiteren Zerstörungen zu schützen. Da die Villa auf dem Gelände der Konzer Kirche und des Friedhofs liegt, konnten bei Neubauten und Erweiterungen immer wieder Untersuchungen vorgenommen werden, so 1867 bei der Westerweiterung des Friedhofs und besonders in den Jahren 1959–61 beim Neubau der Kirche, bei dem allerdings die Überbauung großer Teile des Palastes erfolgte. Seitdem wurden partielle Untersuchungen an Teilen des Baus vorgenommen, die den 1959–61 entstandenen Grundriß nur noch in Details veränderten (Gilles 1993 und Goethert 2009).
Identifizierung Konz – Contionacum: Seit der wissenschaftlichen Auseinandersetzung mit der Ruine in Konz wurde der Standort in Verbindung zur spätantiken schriftlichen Überlieferung gebracht und somit eine Identifizierung mit der valentinianischen Kaiserresidenz *Contionacum* als wahrscheinlich gemacht. Zwei Quellen sind für die Problematik der Identifizierung von Belang.

1. In der Mosella des Ausonius, Verse 367–369, beschreibt der Dichter die Mündung der Saar in die Mosel mit der Nennung kaiserlicher Mauern in deren Nähe:

V. 367–369
Naviger undisona dudum me mole Saravus
tota veste vocat, longum qui distulit amnem,
fessa sub Augustis ut volveret ostia muris.[2]

"*Sub Augustis muris*" wurde sowohl als die nahe gelegene Stadt Trier gedeutet (zuletzt Heinen 1985, 289 Anm. 10) oder als kaiserliche Residenz nahe dem Zusammenfluß von Mosel und Saar in Konz (Keune 1933, 17 und zuletzt Goethert 1999). Die Präposition *sub* lässt

---

2 „Schiffetragend ruft mich mit wogenbrausendem Schwall schon lange der Sarávus mit seinem ganzen Gewand, der lang seine Strömung hin und her geführt hat, um erschöpft unter den augustischen Mauern sich dahinwälzend zu münden." Aus: Decimus Magnus Ausonius, Mosella, Bissula, Briefwechsel mit Paulinus Nolanus, hrsg. und übersetzt von P. Dräger (Düsseldorf, Zürich 2002).

beide Möglichkeiten zu. Goethert zeigte jedoch Möglichkeiten auf, die Ausonius hätte wählen können, wollte er explizit die Stadt Trier nennen. Aus diesem Grund ist davon auszugehen, dass der Dichter auf ein dem Zusammenfluß nahe gelegenes kaiserliches Gut verweist, welches in der Forschung mit der Villa in Konz gleichgesetzt wurde. Ebenfalls für diese Annahme spricht, dass die *Mosella* des Ausonius im Jahr 371 n. Chr. entstand. Im Sommer dieses Jahres hielt sich Valentinian I. nachweislich in Trier und *Contionacum* auf, und es ist wahrscheinlich, dass sich Ausonius als Erzieher des Thronfolgers Gratian ebenfalls im Umfeld des Kaisers befand.

2. Bei der zweiten schriftlichen Quelle, die sich auf den Aufenthalt in Trier und *Contionacum* bezieht, handelt es sich um kaiserliche Erlasse Valentinians, die sowohl im Codex Theodosianus als auch im Codex Iustinianus überliefert sind.[3] Im Codex Theodosianus sind vier Erlasse aus *Contionacum* aufgelistet, die am 29. Juni (Codex Th. IX, 3, 5), 12. Juli (Codex Th. XI, 1, 17), 29. Juli (Codex Th. II, 4, 3) und 16. August (Codex Th. IV, 6, 4) des Jahres 371 n. Chr. datieren. Zwei weitere Erlasse vom 28. Juni 371 (Codex Th. XII, 1, 75 und X, 20, 5) sind in Trier verortet. Die Erlasse vom 28. und 29. Juni sind demnach an zwei Orten entstanden, die nicht weiter als eine Tagesreise voneinander entfernt sein konnten. Die Entfernung zwischen Trier und der Saarmündung beträgt ca. 7–8 km. Ein im Codex Iustinianus verzeichneter Erlass vom 7. August (Codex Iust. VI, 22, 7) ist dort unter der Ortschaft *cornionaci* aufgeführt, was jedoch in *Contionacum* zu verbessern ist (Keune 1933, 15).

Inzwischen gilt es als *communis opinio*, dass es sich bei dem in den Erlassen erwähnten Ort *Contionacum* um Konz handelt (zur Diskussion vgl. van Ossel 1992, 248: Le problème Konz-*Contionacum*, der sich trotz stichhaltiger Argumente nicht festlegt und Goethert 1999, 219). Weitere Argumente, die für Konz als Sommerresidenz des Kaisers sprechen, sind die etymologische Herleitung des Ortsnamens von *Contionacum* über die mittelalterlichen Bezeichnungen Kuntzige oder Kontzige zu Konz sowie Datierung und die typologische Form des Palastes, die im Folgenden beschrieben werden.

Befund: Unter dem Kaiserpalast konnten wiederholt Strukturen festgestellt werden, die nicht zu diesem gehören. Es ist also davon auszugehen, dass dieser günstige Platz bereits vor Errichtung des Palastes Standort einer Villa war. Durch die Grabungen der Jahre 1959–61 war es erstmals möglich, einen annähernden Gesamtplan des Kaiserpalastes zu zeichnen, der im Beitrag von E. Gose in der Germania von 1961 veröffentlicht und bis heute nur noch partiell verändert wurde.

Der Palast liegt am Rande eines nach Norden vorspringenden Plateaus, das einen umfassenden Blick auf Saar und Mosel bot. Aufgrund der Hanglage waren die nördlichen Teile des Gebäudes stärker fundamentiert als die südlichen. Der dreigliedrige Bau entstand in einem Zug, Änderungen im Gefüge sind nur an vereinzelten Stellen zu beobachten. Den Grundriß bildet eine Portikusvilla mit je einer Portikus im Norden *1'* und im Süden *1*, einem zentralen Baukörper und im Westen und Osten je zwei Risalite. Der Gesamtbau nimmt eine Größe von mindestens 84 x 38 m ein (Änderungen ergeben sich durch die neuerlich entdeckte Erweiterung des Südostrisalits). Er ist streng axial aufgebaut und im Norden symmetrisch gegliedert. Die Symmetrie wird im Süden durch die verschiedene Gestaltung der Eckrisalite aufgehoben. Geht man jedoch davon aus, dass sich die nördliche Schauseite zum Saar- und Moseltal

---

[3] Codex Theodosianus Vol. 1, hrsg. von P. Krüger und T. Mommsen. Nachdruck der 1. Auflage Berlin 1904 (unveränderte Neuauflage Hildesheim 2005); Corpus Iuris Civilis Vol. 2. Codex Justinianus, hrsg. von P. Krüger. Nachdruck der 11. Auflage Berlin 1954 (Hildesheim 1989).

hin öffnet, spielt dieser Umstand nur eine geringe Rolle. Nach neueren Forschungen kann die nördliche Portikus *1'* durch eine große Treppe ergänzt werden, wie dies bei vergleichbaren Bauten auch der Fall ist (vgl. die Rekonstruktion Goethert 2009).

Das Herzstück des Mittelteils bildet ein Apsidensaal *2* von 17 x 11,50 m (ca. 213 m² mit Apsis), der sich mit einem 3 m breiten Tor nach Norden öffnen ließ. Weitere Türen im Westen und Osten des Saales führten in die Korridore *3* und *3'*. Diese grenzten auf beiden Seiten zu einem Innenhof (*9 und 9'*), über den weitere beheizbare Räume erreichbar waren (*4–8* im Westen und *4'–8'* im Osten). Über einen Zugang von Korridor *3'* war der unterirdisch gelegene Bedienungsraum erreichbar, der die Kanalheizung unter dem Apsidensaal bediente. Der Estrich des Saales ruhte auf Hypokaustenpfeilern. K.-P. Goethert rekonstruiert die äußere Form der Apsis als achteckig, da davon auszugehen ist, dass sie ähnlich der Basilika in Trier mit Fenstern versehen sein musste.

Bereits zu den Seitenflügeln gehörig bilden die Korridore *10* und *10'* den Übergang zu den eigentlichen Risaliten und den Zugang zu den Raumeinheiten *11–15* und *11'* bis *15'*. Die beiden Ostrisalite konnten aufgrund des dort stehenden Pfarrhauses am wenigsten untersucht werden, doch ist es möglich, diese zu rekonstruieren. Der nördliche Risalit mit den Räumen *26'*, *27'* und der vorgelagerten Terrasse bilden das Pendant zum nördlichen Westrisalit mit den Räumen *26*, *27* und ebenfalls der vorgelagerten Terrasse. Diese Terrassen waren wegen des niedrigeren Bodenniveaus als im Süden unterkellert (vgl. Rekonstruktion Goethert). Unklar bleibt, ob die dazwischen liegende Portikus *1'* ebenfalls unterkellert war. Der Südostrisalit kann nach neueren Untersuchungen um die Räume *31* und *32* ergänzt werden, deren Funktion nicht bestimmt werden konnte.

Das Bad befand sich im Südwestrisalit. Eröffnet wurde es in Raum *19*, der als Apodyterium diente. Raum *23* mit seinen beiden Apsiden bildete das Frigidarium, *24* das Caldarium mit anschließendem Tepidarium in *24.1*. In den Apsiden befanden sich die Wannen des Bades, das Präfurnium in Raum *25*. Bei Untersuchungen 1991 konnte nachgewiesen werden, dass die Apsiden des Bades außen eine achteckige Form hatten (vgl. Gilles 1993). Den aktuellsten Plan und Rekonstruktionen des Baus lieferte K.-P. Goethert im Jahrbuch des Kreises Trier-Saarburg 2009 und in der Ortschronik Konz aus demselben Jahr.

Fundmaterial und Datierung: Das Fundmaterial ist an verschiedenen Stellen publiziert, der maßgebliche Beitrag zu Material und Datierung ist von W. Reusch in der Trierer Zeitschrift 32 von 1969 erschienen. Hier eine kurze Zusammenstellung:
Wandmalerei: Fragmente des Außenputzes mit roter Sockelzone, darüber durch rote, gelbe und grüne Streifen eingefasste weiße Felder. Reste des Innenputzes rote und blaue Blütenmotive auf gelbem Grund, Teile des Deckenputzes (vgl. Trier – Kaiserresidenz, 315; Demandt/Engemann 2007, CD-ROM I.16.16–17).
Fragment eines korinthischen Kapitells Typ Kähler D (vgl. Trier – Kaiserresidenz, 314; Demandt/Engemann 2007, CD-ROM I.16.18).
Ziegelstempel der Hersteller ADIVTEX und ARMO (vgl. van Ossel 1992, 106–110).
Fragmente von Opus-sectile-Platten aus weißem und grau-blauem Marmor (vgl. Reusch 1969, 303–304).
Glasfragmente, darunter das Fragment eines Diatretglases (vgl. Reusch 1969, 298–300, 305–306; Demandt/Engemann 2007, CD-ROM I.16.19).

Keramik aus dem Bedienungsraum, dem Heizungsgang und Hof *9'* von der Mitte des 4. Jh. bis in die erste Hälfte des 5. Jh. Außerdem fränkische Keramik des 6. und 7. Jh. und mittelalterliche des 13. Jh. (vgl. Reusch 1969).
Münzfunde von Constantin II. (324–333) bis Theodosius (378–383) und Arcadius (388–392) (vgl. Reusch 1969, 301 und Goethert 1977, 265).

Der Kaiserpalast ist demnach kurz vor der Mitte des 4. Jh. n. Chr.entstanden, frühestens im 2. Viertel des Jahrhunderts. Das Fundmaterial des 5. Jh. n. Chr. macht deutlich, dass die Villa beim Umzug des Kaisers Valentinian II. von Trier nach Vienne nach 390 n. Chr. nicht aufgegeben und geräumt wurde, sondern erst im Verlauf des 5. Jh. n. Chr. verfiel oder zerstört wurde. Teile des Gebäudes wurden in fränkischer Zeit und im 13. Jh. weiter genutzt.

Interpretation: Der Standort Konz stellt innerhalb der Villen des Trierer Landes eine Ausnahme dar. Dies liegt an seinem Status als kaiserliche Residenz, der heute nicht mehr angezweifelt wird. Doch handelt es sich dann noch um eine Villa im eigentlichen Sinn? Ob das Anwesen agrarisch genutzt wurde, ist nicht mehr zu bestimmen; Hinweise auf eine Umfassungsmauer oder Nebengebäude fehlen. Wenn es sich um einen Kaiserpalast handelt, was definiert einen solchen und worin besteht der Unterschied zwischen einer Villa und einem Palast? U. Wulf-Rheidt diskutierte die Frage 2008 während eines Kolloquiums in Bruckneudorf und stellte folgende Definition auf: „Zusammenfassend lässt sich feststellen, dass der Begriff Palast nicht eindeutig von den Begriffen Schloss oder Residenz, ja nicht einmal von dem Begriff Villa zu trennen ist. In jedem Fall sind es prachtvolle Wohnbauten, die durch Audienz- und Speisehallen charakterisiert werden und zumindest temporär administrative, zeremonielle und öffentlich-repräsentative Funktionen übernehmen. Erst durch die Anwesenheit des Herrschers werden sie zu einem Palast."[4]

Die wichtigsten Anhaltspunkte, die bisher zu einer Identifizierung der Villa als spätantike Kaiserresidenz dienten, sind die Erwähnungen des Ortes in der schriftlichen Überlieferung, den Erlassen Valentinians und Ausonius' *Mosella*. Darüber hinaus lassen die Bauzeit vor der Mitte des 4. Jh. n. Chr. und bauliche Parallelen zu den Trierer Kaiserbauten, beispielsweise den Kaiserthermen, den Schluss zu, dass der Konzer Palast zum Bauprogramm der in Trier residierenden Herrscher gehörte; ebenso der nur noch partiell wahrzunehmende Ausstattungsluxus und die typologische Ähnlichkeit zwischen der Basilika in Trier und dem Apsidensaal der Villa in Konz. Apsidensäle gehören in der Spätantike zur architektonischen Repräsentation vieler Villen im ganzen Reich. Den Prototyp dieser Form als Repräsentationsraum sieht U. Wulf-Rheidt in der *Cenatio Iovis*, die in der flavischen Residenz auf dem Palatin eine zentrale Rolle einnahm.[5] Da die Apsis seit dem vierten Jahrhundert vermehrt in Großvillen auftaucht, kann bei Existenz einer solchen nicht auf einen kaiserlichen Sitz geschlossen werden. Dennoch unterscheidet sich die Lage der Konzer Apsis durch ihre Zentralität im gesamten Baukörper deutlich von den in der Spätantike üblichen polygonalen Grundrissen herrschaftlicher Villen.[6] Diese Einbindung lässt sich jedoch auch

---

4 U. Wulf-Rheidt, Die Entwicklung der Residenz der römischen Kaiser auf dem Palatin vom aristokratischen Wohnhaus zum Palast, in: G. von Bülow/H. Zabehlicky (Hrsg.), Bruckneudorf und Gamzigrad. Spätantike Paläste und Großvillen im Donau-Balkan-Raum. Akten des Internationalen Kolloquiums in Bruckneudorf vom 15. bis 18. Oktober 2008 (Bonn 2011), 218, hier 1.
5 U. Wulf-Rheidt 2011, 16.
6 Vgl. P. Marko, Die villa Löffelbach – Polygonale Bauformen in spätantiken Villen und Palästen, in: Von

auf die im nordgallischen Raum üblichen Axialvillen zurückführen, bei denen sich der zentrale Raum ebenfalls im Mittelpunkt des axialen Baukörpers befindet. Möglicherweise wurden in Konz die typologischen Traditionen der nordgallischen Villen mit einer neuen Form der Repräsentation gepaart, die dem in Konz residierenden Kaiser genügte. Wendet man die oben genannten Kriterien eines Palastes von U. Wulf-Rheidt auf Konz an, so lassen sich Übereinstimmungen in allen Bereichen finden. Die Pracht war äußerlich wahrnehmbar, der Palast dominierte durch seine Lage und die repräsentative Nordseite die Mündung der Saar in die Mosel; hier lief die wichtige Straße von Trier in den Süden vorbei, die auf einer Brücke die Saar überquerte. Repräsentative Funktionen sind zudem durch die nur noch zu erahnende innere Pracht und die Zentralität des großen Apsidensaales gegeben. In diesem konnten öffentlich-administrative Funktionen wahrgenommen werden, die durch die valentinianischen Erlasse überliefert sind.

Abb.: Tafel 21, Abb. 43.
Lit.: C. Brower/J. Masen, Antiquitatum et Annalium Trevirensium libri XXV, Bd. 1 (1670), 37; A. Wiltheim, Luciliburgensia, hrsg. von A. Neyen, (1841), 324–330, Taf. 99, Abb. 481 und 482; G. Schneemann, Alterthumsreste bei und in Conz, in: Bonner Jahrbücher 5/6, 1844, 188–192; Jahresberichte der Gesellschaft für nützliche Forschungen 1865–1868 (Trier 1869), 46; J. N. v. Wilmowsky, Die Villa Valentinians I. zu Conz, in: Die römischen Moselvillen zwischen Trier und Nennig (Trier 1870), 31–34; J. B. Keune, Conz an der Saar, in: Trierer Zeitschrift 8, 1933, 15–22; Koethe 1940, 64–67; E. Gose, Die kaiserliche Sommerresidenz in Konz, Lkr. Saarburg, in: Germania 39, 1961, 204–208; W. Reusch, Zwei Diatret-Fragmente aus Konz und Trier, in: Trierer Zeitschrift 32, 1969, 295–317; K.-P. Goethert, Die Villa in Konz, in: Westlicher Hunsrück, 260–268; K. Goethert, Die römische Kaiservilla von Konz, in: Römer an Mosel und Saar, 329–331; CAL 19, 1983, 60, Nr. 30; K.-P. Goethert/K.-J. Gilles, Die römische Kaiservilla von Konz, in: Trier – Kaiserresidenz, 310–318; Heinen 1985, 288–289; A. Neyses, Die spätrömische Kaiservilla zu Konz (Trier 1987); TrZ 52, 1989, 466; Cüppers 1990, 425–426; van Ossel 1992, 244–249; K.-J. Gilles, Neue archäologische Erkenntnisse zur spätrömischen Kaiservilla von Konz, in: Jahrbuch 1993. Kreis Trier-Saarburg (Trier 1993), 35–37; K.-P. Goethert, Contionacum. Kaiserlicher Landsitz oder vorübergehender Aufenthalt Valentinians? in: Trierer Zeitschrift 62, 1999, 219–221; Hoffmann/Hupe/Goethert 1999, 186–187; K.-J. Gilles, Konz, in: Denkmäler 2008, 48; R. Molter, Die römische Palastanlage von Contionacum/Konz, in: Stadt Konz (Hrsg.), Konz an Saar und Mosel. Schriftenreihe Ortschroniken des Trierer Landes Band 50 (Trier 2009), 39–41; K.-P. Goethert, Eine Ruine wird zum Denkmal. Zur Inwertsetzung der kaiserlichen Villa in Konz, in: Jahrbuch Kreis Trier-Saarburg (Trier 2009), 190–194.

85. Konz „Lummelwiese"

Kreis: Trier-Saarburg
Landschaft: Unteres Saartal
Höhe: 177 m ü. N.N.
Topographie: Auf Südhang, am nördlichen Ufer des Konzer Baches
Geologie: Hunsrückschiefer und fluviatile Ablagerungen
Anbindung: Nahe der östlichen Moselstraße von Trier nach Metz
Typ: Risalitvilla

Bülow/Zabehlicky 2011, 285–291.

Datierung: Keramik: 2. und 3. Jh.; Münzfunde aus konstantinischer und valentinianischer Zeit; Ziegelstempel: 4. Jh.; Fragment eines Glasbechers: Beginn 5. Jh.
Befund: Hauptgebäude im Typ Risalitvilla von 25,2 x 15,8 m Größe, das nach einer Raubgrabung in den Jahren 1978 und 1979 durch das RLM Trier untersucht wurde. Es handelt sich bei dem Bau um den einfachsten Typ Risalitvilla mit großem Hauptraum *1* und zwei Eckrisaliten (*2* und *4*). In einer Erweiterung wurde in den östlichen Risalit ein Bad eingebaut, das mit einem angefügten Frigidarium *3* in apsidialer Form einen architektonischen Akzent setzt. Paul van Ossel geht aufgrund einer Grobbestimmung des Fundmaterials im RLM Trier eingehender auf die Datierung der Villa ein. Demnach scheint die erste Bauphase aus dem 2. Jh. n. Chr. zu stammen. Den Umbau datiert er aufgrund von Ziegelstempeln und Münzfunden in das 4. Jh. n. Chr. Der Großteil des Fundmaterials kann in die zweite Hälfte des 4. Jh. datiert werden, das Fragment eines wertvollen Glasbechers in das beginnende 5. Jh. n. Chr. Bemerkenswert ist die Verwendung eines Giebelstückes eines Grabmals als Spolie im Präfurnium des Bades. Van Ossel interpretiert diese Verwendung in Zusammenhang mit einer spätantiken Weiternutzung der Siedlung. Die Villa erfuhr nach einem Umbruch in der Mitte des 4. Jh. n. Chr. eine erneute Belegungsphase, die möglicherweise mit dem nahen Kaiserpalast in Zusammenhang steht.
Abb.: Tafel 22, Abb. 44.
Lit.: CAL 19, 1983, 61 (39); TrZ 49, 1986, 376–377; van Ossel 1992, 250.

86. Konz „Maiserei"
Kreis: Trier-Saarburg
Landschaft: Mittleres Moseltal
Höhe: 178 m ü. N.N.
Topographie: Auf Nordhang, am südlichen Ufer der Konzer Baches
Geologie: Hunsrückschiefer und fluviatile Ablagerungen
Anbindung: Nahe der östlichen Moselstraße von Trier nach Metz
Typ: Großvilla
Datierung: 2.–Ende 4. Jh.
Befund: Ruine einer reichen Villa, die bereits 1855 von P. Schmitt beschrieben wurde. Bei Nachgrabungen im Jahr 1874 konnte ein weitläufiges Gebäude festgestellt werden, dessen luxuriöse Ausstattung sich in weißen und schwarzen Marmorplatten, bemaltem Wandputz, Mosaikresten und hypokaustierten Räumen äußerte. Bei einer größeren Anzahl gefundener Ziegelstempel, die in das ausgehende 3. oder das beginnende 4. Jh. n. Chr. datiert werden, handelt es sich möglicherweise um Baumaterial eines Neubaus oder einer Erweiterung (vgl. TrZ 55, 1992, 420–421 mit Kleinfunden). Weiteres Fundmaterial aus einer Brandschicht datiert in das 2. Jh. n. Chr. (vgl. TrZ 24–26, 1956–58, 566). Ein Nebengebäude wurde 1989/90 bei Straßen- und Kabelbauarbeiten angeschnitten.
Die Fundstelle des Herrengebäudes wurde bis in die 20er Jahre des 20. Jh. als Steinbruch genutzt, der Jahresbericht 1928 macht auf diese Missstände aufmerksam. Das Fundmaterial und die Grabungsdokumentation von 1874 gelten als verschollen, nur eine größere Anzahl Ziegelstempel, die in den 80er Jahren des 20. Jh. von einem Sammler gefunden wurden, und Fragmente der Marmorausstattung werden im RLM Trier aufbewahrt.

Lit.: Jahresbericht der Gesellschaft für nützliche Forschungen 1874–77, 51–52; TrZ 3, 1928, 184; TrZ 11, 1936, 234; TrZ 13, 1938, 253; TrZ 24–26, 1956–58, 566; CAL 19, 1983, 61 (40); van Ossel 1992, 249; TrZ 55, 1992, 420–421 (2).

87. Kordel „Unterm Babischt" („Beim Rabenborn")
Kreis: Trier-Saarburg
Landschaft: Bitburger Gutland
Höhe: 330 m ü. N.N.
Topographie: Auf flachem Südwesthang nahe der Quelle des Rabenborns
Geologie: Buntsandstein
Anbindung: Nahe der Querverbindung vom Biewertal zur Fernstraße Trier-Bitburg-Köln
Typ: Villa, Typus unbekannt
Datierung: 2.–Ende 4. Jh.
Befund: Siedlungsstelle mit römischem Mauerwerk, das 1921 durch Rektor Tonner auf 20 m freigelegt wurde. Spuren von parallelem und anschließendem Mauerwerk. Die Siedlung lag innerhalb des Langmauerbezirks und war laut Krausse 2006 vom 2. bis zum Ende des 4. Jh. n. Chr. bewohnt.
Lit.: Steinhausen 1932, 168 (7); CAL 14, 1985, 60 (55); van Ossel 1992, 376, Kat. 406; Krausse 2006, Kat. 1387.

88. Kröv „Sielsbüsch"
Kreis: Bernkastel-Wittlich
Landschaft: Mittleres Moseltal
Höhe: 380 m ü. N.N.
Topographie: Auf leichtem Nordhang in Nähe des Burger-Baches, einem Zufluss zur Mosel
Geologie: Hunsrückschiefer
Anbindung: Nahe der Mosel, über den Burger-Bach in ca. 2,5 km Entfernung
Typ: Villa, Typus unbekannt
Datierung: Keramik der 2. Hälfte des 4. Jh.
Befund: Ca. 31 x 12 m großer Bau mit Vor- und Anbau, der 1974 von Laien geschürft wurde. Unmittelbar östlich dieser Fundstelle soll sich noch ein weiteres Gebäude im Gelände abzeichnen, eventuell ein Nebengebäude. Das aufgelesene Fundmaterial stammt aus der zweiten Hälfte des 4. Jh. n. Chr.
Lit.: TrZ 9, 1934, 154; TrZ 40/41, 1977/78, 416–417 (8); van Ossel 1992, 376, Kat. 407; Krausse 2006, Kat. 140.

89. Langsur „Ortslage"
Kreis: Trier-Saarburg
Landschaft: Bitburger Gutland
Höhe: 140 m ü. N.N.
Topographie: Auf flachem Gelände östlich der Sauer
Geologie: Fluviatile Ablagerungen
Anbindung: Nahe der Sauer (ca. 230 m)

Typ: Villa, Typus unbekannt
Datierung: 2.–3. Jh.
Befund: Bei Straßenbauarbeiten 1953 entdeckte Siedlungsstelle. In einer 10 x 12 m großen Baugrube konnten acht Räume identifiziert werden. Das Kalksteinmauerwerk lagerte auf einer Fundierung aus Schiefersteinen, die teilweise im Fischgrätenmuster gemauert waren. An einigen Stellen haftete noch roter Wandputz. In einem der Räume befand sich ein aus Sandsteinen gemauerter Brunnen, dessen Einfüllung Material des frühen 3. Jh. n. Chr. enthielt. Weiteres Fundmaterial der Siedlungsstelle datiert in das 2. und 3. Jh. n. Chr. Die Notgrabung wurde nicht dokumentiert, so dass auch keine Aussage über die Größe der Räume und deren Verhältnis gemacht werden kann. Ebenfalls unklar bleibt demnach die genaue Lage des Brunnens innerhalb des Gefüges.
Lit.: CAL 19, 1983, 41 Nr. 50; TrZ 24–26, 1956–58, 582–583; Krausse 2006, Kat. 1392.

90. Leiwen „Auf Hostert"
Kreis: Trier-Saarburg
Landschaft: Mittleres Moseltal
Höhe: 396 m ü. N.N.
Topographie: Auf Osthang nahe der Kleinen Dhron
Geologie: Hunsrückschiefer
Anbindung: Nahe der Straße von Trier nach Bingen und Mainz; die Mosel ist über das Tal der Kleinen Dhron erreichbar
Typ: Hof: Streubauhof; Hauptgebäude: Risalitvilla
Datierung: Nebengebäude/Hauptgebäude *C*: 3. Jh. n. Chr.; Hauptgebäude *A*: frühes 4. Jh. n. Chr. mit Umbauten um die Mitte des 4. Jh. n. Chr.
Befund: 1980 unternahm das RLM Trier eine vollständige Untersuchung des Herrenhauses *A* und partiell zweier Nebengebäude. Das Herrenhaus im Typ Risalitvilla hat eine Größe von 31 x 20 m und war mit den beiden Eckrisaliten *4* und *11* ursprünglich nach Süden orientiert. Hauptraum *10* bildete das übliche Zentrum des Hauses. Durch den untypischen nachträglichen Einbau eines Bades in die Südportikus wurde diese umgenutzt und im Norden eine neue errichtet *7*, an deren Enden die unterkellerten Räume *6* und *9* die Funktion der Eckrisalite übernahmen. Das Bad lag laut Angabe im Jahresbericht 1978–1980 in den Räumen *1–3* und *12–14* und hatte einen gehobeneren Charakter als das restliche Haus. Demnach verfügte es über zwei beheizbare Räume, darunter ein Caldarium *1* und ein Tepidarium *3*, die unabhängig voneinander beheizt werden konnten. In *13* befand sich ein Becken und in *12* eine Latrine. Möglich wäre jedoch auch eine Funktionsteilung der beiden Einheiten, wie dies auch in Bollendorf „In der Kroppicht" *(Kat.–Nr.18)* der Fall ist. Die Räume *1* und *12–14* könnten das Bad gebildet haben, hier liegt der entsprechende Abfluß. Raum *3*, der unabhängig von *2* beheizbar war, könnte auch ein hypokaustierter Wohnraum gewesen sein.

Wenige Meter nördlich des Herrenhauses lag Nebengebäude *B*, in dem sich Mühlsteinfragmente und eine in der Nordwestecke eingebaute Korndarre befanden. Ca. 60 m westlich liegt Nebengebäude *C*, das über einen vorgelagerten Keller verfügte. Im Jahresbericht wird dieses als möglicher Vorgängerbau des Hauptgebäudes interpretiert, da das Fundmaterial früher datiert. Laut Jahresbericht kann Gebäude *C* in das 3. Jh. n. Chr. datiert werden, während das Herrenhaus nur Material des 4. Jh. n. Chr. enthielt. Demnach wird die Bauzeit im frühen 4. Jh. angesetzt, die Umbauten kurz vor die Mitte des 4. Jh. n. Chr.

Abb.: Tafel 22, Abb. 46.
Lit.: TrZ 35, 1972, 312; TrZ 49, 1986, 378–380; van Ossel 1992, 250–251; R. Loscheider, Archäologische Zeugnisse in Leiwen und Umgebung, in: Leiwen, eine Ortsgeschichte (Leiwen 2005), 1–14.

91. Leiwen „Im Bohnengarten" („Kloster")
Kreis: Trier-Saarburg
Landschaft: Mittleres Moseltal
Höhe: 180 m ü. N.N.
Topographie: Auf Nordosthang südlich der Mosel
Geologie: Hunsrückschiefer
Anbindung: Nahe der Straße von Trier nach Bingen und Mainz; die Mosel ist über das Tal der Kleinen Dhron erreichbar (ca. 570 m)
Typ: Risalitvilla
Datierung: Keramik Anfang 3.–Mitte 4. Jh.
Befund: 1951 vom RLM Trier partiell ergrabenes Herrengebäude, vom dem drei Bauphasen nachgewiesen werden konnten. Dieses liegt auf einer ca. 60 x 60 m großen und bis 4,20 m hohen, künstlich angelegten Terrasse oberhalb der Mosel in Richtung Nordwesten.
Unter dem Hauptgebäude befinden sich Reste eines älteren Steinbaus, dessen Mauerzüge teilweise mit dem späteren Gebäude kongruieren. Weitere Teile dieses Vorgängerbaus liegen unter Hauptraum *18*, ein apsidialer Raum noch südlich des Herrengebäudes.
In einer ersten Phase entstand über diesem Vorgängerbau ein Herrengebäude mit Portikus-Risalit-Fassade, das die Maße 31,80 x 17,30 m einnahm. Um den großen Zentralraum *18* gruppierten sich weitere Einheiten, darunter der hypokaustierte Raum *9*.

In einer Erweiterungsphase wurde das Herrengebäude durch Anbauten im Süden und Südwesten massiv vergrößert. Dazu gehören das in einem neu errichteten Südostrisalit untergebrachte Bad (Räume *1–5*) und eine Reihe Räume (*23–28*) im Westen, von denen *24*, *26* und *28* beheizbar waren. Im Südosten wurde ein weiterer Flügel mit den Räumen *30–32* errichtet, die als Wirtschaftseinheiten interpretiert werden. Von hier aus betrieb man das Hypokaustum zur Beheizung von *24*, *26* und *28*. In einer letzten Phase entstanden die Räume *1*, *2* und *6*, die eine Vergrößerung des Bades im Südostflügel darstellen. Zwischen den beiden Südanbauten lag ein neuer Verbindungsraum *8*, bei dem es sich um eine zusätzliche Portikus handelt. Diese Erweiterungen bedeuten eine beträchtliche Aufwertung des Baus, der in seiner letzten Phase die Maße 48 x 28 m aufwies.

Problematisch ist die Datierung der Villa. Das Fundmaterial wurde im Jahresbericht 1956–58 nicht vorgelegt, sondern nur erwähnt. Auffällig ist, dass die früheste Keramik vom Beginn des 3. Jh. n. Chr. stammt. Unklar bleibt, ob diese bereits in einem Zusammenhang mit dem Vorgängerbau steht oder mit dem späteren Hauptgebäude. Möglicherweise ist der Vorgängerbau bereits im 2. Jh. entstanden. Das jüngste Material stammt aus der Mitte des 4. Jh. n. Chr. Zu dieser Zeit wurde die Villa wohl aufgrund ihrer Zerstörung aufgegeben.
Abb.: Tafel 22, Abb. 45.
Lit.: TrZ 24–26, 1956–58, 583–593; van Ossel 1992, 252; R. Loscheider, Archäologische Zeugnisse in Leiwen und Umgebung, in: H. Erschens u. a. (Hrsg.), Leiwen, eine Ortsgeschichte (Leiwen 2005), 1–14.

92. Leiwen „Kardel"

Kreis: Trier-Saarburg
Landschaft: Mittleres Moseltal
Topographie: Auf flachem Osthang oberhalb der Mosel
Geologie: Hunsrückschiefer
Anbindung: Nahe der Straße von Trier nach Bingen und Mainz; die Mosel ist über das Tal der Kleinen Dhron erreichbar (ca. 690 m)
Höhe: 158 m ü. N.N.
Typ: Villa, Typus unbekannt
Befund: In einer Kiesgrube fanden sich Schiefermauerreste, Ziegelstreuung und ein angeschnittenes Bad (Hypokaustpfeiler). Die Streuung beträgt ca. 40 m im Durchmesser.
Lit.: TrZ 63, 2000, 417.

93. Lörsch „Hostert"

Kreis: Trier-Saarburg
Landschaft: Mosel
Topographie: Auf Südhang nördlich der Mosel
Geologie: Hunsrückschiefer
Anbindung: Nahe der Mosel (ca. 120 m)
Höhe: 130 m ü. N.N.
Typ: Villa, Typus unbekannt
Befund: Bei der Fundstelle handelt es sich um ein ca. 25 m langes Gebäude mit vier nachgewiesen Räumen, die jedoch um weitere ergänzt werden können. 1928 wurden bei Grabungen mehrere Mauerzüge aus Schieferbruchsteinen freigelegt. Eine Längsmauer ist aus großen Quadern errichtet, darunter drei Spolien eines reliefierten Grabmals.
Abb.: Tafel 23, Abb. 47.
Lit.: TrZ 4, 1929, 177–179, 192–193; Steinhausen 1932, 174; Krausse 2006, Kat. 1410.

94. Lösnich „Hinterwald"

Kreis: Bernkastel-Wittlich
Landschaft: Mittleres Moseltal
Höhe: 314 m ü. N.N.
Topographie: Auf Nordwesthang südlich der Mosel; in unmittelbarer Nähe zwei kleinere Moselzuflüsse, Mühlenbach und Kluckertbach
Geologie: Hunsrückschiefer
Anbindung: Nahe der Mosel (ca. 900 m)
Typ: Risalitvilla
Datierung: Ende 1.–2. Hälfte 4. Jh.; Zerstörungshinweise 2. Hälfte des 3. Jh. und Mitte 4. Jh.
Forschungsgeschichte: Ein erster Nachweis der Siedlungsstelle erfolgte 1927. 1973–78 folgten als Reaktion auf Raubgrabungen systematische Ausgrabungen der Gesamtanlage durch das RLM Trier, die in Vorberichten von A. Neyses vorgestellt wurden. K.-J. Gilles und M. König beschäftigten sich im Folgenden mit dem Kelterhaus und dem Weinbau in Lösnich. 2003 erschien von A. Moraitis eine Gesamtdarstellung der Villa und dem zugehörigen Gräberfeld.

Hauptgebäude I: Das Hauptgebäude *I* im Typ Risalitvilla entstand im ausgehenden 1. Jh. n. Chr. und erfuhr mehrere Umbauten. In seiner ursprünglichen Fassung maß es ca. 26 x 17 m und bestand aus einem zentralen Raum *2*, einer Portikus, zwei Eckrisaliten, zwei Kellern und einem Bad im östlichen Bereich des zentralen Raumes.

Die Portikus wies im östlichen Bereich eine Brandschicht auf, im Zentrum befand sich eine sorgfältig gelegte Ziegelplattenlage, unter der Keramik des 2. bis in die zweite Hälfte des 4. Jh. n. Chr. lag. Wahrscheinlich wurde diese Plattenlage in einer letzten Nutzungsphase nach Zerstörung der Portikus gelegt. Auf diese Phase weisen ebenfalls Befunde aus dem zentralen Hauptraum *2* hin. Diese ursprünglich 19,5 x 10,70 m große Halle wurde in einem zeitlich nicht fassbaren Umbau durch eine im westlichen Bereich gelegene Mauer verkürzt. Mehrere Einbauten deuten auf eine späte Nutzung der Halle als Wirtschaftsraum. Im Osten umgibt eine hufeisenförmig eingebaute Mauer eine Feuerstelle, die von Moraitis als Schmiede gedeutet wird, da Schlackenfunde auf dem Gelände des Hauptgebäudes darauf hinweisen. Weitere nicht deutbare Einbauten wie die große Feuerstelle *F2* und eine Grube *G2* könnten ebenfalls aus der Zeit nach der Mitte des 4. Jh. n. Chr. stammen. Zu dieser Zeit wurde das Präfurnium *A* nicht mehr genutzt, da das Bad aufgegeben war (s. u. Münzschatz). Das Fundmaterial des Zentralraumes weist wirtschaftliches Gerät wie einen Schleifstein oder einen Mühlstein auf sowie Nägel, Fensterglas und Keramik, die vom ausgehenden 1. bis in die zweite Hälfte des 4. Jh. n. Chr. reicht.

Räume *3* und *4* sind die beiden Eckrisaliten, von denen der südwestliche *3* über eine Feuerstelle verfügte, die mit Platten ausgelegt war, und eine Grube, die Keramik vom 1.–4. Jh. beinhaltete. Der südöstliche Risalit war mit Bauschutt gefüllt. Beide Risalite waren über die Portikus zugänglich.

Das Bad gliederte sich in ein Frigidarium *7*, das über eine apsidiale Wanne verfügte, die über ein Bleirohr entwässert werden konnte. An dieses schloss nicht wie gewöhnlich das Tepidarium an, sondern zuerst das Caldarium, das ebenfalls über eine Wanne verfügte und vom Präfurnium im zentralen Raum aus beheizt werden konnte. Die Wände waren mit Ziegelplatten ausgelegt, von denen zwei die Herstellerstempel ADIVTE und CAPI trugen, welche in das beginnende 4. Jh. n. Chr. datiert werden. Südlich an das Caldarium lag das Tepidarium, das über eine Kanalheizung und Tubuli verfügte. Das Bad gehörte aufgrund der fugenlosen Mauer zum ursprünglichen Gebäude. Die dort gefundenen ortsfremden Rotsandsteine und die Ziegel gehören nach Moraitis zu einer Reparatur, möglicherweise aus dem beginnenden 4. Jh. n. Chr.

Innerhalb des Hauptgebäudes, unter dem zentralen Raum, lag Keller *B*, der mit Wandnischen und zwei Lichtschächten ausgestattet war. Dieser Keller wurde in einer Umbauphase zugemauert und nicht mehr verwendet. Dennoch fanden sich dort Webgewichte, Hypokaustenplatten, Nägel und Reste von farbigem Wandputz. Über einen Korridor konnte von Keller *B* aus Keller *A* erreicht werden, der außerhalb des Hauptgebäudes lag. Laut A. Moraitis könnte es sich bei diesem Keller auch um das Fundament eines Speicherturms handeln; Moraitis vergleicht diesen mit einem Befund in Mayen (vgl. Moraitis 2003, 24). Nach Aufgabe des Kellers *B* konnte Keller *A* nicht mehr über den Korridor erreicht werden, so dass er einen neuen externen Eingang erhalten haben musste, der jedoch nicht ermittelt werden konnte. Dies und die auffällig verstärkten Mauern des Kellers sprechen ebenfalls für die These des Speicherturms.

Die nördlich anschließenden Räume *8* und *9* stehen nicht im Mauerverbund mit dem ursprünglichen Bau und sind demnach zu einem späteren Zeitpunkt hinzugefügte Einheiten.

Nach der ersten Phase wurde Keller *B* aufgegeben, die Lichtschächte zugemauert und der zentrale Raum durch eine eingezogene Mauer geteilt. Als letzte Phase nimmt Moraitis die wirtschaftlichen Einbauten in den Zentralraum und die Aufgabe des Bades an. Zu dieser Zeit, die zwischen der Mitte und dem Ende des 4. Jh. n. Chr. liegt, konnte der Bau nur noch eingeschränkt als Wohnraum dienen.

Nebengebäude und Gräberfeld: Die *pars rustica* der Villa Lösnich zählt typologisch zu den Streuhofvillen; die Nebengebäude sind nicht symmetrisch zum Hauptgebäude aufgestellt, sondern verstreut über das Gelände verteilt. Die Wirtschaftsgebäude sind zudem nicht gleichzeitig entstanden, vielmehr können sie aufgrund des Fundmaterials zeitlich unterschieden werden. Das Gelände der *pars rustica* scheint nicht von einer Mauer umgeben gewesen zu sein. Es orientierte sich an natürlichen Gegebenheiten und einem bereits in römischer Zeit bestehenden Weg, der sich im Süden der Anlage befand. Die Nebengebäude *V–VII* und das Heiligtum *X* liegen auf einer Linie und orientierten sich am Straßenverlauf. Dies scheint auch im Norden der Fall gewesen zu sein. Hier erstreckte sich ein Weg, von Osten kommend, entlang des Kluckertbaches, an dem sich die römischen Getreidemühlen befanden.

II: 6,20 x 5,30 m großes Kelterhaus, mit großem Becken *A* und kleinem Becken *B* und mehreren Feuerstellen. Im Bereich des Beckens *A* entnahm man 1990 und 1992 Erdproben, die verkohltes Pflanzenmaterial enthielten. Drei Pflanzen konnten nachgewiesen werden: Linsen, Weintrauben und Himbeerkerne (vgl. Moraitis 2003, 28 und TrZ 57, 1994, 486). Dies deutet auf weitere Nutzungsmöglichkeiten der Kelter hin.

III: 14,50 x 6,60 m großes und mehrfach erweitertes Wirtschaftsgebäude mit mehreren Feuerstellen und Gruben. Eisenschlacken und Eisenteile deuten auf die Nutzung des Nebengebäudes als Schmiede.

IV: 16,50 x 7,75 m großes, zweiräumiges Wirtschaftsgebäude. Im östlichen Raum *1* lag eine T-förmige Darre aus Schieferplatten, die sich einem Becken direkt anschließt. Moraitis deutet die Installationen durch Vergleiche mit einem Befund aus Regensburg als Brauerei (vgl. Moraitis 2003, 33–34). Im kleineren, westlichen Raum *2* lagen vier Gruben, deren Bedeutung unklar blieb.

V: 22,50 x 10,0 m großes Wirtschaftsgebäude mit nachträglicher Zweiteilung. Mehrere Gruben, Feuerstellen, aus Schieferstein gesetzte Kanälchen und Gerät deuten auf eine rein wirtschaftliche Nutzung. Zu den Geräten gehören ein Mahlstein, eine Gabel, ein Sandsteingewicht, eine Brettsäge, Stecheisen, ein Schlüssel u. a. Ein verkohles Holz aus einer Vorratsgrube konnte dendrochronologisch auf die Jahre nach 93 n. Chr. datiert werden.

VI: 22,0 x 7,70 m großes und nur partiell ergrabenes Nebengebäude undefinierter Nutzung.

VII: 10,60 x 6,25 m großes Wirtschaftsgebäude. Neben einer größeren mit Schieferplatten ummauerten Feuerstelle befindet sich in der westlichen Hälfte eine T-förmige Darre.

VIII: 19,50 x 12,10 m großes und nur partiell ergrabenes Nebengebäude undefinierter Nutzung.

IX: 3,70 x 3,20 m großes einräumiges Gebäude, dessen südlicher Abschluß apsidial gebildet ist. In dem Abschluß befand sich eine Ofenstelle aus Lehm, die deutliche Brandspuren aufwies. Bau *IX* wird als Schmiede gedeutet.

X: Heiligtum
800 m² großer mit leicht trapezförmigen Mauern eingegrenzter Tempelbezirk mit Eingangsbereich im Osten und 1,85 x 1,80 m großem quadratischem Tempel im Inneren.

XI: Grabbezirk, ca. 250 m nordöstlich des Herrengebäudes. Das Gräberfeld kann in drei chronologisch aufeinanderfolgende Grabgärten und außerhalb dieser Gärten liegende Gräber unterschieden werden. Aufgrund von Raubgrabungen, mangelnder Zeit bei der Erforschung und des zu schützenden Baumbestandes konnten nicht alle Gräber identifiziert und untersucht werden. Die früheste Bestattung, Grab *34* mit reichhaltiger Ausstattung (vgl. Moraitis 2003, 130–146), liegt nordöstlich außerhalb des Grabgartens *A/B* und kann in die Wende des 1. zum 2. Jh. n. Chr. datiert werden. Als einziges enthielt es reichere Beigaben, vor allem aus Metall, wie eine Patera, Strigilis, eine Pfanne u. a. Zeitlich folgt der Grabgarten *A* mit einer quadratischen Umfassung von 6,75 x 6,75 m, der im beginnenden 2. Jh. n. Chr. errichtet wurde und mindestens drei Bestattungen enthielt. Direkt südlich schließt sich Bezirk *B* an, der von der 2. Hälfte des 2. Jh. bis in die erste Hälfte des 3. Jh. n. Chr. genutzt wurde. Er enthielt mindestens drei Bestattungen. Der größte und jüngste Grabgarten *C* war ein rechteckig eingefasster Tumulus mit einem Umfang von 14,0 x 14,10 m. Im westlichen und nördlichen Bereich der Fundamente befanden sich rechteckige Verbreitungen des Fundamentes, die als Denkmalsockel oder Altarsockel interpretiert werden können. Bezirk *C* umfasste mindestens 14 Gräber (in *C* wurden größere Bereiche nicht untersucht). Sie datieren vom ausgehenden 2. bis in die zweite Hälfte des 3. Jh. n. Chr. Auffälligerweise ist im gesamten Grabbezirk keine Bestattung des 4. Jh. n. Chr. nachgewiesen, obwohl die Villa weiterhin in Nutzung war. Wo sich ein mögliches spätantikes Gräberfeld befinden könnte, ist nicht geklärt.

Weitere wirtschaftliche Einrichtungen, bei denen nicht eindeutig geklärt ist, ob sie ebenfalls zur Villa Lösnich gehörten, befinden sich im Osten und Norden. Es handelt sich um einen Steinbruch östlich der Villa *XII*, zwei Ausschachtungen für Mühlräder (*XIII* und *XV*) und eine Stauwehrinstallation *XIV* (vgl. Neyses 1983, 209–211 und *Kapitel IV.1.8*).

Datierung: Die ältesten Bereiche der Villa sind das Hauptgebäude *I* und das Heiligtum *X*, die beide in das ausgehende 1. Jh. n. Chr. datiert werden können. Zu dieser Phase gehörte auch Nebengebäude *V*, das Moraitis erst in die Mitte des 2. Jh. n. Chr. datiert, das jedoch aufgrund der vorgenommenen Dendrodatierung ebenfalls im ausgehenden 1. Jh. n. Chr. entstanden sein muss.
In der Mitte des 2. Jh. n. Chr. kamen die Wirtschaftshäuser *III* und *VIII* hinzu, die bis in die Mitte des 4. Jh. n. Chr. kontinuierlich genutzt wurden. Ebenfalls in der Mitte des 2. Jh. n. Chr. entstand *VI*, welches bereits in der zweiten Hälfte des 3. Jh. zerstört wurde. Zu dieser Zeit wurde auch Bau *II* zu einer Kelteranlage umgebaut, nachdem er zerstört worden war. Moraitis geht davon aus, dass diese Veränderungen sowie die Umbauten im Hauptgebäude *I* auf kriegerische Zerstörungen in der zweiten Hälfte des 3. Jh. n. Chr. hindeuten. Die Datierung von Nebengebäude *IV* reicht von der ersten Hälfte des 3. Jh. bis in die zweite Hälfte des 4. Jh. n. Chr.

Eine weitere Zerstörung der Anlage folgte um die Mitte des 4. Jh. n. Chr. Darauf deutet ein in einer Maueröffnung der Heizung versteckter Münzschatz, der von seinem Besitzer nicht wieder geborgen wurde. In einem Schwarzfirnisbecher befanden sich 271 Münzen aus der Zeit von 342–348 n. Chr. (vgl. Neyses 1979, 18 und Gilles 1980/81, 335). Da sich an ihm keinerlei Brandspuren fanden, ist davon auszugehen, dass das Präfurnium und die Badeanlage seit diesem Zeitpunkt nicht mehr in Funktion waren. Keramikfunde und die Einbauten in den zentralen Raum des Hauptgebäudes deuten auf eine weitere, vor allem wirtschaftliche Nutzung der Baulichkeiten im weiteren Verlauf des 4. Jh. n. Chr. Erst gegen Ende jenes Jahrhunderts muss die Villa endgültig aufgegeben worden sein.

Abb.: Tafel 23, Abb. 48; Tafel 24, Abb. 49.

Lit.: TrZ 3, 1928, 185; TrZ 10, 1935, 154; H. Cüppers, Archäologische Funde im Landkreis Bernkastel. Archiv für Kultur und Geschichte des Landkreises Bernkastel 3, 1966, 107; TrZ 36, 1973, 120, Anm. 5; A. Neyses, Drei neuentdeckte gallo-römische Weinkelterhäuser im Moselgebiet, in: Archäologisches Korrespondenzblatt 7, 1977, 217–218; A. Neyses, Das römerzeitliche Land- und Weingut im Hinterwald bei Lösnich, in: Kelten und Römer im Kröver Reich (1979) 13–19; K.-J. Gilles, Ein weiterer Münzschatz der Mitte des 4. Jahrhunderts aus dem unteren Alftal, in: Trierer Zeitschrift 43/44, 1980/81, 317–339, hier 335; A. Neyses, Die Getreidemühlen beim römischen Land- und Weingut von Lösnich (Kreis Bernkastel-Wittlich), in: TrZ 46, 1983, 209–221; Cüppers 1990, 451–452; van Ossel 1992, 254–255; TrZ 57, 1994, 486; K.-J. Gilles, Römerzeitliche Kelteranlagen an der Mosel, in: K.-J. Gilles (Hrsg.), Neuere Forschungen zum römischen Weinbau an Mosel und Rhein (Trier 1995), 5–59; M. König, Pflanzenfunde aus römerzeitlichen Kelteranlagen der Mittelmosel in: K.-J. Gilles (Hrsg.), Neuere Forschungen zum römi-schen Weinbau an Mosel und Rhein. Schriftenreihe des Rheinischen Landesmuseums Trier 11 (Trier 1995), 60–73; A. Moraitis, Der römische Gutshof und das Gräberfeld bei Lösnich, Kreis Bernkastel-Wittlich. Ein Beitrag zur Rekonstruktion ländlicher Besiedlung im Tevererland, Trierer Zeitschrift, Beiheft 26 (Trier 2003).

95. Longuich „Im Päsch"

Kreis: Trier-Saarburg
Landschaft: Mittleres Moseltal
Höhe: 150 m ü. N.N.
Topographie: Auf Nordosthang oberhalb der Mosel gelegen (ca. 900 m)
Geologie: Moselterrassen, Hunsrückschiefer und fluviatile Ablagerungen
Anbindung: Nahe der Straße von Trier nach Bingen und Mainz und der Mosel
Typ: Longuich I: Risalitvilla; Longuich II: Großvilla
Datierung: Nebengebäude: 1. Jh. n. Chr.; Risalitvilla (Bau I): 1. Hälfte 2. Jh. n. Chr. Großvilla (Bau II): Ende 2.–4. Jh. n. Chr. (ohne Präzision); Gräberfeld: Sarkophag mit Glasbeigaben 4. Jh. n. Chr.
Befund: 1984 bei Flurbereinigungsarbeiten entdeckte und 1987 teilausgegrabene und teilrekonstruierte Villa aus zwei übereinanderliegenden Hauptgebäuden, Nebengebäuden und Gräberfeld. Neben den Grabungen im Hauptgebäude konnten durch Untersuchungen zwei Nebengebäude ohne ermittelbare Funktionszuweisung festgestellt werden. Unter dem größeren der beiden lag ein Vorgängerbau in Holzbauweise (Pfostenlöcher), dessen Fundmaterial bereits in die Mitte des 1. Jh. n. Chr. datiert. Durch Prospektionen konnten zudem weitere Wirtschaftsgebäude anhand von Ziegelkonzentrationen bestimmt werden sowie im östlichen Bereich der *pars rustica* eine kleinere Toranlage und Teile der Umfassungsmauer. Ca. 150 m

westlich des Hauptgebäudes befand sich das zur Villa gehörige Gräberfeld, von dem ein in das 4. Jh. n. Chr. datierender Sarkophag stammt.

Das erste Hauptgebäude der Villa, im gängigen Typ Portikusvilla mit Eckrisaliten gebaut, lag auf einem Nordhang in Richtung Mosel orientiert. Reste dieses ersten Baus konnten unter der jüngeren Großvilla festgestellt werden. Bau *I* entstand laut K.-J. Gilles in der ersten Hälfte des 2. Jh. n. Chr., hatte keine Vorgängerbebauung und wich bereits gegen Ende des Jahrhunderts dem an selber Stelle errichteten palastartigen Hauptgebäude *II*. Die im Bereich der Großvilla vorgenommenen Grabungen (auf einer Fläche von ca. 28 x 15 m) beschränkten sich auf den östlichen Flügel, der das Bad enthielt. Die Oberflächenfunde erstreckten sich jedoch auf einer Länge von ca. 110 m, so dass eine Axialvilla vom Typ Wittlich rekonstruiert werden kann, deren Seitenflügel und Mitteltrakt sich um zwei Höfe gruppierten. Das Herrengebäude gehört mit den angenommenen Maßen von ca. 110 x 28 m zu den größten seiner Art im Trierer Land. Das Bad im untersuchten Ostflügel wies geringe Umbaumaßnahmen auf, die nicht auf gewaltsame Zerstörungen zurückgeführt werden können, sondern auf einen vorgenommenen Funktionswechsel der einzelnen Räume. Eines der ursprünglich zwei im Caldarium *1* vorhandenen Becken *B2* wurde bei diesen Maßnahmen entfernt. Das sehr gut erhaltene Becken *B1* enthielt noch den komplett hypokaustierten Unterbau und zahlreiche Tubuli der Wandheizung, die von einem Präfurnium in *2* gespeist wurden. Dieses heizte neben dem Caldarium inklusive Becken einen weiteren Raum *3*, der als Sudatorium interpretiert werden kann. Das Frigidarium in Raum *4* enthielt Reste eines mit weißen, grauen und schwarzen Marmorplatten ausgelegten Opus-sectile-Bodens, der in Teilen noch vorhanden war, und ein Becken *B3*. Das ursprünglich in Raum *5* gelegene Apodyterium wurde bei den Umbaumaßnahmen vom Badebereich getrennt, indem der Zugang zugemauert wurde. Dafür wurde er mit einer Heizung ausgestattet, wobei der Raum um mehr als 60 cm angehoben werden musste und über eine Treppe mit dem östlichen Innenhof verbunden wurde. Raum *7* übernahm die Funktion des Apodyteriums, in *6* befand sich die Latrine. Die Abwässer des Bades konnten über ein Kanalsystem abgeleitet werden, das sich außerhalb des Hauses befand und das Wasser der Latrine und der Becken fasste. Die Ausstattung des Bades war luxuriös, neben dem genannten Boden fanden sich Reste von Stuck, bemaltem Wandputz und Fragmente eines Mosaikbodens.

Wegen der mittelalterlichen und neuzeitlichen Nutzung der Villa als Steinbruch ist wenig Fundmaterial vorhanden. Architekturteile, die wahrscheinlich zugehörig waren, befinden sich heute in der Kirche des Dorfes Longuich, u. a. ein korinthischen Kalksteinkapitell, das als Taufbecken genutzt wird.

Das Fundmaterial deutet auf eine Nutzung der Villa bis in das 4. Jh. n. Chr. (ohne Präzisierung), von einer gewaltsamen Zerstörung fanden sich keine Spuren, was jedoch auch der nachantiken Ausbeutung geschuldet sein kann. Die Chronologie der Villa lässt einige Fragen offen. Eine zeitliche Lücke besteht zwischen der Nutzung des großen Nebengebäudes seit der Mitte des 1. Jh. n. Chr. und Bau *I* (Risalitvilla) in der ersten Hälfte des 2. Jh. n. Chr. Möglicherweise kann der als Nebengebäude interpretierte Bau ein Vorläufer in Holzbauweise der späteren Risalitvilla sein, die wiederum der großen Axialvilla weichen musste. Wenn auch die zeitliche Abfolge nicht eindeutig geklärt ist, so beweist das Entfernen der einfachen Risalitvilla und der luxuriöse Neubau die Prosperität des Eigentümers, der in den Eliten der nahe gelegenen Stadt Trier zu suchen ist. Von einer gewaltsamen Zerstörung der Risalitvilla und der nachfolgenden Errichtung einer Großvilla ist nicht auszugehen.

Abb.: Tafel 24, Abb. 50.

Lit.: K.-J. Gilles, Die römische Landvilla von Longuich, in: Kreis Trier-Saarburg. Ein Jahrbuch (Trier 1989), 200–205; TrZ 52, 1989, 467; TrZ 55, 1992, 422; Hoffmann/Hupe/Goethert 1999, 187; TrZ 67/68, 2004/05, 378; K.-J. Gilles, Longuich, in: Denkmäler 2008, 53; S. Seiler, In herrlicher Lage: die Palastvilla von Longuich, in: V. Rupp/H. Birley (Hrsg.), Landleben im römischen Deutschland (Stuttgart 2012), 131–132.

96. Malbergweich „Helsdorf"
Kreis: Bitburg-Prüm
Landschaft: Kyllburger Waldeifel
Höhe: 391 m ü. N.N.
Topographie: Auf Südosthang oberhalb der Kyll
Geologie: Buntsandstein und Muschelkalk
Anbindung: Nahe der Straße von Trier nach Köln (ca. 0,5 km)
Typ: Villa, Typus unbekannt
Befund: 1935 freigelegte Reste (3,75 m Länge) eines Kellers mit Raumaufteilung, Nischen und einem Fenster.
Abb.: Tafel 25, Abb. 51.
Lit.: TrZ 10, 1935, 153; Krausse 2006, Kat. 667.

97. Mandern „Geierslay"
Kreis: Trier-Saarburg
Landschaft: Hunsrückhochfläche
Höhe: 420 m ü. N.N.
Topographie: Auf flachem Nordhang oberhalb der Ruwer, in der Nähe eine Quelle
Geologie: Hunsrückschiefer und fluviatile Ablagerungen
Anbindung: Nahe der Straße gelegen, die von Trier über den Hunsrück nach Straßburg führt
Typ: Streuhofvilla, Hauptgebäude Risalitvilla
Datierung: 1. Periode: Mitte 2. Jh.; 2. Periode: Einbau des Bades zu Beginn des 3. Jh. Zerstörung des Bades durch Brand im frühen 3. Jh.? 3. Periode: Kurze Wiederaufbauperiode des Bades im 3. Jh. bis zu dessen endgültiger Zerstörung in der 2. Hälfte des 3. Jh.
Befund: 1973 bei Straßenbauarbeiten entdeckte Villa, anschließend vom RLM Trier unter der Leitung von A. Haffner partiell ausgegraben und publiziert. Untersucht wurde das Hauptgebäude *A*. Im Gelände zeichnen sich als größere Steinhäufungen zwei Nebengebäude ab, eines westlich, eines nordöstlich des Hauptgebäudes. Südlich dieses konnte auf ca. 75 m Länge eine Umfassungsmauer beobachtet werden. Es handelt sich aufgrund der Lage der Nebengebäude und der Mauer um einen Hof im Typus „Streuhof". Das Hauptgebäude im Typ Portikusvilla mit Eckrisaliten besitzt eine Fläche von ca. 30–40 x 25–30 m und ist nach Norden zur unterhalb fließenden Ruwer ausgerichtet. Die Konturen der nicht ausgegrabenen Bereiche des Hauptgebäudes zeichnen sich deutlich im Gelände ab. Der ergrabene Bereich erstreckt sich auf eine Fläche von 9 x 30 m. Dieser beinhaltete Teile des zentralen Hauptraumes, Teile der rückwärtig liegenden Räume und den Bereich des Bades, in dem drei verschiedene Bauphasen ermittelt werden konnten.

Phase I bestand aus dem zentralen Hauptraum *7*, den rückwärtigen Räumen *8* und *9* und im westlichen Seitenbereich bildeten die späteren Räume *1–5* ursprünglich eine Einheit. Dieser erste Bau entstand nach Auswertung des Fundmaterials in der Mitte des 2. Jh. n. Chr. und hatte bis zu Beginn des 3. Jh. n. Chr. Bestand. In die große Raumeinheit *1–5* wurde wahrscheinlich zu Beginn des 3. Jh. n. Chr. ein Bad mit der üblichen Raumfolge eingebaut. Betreten wurde es durch den neu eingefügten Raum *3*, der zusammen mit dem leicht abgestuften Raum *4* das Frigidarium bildete. Dieses war mit einem wasserdichten Ziegelsplittboden und einem Viertelrundstab abgedichtet. Der anschließende Raum *5* enthielt eine ca. 1 m tiefe und 2,20 x 1,65 m große Wanne, die über eine Treppe im südlichen Bereich begehbar war. Das Caldarium befand sich im hypokaustierten und mit Tubuli versehenen Raum *2*, der von einem Praefurnium im zentralen Raum *7* geheizt wurde. Ausgestattet waren Haus und Bad mit Fensterglas und Wandmalereien. Das Dach war mit Ziegeln gedeckt. Eine Zerstörungsschicht, die in Raum *1* und westlich davon nachgewiesen wurde, markiert das Ende der Phase II. Diese sich auf dem gewachsenen Lehmboden befindende Schicht enthielt Dachziegelfragmente, Bausteine, verkohlte Holzreste und Keramik überwiegend des 2. und auch des 3. Jh. n. Chr. Möglicherweise begrenzte sich diese Zerstörung auf den westlichen Badetrakt, da sie im rückwärtigen Teil des Baues (*7–9*) nicht nachgewiesen ist. In Phase III wurde der westliche Bereich wieder aufgebaut und dabei Raum *1* aufgegeben, der nun außerhalb des Hauses lag. Hier deponierte man den bereits erwähnten Schutt und planierte diesen ein. Weiterhin erfolgte ein Anbau, bestehend aus Raum *6*, der nun nicht mit Ziegeln, sondern mit Schiefern gedeckt wurde. Das Frigidarium blieb weiterhin in Funktion. Unklar ist, wann diese erste Zerstörung stattfand und in welchem Zusammenhang. Da die Schuttschicht überwiegend Keramik des 2. Jh. n. Chr. enthielt und nur vereinzelt des 3. Jh. n. Chr., ist davon auszugehen, dass es sich nicht um eine kriegerische Zerstörung nach der Mitte des 3. Jh. n. Chr. handelte. Zudem scheint sich dieser Brand auf den westlichen Teil des Gebäudes zu begrenzen. Möglicherweise handelte es sich um ein Schadensfeuer, das nicht mit den Einfällen des 3. Jh. n. Chr. in Verbindung gebracht werden kann. Phase III war nicht von langer Dauer, denn bald nach dem Wiederaufbau erfolgte in der zweiten Hälfte des 3. Jh. n. Chr. die Verwüstung des gesamten Hauses durch eine Brandkatastrophe. Diese Zerstörung hingegen lässt sich mit den Franken- und Alamanneneinfällen der zweiten Hälfte des 3. Jh. n. Chr. in Verbindung bringen. Ein erneuter Wiederaufbau fand nicht statt, die Ruine wurde aufgegeben und aufgrund ihrer Abgelegenheit nicht wie üblich in Mittelalter und Neuzeit als Steinbruch ausgebeutet.

Abb.: Tafel 25, Abb. 52, Tafel 26, Abb. 53.
Lit.: A. Haffner, Die römische Villa bei Mandern, Kreis Trier-Saarburg, in: Trierer Zeitschrift 40/41, 1977/78, 95–106.

98. Masholder „Mirlek"
Kreis: Bitburg-Prüm
Landschaft: Bitburger Gutland
Höhe: 350 m ü. N.N.
Topographie: Auf relativ flachem Gelände oberhalb der Quellmulde des Masholder-Baches
Geologie: Keuper
Anbindung: Südlich des Vicus Bitburg und der Straße von Trier nach Bitburg und Köln gelegen
Typ: Villa, Typus unbekannt
Datierung: 2. Hälfte 1.–4. Jh. n. Chr.

Befund: Von Steinhausen 1932 beschriebene Siedlungsstelle mit Mauerresten und Eisenschlacken, die wahrscheinlich mittelalterlich datieren. An Funden, die in der Trierer Zeitschrift 52 vorgelegt wurden, Keramik von der zweiten Hälfte des 1. Jh. bis ins 4. Jh. n. Chr., ein Rebmesser und ein Denar Trajans (RIC 101, 103/11).
Lit.: Steinhausen 1932, 177 (1); TrZ 52, 1989, 468; Krausse 2006, Kat. 322.

99. Meckel „Scheiwelsheck"
Kreis: Bitburg-Prüm
Landschaft: Bitburger Gutland
Höhe: 350 m ü. N.N.
Topographie: Auf einer Terrasse am Nordwesthang nördlich der Meckler Höhe; unterhalb entspringen der Nüßbach und der Grasbach
Geologie: Muschelkalk
Anbindung: Nahe der Straße von Trier nach Bitburg und Köln (ca. 2,5 km)
Typ: Hof: Achsenhof; Hauptgebäude *A*: Portikusvilla mit Eckrisaliten; Wohngebäude *B*: Risalitvilla
Datierung: 2.–2. Hälfte 4. Jh. n. Chr.
Befund: Große Axialhofvilla, die seit den 1870er Jahren bekannt ist und 1910/1914 durch das damalige Provinzialmuseum partiell ausgegraben wurde. Leider wurde die Grabung nie wissenschaftlich publiziert, so dass wir uns auf die Berichte Steinhausens und Koethes stützen müssen, die einen groben Überblick der Anlage geben.

Die axial angelegte Villa mit *pars urbana* und *pars rustica* umgab eine mindestens 400 x 120 m messende Ummauerung, die im östlichen Teil der *pars urbana* nicht verfolgt werden konnte. Das Hofareal nahm mit den Maßen von ca. 120 x 305 m eine Fläche von ca. 36 600 m² ein. Es gehörte somit zu den größten Anlagen des Trierer Landes. Vier Gebäude konnten bei der Grabung von 1914 freigelegt werden, von denen drei in der durch eine Mauer abgetrennten *pars urbana* liegen. Auf der östlichen Schmalseite lag das Hauptgebäude *A*, dessen zentraler Teil mehrere Räume beinhaltete. Dem Bau vorgelagert war eine lange Portikus, hinter der sich mehrere Raumeinheiten anschlossen. Die Seitenflügel des Baus konnten nicht dokumentiert werden, was eine Gesamtdarstellung nicht möglich macht.

In einem Winkel von 90 Grad schloss an der nördlichen Langmauer ein weiteres Wohngebäude *B* im Typ Risalitvilla an das Hauptgebäude *A* im Typ Portikusvilla an. Um einen zentralen Hauptraum gruppierten sich auf allen Seiten mehrere Raumeinheiten. Das bei Koethe 1940 beschriebene Bad lag im westlichen Flügel des Hauses. Es folgt der üblichen Reihung von Frigidarium, das über zwei Wannen verfügte, Tepidarium und Caldarium, ebenfalls mit zwei Wannen.

Das Besondere an der Villa Meckel liegt in diesen beiden nahe, aber doch unabhängig voneinander liegenden Wohnhäusern, die Koethe als Herren- und Pächterhaus interpretiert.
An der südlichen Langmauer lag Gebäude *D*, das vier Räume umschloss und von Steinhausen als Wirtschaftsgebäude interpretiert wird.

In der *pars rustica* wurde Gebäude *C* dokumentiert, das an der nördlichen Langmauer lag. Sieben Räume gruppieren sich um einen Hof. Es bleibt unklar, ob es sich hier um ein weiteres Wirtschaftsgebäude handelt oder um ein Wohnhaus für die Belegschaft. Weiter axial angeordnete Gebäude wurden nicht freigelegt; sie sind jedoch durch Streufunde auf dem Villenareal nachgewiesen.

Das Hauptgebäude musste über eine luxuriöse Einrichtung verfügt haben, von der vereinzelte Mosaik- und Architekturfunde noch Zeugnis geben. Steinhausen berichtet, dass bei allen dokumentierten Gebäuden Um- oder Neubauten zu beobachten sind, die durch eine Zerstörung durch Feuer entstanden. Möglicherweise sind diese auf kriegerische Einwirkungen im 3. oder 4. Jh. n. Chr. zurückzuführen. In neuerer Zeit gemachte Münzfunde belegen eine Nutzung der Villa mindestens bis zum Ende des 4. Jh. n. Chr. (vgl. van Ossel 1992, 255 und TrZ 64, 2001, 340).
Abb.: Tafel 26, Abb. 54.
Lit.: Trierer Jahresbericht 3, 1910, 13; Trierer Jahresbericht 7/8, 1914/15, 12–13; Steinhausen 1932, 180–182; J. Steinhausen, Archäologische Siedlungskunde des Trierer Landes (Trier 1936), 337; Koethe 1940, 70–73; van Ossel 1992, 255; Hoffmann/Hupe/Goethert 1999,188; TrZ 64, 2001, 340; Krausse 2006, Kat. 678.

100. Mehring „Kirchheck" („Hostertsmorgen")
Kreis: Trier-Saarburg
Landschaft: Mittleres Moseltal
Höhe: 143 m ü. N.N.
Topographie: Auf einem leicht nach Norden zur Mosel hin abfallenden Gelände. Das Territorium um die Villa kann aufgrund seiner Abgrenzung durch die Mosel im Norden und die hohen Bergzüge im Süden als abgeschlossene Siedlungskammer betrachtet werden.
Geologie: Hunsrückschiefer, Moselterrassen und fluviatile Ablagerungen
Anbindung: Nahe der Mosel
Typ: Risalitvilla
Datierung: 1. Hälfte 2.–5. Jh. n. Chr. Mehrere Umbauphasen
Nebengebäude: Die Ausmaße der *pars rustica* der Mehringer Villa sind nicht bekannt, doch wurden ca. 80 m „unterhalb" des Hauptgebäudes römische Mauerzüge angetroffen, die mit großer Wahrscheinlichkeit zu einem Nebengebäude gehörten (vgl. TrZ 65, 2002, 306).

Hauptgebäude: Seit dem frühen 19. Jh. bekanntes und in den 80er Jahren des 20. Jh. durch das RLM Trier ausgegrabenes Hauptgebäude einer Villa, das mehrere Bauphasen aufweist. Da die Grabung noch nicht umfassend publiziert ist, stützen sich die folgenden Beschreibungen auf die Vorberichte und die im RLM Trier vorliegenden Phasenpläne.

Phase I: In der ersten Hälfte des 2. Jh. n. Chr. errichtetes Herrenhaus im Typ Risalitvilla mit einer Fläche von 28 x 23 m. Das Zentrum bildete der rechteckige Raum *7*, in dessen östliche Hälfte zwei Raumeinheiten integriert waren (*15* und *17*), getrennt durch Korridor *16*. Nördlich schlossen der langrechteckige Raum *19* und der kleinere Raum *2* an. Im Süden lag die Portikus *13*, eingerahmt von den beiden Eckrisaliten *12* und *14*. Im südwestlichen Risalit *12* war der Keller untergebracht, dessen Schiefermauerwerk noch ca. 2,70 m aufrecht stand.

Phase II: Zu einem unbestimmten Zeitpunkt im 2. Jh. n. Chr. wurde das Hauptgebäude um zwei Risalite erweitert, im Nordosten mit den Räumen *21 A/B* und *22* und im Nordwesten mit Raum *1*. Die dabei zwischen den Nord- und Südrisaliten entstehenden Freiräume wurden durch die Räume *28* und *29* im Osten und *3* und *5* im Westen gefüllt. Raum *3* war mit einer Hypokaustenheizung versehen.

Phase III: Die große Erweiterung des Herrenhauses datiert laut Vorbericht in das letzte Drittel des 2. Jh. n. Chr. Am markantesten fällt die Neugestaltung der Hauptfront durch eine Portikus auf, die sich nun um die beiden ursprünglich vorhandenen Südrisalite zieht. Um weiterhin die Symmetrie der Schaufront zu wahren, errichtete man im Südwesten und Südosten jeweils einen neuen und vergrößerten Eckrisaliten (SW mit Räumen *8–10* und SO mit Räumen *31–34*). Der Nordostrisalit wurde ebenfalls massiv ausgebaut und mit einem Bad versehen (Räume *21–27*).

Phase IV: In Phase IV erweiterte man im Osten die Räume *3–5*. Der hypokaustierte Raum *3* wurde dabei mit einer luxuriösen Innenausstattung versehen, darunter Fragmente von polychromen ornamentalen Mosaiken. Dieser Raum entstand gegen Ende des 3. Jh. n. Chr. (vgl. Hoffmann/Hupe/Goethert 1999). Ebenfalls aus Raum *3* stammen sechseckige Plättchen aus weißem Marmor, runde Scheiben aus grünem Diorit und rechteckige Plättchen aus rötlichem Porphyr, die zur Wandverkleidung gehören. Teile dieser auffallend luxuriösen Ausstattung waren Importe aus Ägypten; es handelt sich um Materialien, die ebenfalls in der Trierer Basilika verbaut wurden. Auf eine Zerstörung in der zweiten Hälfte des 3. Jh. n. Chr. deutet bei aktuellem Forschungsstand nichts hin.

Phase V: Laut Vorbericht wurden um 355 n. Chr. Teile der Villa zerstört und aufgegeben, darunter die Räume *3–5* und das Bad (Räume *21–27*). In der Zerstörungsschicht der Räume *3–5* fanden sich über 200 Münzen, welche sie in die Mitte des 4. Jh. n. Chr. datieren. Nach diesen Ereignissen wurde das Hauptgebäude von germanischen Siedlern genutzt, denn im Material treten Kleinfunde germanischer Provenienz und militärische Funde auf (s. u. Funde).

Phase VI: In der letzten Nutzungsphase wurden Teile des Gebäudes von den germanischen Siedlern durch die Verwendung verwertbaren Materials ausgebeutet, beispielsweise die Hypokaustpfeiler aus Raum *3*. Der bewohnbare Bereich konzentrierte sich wieder auf den Kernbau um den Zentralraum *7* und die östlich und südlich anschließenden Raumgruppen. Das Hauptgebäude wurde wirtschaftlich genutzt, wie mehrere Einbauten deutlich machen, beispielsweise ein Schmiedeofen im aufgefüllten Keller *12*. Endgültig aufgegeben wurde der Standort im Verlauf des 5. Jh. n. Chr

Funde: Zwei Fragmente Goldglas aus dem 4. Jh. mit a) Ranken und Trauben (vgl. Trier – Kaiserresidenz, 133, Kat. 47 b)) Randscherbe mit Windgottheit und Theatermaske (vgl. TrZ 52, 1989, 468; Demandt/Engemann 2007, CD-ROM I.16.42–43).
Germanischer Dreilagenkamm mit halbkreisförmiger Griffplatte aus Bein (vgl. Gilles 1985, 37 und Abb. 5; Demandt/Engemann 2007, CD-ROM I.16.47).
Kettenhemd (vgl. Demandt/Engemann 2007, CD-ROM I.16.48).
Waffen und Geschoßspitzen aus Eisen (vgl. Gilles 1985, 37, Abb. 6; Demandt/Engemann 2007, CD-ROM I.16.49). Kerbschnittverzierte Beschläge aus Eisen von spätrömischen Militärgürteln (vgl. Gilles 1985, 38, Abb. 7; Demandt/Engemann 2007, CD-ROM I.16.50).
Fragmente von Architektur, Wandmalereien, Mosaiken und Wandverkleidung (vgl. Hoffmann/Hupe/Goethert 1999, 188–189 und Hoffmann/Scheit 1989, 19, Abb. 12).
Münz- und Keramikfunde besonders des 4. Jh. (vgl. van Ossel 1992, 257).

Interpretation: Die Villa Mehring kann exemplarisch für die Entwicklung der Villen im Trierer Land stehen. Als einfacher Gutshof im Typ Risalitvilla in der ersten Hälfte des 2. Jh. n. Chr. entstanden, entwickelte sie sich im Laufe des 2. und 3. Jahrhunderts in ein reiches Anwesen, welches alle Elemente des römischen Wohnluxus integrierte. Darauf deuten der architektonische Ausbau, die reiche Innenausstattung und das Fundmaterial. Nach den tief greifenden Umbrüchen des 4. Jahrhunderts siedelte man hier Germanen an, die für die Bewirtschaftung des Landes zu sorgen hatten. Erst im 5. Jahrhundert wurde die Villa endgültig aufgegeben.

Abb.: Tafel 27, Abb. 55–56; Tafel 28, Abb. 57–58; Tafel 29, Abb. 59–60.

Lit.: TrZ 30, 1967, 268; Trier – Kaiserresidenz, 133, Kat. 47; K.-J. Gilles, Die römische Villa von Mehring, in: Funde und Ausgrabungen im Bezirk Trier 17, 1985, 33–39; K.-J. Gilles, Die römische Villa von Mehring, in: Jahrbuch Kreis Trier-Saarburg 1985, 119–121; TrZ 52, 1989, 468–469; Cüppers 1990, 477–478; van Ossel 1992, 256–257; J. Hoffmann/S. Scheit, Das Wein- und Heimatmuseum Mehring. Ein Führer zu Ausstellung und Ortsgeschichte (Mehring 1998); Hoffmann/Hupe/Goethert 1999, 188–189; TrZ 65, 2002, 306; K.-J. Gilles, Römische Villa Mehring „In der Kirchheck", in: Demandt/Engemann 2007, CD-ROM I.16.41; K.-J. Gilles, Mehring, in: Denkmäler 2008, 55; V. Rupp/H. Birley, Mehring: Villa rustica mit 34 Räumen, in: V. Rupp/H. Birley (Hrsg.), Landleben im römischen Deutschland (Stuttgart 2012), 162–163.

101. Mehring „Ortslage"
Kreis: Trier-Saarburg
Landschaft: Mittleres Moseltal
Höhe: 150 m ü. N.N.
Topographie: Auf Südosthang, nördlich der Mosel
Geologie: Hunsrückschiefer und fluviatile Ablagerungen
Anbindung: Nahe der Mosel (ca. 400 m)
Typ: Villa, Typus unbekannt
Befund: Im Ortskern von Mehring wurde im 19. Jh. der Badetrakt einer Villa freigelegt, eine Dokumentation liegt allerdings nicht vor. Das Bad steht mit einem Qanat in Zusammenhang, der ausführlich durch eine private Gruppe erforscht und von B. Kremer 1999 publiziert wurde. Demnach handelt es sich um einen Wasserkanal von 106,5 m Länge, 1,20 m Höhe und 0,50–0,60 m Breite, dessen Brunnenstube ca. 30 m von dem Bad entfernt liegt.
Lit.: Steinhausen 1932, 184; B. Kremer, Wasserversorgung aus dem Tunnel. Der römische Qanat von Mehring, in: Funde und Ausgrabungen im Bezirk Trier 31, 1999, 37–50; Krausse 2006, Kat. 1409.

102. Mesenich „Börlsbachtal"
Kreis: Trier-Saarburg
Landschaft: Bitburger Gutland
Höhe: 276 m ü. N.N.
Topographie: In der Quellmulde des Börlsbaches
Geologie: Keuper und fluviatile Ablagerungen
Anbindung: Nahe der westlichen Moselstraße von Trier nach Metz gelegen
Typ: Villa, Typus unbekannt
Datierung: Keramik 2.–4. Jh.

Befund: 1984 bei Autobahnbauarbeiten entdeckte Siedlungsstelle, die gemörtelte Bruchsteine, Dach- und Heizziegel, Putzreste mit Farbspuren und Keramik der zweiten Hälfte des 2. Jh. n. Chr. enthielt. Von einem privaten Sammler wurden dem RLM Trier Keramik, Kleinfunde und Münzen des 3. und 4. Jh. n. Chr. geliefert.
Lit.: TrZ 52, 1989, 469; TrZ 60, 1997, 348; TrZ 62, 1999, 349; TrZ 65, 2002, 259, 306; Krausse 2006, Kat. 1402.

103. Mesenich „Hinter Kopfbüsch"
Kreis: Trier-Saarburg
Landschaft: Bitburger Gutland
Höhe: 250 m ü.N.N.
Topographie: Auf einem Nordwesthang oberhalb des Börlsbaches und Stegbaches
Geologie: Keuper und fluviatile Ablagerungen
Anbindung: Nahe der Sauer (ca. 1,5 km) und der Moselhöhenstraße nach Trier.
Typ: Risalitvilla
Befund: Villa, die in den Jahren 1883/84 ausgegraben, jedoch nie publiziert wurde. Anhand einiger Grabungsskizzen kann eine Risalitvilla mit Portikus, großem Zentralraum und seitlich anschließender Räume rekonstruiert werden.
Lit.: Westdeutsche Zeitschrift 3, 1884, 185; Westdeutsche Zeitschrift 4, 1885, 215; CAL 19, 1983, 31 Nr. 174; Krausse 2006, Kat. 1403.

104. Mettendorf „Hangerfeld"
Kreis: Bitburg-Prüm
Landschaft: Bitburger Gutland
Höhe: 260 m ü. N.N.
Topographie: Auf Osthang westlich oberhalb der Enz
Geologie: Buntsandstein
Anbindung: Nahe der Enz gelegen. Von der Fundstelle aus verläuft eine vermutete Straße in Richtung Bitburg (vgl. Krausse 2006, Beilage 4)
Typ: Villa, Typus unbekannt
Befund: Von Steinhausen 1932 beschriebene Badeanlage einer Villa. Demnach handelt es sich um eine reich ausgestattete Anlage mit bunten Marmorböden, dicken Ziegelestrichbrocken und einem Bleirohr. Weitere Baureste, darunter eine nicht dokumentierte Halbsäule, wurden vor dem ersten Weltkrieg von einem Landwirt hinter dessen Scheune angehäuft.
Lit.: Steinhausen 1932, 194 (3); Krausse 2006, Kat. 692.

105. Mettendorf „In der Ay"
Kreis: Bitburg-Prüm
Landschaft: Bitburger Gutland
Höhe: 245 m ü. N.N.
Topographie: Auf Westhang östlich oberhalb der Enz
Geologie: Buntsandstein und Muschelkalk

Anbindung: An der Enz gelegen, weiter nördlich befindet sich die oben erwähnte Verbindung nach Bitburg
Typ: Portikusvilla mit Eckrisaliten
Datierung: 2.–4. Jh.
Befund: Die Villa Mettendorf „In der Ay" gehört zu den mittelgroßen Standorten im Trierer Land, die zwischen den Risalitvillen und den Großvillen angesiedelt werden können. Josef Steinhausen beschrieb sie 1932 mit Mauerresten, Treppenstufen, einem korinthischen Kapitell mit Säulenschaft (vgl. TrZ 2, 1927, 206) und reliefierten Steinblöcken. Bei einer Begehung der Stelle durch das damalige Provinzialmuseum im Jahr 1929 konnte ein Bad dokumentiert werden. Dazu wurden wiederum Kalksteinmauerwerk, bunter Wandputz, Hypokaustenziegel und Tubuli festgestellt. Steinhausen erwähnt zudem Spuren mehrerer Bauperioden. In Privatbesitz befinden sich eine kleine Waage und diverse Münzen des 3. und 4. Jh. n. Chr.

Im Jahr 2008 konnten durch eine geomagnetische Prospektion der Typus sowie zwei Nebengebäude ermittelt werden. Es stellte sich dabei heraus, dass sich das Hauptgebäude in Form einer langgestreckten Portikusvilla nach Norden orientierte. Typologisch glich es am ehesten dem der Villa in Oberweis „Auf der Steinrausch" *(Kat.–Nr. 131)*, war jedoch mit einer Ausdehnung von ca. 90 m Länge und bis zu 41 m Breite nicht ganz so groß. Der Befund der geomagnetischen Prospektion dokumentiert, dass die *pars urbana* durch einen Graben von der *pars rustica* getrennt war. Zwei Nebengebäude konnten festgestellt werden, die sich zwar in der Flucht des Hauptgebäudes befanden, jedoch nicht axial zu diesem verliefen. Nebengebäude *2* lag ca. 100 m nördlich und hatte eine Größe von ca. 33 x 31 m. Nebengebäude *3* befand sich nahe der Enz südwestlich des Hauptgebäudes und hatte eine Ausdehnung von ca. 31 x 15 m. Das Hofareal der Villa von Mettendorf kann demnach nicht zu den großen Axialhofvillen gezählt werden. Möglicherweise befanden sich weitere Nebengebäude im nicht prospektierten Bereich oder waren aus Materialien errichtet, die sich bei dieser Methode nicht mehr nachweisen lassen, beispielsweise aus Fachwerk oder aus Holz.
Abb.: Tafel 30, Abb. 61.
Lit.: Steinhausen 1932, 193–194 (1); TrZ 2, 1927, 205–206; TrZ 4, 1929, 188; TrZ 58, 1995, 494; Krausse 2006, Kat. 694; P. Henrich/C. Mischka, Die römische Axialvillenanlage von Mettendorf, „In der Ay", Eifelkreis Bitburg-Prüm, in: Funde und Ausgrabungen im Bezirk Trier 40, 2008, 75–83.

106. Mettendorf „Menschengraben"
Kreis: Bitburg-Prüm
Landschaft: Bitburger Gutland
Höhe: 316 m ü. N.N.
Topographie: Auf Osthang in der Quellmulde eines Zuflusses zur Enz
Geologie: Muschelkalk
Anbindung: An der Enz gelegen; nahe der Stelle führt die vermutete Straße vorbei, die in Nord-Süd-Richtung auf dem Rücken zwischen Enz und Gaybach verläuft
Typ: Villa, Typus unbekannt
Datierung: 1.–4. Jh. n. Chr. (möglicherweise spätaugusteisch)
Befund: Von Steinhausen 1932 beschriebene ausgedehnte Siedlungsstelle mit Mauerzügen, einer Treppe aus rotem und weißem Sandstein und Keramik des 4. Jh. n. Chr. Bei Krausse 2006 erwähnte Oberflächenfunde belegen eine Besiedlung vom 1. bis ins 4. Jh. n. Chr. Auf-

grund einer Nertomarusfibel mit Pseudofiligranauflage (Typ Riha 4.3.1) schließt er eine Entstehung der Siedlung bereits in spätaugusteischer Zeit nicht aus. Ein weiterer Fund ist das Fragment eines bronzenen Aryballos.
Lit.: Steinhausen 1932, 194 (2); TrZ 50, 1987, 405; van Ossel 1992, 377, Kat. 423; Krausse 2006, Kat. 695; Zum Aryballos: TrZ 50, 1987, 405; B. Bienert, Die römischen Bronzegefäße im Rheinischen Landesmuseum Trier. Trierer Zeitschrift, Beiheft 31 (Trier 2007), 238–239 Kat.-Nr. 272.

107. Metterich „Auf dem Berg"
Kreis: Bitburg-Prüm
Landschaft: Bitburger Gutland
Höhe: 320 m ü. N.N.
Topographie: Auf flachem Südosthang nördlich eines kleinen Zuflusses zur Kyll
Geologie: Keuper und Muschelkalk
Anbindung: Nahe des Vicus Bitburg; die Kyll verläuft ca. 800 m südlich der Villa.
Typ: Villa, Typus unbekannt
Datierung: 2./ 3. Jh. (Keramikfunde Steinhausen)
Befund: Von Steinhausen 1932 beschriebene Siedlungsstelle auf einem flachen Streifen von ca. 300–400 m. Überliefert sind Bodenschwellungen, Mosaiksteinchen und Keramik des 2. und 3. Jh. n. Chr. Zwei Säulenkapitelle sollen im Dorf vermauert worden sein.
Abb.: Tafel 30, Abb. 62.
Lit.: Steinhausen 1932, 195 (2); Hoffmann/Hupe/Goethert 1999, 189, Kat. 203; Krausse 2006, Kat. 696.

108. Minden „Jünkerkopf"
Kreis: Bitburg-Prüm
Landschaft: Bitburger Gutland
Höhe: 260 m ü. N.N.
Topographie: Auf Osthang, nahe der Quelle des Halbaches, eines Zuflusses zur Sauer
Geologie: Keuper und fluviatile Ablagerungen
Anbindung: Nahe der Sauer, ca. 1,5 km; nahe der vermuteten Straße, die von Echternach in Richtung der Straße Trier-Bitburg-Köln verläuft (vgl. Krausse 2006, Beilage 4)
Typ: Villa, Typus unbekannt
Datierung: Gräberfeld: Mitte 1.–2. Hälfte 2. Jh. n. Chr.
Befund: Von Steinhausen 1932 beschriebene Siedlungsstelle mit Ziegelresten, Kalksteinpflastern, Hufeisen und Resten von Wagengeschirr. Diese Siedlungsstelle gehört wahrscheinlich zu einem in ca. 200 m nordwestlich gelegenen Gräberfeld mit 40 Brandgräbern, von denen zwölf mit Steinplatten umfasst waren. Der Bestattungsplatz setzte bereits um die Mitte des 1. Jh. n. Chr. ein und wurde bis in die zweite Hälfte des 2. Jh. n. Chr. genutzt. Da keine Mauerreste gefunden wurden, interpretiert Steinhausen die Siedlung als „Nebengebäude oder bescheidene Villa früherer Zeit".
Lit.: Steinhausen 1932, 198–200 (1); Krausse 2006, Kat. 701 und 702; Zum Gräberfeld: Trierer Jahresberichte 5, 1912, 18–19; Trierer Jahresberichte 6, 1913, 26–27 mit Taf. 4 und 5.

109. Minheim „Maarwiese"
Kreis: Bernkastel-Wittlich
Landschaft: Mittleres Moseltal
Höhe: 302 m ü. N.N.
Topographie: Auf einem Nordhang oberhalb der Quelle des Oestelbaches
Geologie: Hunsrückschiefer
Anbindung: In Nähe der Straße Trier-Koblenz gelegen
Typ: Villa, Typus unbekannt
Datierung: Keramik 1. Hälfte 2.–Anfang 4. Jh.
Befund: Von Herrn Baum, Minheim, begangene Siedlungsstelle, von der er dem RLM Trier Keramik des 2.–4. Jh. n. Chr. vorlegte. Ziegel mit Strichrauung und Hypokaustenziegel deuten auf das Hauptgebäude einer Villa hin.
Lit.: TrZ 59, 1996, 242; Krausse 2006, Kat. 176

110. Möhn „Auf Tiefelter"
Kreis: Trier-Saarburg
Landschaft: Bitburger Gutland
Höhe: 290 m ü. N.N.
Topographie: Auf Südhang, in einer Quellmulde eines Zuflusses des Welschbilliger-Baches
Geologie: Muschelkalk und Buntsandstein
Anbindung: Nahe der Straße von Trier nach Bitburg und Köln (ca. 4 km)
Typ: Villa, Typus unbekannt
Datierung: Ende 1.–3. Jh. n. Chr. (Münzfunde, Keramik)
Befund: Von Steinhausen 1932 beschriebene Siedlungsstelle, von der noch Mitte des 19. Jh. Mauerwerk abgebrochen wurde. Es handelt sich um eine ausgedehnte Villa, die durch mehrere Schutthaufen im Gelände erkennbar war. Ebenfalls überliefert sind Architekturteile wie ein Säulenfragment und Sandsteinplatten, die von der Stelle stammen sollen, sowie Münzfunde Vespasians und Antoninus Pius'. Eine ca. 200 m südöstlich liegende Trümmerstelle, möglicherweise ein Nebengebäude, lieferte Keramik des 2. und 3. Jh. n. Chr.
Lit.: Steinhausen 1932, 210 (2); Krausse 2006, Kat. 1558.

111. Mötsch „Folker"
Kreis: Bitburg-Prüm
Landschaft: Bitburger Gutland
Höhe: 280 m ü. N.N.
Topographie: Auf einer nach Norden weisenden Kuppe zwischen den Bachläufen des Albaches und Frombaches
Geologie: Muschelkalk
Anbindung: In unmittelbarer Nähe zur Kyll, ca. 500 m; nordwestlich des Vicus Bitburg gelegen
Typ: Risalitvilla
Datierung: 1.–4. Jh. n. Chr. und spätlatènezeitliches Fundmaterial
Befund: Reste einer ausgedehnten römischen Siedlung, die 1882 durch Laien partiell freigelegt wurde. Auf die einst reiche Ausstattung der Villa deutet ein ca. 1 m² großes Eckstück

eines Mosaiks mit ornamentaler Zone und anschließendem figürlichem Innenbild hin. Des Weiteren erwähnt Steinhausen Reste von Marmorverkleidung, Estrichbrocken und bemaltem Wandputz. Die Keramik und Münzfunde weisen auf eine Besiedlung vom 1. bis ins 4. Jh. n. Chr. In neuerer Zeit wurde die Stelle wiederholt von privaten Sammlern begangen, die dem RLM Trier diverse Kleinfunde aus Bronze und spätlatènezeitliche Keramik vorlegten. Möglicherweise lässt sich daraus eine Siedlungskontinuität vom 1. Jh. v. Chr. bis in das 4. Jh. n. Chr. ablesen.

Unklar bleibt, ob die an der Stelle gefundenen Eisenschlacken antik sind oder mit der wiederholten Nutzung der Stelle im 14. und 15. Jh. zusammenhängen (vgl. *Kapitel IV.2.5*). Auf Luftbildern, die ein Privatmann dem RLM Trier zur Verfügung stellte, sind mehrere zur Villa gehörende Bauten erkennbar, darunter das Hauptgebäude im Typ Risalitvilla. Hinter diesem scheint ein Graben gelegen zu haben, der im Bild deutlich als dunkler Streifen auftritt. Des Weiteren liegen auf dem Areal verstreut mehrere Gebäudestrukturen, die zur Villa gehören. Besonders auffällig ist ein sehr großer quadratischer Bau im rückwärtigen Bereich des Hauptgebäudes, bei dem es sich um einen Speicherbau handeln könnte (vgl. *Kapitel IV.1.8*). Weitere Nebengebäude liegen im vorderen Bereich der Villa, ohne erkennbare Zusammenhänge.

Abb.: Tafel 31, Abb. 63.

Lit.: J. Steinhausen, Alte Eisenschmelzen in der Südeifel, in: Trierer Zeitschrift 1, 1926, 49–6, hier 57–58; Steinhausen 1932, 212 (1); van Ossel 1992, 377, Kat. 426; TrZ 56, 1993, 307; TrZ 59, 1996, 242; TrZ 60, 1997, 336; TrZ 61, 1998, 390; Hoffmann/Hupe/Goethert 1999, 189, Kat. 204; TrZ 67/68, 2004/05, 379 (1); Krausse 2006, Kat. 327.

112. Mützenich „Steinesserich"
Kreis: Bitburg-Prüm
Landschaft: Islek und Ösling
Höhe: 500 m ü. N.N.
Topographie: Auf einem Südhang oberhalb eines kleinen Bachlaufes
Geologie: Unterems
Anbindung: Relativ abgelegener Standort
Typ: Villa, Typus unbekannt
Datierung: Münzfunde 2. Jh.
Befund: Villa, die bereits Mitte des 19. Jh. bekannt war und im Jahr 1913 partiell durch das damalige Provinzialmuseum erforscht wurde. Das erhaltene Skizzenbuch vermerkt Funde von Mauerzügen, Estrichböden, Hypokaustenziegel und Reste von Wandmalerei. Weiterhin stammen von der Fundstelle Münzfunde des 2. Jh. n. Chr. (Hadrian und Antoninus Pius). Ca. 100 m südwestlich befindet sich ein kleines Brandgräberfeld mit Bestattungen ebenfalls des 2. Jh. n. Chr.
Lit.: Trierer Jahresberichte 7, 1914, 12; Krausse 2006, Kat. 704 und 705.

113. Neumagen-Dhron „Dhron Ortslage"
Kreis: Bernkastel-Wittlich
Landschaft: Mittleres Moseltal
Höhe: 123 m ü. N.N.
Topographie: Auf Westhang östlich der Dhron
Geologie: Moselterrassen, fluviatile Ablagerungen und Hunsrückschiefer
Anbindung: Nahe der Mündung der Dhron in die Mosel (ca. 1 km) und der Straße von Trier nach Bingen und Mainz
Typ: Villa, Typus unbekannt
Datierung: Ziegelstempel CAPI des 4. Jh. n. Chr.
Befund: In der Ortsmitte von Dhron wurden wiederholt Reste einer römischen Siedlung festgestellt, darunter eine Badeanlage, von der zwei Becken erhalten waren. Unter den Funden eine Mauerziegel mit Stempel CAPI, der in das 4. Jh. n. Chr. datiert wird.[7] Wenig nördlich der Anlage eine Schiefermauer mit Resten von Heizkanälen aus Buntsandstein.
Lit.: TrZ 5, 1930,157; TrZ 30, 1967, 249–250.

114. Neumagen-Dhron „Im Haasengraben"
Kreis: Bernkastel-Wittlich
Landschaft: Mitttleres Moseltal
Höhe: 379 m ü. N.N.
Topographie: Auf einem Hochplateau westlich der Mosel
Geologie: Hunsrückschiefer
Anbindung: Nahe der Mosel (ca. 1 km) gelegen
Typ: Rechteckhaus
Befund: 1974 im Rahmen von Flurbereinigungsarbeiten entdecktes und anschließend durch das RLM Trier in einer Notgrabung ausgegrabenes Rechteckhaus. Es handelte sich um einen dreiräumigen Bau von 24,60 x 12,80 m Größe, dessen hangseitige Südostmauer verstärkt und mit vier Pfeilervorlagen versehen war. Der große Raum *1* (13,50 x 10,30 m) wurde von den Ausgräbern als Wirtschaftsraum gedeutet, wohingegen *2* als Wohnraum angesehen werden kann. Dieser wiederum konnte durch eine Holzwand in zwei Einheiten getrennt werden, worauf zwei ca. 0,30 m breite Rücksprünge in den Seitenwänden hindeuten. Raum *3* wurde in einer zweiten Phase an die äußere Südostmauer angefügt.
Abb.: Tafel 32, Abb. 64.
Lit.: TrZ 40/41, 1977/78, 430 (4) mit Abb. 31; Krausse 2006, Kat. 177.

115. Neumagen-Dhron „Metscher Eyl"
Kreis: Bernkastel-Wittlich
Landschaft: Mittleres Moseltal
Höhe: 144 m ü. N.N.
Topographie: Auf Westhang östlich der Dhron
Geologie: Fluviatile Ablagerungen und Hunsrückschiefer

---

7 Vgl. van Ossel 1992, 107 mit weiteren Vergleichsbeispielen und Literatur.

Anbindung: Nahe der Mündung der Dhron in die Mosel (ca. 3 km) und der Straße von Trier nach Bingen und Mainz
Typ: Villa, Typus unbekannt
Befund: 1959 bei Anlage neuer Weinberge entdeckte römische Siedlungsstelle mit Mauerwerk, Bauschutt, Dachziegeln und aschehaltigem Boden auf einer Fläche von ca. 50 x 50 m. Die Funde wurden abgeräumt, so dass sie nicht eingehender dokumentiert werden konnten. Nachgewiesen sind ebenfalls Reste von einem Präfurnium mit anschließender Hypokaustenanlage und Teile des Estrichs. Südöstlich der Siedlungsstelle wurde zu Beginn der 1970er Jahre ein weiteres 15,20 m langes römisches Mauerstück dem RLM Trier gemeldet. Wahrscheinlich gehören beide Stellen zur selben Villa.
Lit.: TrZ 27, 1964, 258; TrZ 35, 1972, 314.

116. Neumagen-Dhron „Papiermühle" („Unten im Kundel")
Kreis: Bernkastel-Wittlich
Landschaft: Mittleres Moseltal
Höhe: 151 m ü. N.N.
Topographie: Auf Nordhang westlich der Dhron
Geologie: Moselterrassen, fluviatile Ablagerungen und Hunsrückschiefer
Anbindung: Nahe der Mündung der Dhron in die Mosel (ca. 4 km) und der Straße von Trier nach Bingen und Mainz
Typ: Risalitvilla
Datierung: Einbau einer Darre im 4. Jh. n. Chr. (vgl. van Ossel 1992, 257)
Befund: 1974 durch das RLM Trier untersuchtes Haupt- und Nebengebäude einer Villa. Das 21,25 x 19,32 m große Hauptgebäude *1* im einfachen Typ Risalitvilla bestand aus einem zentralen Hauptraum *16*, der im Süden über eine große Toreinfahrt verfügte. Südlich anschließend lagen ein quadratischer Raum *9* und ein Annex *10*, der nach Westen hin geöffnet war. Im zentralen Raum befanden sich eine Feuerstelle und das Präfurnium, welches einen hypokaustierten Raum *5* im Westen und das Bad im Ostrisalit beheizte. Raum *5* scheint nach Grabungsplan ein späterer Anbau zu sein. Das Bad wurde über das Apodyterium *8* betreten, anschließend folgten das Frigidarium *4*, das Tepidarium *2* und das Caldarium *1, 3*. Die Portikus *7* und der Nordwestrisalit schließen das Ensemble ab. Die beiden Eckrisalite waren aufgrund des Gefälles an ihren östlichen Außenmauern durch Pfeilervorlagen verstärkt.

Das südöstlich liegende Nebengebäude *2* von 10 x 9,20 m Größe weist mindestens drei Bauphasen auf. Wie das Hauptgebäude ist auch dieses durch drei Pfeiler gegen den Hang gestützt. Im Inneren befanden sich zwei Becken einer Weinkelter (*11* und *13*) und eine im 4. Jh. n. Chr. eingebaute T-förmige Darre *15* aus Schieferplatten. In ihr konnten Reste von Linsen nachgewiesen werden, die hier getrocknet wurden.
Abb.: Tafel 32, Abb. 65.
Lit.: A. Neyses, Drei neuentdeckte gallo-römische Weinkelterhäuser im Moselgebiet, in: Archäologisches Korrespondenzblatt 7, 1977, 218–219, Abb. 2; TrZ 40/41, 1977/78, 425 (2) mit Abb. 26; van Ossel (1992), 257–258.

117. Newel „Auf Ruwels"
Kreis: Trier-Saarburg
Landschaft: Bitburger Gutland
Höhe: 341 m ü. N.N.
Topographie: Auf Südhang, in Nähe des Dorfbaches unterhalb des Steilhanges „Oben Ruwels", wenige Meter nordöstlich die starke Quelle des Kahlesbors
Geologie: Muschelkalk
Anbindung: Nahe der Straße von Trier nach Bitburg und Köln (ca. 0,5 km)
Typ: Villa, Typus unbekannt
Datierung: Keramik- und Münzfunde 2.–2. Hälfte 4. Jh. n. Chr.
Befund: Von Steinhausen 1932 beschriebene Siedlungsstelle mit den „üblichen Resten". Steinhausen ist der Ansicht, dass die Stelle keine übliche „Villenlage" sei. Dennoch wurden dort seitdem immer wieder Funde gemacht, die eindeutig beweisen, dass es sich um eine Villa gehandelt haben muss. Bei Wege- und Kanalisationsarbeiten traten immer wieder Mauerzüge und diverse Siedlungsreste auf, darunter Dach- und Hohlziegel, Estrich, eine Säulenbasis, Hypokaustenziegel sowie Keramik des 2. bis 4. Jh. n. Chr. An Münzfunden ein Antoninian des Gallienus, ein Follis des Constantin I. (oder seiner Söhne) und ein Cententionalis des Valentinian.
Lit.: Steinhausen 1932, 218 (4); TrZ 30, 1967, 269; TrZ 33, 1970, 264 (1); TrZ 37, 1974, 285; TrZ 40/41, 1977/78; 430; CAL 14, 1985, 63 Nr. 4; TrZ 49, 1986, 383–384 (5); van Ossel 1992, 377, Kat. 430; Krausse 2006, Kat. 1415.

118. Newel „Im Kessel" („Könscherwies")
Kreis: Trier-Saarburg
Landschaft: Bitburger Gutland
Höhe: 361 m ü. N.N.
Topographie: Auf leichtem Westhang oberhalb des Klinkbaches
Geologie: Muschelkalk
Anbindung: An der Querverbindung vom Biewertal zur Straße von Trier nach Bitburg und Köln
Typ: Risalitvilla
Datierung: Vorgängerbau des Steinbaus aus Fachwerk ohne genaue Datierung, Steinbauphase letztes Drittel des 1.–Beginn 5. Jh. n. Chr.
Forschungsgeschichte: Die Villa „Im Kessel" ist bereits seit der 1. Hälfte des 19. Jh. bekannt und wurde 1843 partiell mit Unterstützung der „Gesellschaft für nützliche Forschungen Trier" untersucht. Bei dieser Grabung entdeckte man das Bad der Villa und weitere Architekturfragmente (vgl. Steinhausen 1932 mit älterer Literatur). Bei Flurbereinigungsarbeiten stieß man 1962 im Distrikt „Könscherwies" auf Überreste des Heiligtums und des Gräberfeldes, die im Folgenden durch das RLM Trier freigelegt wurden. Im weiteren Verlauf bot sich die einmalige Gelegenheit, das Gesamtareal einer Villa mit Hauptgebäude, *pars rustica*, Heiligtum und Nekropole zu erfassen. Die 1963 abgeschlossenen Arbeiten publizierten H. Cüppers und A. Neyses in einem Beitrag der Trierer Zeitschrift von 1971. Die Besonderheit, einen typischen Villenvertreter der Nordwestprovinzen in seiner Gesamtheit vorzufinden,

führte dazu, dass die Villa Newel immer wieder in Übersichtspublikationen zur Entwicklung römischer Villen herangezogen wird.[8]

Hauptgebäude: Das Hauptgebäude *A* der Villa befindet sich an der westlichen Langseite der Hofummauerung in Verbund mit dieser. Die Schaufront mit Portikus und Risaliten öffnet sich nach Osten auf die Hofseite. Der Baukörper des Hauptgebäudes ragt aus der Hofumfassung vor, die Außenseite liegt erhöht auf einem Mauersockel über dem leicht nach Westen abfallenden Tal. Das Gebäude wird im Norden von der Hoffläche *B1* flankiert, eine entsprechende muss auch im Süden angenommen werden, obwohl sie bei der Grabung nicht nachgewiesen werden konnte. Dem 36 x 18 m großen Bau ist eine Portikus *1* vorgelagert, über die die Hoffläche *I* erreichbar war, ebenso der Korridor *4*, der Hauptraum *2*, die Treppenstiege *12b* und die beiden Eckrisaliten *3* und *10*. Die Portikus war in spätantiker Zeit umgestaltet und wirtschaftlich genutzt worden (zu den Phasen s. u.). Südwestlich an den Zentralraum schlossen sich die Wohneinheiten *7, 9* und *5–6* an, die über den Korridor *4* erreichbar waren, eine direkte Verbindung von Raum *2* aus war nicht möglich. Das Obergeschoß konnte neben Treppenaufgang *12b* auch über einen in *8* erreicht werden. Raum *7* war unterkellert (*7a*), der Keller über eine Treppe in der westlichen Ecke von *2* betretbar. Die beiden Eckrisaliten *3* und *10* waren in einer ersten Phase verkürzt und lagen auf einer Länge mit der Portikusfassade. Der im Nordwesten an den Kernbau anschließende Raum *20* wird als Magazin interpretiert.

Im südöstlichen Flügel befanden sich das Bad und beheizbare Räume, welche aufgrund mehrerer Umbauten und Phasen am schwierigsten zu interpretieren sind. Kein Zweifel besteht darin, dass dieser Bereich in drei Bauphasen unterteilt werden kann, die jedoch chronologisch unterschiedlich bewertet werden. Das Bad war in der ersten Steinbauphase des Hauptgebäudes nicht vorgesehen; unter den Estrichen befanden sich Siedlungsschichten, die erwiesen, dass dieser Teil des Gebäudes zuerst eine andere Nutzung hatte.

Raum *11* war in einer ersten Phase mit einer Hypokaustenheizung versehen, die durch ein Präfurnium in Hof *B1* beheizt wurde. Da die Ziegeleinfassung des Feuerungskanals jedoch kaum Spuren von Feuereinwirkungen zeigte, ist eine längere Benutzung auszuschließen. In einer zweiten Phase wurde das Präfurnium zugemauert, die Heizung mit Schutt verfüllt und der Raum um ca. 1,30 m verkleinert. In seiner dritten und letzten Phase erhielt Raum *11* eine Kanalheizung. Bei der Reduktion des Raumes *11* wurde in *12a* ein Präfurnium installiert, welches die Hypokaustenheizung des späteren Wohnraumes *13* bediente. Unter diesem befand sich das Frigidarium eines ersten Bades. Dieses erste Bad ist zeitgleich mit der ersten Phase von Raum *11* anzusetzten (vgl. Cüppers/Neyses 1971, Abb. 8). *12a* diente als Apodyterium, *13a* als Frigidarium, *14/15* als Tepidarium und *17/18* als Caldarium, das von Präfurnium *1* in Hauptraum *2* aus geheizt wurde.

Nach den Umbauten wurde der spätere Badetrakt der Phase 2 über Raum *14* betreten, anschließend folgten das Frigidarium *15* mit Wanne, das Tepidarium *17* und das Caldarium *18*, welches nach wie vor von dem Präfurnium in Hauptraum *2* bedient wurde. Unter der gesamten Bodenfläche von *17* und *18* lag eine Hypokaustenheizung. Das Becken in Raum *16* und die Latrine *19* stammen laut den Ausgräbern aus einer letzten Umbauphase 3. Die Latrine konnte mit den Abwässern des Frigidariumbeckens *16* gespült werden. Ebenfalls bei diesen

---

[8] Vgl. F. Reutti, Villa, in: Reallexikon der germanischen Altertumskunde, Bd. 32 (Berlin 2006), 375–387 oder zuletzt H. Thür, Überlegungen zur Typologie und Funktionsbestimmung der römischen „Villen", in: von Bülow/Zabehlicky (2011), 17–45, hier 27 mit Abb. 11 und 12.

Maßnahmen nahm man eine stärkere Trennung von Caldarium *18* und Tepidarium *17* vor (vgl. Cüppers/Neyses 1971, 161).
Phasen: Die verschiedenen Bauphasen des Hauptgebäudes sind in ihrer absoluten Chronologie nicht eindeutig und werden dementsprechend in der Forschung diskutiert. Im Folgenden der Vorschlag einer Phaseneinteilung, die sich aus der Grabungspublikation von Cüppers und Neyses sowie von der Kritik van Ossels 1992 ergibt:

Phase I: Der Steinbauphase des späten 1. Jh. n. Chr. geht ein Bau in Holz- oder Fachwerkbauweise voraus. Dieser ist durch Pfostenlöcher und Resten von Schwellbalken in den Räumen *2* und *9* nachgewiesen. Datierung dieses Vorgängerbaus bleibt unklar, da in den Plana keine keramischen oder sonstigen Überreste dieser älteren Anlage festgestellt wurden. Dies liegt an der großflächigen Terrassierung des Geländes, die bereits für den Holz-Fachwerkbau vorgenommen wurde und verstärkt für den Steinbau (vgl. Cüppers/Neyses 1971, 151).

Phase II: Errichtung des Steinbaus im letzten Drittel des 1. Jh. n. Chr. Darauf weisen Keramikfunde, die in dieser Zeit einsetzen (vgl. Cüppers/Neyses 1971, 168–169).

Phase III: Zu einem nicht bestimmbaren Zeitpunkt im Verlauf des 2./3. Jh. n. Chr. erfolgte der erste Einbau des Bades und der Heizung in Raum *11* und deren bald darauf durchgeführte Umbauten, der Verkleinerung von *11* und der Phase 2 des Bades. Nach Cüppers und Neyses folgten um 275 n. Chr. die mindestens partielle Zerstörung des Hauptgebäudes und der Wiederaufbau des Wohnbereiches. Diese wird von van Ossel angezweifelt, da nichts im Befund auf einen Zerstörungshorizont dieser Zeit hindeutet (vgl. van Ossel 1992, 262).

Phase IV: Nach van Ossel 1992, 259, 262 erfolgte der Einbau des Kellers (unter Raum *7*) gegen Ende des 3. Jh. n. Chr., da sich in ihm nur Keramik ab dieser Zeit befand und die Treppenstufen aus Spolien bestehen. Ebenfalls in diese Zeit fällt der letzte Umbau des Bades (Phase 3), der nicht, wie von Cüppers und Neyses angenommen, in der zweiten Hälfte des 4. Jh. n. Chr. vorgenommen worden sein kann. Hier ist den Einwänden van Ossels zuzustimmen, der eine Vergrößerung des Bades bei gleichzeitiger einfachster Nutzung der Portikus ablehnt (vgl. van Ossel 1992, 262). Die letzte Veränderung des Bades und die Errichtung des Kellers sind also nicht eindeutig mit den Jahren nach 275 n. Chr. in Verbindung zu setzen. Klar scheint nur, dass diese Ende des 3. Jh. bis Anfang des 4. Jh. n. Chr. vorgenommen wurden. Die Phase IV der Villa hatte eine Laufzeit bis ca. Mitte des 4. Jh. n. Chr., da ab der zweiten Hälfte die reduzierte Nutzung des Gebäudes stattfand.

Phase V: In der zweiten Hälfte des 4. Jh. n. Chr. fanden die letzten Veränderungen im Hauptgebäude statt. Die nördliche Portikushalle wurde durch den Einbau einer Abschlusswand neben dem Haupteingang und der Ersetzung der Säulenreihe zu einem neuen Raum umgewandelt. Dort wurden ein T-förmiger Ofen und eine weitere Feuerstelle errichtet. Durch das Entfernen der Portikussäulen war das Hauptgebäude nach Cüppers und Neyses eines wesentlichen Elements seiner Fassadengliederung beraubt. Die Verlegung der Feuerstellen in die umgebaute Portikus und die Tatsache, dass in Hauptraum *2* keine Ziegel der endgültigen Zerstörungsschicht gefunden wurden – anders als in den restlichen Räumen des Gebäudes – lässt darauf schließen, dass dieser Raum nicht mehr überdeckt war, sondern als offener Hofraum genutzt wurde (vgl. Cüppers/Neyses 1971a, 148 Anm. 6). Die letzte Nutzungsphase, die von der zweiten Hälfte des 4. bis in das beginnende 5. Jh. n. Chr., reichte, reduzierte sich auf die übrig gebliebenen Kernbereiche des Gebäudes. Aufgrund des Fundmaterials kann davon ausgegangen werden, dass es sich um germanische Siedler handelte. Dies bezeugen Fibeln, germanische Keramik, ein Kamm, Waffenteile und ein Gürtelbeschlag mit Kerbschnittdekor (vgl. Gilles 1999, 252–255 mit Abb. 10–12).

Die endgültige Zerstörung des Hauptgebäudes kann in einen Zusammenhang mit den Frankeneinfällen des frühen 5. Jh. n. Chr.gebracht werden. Eine Zerstörungsschicht, die über dem ganzen Gebäude lag, enthielt das meiste Fundmaterial, das in das 4. Jh. bis beginnende 5. Jh. n. Chr. datiert; beispielsweise stammen Keramik des 4. Jh. n. Chr. und Ziegelstempel des Herstellers ASSATVS aus einer 0,20 m hohen Brand- und Schuttschicht aus Raum *9* (vgl. Cüppers/Neyses 1971, 155). Aus dem Bereich der Portikus stammen Münzfunde, die von Valentinian bis Arcadius reichen (vgl. Cüppers/Neyses 1971, 169; zu den germanischen Funden vgl. K.-J. Gilles, Germanische Funde in Auswahl, in: Demandt/Engemann 2007, CD-ROM I.16.33–40).

Wirtschaftshof: Der Hofbereich *I* gehört zu den eher selten nachgewiesenen queraxialen Höfen und nimmt bei einer Größe von ca. 115 x 45 m eine Grundfläche von ca. 5175 m² ein. Zählt man die Wirtschaftsgebäude hinzu, erreicht der Hof bei 125 x 48 m Umfang eine Größe von 6000 m².[9] Um ihn gruppieren sich die Wirtschaftsgebäude, die meist nur noch durch die Grund- und Umfassungsmauern festgestellt werden konnten. An der nördlichen Begrenzung lagen die Räume *C*, *D* und *E*, deren Funktion nicht genauer bestimmt werden kann. Nach Osten wird der Hof durch einen 115 x 9,80 m großen Bau begrenzt, der um ca. 3 m vor die nördliche und südliche Hofbegrenzung vorragt. Seinen Mittelpunkt bildete Raum *G*, der aufgrund seiner zentralen Lage als Toreinfahrt interpretiert werden kann. Nördlich und südlich davon befanden sich die Räume *F*, *H*, *J*, *K* und *L*, die laut Cüppers und Neyses als Stallungen gedient haben könnten. Die südliche Begrenzung bildeten Räume *M*, *N* und *O*, von denen Raum *M* eine Kaltwasserwanne und eine Feuerstelle enthielt. Ebenfalls im Hofbereich lagen die Dreschtenne *P* und ein nachgewiesener geschotterter Weg *Q*. Eine Datierung der Nebengebäude nehmen Cüppers und Neyses nicht vor, sie gehen lediglich davon aus, dass die *pars rustica* im 4. Jh. n. Chr. bereits verfallen war, da Teile der landwirtschaftlichen Produktion in das Hauptgebäude verlagert wurden.

Auf dem gesamten Villengelände konnten Eisenfunde gemacht werden, die einen Überblick über die Nutzung von Werkzeug in einer römischen Villa geben. Besonders interessant ist ein nicht datierter Hort, der vor dem nördlichen Eckrisalit des Hauptgebäudes gefunden wurde und eine große Menge an Eisengeräten enthielt; dazu gehörten u. a. eine Kanne mit zylindrischem Körper, Eisenbeschläge und eine Spachtel. Zu den weiteren Funden gehören Beschlageisen, Deuchelringe, Feilen, eine Glocke, Griffe, Hammer, Jagdspieße, Ketten und Krampen, Löffelbohrer, Meißel, Messer, Nägel, Treibmeißel, Picken, Hacken, Schlüssel, Stecheisen, Schopfkellen, Trensen u. v. m. (vgl. ausführliche Auflistung Cüppers/Neyses 1971, 172–195 und *Kapitel IV.1.7*).

Tempelbezirk: Ca. 90 m nordöstlich des Guthofes gelegener gallo-römischer Viereckstempel mit Umgang. Seine Seitenlänge beträgt 12,25 x 12,10 m, die darin gelegene Cella hatte eine

---

9 Falsche Angabe (9000 m²) bei Cüppers/Neyses 1971a, 221 und Heinen 1985, 137. Richtige Angabe von 6000 m² bei Cüppers (1977), 177 und Cüppers (1983), 124.

Größe von 5,70 x 5,50 m. Der Abstand zwischen Umgang und Cella liegt zwischen 2,00 bis 2,20 m. Zur Umfassungsmauer gehörten toskanische Säulen mit einer Höhe von 1, 30 m. In der Cella befanden sich zwei Gruben, von denen *a* in der Südecke lag. An sie schloß Grube *b* an, die teilweise unter der Cellamauer verlief. In beiden befand sich Fundmaterial des späten 1. bis in die zweite Hälfte des 2. Jh. n. Chr. Auf dem Boden der Cella lagen weitere Funde verstreut (vgl. Cüppers/Neyses 1971, 202–204). Der Tempelbezirk wurde nach Ausweis der Ausgräber bis ca. 275 n. Chr. genutzt, dann allerdings nicht gewaltsam zerstört, sondern durch eine Naturkatastrophe verschüttet. Eine 0,20 bis 0,25 m dicke Schwemmlehmschicht überlagerte das Laufniveau des Tempelbezirks, über der sich erst der Schutt des Bauwerks befand. Der Tempel wurde demnach um 275 n. Chr. aufgegeben, jedoch laut Cüppers und Neyses bis zum Ende des 4. Jh. n. Chr. in Verbindung mit den spätantiken Gräbern gebracht.

Gräberfeld: 1,50 m nördlich der Tempelumgangsmauer folgte eine Ummauerung des Gräberbezirks, der eine Größe von 20,0 x 13,0 m einnahm. In der nördlichen Hälfte lag ein Fundamentsockel von 8,00 x 3,50 m, der mit einer 8 cm dicken Estrichschicht überzogen war. Auf ihr ließen sich noch die Abdrücke großer Quader erkennen, die das Fundament eines Grabmonuments bildeten. Von diesem sind nur noch Fragmente erhalten geblieben, darunter solche einer überlebensgroßen männlichen und einer weiblichen Figur. Wahrscheinlich zugehörig ist auch der Torso eines Pferdes. Östlich und südlich dieses Monuments lagen vier Tumuli.
- Tumulus *1* mit einem Durchmesser von 5,70 m verfügte über keine Grabstelle mehr.
- Tumulus *2* mit einem Durchmesser von 5,70 m enthielt das Fundament für eine Steinkiste und einen großen Pinienzapfen, mit dem er bekrönt war.
- Tumulus *3* mit einem Durchmesser von 5,50 m enthielt noch eine Grabkiste aus rotem Sandstein ohne Inhalt.
- Tumulus *4* hatte einen Durchmesser von 3,80 m und enthielt keine Funde.
Ebenfalls im Grabbezirk befanden sich die Gräber *7–9*, von denen *9* ein Brandschüttungsgrab war, dessen Beigaben in die erste Hälfte des 2. Jh. n. Chr. datieren. Östlich der Umfriedung lag Grab *5* mit Beigaben des frühen 3. Jh. n. Chr. Grab *6* befand sich zwischen der Umfriedungsmauer des Gräberbezirks und der Tempelumgangsmauer; es enthielt Beigaben des frühen 3. Jh. Grab *10* lag auf der südöstlichen Seite des Tempelumgangs; es bestand aus einem Skelett ohne jegliche Beigaben und wird von den Ausgräbern in das 5. Jh. n. Chr. datiert. Grab *11* befand sich südwestlich des Tempels und bestand aus einem Sarkophag aus rotem Sandstein, der als Beigaben drei Glasflaschen der ersten Hälfte bis Mitte des 4. Jh. n. Chr. enthielt.

Abb.: Tafel 32, Abb. 66; Tafel 33, Abb. 67–68.
Lit.: Steinhausen 1932, 216 (1); E.M. Wightman, Roman Trier and the Treveri (1970), 148–149, 281; H. Cüppers/A. Neyses, Der römerzeitliche Gutshof mit Grabbezirk und Tempel bei Newel (Kreis Trier-Land), in: Trierer Zeitschrift 34, 1971, 143–225; H. Cüppers, Der römerzeitliche Gutshof mit Grabbezirk und Tempel bei Newel, in: Südwestliche Eifel 1977, 176–186; H. Cüppers, Bauernhof bei Newel mit Tempel und Grabbezirk, in: Römer an Mosel und Saar, 124–125; CAL 14, 1985, 64 Nr. 12 und 13; TrZ 49, 1986, 385 (12); Cüppers 1990, 503–506; van Ossel 1992, 259–264; K.-J. Gilles, Keltische Fundmünzen im östlichen Trevererebiet, in: Trierer Zeitschrift 56, 1993, 35–66, hier 49, Nr. 42; K.-J. Gilles, Neuere Untersuchungen an der Langmauer bei Trier, in: Festschrift für Günter Smolla. Materialien zur Vor- und Frühgeschichte von Hessen 8 (Wiesbaden 1999), 245–258; Krausse 2006, Kat. 1421 und 1422; K.-J. Gilles, Römischer Gutshof von Newel, in: Demandt/Engemann 2007, CD-

ROM I.16.32; K.-J. Gilles, Germanische Funde (Auswahl), in: Demandt/Engemann 2007, CD-ROM I.16.33–40.

119. Newel „Kreuzerberg" („Unterm Lewiger Berg")
Kreis: Trier-Saarburg
Landschaft: Bitburger Gutland
Höhe: 325 m ü. N.N.
Topographie: Auf leichtem Südosthang oberhalb des Klinkbaches
Geologie: Muschelkalk
Anbindung: Nahe der Straße von Trier nach Bitburg und Köln (ca. 0,8 km)
Typ: Villa, Typus unbekannt
Datierung: 1.–4. Jh. n. Chr.; mögliche keltische Vorgängersiedlung
Befund: Fundstelle, die sich laut Steinhausen 1932 auf einer Länge von ca. 100 m hinzieht. Neben Mauerwerk erwähnt er eine achtstufige Kellertreppe aus Sandstein. In der „Carte archéologique du Grand Duché du Luxembourg" werden vier Gebäude genannt, möglicherweise Haupt- und Nebengebäude. Keramik und Münzfunde belegen eine Nutzung der Siedlung vom 1. bis zum Ende des 4. Jh. n. Chr. (vgl. TrZ 49, 1986, 384). Eine keltische Silbermünze weist auf eine mögliche Vorgängerbesiedlung der Stelle hin (vgl. Gilles 1993, 49, Nr. 43).
Lit.: Steinhausen 1932, 217–218 (3); CAL 14, 1985, 63 Nr. 7; TrZ 49, 1986, 384 (6); van Ossel 1992, 377, Kat. 434; K.-J. Gilles, Keltische Fundmünzen im östlichen Treverergebiet, in: Trierer Zeitschrift 56, 1993, 35–66, hier 49, Nr. 43; Krausse 2006, Kat. 1423; TrZ 67/68, 2004/05, 363 (1).

120. Newel „Mühlenflur"
Kreis: Trier-Saarburg
Landschaft: Bitburger Gutland
Höhe: 322 m ü. N.N.
Topographie: Auf einem Südosthang oberhalb des Klinkbaches
Geologie: Muschelkalk
Anbindung: Nahe der Straße von Trier nach Bitburg und Köln (ca.1 km)
Typ: Villa, Typus unbekannt
Datierung: 2.–4. Jh.
Befund: Fundstelle, die sich durch drei erkennbare Bodenschwellungen im Gelände abhebt. Steinhausen 1932 überliefert zudem Mauerreste und Streureste. Herr R. Loscheider aus Newel beging die Stelle in den 80er Jahren des 20. Jh. und legte dem RLM Trier römische Münzen des 2.–4. Jh. n. Chr., Eisenteile mit Brandpatina, eine Schminkplatte aus Diabas, Bronzeblechstücke, Glas und Keramik des 4. Jh. n. Chr.vor.
Lit.: Steinhausen 1932, 216 (2); TrZ 49, 1986, 384 (8); Krausse 2006, Kat. 1424.

Katalog 249

121. Niederemmel „Auf der Meerwies"
Kreis: Bernkastel-Wittlich
Landschaft: Mittleres Moseltal
Höhe: 128 m ü. N.N.
Topographie: Auf leichtem Nordwesthang oberhalb der Mosel
Geologie: Moselterrassen und Hunsrückschiefer
Anbindung: Nahe der Mosel (ca. 350 m)
Typ: Villa, Typus unbekannt
Datierung: 2.–2. Hälfte 4. Jh.
Befund: Villa mit zwei divergierenden Hauptgebäuden und zwei nachgewiesenen Nebengebäuden. Die beiden Hauptgebäude *A* und *B* liegen in leicht abweichender Orientierung nebeneinander. *A* verfügte über einen hypokaustierten Raum, *B* über ein Becken von 2,25 x 2,75 m Größe. Van Ossel (1992, 264) geht davon aus, dass die beiden Gebäude nacheinander errichtet wurden. Unklar bleibt jedoch, aus welchem Grund die Gebäude aufeinander folgen und inwiefern sie zueinander Bezug nahmen. Nach Durchsicht des Fundmaterials konnte van Ossel die bis dahin angenommene Meinung widerlegen, nach der die Anlage erst im 4. Jh. n. Chr. errichtet wurde. Vielmehr beweist das Material, dass die Villa vom 2. Jh. n. Chr. bis in die zweite Hälfte des 4. Jh. n. Chr. Bestand hatte.
Zwei rechteckige Nebengebäude (*C* und *D*) konnten nur partiell aufgenommen werden, beide waren in Lehmmauerwerk errichtet. Eine Funktion lässt sich nicht bestimmen.
Abb.: Tafel 34, Abb. 69.
Lit.: TrZ 33, 1970, 266 (3); van Ossel 1992, 264.

122. Niederscheidweiler „Ortslage"
Kreis: Bernkastel-Wittlich
Landschaft: Moseleifel
Höhe: 380 m ü. N.N.
Topographie: Auf Südosthang in Nähe der Quelle eines Alfzuflusses
Geologie: Gladbach-Schichten (Unterems)
Typ: Villa, Typus unbekannt
Befund: 1964 bei Erweiterungen der katholischen Pfarrkirche entdeckte Siedlungsstelle mit Mauerwerk, Resten von farbigem Wandputz, Keramik und einer rechteckigen Säule aus Lava. In einem Raum wurden Kanäle und Hypokaustenheizungen freigelegt.
Lit.: TrZ 30, 1967, 270; Krausse 2006, Kat. 181.

123. Niedersgegen „Unterm Rommersberg"
Kreis: Bitburg-Prüm
Landschaft: Bitburger Gutland
Höhe: 284 m ü. N.N.
Topographie: Auf Nordosthang oberhalb des Gaybaches
Geologie: Muschelkalk, fluviatile Ablagerungen
Anbindung: Über das Gaybachtal sind die Sauer und der Vicus Wallendorf erreichbar
Typ: Villa, Typus unbekannt
Datierung: 2.–4. Jh.

Befund: 1995 bei Straßenbauarbeiten entdeckte Siedlungsstelle, die zuerst durch private Sammler begangen wurde, die dem RLM Trier Streufunde, darunter das Fragment der Terrakotta einer Matrone, und Keramik des 3. und 4. Jh. n. Chr. meldeten. Im selben Jahr fand eine Sondierungsgrabung statt, bei der drei Räume angeschnitten wurden, die zu einem größeren Gebäude gehörten.
Lit.: TrZ 60, 1997, 348; Krausse 2006, Kat. 622.

124. Niederstedem „Alshöhe"
Kreis: Bitburg-Prüm
Landschaft: Bitburger Gutland
Höhe: 316 ü. N.N.
Topographie: Auf leichtem Westhang in Nähe des Masholder-Baches
Geologie: Keuper
Anbindung: Nahe dem Vicus Bitburg
Typ: Villa, Typus unbekannt
Datierung: 1.–2. Hälfte 4. Jh.
Befund: Von Steinhausen 1932 beschriebene Siedlungsstelle mit Mauerresten, Ziegelspuren und Bodenschwellungen. 1974 meldetet der Oberförster Wergen aus Dockendorf dem RLM Trier eine Fundstreuung auf einer Fläche von ca. 30 x 25 m, Mauerreste aus Sandsteinquadern, Ziegelbruchstücke und Keramik des 1. Jh. n. Chr. und der zweiten Hälfte des 2. Jh. n. Chr. Auf dem RLM Trier vorliegenden Luftbildern ist deutlich der Grundriss des Hauptgebäudes im Typus Risalitvilla zu erkennen. Van Ossel 1992 erwähnt unpubliziertes Fundmaterial, darunter eine „militärische" Gürtelschnalle der zweiten Hälfte des 4. Jh. n. Chr.
Abb.: Tafel 34, Abb. 70.
Lit.: Steinhausen 1932, 224 (1); TrZ 40/41, 1977/78, 432; van Ossel 1992, 377, Kat. 437; Krausse 2006, Kat. 725

125. Niederweis „Böcklichsfeld" („Beim alten Born")
Kreis: Bitburg-Prüm
Landschaft: Bitburger Gutland
Höhe: 206 m ü. N.N.
Topographie: Auf Osthang oberhalb der Nims
Geologie: Luxemburgischer Sandstein und Keuper
Anbindung: Nahe der Nims
Typ: Villa, Typus unbekannt
Datierung: 1. Jh. n. Chr.–2. Hälfte 4. Jh. n. Chr.
Befund: Die Villenanlage setzt sich aus den Fundstellen „Böcklichsfeld" und „Beim alten Born" zusammen. Die erstere Stelle bestand zunächst (Steinhausen 1932 und TrZ 16/17) aus einer Fundstreuung mit Ziegel, Mörtelresten, Wandputz, Hypokaustplatten und Keramik der zweiten Hälfte des 4. Jh. n. Chr. Außerdem soll von hier ein Säulenstück von 0,80 m Länge und 0,60 m Durchmesser stammen. Beim Bau einer Bundesstraße im Jahr 1964 wurde die rückseitige Front eines ca. 20 m breiten Hauses, wahrscheinlich des Villenhauptgebäudes, freigelegt. Die Mauer verfügte über einen zentralen Eingang, war durch eine axialsymmetrische Inneneinteilung strukturiert und enthielt Fundmaterial des 1.–3. Jh. n. Chr.

In ca. 200 m südwestlicher Entfernung befand sich die Fundstelle „Beim alten Born", ein rechteckiger Bau von 12 x 15 m Größe, der durch Keramikfunde in das 2. und 3. Jh. n. Chr. datiert werden konnte. Ebenfalls von hier stammt ein silberner Kerzenleuchter (vgl. TrZ 33, 1970, 267 Abb. 21.). Die Fundstelle liegt in der Nähe einer Quelle, von der ein gemauerter Kanal, dessen Materialauswertung seine Datierung in das 2. und 3. Jh. n. Chr. ermöglicht, in Richtung Osten verläuft. Krausse 2006 interpretiert das Gebäude „Beim alten Born" als „Villennebengebäude oder zur Villa gehöriges Quellheiligtum".
Auf dem Gelände der Villa befanden sich Nachweise der Urnenfelderzeit und der älteren Eisenzeit (vgl. Gollub 1969).

Lit.: Steinhausen 1932, 226–227 (5); TrZ 16/17, 1941/42, 224; TrZ 18, 1949, 322; S. Gollub, Neue Funde der Urnenfelderkultur im Bitburger Land, in: Trierer Zeitschrift 32, 1969, 7–29; TrZ 33, 1970, 266–267; van Ossel 1992, 377, Kat. 438; Krausse 2006, Kat. 735.

126. Nusbaum „Unter der Hal"
Kreis: Bitburg-Prüm
Landschaft: Bitburger Gutland
Höhe: 260 m ü. N.N.
Topographie: Im Tal des Rohrbaches gelegen, eines Zuflusses der Enz
Geologie: Keuper
Anbindung: Nahe der Enz und der Nord-Süd-Straße, die auf dem Rücken zwischen Gaybach und Enz verläuft
Typ: Risalitvilla
Datierung: Keramik 2./3.–2. Hälfte 4. Jh.
Befund: Von Steinhausen 1932 beschriebenes Trümmerfeld mit Hypokaustenziegel und Sandsteinquadern. In den frühen 1970er Jahren konnte das RLM Trier den rückwärtigen Teil des Hauptgebäudes aufnehmen. Bei Raum *4* wird es sich um die zentrale Halle handeln, der sich nordöstlich die Räume *3* und *2* anschließen. Nach Westen vorspringend und mit einem Zugang von außen befand sich Raum *1*, möglicherweise mit wirtschaftlicher Nutzung. In der Zentralhalle *4* lag das Praefurnium, welches *5* beheizte. In ca. 7,50 m Abstand zur rückwärtigen Außenmauer des Gebäudes verlief eine Reihe Pfostenlöcher, von denen eines noch den Stumpf eines rechteckigen Sandsteinpfeilers enthielt. Die Reihe wird von den Ausgräbern als Schranke interpretiert. Die gefundene Keramik konzentriert sich auf das 2. und besonders das 3. Jh. n. Chr.; eine Scherbe stammt aus der 2. Hälfte des 4. Jh. n. Chr.

Ca. 150 m südlich des Hauptgebäudes lag ein ca. 15 x 15 m großer einräumiger Bau, der viele römische Münzen und Sandsteinquader geliefert haben soll. Steinhausen interpretiert dies als „zur Villa gehöriges Heiligtum".

Abb.: Tafel 35, Abb. 71.
Lit.: Steinhausen 1932, 235 (2); TrZ 35, 1972, 314–317; TrZ 49, 1986, 385 (1); TrZ 50, 1987, 361; Krausse 2006, Kat. 749.

127. Oberbillig „Fallert"
Kreis: Trier-Saarburg
Landschaft: Mosel-Saar-Gau
Höhe: 280 m ü. N.N.
Topographie: Auf einem Westhang östlich der Mosel
Geologie: Muschelkalk und fluviatile Ablagerungen
Anbindung: Nahe der Mosel (ca. 770 m)
Typ: Villa, Typus unbekannt
Datierung: 2.–4. Jh.
Befund: Römische Fundstelle, deren Mauerzüge beim Pflügen entdeckt wurden. Weitere Streufunde von Ziegeln, Nägeln, Eisenschlacken und ein Mühlstein. Aufgelesene Keramik des 2. bis 4. Jh. n. Chr.
Lit.: TrZ 24/26, 1956/58, 568; TrZ 35, 1972, 317; TrZ 40/41, 1977/78, 432; CAL 19, 1983, 45, Nr. 104; van Ossel 1992, 378, Kat. 442.

128. Oberemmel „Hollinger"
Kreis: Trier-Saarburg
Landschaft: Mosel-Saar-Gau
Höhe: 326 m ü. N.N.
Topographie: Auf Südhang oberhalb von Scheid- und Langwiesbach
Geologie: Hunsrückschiefer und fluviatile Ablagerungen
Anbindung: Nahe der Saar (ca. 500 m)
Typ: Villa, Typus unbekannt
Befund: Fundstelle mit Resten von Schiefermauern, Wandputz, Dachziegeln, Eisenschlacke und bronzenen Kleinfunden.
Lit.: TrZ 33, 1970, 268; TrZ 65, 2002, 296.

129. Oberöfflingen „Auf der Warte"
Kreis: Bernkastel-Wittlich
Landschaft: Moseleifel
Höhe: 360 m ü. N.N.
Topographie: Auf Südhang oberhalb des Finsterbaches
Geologie: Unteremsstufe
Anbindung: Relativ abgelegen, nächstgelegener Fluss ist die Lieser in ca. 2 km Entfernung. Zur Siedlung führte jedoch eine 4 m breite, mit Schieferplatten gedeckte Straße.
Typ: Villa, Typus unbekannt
Datierung: Keramik 3.–spätes 4. Jh.
Befund: Villa mit drei Fundstellen, die bei Probegrabungen durch das RLM Trier partiell untersucht wurde. Dabei konnten ein Stück Schiefermauer mit Lehmmörtel und eine mit Holzkohle durchsetzte Kulturschicht freigelegt werden sowie Teile eines Weges, der mit Schieferplatten ausgelegt war. An Streufunden sind Ziegel und Keramik vom 3. bis in das späte 4. Jh. n. Chr. dokumentiert.
Lit.: TrZ 30, 1967, 272; van Ossel 1992, 378, Kat. 444; Krausse 2006, Kat. 187.

130. Oberüttfeld „Auf der Burg"
Kreis: Bitburg-Prüm
Landschaft: Islek und Ösling
Höhe: 530 m ü. N.N.
Topographie: Auf leichtem Südhang oberhalb einer Quellmulde des Mannerbaches
Geologie: Klerfschichten (Unteremsstufe)
Anbindung: Relativ abgelegener Standort. An der Stelle vorbei verläuft jedoch eine vermutete Süd-Nordstrecke (vgl. Krausse 2006, Beilage 4).
Typ: Risalitvilla
Datierung: Keramik Mitte 1.–Mitte 4. Jh. n. Chr. Dendrochronologisch: Eichenholz aus einem Zeitraum von 76 bis 125 n. Chr., das nicht vor der Mitte des 2. Jh. n. Chr. geschlagen wurde.
Befund: Zu Beginn der 1990er Jahre partiell ausgegrabene Risalitvilla von ca. 36 x 17,50 m Größe. Untersucht wurde das im Südostrisalit liegende Bad, das über ein Caldarium *1* verfügte, das von Präfurnium *1'* aus beheizt werden konnte. Das Frigidarium *2* war mit einem wasserfesten Estrich ausgelegt, daran anschließend ein Becken *3*. Dieses wurde über Raum *4* entwässert, in dem sich die Latrine befand. An der Nordwestecke des nicht untersuchten Zentralraumes lag ein mit Hypokaustenheizung versehenes Zimmer *5*, das vom außen liegenden Präfurnium *6* geheizt werden konnte. Aus dem Bad stammen Fragmente von Wandmalereien, darunter Bruchstücke einer großen ornamentalen Blüte (vgl. Faust 1999, 161 Abb. 5).

Südlich *5* konnte eine Holzprobe geborgen werden (vgl. Faust 1999, FNr. 15), die dendrochronologisch untersucht wurde. Diese ergab, dass es sich bei dem Fragment um eine Eiche handelte, deren Sequenz einen Zeitraum zwischen 76 und 125 n. Chr. enthielt. Da das Fragment keinen vollständigen Ausschnitt zeigt, ist davon auszugehen, dass die Eiche frühestens um die Mitte des 2. Jh. n. Chr. gefällt wurde (vgl. TrZ 56, 1993, 314).

Ein Depotfund aus dem Hypokaustum von Raum *5* lieferte wichtige Hinweise zur landwirtschaftlichen Produktion des Standortes. Der Fund bestand aus einem 37 cm langen Baumesser (sog. *falx*) mit breiter gebogener Klinge; in der reich verzierten Tülle steckten noch Reste des originalen Holzgriffes. Neben dem Messer barg der Fund zwei unterschiedlich große Hobel aus Eisen und Holz (L. 37,3 cm und 21,1 cm) in relativ gutem Erhaltungszustand. Der größere Hobel war mit einem Herstellerstempel versehen, der GESATVSF lautet. Sowohl das Messer als auch die Hobel belegen Holzverarbeitung in der im Waldgebiet gelegenen Villa. Die wertvollen Geräte wurden von ihrem Besitzer im Hypokaustum deponiert, jedoch nicht mehr geborgen. Da zudem die jüngsten Funde aus dem frühen 4. Jh. n. Chr. stammen, ist eine Zerstörung der Villa in der Mitte des 4. Jh. n. Chr. wahrscheinlich (zu den Funden und zur Datierung vgl. Faust 1999, 163–167 und Bach 1999, 181–191).
Abb.: Tafel 35, Abb. 72.
Lit.: TrZ 52, 1989, 476; TrZ 55, 1992, 423–424; TrZ 56, 1993, 313–314; S. Faust, Ein römisches Gebäude bei Oberüttfeld (Kreis Bitburg-Prüm), in: Trierer Zeitschrift 62, 1999, 155–167; K.-P. Goethert, Der Grundriss der (römischen) Villa von Oberüttfeld, in: Trierer Zeitschrift 62, 1999, 169–180; D. Bach, Zwei römische Hobel aus Oberüttfeld. Funktionstechnologische Betrachtungen, in: Trierer Zeitschrift 62, 1999, 181–191; Krausse 2006, Kat. 936.

131. Oberweis „Auf der Steinrausch"

Kreis: Bitburg-Prüm
Landschaft: Bitburger Gutland
Höhe: 236 m ü. N.N.
Topographie: Auf einer Terrasse, oberhalb westlich der Prüm, die vom Mühlenbach im Süden und dem Buchenbach im Norden eingegrenzt wird
Geologie: Muschelkalk
Anbindung: An der Prüm gelegen. Weiter nördlich eine vermutete römische Brücke, über diese (vgl. Krausse 2006, Kat. 766) mit weiterführender Straße in Richtung des Vicus Bitburg, der in ca. 7 km Entfernung liegt.
Typ: Portikusvilla mit Eckrisaliten
Datierung: Um 100 n. Chr.–2. Hälfte 4. Jh. n. Chr.
Forschungsgeschichte: Die Ausgrabung der Villa in Oberweis war die erste großflächige Unternehmung außerhalb der Stadt Trier des 1877 neu gegründeten Provinzialmuseums, dessen erster Direktor Dr. Felix Hettner die Grabungen im Jahr 1878 durchführte. Außer einem knappen Bericht in den Bonner Jahrbüchern publizierte er die Grabungen allerdings nicht. Hettners Aufzeichnungen, ein angefangenes Manuskript und nachträglich angefertigte Grabungsskizzen des Assistenten A. Ebertz dienten als Vorlage für die von H. Koethe 1934 vorgelegte Publikation der Ausgrabungen in Oberweis. Er wies auf die sich zwischen 1878 und 1934 geänderten Fragestellungen hin, welche sich nicht mehr nur mit dem Hauptgebäude, sondern dem Gesamtareal der Villa auseinandersetzten. Koethe beschäftigte sich sehr genau mit der die Villa umgebenden Landschaft. Dazu sammelte er Informationen über Streufundkonzentrationen im Gelände, um sich ein Bild der *pars rustica*, des Heiligtums und der Gräberfelder zu machen. Auf Grund dieser Überlegungen ist die Villa Oberweis auch forschungsgeschichtlich von Interesse.
Wirtschaftsbereich: Die *pars rustica* wurde bei den Grabungen 1878 nicht berücksichtigt. Koethe dokumentierte Ziegel- und Keramikstreuungen auf einer Karte und wertete die mündliche Überlieferung der Dorfbewohner aus. Demnach erstreckten sich vor allem im Norden, Osten und Süden Fundkonzentrationen um das Hauptgebäude, wohingegen der Westen keine aufweist. Es ist also möglich, dass der Wirtschaftshof der Villa Oberweis trotz seiner Größe nicht zu den Axialhöfen gehörte, sondern zu den Streuhöfen. Auf den weiter nördlich anschließenden Fluren „Auf der Kammer" und „Im Heiligenhäuschen" sollen laut mündlicher Überlieferung „Götzenbilder" zerstört worden sein, ein Hinweis, den Koethe als mögliche Verortung des Tempelbezirks der Villa heranzieht. Streufunde konnten jedenfalls auch auf diesen Fluren gemacht werden.
Hauptgebäude: Koethe unterscheidet in der Publikation der Villa Oberweis zwei Hauptbauphasen des Hauptgebäudes. Diese sind jedoch nicht als in sich geschlossen zu sehen, vielmehr unterliegen sie ebenfalls baulichen Entwicklungen. Die beiden Hauptphasen lassen sich primär in den voneinander divergierenden Grundrissen ausmachen, doch auch das Fundmaterial, beispielsweise Architekturteile, gibt Hinweise auf die unterschiedlichen Phasen. Das Hauptproblem bei der Datierung besteht darin, dass bei der Grabung 1878 noch wenig Wert auf datierendes Material gelegt wurde. Eine spätere Prospektion Koethes konnte diesen Mangel nur noch relativieren, so weist er darauf hin, dass Keramik des 1. Jh. n. Chr. fehlt, was jedoch auch daran liegen könnte, dass die ältesten Phasen bei der Grabung nicht angeschnitten wurden.

Phase I: Der Bau der Phase I bestand aus zwei geschlossenen Baukörpern, dem zentralen Kernbau mit seiner im Osten vorragenden Badeanlage und dem Westflügel, der durch Korridor *11* an den Zentralbau angeschlossen war. Im Norden war dem Gesamtensemble eine Portikus vorgelagert, die im Westen über den Baukörper hinausragte und in einen Pavillon mündete. Im Süden lag vor dem Zentralbau ein langer Korridor oder wahrscheinlicher eine weitere Portikus, die im Westflügel keine Entsprechung fand. Durch die Abgeschlossenheit des Westflügels und Beobachtungen bei der baulich-technischen Ausführung ging Koethe davon aus, dass der Westflügel jünger als der Zentralbau ist. Durch den Korridor *11* und die Nordportikus gelang es, beide Teile zu einem Baukörper zu vereinigen.

Der Westflügel bestand aus Flur *1*, der über den Korridor *2* erreichbar war. Über diesen konnten die Wohnräume *3* und *4* betreten werden. Ob auch Raum *8* über einen Zugang zu *1* verfügte, war aus dem Grabungsplan nicht ersichtlich. Zimmer *5* und *6* im Südwesten waren über ein außerhalb liegenden Präfurnium *7* beheizbar. Raum *9* wird von Koethe (1934, 31) als Halle gedeutet, da ihre Fundamentmauer genauso breit wie diejenige der nördlichen Portikus *13* war. Möglicherweise ist *9* ein Anbau, da dessen Mauern nicht in die des westlichen Flügels einbinden.

Das Mittelgebäude wird von dem großen Zentralraum *19* dominiert. Um ihn gruppieren sich im Westen und Osten die nur durch ihn erreichbaren Räume *20–23*. Zwei Raumgruppen (*14–17* im Westen und *27–31* im Osten) bildeten jeweils eine Wohneinheit, in denen sich die Korridore *14* und *24* befanden, die laut Koethe über einen Treppenaufstieg in das Obergeschoss verfügten. In den Räumen *15, 20* und *22* waren Mosaike verlegt (s. u. Fundmaterial). Außer mit Mosaiken waren auch mehrere Räume des Mitteltraktes in Phase I mit Wandmalereien ausgestattet (*12, 17* bis *20, 23, 27*, vgl. Koethe 1934, 29 und 49–52). Die südliche Portikus besitzt die Länge des Zentraltrakts. Unklar bleibt, ob sie als geschlossener Raum rekonstruiert werden soll oder als Portikus. Koethe bietet beide Rekonstruktionen an, räumt jedoch ein, dass aufgrund der Südlage und im Vergleich mit anderen Standorten die Version mit Säulenhalle die üblichere sei (Koethe 1934, 41 mit Rekonstruktionen, Tafel II geschlossen und Abb. 5 als Portikus). Dieser Rekonstruktion ist m. E. ebenfalls zuzustimmen, die Südlage und das im Hauptraum fehlende Licht machen sie wahrscheinlicher.

Im Vergleich zur Südhalle erstreckte sich die Nordportikus *13* über den Gesamtkomplex hinaus, so dass dieser von außen als geschlossener Baukörper wirkte. Ihren Abschluss fand sie im Westen in Pavillon *10*, der die Form eines leicht gestreckten Rundbaus besaß.
Der Ostflügel wurde von Wirtschafts- und Baderäumen eingenommen. Das Zentrum bildete Raum *31*, der von Koethe als Lichthof interpretiert wurde, an den die Küche und Backstube *33* im Osten anschloss. Den restlichen Ostflügel nahm das Bad ein, das über Korridor *29* erreichbar war. Dieser überwand aufgrund des natürlichen Gefälles einen Höhenunterschied von ca. 1 m und mündete nach einem Knick im Apodyterium *36*. Das Frigidarium *38* schloss unmittelbar südlich an und verfügte über ein Becken *38a*, das aus dem Baukörper heraustrat. Diesem folgten das Tepidarium *40/41* und das große Caldarium *42*. Neben diesem verfügte das Bad über ein zweites Caldarium *43* mit zwei Heißwasserbecken. Der ebenfalls stark beheizbare Raum *34* gehörte nach Koethe ebenfalls zum Bad, er sah in ihm ein zweites, ein Winterapodyterium (zu den Bädern der Phasen I und II vgl. ausführlich Koethe 1940, 78–81).

Phase II: Zu Beginn des 4. Jh. n. Chr. erfuhr das Hauptgebäude der Villa Oberweis größere Umbaumaßnahmen, die große Teile des Gebäudes grundlegend veränderten. Nach der Grabungsdokumentation Hettners muss der Bau der Phase I durch eine Brandkatastrophe zerstört worden sein. Dennoch stellen sich die Veränderungen im Plan nicht durchgehend neuartig dar. Der Westflügel und der Zentralbereich scheinen auf den alten Grundmauern wieder errichtet worden zu sein. Beide Gebäudeteile wurden durch die Verlängerung der Südportikus und das Schließen des Korridors *11* zu einem Komplex zusammengefügt. Im Osten fand eine Verkleinerung des Hofes *31* statt, die eine Neuordnung dieses Flügels mit sich brachte. Eigentlich erst ab dieser Bauphase wurde durch die bauliche Angleichung von Ost- und Westflügel sowie der Angliederung der drei Bauteile ein Gesamtbaukörper errichtet, der die übliche Symmetrie der Risalit- oder Axialvillen erreichte. Einzig das Bad wurde über dem Vorgängerbau komplett neu erbaut. Es lag nun nicht mehr im Gebäudeverbund, sondern stellte einen eigenen Bau dar, der vom Hauptgebäude in der Orientierung abwich. Aufgrund dieser Auffälligkeiten ging Koethe davon aus, dass es sich bei dem Neubau um ein Werk aus „einem Guss" handelte (vgl. Koethe 1934, 35).

Neuerungen finden sich auch im Mitteltrakt, dessen Zentralraum *19* man in der Breite reduzierte, wodurch die anschließenden Räume *21* und *23* an Größe gewannen. Im gesamten Trakt wurden die Fußböden um ca. 0,20–0,60 m angehoben.

Das nun unabhängig liegende Bad wurde gegenüber seinem Vorgänger vergrößert. Das Frigidarium *59* verfügte über eine große Wanne, die über die Latrine *60* entwässert wurde. Betreten werden konnten beide Einheiten von *58* aus, der als Apodyterium diente. In Raum *56* mit einer apsidialen Wanne war das Tepidarium untergebracht, in den Räumen *52–55* das Caldarium. *57* diente nach Koethe als Aufenthaltssaal für die Körperpflege.

Fundmaterial und Datierung: Das Fundmaterial ist bei Koethe (Koethe 1934, 45–56) in Gattungen aufgeteilt und ausführlich besprochen, er unterteilt in „Gebäudeschmuck" und „Kleinfunde". Hier eine äußerst kurze Zusammenstellung der wichtigsten Funde:
Korinthischer Pilasterschaft mit Pilasterkapitell der Phase II, um die Wende vom 3. ins 4. Jh.
Ornamentale Mosaike der Phase I (Mitte des 2. Jh., Räume *15*, *20*, *22*) und Phase II (3. Jh. im Bereich von Raum *55*, vgl. ausführlich Hoffmann/Hupe/Goethert 1999, 190–193).
Wandmalereien der Phase I mit ornamentalen und figürlichen Fragmenten.
Kleinfunde aus Metall, darunter landwirtschaftliches Gerät aus Eisen.
Terrakotten und Keramik des 2. bis Ende 4. Jh.
„Hemmoorer Eimer" (vgl. Bienert 2007, 151–152 Kat.–Nr.158).
Die Villa Oberweis entstand spätestens Anfang des 2. Jh. n. Chr., möglicherweise reichen ihre Ursprünge bereits in das 1. Jh. n. Chr. zurück. Der Bau der ersten Phase war nicht aus einem Guss, sondern unterlag einer baulichen Entwicklung. Es ist davon auszugehen, dass der Bau sich nicht aus einer einfachen Risalitvilla entwickelte oder ihm eine solche vorausging (vgl. Longuich „Im Päsch" *Kat.–Nr. 95*), sondern dass er von Beginn an mit einem gehobenen Anspruch konzipiert war. Dieser äußerte sich durch die Größe der Anlage und die folgende Ausstattung mit qualitätvollen Mosaiken und Wandmalereien. Zu einem ungewissen Zeitpunkt in der zweiten Hälfte des 3. Jh. n. Chr. wurde der Bau durch Brand zerstört und anschließend um die Wende vom 3. zum 4. Jh. n. Chr. neu errichtet. Dabei legte man Wert darauf, die vormals unterschiedlichen Flügel zu einem einheitlichen Baukörper zusammenzufassen. Das Bad integrierte man nicht mehr in diesen Bau, sondern errichtete es in einem unabhängigen, leicht abweichend orientierten Neubau im Osten des Herrenhauses. Diese zweite Bauphase hatte Bestand bis in das ausgehende 4. Jh. n. Chr., in dem die Villa anscheinend aufgegeben wurde.

Abb.: Tafel 36, Abb. 73.
Lit.: Bonner Jahrbücher 62, 1877–78, 185; Bonner Jahrbücher 78, 1883–84, 16; Trierer Jahresberichte 1916/17, 60; Steinhausen 1932, 237; H. Koethe, Römische Villa bei Oberweis, in: Trierer Zeitschrift 9, 1934, 20–56; J. Steinhausen, Archäologische Siedlungskunde des Trierer Landes (Trier 1936), 331, 799; Koethe 1940, 78–81; H. Cüppers, Die römische Landvilla bei Oberweis, in: Südwestliche Eifel, 127–132; Cüppers 1990 513–514; van Ossel 1992, 264–266; Hoffmann/Hupe/Goethert 1999,190–193; Krausse 2006, Kat. 767; B. Bienert, Die römischen Bronzegefäße im Rheinischen Landesmuseum Trier. Trierer Zeitschrift Beiheft 31 (Trier 2007), 151–152 Kat.–Nr.158.

132. Olk „Bei der Kalkmauer"
Kreis: Trier-Saarburg
Landschaft: Bitburger Gutland
Höhe: 342 m ü. N.N.
Topographie: Auf Südosthang
Geologie: Muschelkalk
Anbindung: Nahe der Straße von Trier nach Bitburg und Köln (ca. 1,8 km) und ca. 2 km zur Sauer
Typ: Villa, Typus unbekannt
Datierung: 2. Jh. n. Chr.–2. Hälfte 4. Jh. n. Chr.; Keltische Bronzemünze der Sequani
Befund: Von Steinhausen 1932 beschriebene Siedlungsstelle von ca. 150 x 50 m Ausdehnung. Beobachtet wurden mehrere Steinkonzentrationen mit römischen Baurestеn. In den 1980er Jahren wurde die Stelle wieder begangen und dem RLM Trier Lesefunde geliefert, darunter ein Sesterz Marc Aurels, ein Mühlsteinfragment und Keramik, die bis in die zweite Hälfte des 4. Jh. n. Chr. reicht.
Lit.: Steinhausen 1932, 243 (1); CAL 14, 1985, 38, Nr. 85; TrZ 49, 1986, 387–388 (2); van Ossel 1992, 378, Kat. 453; K.-J. Gilles, Keltische Fundmünzen im östlichen Treverergebiet, in: Trierer Zeitschrift 56, 1993, 35–66, hier 50; Krausse 2006, Kat. 1469.

133. Olk „Macher Flur" („Auf Pfaffenlay")
Kreis: Trier-Saarburg
Landschaft: Bitburger Gutland
Höhe: 350 m ü. N.N.; 339 m ü. N.N.
Topographie: Auf einem Westhang oberhalb des Olker-Baches
Geologie: Muschelkalk
Anbindung: Oberhalb der Sauer (ca. 1,2 km) und nahe der Straße von Köln nach Trier (ca. 1,8 km)
Typ: Villa, Typus unbekannt
Datierung: 2.–Ende 4. Jh.
Befund: In den 1890er Jahren freigelegter, laut Steinhausen 1932 gut gemauerter Keller, zu dem zehn Sandsteinstufen führten. Dort fanden sich mehrere eiserne Reifen von ca. 1 m Durchmesser, die von Weinfässern stammen könnten. In den 1980er Jahren wurden von Herrn Loscheider aus Newel wiederholt Streufunde in das RLM Trier geliefert, darunter Keramik vom beginnenden 2. bis Ende 4. Jh. n. Chr. Ca. 300 m südwestlich liegt die Fundstelle „Auf Pfaffenlay", die als Nebengebäude der Villa „Macher Flur" gedeutet wird.

Lit.: „Macher Flur": Steinhausen 1932, 243 (4); CAL 14, 1985, 49, Nr. 143; TrZ 50, 1987, 410 (2); TrZ 55, 1992, 424 (1); van Ossel 1992, 378, Kat. 454; Krausse 2006, Kat. 1472.

„Auf Pfaffenlay": Steinhausen 1932, 243 (4); CAL 14, 1985, 49, Nr. 144; TrZ 50, 1987, 410 (3); Krausse 2006, Kat. 1467.

134. Ordorf „Borpesch"

Kreis: Bitburg-Prüm
Landschaft: Bitburger Gutland
Höhe: 291 m ü. N.N.
Topographie: Auf einem Osthang westlich des Langebachs
Geologie: Muschelkalk
Typ: Villa, Typus unbekannt
Datierung: 1.–4. Jh. n. Chr. Münzfunde ab claudischer Zeit
Befund: Von Steinhausen 1932 beschriebene Siedlungsstelle „von großer Ausdehnung". Erwähnt werden ein zwei Meter langer Säulenschaft und zwei kleinere Säulen von 0,50 und 0,30 m. Im Jahr 1932 konnte bei einer Grabung ein hypokaustierter Raum freigelegt werden, der anschließend wieder zugeschüttet wurde. Ebenfalls von der Stelle stammen Münzfunde, darunter ein Mittelerz des Claudius, Wandputz, Ziegelfragmente und Keramik des 3. und 4. Jh. n. Chr.

Ca. 250 m südwestlich, auf der Gemarkung Dudeldorf, Kohleberg, liegt ein mit Steinplatten umstelltes Brandgrab, das laut Krausse 2006 zur Villa gehört (vgl. Steinhausen 1932, 80 (2) und Krausse 2006, Kat. 423).
Lit.: Steinhausen 1932, 245; TrZ 7, 1932, 178; van Ossel 1992, 378, Kat. 446; Krausse 2006, Kat. 427.

135. Orenhofen „Auf der Kellermauer"

Kreis: Bitburg-Prüm
Landschaft: Bitburger Gutland
Höhe: 336 m ü. N.N.
Topographie: Auf Nordwesthang oberhalb des Schaalbaches
Geologie: Muschelkalk und Buntsandstein
Anbindung: Nahe der Straße, die im Ost-West-Verlauf von der Kyll zur Salm führt
Typ: Risalitvilla, möglicherweise Peristylvilla (?)
Datierung: 2.–Beginn 5. Jh.
Befund: Die Villa von Orenhofen „Auf der Kellermauer" wurde 1921 wegen Ausbeutung des Steinmaterials in einer Notgrabung unter der Leitung von S. Loeschcke untersucht, der die Ergebnisse in den Trierer Jahresberichten von 1923 kurz vorstellte. Loeschcke schreibt, dass aus Geldmangel nur eine „orientierende" Grabung stattfinden konnte. Dies bedeutet, dass die Grabungen entlang des Mauerbefundes vorgenommen wurden (vgl. Grundriss). Das Innere des Hofes und das umliegende Gelände wurden nicht erschlossen. Leider lässt der Vorbericht viele Fragen offen, und auch die Dokumentationslage ist äußerst schlecht, so dass einige der vorgestellten Beschreibungen nicht mehr überprüft werden können. Dies ist bedauerlich, da es sich bei der Villa Orenhofen um den im Trierer Land bisher einmalig bezeugten Typ mit großem Innenhof oder Peristyl handeln könnte. Zudem könnte der große

Apsidensaal, dessen Datierung allein durch die Grabungsberichte nicht möglich ist, weitere Anhaltspunkte zur Diskussion über die Verwendung solcher Säle beitragen (vgl. Konz „Kaiserpalast" *(Kat.–Nr. 84)*).

Loeschcke unterscheidet drei Bauphasen. Demnach ist der älteste Teil des Gebäudes im Westen gelegen (im Plan gepunktet), der in seiner ursprünglichen Anlage über zwei nach Westen orientierte Apsidenrisalite verfügte. Zwischen diesen beiden Flügeln lag eine Flucht von drei Räumen, von denen der mittlere durch eine in den Raum greifende Apsis verkürzt war. Diese öffnete sich nach Westen, wo Loeschcke eine Portikus annimmt. In der zweiten Periode wäre demnach der 17,5 x 17,5 m große Hof entstanden, an dessen Ostseite der Apsidensaal lag, der immerhin eine Größe von über 77 m² einnimmt. Dieser wiederum wird an seiner Nord- und Südseite je von zwei parallel liegenden Zweiraumgruppen flankiert. Ebenfalls in die zweite Periode gehören die im Süden befindliche Eingangshalle mit 2,25 m großer Toröffnung und der im Norden liegende Keller. In der dritten und letzten Bauphase entstand das Bad, dessen genaue Bauabfolge und Raumunterteilung nicht klar ist. Selbst Koethe 1940, der die Bäder der Villen des Trierer Landes ausführlich behandelt, hatte offensichtlich Probleme mit der Bearbeitung. So verwechselt er Caldarium und Frigidarium und äußert sich auch nicht zur Lage des Präfurniums oder der Hypokaustierung der Räume (vgl. Koethe 1940, 82). Zudem sei während dieser Phase die angenommene Westportikus abgetragen worden, um der Erweiterung des Bades Platz zu machen. Ebenso unklar bleiben die laut Plan zur dritten Phase gehörigen Räume, die sich im nordöstlichen Bereich des Gebäudes befinden. Zuletzt verfügte das Haus über eine Größe von ca. 48 x 38 m. Weitere Probleme ergeben sich durch die fehlende Binnengrabung von Hof und Apsidensaal. So kann nicht mehr nachvollzogen werden, ob es sich möglicherweise um einen Peristylhof handelte und ob der Apsidensaal beheizbar war, wie dies in Fließem-Otrang „Weilerbüsch" *(Kat.–Nr. 46, Raum 19)* und Konz „Kaiserpalast" *(Kat.–Nr. 84, Raum 2)* der Fall war.

So wie die Phasenabfolge in keine sinnvolle Ordnung gebracht werden kann, so wenig ist dies auch bei der Datierung der Fall. Klar scheint nur, dass der Bau vom 2. Jh. bis zum 5. Jh. n. Chr. Bestand hatte. Aufgrund gefundener Keramik des 2. Jh. n. Chr. in den Nordwestapsiden des Bades datiert Koethe die dritte Periode in dieses Jahrhundert (vgl. Koethe 1940, 82 Anm. 18). Loeschcke hingegen nimmt an, dass im 2. Jh. n. Chr. die älteste Bauphase anzunehmen ist (vgl. Loeschcke 1923, 39). Dies scheint trotz aller Schwierigkeiten überzeugender zu sein, da mit dem Bau eines Apsidensaales bereits im 2. Jh. n. Chr. eher nicht zu rechnen ist.[10] Zudem müssten alle drei Bauperioden im 2. Jh. n. Chr. stattgefunden haben, was ebenfalls wenig überzeugt.

Die offenen Fragen und Unstimmigkeiten können anhand des vorliegenden Materials nicht mehr gelöst werden. Einzig eine profunde Nachgrabung könnte die fehlenden Daten bereitstellen, mit denen eine fundierte Bewertung des Standortes vorgenommen werden könnte. Weiterhin interessant ist die Villa aufgrund der reichen Funde an Eisenschlacken und Holzkohle, die in ihrem Bereich gemacht wurden. Die Eisengewinnung kann zwar mittelalterlich datiert werden, doch scheint die römische Ruine geeignet für diesen Zweck gewesen zu sein. Ob bereits in römischer Zeit an dieser Stelle – das nötige Rohmaterial, der Eisen-

---

10 Spätantike Vergleichsbeispiele in: H. Zabehlicky, Die Villa von Bruckneudorf – Palast oder Großvilla? In: G. von Bülow/H. Zabehlicky (Hrsg.), Bruckneudorf und Gamzigrad. Spätantike Paläste und Großvillen im Donau-Balkan-Raum. Akten des Internationalen Kolloquiums in Bruckneudorf vom 15. bis 18. Oktober 2008 (Bonn 2011), 89–99, hier 95–97 mit Abb. 8.

stein, findet sich nahe im Nordosten gelegenen Orenhofener Wald – bereits Eisen geschmolzen wurde, lässt sich aufgrund der schlechten Dokumentationslage nicht mehr sagen.
Abb.: Tafel 36, Abb. 74.
Lit.: S. Loeschcke, Orenhofen, in: Trierer Jahresberichte 13, 1923, 37–39 und 64 mit Abb. 1; J. Steinhausen, Alte Eisenschmelzen in der Südeifel, in: Trierer Zeitschrift 1, 1926, 49–51; Steinhausen 1932, 246–247; Koethe 1940, 81–82; TrZ 24–26, 1956–58, 595–596; Van Ossel 1992, 266; Krausse 2006, Kat. 779.

136. Orenhofen „Pfefferholz"
Kreis: Bitburg-Prüm
Landschaft: Bitburger Gutland
Höhe: 332 m ü. N.N.
Topographie: Auf Südwesthang oberhalb der Kyll
Geologie: Muschelkalk
Anbindung: Nahe der Kyll (ca. 1,2 km)
Typ: Villa, Typus unbekannt
Befund: Im Jahr 1939 durch Pflugarbeiten entdeckte Siedlungsstelle mit Mauern, Ziegeln, Keramik und einem nahezu vollständig erhaltenen Mühlstein von ca. 56 cm Durchmesser.
Lit.: TrZ 15, 1940, 69; Krausse 2006, Kat. 785.

137. Palzem „Auf der Plätsch"
Landkreis: Trier-Saarburg
Landschaft: Mosel-Saar-Gau
Höhe: 166 m ü. N.N.
Topographie: Auf einem leichten Nordhang südlich der Mosel; leicht unterhalb verläuft der Buschbach
Böden: Moselterrassen und Muschelkalk
Anbindung: Nahe der Mosel (ca. 360 m)
Typ: Villa, Typus unbekannt
Chronologie: Keramik 4. Jh.
Befund: Siedlungsstelle mit Estrichresten, Keramik des 4. Jh. n. Chr. und dem Fragment eines ornamentalen Mosaiks. Dieses ca. 0,50 x 0,45 m große Stück besteht aus weißen, grauen und schwarzen Tesselae und zeigt ein perspektivisches Würfelmuster.
Lit.: TrZ 15, 1940, 70; CAL 27, 1977, 28 Nr. 241 ;Hoffmann/Hupe/Goethert 1999, 193 Kat. 210.

138. Pickließem „Herresborn"
Kreis: Bitburg-Prüm
Landschaft: Bitburger Gutland
Höhe: 335 m ü. N.N.
Topographie: In einer Talsohle direkt neben dem Langebach
Geologie: Muschelkalk
Anbindung: Ca. 8 km zum Vicus Bitburg
Typ: Villa, Typus unbekannt

Befund: Bei einer Bachregulierung angeschnittene Siedlungsstelle mit Keramik, Estrich und bemaltem Wandputz. Ein ca. 18 m langer Mauerzug verlief in nordwestlicher Richtung entlang des Langebachs. An diesen stießen mehrere Mauerreste an.
Lit.: TrZ 14, 1939, 246; Krausse 2006, Kat. 804.

139. Pickließem „Hofkammer" („In den Hecken")
Kreis: Bitburg-Prüm
Landschaft: Bitburger Gutland
Höhe: 345 m ü. N.N.
Topographie: Auf flachem Südwesthang nahe des Langebachs
Geologie: Muschelkalk
Anbindung: Ca. 8 km bis zum Vicus Bitburg
Typ: Risalitvilla
Datierung: 2.–4. Jh.
Befund: Seit Beginn des 20. Jh. bekannte Siedlungsstelle, bei der es sich möglicherweise um eine luxuriös ausgestattete Villa handelte. 1913 wurden Teile des Gebäudes zerstört, eine Besichtigung des damaligen Provinzialmuseums ist im Jahresbericht von 1914 erwähnt, dort werden Kalkestrich, Sandsteinplatten, Dachziegel und bemalter Wandputz beschrieben. Herr Comes aus Pickließem legte dem RLM Trier wiederholt Streufunde der Stelle vor, darunter weiße Marmorplättchen, Eisenfunde und Keramik des 2.–4. Jh. n. Chr. Er veröffentlichte auch Funde in den Beiträgen zur Geschichte des Bitburger Landes (dort unter Siedlung II). Weitere Fundstellen im Gelände deuten auf Nebengebäude hin. Durch Abgehen des Geländes und Kartierung der Fundstellen gelang Herrn Comes die Rekonstruktion des Hauptgebäudes als große Risalitvilla, deren Trümmerfeld eine Fläche von ca. 80 x 25 m einnimmt.

Zwei Luftbilder der Anlage, die Herr Dr. Credner dem RLM Trier lieferte, zeigen das langrechteckige Hauptgebäude und einen weiteren Bau im Typ Risalitvilla, der in einem 90 Grad-Winkel vor dem Hauptgebäude liegt. Möglicherweise handelt es sich hier um zwei Wohnbauten, wie dies auch in Meckel „Scheiwelsheck" *(Kat.-Nr. 99)* der Fall ist.
Abb.: Tafel 37, Abb. 75–76.
Lit.: Trierer Jahresberichte 7, 1914, 17; Steinhausen 1932, 257–258 (2); TrZ 18, 1949, 322–323; TrZ 49, 1986, 388; E. Comes, Römische Spuren in Pickließem, in: Beiträge zur Geschichte des Bitburger Landes 35/36, 1999, 51–52, dort Siedlung II; TrZ 65, 2002, 296; TrZ 67/68, 2004/05, 383; Krausse 2006, Kat. 805.

140. Pölich „Ortslage"
Kreis: Trier-Saarburg
Landschaft: Mittleres Moseltal
Höhe: 135 m ü. N.N.
Topographie: Auf Osthang westlich der Mosel
Geologie: Fluviatile Ablagerungen und Hunsrückschiefer
Anbindung: Nahe der Mosel (ca. 400 m) und der Straße von Trier nach Bingen (auf der gegenüberliegenden Moselseite)
Typ: Großvilla
Datierung: 2.–Ende 4. Jh.

Befund: Mehrere Siedlungsstellen im Ortszentrum von Pölich weisen auf eine einst luxuriös ausgestattete Villa. Bereits im 19. Jh. konnten immer wieder Teile eines Bades freigelegt werden, die im Verlauf durch unsachgemäße Behandlung Schaden erlitten. Zu den im Bereich des Bades gemachten Funden gehören ein großes verziertes Wasserbecken aus Kalkstein (vgl. TrZ 6, 1931, 186, 191–192) und eine Marmorstatuette einer Fortuna (vgl. Binsfeld/Goethert/Schwinden 1988, 46, Kat. 77; Faust 2007). Weitere Siedlungsreste wurden 1930 südlich der Kirche gefunden, darunter mehrere Mauerzüge mit Resten von Wandputz und eine Wasserleitung, die zu einem Qanat führt. Dieser konnte Anfang der 1990er Jahre auf einer Länge von ca. 50 m freigelegt werden. Er belieferte mehrere Standorte: die Villa im Ortszentrum und wahrscheinlich eine weitere in der Flur „Kamper Kehr" (vgl. Kremer 2001). Ein Grundriss des relativ kleinen, jedoch äußerst luxuriösen Bades wurde erstmals 1940 von Koethe vorgestellt. Die Böden und Wände der Becken waren mit Opus-sectile-Böden aus Marmorplatten verschiedener Sorten ausgelegt; die Wände trugen Reste von Wandmalerei. Südlich an das Bad anschließend konnten Reste einer Portikusmauer dokumentiert werden. Dies lässt sich mit dem Grundriss der Villa Longuich „Im Päsch" *(Kat.–Nr. 95)* vergleichen, in der sich das Bad ebenfalls in einem Seitenflügel befand, dem sich ein Innenhof anschloss. Demnach könnte es sich in Pölich um einen ähnlichen symmetrisch angelegten Gesamtaufbau handeln. Auch hier konnten Spuren einer Vorgängerbebauung dokumentiert werden. Nur wenige Fundstücke geben Hinweise auf eine Datierung. Gilles (1990, 116) und van Ossel (1992, 267) schreiben lediglich, dass das Material eine Belegung des Bades vom 2. bis in die zweite Hälfte des 4. Jh. n. Chr. datiert.

Abb.: Tafel 38, Abb. 77.

Lit: Bonner Jahrbücher 108, 1902, 359, 361; Trierer Jahresberichte 2, 1909, 16; Trierer Jahresberichte 3, 1910, 12; Germania 14, 1930, 252; TrZ 5, 1930, 156; TrZ 6, 1931, 186, 191–192; E. Krüger, Zu dem Wasserbecken aus der römischen Villa, in: Trierer Zeitschrift 7, 1932, 89–99; Germania 17, 1933, 60; Koethe 1940, 83–86; TrZ 24/26, 1956/58, 599; Binsfeld/Goethert/Schwinden 1988, 46, Kat. 77; Cüppers 1990, 524–525; K.-J. Gilles, Die römische Villa und Wasserleitung von Pölich. Kreis Trier-Saarburg, Jahrbuch 1990, 113–121; TrZ 55, 1992, 425; van Ossel 1992, 267; Hoffmann/Hupe/Goethert 1999, 193–194, Kat. 211; B. Kremer, Antike Wassergewinnung an der Mosel. Der römische Qanat von Pölich, in: Trierer Zeitschrift 61, 2001, 127–142; Krausse 2006, Kat. 1447; S. Faust, Statuette der Fortuna, in: Demandt/Engemann 2007, CD-ROM I. 13.36.

141. Reil „Oleb"

Kreis: Bernkastel-Wittlich
Landschaft: Mittleres Moseltal
Höhe: 135 m ü. N.N.
Topographie: Auf leichtem Südosthang nördlich der Alf
Geologie: Hunsrückschiefer, fluviatile Ablagerungen
Anbindung: Durch das Alftal und eine Abkürzung über den Reiler Hals an die Mosel (ca. 2,2 km) angebunden
Typ: Risalitvilla
Datierung: Mitte 2. Jh.–ca. 353 n. Chr.
Befund: Die Villa von Reil wurde bereits 1967 durch Herrn Johann Wendling aus Reil dem RLM Trier als Siedlungsstelle gemeldet und in den darauf folgenden Jahren immer wieder von ihm und Herrn Radke aus Kinderbeuren beobachtet. Dieser meldete dem RLM Trier den

Bau einer Ferngasleitung, durch den die römische Bausubstanz zerstört zu werden drohte. Bei einer zehntägigen Notgrabung konnten die akut gefährdeten Teile des Hauptgebäudes freigelegt, dokumentiert und ein Münzschatz der Zeit um 353 n. Chr. im Frigidarium des Bades entdeckt werden.

Das Hauptgebäude im Typ Risalitvilla hatte eine Ausdehnung von ca. 25 x 20 m und wurde von seiner Entstehung in der Mitte des 2. Jh. n. Chr. bis zu seiner Zerstörung Mitte des 4. Jh. n. Chr. mindestens dreimal umgebaut und erweitert. Untersucht wurde eine Fläche von 10 x 8 m im Südwesten, der Rest des Gebäudes zeichnete sich im Gelände ab. Dicht nordöstlich neben dem Nordrisalit lag ein ca. 5 m breites Nebengebäude. Weitere dieser Art konnten nicht festgestellt werden. Einen Hinweis auf Eisenverhüttung geben Eisenschlacken und Mantelreste eines Eisenschmelzofens, die in der Südecke der Halle *4* gefunden wurden. Eine Datierung des Befunds und eine Aussage über das Verhüttungsvolumen sind nicht möglich.

In einer ersten Phase, die um die Mitte des 2. Jh. n. Chr. entstand, verfügte das Hauptgebäude über einen großen Zentralraum *4*, eine Portikus *2* und Eckrisaliten im Südwesten *1* und Nordosten *3*. In Periode II fällt eine Erweiterung des Südwestflügels mit dem in dieser Phase großen Raum *5/6*. Eine Datierung dieser Maßnahmen ist durch die Befundsituation nicht möglich. Besser datieren lässt sich Periode III, in der das Bad eingebaut wurde. Dafür teilte man Raum *5* durch eine Mauer und errichtete im neu entstandenen Raum *6* eine Hypokaustenheizung, die von einem Präfurnium im Zentralraum *4* beheizt wurde. In Raum *7* befand sich ein Frigidarium mit Wasserbecken, welches über einen Kanal in Raum *8* abgelassen werden konnte, der wahrscheinlich als Latrine diente. Während die Keramik des restlichen Gebäudes vorwiegend aus dem 2. und 3. Jh. n. Chr. datierte, stammt diejenige aus dem Badebereich nur aus der ersten Hälfte des 4. Jh. n. Chr., weshalb Gilles eine Entstehung des Bades zu dieser Zeit annimmt. Eine 5–7 cm dicke Brandschicht mit zahlreichen Nägeln, Fensterglas, den Scherben eines Gefäßes im Typ Alzey und einem Münzhort von über 517 spätrömischen Bronzemünzen im Bereich des Frigidariums weist auf die Zerstörung des Gebäudes in der Mitte des 4. Jh. n. Chr. hin.

Der von Gilles ausführlich publizierte Münzfund beinhaltet Münzen aus der Zeit von Gallienus (260/268 n. Chr.) bis Magnentius (350/353 n. Chr.). Dieser Zeithorizont mit der Schlussmünze von 353 n. Chr. ist ähnlich vergleichbaren Münzhortfunden im Gebiet, beispielsweise in Bengel „Reudelheck" *(Kat.–Nr. 10)*, Lösnich „Hinterwald" *(Kat.–Nr. 94)* und ein Fund in Traben-Trarbach (vgl. ausführlich Gilles 1980/81, 326–338).

Abb.: Tafel 38, Abb. 78.

Lit.: TrZ 33, 1970, 270; TrZ 37, 1974, 286; K.-J. Gilles, Ein weiterer Münzschatz der Mitte des 4. Jahrhunderts aus dem unteren Alftal, in: Trierer Zeitschrift 43/44, 1980/81, 317–339; TrZ 49, 1986, 388; van Ossel 1992, 267–268; Krausse 2006, Kat. 219.

142. Reinsfeld „Lösterchen"

Kreis: Trier-Saarburg

Landschaft: Hunsrückhochfläche

Höhe: 508 m ü. N.N.

Topographie: Am nördlichen Rande der Quellmulde des Staffelbornbaches

Geologie: Hunsrückschiefer

Anbindung: Nahe der Straße von Trier nach Straßburg

Typ: Villa, Typus unbekannt
Datierung: Keramik 1./2. Jh. n. Chr.
Befund: Von Eiden 1970 beschriebene Siedlungsstelle, von der 1970 Streufunde aufgelesen wurden, darunter Keramik des 2. Jh. n. Chr. Unweit von der Stelle fand man den Grabstein des Vectimarus (vgl. CIL XIII, 4242). 1985 las der Privatmann Herr K.-H. Bonert Keramik, Bruchsteine und Ziegel des 1./2. Jh. n. Chr. auf (vgl. TrZ 52, 1989, 471).
Lit.: CIL XIII, 4242; Eiden 1970, Kat. 6; TrZ 52, 1989, 471.

143. Riol „Ortslage"
Kreis: Trier-Saarburg
Landschaft: Mittleres Moseltal
Höhe: 128 m ü. N.N.
Topographie: Auf flachem Nordhang südlich der Mosel
Geologie: Moselterrassen, fluviatile Ablagerungen und Hunsrückschiefer
Anbindung: Nahe der Mosel (ca. 500 m)
Typ: Villa, Typus unbekannt
Datierung: Münzfunde Diocletian und Constantin I.
Befund: Von Steinhausen 1932 beschriebene Fundstellen im Ortskern von Riol. Östlich der Kirche wurden im 19. Jh. Teile der Villa angeschnitten und dabei Hypokausten, ein Wasserleitungsrohr aus Blei, eine weiße Marmorplatte und Münzen dokumentiert. Eine weitere Siedlungsstelle im Ortskern („Mädchenschule") enthielt Mauerwerk und einen Kanal. Architekturelemente befinden sich auf dem Kirchengelände.
Lit.: Steinhausen 1932, 265 (1).

144. Rittersdorf „Im Daufels"
Kreis: Bitburg-Prüm
Landschaft: Bitburger Gutland
Höhe: 284 m ü. N.N.
Topographie: Auf Westhang oberhalb der Nims
Geologie: Muschelkalk
Anbindung: Nahe der Nims und dem Vicus Bitburg (ca. 3,5 km)
Typ: Villa, Typus unbekannt
Datierung: Münzfund Crispina (180/183 n. Chr.)
Befund: Von Steinhausen 1932 beschriebene Siedlungsstelle, von der beim Bau einer Scheune 1910 Fundamentmauerwerk mit festem Kalkmörtel und Hypokausten dokumentiert wurden. Bereits 1870 grub man von der Stelle schwere behauene Sandsteine aus. Von hier stammt ein Münzfund von 1983, ein Sesterz der Crispina (RIC 672).
Lit.: Steinhausen 1932, 266 (2); TrZ 50, 1987, 411; Krausse 2006, Kat. 824.

145. Rivenich „Freiland"
Kreis: Bernkastel-Wittlich
Landschaft: Wittlicher Senke
Höhe: 146 m ü. N.N.
Topographie: Auf Osthang oberhalb der Salm
Geologie: Buntsandstein und fluviatile Ablagerungen
Anbindung: Nahe der Straße von Trier nach Koblenz (ca. 0,6 km)
Typ: Villa, Typus unbekannt
Befund: Siedlungsstelle, die 1942 partiell freigelegt und dokumentiert wurde. Es handelt sich um acht zusammenhängende Räume, die sich an beiden Seiten einer ca. 19 m langen und 0,75 m breiten Schiefermauer entlangziehen. Die Estrichböden waren teilweise noch erhalten. Auf einem Fußboden lag eine dünne Brandschicht. Von der Fundstelle stammen Keramik und Kleinfunde, die vom Ortslehrer König gesammelt wurden, darunter Marmor, Ziegelbrocken und Eisennägel. Glasschlacke und geschmolzenes Blei können Hinweise auf die dort vorgenommene häusliche Produktion geben.
Lit.: TrZ 15, 1940, 68; TrZ 18, 1949, 323–324; Krausse 2006, Kat. 222.

146. Riveris „Auf der Rei"
Kreis: Trier-Saarburg
Landschaft: Saar-Ruwer-Hunsrück
Höhe: 211 m ü. N.N.
Topographie: Im Tal des Riverisbaches auf flachem Nordosthang
Geologie: Fluviatile Ablagerungen und Hunsrückschiefer
Typ: Villa, Typus unbekannt
Datierung: 2./3. Jh.
Befund: Siedlungsstelle, von der Keramik des 2. und 3. Jh. n. Chr. stammt sowie Fensterglas und ein 67 cm langes eisernes Pflugmesser.
Lit.: TrZ 14, 1939, 247.

147. Schleidweiler-Rodt „Auf der First" („Ringmauer")
Kreis: Trier-Saarburg
Landschaft: Bitburger Gutland
Höhe: 346 m ü. N.N.
Topographie: Auf einem nach Südwesten orientierten Sporn oberhalb des Schleidweiler Bachs
Geologie: Buntsandstein und Muschelkalk
Anbindung: Nahe der Kyll (ca. 1,5 km)
Typ: Villa, Typus unbekannt
Datierung: 2.–Mitte 4. Jh.
Befund: Reste einer Siedlungsstelle, deren Mauerzüge bei einer Grabung des Lehrers Dietz 1922 partiell freigelegt wurden (auf ca. 15,0 x 8,50 m), mit Keramik des 4. Jh. n. Chr. In einer Grube fand sich Keramik des 2. Jh. n. Chr. Unter dem Boden des Hauses lag ein Münzhortfund mit 120 Bronzemünzen aus der Zeit um 350 n. Chr.

Lit.: Bonner Jahrbücher 128, 1923, 152, 155; Steinhausen 1932, 285–286 (6); K.-J. Gilles, Ein weiterer Münzschatz der Mitte des 4. Jahrhunderts aus dem unteren Alftal, in: Trierer Zeitschrift 43/44, 1980/81, 317–339, hier 336–337; K.-J. Gilles, Spätrömische Höhensiedlungen in Eifel und Hunsrück. Trierer Zeitschrift, Beiheft 7 (Trier 1985), 235; Krausse 2006, Kat. 1571.

148. Schleidweiler-Rodt „Beim Achenbäumchen"

Kreis: Trier-Saarburg
Landschaft: Bitburger Gutland
Höhe: 338 m ü. N.N.
Topographie: Auf einem Nordwesthang oberhalb des Schleidweiler Bachs
Geologie: Muschelkalk und Buntsandstein
Anbindung: Nahe der Kyll (ca. 2 km)
Typ: Innenhofhaus mit Portikusreihe
Chronologie: 1.–Ende 4. Jh. n. Chr.
Befund: 1903 in einer Notgrabung freigelegtes Hauptgebäude einer Villa. Weitere Siedlungsstellen befinden sich in unmittelbarer Nähe (vgl. Steinhausen 1932, 284–285). Ca. 8,50 m nördlich des Hauses konnte der Teil einer Umfassungsmauer nachgewiesen werden. Das Hauptgebäude von 38,10 x 20,10 m Größe fällt durch seine im Trierer Land typologisch einmalige Form auf.

Es handelte sich um einen rechteckigen untergliederten Innenraum, der von einer kompletten Raumreihe umschlossen wird. Der Innenbereich bestand im Westen aus den Räumen *18, 18a* und *18b* sowie im Osten aus *15–17*. Möglicherweise war *18* ursprünglich ein Innenhof oder ein kleines Atrium. Emil Krüger wollte sich aufgrund des schlechten Erhaltungszustands nicht festlegen (vgl. Krüger 1905, 38).

Östlich des zentralen Innenbereichs befand sich eine Raumreihe, die beheizbare Wohnräume und das Bad enthielt. Dieses gliederte sich in ein Caldarium (*1*, beheizbar von Raum *7*), ein Frigidarium (*2a* und *2* mit Becken *3*) und ein Tepidarium (*4* und *4a*). Südlich anschließend lagen die Räume *5* und *6*, letzterer war beheizbar. Im Süden, Westen und Norden umschloss eine schmalere, teilweise unterteilte Raumreihe den Innenbereich, so dass insgesamt ein geschlossener Baukörper entstand. Das Gebäude verfügte über keine Eckrisaliten, eine Portikus ist ebenfalls nicht nachgewiesen. Zu den Funden gehörten zwei verschiedene Säulenbasen und eine Säulentrommel, deren Fundlage jedoch nicht dokumentiert wurde. Die Säulen können entweder einem angenommenen Atrium zugewiesen werden oder einer außen verlaufenden Portikus. Wahrscheinlich handelte es sich bei der Villa Schleidweiler typologisch um eine Portikusvilla ohne Eckrisaliten oder um ein einfaches Innenhofhaus mit einer Portikusreihe.[11]

Das Fundmaterial datiert vom 1. bis in die zweite Hälfte des 4. Jh. n. Chr., darunter Keramik, Eisenfunde und ein Kleinerz Valentinians I. (vgl. Krüger 1905, 34–35). Eine Brandschicht deutet auf das gewaltsame Ende der Villa Ende des 4. oder möglicherweise zu Beginn des 5. n. Chr. Jh. Ebenfalls aus nachrömischer Zeit könnten Schlackenfunde sein, die auf dem Gelände der Villa gemacht wurden (vgl. Steinhausen 1926, 55).
Abb.: Tafel 38, Abb. 79.

---

11 Vgl. F. Reutti, Villa, in: Reallexikon der Germanischen Altertumskunde (Berlin 2006), 382–385 mit Abb. 81,1 und 82,9–10.

Lit.: E. Krüger, Römische Villa bei Schleidweiler, in: Jahresberichte der Gesellschaft für nützliche Forschungen Trier 1900–1905 (Trier 1905), 31–39; J. Steinhausen, Alte Eisenschmelzen in der Südeifel, in: Trierer Zeitschrift 1, 1926, 49–63, hier 55; Steinhausen 1932, 284–285 (4); Koethe 1940, 88–89; van Ossel 1992, 279; Krausse 2006, Kat. 1572.

149. Schweich „Heidenkopf"
Kreis: Trier-Saarburg
Landschaft: Mittleres Moseltal
Höhe: 220 m ü. N.N.
Topographie: Auf einer leichten Kuppe oberhalb mehrerer Quellmulden
Geologie: Oberems (Schiefer) und Schwemmlöss
Anbindung: Nahe der Straße von Trier nach Koblenz
Typ: Villa, Typus unbekannt
Datierung: Keramik 3./4. Jh.; Münzfunde 4. Jh.
Befund: Von Steinhausen 1932 beschriebene ausgedehnte Siedlungsstelle mit Mauerresten, Ziegeln und Keramik, die durch einen Kanal mit der Quelle des ca. 1 km entfernt gelegenen Niederborn verbunden war. Herr Lang aus Hetzerath legte dem RLM Trier Funde des 3. und 4. Jh. n. Chr. vor, darunter einen Sesterz für Diva Faustina I., einen Follis des Constans (RIC 188), eine Siliqua des Julian II (RIC 364), einen Zaumzeugbeschlag und das Bronzefragment möglicherweise einer Glocke. Auf einem im Archiv des RLM Trier vorliegenden Luftbild der Fundstelle aus dem Jahr 2003 sind Baustrukturen der Villa zu erkennen.
Lit.: Steinhausen 1932, 287 (2); TrZ 67/68, 2004/05, 385–386.

150. Schweich „Hofgarten"
Kreis: Trier-Saarburg
Landschaft: Mosel
Höhe: 140 m ü. N.N.
Topographie: Auf flachem Südwesthang östlich des Föhrenbaches
Geologie: Moselterrassen und fluviatile Ablagerungen
Anbindung: Nahe der Straße von Trier nach Koblenz und der Mosel (ca. 800 m)
Typ: Großvilla
Datierung: Mosaiken des 3. und 4. Jh.
Befund: Mehrere Fundstellen im Bereich der Kirche, des Friedhofs und des anschließenden Distrikts „Im Hofgarten" sowie Funde luxuriöser Innenausstattung und Mosaike lassen auf eine prächtig ausgestattete Großvilla schließen. Die Funde des 19. und frühen 20. Jh. sind nicht dokumentiert worden, so dass sich über die Beschaffenheit der Anlage keine Rückschlüsse ziehen lassen. Einzig die Mosaike ermöglichen eine relative Datierung der Villa.

Steinhausen 1932 überliefert Marmorreste einer Innenausstattung, Mosaike und in den Feldern nordöstlich von „Hofgarten" eine zur Villa führende Wasserleitung eines mit Sandsteinen gemauerten Kanals. Die Mosaike können unterteilt werden in diejenigen des 4. Jh. n. Chr., welche im 18. Jh. im Bereich der Kirche gefunden wurden, und dem bekannten „Venusmosaik", das 1924 bei Erweiterungsarbeiten des Friedhofs entdeckt wurde und im anschließenden Jahr nach Trier gelangte.

Zu den ornamentalen Mosaiken gehören: Ein Fragment, gefunden 1824, das anschließend möglicherweise teilweise oder vollständig ergänzt wurde. Eine Datierung ist aus diesem Grund ungewiss, am ehesten entstand der Boden im 4. Jh. n. Chr. (vgl. Hoffmann/Hupe/Goethert 1999, 194, Kat. 212). Ein weiteres Fragment, gefunden auf dem Gelände der Kirche, das in die zweite Hälfte des 4. Jh. datiert (vgl. Hoffmann/Hupe/Goethert 1999, 194–195, Kat. 213). Ein verschollenes Fragment, gefunden auf dem Gelände der Kirche, das in die erste Hälfte des 4. Jh. n. Chr. datiert (vgl. Hoffmann/Hupe/Goethert 1999, 195, Kat. 214). Das figürliche Mosaik mit dem Motiv der „Venus in der Muschel" wurde bei der Erweiterung des Friedhofs 1924 entdeckt. Aufgrund seiner halbrunden Form gehörte es ursprünglich in einen Apsidensaal; entstanden ist es in der ersten Hälfte des 3. Jh. n. Chr.

Diese Beobachtungen geben nur einen kleinen Ausschnitt einer relativen Chronologie wieder. Rückschlüsse auf Bauphasen, Zerstörungen oder Neubauten können nicht gemacht werden.

Lit.: Trierer Jahresberichte 13, 1923, 87–88; Bonner Jahrbücher 130, 1925, 348; Steinhausen 1932, 287 (1); van Ossel 1992, 269–270; Hoffmann/Hupe/Goethert 1999, 194–196 mit weiterer Literatur zu den Mosaiken; Krausse 2006, Kat. 1487.

151. Schwirzheim „Ortslage"

Kreis: Bitburg-Prüm
Landschaft: Kalkeifel
Höhe: 498 m ü. N.N.
Topographie: Auf leichtem Südhang oberhalb zweier Quellmulden
Geologie: Devon
Anbindung: Nahe dem vermuteten Vicus Ausava (vgl. Steiner 1930, 93 mit Identifikation der Ortschaft Oos, dagegen Krausse 2006, 279 mit Identifikation der Ortschaft Büdesheim)
Typ: Risalitvilla
Datierung: 2.–Mitte 4. Jh.
Befund: Hauptgebäude einer Villa im Typ „Portikusvilla mit Eckrisaliten", das im Jahr 1930 zunächst von Laien, anschließend durch das damalige Provinzialmuseum Trier freigelegt wurde. Aufgrund Geldmangels musste sich die Kampagne auf die Ausgrabung des jüngsten Grundrisses beschränken, obwohl ältere Bauperioden festgestellt wurden. Die Ergebnisse publizierte P. Steiner 1930 in der Trierer Zeitschrift.

Das 40,5 x 25,0 m große Hauptgebäude wies mehrere Bauphasen auf. Unter der Portikus *3* konnten Reste eines älteren Baus mit Keller nachgewiesen werden. Im Westen und Osten lagen die Eckrisaliten *2* und *4*, von denen der östliche (*4*) größer gewesen zu sein scheint. Die Mauerreste konnten aufgrund der Grundstücksgrenze nicht weiterverfolgt werden. Den Mittelpunkt des Gebäudes bildete der typische Zentralraum *6* mit einer Größe von 17,8 x 11,0 m. Nachträglich ergänzt wurde die große Kammer *14* im Nordosten. Zwischen ihr und dem östlichen Eckrisalit lag der große Raum *5*. Im nördlichen rückwärtigen Bereich lag ein Keller *13* mit einer Querverbindung zu einem in Raum *6* liegenden Präfurnium. Im Westen verfügte der Bau über das nachträglich integrierte Bad, dessen Caldarium *12* durch das erwähnte Präfurnium geheizt wurde. Da ein eigenständiges Tepidarium fehlt, ging P. Steiner davon aus, dass das Caldarium durch eine Tubuliwand getrennt sein konnte, so dass beide Einheiten in *12* untergebracht waren. Südlich anschließend befand sich direkt das Frigidarium mit Kaltwasserwanne. Raum *10* war ein Korridor und Apodyterium, eventuell mit Latrine, da das Wasser des Beckens über den westlichen Teil des Raumes abgeleitet wurde. Die herausstehenden Räume *8* und *9* sind in ihrer Bestimmung unklar. Raum *7*, der laut Steiner noch zur älteren Phase gehörte, war mit einem Boden aus Ziegelplatten ausgelegt, jedoch nicht beheizbar. Einzigartig scheint eine Laube zu sein, die an den Westflügel des Baus integriert wurde (*1*). Diese war auf drei Seiten geöffnet und verfügte im Norden über eine Apsis. An Fundmaterial ist landwirtschaftliches Gerät dokumentiert, darunter ein Jagdspeer, ein Hufschuh und eine Kelle. Zur Inneneinrichtung gehörte grünes Fensterglas und Wandputz mit Resten von Malerei. Bemerkenswert sind die Fragmente mehrerer Stuckleisten mit ornamentalen und figürlichen Motiven.

Nach P. Steiner (1930, 97) wurde der Bau 275 n. Chr. zerstört, wieder errichtet und bis zum Ende des 4. Jh. n. Chr. weiter genutzt. Diese Datierung stützt er jedoch nur auf nicht weiter beschriebene Keramik und die Beobachtungen eines Vorgängerbaus. An dieser Chronologie zweifelte P. van Ossel aufgrund der vagen Aussagen. Er konnte im RLM Trier eine kurze Durchsicht des Fundmaterials vornehmen und kommt zu dem Schluss, dass die Villa im 2. Jh. n. Chr. errichtet wurde und bis in die Mitte des 4. Jh. n. Chr. Bestand hatte. Hinweise auf eine Zerstörung im 3. Jh. n. Chr. konnte er nicht finden. Dies würde bedeuten, dass es eine ältere Phase gab, die möglicherweise 275 n. Chr. zerstört wurde. Ob sich die Einbauten und Ergänzungen jedoch mit diesem Datum in Verbindung bringen lassen, muss spekulativ bleiben.

Abb.: Tafel 38, Abb. 80.
Lit.: Germania 14, 1930, 110, 253; P. Steiner, Römische Baureste in Schwirzheim, in: Trierer Zeitschrift 5, 1930, 93–98; TrZ 6, 1931, 177; Koethe 1940, 89; van Ossel 1992, 270; Krausse 2006, Kat. 873.

152. Spangdahlem „Breitenacker" („Villa Pickließem")
Kreis: Bitburg-Prüm
Landschaft: Bitburger Gutland
Höhe: 325 m ü. N.N.
Topographie: Auf Südhang nahe dem Weilerbach
Geologie: Muschelkalk
Anbindung: Ca. 10 km bis zum Vicus Bitburg
Typ: Portikusvilla mit Eckrisaliten
Datierung: 1. Jh. v. Chr.–3./4. Jh. n. Chr.
Befund: Große Villa, die in der Mitte des 19. Jh. unter schlechten Zuständen partiell freigelegt wurde. Dabei räumte ein Gutsbesitzer die ihm hinderlichen Mauerreste weg, unterstützt vom damaligen Landrat Thilmany und der Gesellschaft für nützliche Forschungen Trier. Das Hauptgebäude hatte demnach beträchtliche Ausmaße von über 100 m Länge. Steinhausen 1932 konnte sich bei einer Beschreibung nur noch auf Archivalien der Gesellschaft stützen. Demnach wurden 1846 sechs bis acht große Räume der Anlage ausgegraben, die über Hypokausten verfügten. Des Weiteren sind Badeanlagen, Sandsteinsäulen und Mosaikreste erwähnt. Da keine Dokumentation vorgenommen wurde, kann nur noch darüber spekuliert werden, dass es sich bei dem Herrenhaus um eine lang gestreckte Anlage, ähnlich der in Oberweis „Auf der Steinrausch" *(Kat.–Nr. 131)* handelte. Weiterhin bei Steinhausen erwähnt sind 50 Münzen, darunter zwei republikanische Denare. Krausse 2006 vermutet, dass diese auf den Beginn der Anlage in frührömischer Zeit hindeuten, unklar bleibt deren Ende. Laut

Krausse gehört zu der Villa auch die Fundstelle „Auf Brühl" in Pickließem (Krausse 2006, Kat. 800), die sich durch Oberflächenfunde wie Dachziegeln und Scherben auszeichnet. Auch eine Treppe soll 1936 gefunden worden sein. Aufgrund der Nähe zur Villa Spangdahlem vermutet Krausse, dass es sich um ein Nebengebäude gehandelt haben könnte.
Lit.: Steinhausen 1932, 293–294 (1); TrZ 24–26, 1956–58, 609–610; Krausse 2006, Kat. 895; zur Fundstelle Pickließem „Auf Brühl": TrZ 18, 1949, 322–323; Krausse 2006, Kat. 800.

153. Stahl „Häselberg" („Hammerwies")
Kreis: Bitburg-Prüm
Landschaft: Bitburger Gutland
Höhe: 274 m ü. N.N.
Topographie: Auf einer Südterrasse nordwestlich der Nims
Geologie: Muschelkalk
Anbindung: Nahe dem Vicus Bitburg (ca. 1,5 km)
Typ: Risalitvilla
Datierung: 1.–3. Jh. n. Chr.
Befund: Gräberfeld ab 2. Jahrzehnt v. Chr.–ca. Mitte 2. Jh. n. Chr.
Herrenhaus einer Villa im Typ Risalitvilla. Die Villa in Stahl spielt hauptsächlich forschungsgeschichtlich eine Rolle, da sie von F. Oelmann in einem wegweisenden Aufsatz behandelt wurde (vgl. Oelmann 1921). Am Beispiel Stahl und durch den Vergleich mit anderen Standorten konnte Oelmann nachweisen, dass es sich bei den zentralen Räumen der Risalitvillen nicht um einen Hof oder gar ein Atrium handelte, wie dies aufgrund von Vergleichen mit italischen Vorbildern die ältere Forschung tat, sondern um geschlossene Räume. Noch E. aus'm Weerth, der die Villa nach ihrer Ausgrabung in einem Vorbericht 1878 veröffentlichte, wollte sich diesbezüglich nicht festlegen (vgl. aus'm Weerth 1878, 3).

Bei dem Herrengebäude, das über eine Größe von 34 x 23 m verfügt, handelte es sich um eine einfache Risalitvilla mit Portikus, der nach Ausweis von F. Oelmann in weiteren Anbauten ein Bad und zusätzliche Räume angefügt wurden. Wann dies geschah und in welchem Ablauf, kann aufgrund der schlechten Überlieferung nicht mehr rekonstruiert werden. Das Zentrum bildete der unterteilte Zentralraum (*12* und *13*), dem eine teilweise unterkellerte Portikus *2* vorgelagert war. Diese wurde von den beiden Eckrisaliten *1* und *3* umrahmt. Auffällig ist, dass diese frei standen und nicht wie bei den meisten anderen Fällen mit den Quermauern des Zentralraumes korrespondierten. In einer wahrscheinlich späteren Phase baute man an die östliche Querseite von Raum *13* das Bad, bestehend aus einem Frigidarium mit Wanne *6*, einem Caldarium *4*, einem Tepidarium *5* und einer Latrine *7*. Diese konnte über einen Flur vom Apodyterium *8* erreicht werden. Raum *9* diente als Eingang (Vestibül), da er sich über seine gesamte Breite nach außen hin öffnete. Laut Oelmann entstanden auch die Räume *10* und *11* in einer späteren Phase. Neben- oder Wirtschaftsgebäude konnten nicht nachgewiesen werden. Das Fundmaterial stammt hauptsächlich aus dem 1. und 2. Jh. n. Chr. Eine Münze des Gallienus weist auf eine Besiedlung Mitte des 3. Jh. n. Chr. hin. Aus dem Befund und der Publikationslage lassen sich keine weiteren chronologischen Anhaltspunkte erschließen.

Zur Villa gehörte ein ca. 300 m nordwestlich gelegenes Gräberfeld auf der Flur „Oberstgeich", dessen Fundmaterial in augusteischer Zeit beginnt und bis in die Mitte des 2. Jh. n. Chr. reicht (vgl. Steinhausen 1932, 308 mit älterer Literatur).

Abb.: *Tafel 39, Abb. 81.*
Lit.: E. aus'm Weerth, Kleine römische Villa bei Stahl im Kreise Bitburg, in: Bonner Jahrbücher 62, 1878, 1–7; F. Oelmann, Die Villa rustica bei Stahl und Verwandtes, in: Germania 5, 1921, 64–73; Steinhausen 1932, 307–308 (1); H.-P. Kuhnen, Archäologische Fundstellenerfassung („Listenerfassung") und Landesaufnahme. Leistungen und Defizite am Beispiel der römischen Villa Bitburg-Stahl, in: Archäologie in Rheinland-Pfalz (Mainz 2002), 93–95; Krausse 2006, Kat. 334.

154. Traben-Trarbach „Gonzlay"
Kreis: Bernkastel-Wittlich
Landschaft: Mittleres Moseltal
Höhe: 120 m ü. N.N.
Topographie: Auf einem schmalen, hochwasserfreien Streifen zwischen Mosel und dem Steilhang des Wolfer Berges
Geologie: Hunsrückschiefer
Anbindung: Nahe der Mosel
Typ: Villa, Typus unbekannt
Datierung: Münzhort 353 n. Chr.
Befund: Bei Bauarbeiten 1972 entdeckte Villa, von der bei Notgrabungen einige Mauerzüge aus Schieferbruchsteinen durch das RLM Trier freigelegt werden konnten. Auf der Sohle der Trümmer lag eine dünne Brandschicht, die Eisen- und Bronzeteile, Keramik, Glas und ca. 1000 Münzen enthielt. Der ausführlich von W. Binsfeld publizierte Münzhort datiert eine Zerstörung des Gebäudes im Jahr 353 n. Chr.

Im landwirtschaftlichen Aspekt von Interesse sind die Eisenfunde der Zerstörungsschicht, bei denen es sich um diverse Geräte handelte. Dazu gehörten Beschläge, ein Schlüssel, eine Schlosshülse, eine Feile, zwei Beile, eine Hacke, ein Bohrer und eine spitze Tülle (vgl. Binsfeld 1973, 129–130 mit Abb. 2 und 6).
Lit.: W. Binsfeld, Eine Zerstörungsschicht des Jahres 353 in Traben-Trarbach, in: Trierer Zeitschrift 36, 1973, 119–132; TrZ 37, 1974, 288–289; van Ossel 1992, 272–273.

155. Trier-Eitelsbach „Vogelsberg"
Kreis: Trier (kreisfreie Stadt)
Landschaft: Mittleres Moseltal
Höhe: 158 m ü. N.N.
Topographie: Auf Südwesthang, östlich der Ruwer
Geologie: Hunsrückschiefer und fluviatile Ablagerungen
Anbindung: Nahe der Mündung der Ruwer in die Mosel (ca. 1,5 km)
Typ: Villa, Typus unbekannt
Befund: Im Jahr 1900 bei Erweiterungen des Weinberges entdeckte Siedlungsstelle mit Bauresten und Streufunden. Darunter befinden sich bemalter Wandputz, runde Hypokaustziegel und Basen von zwei Halbsäulen aus hellem Sandstein.
Etwas nordöstlich, Flur „Auf der Acht", überliefert Steinhausen 1932 einen ungeteilten Rechteckraum, den er als Wirtschaftsgebäude der Villa interpretiert. Ebenso weitere Baureste südöstlich der Fundstelle.
Lit.: Steinhausen 1932, 93 (1).

156. Trier-Euren „Kirche St. Helena"

Kreis: Trier (kreisfreie Stadt)
Landschaft: Mittleres Moseltal
Höhe: 140 m ü. N.N.
Topographie: Auf leichtem Osthang westlich der Mosel
Geologie: Fluviatile Ablagerungen
Anbindung: Nahe der Mosel (ca. 1,5 km) und Trier (ca. 3 km)
Typ: Großvilla
Datierung: Mosaike um Mitte 4. Jh.
Befund: Seit 1859 (danach 1874, 1905, 1909, 1946 und 1988) wurden im Bereich der Kirche St. Helena in Euren wiederholt Mosaikböden entdeckt, die zu einer spätantiken Großvilla gehörten. Neben den neun bekannten Mosaiken überliefert J. N. von Wilmowsky kannelierte korinthische Säulen und Kapitelle, Mauern und Reste von Wandmalereien (verschollen).

Die Funde ergeben keinen nachvollziehbaren Grundriss des Gebäudes. Das längste Teilstück, immerhin mit einer Größe von ca. 30 x 2,60 m scheint zu einer Portikus oder aufgrund eines Knickes zu einem Peristyl gehört zu haben (Hoffmann/Hupe/Goethert 1999, 172–173 Kat. 166 a und b). Alle Mosaike lassen sich stilistisch in die Mitte des 4. Jh. n. Chr. datieren. Durch Münzfunde kann eine Nutzung der Villa mindestens bis zum Ende des 4. Jh. n. Chr. belegt werden. J. N. von Wilmowsky überliefert eine Zerstörungsschicht, die das Ende markieren soll (vgl. von Wilmowsky 1872/73, 37). Von Wilmowsky möchte auch drei Bauphasen des Gebäudes unterscheiden, von denen die erste aus der Zeit um 100 n. Chr., die zweite aus dem 3. Jh. n. Chr. und die letzte aus der Mitte des 4. Jh. n. Chr. stammen soll. Als Argument bringt von Wilmowsky Münzfunde von Nerva, Antoninus Pius, Geta, der konstantinischen und der valentinianischen Familie (vgl. von Wilmowsky 1872/73, 36). Inwiefern diese Funde auf eine Vorgängerbebauung schließen lassen und welche Form diese hatte, lässt sich heute nicht mehr nachvollziehen. Bei Kanalisationsarbeiten im Jahr 1994 (und folgenden) wurde wiederholt Mauerwerk festgestellt, das zur *pars rustica* der Villa gehört, darunter ein Teil der Umfassungsmauer in ca. 250 m Entfernung (vgl. Faust/Löhr 2005, 144–145).

Lit.: J. N. von Wilmowsky, Über einen römischen Brunnen bei Trier, in: Jahresbericht der Gesellschaft für nützliche Forschungen zu Trier 1854, 55–60; J. N. von Wilmowsky, Archäologische Funde in Euren im Jahr 1859, in: Jahresbericht der Gesellschaft für nützliche Forschungen zu Trier 1872/1873, 35–39; Steinhausen 1932, 100; TrZ 24–26, 1956–58, 416–417; K. Parlasca, Die römischen Mosaiken in Deutschland (Berlin 1959), 53–55 und 68; CAL 19, 1983, 55 Nr. 35; W. Binsfeld, Villa Euren und ihre Mosaike, in: Trier – Kaiserresidenz, 318–319; van Ossel 1992, 239; TrZ 59, 1996, 266; TrZ 61, 1998, 405–407; Hoffmann/Hupe/Goethert 1999, 171–174, Kat.165–172; S. Faust/H. Löhr, Euren, Villa, in: Rheinisches Landesmuseum Trier (Hrsg.), Rettet das archäologische Erbe in Trier. Zweite Denkschrift der Archäologischen Trier-Kommission. Schriftenreihe des Rheinischen Landesmuseums Trier 31 (Trier 2005), 144–146; S. Faust, Villa in Trier Euren (Grabungsfoto und Plan), in: Demandt/Engemann 2007, CD-ROM I.16.13; J. Hupe, Ornamentales Mosaik, in: Demandt/Engemann 2007, CD-ROM I.16.14.; T. Fontaine, Das Trierer Umland im 4. Jahrhundert, in: Demandt/Engemann 2007, 333–341, hier: 338–339.

157. Trierweiler „Auf dem Weiher"

Kreis: Trier-Saarburg
Landschaft: Bitburger Gutland
Höhe: 300 m ü. N.N.
Topographie: Auf leichtem Südwesthang oberhalb der Quellmulde des Trierweilerbaches
Geologie: Buntsandstein und fluviatile Ablagerungen
Anbindung: Nahe der Straße von Trier nach Bitburg und Köln und nahe Trier (ca. 5 km)
Typ: Villa, Typus unbekannt, möglicherweise Großvilla
Datierung: Keramik 3. Jh.
Befund: Von Steinhausen 1932 beschriebene Siedlungsstelle, die auf eine reich ausgestattete Villa deutet. Bei der Stelle handelt es sich demnach um einen ca. 300 m langen Streifen mit den „üblichen Resten" und Keramik des 3. Jh. n. Chr. Steinhausen bezieht sich in seiner Beschreibung auf Quellen des 19. Jh., nach denen sich an der Stelle Marmorplatten, Hypokausten und ein Rohr aus rotem Ton gefunden haben. Wahrscheinlich handelte es sich um das Bad der Villa. Im Jahresbericht der Gesellschaft für nützliche Forschungen zu Trier 1872/73 wird zudem die Auffindung eines Zimmers gemeldet, dessen eine Wand mit Wandmalerei dekoriert war.

Nach Krausse 2006 gehören die Fundstellen „Alte Kirche" und „Im Flürchen" ebenfalls zur Villa. Er deutet sie als Nebengebäude.
Lit.: Jahresbericht der Gesellschaft für nützliche Forschungen zu Trier 1872/73, 1874, 68; Steinhausen 1932, 352 (1b); CAL 19, 1983, 48, Nr. 4; Krausse 2006, Kat. 1494.
Zugehörige Fundstellen: „Alte Kirche": Steinhausen 1932, 352 (1c); CAL 19, 1983, 48, Nr. 4; Krausse 2006, Kat. 1493. „Im Flürchen": Steinhausen 1932, 351 (1a); CAL 19, 1983, 29, Nr. 121; Krausse 2006, Kat. 1496.

158. Trierweiler „In der Hell"

Kreis: Trier-Saarburg
Landschaft: Bitburger Gutland
Höhe: 246 m ü. N.N.
Topographie: Auf flachem Südosthang oberhalb des Trierweilerbaches
Geologie: Buntsandstein
Anbindung: Nahe der Straße von Trier nach Bitburg und Köln und nahe Trier (ca. 7 km)
Typ: Villa, Typus unbekannt
Datierung: Spätes 1.–2. Hälfte 3. Jh. n. Chr.
Befund: Von Steinhausen 1932 beschriebene Siedlungsstelle von ca. 200 m Länge, von der Mauerwerk ausgebrochen wurde. Bei Kanalbauarbeiten 1985 konnte die Stelle partiell vom RLM Trier untersucht werden. Festgestellt wurden eine Gebäudeecke bestehend aus einem Raum *1* und einem Keller (Keller *1*) sowie einige Meter weiter östlich ein Raum *2* mit Präfurnium, an den sich weitere Mauerteile anschließen. Unklar bleibt, ob die beiden Teile zu einem Herrengebäude gehören oder ob es sich um zwei verschiedene Einheiten handelt. Nach Ausweis der Ausgräber war die Villa vom späten 1. Jh. bis in die zweite Hälfte des 3. Jh. n. Chr. besiedelt. Zwei barbarisierte Antoniniane aus den Jahren 270/280 n. Chr. sollen das Ende markieren. Nach Krausse 2006 wurden hangaufwärts weitere Siedlungsspuren entdeckt, bei denen es sich um Nebengebäude handeln könnte.
Abb.: Tafel 39, Abb. 82.

Lit.: Steinhausen 1932, 352–353 (3); CAL 19, 1983, 29, Nr. 134; TrZ 52, 1989, 474–75 (1) mit Abb. 20; Krausse 2006, Kat. 1499.

159. Trierweiler „Keutel"
Kreis: Trier-Saarburg
Landschaft: Bitburger Gutland
Höhe: 362 m ü. N.N.
Topographie: Auf flachem Südosthang in der Quellmulde des Trierweilerbaches
Geologie: Buntsandstein und Muschelkalk
Anbindung: Nahe der Straße von Trier nach Bitburg und Köln und nahe Trier (ca. 4,5 km)
Typ: Villa, Typus unbekannt
Befund: Von Steinhausen 1932 beschriebene Siedlungsstelle, von der im 19. Jh. Mauerwerk ausgebrochen wurde. Zwei Fundmeldungen aus den 1970er Jahren belegen Kalksteine, Brandstellen, Ziegel und Keramik (ohne Datierung) sowie zwei Eisengeräte zur Holzbearbeitung. Es handelt sich um eine gut erhaltene Dechsel und einen Dreifachbohrer (vgl. TrZ 30, 1967, 280 mit Abb. 19).

Laut Krausse 2006 gehört die 200 m südlich gelegene Fundstelle „Im Sauren Driesch" ebenfalls zu der Villa, wahrscheinlich als Nebengebäude.
Lit.: Steinhausen 1932, 352 (1e); TrZ 30, 1967, 280 (2) mit Abb. 19; TrZ 37, 1974, 289–290; CAL 19, 1983, 48, Nr. 1; Krausse 2006, Kat. 1501.
Fundstelle „Im Sauren Driesch": Steinhausen 1932, 352 (1f); TrZ 37, 1974, 289–290; CAL 19, 1983, 48, Nr. 3; Krausse 2006, Kat. 1498.

160. Trierweiler „Langert"
Kreis: Trier-Saarburg
Landschaft: Bitburger Gutland
Höhe: 252 m ü. N.N.
Topographie: Auf flachem Südosthang nördlich des Trierweilerbaches
Geologie: Buntsandstein
Anbindung: Nahe der Straße von Trier nach Bitburg und Köln, unweit der Sauer (ca. 1,5 km) und nahe Trier (ca.7,5 km)
Typ: Rechteckbau
Datierung: Keramik 2./3. Jh.
Befund: Bei Straßenbauarbeiten 1968 entdecktes kleines römisches Gebäude, das in einer Grabung durch das RLM Trier dokumentiert wurde. Der Bau besteht nur aus vier Räumen, einem Zentralraum von 12,50 x 10,0 m Größe, dem ein 3,50 m breiter Vorbau vorgelagert war. Die Deutung als Portikus trifft m. E. nicht zu, da es sich bei dem gesamten Bau um einen sehr einfachen handelt, der auch über keine Eckrisaliten verfügt. Nördlich und südlich sind dem Zentralraum an den Schmalseiten Anbauten angefügt, die dem Gesamtbau eine Größe von 23,50 x 13,50 m geben. Unter den Funden waren ein Rebmesser, Schleifsteine und Keramik des 2. und 3. Jh. n. Chr. Bei dem Bau handelt es sich wohl um die einfachste Form eines kaiserzeitlichen Bauernhauses des Trierer Landes.
Abb.: Tafel 39, Abb. 83.

Lit.: TrZ 30, 1967, 280 (1); TrZ 33, 1970, 273–274 mit Abb. 25; CAL 19, 1983, 19 Nr. 133; Krausse 2006, Kat. 1502.

161. Veldenz „Hauptstraße"
Kreis: Bernkastel-Wittlich
Landschaft: Moselhunsrück
Höhe: 175 m ü. N.N.
Topographie: Auf flachem Gelände nahe dem Veldenzerbach
Geologie: Hunsrückschiefer
Anbindung: Nahe der Mosel
Typ: Villa, Typus unbekannt
Datierung: Mitte 2.–Mitte 4. Jh. Umbau nach der zweiten Hälfte des 3. Jh.
Befund: 1990 im Ortskern von Veldenz entdecktes Bad einer wohl größeren Villa, das 1990 und 1991 durch das RLM Trier ausgegraben und in Teilen zugänglich gemacht wurde (befindet sich im Keller des sog. „Haus des Gastes"). Das Bad kann in zwei Bauphasen unterteilt werden, von denen die erste um die Mitte des 2. Jh. n. Chr. datiert. Zu ihr gehörten Fragmente eines Mosaiks und zwei Badewannen des Frigidariums, eine quadratische von 1,80 x 1,0 m Größe und eine apsidiale mit einem Radius von 1,40 m. Die erste Anlage wurde in der zweiten Hälfte des 3. Jh. n. Chr. zerstört und über ihr ein Neubau errichtet, der in das Ende des 3. oder den Beginn des 4. Jh. n. Chr. fällt. Nach dem Umbau wurde über den Becken die Hypokaustenanlage des Tepidariums und des Caldariums (5,60 x 5,25 m) errichtet. Letzteres war besonders gut erhalten. Aufgrund einer datierbaren Brandschicht konnte das Ende der Anlage in die Zeit kurz nach der Mitte des 4. Jh. n. Chr. datiert werden. Da sich die Fundstelle im Keller eines Gebäudes im Ortskern von Veldenz befindet, kann über die ursprüngliche Ausdehnung der Villa keine Aussage mehr gemacht werden. Außerhalb, im Gartenbereich des „Hauses des Gastes", befanden sich noch die schlecht erhaltenen Teile des Frigidariums aus der zweiten Bauphase.
Lit.: TrZ 56, 1993, 319; K.-J. Gilles, Vorbericht zur neu entdeckten römischen Villa im Ortskern von Veldenz, in: Schloß Veldenz, Festbuch 1992, 70–74; K.-J. Gilles, Die römische Villa im Ortskern von Veldenz, in: Schloß Veldenz Festbuch 1993, 84–88; Hoffmann/Hupe/Goethert 1999, 196–197 Kat. 217; K.-J. Gilles, Veldenz, Römische Badeanlage, in: Denkmäler 2008, 182–183.

162. Vierherrenborn „Dürreich" („Rodung Irsch")
Kreis: Trier-Saarburg
Landschaft: Saar-Ruwer-Hunsrück
Höhe: 418 m ü. N.N.
Topographie: Auf Südosthang oberhalb einer Quellmulde des Ockfener-Baches
Geologie: Hunsrückschiefer
Anbindung: Nahe der Straße von Trier nach Straßburg
Typ: Trapezförmiger Hof; Hauptgebäude: Risalitvilla
Datierung: Erste Bauphase unter späterem Hauptgebäude, Beginn des 2. Jh. n. Chr. Eigentliches Hauptgebäude aus der ersten Hälfte des 3. Jh. n. Chr. Weitere Umbauten im Bereich des Kellers und des Nordwestrisalits.

Befund: Bei der Villa „Dürreich" handelt es sich um die erste komplett erforschte Villa des Trierer Landes. Die Arbeiten wurden 1938 fertig gestellt und als Vorbericht in der Trierer Zeitschrift 14 von 1939 publiziert. Die Villa besaß ein trapezförmiges Hofareal (120 x 75 m) mit vier in den Ecken der Umfassungsmauer gelegenen Nebengebäuden. Drei Nebengebäude sind als Stallungen oder Scheunen anzusprechen. Das vierte, südlich gelegene, verfügte über eine Kanalheizung und kann als Wohnraum betrachtet werden. Drei weitere zur Villa gehörige Neben- oder Wirtschaftsgebäude lagen südwestlich außerhalb des umgrenzten Areals. Eines davon diente als Werkstatt und enthielt einige Eisenfunde, darunter einen Klappstuhl. Ein weiteres diente möglicherweise als Tempel.

Das Hauptgebäude im Typ „Risalitvilla" stand in der Mitte des Hofes. Westlich und östlich an dieses angrenzend lagen je ein eingefasster „Gartenbercich". Das Hauptgebäude besteht aus einer zentralen Halle. Auf der Nordostseite befand sich der Trakt mit Räumen, die von den Ausgräbern als Wohnräume interpretiert wurden, auf der Südwestseite der Badebereich, der über Kanäle entwässert werden konnte. Die Portikus und die Eckrisaliten lagen an der Südostseite. Ein Keller konnte vom zentralen Hauptraum aus erreicht werden.

Im Bereich des Kellers und des Nordwestrisalits lagen Spuren eines Vorgängerbaus oder einer Bauerweiterung, die von den Ausgräbern nicht datiert werden konnte. Zudem befanden sich die Reste eines älteren quadratischen Baus unter der Planierungsschicht der Halle. Zu diesem Bau gehörte eine Herdstelle, die nach Ausweis der Keramik bereits in das beginnende 2. Jh. n. Chr. datiert. Die Risalitvilla der letzten Phase wurde in der ersten Hälfte des 3. Jh. n. Chr. errichtet.

Abb.: Tafel 39, Abb. 84.
Lit.: TrZ 14, 1939, 226, 248–253; W. Binsfeld, Vierherrenborn, in: Westlicher Hunsrück, 286–288; H. Cüppers, Bauernhof Vierherrenborn, in: Römer an Mosel und Saar, 128.

163. Vierherrenborn „In der Kaschenwiesenheck"
Kreis: Trier-Saarburg
Landschaft: Saar-Ruwer-Hunsrück
Höhe: 410 m ü. N.N.
Topographie: Auf Südosthang oberhalb einer Quellmulde des Ockfener-Baches
Geologie: Hunsrückschiefer
Anbindung: Nahe der Straße von Trier nach Straßburg
Typ: Villa, Typus unbekannt
Befund: Siedlungsstelle auf einer vorgelagerten Terrasse, bei der sich die Vierecke von drei getrennt liegenden Gebäuden durch Steinschutt herausheben. Zudem wurden nordöstlich auf einem leicht nach Süden abfallendem Gelände weitere Trümmer in einer Ausdehnung von 40 x 70 m festgestellt.
Lit.: TrZ 24–26, 1956–58, 576.

164. Vierherrenborn „Irscher Siedlung II"
Kreis: Trier-Saarburg
Landschaft: Saar-Ruwer-Hunsrück
Höhe: 468 m ü. N.N.
Topographie: Auf flachem Nordosthang oberhalb zweier Quellmulden von Zuflüssen der Ruwer
Geologie: Hunsrückschiefer
Anbindung: Nahe der Straße von Trier nach Straßburg
Typ: Risalitvilla
Datierung: Keramik des 3. Jh. aus den Schuttresten
Befund: Hauptgebäude vom Typ Risalitvilla mit Maßen 24,30 x 18,90 m. Die Räume gruppierten sich um die zentrale Halle *7*. Das Bad, in dem Umbauten stattfanden, lag auf der Westseite (Räume *2–4*). Raum *6* war die Portikus mit Eingangsbereich. In den Räumen *8* und *9* liegen Störungen aus dem 2. Weltkrieg vor. Über den Räumen viele Reste von Dachschiefer und Wandputz.
Abb.: Tafel 39, Abb. 85.
Lit.: TrZ 24–26, 1956–58, 571–575; W. Binsfeld, Vierherrenborn, in: Westlicher Hunsrück, 289–290.

165. Vierherrenborn „Vorderst Neunhäuser Gewann"
Kreis: Trier-Saarburg
Landschaft: Saar-Ruwer-Hunsrück
Höhe: 447 m ü. N.N.
Topographie: Auf Südwesthang oberhalb der Quellmulde des Heiligenborn-Baches
Geologie: Hunsrückschiefer
Anbindung: Nahe der Straße von Trier nach Straßburg
Typ: Risalitvilla
Datierung: Funde vom frühen 2. Jh. bis in die 2. Hälfte des 3. Jh. n. Chr.
Befund: Risalitvilla mit einem Hauptgebäude von 22,40 x 19,30 m Größe. Dieses bestand aus einem zentralem Raum, einer Portikus, Eckrisaliten und einem nachträglich eingebautem Bad in der Südostecke. Aufgrund der Zeitknappheit konnten bei Grabungen keine weiteren Innenstrukturen erfasst werden.
Abb.: Tafel 39, Abb. 86.
Lit.: TrZ 33, 1970, 275 (2); TrZ 37, 1974, 290–292; W. Binsfeld, Vierherrenborn, in: Westlicher Hunsrück, 290–291.

166. Wallscheid „Auf dem Kirsten"
Kreis: Bernkastel-Wittlich
Landschaft: Moseleifel
Höhe: 433 m ü. N.N.
Topographie: Auf flachem Südosthang nahe der Quellmulde des Dombaches
Geologie: Obersiegen und Vallendarschotter
Typ: Rechteckbau
Datierung: Ende 2.–4. Jh.

Befund: 1936 durch das RLM Trier freigelegtes rechteckiges Gebäude mit je einem langrechteckigen Raum im Nordwesten und im Südosten. Zwischen den beiden Längsräumen befand sich ein mittlerer Raum, der quer in drei Einheiten geteilt war, dessen Unterteilungsmauern jedoch nicht in die Längsmauern einbinden. Die Interpretation dieses Rechteckbaus ist nicht geklärt; vorgeschlagen wurde zuerst ein Heiligtum, wahrscheinlich handelt es sich jedoch um ein einfaches Hauptgebäude oder das Nebengebäude einer Villa, ähnlich den Befunden in Neumagen-Dhron „Im Haasengraben" *(Kat.–Nr. 114)* und Trierweiler „Langert" *(Kat.–Nr. 160)*. Knapp nordwestlich des Baus befanden sich drei Brandgräber mit je einem Krug, die aus der Zeit um 300 n. Chr. datieren.
Lit.: TrZ 11, 1936, 233–234, 237; Krausse 2006, Kat. 248.

167. Wasserliesch „Ortslage"
Kreis: Trier-Saarburg
Landschaft: Mosel-Saar-Gau
Höhe: 135 m ü. N.N.
Topographie: Auf Nordhang südlich der Mosel nahe dem Zusammenfluss von Saar und Mosel
Geologie: Buntsandstein und fluviatile Ablagerungen
Anbindung: Nahe der Mosel (ca. 100 m) und der Straße von Metz nach Trier (ca. 2 km)
Typ: Großvilla
Befund: Auf dem Gelände der alten, in den 1920er Jahren abgerissenen Kirche von Wasserliesch wurden 1856 die Reste einer römischen Villa entdeckt. Eine anschließende Untersuchung durch den Domkapitular J. N. von Wilmowsky ergab Reste eines luxuriös ausgestatteten Bades. Es handelte sich bei diesen Teilen um das Caldarium, bestehend aus einem beheizbaren Raum (3,60 x 3,00 m) und einer Wanne mit Apsis von der Größe 3,30 x 1,65 m. Beide Bereiche waren mit einer reichen Marmorverkleidung ausgestattet, die 1856 noch weitestgehend intakt war. Ebenso überliefert sind rot bemalte Wände mit Stuckgesims sowie ein korinthisches Kapitell aus Kalkstein und ein inzwischen verschollenes Labrum.

Bei Umstrukturierungsmaßnahmen auf dem Gelände des Friedhofs und der ehemaligen Kirche im Jahr 1983 wurden keine konservatorischen Maßnahmen durchgeführt und ein Großteil der Villenstruktur ohne Dokumentation abgetragen (vgl. TrZ 50, 1987, 413–418). Teile des Bades konnten durch das RLM Trier in letzter Minute aufgenommen werden. Ein Anschluß an die Grabungen von Wilmowsky aus dem Jahr 1856 war bislang nicht möglich. Der Befund von 1983 stellte sich folgendermaßen dar: Die Mauerzüge ergaben mindestens zehn Räume, von denen fünf zum Bad gehörten. Im Süden lag ein Caldarium (im Plan *C*), das über zwei kleinere Becken verfügte, die in einem 90 Grad Winkel angeordnet waren. Östlich anschließend befand sich ein hypokaustierter Raum, der über ein Präfurnium beheizt wurde, dessen Bedienungsraum sich südöstlich anschloss. Er diente aller Wahrscheinlichkeit nach als Apodyterium. Nördlich anschließend lag ein Raum, unter dem sich ein gegabelter Wasserkanal befand. Er ist im Plan nicht gekennzeichnet, doch kann es als sicher gelten, dass es sich hierbei um das Frigidarium handelte, dem sich ein großes 3,88 x 3,41 m großes Becken anschloß (im Plan unter *F*). Dessen Bodenbelag bestand aus dunklen Marmor- und hellen Kalksteinplatten. Das Becken wurde ebenfalls über den bereits genannten Kanal entwässert. Dieser verlief zu einem nördlich gelegenen Wasserkanal, der in Richtung Mosel führte. Nordöstlich des Frigidariums lag die Latrine *L*, die durch die Abwässer des Bades gespült wurde.

Eine Datierung der Anlage ist zum momentanen Stand nicht möglich. Vergleichbar in Struktur und Ausstattung ist das Bad der Villa in Wasserliesch mit denjenigen der Villen in Longuich „Im Päsch" *(Kat.-Nr. 95)* und Pölich „Ortslage" *(Kat.-Nr. 140)*, die ebenfalls zu reich ausgestatteten Großvillen gehörten. Es ist demnach anzunehmen, dass es sich bei der Villa in Wasserliesch auch um eine solche handelte.

Abb.: Tafel 40, Abb, 87.

Lit.: Jahresberichte der Gesellschaft für nützliche Forschungen zu Trier 1856, 50; J. N. von Wilmowsky, Das römische Bad zu Wasserliesch, in: Jahresberichte der Gesellschaft für nützliche Forschungen zu Trier 1857, 73–77; Koethe 1940, 90–92; H. Cüppers, Die römische Villa auf dem alten Friedhof, in: Chronik Wasserliesch (Wasserliesch 1975), 21–26; Cüppers 1990, 661; Jahresbericht 1981–1983, in: Trierer Zeitschrift 50, 1987, 413–418; van Ossel 1992, 379, Kat. 480; Löhr/Nortmann 2000, 35–154, 117 Nr. 7; F. Hein, Was geschah mit der römischen Villa Wasserliesch? In: Jahrbuch Kreis Trier-Saarburg 2014 (Trier 2013), 184–191.

168. Waxweiler „Schmelzberg"

Kreis: Bitburg-Prüm

Landschaft: Islek und Ösling

Höhe: 378 m ü. N.N.

Topographie: Auf einem nach Osten vorragenden Sporn westlich oberhalb der Prüm

Geologie: Devon (Klerfschichten)

Anbindung: Nebenstrecken befanden sich beiderseits der Prüm auf den Höhenzügen (vgl. Bienert 2008, 72)

Typ: Risalitvilla

Datierung: 1. Hälfte des 2.–Mitte 4. Jh.

Befund: Bereits seit 1832 bekanntes Hauptgebäude einer Villa, das im Laufe des 19. Jh. wiederholt von Laien ausgeraubt wurde. Zwischen 2003 und 2008 wurde das Gebäude unter der Leitung von Dr. Bernd Bienert wissenschaftlich ausgegraben und publiziert. Aufgrund moderner Überbauungen konnten Teile im Grundriss nur ergänzt werden (im Grundriss mit der Farbe blau gekennzeichnet). Nebengebäude, Reste von Hofmauern oder Zufahrtsstraßen konnten im Gelände nicht entdeckt werden.

Das Hauptgebäude maß 28,8 x 19,9 m und wurde bis auf eine geringfügige Änderung im südlichen Bereich nicht umstrukturiert. Das Zentrum bildete die überdachte Halle *15* mit einer Größe von 11,7 x 9,4 m, deren Dachversturz sich noch vor Ort fand. Ihr war südlich die Raumreihe *11–14* angegliedert. Von diesen war der Südristalit *14* hypokaustiert und wurde über ein Präfurnium in *13* beheizt. Raum *12* diente als Korridor. Im Südwesten befand sich das Bad. Dieses bestand ursprünglich aus einem Caldarium *5a*, das über ein Präfurnium *6* beheizt wurde, einem Tepidarium *7* und einem Frigidarium *8* mit Wanne *9a*. Eine ursprünglich geplante Latrine sollte im Süden an den Baukörper angeschlossen werden (*10a* und *10b*), diese wurde jedoch im Rohbau belassen, zugeschüttet und nicht genutzt. Stattdessen erweiterte man das Caldarium um ein Warmwasserbecken *5b*, das Tepidarium um Raum *7* und legte in *9b* einen neuen Latrinenschacht an.

Der Keller lag im Westen des Hauses (unter *3*). In ihm befanden sich eine Sickergrube, Wandnischen und ein Sandbankett, das als Halterung für Vorratsgefäße diente. Deren Standspuren zeichneten sich im Befund aufgrund von organischer Verunreinigung deutlich ab (vgl. Bienert 2008, 69 Abb. 3). Die Räume *16a* und *16b* bildeten den Küchentrakt, mit einem Ofen in *16b*. Im Norden schlossen sich an die zentrale Halle drei Räume an (*18, 20* und *21*), von denen *18* von Bienert als Speiseraum interpretiert wird (oder der gegenüber liegende Raum *11*). Wiederum nördlich an diese Dreiergruppe lagen der Eckraum *17*, der langgesteckte Raum *19* und der Nordrisalit *22*. Da *19* zu breit für eine Portikus war, nimmt Bienert diese im Osten an und ergänzt hier den Grundriss hypothetisch um die Portikus *23*.

Das Hauptgebäude wies einen gewissen Wohnkomfort auf. Es verfügte über ein Bad, beheizbare Räume, Fensterglas, Bodenestrich und Wandmalereien. Erbaut wurde es in der ersten Hälfte des 2. Jh. n. Chr. Eine Vorgängerbesiedlung konnte nicht nachgewiesen werden. Der Bau hatte Bestand bis in die Mitte des 4. Jh. n. Chr., in der er niedergebrannt und nicht wieder errichtet wurde. Außer der geringfügigen Änderung im Bereich des Bades konnten keine Um- oder Anbauten festgestellt werden.

Abb.: Tafel 40, Abb. 88.
Lit.: Bonner Jahrbücher 25, 1857, 204; TrZ 9, 1934, 145; B. Bienert, Die römische Villa von Waxweiler, Kreis Bitburg-Prüm. Vorbericht über die Grabungskampagne 2002, in: Funde und Ausgrabungen im Bezirk Trier 36, 2004, 46–53; Krausse 2006, Kat. 955; B. Bienert, Die römische Villa von Waxweiler, Eifelkreis Bitburg-Prüm, in: Funde und Ausgrabungen im Bezirk Trier 40, 2008, 63–74.

169. Wederath „Hinterm Klop"
Kreis: Bernkastel-Wittlich
Landschaft: Hunsrückhochfläche
Höhe: 483 m ü. N.N.
Topographie: Auf einer Kuppe eines nach Ostsüdost geneigten Hanges oberhalb des Trabener Baches
Geologie: Hunsrückschiefer
Anbindung: Nahe der Straße von Trier nach Bingen und Mainz und nahe dem Vicus Belginum (ca. 1,5 km)
Typ: Villa, Typus unbekannt
Datierung: Keramik 2./3. Jh.
Befund: Siedlungsstelle, die im Jahr 2006 durch das Institut für Ur- und Frühgeschichte der Universität Leipzig und dem Archäologiepark Belginum prospektiert wurde. Dabei konnten drei größere, räumlich voneinander getrennte Konzentrationen von Schieferblöcken, Ziegeln, Keramik und Dachschiefer ausgemacht werden, die auf ein Haupt- und ein Nebengebäude deuten. Hinzu kamen noch zwei bis drei weitere, weniger auffällige Steinansammlungen im Norden und Nordosten der Fläche. Vorhandene Hypokaustenziegel im Bereich des Hauptgebäudes weisen auf mindestens einen beheizbaren Raum. Die Auswertung der Keramik deutet auf eine Besiedlung im 2. und 3. Jh. n. Chr. hin. Eine Nutzung der Stelle im vierten Jahrhundert ist nicht ausgeschlossen, jedoch aufgrund des fehlenden Materials an der Oberfläche unwahrscheinlich.
Lit.: W.-R. Teegen/R. Cordie/M. Schrickel/D. Lucas/E. Camurri, Prospektion einer Villa rustica bei Wederath, Flur Hinterm Klop (Gemeinde Morbach, Kreis Bernkastel-Wittlich, Rheinland-Pfalz), in: Leipziger online-Beiträge zur Ur- und Frühgeschichtlichen Archäologie 23, 2006, 1–10.

170. Wederath „Kleinicher Berg"
Kreis: Bernkastel-Wittlich
Landschaft: Hunsrückhochfläche
Höhe: 540 m ü. N.N.
Topographie: Auf Südhang oberhalb einer Quellmulde des Trabener Baches
Geologie: Hunsrückschiefer
Anbindung: Nahe der Straße von Trier nach Bingen und Mainz und nahe dem Vicus Belginum (ca. 1,6 km)
Typ: Villa, Typus unbekannt
Datierung: 2.–4. Jh.
Befund: Siedlungsstelle, die im Jahr 2008 durch das Institut für Ur- und Frühgeschichte der Universität Leipzig und dem Archäologiepark Belginum prospektiert wurde. Das Fundmaterial setzte sich aus Dach- und Fußbodenziegeln sowie Keramik des 2. bis 4. Jh. n. Chr. zusammen. Auffällig waren vereinzelte Funde der Hunsrück-Eifel-Kultur, die Hinweise auf eine Besiedlung seit der Mitte des 1. Jahrtausends v. Chr. lieferten.
Lit.: W.-R. Teegen/R. Cordie/M. Schrickel/F. Fleischer/J. König/D. Lukas/J. Frase, Prospektion einer Villa rustica bei Wederath, Flur Kleinicher Berg (Gemeinde Morbach, Kreis Bernkastel-Wittlich, Rheinland-Pfalz), in: Leipziger online-Beiträge zur Ur- und Frühgeschichtlichen Archäologie 31, 2008, 1–18.

171. Wehlen „Ober dem Lieserpfad"
Kreis: Bernkastel-Wittlich
Landschaft: Wittlicher Senke
Höhe: 271 m ü. N.N.
Topographie: Auf einem Osthang westlich oberhalb der Mosel an einer Quellmulde eines Moselzuflusses
Geologie: Hunsrückschiefer
Anbindung: Nahe der Mosel (ca. 1,5 km)
Typ: Villa, Typus unbekannt
Datierung: Mitte 1.–Mitte 4. Jh.
Befund: Bei einer Ausgrabung einer bandkeramischen Siedlung durch das RLM Trier (vgl. TrZ 55, 1992, 384–485) wurden auch Teile einer kleinen römischen Villa mit Haupt- und Nebengebäuden erfasst. Dokumentiert wurden zahlreiche mit Schieferplatten verkeilte Pfostenlöcher von Holzbauten, mehrere Öfen und ein kleiner hypokaustierter Raum im Hauptgebäude. Das Fundmaterial setzt um die Mitte des 1. Jh. n. Chr. ein. Eine prägefrische Münze des Magnentius im Brandschutt des Kellers deutet auf eine gewaltsame Zerstörung in der Mitte des 4. Jh. n. Chr. hin.
Lit.: TrZ 12, 1937, 284; TrZ 50, 1987, 418; TrZ 55, 1992, 384–85; van Ossel 1992, 379, Kat. 481; Krausse 2006, Kat. 44.

172. Wehlen „Ortslage"
Kreis: Bernkastel-Wittlich
Landschaft: Wittlicher Senke
Höhe: 115 m ü. N.N.
Topographie: Direkt westlich der Mosel
Geologie: Hunsrückschiefer und fluviatile Ablagerungen
Anbindung: Nahe der Mosel (ca. 80 m)
Typ: Villa, Typus unbekannt
Datierung: Ziegelstempel 4. Jh. n. Chr.
Befund: Im Bereich der alten Kirche von Wehlen, die auf einer künstlichen Terrasse steht, wurden wiederholt Reste einer römischen Siedlungsstelle gefunden. In der Nähe des Pfarrhauses konnten 1950 Mauerzüge dokumentiert werden, die zu mindestens vier Räumen gehörten (*A*), davon ein beheizbarer mit Hypokausten und ein dazugehöriges Präfurnium. Weiterhin lagen in diesem Bereich Reste von Estrichböden und Wandmalereien. Bei einer weiteren Fundstelle (*B*) zeigte sich ebenfalls Mauerwerk, das fast nur noch im Fundament erhalten war, sowie ein Ziegel mit dem Stempel ADIVTICE und geringe Reste von Estrichböden. Unklar bleibt, ob beide Fundstellen, die ca. 65 m voneinander entfernt liegen, zu einem Gebäude gehörten oder ob es sich um zwei Einheiten handelte.
Lit.: TrZ 24–26, 1956–58, 508–511 (1 und 2); van Ossel 1992, 273; Krausse 2006, Kat. 46.

173. Wehr „Römisch Gebäude" („Sangenrötchen")
Kreis: Trier-Saarburg
Landschaft: Mosel-Saar-Gau
Höhe: 196 m ü. N.N.
Topographie: Auf einem Südwesthang östlich der Mosel
Geologie: Moselterrassen und Muschelkalk
Anbindung: Nahe der Mosel (ca. 200 m)
Typ: Villa, Typus unbekannt
Befund: Bei Anlage eines Weinberges zerstörte Siedlungsstelle, die in einer Notdokumentation vom RLM Trier aufgemessen werden konnte. Danach handelte es sich um einen Bau aus Kalksteinmauern mit einem risalitähnlichen Vorsprung an der Nordwestfassade. An der südwestlichen Front des Hauses wurde eine 17 m lange Flucht von vier Räumen festgestellt.
Lit.: TrZ 30, 1967, 281; CAL 27, 1977, 27 Nr. 232 (mit falscher Literaturangabe: TrZ 50 statt 30).

174. Wehr „Zwischen den Büschen" („Brattenholz")
Kreis: Trier-Saarburg
Landschaft: Mosel-Saar-Gau
Höhe: 202 m ü. N.N.
Topographie: Auf einem Südwesthang nördlich des Hellerbaches, einem Zufluss zur Mosel
Geologie: Muschelkalk
Anbindung: Nahe der Mosel (ca. 600 m)
Typ: Villa, Typus unbekannt
Datierung: Keramikstreufunde: Ende 1.–Mitte 4. Jh. n. Chr., Cententionalis des Valens (367/75 Aquileia, RIC 12b)

Befund: Siedlungsstelle, die auf der Gemeindegrenze zwischen Wehr und Helfant liegt. Auf einer Kuppe von ca. 40 m Durchmesser befindet sich die Fundstelle mit Bausteinen aus Muschelkalk und Rotsandstein, Ziegelbruch, Tierknochen, Mörtel- und Verputzstücken, einem Fragment eines Mahlsteins aus Lava sowie Keramik vom Ende des 1. bis zur Mitte des 4. Jh. n. Chr. Der Streufund eines Cententionalis des Valens könnte auf eine weitere Belegung in der zweiten Hälfte des 4. Jh. n. Chr. hindeuten (vgl. TrZ 67/68, 2994/05, 393).

Lit.: CAL 27, 1977, 27 Nr. 233; TrZ 50, 1987, 402 (unter Helfant); TrZ 67/68, 2004/05, 393.

175. Wellen „Im Bungert"

Kreis: Trier-Saarburg
Landschaft: Mosel-Saar-Gau
Höhe: 157 m ü. N.N.
Topographie: Auf Nordwesthang östlich der Mosel
Geologie: Muschelkalk
Anbindung: Nahe der Mosel (ca. 180 m)
Typ: Risalitvilla
Befund: Die Villa in Wellen wurde 1875 beim Bau einer Eisenbahntrasse entdeckt und freigelegt; eine Publikation der Ergebnisse fand jedoch erst 1940 durch H. Koethe im Rahmen der „Bäder römischer Villen im Trierer Land" statt. Demnach handelte es sich bei der Villa in ihrer ersten Phase um eine einfache Risalitvilla mit Zentralraum und zwei Eckrisaliten, von denen der nördliche unterkellert war. Inwiefern die längsseitige Unterteilung des Zentralraumes und die Raumgruppe östlich zur ersten Bauphase gehören, kann nicht mehr nachvollzogen werden. Das an die südliche Schmalseite des Hauptraumes angebaute Bad entstand nach Koethe erst in einer weiteren Bauphase. Dessen Zentrum bildet ein Caldarium, das über ein Becken in apsidialer Form verfügte (*4*). Ihm schlossen sich ein Frigidarium *1* mit Becken *2* und eine Latrine *3* an. Die Grabungen von 1875 lieferten viele Kleinfunde, von denen die Marmorstatuette eines Satyrs zu den Wichtigsten zählt (vgl. Binsfeld/Goethert/Schwinden 1988). Ebenso weitere Marmor- und Architekturteile, Keramik (unbestimmt), Eisenteile, Knochen, Austern u. a. (vgl. Jahresbericht 1874–1877, 82).

Abb.: Tafel 40, Abb. 89.

Lit.: Jahresbericht der Gesellschaft für nützliche Forschungen zu Trier von 1874–1877, 82; Koethe 1940, 92–94; zur Satyrstatuette: Binsfeld/Goethert/Schwinden 1988, 149–150 Kat. 308.

176. Welschbillig „Auf dem Hellenberg"

Kreis: Trier-Saarburg
Landschaft: Bitburger Gutland
Höhe: 368 m ü. N.N.
Topographie: Auf terrassiertem Südhang nahe einer Quellmulde
Geologie: Muschelkalk
Anbindung: Nahe der Straße von Trier nach Bitburg und Köln (ca. 0,5 km)
Typ: Villa, Typus unbekannt
Datierung: Um 100 n. Chr.–4. Jh. n. Chr.
Befund: Von Steinhausen 1932 beschriebene Siedlungsstelle auf einem terrassierten Südhang, von der wiederholt Mauerreste ausgebrochen wurden. Steinhausen überliefert auch

den Fund von Basaltmühlsteinen und Keramik der Zeit um 100 n. Chr. und des vierten Jahrhunderts.
Lit.: Steinhausen 1932, 368 (10); Krausse 2006, Kat. 1531.

177. Welschbillig „Auf Kirchberg"
Kreis: Trier-Saarburg
Landschaft: Bitburger Gutland
Höhe: 390 m ü. N.N.
Topographie: Auf Südspitze nahe der Quellmulde des Kunkelborns
Geologie: Muschelkalk
Anbindung: Nahe der Straße von Trier nach Bitburg und Köln (ca. 2 km)
Typ: Villa, Typus unbekannt
Datierung: Münzen und Keramik Mitte 1.–Ende 4. Jh. n. Chr.; möglicherweise eisenzeitliche Vorgängersiedlung
Befund: Siedlungsstelle, deren Mauerwerk zu Beginn des 20. Jh. noch bis zu 1,5 m oberirdisch sichtbar war. Steinhausen 1932 beschrieb zwei im Abstand von 10 m parallel verlaufende Mauerzüge, Ansätze von Quermauern, Verputzreste und eine Treppe, die bereits P. Schmitt Mitte des 19. Jh. überlieferte (bei Krausse 2006 fälschlicherweise 1938). Die ganze Siedlungsstelle soll sich auf eine Fläche von ca. 200 x 200 m erstreckt haben. 1931 legten örtliche Landwirte einen hypokaustierten Raum der Größe 5,85 x 2,80 m frei.

Bei einer neuerlichen Begehung der Fundstelle 1980 konnte die Struktur der Siedlung besser eingegrenzt werden. Demnach handelte es sich um eine Villa mit einem Hauptgebäude von ca. 40 x 20 m und mindestens vier Nebengebäuden.

An Fundmaterial sind bereits bei Steinhausen ein Basaltmühlstein, eine Münze des Nero und Keramik des 1., 2. und 4. Jh. n. Chr. überliefert. 1980 fand Herr Loscheider dazu Scherben von Hohl- und Fensterglas, Bronzeblechfragmente, Tubulifragmente, Mühlsteinfragmente, eine Eisenschlacke und Keramik. Diese bestätigte die bereits von Steinhausen gemachten chronologischen Beobachtungen. Zudem fanden sich Scherben handgemachter Keramik, die eisenzeitlich oder frührömisch datieren und auf eine mögliche Vorgängersiedlung hinweisen.
Lit.: Steinhausen 1932, 367–368 (7); TrZ 7, 1932, 172 (8); CAL 14, 1985, 34 Nr. 49; TrZ 49, 1986, 392–393 (1); van Ossel 1992, 379, Kat. 484; Krausse 2006, Kat. 1528.

178. Welschbillig „Knaulöft"
Kreis: Trier-Saarburg
Landschaft: Bitburger Gutland
Höhe: 390 m ü. N.N.
Topographie: Auf flachem Südwesthang nahe zweier Quellmulden
Geologie: Muschelkalk
Anbindung: Nahe der Straße von Trier nach Köln (ca. 2 km)
Typ: Hof: queraxial; Hauptgebäude: Risalitvilla
Datierung: 1.–Ende 4. Jh. n. Chr.
Befund: Queraxialhofvilla, die sich im Luftbild deutlich abzeichnet. Durch eine Bodenstörung im rechten Bildbereich kann leider keine Aussage über den Abschluss der Anlage ge-

macht werden. Diese war auf mindestens drei Seiten von einer Mauer umgeben. Die Nebengebäude gruppierten sich entlang der Mauern und lagen mit diesen im Verbund, ähnlich der Hofanlage von Newel „Im Kessel" (vgl. *Kat.–Nr. 118*). Möglicherweise handelte es sich auch hier um eine queraxiale Anlage, da das größte Gebäude an der oberen Langseite lag. Dieses befand sich jedoch nicht mittig wie in Newel, sondern eher in einer Ecke, da sich der Hofbereich auf der rechten Seite nicht in den Dimensionen der linken Seite weiterzieht. An der linken Kurzseite befand sich ein weiteres Gebäude, das jedoch aufgrund seiner geringen Größe wohl nicht als Hauptgebäude diente.

Die Siedlungsstelle war bereits Steinhausen 1932 bekannt, der mehrere Bodenschwellungen, einen Brunnen und Kleinerze Gratians und Valentinians nennt. Nach einer Überlieferung sollen von der Stelle auch „Wandmalereien und Bodenschmuck" stammen (vgl. Steinhausen 1932). Herr Loscheider sammelte 1980 diverse Kleinfunde, darunter auch Fragmente von bemaltem Wandputz, Münzen und Keramik auf (vgl. TrZ 49, 1986, 393). 1987 überließ Herr Keimburg dem RLM Trier eine Bronzefibel im Typ Riha 5,7 (vgl. TrZ 55, 1992, 436). Die Funde weisen auf eine Besiedlung der Stelle vom 1. bis zum Ende des 4. Jh. n. Chr. hin.
Abb.: Tafel 41, Abb. 90.
Lit.: Steinhausen 1932, 368 (8); CAL 14, 1985, 34 Nr. 44; TrZ 49, 1986, 393 (2); TrZ 55, 1992, 436 (1); van Ossel 1992, 379, Kat. 486; Krausse 2006, Kat. 1537.

179. Welschbillig „Ortslage" („Burg")
Kreis: Trier-Saarburg
Landschaft: Bitburger Gutland
Höhe: 285 m ü. N.N.
Topographie: Auf flachem Gelände westlich des Falzerbaches
Geologie: Muschelkalk
Anbindung: Nahe der Straße von Trier nach Bitburg und Köln (ca. 1,2 km)
Typ: Großvilla
Datierung: Beginn 4.–Beginn 5. Jh.
Forschungsgeschichte: Die Villa liegt unter dem heutigen Dorf Welschbillig und der erzbischöflichen Wasserburg, die das Zentrum der Ortschaft bildet. Bereits 1841 und 1857/58 entdeckte man durch Zufall die ersten Hermen der spätantiken Villa. Ausgegraben wurden 1891/92 Teile des zentralen Hermenbassins und später Gebäudeteile, die vereinzelt bei Bauarbeiten zutage kamen. Welschbillig ist vor allem durch den Fund und die Erforschung der spätantiken Hermengalerie[12] bekannt, doch ist der Standort auch wichtig in Zusammenhang mit der Besiedlung des Trierer Landes im Kontext der Kaiserresidenz in Trier und dem sog. Langmauerbezirk.
Hermenbassin und Hauptgebäude: Von dem Gebäude der Villa ist relativ wenig erhalten geblieben und erforscht worden, doch muss es sich um einen mehrteiligen Komplex gehandelt haben, dessen Mittelpunkt ein 58,30 x 17,80 m großes Bassin (*A*) bildete. Bei diesem handelte es sich um ein langrechteckiges Becken mit drei halbkreisförmigen Ausbuchtungen auf beiden Langseiten. Unterteilt wurde es durch eine in seiner Länge verlaufende Mauer, an deren Enden jeweils Springbrunnen angebracht waren. Umgeben war das Bassin mit einem Steinzaun, der ursprünglich 112 Hermen miteinander verband. Gestört wird der Befund

---
12 Zu den Hermen vgl. Hettner 1893b; Koethe 1935; Wrede 1972 und zuletzt Kähler 2010/11.

durch den mittelalterlichen Burggraben der erzbischöflichen Wasserburg (vgl. Wrede 1972, 14).

An der westlichen Schmalseite des Bassins, in 2,00 m Abstand zu diesem, befand sich ein Gebäude, von dem nur zwei Räume ausgegraben werden konnten. Der 21 x 15 m große und rechteckige Raum *C* liegt mit der nördlichen Schmalseite des Bassins auf einer Achse. Da unter ihm eine Wasserleitung verläuft, wurde er von H. Wrede als Nymphäum gedeutet, wahrscheinlicher ist jedoch eine Nutzung als großes Triklinium, ähnlich dem Saal der Villa in Wittlich „An der Lieser" *(Kat.–Nr. 186).* Ihm schließt sich westlich ein weiterer, 1975 entdeckter, kreuzförmiger Raum *D* der Größe 12 x 12 m an, dessen Funktion unbekannt bleibt.

Auf der gegenüberliegenden Südostseite konnten ebenfalls Baureste nachgewiesen werden. Dazu gehörten Teile eines ornamentalen Mosaikbodens, die bei Straßen- und Kanalbauarbeiten nordwestlich des Bassins aufgedeckt wurden. Da die Mosaikböden und anstoßende Mauern parallel zum Bassin verlaufen, wurden sie als Teil einer Portikus (*B*) gedeutet, die das große Becken zumindest auf einer Seite umgab.

Das eigentliche Hauptgebäude vermutete Wrede im Bereich südwestlich des Bassins und direkt an die Portikus anschließend. Da es sich bei den Beobachtungen um Zufallsfunde und ungenaue Überlieferungen W. Chassot von Florencourts aus dem Jahr 1846 handelt, muss die Verortung des Hauptgebäudes weiterhin als Hypothese gelten.[13]

Datierung: Die Problematik bei der Datierung der Villa Welschbillig entsteht aus der Verknüpfung der begrenzten datierenden Funde der Ausgrabungen, der stilgeschichtlichen Einordnung der Hermen und der Verknüpfung mit dem spätantiken Langmauerbezirk, als dessen Mittelpunkt die Villa gedeutet wird.

Von Bedeutung für die Datierung ist auch die Tatsache, dass die Mosaike, das Bassin und der angrenzende rechteckige Raum gleichzeitig entstanden (vgl. Wrede 1972, 28).

An Funden lieferten die Ausgrabungen Material, das zum einen aus dem Hermenbassin selbst stammt, zum anderen von diversen Fundstellen im Bereich des Dorfes Welschbillig. Felix Hettner konnte bei den Ausgrabungen 1891/92 nachweisen, dass Teile des Gebäudes (*C*) durch einen Brand zerstört, und anschließend wieder errichtet wurden (vgl. Hettner 1893b, 30–31).

Bei einer Kellerausschachtung 150 m nördlich der Nordwestecke des Bassins (Grundstück Ehrmeier) konnte S. Loeschcke einen ähnlichen Befund nachweisen. Die von L. Hussong ausgewertete römische Keramik dieses Bereiches beginnt gegen Ende des 3. Jh. n. Chr. und läuft bis in die Mitte des 5. Jh. n. Chr. Anschließend fand sich in dem Befund „Übergangskeramik" zwischen spätrömischer und fränkischer Zeit (vgl. Steinhausen 1932, 366). Ziegelstempel ADIVTICE und Münzfunde der Zeit Constantins deuten auf eine Bebauung im beginnenden 4. Jh. n. Chr. hin (vgl. Steinhausen 1932, 366 und Wrede 1972, 28).

Die Sohle des Hermenbassins bestand zu Teilen aus Spolien, darunter ein Grabmonument.[14] Ein Gesetz, die *violatio sepulcrorum*, verbot jedoch zwischen 340 und 363 n. Chr.

---

13 Vgl. Chassot von Florencourt 1846, 107 Anm. 1. Dort heißt es, man habe im Garten eines dem Burghof benachbarten Bauernhofes ausgedehnte Substruktionen eines römischen Wohngebäudes mit verschiedenen Gemächern, Heizvorrichtungen, Fußböden aus Estrich, zertrümmertem Mosaik, Wasserleitungen, Kelleranlagen u. a. entdeckt. Diese Entdeckungen lassen sich jedoch nicht mehr genau verorten. Wrede geht davon aus, dass es sich um das Gelände südwestlich des Bassins handelt, vgl. Wrede 1972, 27–28.

14 Fragmentierter Grabstein des Primanius Ursulus (CIL XIII 4121 und Hettner 1893a, 95 Kat. 204), der wahr-

eine Wiederverwendung von Grabsteinen als Spolien (vgl. Wrede 1972, 8–9 mit Anm. 29). Da davon auszugehen ist, dass sich die Erbauer der Villa, die im kaiserlichen Umfeld zu suchen sind, an das Gesetz hielten, kann das Bassin nur vor 340 oder nach 363 n. Chr. erbaut worden sein.

Die Mosaike werden einheitlich in die zweite Hälfte des 4. Jh. n. Chr. datiert (vgl. Hoffmann/Hupe/Goethert 1999, 197 mit weiterer Lit.).

Die Hermen werden inzwischen weitestgehend in die zweite Hälfte des 4. Jh. n. Chr. datiert (vgl. eine Zusammenstellung der Lit. bei Kähler 2010/11, 203–204).

Nach der Zerstörung der Anlage diente das Hermenbassin als Schuttgrube, in der eine Türangel, Frieseteile eines Stuckeierstabs, Ziegel mit dem Stempel ADIVTICE, Dachziegel, Mosaikwürfel aus Goldglas und ein Altar für Lenus Mars deponiert wurden (vgl. Wrede 1972, 20; zum Altar des Lenus Mars CIL XIII 4122).

Im Bereich von Bassin und Raum *C* wurden wiederholt nachantike Benutzungen ausgemacht (vgl. Koethe 1935, 201 und Wrede 1972, 26).

Interpretation: Die Villa Welschbillig wird in der Forschung aufgrund ihrer aufwendigen Ausstattung und der Bedeutung Welschbilligs in fränkischer Zeit oft als kaiserliches Gut oder als Sitz des Verwalters des spätantiken Langmauerbezirkes gesehen (vgl. Wrede 1972, 10–11). Geht man davon aus, dass Villa und Langmauer in einem Zusammenhang stehen, muss die Datierung dementsprechend miteinander verknüpft werden. Nach neueren Erkenntnissen entstand die Langmauer im letzten Drittel des 4. Jh. n. Chr. Karl-Josef Gilles trägt in einem Aufsatz aus dem Jahr 1999 nochmals knapp alle Argumente der Datierung zusammen. Dazu gehören die beiden Bauinschriften und die gefundene Keramik (vgl. Wrede 1972, 5–9 und Gilles 1999, 250–252).

Seit welcher Zeit genau der Ort als Siedlungsstelle genutzt wurde, ist bei momentanem Stand nicht zu klären. Die Vermutung Steinhausens, dass hier eine Vorgängervilla aus dem 2. Jh. n. Chr. stand, kann durch nichts bewiesen werden. Ebenfalls fraglich ist die Vermutung Koethes, dass die Familie des Primanius Ursulus Eigentümer des Anwesens während der mittleren Kaiserzeit gewesen sein könnte. Es kann nämlich nicht mehr nachvollzogen werden, woher dieser Grabstein stammt (vgl. Hettner 1893a, 95 Kat. 204). Die frühesten Hinweise auf eine spätantike Villa stammen aus dem frühen 4. Jh. n. Chr. Nach einem Brand oder einer Zerstörung unbestimmter Zeit (nach Koethe 1935, 236 könnte dies 275 n. Chr. gewesen sein) wurde der Bau im beginnenden 4. Jh. n. Chr. in einer unbekannten Form neu errichtet. Seine endgültige Form mit Hermenbassin, Portikus und Mosaiken entstand im späten 4. Jh. n. Chr., wahrscheinlich während der Regentschaft Valentinians I. Die Ansicht, dass die Villa Welschbillig als kaiserliche Domäne galt, liegt nahe; die außerordentliche Ausstattung spricht für die besondere Stellung. Eine kaiserliche Anwesenheit in den Jahren 367/68 n. Chr., wie sie Koethe und Wrede vermuteten, kann jedoch durch nichts bewiesen werden (vgl. Weber 1973, 557). Die Villa bestand bis in das frühe 5. Jh. n. Chr.; zu dieser Zeit wurde sie zerstört, was sich am Befund der Hermen erkennen lässt. Das Gelände wurde weiterhin in fränkischer Zeit genutzt sowohl das der Villa, wie spätere Einbauten beweisen, als auch der Langmauerbezirk, der in merowingischen Besitz überging (vgl. Wrede 1972, 7–14).

Abb.: *Tafel 41, Abb. 91.*

---

scheinlich aus dem Bassinfundament stammt, und weiterhin ein in drei Platten zersägter Viergötterstein, vgl. Wrede 1972, 18, Anm. 90.

Lit.: W. Chassot von Florencourt, Die Hermen der Gruft zu Welschbillig, in: Bonner Jahrbücher 5/6, 1844, 287–298; W. Chassot von Florencourt, Die Hermen der Gruft zu Welschbillig II, in: Bonner Jahrbücher 8, 1846, 106–108; F. Hettner, Die römischen Steindenkmäler des Provinzialmuseums zu Trier unter Ausschluss der Neumagener Monumente (Trier 1893), 251–282; F. Hettner, Römisches Bassin mit Hermengeländer in Welschbillig, in: Westdeutsche Zeitschrift 12, 1893b, 18–37; Steinhausen 1932 365–367; H. Koethe, Die Hermen von Welschbillig, in: Jahrbuch des Deutschen Archäologischen Instituts 50, 1935, 198–237; H. Wrede, Die spätantike Hermengalerie von Welschbillig, Römisch-Germanische Forschungen 32, (Berlin 1972); W. Weber, Rezension zu: Hennig Wrede, Die spätantike Hermengalerie von Welschbillig, in: Bonner Jahrbücher 173,1973, 557–560; W. Binsfeld, Welschbillig, in: Südwestliche Eifel, 190–195; TrZ 40/41, 1977/78, 443–444 mit Abb. 39; Cüppers 1990 665–667; van Ossel 1992, 277–278; Hoffmann/Hupe/Goethert 1999, 197 198 Kat. 219; Krausse 2006, Kat. 1540; S. Faust, Hermenweiher von Welschbillig (Modell), in Demandt/Engemann 2007, CD-ROM I.16.23.; M. Kähler, Untersuchungen zu den klassischen Vorbildern der spätantiken Hermen von Welschbillig, Kreis Trier-Saarburg, in: Trierer Zeitschrift 73/74, 2010/11, 201–213; S. Seiler, Nachglanz der Spätantike in Welschbillig, in: V. Rupp/H. Birley (Hrsg.), Landleben im römischen Deutschland (Stuttgart 2012), 129–130.

Zur Langmauer: J. Steinhausen, Die Langmauer bei Trier und ihr Bezirk, eine Kaiserdomäne, in: Trierer Zeitschrift 6, 1931, 41–79; K.-J. Gilles, Neuere Untersuchungen an der Langmauer bei Trier, in: Festschrift für Günter Smolla I. Materialien zur Vor- und Frühgeschichte von Hessen 8 (Wiesbaden 1999), 245–258; K.-J. Gilles, Der Langmauerbezirk nördlich von Trier (Karte), in: Demandt/Engemann 2007, CD-ROM I.16.20.

180. Wiersdorf „Im Rang"

Kreis: Bitburg-Prüm
Landschaft: Bitburger Gutland
Höhe: 278 m ü. N.N.
Topographie: Auf Westhang östlich der Prüm
Geologie: Muschelkalk und Buntsandstein
Anbindung: Nahe der Prüm (ca. 400 m) und dem Vicus Bitburg (ca. 7 km)
Typ: Typus unbekannt, möglicherweise Portikusvilla mit Eckrisaliten
Datierung: Frühes 2.–Ende 4. Jh. n. Chr.; Unterbrechung zwischen dem späteren 3. und dem Verlauf des 4. Jh. (vgl. TrZ 35, 1972, 329).
Befund: Im Jahr 1910 durch das damalige Provinzialmuseum partiell ausgegrabenes Herrengebäude einer Villa. Bei dieser ersten Ausgrabung wurde der Westflügel freigelegt, in dem sich das Bad befand. Aus dem Jahr 1931 stammt der Fund eines Mosaikfragments von ca. 0,15 x 0,15 m Größe, das ein polychromes Flechtband trägt. 1970 fanden weitere Grabungen beim Bau einer Hotelanlage statt, bei der die Ergebnisse von 1910 überprüft und erweitert werden konnten; so legte man die Rückseite und Teile des Ostflügels frei. Dennoch blieben die Ausgrabungen unvollständig, eine genaue Beschreibung der komplizierten Bauphasen blieb aus.

Das Hauptgebäude vom Typ Risalitvilla ist mit seiner unerforschten Frontseite nach Süden orientiert. Unter Teilen des Westflügels befinden sich Strukturen eines Vorgängerbaus oder Bades, die nicht weiter präzisiert werden können (im Plan als Phasen *a* und *b* gekennzeichnet). Zu der Vorgängerbebauung unter dem Caldarium *1* gehört ein Keller, der von Osten her aus dem späteren Raum *10* über eine Rampe erreichbar war. Dieses Ensemble muss zu Beginn des 3. Jh. n. Chr. zerstört worden sein, da sich auf der Rampe eine Ascheschicht mit Keramik dieser Zeit befand (vgl. Koethe 1940, 96 mit Anm. 25). Über dem aufgegebenen Keller wurde anschließend das Caldarium *1* errichtet und mit einem Becken im Nordosten versehen. Raum *2* mit seinem apsidialen Abschluß im Osten diente als Tepidarium. Das Frigidarium lag in Raum *3* (ebenfalls mit Becken). Entwässert wurde dieses Becken über die Räume *4* und *5*, die als Latrine dienten. Im Bereich des Bades konnten wiederholt Reste von qualitätvollen Stuckgesimsen, Mosaiken und Wandmalereien entdeckt werden, die auf eine gehobene Ausstattung desselben schließen lassen. Das Bad entstand wahrscheinlich zu Beginn des 3. Jh. n. Chr. über einer älteren Struktur des 2. Jh. n. Chr. Es liegt im Mauerverbund mit der Rückseite des Hauptgebäudes (Räume *10–12*), die demnach auch zu dieser Zeit entstanden sein muss (im Plan Phasen *b* und *c*). Raum *8* gehört zu einem in den Nordwestprovinzen sehr seltenen Typ, der im Grundriss als Oktogon mit vier über Eck angeordneten Apsiden erscheint. Er war mit einer Hypokaustenanlage versehen und diente möglicherweise als Apodyterium. Unter ihm lagen noch die Reste zweier Becken einer Vorgängerphase (vgl. TrZ 35, 1972, 329, Abb. 20 Profil). Teile des Bades wurden nach relativ kurzer Nutzungszeit wieder zerstört. Dies belegt eine Zerstörungsschicht im Caldarium. Über dem Abbruchschutt der Caldariumswanne verlegte man später, als das Bad aufgegeben wurde, einen Estrich. Diese Aufgabe und die erneute Wiederaufnahme der Besiedlung können mit einer Zerstörung in der zweiten Hälfte des 3. Jh. n. Chr. in Zusammenhang gebracht werden. Im Verlauf des 4. Jh. wurde der genannte Estrich verlegt und im Osten ein neues kleineres Bad errichtet, das das zerstörte ältere ersetzen sollte. Dieses aus einem Caldarium *15*, Frigidarium *16/17* und einer Latrine *18* bestehende Bad wurde nicht in das Hauptgebäude integriert, sondern an die Außenmauer herangesetzt.

Diese letzte Besiedlungsphase endete gegen Ende des 4. Jh. n. Chr. Sie zeigt sich durch eine weitere Zerstörungsschicht über dem Estrich des alten Caldariums *1* und durch das Ende der Keramikfunde.

Abb.: Tafel 42, Abb. 92.
Lit.: Koethe 1940, 94–97; W. Binsfeld, Die römische Villa „Im Rang" bei Wiersdorf (Kreis Bitburg-Prüm), in: Kurtrierisches Jahrbuch 11, 1971, 159–162; TrZ 35, 1972, 327–329; van Ossel 1992, 379, Kat. 487; Hoffmann/Hupe/Goethert 1999, 198 Kat. 220; Krausse 2006, Kat. 965.

181. Wiltingen „Kobig" („Mannsköppchen")

Kreis: Trier-Saarburg
Landschaft: Unteres Saartal
Höhe: 171 m ü. N.N.
Topographie: Auf Südosthang westlich der Saar
Geologie: Hunsrückschiefer und fluviatile Ablagerungen
Anbindung: Nahe der Saar (ca. 400 m)
Typ: Großvilla
Datierung: 1. Hälfte 3.–Ende 4. Jh.
Befund: Im Jahr 1854 konnte der Trierer Domkapitular J. N. von Wilmowsky Teile des Hauptgebäudes der Villa vermessen und zeichnen. Dieses wurde zuvor partiell privat durch einen Landbesitzer ausgegraben. J. N. v. Wilmowsky publizierte die Ergebnisse und einen Grundriss 1857; dieser bildet nach wie vor den aktuellen Stand, da die Villa nicht weiter erforscht wurde. Konservatorisch stellt die Villa Kobig ein weiteres schwarzes Kapitel des

Umgangs mit Antiken dar, da ein 1854 gut erhaltenes, qualitätvolles Mosaik nicht geborgen, sondern im Laufe der Zeit zerstört wurde. Zudem wurden weitere Mosaikteile und Bauschutt zu Beginn des 19. Jh. zur Anlage eines Weges benutzt.

Bei dem ausgegrabenen Teil handelt es sich aller Wahrscheinlichkeit nach um den Südflügel des nach Osten ins Saartal orientierten Hauptgebäudes; die Ausdehnung der Anlage muss ursprünglich viel größer gewesen sein. Der ausgegrabene Flügel besteht aus dem Bad (Räume *l–s*) und verschiedenen Wohnräumen. Im Nordosten liegt Raum *a*, der mit einer Apsis im Westen abschließt, die durch zwei vorspringende Lisenen vom restlichen Raum abgetrennt wird. Hier befand sich das durch die Graphiken von J. N. v. Wilmowsky bekannte polychrome und geometrische Bodenmosaik, das in das beginnende 3. Jh. n. Chr. datiert wird (vgl. Hoffmann/Hupe/Goethert 1999, 198–200, Kat. 221). Ihm schließt sich im Süden ein großer quadratischer Saal an, der über eine Hypokaustenanlage verfügte und ebenfalls mit einem Mosaik ausgelegt war, von dem sich noch Reste fanden. Große Teile des Bodens wurden jedoch zur Anlage des oben genannten Weges abgetragen (vgl. Wilmowsky, von 1857, 63). Beheizt wurde der Saal durch ein Präfurnium in Raum *e*, von wo aus auch das Caldarium des Bades *o* bedient wurde. Die Räume *d* und *f* dienten möglicherweise als Flur. Unter Raum *h* verlief eine Wasserleitung, die als als Latrine gedient haben könnte.

Das Bad beginnt mit einem im Südwesten gelegenen Frigidarium *l*, in dessen Apsis ein Becken lag. Diesem folgen in östlicher Reihung zwei weitere Apsidenräume, von denen einer (*n*) wahrscheinlich das Tepidarium war. An diesen schloss sich das bereits genannte Caldarium an. Ein kleiner Rundraum *r*, der über ein Präfurnium *s* beheizt werden konnte, wurde von J. N. v. Wilmowsky als Laconicum gedeutet (dagegen Koethe 1940, 98, der bedenkt, dass der Schwitzraum nicht direkt an das Caldarium angeschlossen war. Eine andere Funktion scheinen Größe und Form jedoch auszuschließen). Die Räume des Bades waren laut Koethe eher von geringer Größe, doch scheint die Ausstattung der Villa recht gehoben gewesen zu sein, wie sich laut v. Wilmowsky in Bezug auf Marmorverkleidung, Wandmalereien, Mosaiken und korinthische Kapitelle verdeutlichen lässt. Von diesen ist aufgrund der nachträglichen Zerstörung des Denkmals nichts mehr erhalten (zu den Zerstörungen vgl. TrZ 7, 1932, 178 und Hoffmann/Hupe/Goethert 1999, 198).

Einen bemerkenswerten Einzelfund stellt der spätantoninisch datierte Kopf einer Göttin mit Diadem und geschwelltem Mantel dar. Dieses Kalksteinfragment wurde 1926 auf dem Gelände der Villa gefunden und könnte Teil eines größeren Grabmonumentes sein oder aus einem der Villa zugehörigen Heiligtum stammen (vgl. TrZ 2, 1927, 201 und Binsfeld/Goethert/Schwinden 1988, 201–202).

Die Datierung der Villa bleibt unklar, da über eine mögliche Vorgängerbebauung oder Bauphasen keine Aussagen mehr gemacht werden können. Die Mosaike stammen aus dem beginnenden 3. Jh. n. Chr. Die bei J. N. von Wilmowsky genannten Münzfunde reichen von Gallienus bis Gratian.

Abb.: Tafel 42, Abb. 93.

Lit.: J. N. v. Wilmowsky, Die Römische Villa bei Wiltingen, in: Jahresbericht der Gesellschaft für nützliche Forschungen zu Trier 1857, 61–68; Trierer Jahresbericht 5, 1912, 26; TrZ 2, 1927, 201; TrZ 7, 1932, 178; Koethe 1940, 97–98; Binsfeld/Goethert/Schwinden 1988, 201–202, Kat. 397A; van Ossel 1992, 379, Kat. 488; Hoffmann/Hupe/Goethert 1999, 198–200, Kat. 221 und 222 (mit weiterer Literatur zu den Mosaiken).

182. Wiltingen „Ohne Standortbezeichnung"
Kreis: Trier-Saarburg
Landschaft: Unteres Saartal
Höhe: 438 m ü. N.N.
Topographie: Auf einer nach Westen vorspringenden Kuppe oberhalb einer Quellmulde
Geologie: Hunsrückschiefer
Anbindung: Nahe der Saar (ca. 3,6 km)
Typ: Risalitvilla
Datierung: Münz- und Keramikfunde 2.–4. Jh.
Befund: Auf einer ca. 50–60 m langen Terrasse gelegene Siedlungsstelle mit Mauerwerk aus Schiefersteinen und Sandsteinen. Die Front des Gebäudes ist deutlich erkennbar nach Westen orientiert. Ebenso scheinen sich die Eckrisaliten im Gelände abzuheben. Dem südwestlichen Risalit ist eine separate Fundstelle vorgelagert.

An Fundmaterial erwähnt der Jahresbericht 2001–2003 Keramik des 3. und 4. Jahrhunderts, Ziegel, einen Mühlstein, Fibelfragmente, das Fragment eines Bronzebeschlags und drei Münzen des 2. Jh. n. Chr. (Hadrian, Faustina I. und Commodus).
Ca. 50–100 m südwestlich des Hauptgebäudes liegen zwei weitere Fundstellen, bei denen es sich um Nebengebäude handeln könnte.
Lit.: TrZ 67/68, 2004/05, 394–395 (1).

183. Wincheringen „Auf der Hardt"
Kreis: Trier-Saarburg
Landschaft: Mosel-Saar-Gau
Höhe: 253 m ü. N.N.
Topographie: Auf einer Nordkuppe oberhalb eines Zuflusses zur Mosel
Geologie: Muschelkalk
Anbindung: Nahe der Mosel (ca. 1 km)
Typ: Villa, Typus unbekannt
Datierung: Mitte 1.–Beginn 3. Jh. n. Chr.
Befund: Siedlungsstelle mit Mauerwerk, von der laut Jahresbericht 1936 fünf Perioden unterschieden werden können. Wie diese sich zueinander verhalten, kann nicht mehr nachvollzogen werden. Das Fundmaterial der Stelle beginnt in der Mitte des 1. Jh. n. Chr. und soll bis in die Zeit um 200 n. Chr. reichen. In einer Planierungsschicht befand sich ein Kalkofen mit spätrömischem Material. Weiterhin überliefert ist der Fund einer Säulentrommel mit einem Durchmesser von 31,5 cm.
Lit.: TrZ 12, 1937, 286; TrZ 13, 1938, 255.

184. Wintersdorf „Ortslage"
Kreis: Trier-Saarburg
Landschaft: Bitburger Gutland
Höhe: 202 m ü. N.N.
Topographie: Auf einem Westhang östlich der Sauer
Geologie: Muschelkalk und fluviatile Ablagerungen

Anbindung: Nahe der Sauer (ca. 500 m)
Typ: Großvilla
Datierung: Ende 1.–Beginn 5. Jh. n. Chr.; Übergang zu fränkischem Hof
Befund: Bei der Villa von Wintersdorf muss es sich um eine große Anlage gehandelt haben. 1843 wurden im östlichen Ortsbereich, nördlich und nordwestlich der Kirche, umfangreiche Baureste gefunden. Von P. Schmitt sind die Fundamente zu neun Räumen, Wandmalereien und Estrich überliefert. 1896 stieß man bei Arbeiten auf das Bad der Villa, welches über eine Marmorverkleidung verfügt haben muss (vgl. Steinhausen 1932, 376). Im Ortskern finden sich wiederholt Mauerreste (vgl. TrZ 40/41, 1977/78, 443 und TrZ 58, 1995, 497), dennoch wurde nie der Versuch unternommen, aus den gegebenen Befunden einen Grundriss zu erstellen. Ein spätantikes, zur Villa gehöriges Gräberfeld lag ca. 200 m südöstlich der Siedlung. Dieses gilt als Beispiel für eine Siedlungskontinuität zwischen spätrömischer und fränkischer Zeit (vgl. Gollub 1977, 164).
Lit.: Steinhausen 1932, 376 (1); TrZ 7, 1932, 179; K. Böhner, Die Besiedlung der südwestlichen Eifel im frühen Mittelalter, in: Südwestliche Eifel 1977, 73–92, hier: 83–85; S. Gollub, Wintersdorf an der Sauer, in: Südwestliche Eifel, 162–166; TrZ 40/41, 1977/78, 443; CAL 14, 1985, 50 Nr. 150; van Ossel 1992, 379, Kat. 492; TrZ 58, 1995, 497; Krausse 2006, Kat. 1481.

185. Wintersdorf „Zinzigbüsch"
Kreis: Trier-Saarburg
Landschaft: Bitburger Gutland
Höhe: 210 m ü. N.N.
Topographie: Auf Nordwesthang südlich des Katzenbaches
Geologie: Muschelkalk
Anbindung: Nahe der Sauer (ca. 800 m)
Typ: Villa, Typus unbekannt
Befund: Reste einer Villa, die durch den Bau einer militärischen Stellung und „Freilegungen" durch Kinder starkt beschädigt wurden. Überliefert sind die Reste eines Bades mit Hypokaust- und Hohlziegeln.
Lit.: TrZ 33, 1970, 279; Krausse 2006, Kat. 1483.

186. Wittlich „An der Lieser"
Kreis: Bernkastel-Wittlich
Landschaft: Wittlicher Senke
Höhe: 165 m ü. N.N.
Topographie: Auf Nordosthang westlich der Lieser
Geologie: Fluviatile Ablagerungen
Anbindung: Nahe der Lieser und der Straße von Trier nach Koblenz
Typ: Großvilla
Datierung: 2.–Mitte 4. Jh.; mögliche latènezeitliche Vorgängersiedlung
Forschungsgeschichte: Seit der Entdeckung 1819 war die Villa Wittlich Gegenstand der Villenforschung. Mehr noch als die Untersuchung des Standortes rückte jedoch das denkmalpflegerische Schicksal in den Mittelpunkt des akademischen und öffentlichen Interesses. Ausgelöst wurde dieses durch den Bau der Autobahn A1 in den Jahren 1972/73, der große

Teile der antiken Bausubstanz zerstörte. K. Goethert und K.-P. Goethert widmeten sich in einem Aufsatz ausführlich der Forschungsgeschichte der Villa Wittlich, weswegen an dieser Stelle darauf verzichtet wird (vgl. Goethert/Goethert 2008).

Wirtschaftshof: Die *pars rustica* konnte bei einigen Neubauten des Wittlicher Gewerbegebiets gefasst werden. Möglicherweise war sie in römischer Zeit durch die Lieser von der *pars urbana* getrennt, wahrscheinlich waren beide Teile jedoch durch eine Brücke verbunden. Bei Grabungen in den 1980er Jahren konnten einige der Wirtschaftsgebäude angeschnitten werden. Dazu gehörten ein 8 x 5 m großes Gebäude mit eingelassenem Becken (3,30 x 2,65 m), das wirtschaftlichen Zwecken diente, und Teile der Hofmauer. Weite Bereiche der *pars rustica* wurden 1987 beim Bau der Filiale einer Firma zerstört, ohne dass zuvor das RLM Trier unterrichtet wurde.

Hauptgebäude: Der dreiflügelige Bau des Herrenhauses orientiert sich an dem Nordosthang, an den es gebaut wurde. Mit seinen Ausmaßen von 140 m Länge und 28 m Breite gehört das Hauptgebäude zu den größten Villen des Trierer Landes. Der Bau bestand aus Flügeln, die in ihrer rückwärtigen Seite mit einem Korridor *10* und in ihrer Schaufront durch einen zweigeschossigen Säulengang miteinander verbunden waren. Zwischen diesen verschiedenen Trakten lagen zwei große Gartenbereiche, *A* und *B*. Durch die Hanglage ergeben sich für die Flügel verschiedene Geländeniveaus. Die im Grundriss zu sehenden Räume sind demnach immer diejenigen, welche sich auf Bodenniveau befanden. Sie sind jedoch durch ein weiteres Stockwerk zu ergänzen, wie sich noch an einigen Stellen im Befund nachvollziehen ließ.

Ein Eingang *57* im Südflügel stand für die Fuhrwerke zur Verfügung. Gleich daneben lag ein Stall, dessen Tränken auf Bildern aus den 1940er Jahren noch dokumentiert sind. Im Stall befand sich ein Steinrost, der sich mit Brettern bedecken ließ. Die beiden großen Exedren des ebenfalls im Erdgeschoss gelegenen Saales *52* bekamen durch ihre halbkreisförmige Rundung eine stützende Funktion und verhinderten dadurch das Abrutschen des Hanges. Die Räume hinter dem Eingangsbereich (*45, 47, 49*) werden von den Ausgräbern als Wohnräume angesehen, die über ein kleines Bad verfügten (*48*). Über eine Flügeltreppe waren die höher gelegenen Räume des ersten Stockwerks erreichbar. Raum *44* wird als Treppenhaus zwischen Erdgeschoss und zweitem Stock gedeutet. Das Ende der Portikus *10* ist durch den Verlauf der Lieser zerstört worden, so dass nicht mehr entschieden werden kann, wie deren Form gebildet war. Entweder schloss sie Kante an Kante mit dem Südflügel ab oder reichte über diesen hinaus, wie in einer neueren Rekonstruktion von K.-P. Goethert vertreten wird (vgl. Goethert/Goethert 2008, 59, Abb. 16c). Raum *41*, zwischen Südflügel und Korridor gelegen, diente als Eingang in Hof *B*. Beide Höfe, die als Gärten angesehen werden können, wiesen keine Säulenstellungen im Inneren auf; es handelt sich demnach nicht um Peristyle. Entlang der angrenzenden Dächer verliefen auf dem Boden mehrere Rinnen, die das Wasser der Gärten über einen Kanal unter dem zentralen Keller *1* in die Lieser leiteten. Ebenfalls in beiden Höfen lagen je zwei Räume zwischen Mitteltrakt und Portikus, von denen je einer mit einer halbkreisförmigen Exedra gestaltet war (*8, 9*). Sie dienten als Gartenpavillons, die über ein Treppenhaus (*7, 8*) mit dem großen Saal *1* verbunden waren. Ein direkter Zugang vom Saal in die Gärten war aufgrund des Höhenunterschiedes nicht möglich.

Den Kern der Villa bildete der Mitteltrakt mit seinem 12,5 x 13,5 m großen und unterkellerten Speisesaal *1*. Der heute noch zu sehende Keller war durch zwei Pfeilerreihen untergliedert, die ein Tonnengewölbe trugen. Durch Berechnung der Scheitelhöhe des Gewölbes konnte K.-P. Goethert eine Höhe von 5,40 Metern ermitteln. Darüber befand sich der repräsentative Saal. Auch seine Höhe konnte aufgrund bautechnischer Überlegungen mit 25 m rekonstruiert werden (vgl. Goethert/Goethert 2008, 60). Der Nordflügel weist als einziger der drei Trakte Umbauten auf. Unter dem sich dort befindlichen Bad wurde eine später überbaute Struktur nachgewiesen, deren Funktion jedoch nicht eindeutig geklärt werden konnte. Ob es sich in der ersten Bauphase bereits um ein Bad handelte und ob die Umbauten mit kriegerischen Zerstörungen in Verbindung gebracht werden können, ist nicht klar. Den Mittelpunkt dieser ersten Phase bildete ein großer oktogonaler Raum *30*, der nicht wieder errichtet wurde und dessen Grundmauern man unter dem späteren Bad beließ. Dem Apodyterium *14* folgte das Frigidarium *15* mit eingelassenem Becken *16*. Nach einem kleinen Übergangsraum *23* folgten das Tepidarium *22* und das Caldarium *21*, wiederum mit einem eingelassenen Becken. Geheizt wurde die Anlage von einem Präfurnium *19*, das sich innerhalb des Badebereiches befand.

Funde: 1987 wurde bei Grabungen im Wirtschaftsbereich in einem Brunnen ein silberner Teller gefunden, der auf seiner Rückseite Ritzungen enthielt, die sich als Namen der jeweiligen Besitzer herausstellten. Die Namen SENECIANI und CIGENI deuten auf keltische Herkunft, die Nennung ARS möglicherweise auf römische *Tria nomina* hin. Ebenso war auf dem Teller das Gewicht des Silbers durch die Zahl XIIII in Denaren (= 47,75 Gramm) genannt. Das Stück gelangte in der zweiten Hälfte des 3. Jahrhunderts mit weiteren Funden in die Verfüllung des Brunnens. Ob es sich bei den genannten Personen um die Gutsbesitzer handeln könnte oder ob hier weitere Personen aus dem Umkreis der Villa, beispielsweise Pächter oder Verwalter, die Besitzer des Tellers waren, muss spekulativ bleiben (vgl. Schwinden 1989).

Datierung: Die Villa von Wittlich entstand im 2. Jahrhundert n. Chr. und war von Beginn an als Großvilla konzipiert. Lediglich im nördlichen Badebereich wurden Umbauten vorgenommen, die auf Veränderungen hindeuten. Durch den Brunnenfund ist davon auszugehen, dass die Villa bei Germaneneinfällen des 3. Jahrhunderts beschädigt, aber dennoch weiter genutzt wurde. Erst um die Mitte des 4. Jahrhunderts gab man das Anwesen endgültig auf. Unklar ist, ob die Villa von Wittlich in einem Zusammenhang mit der spätlatènezeitlichen Grube steht, die unter einem Laufhorizont des 2. Jh. n. Chr. gefunden wurde und neben Keramikfunden ein Mahlsteinfragment aus Mayener Basaltlava enthielt (Krausse 2006, 265).
Abb.: Tafel 42, Abb. 94; Tafel 43, Abb. 95–97.
Lit.: Berichte der Römisch-Germanischen Kommission 1, 1904, 41–42; E. Krüger, Wittlich, in: Westdeutsche Zeitschrift 25, 1906, 459–461; Bonner Jahrbücher 116, 1907, 248–250; Koethe 1940, 98–102; TrZ 16/17, 1941/42, 229–235; R. Schindler, Archäologischer Denkmalschutz und Autobahnbau am Beispiel der Römervilla von Wittlich, in: Kurtrierisches Jahrbuch 13, 1973, 159–167; E. Zahn, Wittlich, in: Südwestliche Eifel, 236–242; L. Schwinden, Ein neugefundener Silberteller mit Graffiti aus der römischen Villa von Wittlich, in: Funde und Ausgrabungen im Bezirk Trier 21, 1989, 19–21; Cüppers 1990 671–672; van Ossel 1992, 279; TrZ 62, 1999, 355–358; Krausse 2006, Kat. 253; K. Goethert/K.-P. Goethert, Die römische Villa von Wittlich. Forschungsgeschichte und Schicksal eines archäologischen Denkmals, in: Funde und Ausgrabungen im Bezirk Trier 40, 2008, 50–64 (mit weiterer Literatur); K.-J. Gilles, Wittlich, in: Denkmäler 2008, 77; S. Seiler, Trauriges Schicksal: Die Palastvilla von Wittlich, in: V. Rupp/H. Birley (Hrsg.), Landleben im römischen Deutschland (Stuttgart 2012), 133–135.

187. Wolsfeld „Im Weiler"
Kreis: Bitburg-Prüm
Landschaft: Bitburger Gutland
Höhe: 243 m ü. N.N.
Topographie: Auf flachem Osthang westlich der Nims
Geologie: Keuper und fluviatile Ablagerungen
Anbindung: Nahe der Nims (ca. 400 m) und dem Vicus Bitburg (ca. 8 km)
Typ: Villa, Typus unbekannt
Datierung: Münzfunde: Ende 4. Jh.
Befund: Verschiedene Reste einer römischen Fundstelle, die seit den 1920er Jahren wiederholt aufgesucht und dokumentiert wurden. Dazu gehören Plattenpflaster, Packlage und Keramik, Mauerzüge und Steintröge. Ebenfalls von den Fundstellen stammen die Fragmente einer toskanischen Säule aus Sandstein. In ca. 1 km Entfernung liegt der gallo-römische Umgangstempel „Im Len" (vgl. Steinhausen 1932, 379). Der Sammler Herr Schmitt, Newel, legte dem RLM Trier Bronzefunde vor, darunter einen Cententionalis (364/378, Gloria Romanorum Typ, vgl. TrZ 64, 2001, 342).
Lit.: TrZ 3, 1928, 184; Steinhausen 1932, 379 (2); TrZ 13, 1938, 252; TrZ 15, 1940, 68; TrZ 24–26, 1956–58, 542; Paul 1994, 219 Kat. VII,9; TrZ 64, 2001, 342; Krausse 2006, Kat. 981.

188. Zemmer „Auf dem Mäuerchen"
Kreis: Tier-Saarburg
Landschaft: Bitburger Gutland
Höhe: 379 m ü. N.N.
Topographie: Auf flachem Nordwesthang nahe der Quellmulde des Grundsgrabens
Geologie: Buntsandstein und Vallendarschotter
Typ: Villa, Typus unbekannt
Datierung: Keramik 2.–frühes 4. Jh.; Münzfunde des Trajan (nicht näher bestimmbarer Dupondius) und des Victorinus (Antoninian Köln 269/271, RIC 114C), vgl. TrZ 52, 1989, 478.
Befund: Von Steinhausen 1932 beschriebene Fundstelle mit Mauerwerk, Ziegelresten und Estrichböden. Bei nicht genehmigten Ausschachtungsarbeiten im Jahr 1984 wurden Mauern und Reste von Becken mit Viertelrundstab zerstört. Herr J. Junkes konnte aus dem Abraum Keramik und Münzen sammeln und dem RLM Trier zur Dokumentation vorlegen.
Lit.: Steinhausen 1932, 381 (1); TrZ 30, 1967, 281 (3); TrZ 52, 1989, 478; Krausse 2006, Kat. 1565.

Fundstellenverzeichnis

Fdst.	Ort	Kreis	Flurbezeichnung	Landschaft	Schmitt (1856)	Steinhausen (1932)	Krausse (2006)	Trierer Zeitschrift (Jahresberichte)
1	Aach	TR	Auf dem Kirchberg	Bitburger Gutland	174	1 (1)	1334	-
2	Aach	TR	Im Bodenstück	Bitburger Gutland	-	3 (6)	1339	-
3	Aach	TR	Im Dal	Bitburger Gutland	175	2 (5)	1340	-
4	Aach	TR	Kuhpeter	Bitburger Gutland	-	3 (7)	1343	-
5	Aach	TR	Minicher Hof	Bitburger Gutland	-	2 (3)	1344	-
6	Alsdorf	BIT	Unter Mayen	Bitburger Gutland	-	5	271	-
7	Arenrath	WIL	Auf der Hicht	Moseleifel	-	6-7 (2)	7	-
8	Arenrath	WIL	Kolberberg	Moseleifel	-	-	9	13, 1938, 252
9	Arenrath	WIL	Mellich	Moseleifel	-	6 (1)	-	-
10	Ayl	TR	Schweinskopf	Unteres Saartal	-	-	-	55, 1992, 403
11	Badem	BIT	Wilberstall	Bitburger Gutland	-	196 (4)	278	-
12	Beilingen	WIL	Eichbüschelchen	Bitburger Gutland	-	11 (1)	280	-
13	Beilingen	WIL	Kuhsteig	Bitburger Gutland	-	11 (2)	281	-
14	Bekond	TR	Auf der Beier	Wittlicher Senke	-	11-12 (1)	1345	-
15	Bengel	WIL	Bengeler Stall	Wittlicher Senke	-	-	18	40/41, 1977/78, 402
16	Bengel	WIL	Kondelwald	Wittlicher Senke	-	-	26	-
17	Bengel	WIL	Langpech	Wittlicher Senke	-	-	27	37, 1974, 276
18	Bengel	WIL	Ortslage	Wittlicher Senke	-	-	28	-
19	Bengel	WIL	Springiersbach	Wittlicher Senke	-	-	31	40/41, 1977/78, 402
20	Bergweiler	WIL	Clausener Weg	Moseleifel	-	13 (1)	33	-
21	Bergweiler	WIL	Moseleifel	Priestert	-	-	-	64, 2001, 334-335 (3); 67/68, 2004/05, 365 (1)
22	Bergweiler	WIL	Mündscheid	Moseleifel	-	13 (2)	35	-
23	Bergweiler	WIL	Weitelberg	Moseleifel	-	-	37	60, 1997, 344
24	Bernkastel-Kues	WIL	Kues Ortslage	Mittleres Moseltal	-	-	38	-
25	Bernkastel-Kues	WIL	Sportplatz	Mittleres Moseltal	-	-	41	54, 1991, 303; 55, 1992, 405; 56, 1993, 301
26	Besslich	TR	Am Aacher Weg	Bitburger Gutland	177	15 (4)	1429	-
27	Besslich	TR	Hasesprung	Bitburger Gutland	177	15 (3)	1431	-
28	Besslich	TR	Kalkesheck	Bitburger Gutland	177	15 (2)	1432	-
29	Besslich	TR	Ortslage	Bitburger Gutland	-	14-15 (1)	1433	40/41, 1977/78, 403
30	Bettenfeld	WIL	Mosenberg	Moseleifel	-	-	50	55, 1992, 408
31	Bettingen	WIL	Höll	Bitburger Gutland	-	16 (1)	287	-
32	Beuren	WIL	ohne Standortbezeichnung	Moselhunsrück	-	-	-	60, 1997, 344

Fdst.	Ort	Kreis	Flurbezeichnung	Landschaft	Schmitt (1856)	Steinhausen (1932)	Krausse (2006)	Trierer Zeitschrift (Jahresberichte)
33	Bickendorf	BIT	Aspelt	Bitburger Gutland	-	-	289	33, 1970, 252
34	Bickendorf	BIT	Hinter Bohsemsgraf	Bitburger Gutland	-	-	290	33, 1970, 252
35	Bickendorf	BIT	Im Tal	Bitburger Gutland	-	-	291	4, 1929, 188; 56, 1993, 301
36	Biebelhausen	TR	ohne Standortbezeichnung	Unteres Saartal	-	-	-	49, 1986, 362
37	Biesdorf	BIT	Auf dem Kiesel	Bitburger Gutland	-	-	296	-
38	Biesdorf	BIT	Südlich Biesdorfer Hang	Ferschweiler Plateau	-	-	299	-
39	Binscheid	BIT	Altburg	Islek und Ösling	-	-	935	-
40	Binsfeld	WIL	Im Herforster Flürchen	Bitburger Gutland	-	24	54	-
41	Binsfeld	WIL	Unterer Wacholderbüsch	Bitburger Gutland	-	23 (1)	56	18, 1949, 322
42	Bitburg	BIT	Burbet	Bitburger Gutland	-	35 (2a)	-	-
43	Bitburg	BIT	Dievesdellchen	Bitburger Gutland	-	40 (3d)	-	-
44	Bitburg	BIT	In den Ruinen	Bitburger Gutland	-	38-39 (3b)	311	-
45	Bitburg	BIT	Vor Betel	Bitburger Gutland	-	38 (3a)	314	-
46	Bitburg-Irsch	BIT	Im freien Feld	Bitburger Gutland	-	142	318	-
47	Bleialf	BIT	Am Lauterbach	Islek und Ösling	-	-	337	-
48	Bollendorf	BIT	Auf Rosch	Ferschweiler Plateau	-	51	341	-
49	Bollendorf	BIT	Diesburger Hof	Ferschweiler Plateau	-	52 (3)	350	27, 1964, 338
50	Bollendorf	BIT	Neudiesburger Hof	Ferschweiler Plateau	-	52 (4)	365	-
51	Bombogen	WIL	ohne Standortbezeichnung	Wittlicher Senke	-	-	258	49, 1986, 394
52	Bonerath	TR	Ober Götzenbühl	Saar-Ruwer- Hunsrück	98	-	-	56, 1993, 301
53	Brauneberg	WIL	Unter Mötschert	Mittleres Moseltal	-	-	57	-
54	Brecht	BIT	Am Messericher Pfad	Bitburger Gutland	-	61 (2)	376	-
55	Brecht	BIT	Hinter der Lay	Bitburger Gutland	-	-	378	13, 1938, 253
56	Breit	WIL	Kretenberg, Auf der Höh	Hunsrückhochfläche	-	-	-	49, 1986, 364 (3)
57	Brimingen	BIT	Auf Stöckelche	Bitburger Gutland	-	64 (2)	381	-
58	Brimingen	BIT	Hufbaum	Bitburger Gutland	-	64	385	-
59	Bruch	WIL	Rüfferscheid	Moseleifel	-	-	63	55, 1992, 408
60	Büdesheim	BIT	Auf den Eschen	Kalkeifel	-	-	387	27, 1964, 274
61	Büdesheim	BIT	Auf den Hirten	Kalkeifel	-	-	389	27, 1964, 274
62	Burbach (Eifel)	BIT	Neustraßburg	Kyllburger Waldeifel	-	-	396	-
63	Burg	WIL	Im alten Garten	Kyllburger Waldeifel	-	67 (2)	156	-
64	Burg	WIL	In der Heeg	Kyllburger Waldeifel	-	-	157	33, 1970, 253; 35, 1972, 307
65	Burg	WIL	Pützchen	Kyllburger Waldeifel	-	67 (1)	158	-
66	Butzweiler	TR	Daumer	Bitburger Gutland	-	-	1437	-

Fundstellenverzeichnis 299

Fdst.	Ort	Kreis	Flurbezeichnung	Landschaft	Schmitt (1856)	Steinhausen (1932)	Krausse (2006)	Trierer Zeitschrift (Jahresberichte)
67	Butzweiler	TR	Gericht	Bitburger Gutland	-	-	1438	-
68	Dackscheid	BIT	ohne Standortbezeichnung	Bitburger Gutland	-	-	397	52, 1989, 456
69	Dahlem	BIT	Auf dem Gebranntem	Bitburger Gutland	-	73	401	2, 1927, 198
70	Dierfeld	WIL	Gut Dierfeld	Moseleifel	-	-	64	-
71	Dittlingen	TR	Ortslage	Mosel-Saar-Gau	-	?	-	64, 2001, 336
72	Dodenburg	WIL	Im Borefeld	Moseleifel	-	76 (2)	66	-
73	Dodenburg	WIL	In der Schlak	Moseleifel	-	76 (1)	67	-
74	Dörbach	WIL	Bungert	Wittlicher Senke	-	77 (3)	226	-
75	Dörbach	WIL	Geißberg	Wittlicher Senke	-	77 (2)	227	-
76	Dörbach	WIL	Mäuerchen	Wittlicher Senke	-	77 (1)	230	-
77	Dreis	WIL	Ortslage	Wittlicher Senke	-	78	70	-
78	Dudeldorf	BIT	Hanfgarten	Bitburger Gutland	-	79-80 (2)	418	-
79	Echternacherbrück	BIT	Auf Schimelter Hof	Bitburger Gutland	-	82 (1)	428	6, 1931, 185-186
80	Eckfeld	WIL	Forst	Moseleifel	-	-	77	16/17, 1941/42, 227
81	Ehlenz	BIT	Bärfels	Bitburger Gutland	-	-	435	33, 1970, 254
82	Eisenach	BIT	Am Sauborn	Bitburger Gutland	-	91 (3)	436	-
83	Eisenach	BIT	Auf Brombaum	Bitburger Gutland	-	91 (2)	437	-
84	Eisenach	BIT	Auf Seidelstein	Bitburger Gutland	143	91 (4)	438	-
85	Eisenach	BIT	Bei der Kirche	Bitburger Gutland	143	91 (1)	439	-
86	Eisenach	BIT	Unterm Esseborn	Bitburger Gutland	-	-	446	59, 1996, 236
87	Eisenach	BIT	Vogelheidchen	Bitburger Gutland	-	-	447	50, 1987, 400; 58, 1995, 489-490
88	Ellwerath	BIT	Breitenfeldt	Kalkeifel	-	-	842	12, 1937, 283
89	Enkirch	WIL	Verbandsgemeindewald	Mittleres Moseltal	-	-	-	35, 1972, 307 (1): 40/41, 1977/78, 407 (3)
90	Ensch	TR	Alte Burg	Mittleres Moseltal	210	94 (3)	1346	15, 1940, 69; 18, 1949, 325; 33, 1970, 255; 35, 1972, 307; 49, 1986, 366
91	Enzen	BIT	Am Blauberg	Bitburger Gutland	-	-	448	-
92	Erden	WIL	Im Dellert	Mittleres Moseltal	-	-	85	-
93	Erlenbach	TR	Altburg	Wittlicher Senke	-	95	-	-
94	Ernzen	BIT	Querbach	Ferschweiler Plateau	-	-	458	35, 1972, 308; 37, 1974, 278
95	Ernzen	BIT	Sieben Stellchen	Ferschweiler Plateau	-	96 (2)	464	35, 1972, 308
96	Ernzen	BIT	Südlich Felsenweiher	Ferschweiler Plateau	-	-	450	-
97	Ernzen	BIT	Türkenkopf	Ferschweiler Plateau	-	-	466	37, 1974, 262
98	Eßlingen	BIT	Am Messeweg	Bitburger Gutland	-	99 (1)	470	-
99	Eßlingen	BIT	Am Schankborn	Bitburger Gutland	-	99 (2)	471	-

300 Fundstellenverzeichnis

Fdst.	Ort	Kreis	Flurbezeichnung	Landschaft	Schmitt (1856)	Steinhausen (1932)	Krausse (2006)	Trierer Zeitschrift (Jahresberichte)
100	Euscheid	BIT	Hofswald	Islek und Ösling	-	-	476	-
101	Fell	TR	Auf der Ley	Mittleres Moseltal	-	102 (1)	-	-
102	Fell	TR	Unterste Kreuzwiese	Mittleres Moseltal	103	102 (3)	-	-
103	Fellerich	TR	Friedhof	Mosel-Saar-Gau	-	-	-	67/68, 2004/05, 369
104	Ferschweiler	BIT	Großbüsch	Ferschweiler Plateau	-	107 (5)	479	3, 1928, 184; 55, 1992, 411
105	Ferschweiler	BIT	Hinter dem Büsch	Ferschweiler Plateau	-	-	482	55, 1992, 411
106	Ferschweiler	BIT	Junkerbüsch	Ferschweiler Plateau	-	107 (4)	485	64, 2001, 302 (3)
107	Ferschweiler	BIT	Krompebüsch	Ferschweiler Plateau	-	106 (1)	486	-
108	Ferschweiler	BIT	Östlich Großbüsch	Ferschweiler Plateau	-	-	480	55, 1992, 411
109	Ferschweiler	BIT	Rommerscheid	Ferschweiler Plateau	-	106 (3)	490	-
110	Filzen	TR	Maulborn	Unteres Saartal	-	-	-	11, 1936, 234
111	Fisch	TR	Auf der First	Mosel-Saar-Gau	-	-	-	64, 2001, 337 (1); 67/68, 2004/05, 370 (1)
112	Fleringen	BIT	Auf Bettingen	Kalkeifel	-	-	497	55, 1992, 365, 411
113	Fließem	BIT	Friedhof	Bitburger Gutland	-	-	501	5, 1930, 162; 13, 1938, 252
114	Föhren	TR	Große Tesch	Wittlicher Senke	-	109	1349	35, 1972, 308; 55, 1992, 412
115	Franzenheim	TR	Auf Käs	Saar-Ruwer- Hunsrück	-	-	-	56, 1993, 302 (1); 64, 2001, 337
116	Freilingen	BIT	Held	Bitburger Gutland	-	110	752	-
117	Geichlingen	BIT	Kloosbüsch	Islek und Ösling	-	111	504	-
118	Geisfeld	TR	ohne Standortbezeichnung	Hunsrückhochfläche	5	-	-	-
119	Gentingen	BIT	Am oberen Hahnenkopf	Bitburger Gutland	-	112-113	506	-
120	Gilzem	BIT	ohne Standortbezeichnung	Bitburger Gutland	144	113 (1)	510	-
121	Gindorf	BIT	Großenbüsch	Bitburger Gutland	-	-	518	58, 1995, 490; 59, 1996, 236-237
122	Gipperath	WIL	Sportplatz	Moseleifel	-	-	87	55, 1992, 412
123	Gladbach	WIL	Am oberen Haupel	Moseleifel	-	114	88	33, 1970, 256
124	Godendorf	TR	Auf Wilkeschfeld	Bitburger Gutland	-	115-116 (2)	1453	-
125	Godendorf	TR	Horst	Bitburger Gutland	-	116 (3)	1455	-
126	Gondorf	BIT	Goldmauer	Bitburger Gutland	-	116	520	18, 1949, 322
127	Greimerath	TR	Rundhasselweg	Hoch- und Idarwald	-	-	-	40/41, 1977/78, 410
128	Grewenich	TR	Meringen Garten	Bitburger Gutland	127	117-118	1395	-
129	Grewenich	TR	Teimat	Bitburger Gutland	-	117-118	1396	-
130	Gusenburg	TR	Auf der Hostert	Hunsrückhochfläche	23	-	-	-
131	Gusenburg	TR	Auf der Langenwandt	Hunsrückhochfläche	23	-	-	-
132	Gusenburg	TR	Ehrendomp	Hunsrückhochfläche	23	-	-	-
133	Gusenburg	TR	Heinkelt	Hunsrückhochfläche	-	-	-	18, 1949, 325

Fundstellenverzeichnis 301

Fdst.	Ort	Kreis	Flurbezeichnung	Landschaft	Schmitt (1856)	Steinhausen (1932)	Krausse (2006)	Trierer Zeitschrift (Jahresberichte)
134	Gusenburg	TR	Hillenburg	Hunsrückhochfläche	23	-	-	-
135	Gusenburg	TR	Hinter dem Pergwald	Hunsrückhochfläche	23	-	-	-
136	Gusenburg	TR	Höfchen	Hunsrückhochfläche	20	-	-	18, 1949, 325
137	Gusterath	TR	Auf Kastert	Saar-Ruwer- Hunsrück		-	-	50, 1987, 402 (1); 59, 1996, 237.
138	Gusterath	TR	Beim Dorbaum	Saar-Ruwer- Hunsrück		-	-	50, 1987, 402 (2); 61, 1998, 396.
139	Halsdorf	BIT	Auf Himmerich	Bitburger Gutland	-	118	525	-
140	Heckenmünster	WIL	Bornberg	Moseleifel	-	118 (1)	-	-
141	Heddert	TR	Burghaid	Hunsrückhochfläche	28b	-	-	-
142	Heddert	TR	Hederter Bach	Hunsrückhochfläche	28a	-	-	-
143	Heddert	TR	Kapelle	Hunsrückhochfläche	28	-	-	-
144	Heilenbach	BIT	Auf Kahlert	Kyllburger Waldeifel	-	-	527	30, 1967, 260; 33, 1970, 257
145	Heilenbach	BIT	Im Kalkhof	Kyllburger Waldeifel	-	-	529	30, 1967, 260; 33, 1970, 257
146	Heilenbach	BIT	Kimmel	Kyllburger Waldeifel	-	-	530	33, 1970, 258
147	Heilenbach	BIT	Steinmauer	Kyllburger Waldeifel	-	-	532	30, 1967, 260
148	Helfant	TR	Kempiele	Mosel-Saar-Gau	-	-	-	3, 1928, 185; 14, 1939, 248
149	Hentern	TR	Hardter Wald	Saar-Ruwer- Hunsrück	-	-	-	37, 1974, 279 (2)
150	Hermesdorf	BIT	An Flur	Bitburger Gutland	-	126	972	-
151	Hetzerath	WIL	Auf der Berfank	Wittlicher Senke	-	128 (6)	98	67/68, 2004/05, 372 (7)
152	Hetzerath	WIL	Fronheck	Wittlicher Senke	-	128 (5)	103	49, 1986, 371 (2); 52, 1989, 464
153	Hetzerath	WIL	ohne Standortbezeichnung	Wittlicher Senke	-	-	-	67/68, 2004/05, 372 (2)
154	Hetzerath	WIL	Ortslage	Wittlicher Senke	-	127 (1)	102	-
155	Hofweiler	TR	In den Birken	Bitburger Gutland	186	129 (1)	1543	Trierer Jahrbücher 2, 1908, 18
156	Holsthum	BIT	Maßholdereck	Ferschweiler Plateau	-	-	562	-
157	Holsthum	BIT	Odendell	Ferschweiler Plateau	-	-	563	27, 1964, 264-265
158	Holsthum	BIT	Pals-Berg	Ferschweiler Plateau	-	-	564	58, 1995, 490
159	Hommerdingen	BIT	Westlicher Ortsausgang	Bitburger Gutland	-	131	566	-
160	Hosten	BIT	Auf dem Birchesgraben	Bitburger Gutland	203	132 (2)	567	-
161	Hosten	BIT	In den Kirchenstücken	Bitburger Gutland	203	132 (1)	569	-
162	Hüttingen an der Kyll	BIT	An der Hofeck	Bitburger Gutland	-	133	571	-
163	Idenheim	BIT	Zwischen den Büschen	Bitburger Gutland	-	136 (2)	585	-
164	Idesheim	BIT	Bei der Buch	Bitburger Gutland	-	139 (1)	586	-
165	Idesheim	BIT	Jeich	Bitburger Gutland	-	139 (2)	590	-
166	Igel	TR	Auf den Tröschen	Mittleres Moseltal	-	-	1354	-
167	Igel	TR	Auf der Schlegt	Mittleres Moseltal	-	-	1356	57, 1994, 484

302 Fundstellenverzeichnis

Fdst.	Ort	Kreis	Flurbezeichnung	Landschaft	Schmitt (1856)	Steinhausen (1932)	Krausse (2006)	Trierer Zeitschrift (Jahresberichte)
168	Igel	TR	Nördlich Heintzhof	Mittleres Moseltal	-	-	1361	57, 1994, 484
169	Irrel	BIT	Fank	Bitburger Gutland	-	141	594	-
170	Irsch	TR	Auf freiem Feld	Unteres Saartal	-	142	-	-
171	Irsch	TR	ohne Standortbezeichnung	Unteres Saartal		-	-	67/68, 2004/05, 374
172	Issel	TR	Hof'	Mittleres Moseltal	-	143	-	-
173	Ittel	TR	Auf Huwertchen	Bitburger Gutland	-	144 (5)	1546	-
174	Ittel	TR	Himmelsberg	Bitburger Gutland	-	144 (3)	-	-
175	Ittel	TR	Im Flürchen	Bitburger Gutland	192	143-144 (1)	1551	-
176	Ittel	TR	Vor Berend	Bitburger Gutland	-	144 (4)	1553	-
177	Ittel	TR	Vor Dörrholz	Bitburger Gutland	-	144 (2)	1549	-
178	Karl	WIL	Hunnenkopf	Moseleifel	-	-	109	4, 1929, 189; 14, 1939, 230
179	Karl	WIL	Kunowald	Moseleifel	-	-	110	33, 1970, 260-261
180	Kaschenbach	BIT	Alsdorfer Heide	Bitburger Gutland	-	146 (1)	603	-
181	Kaschenbach	BIT	Alsdorfer Höhe	Bitburger Gutland	-	146 (1)	605	-
182	Kaschenbach	BIT	Im Wiesenfeld	Bitburger Gutland	-	146 (3)	608	-
183	Kasel	TR	Auf der Schartzgrub	Mittleres Moseltal	84	147 (3)	-	-
184	Kasel	TR	Auf der Schlicht	Mittleres Moseltal	73	147 (6)	-	-
185	Kasel	TR	Auf Timpert	Mittleres Moseltal	-	-	-	64, 2001, 338-339 (1); 67/68, 2004/05, 375
186	Kasel	TR	In Grau	Mittleres Moseltal	84	147 (2)	-	-
187	Kasel	TR	Käisch	Mittleres Moseltal		147 (7)	-	-
188	Kasel	TR	Kalte Herberge	Mittleres Moseltal	73	147 (5)	-	64, 2001, 339 (2)
189	Kasel	TR	Kirchhof	Mittleres Moseltal	84	147 (1)	-	-
190	Kasel	TR	Nikolausbor	Mittleres Moseltal	85	147 (4)	-	56, 1993, 305; 58, 1995, 491
191	Kasel	TR	Am Caselplatz	Hunsrückhochfläche	25	-	-	49, 1986, 374 (2)
192	Kell am See	TR	In der Perg	Hunsrückhochfläche	-	-	-	49, 1986, 374-375 (4); 50, 1987, 403; 55, 1992, 417
193	Kell am See	TR	Pfaffwies	Hunsrückhochfläche	-	-	-	49, 1986, 374 (5)
194	Kenn	TR	Lämpchesbor	Mittleres Moseltal	-	150 (2)	-	-
195	Kersch	TR	Rabenborn	Bitburger Gutland	-	-	1465	57, 1994, 485
196	Kersch	TR	Südhang des Ernstberges	Bitburger Gutland	-	-	-	49, 1986, 375 (2)
197	Kesfeld	BIT	ohne Standortbezeichnung	Islek und Ösling	-	-	613	-
198	Kesten	WIL	Hinterberg	Mittleres Moseltal	-	-	113	-
199	Kewenig	BIT	ohne Standortbezeichnung	Bitburger Gutland	-	154	-	-

Fundstellenverzeichnis 303

Fdst.	Ort	Kreis	Flurbezeichnung	Landschaft	Schmitt (1856)	Steinhausen (1932)	Krausse (2006)	Trierer Zeitschrift (Jahresberichte)
200	Kinderbeuern	WIL	Ewesbach	Wittlicher Senke	-	-	114	35, 1972, 311; 37, 1974, 283; 40/41, 1977/78, 413 (2)
201	Kinderbeuern	WIL	Feuerwehrhaus	Wittlicher Senke	-	-	-	40/41, 1977/78, 413 (4)
202	Kinderbeuern	WIL	Friedhof	Wittlicher Senke	-	-	115	40/41, 1977/78, 413 (3)
203	Kinderbeuern	WIL	In der Graf	Wittlicher Senke	-	-	116	37, 1974, 283; 40/41, 1977/78, 413 (5)
204	Kinheim	WIL	Kinheimer Rodt	Mittleres Moseltal	-	-	119	40/41, 1977/78, 414 (4)
205	Kinheim	WIL	Linnebüschen	Mittleres Moseltal	-	-	120	40/41, 1977/78, 414 (2)
206	Klüsserath	TR	Ortslage	Mittleres Moseltal	-	-	1369	7, 1932, 185; 9, 1934, 155; 10, 1935, 153
207	Kommlingen	TR	Kloster	Unteres Saartal	-	-	-	57, 1994, 485
208	Könen	TR	Im Krohl	Unteres Saartal	-	-	-	63, 2000, 118 Kat. Konz-Könen 5
209	Könen	TR	Jagen	Unteres Saartal	-	-	-	63, 2000, 117 Kat. Konz-Könen 3
210	Könen	TR	Weierberg	Unteres Saartal	-	-	-	63, 2000, 117 Kat. Konz-Könen 2
211	Konz	TR	Breitenberg	Mittleres Moseltal	33	-	-	40/41, 1977/78, 414
212	Konz	TR	Geisberg	Mittleres Moseltal	33	-	-	-
213	Konz-Roscheider Hof	TR	Auf der First	Mittleres Moseltal	39	-	-	-
214	Kordel	TR	Am Heidenberg	Bitburger Gutland	184	166 (4)	1371	-
215	Kordel	TR	Am Kießem	Bitburger Gutland	178	168 (6)	1372	50, 1987, 399
216	Kordel	TR	Fronholzberg	Bitburger Gutland	-	-	1379	35, 1972, 312
217	Kordel	TR	Hochmark	Bitburger Gutland	194	166 (3)	1380	-
218	Kordel	TR	Kirche	Bitburger Gutland	184	165 (1)	-	-
219	Kordel	TR	Ramstein	Bitburger Gutland	-	167 (5)	1384	-
220	Kordel	TR	Winterbach	Bitburger Gutland	-	165-166 (2)	1388	-
221	Körperich	BIT	Am Geichlinger Bach	Islek und Ösling	-	-	614	3, 1928, 184
222	Körperich	BIT	Im Spickert	Islek und Ösling	-	156	615	15, 1940, 70
223	Körrig	TR	In der Kaul	Mosel-Saar-Gau	-	-	-	16/17, 1941/42, 224-225; 67/68, 2004/05, 376
224	Körrig	TR	Teutenschreck	Mosel-Saar-Gau	-	-	-	55, 1992, 420
225	Krames	WIL	Hinterm Eichelnfeld	Wittlicher Senke	-	-	122	40/41, 1977/78, 417
226	Kröv	WIL	Dickt	Mittleres Moseltal	-	-	129	40/41, 1977/78, 417
227	Kröv	WIL	Fieber	Mittleres Moseltal	-	-	132	40/41, 1977/78, 416
228	Kröv	WIL	ohne Standortbezeichnung	Mittleres Moseltal	-	-	123	40/41, 1977/78, 416
229	Kröv	WIL	ohne Standortbezeichnung	Mittleres Moseltal	-	-	124	40/41, 1977/78, 415
230	Kröv	WIL	ohne Standortbezeichnung	Mittleres Moseltal	-	-	125	40/41, 1977/78, 415
231	Kröv	WIL	Ortslage	Mittleres Moseltal	-	-	137	-
232	Kröv	WIL	Schäidt	Mittleres Moseltal	-	-	138	49, 1986, 377-378

304 Fundstellenverzeichnis

Fdst.	Ort	Kreis	Flurbezeichnung	Landschaft	Schmitt (1856)	Steinhausen (1932)	Krausse (2006)	Trierer Zeitschrift (Jahresberichte)
233	Kröv	WIL	Unter St. Peter	Mittleres Moseltal	-	-	141	40/41, 1977/78, 416
234	Kruchten	BIT	Am Friedrichskreuz	Bitburger Gutland	-	71 (2)	626	49, 1986, 378
235	Kruchten	BIT	Auf dem Lieh	Bitburger Gutland	-	-	627	50, 1987, 405
236	Kruchten	BIT	Kiemen	Bitburger Gutland	-	71 (1)	629	-
237	Kyllburgweiler	BIT	ohne Standortbezeichnung	Kyllburger Waldeifel	-	-	638	Trierer Jahresbericht 6, 1913, 16
238	Lahr	BIT	Auf dem Katzenbor	Islek und Ösling	-	171 (2)	643	64, 2001, 339 (1 und 2)
239	Lahr	BIT	Scheibendriesch	Islek und Ösling	-	171 (1)	645	-
240	Lampaden	TR	Kirche	Saar-Ruwer- Hunsrück	80	-	-	-
241	Lampaden	TR	Schotterfeld	Saar-Ruwer- Hunsrück	-	-	-	67/68, 2004/05, 377
242	Landscheid	WIL	An der obersten Schleif	Moseleifel	-	173	143	-
243	Landscheid	WIL	Im Landen	Moseleifel	-	-	147	35, 1972, 312
244	Liersberg	TR	Auf der Hard	Mittleres Moseltal	149	-	1364	8, 1933, 140; 49, 1986, 380
245	Liersberg	TR	Olker Bor	Mittleres Moseltal	149	-	1366	-
246	Liersberg	TR	Ortslage	Mittleres Moseltal	-	-	1367	8, 1933, 140
247	Lieser	WIL	Jagen 8	Mittleres Moseltal	-	-	167	55, 1992, 421
248	Ließem	BIT	Beim Postweg	Bitburger Gutland	-	-	657	24-26, 1956-58, 540
249	Longen	TR	Hinter Kädels	Mittleres Moseltal	101	175 (1)	1389	-
250	Longuich	TR	ohne Standortbezeichnung	Mittleres Moseltal	178	175	-	-
251	Lorich	TR	Ortslage	Bitburger Gutland	105	177	1445	-
252	Lorscheid	TR	Hinter Thorlay	Saar-Ruwer- Hunsrück	-	-	-	Trierer Jahresberichte 4, 1911, 23
253	Lösnich	WIL	Friedhof	Mittleres Moseltal	-	-	-	-
254	Lüxem	WIL	Kirche	Wittlicher Senke	-	-	260	35, 1972, 313
255	Malborn	WIL	Tiefenthal	Hunsrückhochfläche	14	-	-	-
256	Maring-Noviand	WIL	Maringer Kirchberg	Mittleres Moseltal	-	-	170	-
257	Masholder	BIT	Auf der faulen Höh	Bitburger Gutland	-	177 (2)	319	-
258	Masholder	BIT	In der Brack	Bitburger Gutland	-	178 (3)	321	30, 1967, 267
259	Masthorn	BIT	Hofswald	Islek und Ösling	-	-	668	56, 1993, 293
260	Matzen	BIT	Im Stock	Bitburger Gutland	-	178-179	234	-
261	Meckel	BIT	Alte Kirche	Bitburger Gutland	-	180 (1)	676	-
262	Meckel	BIT	Gidengäßchen	Bitburger Gutland	-	180 (2)	672	-
263	Meckel	BIT	Gilzemer Höhe	Bitburger Gutland	-	182 (4)	673	-
264	Meckel	BIT	Grievenheck	Bitburger Gutland	-	182 (7)	674	-
265	Meckel	BIT	Rödchen	Bitburger Gutland	-	182 (5)	677	-
266	Meerfeld	WIL	Kleinhasert	Bitburger Gutland	-	-	173	14, 1939, 246; 15, 1940, 68

Fundstellenverzeichnis 305

Fdst.	Ort	Kreis	Flurbezeichnung	Landschaft	Schmitt (1856)	Steinhausen (1932)	Krausse (2006)	Trierer Zeitschrift (Jahresberichte)
267	Mehring	TR	Nimmelskäulchen	Mittleres Moseltal	-	184 (2)	1408	-
268	Menningen	BIT	Acht	Bitburger Gutland	142	188 (1)	680	-
269	Menningen	BIT	Schwarzfeld	Bitburger Gutland	142	188 (2)	687	-
270	Mertesdorf	TR	In Irlichs	Mittleres Moseltal	83	189 (1)	-	-
271	Mertesdorf	TR	Mühlen	Mittleres Moseltal	71	190 (3)	-	30, 1967, 268 (1); 35, 1972, 313
272	Mertesdorf	TR	Teller	Mittleres Moseltal	70	190-191 (5)	-	-
273	Mesenich	TR	Beim Arender Büsch	Bitburger Gutland	-	-	1401	-
274	Mesenich	TR	Dirreshaus	Bitburger Gutland	-	-	-	15, 1940, 69
275	Mesenich	TR	Friedhof	Bitburger Gutland	-	-	1404	JB 1854/55, 30; TZ 24-26, 1956-58, 594
276	Mesenich	TR	Stegbachtal	Bitburger Gutland	-	-	1406	52, 1989, 469
277	Messerich	BIT	Ortslage	Bitburger Gutland	-	192-193	691	-
278	Metterich	BIT	Hochwinkel	Bitburger Gutland	-	195-196 (3)	698	-
279	Metterich	BIT	Seidelpesch	Bitburger Gutland	-	195 (1)	699	-
280	Möhn	TR	Am Möhner Berg	Bitburger Gutland	185	210 (4)	1555	-
281	Möhn	TR	Maarfeld	Bitburger Gutland	185	209 (1)	1564	-
282	Möhn	TR	Meischheck	Bitburger Gutland	-	210 (3)	1560	-
283	Möhn	TR	Seifen	Bitburger Gutland	-	-	1563	49, 1986, 381
284	Morscheid	TR	Kirche	Saar-Ruwer- Hunsrück	92	-	-	-
285	Morscheid	TR	Kirchwald	Saar-Ruwer- Hunsrück	92	-	-	-
286	Mötsch	BIT	Auf Feilert	Bitburger Gutland	-	213 (2)	326	-
287	Mötsch	BIT	Seiwert	Bitburger Gutland	-	213 (3)	329	-
288	Mülbach	BIT	Tempelhof	Bitburger Gutland	-	214	703	-
289	Naurath (Eifel)	TR	Steinmauer	Moseleifel	-	214-215	1413	-
290	Neidenbach	BIT	Nordöstlich Nickelshof	Kyllburger Waldeifel	-	-	717	50, 1987, 717
291	Newel	TR	Butterwiese	Bitburger Gutland	-	218 (5)	1418	49, 1986, 382
292	Newel	TR	Feistatt	Bitburger Gutland	-	-	1419	-
293	Newel	TR	Försterflur	Bitburger Gutland	-	-	1420	30, 1967, 270 (2); 35, 1972, 314 (2); 49, 1986, 383; 56, 1993, 310
294	Newel	TR	Obig der Hahnenwies	Bitburger Gutland	176	218 (6)	1426	-
295	Newel	TR	Unterm Eulenberg	Bitburger Gutland	-	-	1428	49, 1986, 385 (9); 50, 1987, 409
296	Niederemmel	WIL	Päseler Wäldchen	Mittleres Moseltal	-	-	-	33, 1970, 265 (1); 61, 1998, 397
297	Niederkail	WIL	Frauenberg	Kyllburger Waldeifel	-	220 (2)	160	-
298	Niederkail	WIL	Mauerfeld	Kyllburger Waldeifel	-	219-220 (1)	161	-
299	Niedermennig	TR	Mattheiser Wald	Unteres Saartal	38	-	-	-

306   Fundstellenverzeichnis

Fdst.	Ort	Kreis	Flurbezeichnung	Landschaft	Schmitt (1856)	Steinhausen (1932)	Krausse (2006)	Trierer Zeitschrift (Jahresberichte)
300	Niedermennig	TR	ohne Standortbezeichnung	Unteres Saartal	-	-	-	33, 1970, 266
301	Niedersgegen	BIT	Auf Tomicht	Bitburger Gutland	-	222 (1)	617	-
302	Niedersgegen	BIT	Im Grasmärchen	Bitburger Gutland	-	222-223 (2)	619	-
303	Niedersgegen	BIT	Rommersberg	Bitburger Gutland	-	-	620	-
304	Niedersgegen	BIT	Weilerberg	Bitburger Gutland	-	223	623	50, 1987, 409
305	Niederstedem	BIT	Grasmärchen	Bitburger Gutland	-	224 (2)	726	-
306	Niederweis	BIT	Alte Kirch	Bitburger Gutland	144	226 (2)	731	-
307	Niederweis	BIT	Am Muckegrof	Bitburger Gutland	-	226 (4c)	732	-
308	Niederweis	BIT	Auf Falickert	Bitburger Gutland	-	226 (4a)	733	-
309	Niederweis	BIT	Höhjunk	Bitburger Gutland	-	226 (3)	734	-
310	Niederweis	BIT	Hustert	Bitburger Gutland	-	227 (6)	737	-
311	Niederweis	BIT	In der Bletsch	Bitburger Gutland	-	226 (4b)	740	-
312	Niederweis	BIT	Kiemen	Bitburger Gutland	-	226 (1)	741	-
313	Niederweis	BIT	Mauernfeld	Bitburger Gutland	-	226 (4d)	742	-
314	Nittel	TR	Auf den Birken	Mosel-Saar-Gau	-	-	-	35, 1972, 314; 67/68, 2004/05, 380-381 (1)
315	Nittel	TR	Auf den Kalköfen	Mosel-Saar-Gau	-	-	-	13, 1938, 254, 263
316	Nittel	TR	Herzogengärtchen	Mosel-Saar-Gau	-	-	-	24-26, 1956-58, 567
317	Nittel	TR	In den Häusern	Mosel-Saar-Gau	-	-	-	13, 1938, 254; 67/68, 2004/05, 381 (2)
318	Nittel	TR	Ortslage	Mosel-Saar-Gau	-	-	-	5, 1930, 162, 170
319	Nusbaum	BIT	Im Lehm	Bitburger Gutland	-	235 (1)	746	49, 1986, 385-386
320	Nusbaum	BIT	Rankendell	Bitburger Gutland	-	-	747	-
321	Oberbillig	TR	Großenbüsch	Mosel-Saar-Gau	-	-	-	55, 1992, 423
322	Oberbillig	TR	Im Zwengel	Mosel-Saar-Gau	-	-	-	18, 1949, 325; 24-26, 1956-58, 568; 37, 1974, 285
323	Oberemmel	TR	Ebertswald/Auf der Heide	Unteres Saartal	35	-	-	57, 1994, 487 (1)
324	Oberemmel	TR	Rosenberg	Unteres Saartal	-	-	-	37, 1974, 286 (1 und 2)
325	Oberkail	BIT	Hastert	Bitburger Gutland	-	-	754	24-26, 1956-58, 606; 33, 1970, 208
326	Oberkail	BIT	Heidberg	Bitburger Gutland	-	-	755	18, 1949, 323
327	Oberkail	BIT	ohne Standortbezeichnung	Bitburger Gutland	-	-	753	35, 1972, 317
328	Oberöfflingen	WIL	Jufferbüsch	Moseleifel	-	-	189	50, 1987, 409
329	Oberöfflingen	WIL	Kendelseufen	Moseleifel	-	-	193	35, 1972, 317
330	Oberweis	BIT	Auf Reutners Waase	Bitburger Gutland	-	-	768	52, 1989, 469
331	Oberweis	BIT	Burghof	Bitburger Gutland	-	237 (2)	769	-

Fundstellenverzeichnis 307

Fdst.	Ort	Kreis	Flurbezeichnung	Landschaft	Schmitt (1856)	Steinhausen (1932)	Krausse (2006)	Trierer Zeitschrift (Jahresberichte)
332	Ockfen	TR	Ortslage	Unteres Saartal	-	-	-	TZ 11, 1936, 234
333	Olk	TR	Auf der Sepp	Bitburger Gutland	-	-	1468	49, 1986, 387 (1); 50, 1987, 410 (1); 57, 1994, 487
334	Olk	TR	Müsiger Berg	Bitburger Gutland	131	243 (2)	1473	-
335	Olk	TR	ohne Standortbezeichnung	Bitburger Gutland	131	243 (3)	-	-
336	Olk	TR	Rechenberg	Bitburger Gutland	-	-	1475	55, 1992, 424
337	Olsdorf	BIT	Hoorbusch	Bitburger Gutland	-	-	772	13, 1938, 252
338	Olsdorf	BIT	Oberolsdorf	Bitburger Gutland	-	244	773	-
339	Orenhofen	BIT	Kasteneich	Bitburger Gutland	-	246-247 (3)	783	-
340	Orlenbach	BIT	Steinchen	Islek und Ösling	-	-	790	55, 1992, 424
341	Osann-Monzel	WIL	Kompen	Mittleres Moseltal	-	-	195	-
342	Osann-Monzel	WIL	ohne Standortbezeichnung	Mittleres Moseltal	-	-	196	52, 1989, 470
343	Palzem	TR	Auf der Plätsch	Mosel-Saar-Gau	-	-	-	15, 1940, 70
344	Palzem	TR	Auf der Rausch	Mosel-Saar-Gau	-	-	-	63, 2000, 408; 67/68, 2004/2005, 357, 382
345	Pantenburg	WIL	Hinterm Kreuzflur	Moseleifel	-	-	201	57, 1994, 487
346	Pantenburg	WIL	ohne Standortbezeichnung	Moseleifel	-	-	-	55, 1992, 424 (2)
347	Pantenburg	WIL	ohne Standortbezeichnung	Moseleifel	-	-	198	55, 1992, 424 (1)
348	Peffingen	BIT	Hölzchen	Ferschweiler Plateau	-	-	796	11, 1936, 232
349	Peffingen	BIT	In den Kreuzfeldern	Ferschweiler Plateau	-	-	797	-
350	Pellingen	TR	Pellinger Schanze	Saar-Ruwer- Hunsrück	54	-	-	55, 1992, 424 (2)
351	Pickließem	BIT	Auf dem Galgen	Bitburger Gutland	-	-	803	18, 1949, 322; 64, 2001, 340
352	Pickließem	BIT	ohne Standortbezeichnung	Bitburger Gutland	-	-	-	65, 2002, 308
353	Piesport	WIL	Auf Paland	Mittleres Moseltal	-	-	204	24-26, 1956-58, 609
354	Piesport	WIL	Ferres	Mittleres Moseltal	-	-	207	-
355	Pluwig	TR	Alte Kirche	Saar-Ruwer- Hunsrück	77	-	-	-
356	Pölert	TR	Dietzweiler	Hunsrückhochfläche	7	-	-	-
357	Pölich	TR	Kamper Kehr	Mittleres Moseltal	-	-	1446	55, 1992, 425
358	Pronsfeld	BIT	Spasbüsch	Islek und Ösling	-	-	812	55, 1992, 425 (1)
359	Prümzurlay	BIT	Mausbach	Ferschweiler Plateau	-	260 (1)	817	-
360	Ralingen	TR	Merteskaul	Bitburger Gutland	138	262-263 (1)	1450	-
361	Rascheid	TR	Am Diederskopf	Hunsrückhochfläche	6	-	-	-
362	Reil	WIL	Birkensteinchen	Mittleres Moseltal	-	-	214	40/41, 1977/78, 433 (5)
363	Reil	WIL	Brachenberg	Mittleres Moseltal	-	-	215	40/41, 1977/78, 433 (4)
364	Reil	WIL	Brückenwäldchen	Mittleres Moseltal	-	-	216	40/41, 1977/78, 433 (3)

Fdst.	Ort	Kreis	Flurbezeichnung	Landschaft	Schmitt (1856)	Steinhausen (1932)	Krausse (2006)	Trierer Zeitschrift (Jahresberichte)
365	Reil	WIL	Fieberberg	Mittleres Moseltal	-	-	217	33, 1970, 270; 37, 1974, 286
366	Reil	WIL	Neuer Friedhof	Mittleres Moseltal	-	-	218	40/41, 1977/78, 433 (6)
367	Reil	WIL	Unterhalb Trusicht	Mittleres Moseltal	-	-	221	40/41, 1977/78, 432 (1)
368	Reipeldingen	BIT	Bockshecke	Islek und Ösling	-	-	820	Trierer Jahresberichte 7, 1914, 17
369	Riol	TR	Auf'm Fahr	Mittleres Moseltal	-	265 (1)	-	-
370	Riol	TR	Eschborn	Mittleres Moseltal	109	265 (3)	-	-
371	Rittersdorf	BIT	Auf Eichenhardt	Bitburger Gutland	-	266 (3)	822	-
372	Rittersdorf	BIT	Auf Lothenheck	Bitburger Gutland	-	266 (1)	823	-
373	Rittersdorf	BIT	Ortslage	Bitburger Gutland	-	-	826	52, 1989, 471
374	Rittersdorf	BIT	Stempesbor	Bitburger Gutland	-	266 (4)	827	-
375	Rivenich	WIL	TKV-Anlage	Wittlicher Senke	-	-	225	24-26, 1956-58, 609
376	Riveris	TR	Kranzfeld	Saar-Ruwer- Hunsrück	86	-	-	-
377	Röhl	BIT	Im Dehn	Bitburger Gutland	-	272 (3)	833	55, 1992, 427
378	Röhl	BIT	Pfalzkyll	Bitburger Gutland	-	271-272 (2)	836	-
379	Rommelfangen	TR	Dierwies	Mosel-Saar-Gau	-	-	-	67/68, 2004/05, 385
380	Rommersheim	BIT	ohne Standortbezeichnung	Kalkeifel	-	-	839	35, 1972, 321
381	Salmrohr	WIL	Beierskopfchen	Wittlicher Senke	-	-	231	50, 1987, 411
382	Salmrohr	WIL	Vor den Gruben	Wittlicher Senke	-	-	233	50, 1987, 411
383	Sankt Thomas	BIT	Bruderholz	Kyllburger Waldeifel	-	-	846	30, 1967, 277 (2)
384	Sankt Thomas	BIT	Staatsforst	Kyllburger Waldeifel	-	-	847	30, 1967, 276-277 (1); 35, 1972, 321 (2)
385	Schankweiler	BIT	Rohrbacher Mühle	Ferschweiler Plateau	-	-	850	33, 1970, 271
386	Scharfbillig	BIT	Auf Birkenhecken	Bitburger Gutland	-	280 (3)	857	-
387	Scharfbillig	BIT	Geiselter	Bitburger Gutland	-	279-280 (2)	853	-
388	Scharfbillig	BIT	Ortslage	Bitburger Gutland	-	279 (1)	855	-
389	Scharfbillig	BIT	Zwischen den Büschen	Bitburger Gutland	-	280 (4)	857	-
390	Schillingen	TR	Barmet	Hunsrückhochfläche	29	-	-	40/41, 1977/78, 434
391	Schleid	BIT	Auf der Burg	Bitburger Gutland	-	-	859	4, 1929, 188; 30, 1967, 273 (2); 33, 1970, 271 (3)
392	Schleid	BIT	Hinter Eul	Bitburger Gutland	-	-	862	33, 1970, 271 (6)
393	Schleid	BIT	Hof Burg	Bitburger Gutland	-	-	860	30, 1967, 273 (2); 33, 1970, 271 (1)
394	Schleid	BIT	Im Sesterling	Bitburger Gutland	-	-	863	33, 1970, 271 (2)
395	Schleidweiler-Rodt	TR	An der Hedelichsmauer	Bitburger Gutland	-	284 (3)	1569	-
396	Schleidweiler-Rodt	TR	Auf Dalheid	Bitburger Gutland	199	285 (5)	1570	-
397	Schleidweiler-Rodt	TR	Heiligenhäuschen	Bitburger Gutland	-	284 (1)	1576	-

Fundstellenverzeichnis 309

Fdst.	Ort	Kreis	Flurbezeichnung	Landschaft	Schmitt (1856)	Steinhausen (1932)	Krausse (2006)	Trierer Zeitschrift (Jahresberichte)
398	Schleidweiler-Rodt	TR	Rudereis	Bitburger Gutland	-	284 (2)	1581	52, 1989, 472
399	Schöndorf	TR	Nordöstlich Lonzenburg	Saar-Ruwer- Hunsrück	-	-	-	61, 1998, 397
400	Schwarzenborn	WIL	Salmberg	Kyllburger Waldeifel	-	-	236	-
401	Schwirzheim	BIT	Leimertsseifen	Kalkeifel	.	-	871	52, 1989, 472
402	Seffern	BIT	Im Seifen	Bitburger Gutland	-	-	874	33, 1970, 272
403	Sefferweich	BIT	ohne Standortbezeichnung	Bitburger Gutland	-	-	876	40/41,1977/78, 436
404	Sefferweich	BIT	ohne Standortbezeichnung	Bitburger Gutland	-	-	877	-
405	Sefferweich	BIT	Westlicher Ortsrand	Bitburger Gutland	-	-	875	11, 1936, 236
406	Sehlem	WIL	Auf der Mauer	Wittlicher Senke	-	-	237	9, 1934, 154
407	Sehlem	WIL	Im Acker	Wittlicher Senke	-	-	239	49, 1986, 389
408	Serrig	TR	Ehegewann	Unteres Saartal	-	-	-	Jahresberich GfnF Trier 1874-77, Trier 1878.
409	Serrig	TR	Kammerforst	Unteres Saartal	-	-	-	Jahresberich GfnF Trier 1874-77, Trier 1878.
410	Sinspelt	BIT	Nordöstlich Mühle	Islek und Ösling	-	290 (1)	890	-
411	Sirzenich	TR	Gemeindehausberg	Bitburger Gutland	167	291 (4)	1515	-
412	Sirzenich	TR	Kalkfeld	Bitburger Gutland	167	291 (2)	1519	-
413	Sirzenich	TR	Klingelfeld	Bitburger Gutland	167	291 (1)	1520	49, 1986, 390-391 (2)
414	Sirzenich	TR	Schwarzlei	Bitburger Gutland	168	291 (7)	1521	-
415	Sirzenich	TR	Weidgesswiese	Bitburger Gutland	-	291 (5)	1522	-
416	Sommerau	TR	Burg Sommerau	Saar-Ruwer- Hunsrück	93	-	-	-
417	Spangdahlem	BIT	Auf der Burg	Bitburger Gutland	-	-	894	15, 1940, 68
418	Spangdahlem	BIT	Gasthübel	Bitburger Gutland	-	294	896	18, 1949, 324
419	Spangdahlem	BIT	Höchst	Bitburger Gutland	-	-	898	18, 1949, 324
420	Spangdahlem	BIT	Ungeich	Bitburger Gutland	-	-	903	24-26, 1956-58, 609
421	Spangdahlem	BIT	Unterm Rohr	Bitburger Gutland	-	299	905	15, 1940, 68
422	Speicher	BIT	Forst	Bitburger Gutland	-	-	909	-
423	Stahl	BIT	Auf Buppert	Bitburger Gutland	-	310 (2)	332	-
424	Südlingen	TR	Burgacht	Mosel-Saar-Gau	-	-	-	67/68, 2004/05, 386
425	Sülm	BIT	Erdenkaulen	Bitburger Gutland	-	313 (3)	928	-
426	Sülm	BIT	Weidenhälter	Bitburger Gutland	-	313 (1)	929	-
427	Tawern	TR	Auf Röhlerborn	Mosel-Saar-Gau		-	-	13, 1938, 263; 15, 1940, 76
428	Tawern	TR	Hardtwald	Mosel-Saar-Gau		-	-	55, 1992, 426 (3)
429	Temmels	TR	Acht	Mosel-Saar-Gau		-	-	14, 1939, 253
430	Temmels	TR	Altkirch	Mosel-Saar-Gau	-	-	-	24-26, 1956-58, 568
431	Temmels	TR	Auf der Burg	Mosel-Saar-Gau	-	-	-	24-26, 1956-58, 569

Fdst.	Ort	Kreis	Flurbezeichnung	Landschaft	Schmitt (1856)	Steinhausen (1932)	Krausse (2006)	Trierer Zeitschrift (Jahresberichte)
432	Temmels	TR	Im Bungert	Mosel-Saar-Gau		-	-	14, 1939, 253; 40/41, 1977/78, 439
433	Temmels	TR	In den untersten Wiesen	Mosel-Saar-Gau		-	-	14, 1939, 253
434	Traben-Trarbach	WIL	Kampsteinen	Mittleres Moseltal	-	-	-	40/41, 1977/78, 440 (3)
435	Traben-Trarbach	WIL	Sponheimer Straße	Mittleres Moseltal	-	-	241	40/41, 1977/78, 440 (4)
436	Trier	TR	Aveler Tal	Mittleres Moseltal	67	-	-	Trierer Jahresberichte 5, 1912, 25
437	Trier	TR	Heiligkreuz	Mittleres Moseltal	48	-	-	-
438	Trier	TR	Kohlenberg	Mittleres Moseltal	52	-	-	-
439	Trier	TR	Mariahof	Mittleres Moseltal	52	-	-	-
440	Trier	TR	Medard	Mittleres Moseltal	41	-	-	-
441	Trier	TR	Tiergarten	Mittleres Moseltal	51	-	-	-
442	Trier-Biewer	TR	Auf dem Mühlenteich	Mittleres Moseltal	179	21 (1)	-	-
443	Trier-Biewer	TR	Pfalzeler Hochwald	Mittleres Moseltal	179	21 (3)	-	-
444	Trier-Biewer	TR	Schusterskreuz	Mittleres Moseltal	172	21-22 (4)	-	-
445	Trier-Ehrang	TR	Bahnhof	Mittleres Moseltal	181	85 (1)	-	-
446	Trier-Ehrang	TR	Brückenflürchen	Mittleres Moseltal	193	85 (2)	-	-
447	Trier-Ehrang	TR	Mühle	Mittleres Moseltal	193	85 (3)	-	-
448	Trier-Eitelsbach	TR	Eitelsbacher Berg	Mittleres Moseltal	81-82	93 (2)	-	-
449	Trier-Euren	TR	Kaiserswäldchen	Mittleres Moseltal	91	99-100	-	-
450	Trier-Olewig	TR	Kleehof	Mittleres Moseltal	58	-	-	-
451	Trier-Pfalzel	TR	Gemeindegraben	Mittleres Moseltal		252-253	-	-
452	Trier-Pfalzel	TR	Auf dem Adler	Mittleres Moseltal		85 (4)	-	4, 1929, 189
453	Trier-Ruwer	TR	Kreuzchen	Mittleres Moseltal	81	275 (1)	-	61, 1998, 397
454	Trierweiler	TR	Kaysers Wäldchen	Bitburger Gutland	157, 231	99-100	1500	-
455	Trierweiler	TR	Langengrund	Bitburger Gutland	168	291 (6)	1497	-
456	Trierweiler	TR	Marienbach	Bitburger Gutland	-	353 (5)	1503	-
457	Trierweiler	TR	Schilderei	Bitburger Gutland	-	353 (4)	1506	-
458	Trierweiler	TR	Schlumpsgraben	Bitburger Gutland	128	352 (1d)	1507	-
459	Trier-Zewen	TR	Ortslage	Mittleres Moseltal	153	-	-	62, 1999, 370 (2)
460	Trimport	BIT	Im hintersten Flur	Bitburger Gutland	-	354 (1)	931	-
461	Trimport	BIT	Wehrbüsch	Bitburger Gutland	-	354 (2)	932	-
462	Trittenheim	WIL	ohne Standortbezeichnung	Mittleres Moseltal	-	-	-	64, 2001, 341-342
463	Udelfangen	TR	Gewichtelhäuschen	Bitburger Gutland	-	356 (1)	1523	-
464	Udelfangen	TR	Kossen	Bitburger Gutland	-	356-357 (2)	1525	-
465	Ürzig	WIL	Rastel	Mittleres Moseltal	-	-	245	37, 1974, 290

Fundstellenverzeichnis

Fdst.	Ort	Kreis	Flurbezeichnung	Landschaft	Schmitt (1856)	Steinhausen (1932)	Krausse (2006)	Trierer Zeitschrift (Jahresberichte)
466	Waldrach	TR	Ortslage	Saar-Ruwer- Hunsrück	85	358 (2)	-	-
467	Waldrach	TR	Salzich	Saar-Ruwer- Hunsrück	-	358 (2)	-	56, 1993, 319
468	Wallersheim	BIT	Ramshardt	Kalkeifel	-	-	949	12, 1937, 283-284
469	Wallscheid	WIL	Kronacker	Moseleifel	-	-	251	-
470	Wawern	TR	Am Griesborn	Unteres Saartal	-	-	-	37, 1974, 292
471	Wawern	TR	Auf der Schell	Unteres Saartal	-	-	-	24-26, 1956-58, 575
472	Waxweiler	BIT	Auf Spasselt	Islek und Ösling	-	-	952	52, 1989, 477
473	Wehlen	WIL	Flürchen	Mittleres Moseltal	-	-	43	37, 1974, 292
474	Weiperath	WIL	Jüngelwies	Hunsrückhochfläche	-	-	-	24-26, 1956-58, 511
475	Welschbillig	TR	Auf Pfad	Bitburger Gutland	-	367 (3)	1529	-
476	Welschbillig	TR	Entelburg	Bitburger Gutland	-	367 (5)	1532	-
477	Welschbillig	TR	Helenenberg	Bitburger Gutland	-	368 (9)	1533	-
478	Welschbillig	TR	Kleist	Bitburger Gutland	-	367 (6)	1536	-
479	Welschbillig	TR	Mareien	Bitburger Gutland	-	367 (4)	1538	-
480	Welschbillig	TR	Träg	Bitburger Gutland	-	-	1542	55, 1992, 386
481	Wettlingen	BIT	Weller	Bitburger Gutland	-	370 (1)	963	11, 1936, 232
482	Wilsecker	BIT	Nikolausland	Bitburger Gutland	-	-	969	63, 2000, 419; 67/68, 2004/05, 395 (2)
483	Wiltingen	TR	Jungwald	Unteres Saartal	-	-	-	37, 1974, 292
484	Wiltingen	TR	Ortslage	Unteres Saartal	-	-	-	13, 1938, 255; 67/68, 2004/05, 395 (1)
485	Wincheringen	TR	Häuserchen	Mosel-Saar-Gau	-	-	-	12, 1937, 286-287
486	Wincheringen	TR	Obermoselstraße	Mosel-Saar-Gau	-	-	-	55, 1992, 388-289; 57, 1994, 490
487	Wintersdorf	TR	ohne Standortbezeichnung	Bitburger Gutland	-	-	1477	49, 1986, 394
488	Wittlich	WIL	ohne Standortbezeichnung	Wittlicher Senke	-	-	252	3, 1928, 184
489	Wolsfeld	BIT	Alte Kirche	Bitburger Gutland	-	-	978	-
490	Wolsfeld	BIT	Zu den Mauern	Bitburger Gutland	-	379 (1)	985	40/41, 1977/78, 445
491	Zeltingen-Rachtig	WIL	ohne Standortbezeichnung	Mittleres Moseltal	-	-	266	30, 1967, 281 (2); 40/41, 1977/78, 445
492	Zemmer	TR	Galgenflur	Bitburger Gutland	-	381 (2)	1566	30, 1967, 281 (1)
493	Zemmer	TR	Wackich-Kreuzchens	Bitburger Gutland	-	-	1568	Jahresberichte 3, 1910, 13
494	Zerf	TR	Reichertsgewann	Saar-Ruwer- Hunsrück	-	-	-	

Literaturverzeichnis

Abegg 1993 — A. Abegg, Grabhügel des 2. und 3. Jahrhunderts n. Chr. an Mittelrhein, Mosel und Saar. Trierer Zeitschrift, Beiheft 16 (Trier 1993).

Agache 1978 — R. Agache, La Somme pré-romaine et romaine d'après les prospections aériennes à basse altitude (Amiens 1978).

Antiquitates Trevirenses — Antiquitates Trevirenses. Beiträge zur Geschichte der Trierer Altertumskunde und der Gesellschaft für nützliche Forschungen. Festschrift zur 200-Jahr-Feier der Gesellschaft für nützliche Forschungen zu Trier. Kurtrierisches Jahrbuch 40 (Trier 2000).

aus'm Weerth 1866 — E. aus'm Weerth, Römische Villa bei Manderscheid in der Eifel, in: Bonner Jahrbücher 39/40, 1866, 256–264.

aus'm Weerth 1878 — E. aus'm Weerth, Kleine römische Villa bei Stahl im Kreise Bitburg, in: Bonner Jahrbücher 62, 1878, 1–7.

Bach 1999 — D. Bach, Zwei römische Hobel aus Oberüttfeld. Funktionstechnologische Betrachtungen, in: Trierer Zeitschrift 62, 1999, 181–191.

Bärsch 1842 — G. Bärsch, Fließem, in: Bonner Jahrbücher 1, 1842, 42.

Baltzer 1983 — M. Baltzer, Die Alltagsdarstellungen der treverischen Grabdenkmäler, in: Trierer Zeitschrift 46, 1983, 7–151.

Behr, von 1908 — A. von Behr, Die römischen Baudenkmäler in und um Trier. Architektonische Betrachtungen über ihre Bedeutung und Instandhaltung, in: Trierer Jahresberichte 1, 1908, 74–81.

Bayer 1967 — H. Bayer, Die ländliche Besiedlung Rheinhessens und seiner Randgebiete in römischer Zeit, in: Mainzer Zeitschrift 62, 1967, 125-175.

Bender 1989 — H. Bender, Verkehrs- und Transportwesen in der römischen Kaiserzeit, in: H. Jankuhn u. a. (Hrsg.), Untersuchungen zu Handel und Verkehr der vor- und frühgeschichtlichen Zeit in Mittel- und Nordeuropa, Teil V. Der Verkehr, Verkehrswege, Verkehrsmittel, Organisation (Göttingen 1989), 108–154.

Bender 1997 — H. Bender, Agrargeschichte Deutschlands in der römischen Kaiserzeit innerhalb der Grenzen des Imperium Romanum, in: Lüning/Jockenhövel/Bender/Capelle 1997, 263–374.

Bender 2001 — H. Bender, Bauliche Gestalt und Struktur römischer Landgüter in den nordwestlichen Provinzen des Imperium Romanum, in: Herz/Waldherr 2001, 1–40.

Bender/Wolf 1994 — H. Bender/H. Wolf (Hrsg.), Ländliche Besiedlung und Landwirtschaft in den Rhein-Donau-Provinzen des Römischen Reiches. Passauer Universitätsschriften zur Archäologie 2 (Espelkamp 1994).

Berichte der Römisch-Germanischen Kommission — Römisch-Germanische Kommission des Deutschen Archäologischen Instituts (Hrsg.), Berichte der Römisch-Germanischen Kommission (Frankfurt am Main 1904-1908).

Bertemes/Echt 1992	F. Bertemes/R. Echt, Nennig. Die römische Villa, in: J. Lichardus/A. Miron (Hrsg.), Der Kreis Merzig-Wadern und die Mosel zwischen Nennig und Metz. Führer zu archäologischen Denkmälern in Deutschland 24 (Stuttgart 1992), 135–147.
Beyer-Rotthoff/Luik 2007	B. Beyer-Rotthoff/M. Luik, Wirtschaft in römischer Zeit. Geschichtlicher Atlas der Rheinlande, Beiheft III/3–4 (Bonn 2007).
Bienert 2004	B. Bienert, Die römische Villa von Waxweiler, Kreis Bitburg-Prüm. Vorbericht über die Grabungskampagne 2002, in: Funde und Ausgrabungen im Bezirk Trier 36, 2004, 46–53.
Bienert 2007	B. Bienert, Die römischen Bronzegefäße im Rheinischen Landesmuseum Trier. Trierer Zeitschrift, Beiheft 31 (Trier 2007).
Bienert 2008	B. Bienert, Die römische Villa von Waxweiler, Eifelkreis Bitburg-Prüm, in: Funde und Ausgrabungen im Bezirk Trier 40, 2008, 63–74.
Binsfeld, A. 2009	A. Binsfeld, Die Ziegelstempel aus den Trierer Domgrabungen, in: W. Weber (Hrsg.), Die Trierer Domgrabung, Bd. 6. Kataloge und Schriften des Bischöflichen Dom- und Diözesanmuseums Trier, Bd. VII (Trier 2009), 269–427.
Binsfeld, A. 2011	A. Binsfeld, Auf den Spuren der Sklaven im römischen Trier, in: Funde und Ausgrabungen im Bezirk Trier 43, 2011, 7–22.
Binsfeld 1971a	W. Binsfeld, Die römische Villa „Im Rang" bei Wiersdorf (Kreis Bitburg-Prüm), in: Kurtrierisches Jahrbuch 11, 1971, 159–162.
Binsfeld 1971b	W. Binsfeld, Ein römischer Brunnen bei Irrel, Kreis Bitburg-Prüm, in: Trierer Zeitschrift 34, 1971, 83–91 mit einem Beitrag von E. Hollstein.
Binsfeld 1973	W. Binsfeld, Eine Zerstörungsschicht des Jahres 353 in Traben-Trarbach, in: Trierer Zeitschrift 36, 1973, 119–132.
Binsfeld 1974	W. Binsfeld, Ein römisches Kindergrab, in: Kurtrierisches Jahrbuch 14, 1974, 226-227.
Binsfeld 1975a	W. Binsfeld, Zwei moselländische Münzschätze des 4. Jahrhunderts, in: Trierer Zeitschrift 38, 1975, 101–103.
Binsfeld 1975b	W. Binsfeld, In den Brunnen gefallen. Metallgeräte aus einem römischen Brunnen, in: Kölner Römerillustrierte 2, 1975, 183–185.
Binsfeld 1979a	W. Binsfeld, Zwei römische Grabhügel mit Mauerkranz, in: Trierer Zeitschrift 42, 1979, 93–100.
Binsfeld 1979b	W. Binsfeld, Die römische Villa von Kinheim, in: Kelten und Römer im Kröver Reich (Kröv 1979), 9–12.
Binsfeld 1984a	W. Binsfeld, Die ländliche Besiedlung im Umkreis von Trier in der Spätantike, in: Trier – Kaiserresidenz und Bischofssitz. Die Stadt in spätantiker und frühchristlicher Zeit. Ausstellungskatalog, RLM Trier (Mainz 1984), 75–77.
Binsfeld 1984b	W. Binsfeld, Villa Euren und ihre Mosaike, in: Trier – Kaiserresidenz, 318–319.
Binsfeld 1985	W. Binsfeld, Zu treverischen Denkmälern mit Dreschgerät, in: Trierer Zeitschrift 48, 1985, 157–161.
Binsfeld 1995	W. Binsfeld, Die römische Villa in Franzenheim und ihre Säulen, in: Trierer Zeitschrift 58, 1995, 183–189.

Binsfeld/ Goethert/Schwinden 1988	W. Binsfeld/K. Goethert/L. Schwinden, Katalog der römischen Steindenkmäler des Rheinischen Landesmuseums Trier 1. Götter- und Weihedenkmäler (Mainz 1988).
Bloemers 2000	J. H. F. Bloemers, German archaeology at risk? In: H. Härke (Hrsg.), Archaeology, Ideology and Society. The German experience (Frankfurt am Main 2000), 375–397.
Blümner 1912	H. Blümner, Technologie und Terminologie der Gewerbe und Künste bei Griechen und Römern, Bd. 1 (Leipzig, Berlin ²1912).
Böhme-Schönberger 2000	A. Böhme-Schönberger, Tracht, Tuchhandel und Leinenwaren, in: L. Wamser (Hrsg.), Die Römer zwischen Alpen und Nordmeer. Katalog-Handbuch zur Landesausstellung des Freistaates Bayern Rosenheim 2000 (Mainz 2000), 145–149.
Böhner 1977	K. Böhner, Die Besiedlung der südwestlichen Eifel im frühen Mittelalter, in: Südwestliche Eifel, 73-92.
Bone 1876	C. Bone, Das Plateau von Ferschweiler bei Echternach. Seine Befestigung durch die Wickinger Burg und die Niederburg und seine nichtrömischen und römischen Alterthumsreste (Trier 1876).
Bone 1882	C. Bone, Das Plateau von Ferschweiler bei Echternach. Nachtrag zu „Das Plateau von Ferschweiler", in: Jahresbericht der Gesellschaft für nützliche Forschungen zu Trier 1878–81 (Trier 1882), 30–48.
Bonner Jahrbücher	Landschaftsverband Rheinland/Verein von Altertumsfreunden im Rheinland (Hrsg.), Bonner Jahrbücher (Bonn u. a. 1842 ff.)
Boyer/Picavet 2010	F. Boyer/P. Picavet, Les meules romaines de Bavay, in: Le blé, l'autre or des Romains (Bavay 2010), 21–28.
Breitner 2007	G. Breitner, Das römische Forum in Trier, in: A. Demandt/J. Engemann (Hrsg.), Konstantin der Große. Ausstellungskatalog, Trier 2007 (Mainz 2007), CD-ROM, Kat.–Nr. I.15.61.
Brower/Masen 1670	C. Brower/J. Masen, Antiquitatum et Annalium Trevirensium libri XXV, Bd. 1 (1670).
Brühlmann 2005	B. Brühlmann, Der römische Gutshof von Kinheim: Auswertung der Grabung und Überlegungen zum Typus der „Portikusvilla mit Eckrisaliten" (Unpublizierte Magisterarbeit, Trier 2005).
Brunnacker 1994	K. Brunnacker, Bodenkunde und Siedlungswesen nördlich der Alpen (in den römischen Rhein-Donauprovinzen), in: Bender/Wolff 1994, 1–5.
Bücher 1920	K. Bücher, Die Entstehung der Volkswirtschaft. Vorträge und Aufsätze. Erste Sammlung (14. und 15. Auflage, Tübingen 1920).
Bülow, von 1993	G. von Bülow, Die archäologischen Quellen zur Entwicklung der Villenwirtschaft, in: K.-P. Johne (Hrsg.), Gesellschaft und Wirtschaft des Römischen Reiches im 3. Jahrhundert (Berlin 1993), 17–63.
Bülow, von/Zabehlicky 2011	G. von Bülow/H. Zabehlicky (Hrsg.), Bruckneudorf und Gamzigrad. Spätantike Paläste und Großvillen im Donau-Balkan-Raum. Akten des Internationalen Kolloquiums in Bruckneudorf vom 15. bis 18. Oktober 2008 (Bonn 2011).
CAL 14	N. Folmer/J. Krier/R. Wagner, Carte archéologique du Grand-Duché du Luxembourg 14. Rosport (Luxembourg 1985).

CAL 19	N. Folmer/J. Krier/N. Theis, Carte archéologique du Grand-Duché du Luxembourg 19. Mertert-Wasserbillig (Luxembourg 1983).
CAL 27	N. Folmer, Carte archéologique du Grand-Duché du Luxembourg 27. Remich (Luxembourg 1977).
Chassot von Florencourt 1844	W. Chassot von Florencourt, Die Hermen der Gruft zu Welschbillig, in: Bonner Jahrbücher 5/6, 1844, 287–298.
Chassot von Florencourt 1846	W. Chassot von Florencourt, Die Hermen der Gruft zu Welschbillig II, in: Bonner Jahrbücher 8, 1846, 106–108.
Christaller 1933/1980	W. Christaller, Die zentralen Orte in Süddeutschland. Eine ökonomisch-geographische Untersuchung über die Gesetzmäßigkeit der Verbreitung und Entwicklung der Siedlungen mit städtischer Funktion (1933, Reprint Darmstadt 1980).
Christmann 1985	E. Christmann, Wiedergewinnung antiker Bauerngeräte. Philologisches und Sachliches zum Trierer und zum rätischen Dreschsparren sowie zum römischen Dreschstock, in: Trierer Zeitschrift 48, 1985, 139–155.
CIL XIII,1,2	O. Hirschfeld/K. Zangenmeister (Hrsg.), Corpus Inscriptionum Latinarum XIII,1,2. Inscriptiones Trium Galliarum et Germaniarum Latinae (Berlin 1904).
Clemens u. a. 2012	L. Clemens/F. J. Felten/M. Schnettger, Kreuz – Rad – Löwe. Rheinland-Pfalz. Ein Land und seine Geschichte Band 1 (Mainz 2012).
Comes 1999	E. Comes, Römische Spuren in Pickließem, in: Beiträge zur Geschichte des Bitburger Landes 35/36, 1999, 49–53.
Cordie 2007	R. Cordie (Hrsg.), Belginum. 50 Jahre Ausgrabungen und Forschungen (Mainz 2007).
Cordie-Hackenberg/Haffner 1991	R. Cordie-Hackenberg/A. Haffner, Das keltisch-römische Gräberfeld von Wederath-Belginum, Bd. VI,4 (Mainz 1991).
Credner 2004	C. Credner, Der römische Gutshof Ingendorf/Bettingen und die neuzeitliche Wüstung „Bey Mauern", in: Beiträge zur Geschichte des Bitburger Landes 14, 2004, 76–87.
Credner 2006	C. Credner, Die römische Villa rustica von Ingendorf/Bettingen „Bey Mauern", in: Eiflia Archaeologica 3, 2006, 7–14.
Cüppers 1964	H. Cüppers, Gallo-römische Mähmaschine auf einem Relief in Trier, in: Trierer Zeitschrift 27, 1964, 151–153.
Cüppers 1966	H. Cüppers, Archäologische Funde im Landkreis Bernkastel. Archiv für Kultur und Geschichte des Landkreises Bernkastel 3, (Bernkastel 1966).
Cüppers 1967	H. Cüppers, Gallo-römischer Bauernhof bei Horath, Kreis Bernkastel, in: Trierer Zeitschrift 30, 1967, 114–143.
Cüppers 1974	H. Cüppers, Getreideproduktion und Getreidehandel im Trierer Land zur Römerzeit, in: Kurtrierisches Jahrbuch 14, 1974, 238–241.
Cüppers 1975	H. Cüppers, Die römische Villa auf dem alten Friedhof, in: Chronik Wasserliesch (Wasserliesch 1975), 21–26.

Cüppers 1977	H. Cüppers, Das römische Forum der Colonia Augusta Treverorum, in: Rheinisches Landesmuseum Trier (Hrsg.), Festschrift 100 Jahre Rheinisches Landesmuseum Trier. Trierer Grabungen und Forschungen, Bd. 14 (Mainz 1977), 211–262.
Cüppers 1979a	H. Cüppers, Wirtschaft und Handel im Trierer Land zur Römerzeit, in: L. Friedrich (Hrsg.), Beiträge zur trierischen Landeskunde. Unterrichtsmaterialien für Geschichte und Geographie (Trier 1979), 33–40.
Cüppers 1979b	H. Cüppers, Römische Villa Otrang. Landesamt für Denkmalpflege, Verwaltung der staatlichen Schlösser, Führungsheft 5 (Mainz 1979).
Cüppers 1990	H. Cüppers (Hrsg.), Die Römer in Rheinland-Pfalz (Stuttgart 1990).
Cüppers 2000	H. Cüppers, Beiträge zur archäologischen Landesaufnahme des Trierer Raumes durch die Gesellschaft für nützliche Forschungen, in: Antiquitates Trevirenses, 131–155.
Cüppers/Neyses 1971a	H. Cüppers/A. Neyses, Der römerzeitliche Gutshof mit Grabbezirk und Tempel bei Newel, Kreis Trier-Land, in: Trierer Zeitschrift 34, 1971, 143–225.
Cüppers/Neyses 1971b	H. Cüppers/A. Neyses, Untersuchungen und Beobachtungen im südlichen Langmauerbezirk, in: Trierer Zeitschrift 34, 1971, 227–232.
Cüppers/Rüger 1985	H. Cüppers/C. B. Rüger, Geschichtlicher Atlas der Rheinlande. Beiheft III/1 – III/2. Römische Siedlungen und Kulturlandschaften (Köln 1985).
Daremberg/Saglio 1922	C. Daremberg/M. E. Saglio (Hrsg.), Dictionnaire des antiquités grecques et romaines V (Paris 1922).
Degbomont 1984	J.-M. Degbomont, Hypocaustes. Le chauffage par hypocauste dans l'habitat privé. De la place St-Lambert à Liège à l'Aula Palatina de Trèves (Liège 1984).
Demandt/Engemann 2007	A. Demandt/J. Engemann (Hrsg.), Konstantin der Große. Ausstellungskatalog, Trier 2007 (Mainz 2007).
Denkmäler 2008	Rheinisches Landesmuseum Trier (Hrsg.), Führer zu Archäologischen Denkmälern des Trierer Landes. Schriftenreihe des Rheinischen Landesmuseums Trier 35 (Trier 2008).
Deru 2010	X. Deru, Die Römer an Maas und Mosel (Mainz 2010).
Dieudonné-Glad 1999	N. Dieudonné-Glad, Métallurgie du fer et habitat rural: comment reconnaître les vestiges archéologiques? In: Polfer 1999a, 39–43.
DNP	H. Cancik/H. Schneider (Hrsg.), Der neue Pauly. Enzyklopädie der Antike, Bd. 1–16 (Stuttgart 1996–2003).
Donié 2002	S. Donié, Ein römischer Ziegelbrennofen und frühmittelalterliche Siedlungsspuren bei Rehlingen, Gemeinde Nittel, Kreis Trier-Saarburg, in: Trierer Zeitschrift 65, 2002, 99–120.
Dörfler/Evans/Löhr 1998	W. Dörfler/A. Evans/H. Löhr, Trier Walramsneustraße – Untersuchungen zum römerzeitlichen Landschaftswandel im Hunsrück-Eifel-Raum an einem Beispiel der Trierer Talweite, in: Müller-Karpe u. a. 1998, 119–152.
Drack 1990	W. Drack, Der römische Gutshof bei Seeb, Gem. Winkel. Ausgrabungen 1958–1969. Berichte der Zürcher Denkmalpflege, Archäologische Monographien 8 (Zürich 1990).

Dragendorff 1905	H. Dragendorff, Franzenheim, in: Bonner Jahrbücher 113, 1905, 235.
Dragendorff/Krüger 1924	H. Dragendorff/E. Krüger, Das Grabmal von Igel. Römische Grabmäler des Mosellandes und der angrenzenden Gebiete I (Trier 1924).
Dreisbusch 1994	G. Dreisbusch, Darre oder Räucherkammer? Zu römischen Heizanlagen in Westdeutschland, in: Fundberichte aus Baden-Württemberg 19/1, 1994, 181–205.
Drexel 1920	F. Drexel, Die Bilder der Igeler Säule, in: Mitteilungen des Deutschen Archäologischen Instituts, Römische Abteilung 35, 1920, 83–143.
Drexhage/Konen/Ruffing 2002a	H.-J. Drexhage/H. Konen/K. Ruffing, Die Wirtschaft des Römischen Reiches (1.–3. Jahrhundert). Eine Einführung (Berlin 2002).
Drexhage/Konen/Ruffing 2002b	H.-J. Drexhage/H. Konen/K. Ruffing, Die Wirtschaft der römischen Kaiserzeit in der modernen Deutung: Einige Überlegungen, in: Strobel 2002, 1–66.
Drinkwater 1977/78	F. Drinkwater, Die Secundinier von Igel, in: Trierer Zeitschrift 40/41, 1977/78, 107–125.
Drinkwater 1987	J. F. Drinkwater: The Gallic Empire. Separatism and Continuity in the North-Western Provinces of the Roman Empire A.D. 260–274. Historia Einzelschriften 52 (Stuttgart 1987).
Drinkwater 2001	J.-F. Drinkwater, The Gallo-Roman woollen industry and the great debate: the Igel column revisited, in: David J. Mattingly/J. Salmon, Economies beyond agriculture in the classical world (London/New York 2001), 297–308.
Droß-Krüpe 2011	K. Droß-Krüpe, Wolle – Weber – Wirtschaft. Die Textilproduktion der römischen Kaiserzeit im Spiegel der papyrologischen Überlieferung. Philippika. Marburger altertumskundliche Abhandlungen 46 (Wiesbaden 2011).
Eckholdt 1986	M. Eckholdt, Die Schiffbarkeit kleiner Flüsse in alter Zeit. Notwendigkeit, Voraussetzungen und Entwicklung einer Rechenmethode, in: Archäologisches Korrespondenzblatt 16, 1986, 203–206.
Eiden 1949	H. Eiden, Untersuchungen an den spätrömischen Horrea von St. Irminen in Trier, in: Trierer Zeitschrift 18, 1949, 73–106.
Eiden 1970	H. Eiden, Der Raum Hermeskeil in vor- und frühgeschichtlicher Zeit, in: A. Backes u. a. (Hrsg.), Hermeskeil – Stadt im Hochwald (Hermeskeil 1970), 9–71.
Enßlin 1934	W. Enßlin, Theodora Flavia Maxima, in: G. Wissowa et al. (Hrsg.), Paulys Realencyclopädie der classischen Altertumswissenschaft 10,2 (Stuttgart, München 1934), 1773–1774.
Faul 2013	M. Faul, Studien zu römischen Einzelsiedlungen in Rheinhessen. Universitätsforschungen zur Prähistorischen Archäologie. Aus dem Institut für Vor- und Frühgeschichte der Universität Mainz, Bd. 233 (Bonn 2013).
Faust 1994	S. Faust, Holsthum. Villa rustica. Jahresbericht 1994, in: Trierer Zeitschrift 59, 1994, 238–241.
Faust 1995	S. Faust, Das Wohnhaus des römischen Gutshofes bei Holsthum (Kreis Bitburg-Prüm), in: Beiträge zur Geschichte des Bitburger Landes 18 (Bitburg 1/1995), 27–32.

Faust 1996	S. Faust, Der römische Vicus von Tawern. Neue Grabungsergebnisse, in: Funde und Ausgrabungen im Bezirk Trier 28, 1996, 23-30.
Faust 1999	S. Faust, Ein römisches Gebäude bei Oberüttfeld (Kreis Bitburg-Prüm), in: Trierer Zeitschrift 62, 1999, 155–167.
Faust 2002	S. Faust, Der gallo-römische Vicus bei Tawern (Kreis Trier-Saarburg), in: R. Gogräfe/K. Kell (Hrsg.), Haus und Siedlung in den römischen Nordwestprovinzen. Grabungsbefund, Architektur und Ausstattung. Internationales Symposion der Stadt Homburg vom 23. und 24. November 2000 (Homburg/Saar 2002), 133-139.
Faust/Löhr 2005	S. Faust/H. Löhr, Euren, Villa, in: Rheinisches Landesmuseum Trier (Hrsg.), Rettet das archäologische Erbe in Trier. Zweite Denkschrift der Archäologischen Trier-Kommission. Schriftenreihe des Rheinischen Landesmuseums Trier 31 (Trier 2005), 144–146.
Faustmann 2007	A. C. Faustmann, Besiedlungswandel im südlichen Oberrheingebiet von der Römerzeit bis zum Mittelalter. Freiburger Beiträge zur Archäologie und Geschichte des ersten Jahrtausends, Bd. 10 (Rahden 2007).
Fellmeth 2002	U. Fellmeth, „Eine wohlhabende Stadt sei nahe…" Die Standortfaktoren in der römischen Agrarökonomie im Zusammenhang mit den Verkehrs- und Raumordnungsstrukturen im römischen Italien (St. Katherinen 2002).
Ferdière 1984	A. Ferdière, Le travail du textile en Région Centre de l'Age du Fer au Moyen-Age. in: Revue archéologique du Centre de la France 23, 1984, 209–275.
Ferdière 2010	A. Ferdière, L'agriculture dans le nord de la Gaule romaine. Techniques et développement, in: Le blé, l'autre or des Romains (Bavay 2010), 17.
Feugère/Gustin 1999	M. Feugère/M. Gustin (Hrsg.), Iron, Blacksmiths and Tools. Ancient European Crafts. Acts of the Instrumentum Conference at Podsreda (Slovenia) in April 1999. Monographies instrumentum, 12 (Montagnac 1999).
Finley 1973	M. I. Finley, The Ancient Economy (Berkeley/Los Angeles 1973).
Finley 1979	M. I. Finley, The Bücher-Meyer-Controversy (New York 1979).
Fischer 1989	H. Fischer, Rheinland-Pfalz und Saarland. Eine geographische Landeskunde (Darmstadt 1989).
Fischer 2012	T. Fischer, (Hrsg.): Die Krise des 3. Jahrhunderts n. Chr. und das Gallische Sonderreich. Akten des Interdisziplinären Kolloquiums Xanten 26. bis 28. Februar 2009 (Wiesbaden 2012).
Fontaine 2007	T. Fontaine, Das Trierer Umland im 4. Jahrhundert, in: A. Demandt, J. Engemann (Hrsg.), Konstantin der Große. Ausstellungskatalog, Trier 2007 (Mainz 2007), 333–341.
France/Kuhnen/Richard 2001	J. France/H.-P. Kuhnen/F. Richard (Hrsg.), La colonne d'Igel, société et religion au IIIe siècle, in: Annales de l'est 2/2001, 5–195.
Frank 1933–1940	T. Frank (Hrsg.), An economic survey of ancient Rome. Vol. I–V, General index (Baltimore 1933–1940).
Fremersdorf 1933	F. Fremersdorf, Der römische Gutshof Köln-Müngersdorf. Römisch-germanische Forschungen 6 (Berlin, Leipzig 1933).

Frey/Gilles/Thiel 1995	M. Frey/K.-J. Gilles/M. Thiel, Das römische Bitburg. Führer zu den archäologischen Denkmälern des antiken Beda (Trier 1995).
Frézouls 1990	E. Frézouls, Gallien und römisches Germanien, in: Vittinghoff 1990, 429–479.
FuA	Rheinisches Landesmuseum Trier (Hrsg.), Funde und Ausgrabungen im Bezirk Trier (Trier seit 1969).
Gaitzsch/Matthäus 1981	W. Gaitzsch/H. Matthäus, Runcinae – römische Hobel, in: Bonner Jahrbücher 181, 1981, 205–247.
Gaitzsch 1978	W. Gaitzsch, Römische Werkzeuge. Kleine Schriften zur Kenntnis der römischen Besetzungsgeschichte Südwestdeutschlands 19 (Stuttgart 1978).
Gaitzsch 1980	W. Gaitzsch, Eiserne römische Werkzeuge. Studien zur römischen Werkzeugkunde in Italien und den nördlichen Provinzen des Imperium Romanum. BAR International Series 78 (Oxford 1980).
Gaitzsch 1985	W. Gaitzsch, Werkzeuge und Geräte in der römischen Kaiserzeit. Eine Übersicht, in: H. Temporini/W. Haase (Hrsg.), Aufstieg und Niedergang der römischen Welt II.12.3 (Berlin/New York 1985), 170–204.
Gaitzsch 1986a	W. Gaitzsch, Antike Korb- und Seilerwaren. Schriften des Limesmuseums Aalen 38 (Aalen 1986).
Gaitzsch 1986b	W. Gaitzsch, Grundformen römischer Landsiedlungen im Westen der CCAA, in: Bonner Jahrbücher 186, 1986, 397–427.
Gall 1975	W. Gall, Rösten und Darren in urgeschichtlicher Zeit, in: Alt-Thüringen 13, 1975, 196–204.
Garnsey/Whittaker 1983	P. Garnsey/C.R. Whittaker (Hrsg.), Trade and Famine in Classical Antiquity (Cambridge 1983).
Gechter/Kunow 1986	M. Gechter/J. Kunow, Zur ländlichen Besiedlung des Rheinlandes in römischer Zeit, in: Bonner Jahrbücher 186, 1986, 377–396.
Geldmacher 2007	N. Geldmacher, Belegungsgeschichte der Nekropole von Wederath-Belginum in römischer Zeit, in: Cordie 2007, 117–126.
Geologie RLP 2005	Landesamt für Geologie und Bergbau Rheinland-Pfalz, Mainz (Hrsg.), Geologie von Rheinland-Pfalz (Stuttgart 2005).
Germania	Römisch-Germanische Kommission des Deutschen Archäologischen Instituts (Hrsg.), Germania. Anzeiger der Römisch-Germanischen Kommission des Deutschen Archäologischen Instituts (Frankfurt am Main u. a. 1917 ff.).
Ghetta 2008	M. Ghetta, Spätantikes Heidentum. Trier und das Trevererland (Trier 2008).
Gilles 1980/81	K.-J. Gilles, Ein weiterer Münzschatz der Mitte des 4. Jahrhunderts aus dem unteren Alftal, in: Trierer Zeitschrift 43/44, 1980/81, 317–339.
Gilles 1983	K.-J. Gilles, Ausgrabung einer römischen Eisenhütte bei Bitburg-Stahl, in: Heimatkalender Landkreis Bitburg-Prüm 1983, 49–57.
Gilles 1984	K.-J. Gilles, Germanen im Trierer Land, in: Trier – Kaiserresidenz, 335-351.
Gilles 1985a	K.-J. Gilles, Die römische Villa von Mehring, in: FuA 17, 1985, 33–39.

Gilles 1985b	K.-J. Gilles, Spätrömische Höhensiedlungen in Eifel und Hunsrück. Trierer Zeitschrift, Beiheft 7 (Trier 1985).
Gilles 1985c	K.-J. Gilles, Die römische Villa von Mehring, in: Jahrbuch Kreis Trier-Saarburg 1985, 119–121.
Gilles 1989	K.-J. Gilles, Die römische Landvilla von Longuich, in: Jahrbuch Kreis Trier-Saarburg 1989, 200–205.
Gilles 1990a	K.-J. Gilles, Ein ungewöhnlicher römerzeitlicher Keller in Kenn, in: Jahrbuch Kreis Trier-Saarburg 1990, 122–129.
Gilles 1990b	K.-J. Gilles, Die römische Villa und Wasserleitung von Pölich, in: Jahrbuch Kreis Trier-Saarburg 1990, 113–121.
Gilles 1991	K.-J. Gilles, Die römische Villa von Kinheim. Das Landgut eines Moselwinzers, in: Jahrbuch Kreis Bernkastel-Wittlich 1991, 144–148.
Gilles 1992	K.-J. Gilles, Vorbericht zur neu entdeckten römischen Villa im Ortskern von Veldenz, in: Schloß Veldenz, Festbuch 1992, 70–74.
Gilles 1993a	K.-J. Gilles, Keltische Fundmünzen im östlichen Treverergebiet, in: Trierer Zeitschrift 56, 1993, 35–66.
Gilles 1993b	K.-J. Gilles, Die römische Villa im Ortskern von Veldenz, in: Schloß Veldenz, Festbuch 1993, 84–88.
Gilles 1993c	K.-J. Gilles, Neue archäologische Erkenntnisse zur spätrömischen Kaiservilla von Konz, in: Jahrbuch Kreis Trier-Saarburg 1993, 35–37.
Gilles 1994a	K.-J. Gilles, Les agglomérations secondaires de la Rhénanie, in: J.-P. Petit u. a. (Hrsg.), Les agglomérations secondaires. La Gaule Belgique, les Germanies et l'Occident romain (Paris 1994), 136–146.
Gilles 1994b	K.-J. Gilles, Rhénanie, in: J.-P. Petit u. a. (Hrsg.), Atlas des agglomérations secondaires de la Gaule Belgique et des Germanies (Paris 1994), 268–286.
Gilles 1995a	K.-J. Gilles (Hrsg.), Neuere Forschungen zum römischen Weinbau an Mosel und Rhein. Schriftenreihe des Rheinischen Landesmuseums Trier 11 (Trier 1995).
Gilles 1995b	K.-J. Gilles, Römerzeitliche Kelteranlagen an der Mosel, in: K.-J. Gilles (Hrsg.), Neuere Forschungen zum römischen Weinbau an Mosel und Rhein. Schriftenreihe des Rheinischen Landesmuseums Trier 11 (Trier 1995), 5–59.
Gilles 1996	K.-J. Gilles, Das Münzkabinett im Rheinischen Landesmuseum Trier. Schriftenreihe des Rheinischen Landesmuseums Trier 13 (Trier 1996).
Gilles 1999a	K.-J. Gilles, Neuere Untersuchungen an der Langmauer bei Trier, in: Festschrift für Günter Smolla. Materialien zur Vor-und Frühgeschichte von Hessen 8 (Wiesbaden 1999), 245–258.
Gilles 1999b	K.-J. Gilles, Bacchus und Sucellus – 2000 Jahre römische Weinkultur an Mosel und Rhein (Briedel 1999).
Gilles 2012	K.-J. Gilles, Die römische Zeit, in: L. Clemens/F. J. Felten/M. Schnettger, Kreuz – Rad – Löwe. Rheinland-Pfalz. Ein Land und seine Geschichte Band 1 (Mainz 2012), 129–178.
Goethert, K. 2010/2011	K. Goethert, Spätantike Glasfabrikation in Trier. Funde aus dem Töpfereiviertel und an der Hohenzollernstraße in Trier, in: Trierer Zeitschrift 73/74, 2010/2011, 67–146.

Goethert, K.-P. 1999a	K.-P. Goethert, Contionacum. Kaiserlicher Landsitz oder vorübergehender Aufenthalt Valentinians? in: Trierer Zeitschrift 62, 1999, 219–221.
Goethert, K.-P. 1999b	K.-P. Goethert, Der Grundriss der (römischen) Villa von Oberüttfeld, in: Trierer Zeitschrift 62, 1999, 169–180.
Goethert, K.-P. 2009	K.-P. Goethert, Eine Ruine wird zum Denkmal. Zur Inwertsetzung der kaiserlichen Villa in Konz, in: Jahrbuch Kreis Trier-Saarburg 2009, 190–194.
Goethert, K.-P. 2010/2011	K.-P. Goethert, Zur Überlieferung des Mosaiks aus Raum 49–51 der römischen Villa Otrang bei Fließem, Eifelkreis Bitburg-Prüm, in: Trierer Zeitschrift 73/74, 2010/2011, 57–65.
Goethert/Goethert 2008	K. Goethert/K.-P. Goethert, Die römische Villa von Wittlich. Forschungsgeschichte und Schicksal eines archäologischen Denkmals, in: Funde und Ausgrabungen im Bezirk Trier 40, 2008, 50–64.
Gollub 1969	S. Gollub, Neue Funde der Urnenfelderkultur im Bitburger Land, in: Trierer Zeitschrift 32, 1969, 7–29.
Gollub 1977	S. Gollub, Wintersdorf an der Sauer, in: Südwestliche Eifel, 162-166.
Gose 1932	E. Gose, Der Tempelbezirk von Otrang bei Fließem, in: Trierer Zeitschrift 7, 1932, 123–143.
Gose 1961	E. Gose, Die kaiserliche Sommerresidenz in Konz, Lkr. Saarburg, in: Germania 39, 1961, 204–208.
Grenier 1922	A. Grenier, Villa, in: C. Daremberg/M. E. Saglio (Hrsg.), Dictionnaire des antiquités grecques et romaines V (Paris 1922), 870–892.
Grenier 1937	A. Grenier, La Gaule romaine, in: T. Frank (Hrsg.), An economic survey of ancient Rome, Vol. III (Baltimore 1937), 379–644.
Gros 2001	P. Gros, L'architecture romaine II. Du début du IIIe siècle av. J.-C. à la fin du Haut-Empire (Paris 2001).
Grünewald /Wenzel 2012	M. Grünewald/S. Wenzel (Hrsg.), Römische Landnutzung in der Eifel. Neue Ausgrabungen und Forschungen. RGZM-Tagungen 16 (Mainz 2012).
Haas 2006	J. Haas, Die Umweltkrise des 3. Jahrhunderts n. Chr. im Nordwesten des Imperium Romanum. Interdisziplinäre Studien zu einem Aspekt der allgemeinen Reichskrise im Bereich der beiden Germaniae sowie der Belgica und der Raetia. Geographica Historica 22 (Stuttgart 2006).
Habermehl 2011	D. Habermehl, Exploring villa development in the northern provinces of the Roman empire, in: Roymans/Derks 2011, 61–82.
Haffner 1974	A. Haffner, Zum Ende der Latènezeit im Mittelrheingebiet unter besonderer Berücksichtigung des Trierer Landes, in: Archäologische Korrespondenzblätter 4, 1974, 59–72.
Haffner 1977/1978	A. Haffner, Die römische Villa bei Mandern, Kreis Trier-Saarburg, in: Trierer Zeitschrift 40/41, 1977/1978, 95–106.
Haffner 1989	A. Haffner (Hrsg.), Gräber – Spiegel des Lebens. Zum Totenbrauch der Kelten und Römer am Beispiel des Treverer-Gräberfeldes Wederath-Belginum. Schriftenreihe des Rheinischen Landesmuseums Trier 2 (Trier/Mainz 1989).

Haffner/von Schnurbein 2000	A. Haffner/S. von Schnurbein (Hrsg.), Kelten, Germanen, Römer im Mittelgebirgsraum zwischen Luxemburg und Thüringen. Akten des internationalen Kolloquiums zum DFG-Schwerpunktprogramm „Romanisierung" in Trier vom 28.–30. September 1998. Kolloquien zur Vor- und Frühgeschichte, Bd. 5 (Bonn 2000).
Hagen 1931	J. Hagen, Römerstraßen der Rheinprovinz (Bonn ²1931).
Hanemann 2012	B. Hanemann, Ein Eisenhortfund mit Eisenteilen aus der römischen Großvilla von Bartringen „Burmicht", in: Archaeologia Mosellana 8, 2012, 85–154.
Heimberg 2002/2003	U. Heimberg, Römische Villen an Rhein und Maas, in : Bonner Jahrbücher 202/203, 2002/2003, 57–146.
Hein 2013	F. Hein, Was geschah mit der römischen Villa Wasserliesch? In: Jahrbuch Kreis Trier-Saarburg 2014 (Trier 2013), 184–191.
Heinen 1976	H. Heinen, Grundzüge der wirtschaftlichen Entwicklung des Moselraumes zur Römerzeit, in: Trierer Zeitschrift 39, 1976, 75–118.
Heinen 1979	H. Heinen, Probleme der Romanisierung. Die erste Phase der römischen Herrschaft im Trevererland, in: Staatliches Institut für Lehrerfort- und Weiterbildung des Landes Rheinland-Pfalz. Studienmaterialien 25 (Speyer 1979), 25–53.
Heinen 1984a	H. Heinen, Augustus in Gallien und die Anfänge des römischen Trier, in: Trier – Augustusstadt der Treverer. Katalog Trier 1984 (Mainz 1984), 32–47.
Heinen 1984b	H. Heinen, Vom Ende des Gallischen Sonderreiches bis zur Usurpation des Magnentius, in: Trier – Kaiserresidenz, 16–31.
Heinen 1985	H. Heinen, Trier und das Trevererland in römischer Zeit. 2000 Jahre Trier I (Trier 1985).
Heinen 1996	H. Heinen, Frühchristliches Trier. Von den Anfängen bis zur Völkerwanderung (Trier 1996).
Henrich/Mischka 2008	P. Henrich/C. Mischka, Die römische Axialvillenanlage von Mettendorf, „In der Ay", Eifelkreis Bitburg-Prüm, in: FuA 40, 2008, 75–83.
Henrich 2006	P. Henrich, Die römische Besiedlung in der westlichen Vulkaneifel. Trierer Zeitschrift, Beiheft 30 (Trier 2006).
Herz/Waldherr 2001	P. Herz/G. Waldherr (Hrsg.), Landwirtschaft im Imperium Romanum. Pharos 14 (St. Katharinen 2001).
Herz 2001	P. Herz, Holz und Holzwirtschaft, in: P. Herz/G. Waldherr (Hrsg.), Landwirtschaft im Imperium Romanum. Pharos 14 (St. Katharinen 2001), 101–117.
Hesse 1843	C. F. Hesse, Die Ruine bei Fliessem, in: Rheinische Provinzialblätter, Neue Folge 3, Bd. 9 (Köln 1843), 201–205.
Hettner 1893a	F. Hettner, Die römischen Steindenkmäler des Provinzialmuseums zu Trier unter Ausschluss der Neumagener Monumente (Trier 1893).
Hettner 1893b	F. Hettner, Römisches Bassin mit Hermengeländer in Welschbillig, in: Westdeutsche Zeitschrift 12, 1893, 18–37.
Hilgers 1985	B. Hilgers, Kenn. Geschichte und Geschichten eines Moselortes. Schriftenreihe Ortschroniken des Trierer Landes, Bd. 18 (Trier 1985).

Hoffmann/Scheit 1998	J. Hoffmann/S. Scheit, Das Wein- und Heimatmuseum Mehring. Ein Führer zu Ausstellung und Ortsgeschichte (Mehring 1998).
Hoffmann 2004	P. Hoffmann, Römische Villa Otrang, Edition Burgen Schlösser Altertümer in Rheinland-Pfalz 5 (Regensburg 2004).
Hoffmann/Hupe/Goethert 1999	P. Hoffmann/J. Hupe/K. Goethert, Katalog der römischen Mosaike aus Trier und dem Umland. Trierer Grabungen und Forschungen 16 (Trier 1999).
Hoffmann-Salz 2011	J. Hoffmann-Salz, Die wirtschaftlichen Auswirkungen der römischen Eroberung. Vergleichende Untersuchungen der Provinzen Hispania Tarraconensis, Africa Proconsularis und Syria (Stuttgart 2011).
Hollstein 1980	E. Hollstein, Mitteleuropäische Eichenchronologie. Trierer dendrochronologische Forschungen zur Archäologie und Kunstgeschichte. Trierer Grabungen und Forschungen 11 (Mainz 1980).
Hopkins 1983	K. Hopkins, Models, Ships and Staples, in: P. Garnsey/C.R. Whittaker (Hrsg.), Trade and Famine in Classical Antiquity (Cambridge 1983).
Hornung 2012	S. Hornung, Ein spätrepublikanisches Militärlager bei Hermeskeil (Lkr. Trier-Saarburg), in: Archäologisches Korrespondenzblatt 42, 2/2012, 205–224.
Jacobsen 1995	G. Jacobsen, Primitiver Austausch oder freier Markt? Untersuchungen zum Handel in den gallisch-germanischen Provinzen während der römischen Kaiserzeit (St. Katharinen 1995).
Jacomet/Kreuz 1999	S. Jacomet/A. Kreuz, Archäobotanik. Aufgaben, Methoden und Ergebnisse vegetations- und agrargeschichtlicher Forschung (Stuttgart 1999).
Jahresbericht GfnF	Jahresbericht der Gesellschaft für nützliche Forschungen zu Trier (Trier 1852–1905).
Jahresbericht PM	Provinzialmuseum Trier (Hrsg.), Jahresbericht des Provinzialmuseums zu Trier (Trier u. a. 1904/1905–1933/1934).
Jahresbericht RLM Trier	Jahresbericht der Archäologischen Denkmalpflege für die Stadt Trier und die Landkreise Bernkastel-Wittlich, Birkenfeld, Bitburg-Prüm, Daun und Trier-Saarburg. Erwerbungsberichte der Sammlungen; Geschäftsbericht der Direktion, in: Trierer Zeitschrift. Archäologie und Kunst des Trierer Landes und seiner Nachbargebiete (Trier 1926 ff.).
Jahrbuch Kreis Trier-Saarburg	Kreisverwaltung Trier-Saarburg (Hrsg.), Ein Jahrbuch zur Information, Belehrung und Unterhaltung Kreis Trier-Saarburg (Trier 1970-1992); Kreisverwaltung Trier-Saarburg (Hrsg.), Jahrbuch Kreis Trier-Saarburg (Trier 1993 ff.).
Jankuhn 1989	H. Jankuhn u. a. (Hrsg.), Untersuchungen zu Handel und Verkehr der vor- und frühgeschichtlichen Zeit in Mittel- und Nordeuropa, Teil V. der Verkehr, Verkehrswege, Verkehrsmittel, Organisation (Göttingen 1989).
Johne 1993	K.-P. Johne (Hrsg.), Gesellschaft und Wirtschaft des Römischen Reiches im 3. Jahrhundert (Berlin 1993).
Johne 2008	K.-P. Johne (Hrsg.), Die Zeit der Soldatenkaiser. Krise und Transformation des Römischen Reiches im 3. Jahrhundert n. Chr. (235–284), 2 Bände (Berlin 2008).

Jones 1973	A. H. M. Jones, The Later Roman Empire, Bd. I (Oxford 1973).
Kähler, H. 1939	H. Kähler, Die römischen Kapitelle des Rheingebietes. Römisch-germanische Forschungen 13 (Berlin 1939).
Kähler, M. 2010/2011	M. Kähler, Untersuchungen zu den klassischen Vorbildern der spätantiken Hermen von Welschbillig, Kreis Trier-Saarburg, in: Trierer Zeitschrift 73/74, 2010/2011, 201–213.
Kaszab-Olschewski 2006	T. Kaszab-Olschewski, Die Oberflächenfunde der Villa rustica Ingendorf/Bettingen, in: Eiflia Archaeologica 3, 2006, 15–47.
Katalog Bavay 2010	Musée/Site d'Archéologie Bavay-Bagacum (Hrsg.), Le blé, l'autre or des Romains (Bavay 2010).
Keune 1933	J. B. Keune, Conz an der Saar, in: Trierer Zeitschrift 8, 1933, 15–22.
Kloft 2002	H. Kloft, Makroökonomik, Mikroökonomik und Alte Geschichte. Ein alter Hut und neue Fransen, in: Strobel 2002, 67–85.
Knickrehm 2010	W. Knickrehm, Die römische Villa an der Löwener Mühle und das „Grutenhäuschen". Neue Erkenntnisse durch neue Funde, in: Jahrbuch Kreis Trier-Saarburg 2010, 164–175.
Knörzer 2007	K.-H. Knörzer, Geschichte der synanthropen Flora im Niederrheingebiet. Rheinische Ausgrabungen 61 (Mainz 2007).
Knörzer u. a. 1999	K.-H. Knörzer u. a., Pflanzenspuren. Archäobotanik im Rheinland: Agrarlandschaft und Nutzpflanzen im Wandel der Zeiten. Materialien zur Bodendenkmalpflege im Rheinland 10 (Köln/Bonn 1999).
Koepp 1924	F. Koepp, Die Villa von Odrang, in: Germania 8, 1924, 6–13.
Koethe 1934	H. Koethe, Römische Villa bei Oberweis. Trierer Zeitschrift 9, 1934, 20–56.
Koethe 1935	H. Koethe, Die Hermen von Welschbillig, in: Jahrbuch des Deutschen Archäologischen Instituts 50, 1935, 198–237.
Koethe 1940	H. Koethe, Die Bäder römischer Villen im Trierer Bezirk, in: Bericht der Römisch-germanischen Kommission 30, 1940, 43–131.
König, I. 1981	I. König, Die gallischen Usurpatoren von Postumus bis Tetricus. Vestigia 31 (München 1981).
König, M. 1991	M. König, Die vegetabilischen Beigaben aus dem gallo-römischen Gräberfeld Wederath-Belginum im Hunsrück, in: FuA 23, 1991, 11–19.
König, M. 1993	M. König, Über die Bedeutung des Holunders (Sambucus spec.) in vorgeschichtlicher und jüngster Zeit. Paleoethnobotanische Betrachtung über eine Nahrungs-, Heil-, Färbe- und Zauberpflanze, in: FuA 25, 1993, 3–9.
König, M. 1994	M. König, Ölproduktion und/oder Fasergewinnung? Über einen römerzeitlichen Hanffund aus Erden/Mosel, in: FuA 26, 1994, 42–48.
König, M. 1995	M. König, Pflanzenfunde aus römerzeitlichen Kelteranlagen der Mittelmosel in: K.-J. Gilles (Hrsg.), Neuere Forschungen zum römischen Weinbau an Mosel und Rhein. Schriftenreihe des Rheinischen Landesmuseums Trier 11 (Trier 1995), 60–73.
König, M. 1996	M. König, Pflanzenreste aus dem römischen Vicus Tawern. Ein Beitrag zu Landwirtschaft und Umwelt, in: FuA 28, 1996, 31–40.

König, M. 1998	M. König, Eisenzeitliche Pflanzenfunde aus Konz-Könen, Landkreis Trier-Saarburg, in: FuA 30, 1998, 29–34.
König, M. 1999	M. König, Ein umfangreicher spätantiker Getreidefund aus Trier, in: FuA 31, 1999, 87–94.
König, M. 2000	M. König, Nicht nur Aesculap half. Römerzeitliche Heilkräuter und ihre Verwendung, in: FuA 32, 2000, 29–37.
König, M. 2001	M. König, Die spätantike Agrarlandschaft an der Mosel II. Weinbau und Landwirtschaft im Umfeld der spätantiken Kaiserresidenz Trier, in: FuA 33, 2001, 96–102.
Körber-Grohne 1987	U. Körber-Grohne, Nutzpflanzen in Deutschland. Kulturgeschichte und Biologie (Stuttgart 1987).
Krausse 2006	D. Krausse, Eisenzeitlicher Kulturwandel und Romanisierung im Mosel-Eifel-Raum. Die keltisch-römische Siedlung von Wallendorf und ihr archäologisches Umfeld. Römisch-Germanische Forschungen 63 (Mainz 2006).
Krausse Fundstellen	http://www.dainst.org/medien/de/krausse.pdf (Stand 02. April 2014).
Kremer 1999	B. Kremer, Wasserversorgung aus dem Tunnel. Der römische Qanat von Mehring, in: FuA 31, 1999, 37–50.
Kremer 2001	B. Kremer, Antike Wassergewinnung an der Mosel. Der römische Qanat von Pölich, in: Trierer Zeitschrift 61, 2001, 127–142.
Krencker 1923	D. Krencker, Die äußere Gestalt der villa rustica von Bollendorf, in: Trierer Jahresberichte 12, 1919/1920 (Trier 1923), 38–40.
Kretzschmer 1955	F. Kretzschmer, Die Heizung der Aula Palatina in Trier, in: Germania 33, 1955, 200–210.
Krier 1981	J. Krier, Die Treverer außerhalb ihrer Civitas. Mobilität und Aufstieg. Trierer Zeitschrift, Beiheft 5 (Trier 1981).
Kroll 2000	H. Kroll, Zum Ackerbau in Wallendorf in vorrömischer und römischer Zeit, in: Haffner/von Schnurbein 2000, 121–128.
Krüger 1904	E. Krüger, Franzenheim, in: Westdeutsche Zeitschrift 23, 1904, 378.
Krüger 1905	E. Krüger, Römische Villa bei Schleidweiler, in: Jahresberichte der Gesellschaft für nützliche Forschungen Trier 1900–1905 (Trier 1905), 31–39.
Krüger 1906	E. Krüger, Wittlich, in: Westdeutsche Zeitschrift 25, 1906, 459–461.
Krüger 1932	E. Krüger, Zu dem Wasserbecken aus der römischen Villa, in: Trierer Zeitschrift 7, 1932, 89–99.
Kuhnen 2001a	H.-P. Kuhnen, Le pilier d'Igel et ses environs, in: J. France/H.-P. Kuhnen/F. Richard (Hrsg.), La colonne d'Igel, société et religion au IIIe siècle, in: Annales de l'est 2/2001, 15–25.
Kuhnen 2001b	H.-P. Kuhnen, Die spätantike Agrarlandschaft an der Mosel I. Fundstellenerfassung und Aspekte der Siedlungsarchäologie, in: FuA 33, 2001, 67–95.
Kuhnen 2002	H.-P. Kuhnen, Archäologische Fundstellenerfassung („Listenerfassung") und Landesaufnahme. Leistungen und Defizite am Beispiel der römischen Villa Bitburg-Stahl, in: Archäologie in Rheinland-Pfalz (Mainz 2002), 93–95.

Künzl 1993	E. Künzl, Die Alamannenbeute aus dem Rhein bei Neupotz. Plünderungsgut aus dem römischen Gallien. RGZM Monographie 34,1–4. 4 Bände (Mainz 1993).
Kunow 1992	J. Kunow, Zentralität und Urbanität in der Germania inferior, in: Die römische Stadt im 2. Jh. n. Chr., Xantener Berichte, Bd. 2 (Köln 1992), 143–152.
Küster 1994	H. Küster, Botanische Untersuchungen zur Landwirtschaft in den Rhein-Donau-Provinzen vom 1. bis zum 5. Jh. nach Chr., in: Bender/Wolf 1994, 21–36.
Küster 1998	H. Küster, Geschichte des Waldes. Von der Urzeit bis zur Gegenwart (München 1998).
Landesamt für Umwelt, Wasserwirtschaft und Gewerbeaufsicht	http://www.luwg.rlp.de/Aufgaben/Naturschutz/Grundlagendaten/Naturraeumliche-Gliederung (Stand 02. April 2014).
Lang 1999	F. Lang, Stadt und Umland – Ein komplementäres System, in: Schwandner/Rheidt (1999), 1-18.
Laufner 1964	R. Laufner (Hrsg.), Geschichte des Trierer Landes, Bd. 1 (Trier 1964).
Lauffer 1971	S. Lauffer (Hrsg.), Diokletians Preisedikt. Texte und Kommentare 5 (Berlin 1971).
Lehner 1895	H. Lehner, Baldringen, in: Westdeutsche Zeitschrift 14, 1895, Korrespondenzblatt, 49–57.
Lenz 1998	K.-H. Lenz, Villae rusticae. Zur Entstehung dieser Siedlungsform in den Nordwestprovinzen des Römischen Reiches, in: Kölner Jahrbuch 31, 1998, 49–70.
Lindenthal 2007	J. Lindenthal, Die ländliche Besiedlung der nördlichen Wetterau in römischer Zeit. Materialien zur Vor- und Frühgeschichte von Hessen 23 (Wiesbaden 2007).
Loeschcke 1923	S. Loeschcke, Orenhofen, in: Trierer Jahresberichte 13, 1923, 37-39.
Loeschcke 1931	S. Loeschcke, Die römischen Ziegelöfen im Gemeindewald von Speicher, in: Trierer Zeitschrift 6, 1931, 1–7 mit Taf. I–II.
Lohmann 2009	H. Lohmann, Quellen, Methoden und Ziele der Siedlungsarchäologie, in: T. Mattern/A. Vött (Hrsg.), Mensch und Umwelt im Spiegel der Zeit. Aspekte geoarchäologischer Forschungen im östlichen Mittelmeergebiet (Wiesbaden 2009), 27–74.
Löhr 1998	H. Löhr, Drei Landschaftsbilder zur Natur- und Kulturgeschichte der Trierer Talweite, in: Funde und Ausgrabungen im Bezirk Trier 30, 1998, 7–28.
Löhr 2000	H. Löhr, Intensivierte Bodenerosion in der Trierer Talweite, in: Haffner/von Schnurbein 2000, 175–199.
Löhr 2003	H. Löhr, Das frührömische Militärlager auf dem Petrisberg bei Trier. Landesgartenschau und Archäologie, in: FuA 35, 2003, 21–30.
Löhr 2012	H. Löhr, Umweltgeschichte – Zwischen Natur und Kulturgeschichte, in: L. Clemens/F. J. Felten/M. Schnettger (Hrsg.), Kreuz – Rad – Löwe. Rheinland-Pfalz. Ein Land und seine Geschichte, Bd. 1 (Mainz 2012), 179–209.

Löhr/Nortmann 2000	H. Löhr/H. Nortmann, Ein spätlatènezeitlich-frührömischer Siedlungsausschnitt bei Konz-Könen, Kreis Trier-Saarburg und die naturhistorische Entwicklung ihres Umfeldes am Saarmündungstrichter. Mit einem Beitrag von Mechthild Neyses, in: Trierer Zeitschrift 63, 2000, 35–154.
Loscheider 1998	R. Loscheider, Ein Halbfabrikat zur Münzherstellung aus Belginum, in: Trierer Zeitschrift 61, 1998, 93–99, hier 94–95.
Loscheider 2005	R. Loscheider, Archäologische Zeugnisse in Leiwen und Umgebung, in: H. Erschens u. a. (Hrsg.), Leiwen, eine Ortsgeschichte (Leiwen 2005), 1–14.
Loscheider 2007	R. Loscheider, Exkurs: Münzherstellung als Teilaspekt des lokalen Handwerks, in: B. Beyer-Rotthoff/M. Luik, Wirtschaft in römischer Zeit. Geschichtlicher Atlas der Rheinlande, Beiheft III/3–4 (Bonn 2007), 27–32.
Ludwig 1988	R. Ludwig, Das frührömische Brandgräberfeld von Schankweiler, Kreis Bitburg-Prüm, in: Trierer Zeitschrift 51, 1988, 51–422.
Luik 1999	M. Luik, Gewerbliche Produktionsstätten in Villen des römischen Rheinlandes, in: Polfer 1999a, 209–216.
Luik 2001	M. Luik, Römische Wirtschaftsmetropole Trier, in: Trierer Zeitschrift 64, 2001, 245–282.
Luik 2005	M. Luik, Jenseits von Ackerbau und Viehzucht, in: Antike Welt 4/2005, 2005, 23–27.
Lüning 2000	J. Lüning, Steinzeitliche Bauern in Deutschland. Die Landwirtschaft im Neolithikum. Universitätsforschungen zur prähistorischen Archäologie, Bd. 58 (Bonn 2000).
Lüning/Meureres-Balke 1980	J. Lünig/J. Meurers-Balke, Experimenteller Getreideanbau im Hambacher Forst, Gemeinde Elsdorf, Kreis Bergheim/Rheinland, in: Bonner Jahrbücher 180, 1980, 305–344.
Lüning/Jockenhövel/ Bender/Capelle 1997	J. Lüning/A. Jockenhövel/H. Bender/T. Capelle (Hrsg.), Deutsche Agrargeschichte. Vor- und Frühgeschichte (Stuttgart 1997).
Marko 2011	P. Marko, Die villa Löffelbach – Polygonale Bauformen in spätantiken Villen und Palästen, in: von Bülow/Zabehlicky 2011, 285–291.
Martini 2013	S. Martini, Civitas equitata. Eine archäologische Studie zu Equiden bei den Treverern in keltisch-römischer Zeit. Philippika. Altertumswissenschaftliche Abhandlungen 62 (Wiesbaden 2013).
Mattern/Vött 2009	T. Mattern/A. Vött (Hrsg.), Mensch und Umwelt im Spiegel der Zeit. Aspekte geoarchäologischer Forschungen im östlichen Mittelmeergebiet (Wiesbaden 2009).
Matterne 2001	V. Matterne, Agriculture et alimentation végétale durant l'âge du Fer et l'époque gallo-romaine en France septentrionale. Archéologie des plantes et des animaux 1 (Montagnac 2001).
Menzel 1966	H. Menzel, Die römischen Bronzen aus Deutschland 2. Trier (Mainz 1966).
Merten 1983	J. Merten, Die archäologischen Jahresberichte des Trierer Landes, in: Trierer Zeitschrift 46, 1983, 285-291.

Merten 1985a	H. Merten, Karten zur Besiedlung der Civitas Treverorum in römischer Zeit (Beilage 1–3), in: H. Heinen, Trier und das Trevererland in römischer Zeit. 2000 Jahre Trier I (Trier 1985), 425–430.
Merten 1985b	H. Merten, Der Kult des Mars im Trevererraum, in: Trierer Zeitschrift 48, 1985, 7–113.
Merten 1985c	J. Merten, Zur Erinnerung an Josef Steinhausen, in: Trierer Zeitschrift 48, 1985, 261–267.
Merten 1998	J. Merten, „Die Geschlechter verschwinden mit ihrem Thun …" Zu den archäologischen Forschungen des Pfarrers Philipp Schmitt 1805–1856, in: FuA 30, 1998, 113–126.
Merten 1999	J. Merten, „Ich war außer mir vor Wonne!" Die Aufdeckung der römischen Mosaiken bei Fliessem in der ersten Hälfte des 19. Jahrhunderts, in: FuA 31, 1999, 123–126.
Mertens 1958	J. Mertens, Römische Skulpturen von Buzenol, Provinz Luxemburg, in: Germania 36, 1958, 386–392.
Metzler/Zimmer/Bakker 1981	J. Metzler/J. Zimmer/L. Bakker (Hrsg.), Ausgrabungen in Echternach (Luxemburg 1981).
Meyer 1895	E. Meyer, Die wirtschaftliche Entwicklung des Altertums. Ein Vortrag, gehalten auf der dritten Versammlung deutscher Historiker in Frankfurt am Main, 20. April 1895 (Jena 1895).
Meynen/Schmitthüsen 1957	E. Meynen/J. Schmitthüsen, Handbuch der naturräumlichen Gliederung Deutschlands. 4. und 5. Lieferung (Remagen 1957).
Mielsch 1987	H. Mielsch, Die römische Villa. Architektur und Lebensform (München 1987).
Möller 2007	C. A. Möller, Die latènezeitlichen Gräber von Wederath-Belginum. Ein Überblick über Forschungsstand, Fragestellungen und Methodologie einer Auswertung, in: Cordie 2007, 59–107.
Molter 2009	R. Molter, Die römische Palastanlage von Contionacum/Konz, in: Stadt Konz (Hrsg.), Konz an Saar und Mosel. Schriftenreihe Ortschroniken des Trierer Landes, Bd. 50 (Trier 2009), 39–41.
Moraitis 2003	A. Moraitis, Der römische Gutshof und das Gräberfeld bei Lösnich, Kreis Bernkastel-Wittlich. Ein Beitrag zur Rekonstruktion ländlicher Besiedlung im Trevererland. Trierer Zeitschrift, Beiheft 26 (Trier 2003).
Morris 1979	P. Morris, Agricultural buildings in Roman Britain. BAR British Series 70 (Oxford 1979).
Morscheiser-Niebergall 2009	J. Morscheiser-Niebergall, Die Anfänge Triers im Kontext augusteischer Urbanisierungspolitik nördlich der Alpen. Philippika. Marburger altertumskundliche Abhandlungen 30 (Wiesbaden 2009).
Müller 1996	H.-H. Müller, Die gallo-römische Erntemaschine, in: Historicum. Zeitschrift für Geschichte, Frühling 1996, 21–23.
Müller-Karpe u. a. 1998	A. Müller-Karpe u. a. (Hrsg.), Studien zur Archäologie der Kelten, Römer und Germanen in Mittel- und Westeuropa. Alfred Haffner zum 60. Geburtstag gewidmet. Internationale Archäologie. Studia honoraria, Bd. 4 (Rahden in Westphalen 1998).

Mylius 1924	H. Mylius, Die Rekonstruktion der römischen Villen von Nennig und Fließem, in: Bonner Jahrbücher 129, 1924, 109–128.
Negendank/Richter 1982	J. Negendank/G. Richter, Geschichtlicher Atlas der Rheinlande, Beiheft I, 1–5. Geographische und geologische Grundlagen (Köln 1982).
Nenninger 1999	M. Nenninger, Forstwirtschaft, in: H. Sonnabend (Hrsg.), Mensch und Landschaft in der Antike. Lexikon der Historischen Geographie (Stuttgart 1999), 151–153.
Nenninger 2001	M. Nenninger, Die Römer und der Wald. Untersuchungen zum Umgang mit einem Naturraum am Beispiel der römischen Nordwestprovinzen. Geographica historica 16 (Stuttgart 2001).
Neyses 1977	A. Neyses, Drei neuentdeckte gallo-römische Weinkelterhäuser im Moselgebiet, in: Archäologisches Korrespondenzblatt 7, 1977, 217–224.
Neyses 1979	A. Neyses, Das römerzeitliche Land- und Weingut im Hinterwald bei Lösnich, in: Kelten und Römer im Kröver Reich (1979) 13–19.
Neyses 1983	A. Neyses, Die Getreidemühlen beim römischen Land- und Weingut von Lösnich (Kreis Bernkastel-Wittlich), in: Trierer Zeitschrift 46, 1983, 209–221.
Neyses 1987	A. Neyses, Die spätrömische Kaiservilla zu Konz (Trier 1987).
Neyses-Eiden 1998	M. Neyses, Römerzeitliche Tannenchronologie für die Nordwest-Provinzen, in: Trierer Zeitschrift 61, 1998, 137–154.
Neyses-Eiden 2002	M. Neyses-Eiden, Holzbauten im römischen Vicus Tawern. Beobachtungen zur Dendrochronologie und Holztechnologie, in: FuA 34, 2002, 29–38.
Nortmann 2012	H. Nortmann, Zu den eisenzeitlichen Wurzeln römischer Besiedlung im westlichen Treverergebiet, in: Grünewald/Wenzel 2012, 321–325.
Nuber 1990	H.U. Nuber, Das Ende des Obergermanisch-Raetischen Limes – eine Forschungsaufgabe, in: H. U. Nuber u. a., Archäologie und Geschichte des ersten Jahrtausends in Südwestdeutschland. Archäologie und Geschichte. Freiburger Forschungen zum ersten Jahrtausend in Süddeutschland 1 (Sigmaringen 1990), 51–68.
Oelmann 1921	F. Oelmann, Die Villa rustica bei Stahl und Verwandtes, in: Germania 5, 1921, 64–73.
Oelmann 1929	F. Oelmann, Ein gallorömischer Bauerhof bei Mayen, in: Bonner Jahrbücher 133, 1929, 51–140.
Oelschlägel 2006	C. Oelschlägel, Die Tierknochen aus dem Tempelbezirk des römischen Vicus von Dalheim (Luxemburg). Dossiers d'Archéologie du Musée National d'Histoire et d'Art 13 (Luxembourg 2006).
Parlasca 1959	K. Parlasca, Die römischen Mosaiken in Deutschland. Römisch-Germanische Forschungen 23 (Berlin 1959).
Parlasca 1965	K. Parlasca, Neues zur Chronologie der römischen Mosaiken in Deutschland, in: La mosaïque gréco-romaine. Colloques internationaux du Centre National de la Recherche scientifique, Paris 29 août–3 septembre 1963 (Paris 1965), 77–84.
Patzelt 1994	G. Patzelt, Die klimatischen Verhältnisse im südlichen Mitteleuropa zur Römerzeit, in: Bender/Wolf 1994, 7–20.

Paul 1994	A. Paul, Toskanische Kapitel aus Trier und Umgebung, in: Trierer Zeitschrift 57, 1994, 147–273.
Peters 1994	J. Peters, Nutztiere in den westlichen Rhein-Donau-Provinzen während der römischen Kaiserzeit, in: Bender/Wolff 1994, 37–62.
Peters 1998	J. Peters, Römische Tierhaltung und Tierzucht. Eine Synthese aus archäozoologischer Untersuchung und schriftlich-bildlicher Überlieferung. Passauer Universitätsschriften zur Archäologie, Bd. 5 (Rahden/Westfalen 1998).
Petit 2005	J.-P. Petit, Bliesbruck-Reinheim. Celtes et Gallo-Romains en Moselle et en Sarre (Paris 2005).
Petit/Brunella 2005	J.-P. Petit/P. Brunella, Bliesbruck-Reinheim. Celtes et Gallo-Romains en Moselle et en Sarre (Paris 2005).
Petit u. a. 1994a	J.-P. Petit u. a. (Hrsg.), Les agglomérations secondaires. La Gaule Belgique, les Germanies et l'Occident romain (Paris 1994).
Petit u. a. 1994b	J.-P. Petit u. a. (Hrsg.), Atlas des agglomérations secondaires de la Gaule Belgique et des Germanies (Paris 1994).
Petrikovits, von 1985	H. von Petrikovits, Römischer Handel am Rhein und an der oberen und mittleren Donau, in: K. Düwel u. a. (Hrsg.), Untersuchungen zu Handel und Verkehr der vor- und frühgeschichtlichen Zeit in Mittel- und Nordeuropa, Teil 1 (Göttingen 1985), 299–336.
Petrikovits, von 1991a	H. von Petrikovits, Kleinstädte und nichtstädtische Siedlungen im Nordwesten des Römischen Reiches, nachgedruckt in: H. von Petrikovits, Beiträge zur römischen Geschichte und Archäologie. Beihefte der Bonner Jahrbücher 49 (Bonn 1991), 17–54.
Petrikovits, von 1991b	H. von Petrikovits, Die Spezialisierung des römischen Handwerks, nachgedruckt in: H. von Petrikovits, Beiträge zur römischen Geschichte und Archäologie II. Beihefte der Bonner Jahrbücher 49 (Bonn 1991), 87–146.
Petrikovits, von 1991c	H. von Petrikovits, Die Spezialisierung des römischen Handwerks II, nachgedruckt in: H. von Petrikovits, Beiträge zur römischen Geschichte und Archäologie II. Beihefte der Bonner Jahrbücher 49 (Bonn 1991), 147–168.
Pleket 1990	H. W. Pleket, Wirtschaft, in: F. Vittinghoff (Hrsg.), Handbuch der europäischen Wirtschafts- und Sozialgeschichte, Bd. 1. Europäische Wirtschafts- und Sozialgeschichte in der römischen Kaiserzeit (Stuttgart 1990), 25–160.
Polfer 1991	M. Polfer, Der Transport über den Landweg – Ein Hemmschuh für die Wirtschaft der römischen Kaiserzeit?, in: Helinium 31.2, 1991, 273–295.
Polfer 1999a	M. Polfer, (Hrsg.), Artisanat et productions artisanales en milieu rural dans les provinces du nord-ouest de l'Empire romain. Actes du Colloque d'Erpeldange, mars 1999. Monographies instrumentum 9 (Montagnac 1999).

Polfer 1999b	M. Polfer, Eisenproduktion und Eisenverarbeitung in Nordgallien und dem Rheinland während der römischen Kaiserzeit, in: M. Feugère/M. Gustin (Hrsg.), Iron, Blacksmiths and Tools. Ancient European Crafts. Acts of the Instrumentum Conference at Podsreda (Slovenia) in April 1999. Monographies instrumentum 12 (Montagnac 1999), 67–87.
Polfer 1999c	M. Polfer, La métallurgie du fer en Gaule du nord et en Rhénanie à l'époque romaine: le rôle des villae, in: M. Polfer, (Hrsg.), Artisanat et productions artisanales en milieu rural dans les provinces du nord-ouest de l'Empire romain. Actes du Colloque d'Erpeldange, mars 1999. Monographies instrumentum 9 (Montagnac 1999), 45–76.
Polfer 2001	M. Polfer, Occupation du sol et évolution de l'habitat rural dans la partie occidentale de la cité des Trévires au Bas-Empire (IVᵉ–Vᵉ siècles), in: P. Ouzoulias u. a. (Hrsg.), Les campagnes de la Gaule à la fin de l'Antiquité. IVᵉ colloque de l'association AGER. Antibes 2001, 69–112.
Polfer 2005a	M. Polfer, L'artisanat dans l'économie de la Gaule Belgique romaine à partir de la documentation archéologique. Monographies instrumentum 28 (Montagnac 2005).
Polfer 2005b	M. Polfer, Römerzeitliches Handwerk im ländlichen Raum – Erste Ergebnisse zur Gallia Belgica, in: M. Polfer (Hrsg.), Artisanat et économie romaine: Italie et provinces occidentales de l'Empire. Monographies instrumentum 23 (Montagnac 2005), 55–64.
Polfer 2005c	M. Polfer, Leben in der Villa rustica, in: Antike Welt 4/2005, 8–14.
Polfer 2008	M. Polfer, Zur Rolle des städtischen Handwerks in der Wirtschaft der römischen Provinz Gallia Belgica auf der Grundlage der archäologischen, epigraphischen und ikonographischen Quellen, in: Zeitschrift für Schweizerische Archäologie und Kunstgeschichte 65, Heft 1/2, 2008, 37–42.
Radke 1990/91	H. Radke, Bausendorf und Olkbach in römischer Zeit, in: Das Alftal in Gegenwart und Geschichte. Chronik der Alftal Verbandsgemeinden (Bausendorf 1990/91), 57–63.
RE	G. Wissowa u. a. (Hrsg.), Paulys Realenencyclopädie der classischen Altertumswissenschaft (Stuttgart/München 1893–1980).
Reichstein 1971	H. Reichstein, Tierknochenfunde aus einem römischen Brunnen in Irrel, Kreis Bitburg-Prüm, in: Trierer Zeitschrift 34, 1971, 93–95.
Reusch 1969	W. Reusch, Zwei Diatret-Fragmente aus Konz und Trier, in: Trierer Zeitschrift 32, 1969, 295–317.
Reutti 1975	F. Reutti, Römische Villen in Deutschland (Dissertation Marburg 1975).
Reutti 1990	F. Reutti (Hrsg.), Die römische Villa. Wege der Forschung, Bd. 182 (Darmstadt 1990).
Reutti 1994	F. Reutti, Typologie der Grundrisse römischer Villen, in: S. K. Palágyi (Hrsg.), Balácai Közlemények. 3. Internationale Tagung über römische Villen. Veszprém 16.–20. Mai 1994 (Veszprém 1994), 200–205.
Reutti 2006	F. Reutti, Villa, in: Reallexikon der germanischen Altertumskunde, Bd. 32 (Berlin 2006), 375–387.

RGA	J. Hoops/H. Beck/H. Jankuhn (Hrsg.), Reallexikon der germanischen Altertumskunde. 35 Bände. 2., neubearbeitete Auflage (Berlin/New York 1973-2007).
Rheinisches Landesmuseum Trier 2005	Rheinisches Landesmuseum Trier (Hrsg.), Rettet das archäologische Erbe in Trier. Zweite Denkschrift der Archäologischen Trier-Kommission. Schriftenreihe des Rheinischen Landesmuseums Trier 31 (Trier 2005).
RIC	British Museum (Hrsg.), The Roman imperial coinage. 13 Bände (London 1923–1994).
Richter 1982	G. Richter, Orohydrographische Karte, in: J. Negendank/G. Richter, Geschichtlicher Atlas der Rheinlande, Beiheft I, 1–5. Geographische und geologische Grundlagen (Köln 1982), 10–12.
Riha 1979	E. Riha, Die römischen Fibeln aus Augst und Kaiseraugst. Forschungen in Augst, Bd. 3 (Augst 1979).
Rinkewitz 1984	W. Rinkewitz, Pastio Villatica. Untersuchungen zur intensiven Hoftierhaltung in der römischen Landwirtschaft (Frankfurt am Main 1984).
Römer an Mosel und Saar	Die Römer an Mosel und Saar. Zeugnisse der Römerzeit in Lothringen, in Luxemburg, im Raum Trier und im Saarland (1983).
Rösch 2009	M. Rösch, Der Inhalt eines horreums von Bad Rappenau, Kreis Heilbronn, in: Biel u. a. (Hrsg.), Landesarchäologie. Festschrift für Dieter Planck zum 65. Geburtstag (Stuttgart 2009), 379–391.
Rostovtzeff 1957	M. Rostovtzeff, Social and Economic History of the Roman Empire (Oxford 1926, second edition Oxford 1957).
Rothenhöfer 2005	P. Rothenhöfer, Die Wirtschaftsstrukturen im südlichen Niedergermanien. Untersuchungen zur Entwicklung eines Wirtschaftsraumes an der Peripherie des Imperium Romanum. Kölner Studien zur Archäologie der römischen Provinzen 7 (Rahden Westfalen 2005).
Roth-Rubi 1994	K. Roth-Rubi, Die ländliche Besiedlung und Landwirtschaft im Gebiet der Helvetier (Schweizer Mittelland) während der Kaiserzeit, in: Bender/Wolf 1994, 309–329.
Roymans 2011	N. Roymans, Ethnic recruitment, returning veterans and the diffusion of Roman culture among rural populations in the Rhineland frontier zone, in: Roymans/Derks 2011a, 139–160.
Roymans/Derks 2011a	N. Roymans/T. Derks, (Hrsg.), Villa landscapes in the Roman North. Economy, Culture and Lifestyles (Amsterdam 2011).
Roymans/Derks 2011b	N. Roymans/T. Derks, Studying Roman villa landscapes in the 21st century. A multi-dimensional approach, in: Roymans/Derks 2011a, 1–44.
Ruffing 2008	K. Ruffing, Die berufliche Spezialisierung in Handel und Handwerk. Untersuchungen zu ihrer Entwicklung und zu ihren Bedingungen in der römischen Kaiserzeit im östlichen Mittelmeerraum auf der Grundlage griechischer Inschriften und Papyri. Pharos. Studien zur griechisch-römischen Antike, Bd. 24 (Rahden/Westf. 2008).
Ruffing 2011	K. Ruffing, Wirtschaft und Handel in der griechisch-römischen Antike (Darmstadt 2011).

Rupp/Birley 2012a	V. Rupp/H. Birley (Hrsg.), Landleben im römischen Deutschland (Stuttgart 2012).
Rupp/Birley 2012b	V. Rupp/H. Birley, Mehring: Villa rustica mit 34 Räumen, in: V. Rupp/H. Birley (Hrsg.), Landleben im römischen Deutschland (Stuttgart 2012), 162–163.
Schaub/Hiller 1983	J. Schaub/F. Hiller, Münzprägestätte Sarreinsming, in: Römer an Mosel und Saar, 289-290, Kat. 261.
Schiel 1964	B. Schiel, Einführung in die geologischen und geographischen Grundlagen des Trierer Landes, in: R. Laufner (Hrsg.), Geschichte des Trierer Landes, Bd. 1 (Trier 1964), 9–38.
Schier 2002	W. Schier, Bemerkungen zu Stand und Perspektiven siedlungsarchäologischer Forschung, in: Interdisziplinäre Beiträge zur Siedlungsarchäologie. Gedenkschrift Walter Janssen. Studia honoraria 17 (Rahden 2002), 299–309
Schindler 1973	R. Schindler, Archäologischer Denkmalschutz und Autobahnbau am Beispiel der Römervilla von Wittlich, in: Kurtrierisches Jahrbuch 13, 1973, 159–167.
Schindler 1976	R. Schindler, Fragen zur römischen Eisenverhüttung im Moselland, in: Trierer Zeitschrift 39, 1976, 45–59.
Schindler 1977	R. Schindler, Die Denkmäler des Ferschweiler Plateaus, in: Südwestliche Eifel, 154–157.
Schmidt 1843	C. W. Schmidt, Die Jagdvilla zu Fließem (Trier 1843).
Schmitt 1850	P. Schmitt, Der Kreis Saarlouis und seine nächste Umgebung unter den Römern und Celten. Bericht an die Gesellschaft für nützliche Forschungen zu Trier (Trier 1850).
Schmitt 1855	P. Schmitt, Der Kreis Trier unter den Römern und in der Urzeit. Ein Bericht an die Gesellschaft für nützliche Forschungen. (Autograph Trier 1855).
Schneemann 1844	G. Schneemann, Alterthumsreste bei und in Conz, in: Bonner Jahrbücher 5/6, 1844, 188–192.
Schneider 1999	H. Schneider, Bücher-Meyer-Kontroverse, in: DNP 13 (Stuttgart 1999), 551–556.
Schoon 2005	R. Schoon, Archäozoologische Untersuchungen zum Vicus von Bliesbruck, Moselle, und zur Großvilla von Rheinheim, Saarland. Blesa 6 (Bliesbruck-Reinheim/Sarreguemines 2005).
Schoon 2009	R. Schoon, Archäozoologische Untersuchungen an Tierknochenfunden des 2. und 11. Jahrhunderts vom Domfreihof in Trier, in: W. Weber (Hrsg.), Die Trierer Domgrabung, Bd. 6. Fundmünzen, Ziegelstempel und Knochenfunde aus den Grabungen im Trierer Dombereich. Kataloge und Schriften des Bischöflichen Dom- und Diözesanmuseums, Bd. 7 (Trier 2009), 473–534.
Schroeder 1971	K. Schroeder, Geologisch-palaeobotanische Untersuchung eines römerzeitlichen Brunnens bei Irrel, Kreis Bitburg-Prüm (Eifel), in: Trierer Zeitschrift 34, 1971, 97–117.
Schütt/Löhr/Baumhauer 2002	B. Schütt/H. Löhr/R. Baumhauer, Mensch-Umwelt-Beziehungen in Raum und Zeit – Konzeption eines Fundstellenkatasters für die Region

	Trier, in: Petermanns Geographische Mitteilungen. Zeitschrift für Geo- und Umweltwissenschaften 2002/6, 74–83.
Schwandner/Rheidt 1999	E.-L. Schwandner/K. Rheidt (Hrsg.), Stadt und Umland. Neue Ergebnisse der archäologischen Bau- und Siedlungsforschung. Bauforschungskolloquium in Berlin vom 7. bis 10. Mai 1997, veranstaltet vom Architekturreferat des DAI (Mainz 1999).
Schwinden 1984	L. Schwinden, Das römische Trier seit Mitte des 4. Jahrhunderts, in: Trier – Kaiserresidenz, 34–48.
Schwinden 1989a	L. Schwinden, Gallo-römisches Textilgewerbe nach Denkmälern aus Trier und dem Trevererland, in: Trierer Zeitschrift 52, 1989, 279–318.
Schwinden 1989b	L. Schwinden, Ein neugefundener Silberteller mit Graffiti aus der römischen Villa von Wittlich, in: FuA 21, 1989, 19–21.
Schwinden 1994	L. Schwinden, Aspargus – römischer Spargel. Ein neues Bleietikett mit Graffiti aus Trier, in: FuA 26, 1994, 25–32.
Schwinden 2000a	L. Schwinden, Ausgrabungen und archäologische Untersuchungen der Gesellschaft für nützliche Forschungen, in: Antiquitates Trevirenses 2000,101–129.
Schwinden 2000b	L. Schwinden, Ausgrabungen und Untersuchungen der Gesellschaft für Nützliche Forschungen, in: Kurtrierisches Jahrbuch 40, 2000, 111–116.
Schwinden 2004	L. Schwinden, Warenetikett für Spargel, in: M. Reuter/M. Scholz (Hrsg.), Geritzt und entziffert. Schriftzeugnisse der römischen Informationsgesellschaft. Schriften des Limesmuseums Aalen 59 (Esslingen 2004), 87.
Seebold 2005	E. Seebold, Spelt, in: Reallexikon der Germanischen Altertumskunde 29 (Berlin 2005), 339–340.
Seiler 2012a	S. Seiler, Die Villa von Bollendorf: klein, aber fein, in: V. Rupp/H. Birley (Hrsg.), Landleben im römischen Deutschland (Stuttgart 2012), 164–166.
Seiler 2012b	S. Seiler, In herrlicher Lage: die Palastvilla von Longuich, in: V. Rupp/H. Birley (Hrsg.), Landleben im römischen Deutschland (Stuttgart 2012), 131–132.
Seiler 2012c	S. Seiler, Nachglanz der Spätantike in Welschbillig, in: V. Rupp/H. Birley (Hrsg.), Landleben im römischen Deutschland (Stuttgart 2012), 129–130.
Seiler 2012d	S. Seiler, Trauriges Schicksal: die Palastvilla von Wittlich, in: V. Rupp/H. Birley (Hrsg.), Landleben im römischen Deutschland (Stuttgart 2012), 133–135.
Sirocko 2009	F. Sirocko (Hrsg.), Wetter, Klima, Menschheitsentwicklung. Von der Eiszeit bis ins 21. Jahrhundert (Darmstadt 2009).
Slofstra 1995	J. Slofstra, The Villa in the Roman West: Space, Decoration and Ideology, in: J. Metzler u. a. (Hrsg.), Integration in the Early Roman West. The role of Culture and Ideology. Dossiers d'Archéologie du Musée National d'Histoire et d'Art IV (Luxemburg 1995), 77–90.
Smith 1997	J. T. Smith, Roman Villas. A study in social structure (London/New York 1997).

Sonnabend 1999	H. Sonnabend (Hrsg.), Mensch und Landschaft in der Antike. Lexikon der Historischen Geographie (Stuttgart 1999).
Steiner 1923a	P. Steiner, Römische Villen im Treverergebiet I. Die Villa von Bollendorf, in: Trierer Jahresberichte 12, 1919/20 (Trier 1923), 1–37.
Steiner 1923b	P. Steiner, Die Kleinfunde der Bollendorfer Villa, in: Trierer Jahresberichte 12, 1919/20 (Trier 1923), 41–59.
Steiner 1923c	P. Steiner, Römische Landhäuser (villae) im Trierer Bezirk (Berlin 1923).
Steiner 1926	P. Steiner, Ausgrabungen in der Villa von Odrang, in Trierer Zeitschrift 1, 1926, 40.
Steiner 1929	P. Steiner, Neue Ausgrabungen in Odrang, in Trierer Zeitschrift 4, 1929, 75–83.
Steiner 1930	P. Steiner, Römische Baureste in Schwirzheim, in: Trierer Zeitschrift 5, 1930, 93–98.
Steiner 1934	P. Steiner, Das römische Landgut bei Fließem. Führungsblätter der Trierer Museen (Trier 1934).
Steinhausen 1926	J. Steinhausen, Alte Eisenschmelzen in der Südeifel, in: Trierer Zeitschrift 1, 1926, 49–63.
Steinhausen 1931	J. Steinhausen, Die Langmauer bei Trier und ihr Bezirk, eine Kaiserdomäne, in: Trierer Zeitschrift 6, 1931, 41–79.
Steinhausen 1932	J. Steinhausen, Archäologische Karte der Rheinprovinz. I. 1. Halbblatt, Textband. Ortskunde Trier-Mettendorf (Bonn 1932).
Steinhausen 1936	J. Steinhausen, Archäologische Siedlungskunde des Trierer Landes (Trier 1936).
Steinhausen 1954/1955	J. Steinhausen, Zu den Quaderinschriften der Porta Nigra in Trier, in: Trierer Zeitschrift 23, 1954/55, 181–223.
Steinhausen 1964	J. Steinhausen, Das Trierer Land unter der römischen Herrschaft, in: R. Laufner (Hrsg.), Geschichte des Trierer Landes, Bd. 1 (Trier 1964), 98–221.
Steuer/Zimmermann 1993	H. Steuer/U. Zimmermann, Alter Bergbau in Deutschland. Sonderheft der Zeitschrift „Archäologie in Deutschland" 1993 (Stuttgart 1993).
Stoll 2001	O. Stoll, Kontakt und Wandel. Wege der Vermittlung und Ausbreitung landwirtschaftlicher Technologien in der Antike, in: Herz/Waldherr 2001, 285–318.
Strobel 2002	K. Strobel (Hrsg.), Die Ökonomie des Imperium Romanum, Strukturen, Modelle und Wertungen im Spannungsfeld von Modernismus und Neoprimitivismus. Pharos, Studien zur griechisch-römischen Antike Band 17 (St. Katharinen 2002).
Südwestliche Eifel	Römisch-Germanisches Zentralmuseum Mainz (Hrsg.), Führer zu vor- und frühgeschichtlichen Denkmälern 33. Südwestliche Eifel. Bitburg, Prüm, Daun, Wittlich (Mainz 1977).
Teegen 2008/2009a	W.-R. Teegen, Archäozoologische Untersuchungen an Tierknochen aus einem spätantiken Brunnen von der Feldstraße in Trier, in: Trierer Zeitschrift 71/72, 2008/2009, 359–368.

Teegen 2008/2009b	W.-R. Teegen, Osteologische Untersuchungen, in: A. Miron/A. V. B. Miron/D. Sauer/M. Schrickel/W.-R. Teegen, Der Nahekopf bei Frauenberg (Kr. Birkenfeld). Bericht über die Ausgrabungen 2007, in: Trierer Zeitschrift 71/72, (2008/09) 259–266.
Teegen 2010/2011	W.-R. Teegen, Archäozoologische Untersuchungen an spätantiken Tierknochen aus der Grabung Saarstraße 28 in Trier, in: Trierer Zeitschrift 73/74, 2010/2011, 155–200.
Teegen 2011	W.-R. Teegen, Von Schlachtern und Knochenschnitzern im Umkreis der Porta Nigra in Römerzeit und Mittelalter, in: Kurtrierisches Jahrbuch 51, 2011, 21–58.
Teegen (im Druck)	W.-R. Teegen, Osteologische Untersuchungen, in: M. Schrickel/A. Miron/A. V. B. Miron/D. Sauer/W.-R. Teegen, Der Nahekopf bei Frauenberg (Kr. Birkenfeld). Bericht über die Ausgrabungen 2008, in: Trierer Zeitschrift (im Druck).
Teegen u. a. 2006	W.-R. Teegen/R. Cordie/M. Schrickel/D. Lucas/E. Camurri, Prospektion einer Villa rustica bei Wederath, Flur Hinterm Klop (Gemeinde Morbach, Kreis Bernkastel-Wittlich, Rheinland-Pfalz), in: Leipziger online-Beiträge zur Ur- und Frühgeschichtlichen Archäologie 23, 2006, 1–10.
Teegen u. a. 2008	W.-R. Teegen/R. Cordie/M. Schrickel/F. Fleischer/J. König/D. Lukas/J. Frase, Prospektion einer Villa rustica bei Wederath, Flur Kleinicher Berg (Gemeinde Morbach, Kreis Bernkastel-Wittlich, Rheinland-Pfalz), in: Leipziger online-Beiträge zur Ur- und Frühgeschichtlichen Archäologie 31, 2008, 1–18.
Ternes 1975	C. M. Ternes, Die römerzeitliche Civitas Treverorum im Bilde der Nachkriegsforschung I. Von der Gründung bis zum Ende des dritten Jahrhunderts, in: H. Temporini (Hrsg.), Aufstieg und Niedergang der Römischen Welt II, 4 (Berlin/New York 1975), 320–424.
Thür 2011	H. Thür, Überlegungen zur Typologie und Funktionsbestimmung der römischen „Villen", in: von Bülow/Zahbelicky 2011, 19–45.
Tombrägel 2012	M. Tombrägel, Die republikanischen Otiumvillen von Tivoli. Palilia 25 (Wiesbaden 2012).
Trier – Augustusstadt	Trier – Augustusstadt der Treverer. Stadt und Land in vor- und frührömischer Zeit. Ausstellungskatalog, RLM Trier (Mainz 1984).
Trier – Kaiserresidenz	Trier – Kaiserresidenz und Bischofssitz. Die Stadt in spätantiker und frühchristlicher Zeit. Ausstellungskatalog, RLM Trier (Mainz 1984).
Trierer Jahresberichte	Gesellschaft für nützliche Forschungen zu Trier (Hrsg.), Trierer Jahresberichte (Trier 1909–23).
TrZ	Rheinisches Landesmuseum Trier (Hrsg.), Trierer Zeitschrift. Archäologie und Kunst des Trierer Landes und seiner Nachbargebiete (Trier seit 1926).
Van Ossel 1992	P. van Ossel, Etablissements ruraux de l'Antiquité tardive dans le nord de la Gaule. 51e supplément à Gallia (Paris 1992).

Visy 1993	Z. Visy, Wagen und Wagenteile, in: E. Künzl, Die Alamannenbeute aus dem Rhein bei Neupotz. Plünderungsgut aus dem römischen Gallien, Teil 1. Untersuchungen. RGZM Monographien, Bd. 34,1 (Mainz 1993), 257–327.
Vittinghoff 1990	F. Vittinghoff (Hrsg.), Handbuch der europäischen Wirtschafts- und Sozialgeschichte, Bd. 1. Europäische Wirtschafts- und Sozialgeschichte in der römischen Kaiserzeit (Stuttgart 1990).
Wagner u. a. 2012	H. W. Wagner u. a. (Hrsg.), Trier und Umgebung. Geologie der Süd- und Westeifel, des Südwest-Hunsrück, der unteren Saar sowie der Maarvulkanismus und die junge Umwelt- und Klimageschichte. Sammlung geologischer Führer, Bd. 60, 3. völlig neu bearbeitete Auflage (Stuttgart 2012).
Wamser 2000	L. Wamser (Hrsg.), Die Römer zwischen Alpen und Nordmeer. Katalog-Handbuch zur Landesausstellung des Freistaates Bayern Rosenheim 2000 (Mainz 2000).
Weber, M. 1924	M. Weber, Gesammelte Aufsätze zur Sozial- und Wirtschaftsgeschichte (Tübingen 1924).
Weber, M. ^{5}2002	M. Weber, Wirtschaft und Gesellschaft. Grundriss der verstehenden Soziologie 5. Auflage (Tübingen 2002).
Weber, W. 1973	W. Weber, Rezension zu: Hennig Wrede, Die spätantike Hermengalerie von Welschbillig, in: Bonner Jahrbücher 173,1973, 557–560.
Weber, W. 2009	W. Weber (Hrsg.), Die Trierer Domgrabung 6. Fundmünzen, Ziegelstempel und Knochenfunde aus den Grabungen im Trierer Dombereich. Kataloge und Schriften des Bischöflichen Dom- und Diözesanmuseums, Bd. 7 (Trier 2009).
Weiter-Matysiak 1991	B. Weiter-Matysiak, Chronik der Verbandsgemeinde Ensch (Ensch 1991).
Werle 1978	O. Werle u. a, Sammlung geologischer Führer 11. Trier und Umgebung (Berlin, Stuttgart 1978).
Werner 1991	A. Werner, Zur Interpretation römischer Öfen mit birnenförmigem Grundriss, in: Archäologie im Rheinland 1991, 163–165.
Westlicher Hunsrück	Römisch-Germanisches Zentralmuseum Mainz (Hrsg.), Führer zu vor- und frühgeschichtlichen Denkmälern 34. Westlicher Hunsrück. Bernkastel-Kues, Idar-Oberstein, Birkenfeld, Saarburg (Mainz 1977).
White 1970	K. D. White, Roman farming (London 1970).
White 1975	K. D. White, Farm equipment of the roman world (Cambridge 1975).
Wierschowski 1984	L. Wierschowski, Heer und Wirtschaft. Das römische Heer der Prinzipatszeit als Wirtschaftsfaktor (Bonn 1984).
Wiethold 1998	J. Wiethold, Archäobotanische Aspekte der „Romanisierung" in Südwestdeutschland. Bemerkungen zur Unkrautflora römerzeitlicher Dinkeläcker, in: Müller-Karpe u. a. 1998, 531–551.
Wiethold 2000	J. Wiethold, Kontinuität und Wandel in der landwirtschaftlichen Produktion und Nahrungsmittelversorgung zwischen Spätlatènezeit und gallo-römischer Epoche. Archäobotanische Analysen in der römischen Großvillenanlage von Borg, Kreis Merzig-Wadern, in: Haffner/von Schnurbein 2000, 147–159.

Wightman 1970	E. M. Wightman, Roman Trier and the Treveri (London 1970).
Wikipedia	http://de.wikipedia.org/wiki/regierungsbezirk_Trier (Stand 02. April 2014).
Wild 1970	J.-P. Wild, Textile manufacture in the northern Roman provinces (Cambridge 1970).
Wild 1999	J.-P. Wild, Textile manufacture: a rural craft?, in: M. Polfer (Hrsg.), Artisanat et productions artisanales en milieu rural dans les provinces du nord-ouest de l'Empire romain. Actes du Colloque d'Erpeldange, mars 1999. Monographies instrumentum 9 (Montagnac 1999), 29–37.
Willerding 1996	U. Willerding, Zur Agrarproduktion von der jüngeren vorrömischen Eisenzeit bis ins frühe Mittelalter, in: Historicum. Zeitschrift für Geschichte, Frühling 1996, 10–20.
Wilmowsky, von 1854	J. N. von Wilmowsky, Über einen römischen Brunnen bei Trier, in: Jahresbericht der Gesellschaft für nützliche Forschungen zu Trier 1854, 55–60.
Wilmowsky, von 1857a	J. N. von Wilmowsky, Das römische Bad zu Wasserliesch, in: Jahresberichte der Gesellschaft für nützliche Forschungen zu Trier 1857, 73–77.
Wilmowsky, von 1857b	J. N. v. Wilmowsky, Die Römische Villa bei Wiltingen, in: Jahresbericht der Gesellschaft für nützliche Forschungen zu Trier 1857, 61–68.
Wilmowsky, von 1870	J. N. v. Wilmowsky, Die römischen Moselvillen zwischen Trier und Nennig (Trier 1870).
Wilmowsky, von 1872/1873	J. N. von Wilmowsky, Archäologische Funde in Euren im Jahr 1859, in: Jahresbericht der Gesellschaft für nützliche Forschungen zu Trier 1872/1873, 35–39.
Wilson 2011	R.J.A. Wilson, The fourth-century villa at Piazza Armerina (Sicily) in its wider imperial context: a review of some aspects of recent research, in: von Bülow/Zabehlicky 2011, 55–87.
Wiltheim 1841	Wiltheim, Luciliburgensia, hrsg. von A. Neyen, (1841).
Wintergerst 1998	M. Wintergerst, Gerberei, in: Reallexikon der Germanischen Altertumskunde, Bd. 11 (Berlin, New York 1998), 145–151.
Witschel 2001	C. Witschel, Neue Forschungen zur römischen Landwirtschaft, in: Klio 83, 2001, 113–133.
Wrede 1972	H. Wrede, Die spätantike Hermengalerie von Welschbillig, Römisch-Germanische Forschungen 32 (Berlin 1972).
Wulfmeier/Hartmann 2009	J.-C. Wulfmeier/H. H. Hartmann, Reichlich Speicherplatz. Ein horreum von Bad Rappenau, Kreis Heilbronn, in: J. Biel u. a. (Hrsg.), Landesarchäologie. Festschrift für Dieter Planck zum 65. Geburtstag (Stuttgart 2009), 341–378.
Wulf-Rheidt 2011	U. Wulf-Rheidt, Die Entwicklung der Residenz der römischen Kaiser auf dem Palatin vom aristokratischen Wohnhaus zum Palast, in: von Bülow/Zabehlicky 2011, 1–18.
Wustrow 1998	C. Wustrow, Tierreste aus dem römischen Vicus Tawern, in: Trierer Zeitschrift 61, 1998, 365–386.
Wustrow 2000	C. Wustrow, Die Tierreste aus der römischen Villa von Borg, Kr. Merzig-Wadern, in: Haffner/von Schnurbein 2000, 160–173.

Wustrow 2004	C. Wustrow (Hrsg.), Die Tierreste aus der römischen Villa von Borg, Kr. Merzig-Wadern. Universitätsforschungen zur Prähistorischen Archäologie 113 (Bonn 2004).
Zabehlicky 2011	H. Zabehlicky, Die Villa von Bruckneudorf – Palast oder Großvilla? In: von Bülow/Zabehlicky 2011, 89–99.
Zahn 1976	E. Zahn, Die Igeler Säule bei Trier. Rheinische Kunststätten 38 (Köln 1976).
Zahn 1977	E. Zahn, Wittlich, in: Südwestliche Eifel, 236–242.
Zohary/Hopf 1988	D. Zohary/M. Hopf, Domestication of plants in the old world (Oxford 1988).

Quellenverzeichnis

Abkürzungen nach Der neue Pauly, Bd. 3 (Stuttgart 1997), XXXVI–XLIV und Thesaurus Linguae Latinae Index (1900).

Amm. Mar.	Ammiani Marcellini, Opera quae supersunt, 2 Bände, hrsg. Von A. Wagner und G. Erfurdt (Hildesheim, New York 1975).
Aus. Mos.	Decimus Magnus Ausonius, Mosella, Bissula, Briefwechsel mit Paulinus Nolanus, hrsg. und übersetzt von P. Dräger (Düsseldorf, Zürich 2002).
Aus. Ordo urbium nobilium	The works of Ausonius. Edited with introduction and commentary by R. P. H. Green (Oxford 1991).
Caes. Bell. Gall.	C. Iuli Caesaris, Commentarii belli gallici, hrsg. von A. Klotz (Leipzig 1952).
Cas. Dio	Cassius Dio, Roman History, hrsg. und übersetzt von H. B. Foster und E. Cary (London 1968).
Cod. Theod.	Codex Theodosianus Vol. 1, hrsg. von P. Krüger und T. Mommsen. Nachdruck der 1. Auflage, Berlin 1904 (unveränderte Neuauflage Hildesheim 2005).
Colum. Res. Rust.	L. Iunii Moderati Columellae, Res Rustica incerti auctoris liber de arboribus, hrsg. von R. H. Rogers (Oxford 2010).
Corp. Iur. Civ.	Corpus Iuris Civilis, Vol. 2. Codex Justinianus, hrsg. von P. Krüger. Nachdruck der 11. Auflage, Berlin 1954 (Hildesheim 1989).
Edict. Diocl.	S. Lauffer (Hrsg.), Diokletians Preisedikt. Texte und Kommentare 5 (Berlin 1971).
Not. Dign.	Notitia Dignitatum, hrsg. von O. Siebeck (Berlin 1876).
Pall. Agr.	Palladius, Opus agriculturae, De veterinaria medicina, De insitione, hrsg. Von R. H. Rogers (Leipzig 1975).
Plin. Epis.	Plinius der Jüngere, Briefe. Lateinisch und Deutsch hrsg. von Helmut Kasten (Berlin 1982).
Plinius Nat. Hist.	C. Plinii Secundi, naturalis historiae libri XXXVII. Liber XVIII, hrsg. und übersetzt von R. König in Zusammenarbeit mit J. Hopp und W. Glöckner (Zürich 1995).
Tac. Ann.	P. Cornelius Tacitus, Annalen, hrsg. von E. Heller. Mit einer Einführung von M. Fuhrmann (Mannheim 2010).
Tac. Hist.	P. Cornelii Taciti, Historiarum libri qui supersunt, hrsg. von E. Wolff, Erstes Heft. Buch I. und II. (Berlin ²1914).
Varr. Rust.	Marcus Terentius Varro, Gespräche über die Landwirtschaft, hrsg. und übersetzt und erläutert von Dieter Flach. 3 Bände (Darmstadt 1996).
Vitr. Arch.	Marcus Pollio Vitruvius, De architectura. Zehn Bücher über Architektur. Übersetzt und mit Anmerkungen versehen von Curt Fensterbusch (Darmstadt 1981).

Diagramme

Diagramm 1: Chronologische Auswertung

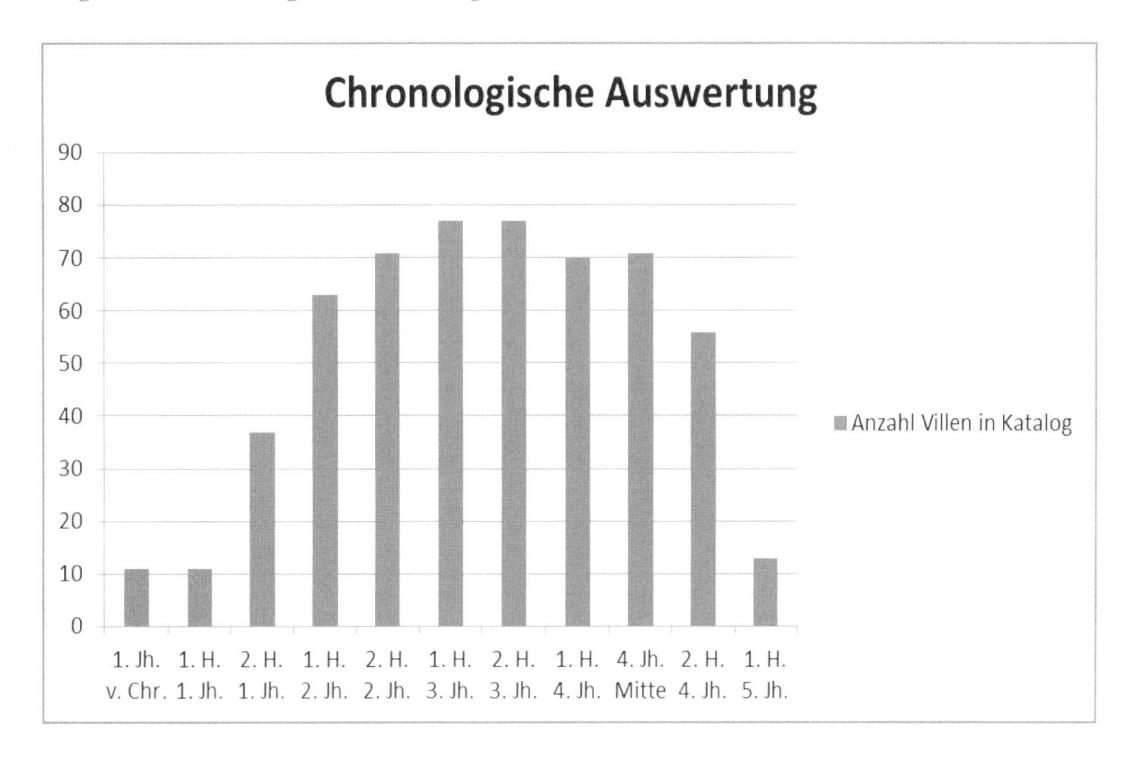

Diagramm 2: Ökotopgrenzlagen nach Gesteinen

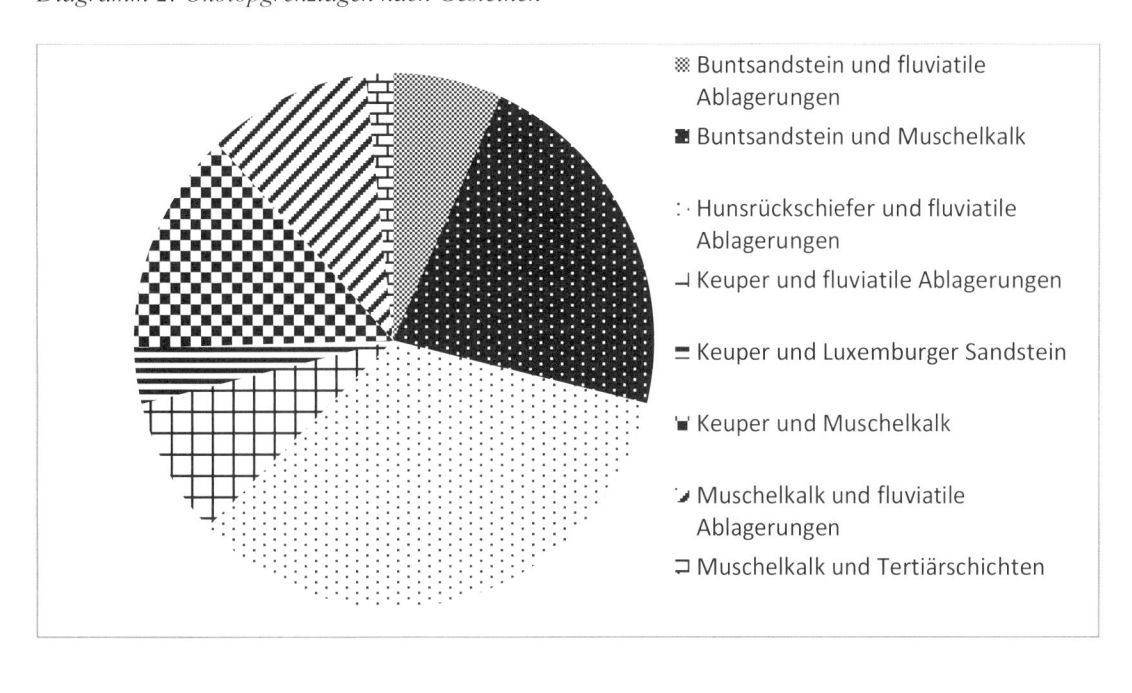

Diagramm 3: Regionen nach Fläche in km² (Vgl. Tabelle 1)

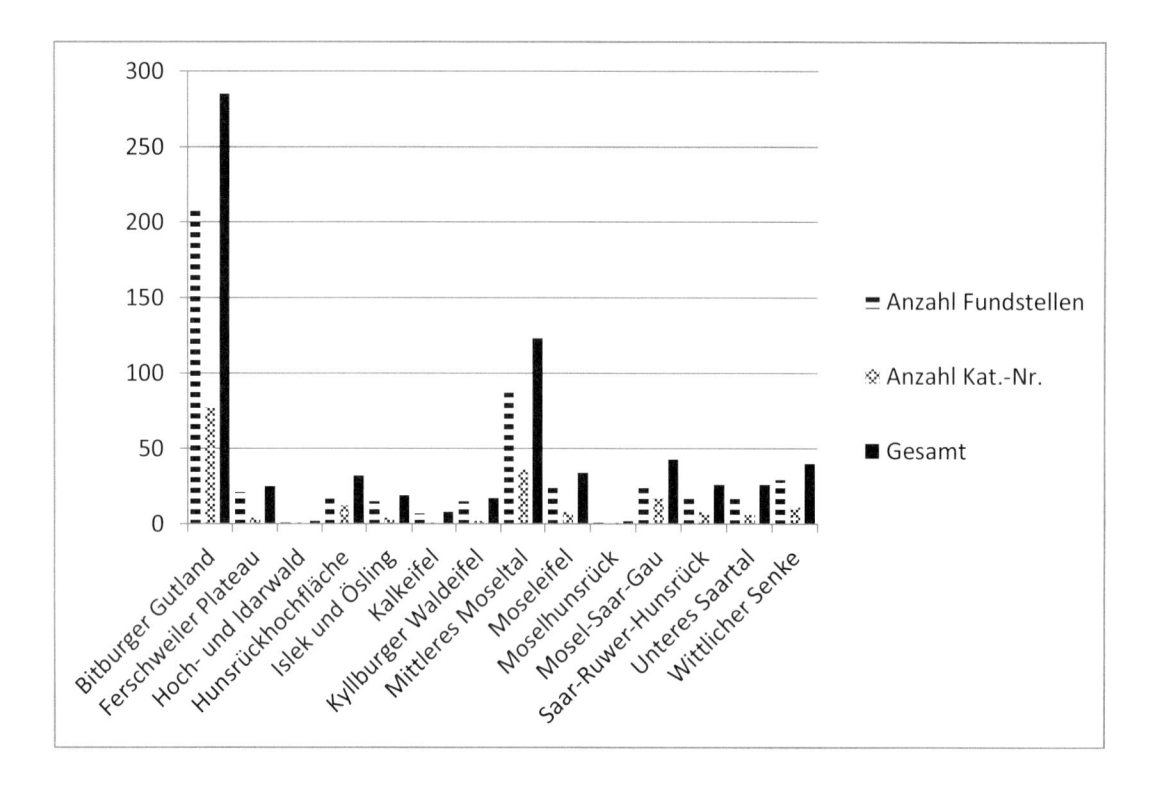

Diagramm 4: Auswertung der Villen und Fundstellen nach Regionen (Vgl. Tabelle 1)

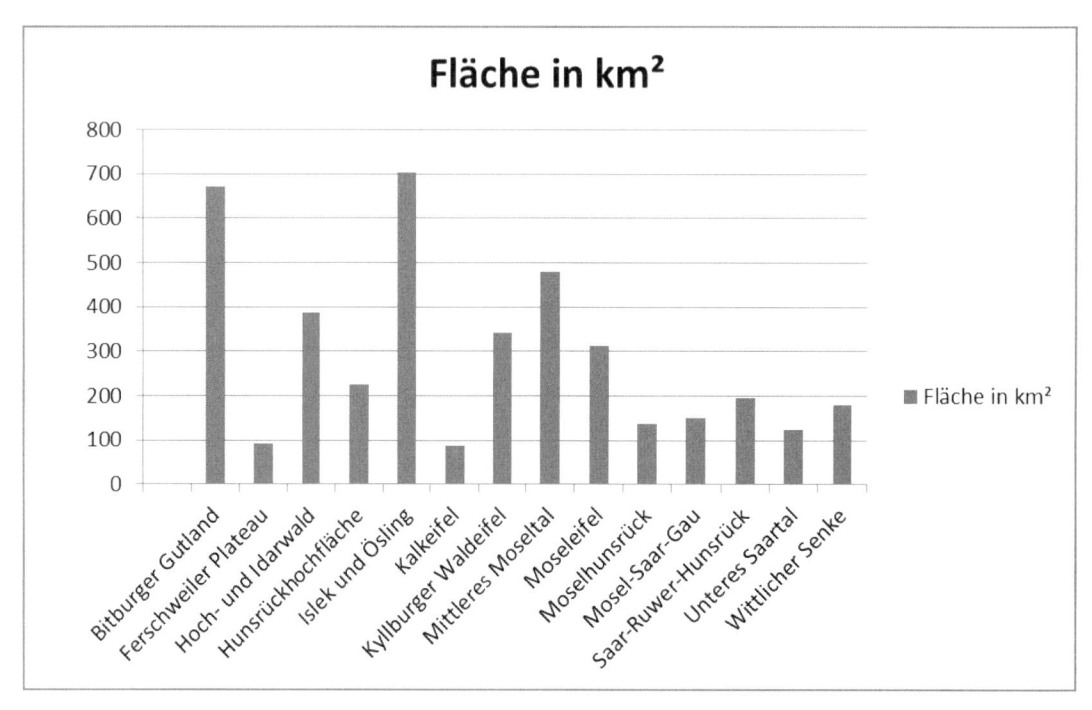

Tabellen

Tabelle 1: Villen und Fundstellen nach Naturräumen (nach Landesamt für Umwelt, Wasserwirtschaft und Gewerbeaufsicht)

Region	Fläche in km²	Villen aus Katalog	Fundstellen	Gesamt
Bitburger Gutland (261)	671,72 km²	77	208	285
Ferschweiler Plateau (262)	93,16 km²	4	21	25
Hoch- und Idarwald (242)	387,19 km²	1	1	2
Hunsrückhochfläche (243)	223,86 km²	12	20	32
Islek und Ösling (280)	703,78 km²	4	15	19
Kalkeifel (276)	86,39 km²	1	7	8
Kyllburger Waldeifel (277)	342,84 km²	2	15	17
Mittleres Moseltal (250)	480,76 km²	36	87	123
Moseleifel (270)	313,75 km²	8	26	34
Moselhunsrück (245)	136,22 km²	1	1	2
Mosel-Saar-Gau (260)	149,80 km²	17	26	43
Saar-Ruwer-Hunsrück (246)	195,74 km²	8	18	26
Unteres Saartal (252)	125,10 km²	6	20	26
Wittlicher Senke (251)	178,98 km²	11	29	40
Gesamt	4089,29 km²	188	494	682

Tabelle 2: Ökotopgrenzlagen nach Standorten

Ort	Standort	Kat.-Nr.	Geologische Grundgesteine
Baldringen	Ortslage	5	Hunsrückschiefer und fluviatile Ablagerungen
Bettingen	Auf der Mauer	13	Keuper und Muschelkalk
Bollendorf	In der Kroppicht	18	Keuper und Muschelkalk
Bollendorf	Roter Hügel	19	Keuper und Muschelkalk
Dudeldorf	Hinkelskopf	32	Buntsandstein und Muschelkalk
Echternacherbrück	Kalkesborn	34	Keuper und fluviatile Ablagerungen
Edingen	Auf der Huf	35	Keuper und Muschelkalk
Fellerich	Knellwald	42	Muschelkalk und fluviatile Ablagerungen
Fisch	Alter Hof	44	Buntsandstein und Muschelkalk
Freudenburg	Kasholz	48	Buntsandstein und Muschelkalk
Freudenburg	Kollesleuken	49	Buntsandstein und Muschelkalk

Fusenich	Kummertal	50	Keuper und Muschelkalk
Gilzem	Wellbüsch	51	Keuper und Muschelkalk
Hetzerath	Am alten Weiher	61	Buntsandstein und fluviatile Ablagerungen
Hüttingen bei Lahr	Auf der Mauer	65	Buntsandstein und Muschelkalk
Idesheim	Auf der Hühnerbach	69	Keuper und Muschelkalk
Idesheim	Königsberg	70	Muschelkalk und Tertiärschichten
Irrel	Münsterbüsch	73	Keuper und Luxemburger Sandstein
Kanzem	In den Sandgruben	74	Hunsrückschiefer und fluviatile Ablagerungen
Konz	Lummelwiese	85	Hunsrückschiefer und fluviatile Ablagerungen
Konz	Maiserei	86	Hunsrückschiefer und fluviatile Ablagerungen
Longuich	Im Päsch	95	Hunsrückschiefer und fluviatile Ablagerungen
Malbergweich	Helsdorf	96	Buntsandstein und Muschelkalk
Mandern	Geierslay	97	Hunsrückschiefer und fluviatile Ablagerungen
Mehring	Kirchheck	100	Hunsrückschiefer und fluviatile Ablagerungen
Mehring	Ortslage	101	Hunsrückschiefer und fluviatile Ablagerungen
Mesenich	Börlsbachtal	102	Keuper und fluviatile Ablagerungen
Mesenich	Hinter Kopfbüsch	103	Keuper und fluviatile Ablagerungen
Mettendorf	In der Ay	105	Buntsandstein und Muschelkalk
Metterich	Auf dem Berg	107	Keuper und Muschelkalk
Minden	Jünkerkopf	108	Keuper und fluviatile Ablagerungen
Möhn	Auf Tiefelter	110	Buntsandstein und Muschelkalk
Neumagen-Dhron	Dhron Ortslage	113	Hunsrückschiefer und fluviatile Ablagerungen
Neumagen-Dhron	Metscher Eyl	115	Hunsrückschiefer und fluviatile Ablagerungen
Neumagen-Dhron	Papiermühle	116	Hunsrückschiefer und fluviatile Ablagerungen
Niederemmel	Auf der Meerwies	121	Hunsrückschiefer und fluviatile Ablagerungen
Niedersgegen	Unterm Rommersberg	123	Muschelkalk und fluviatile Ablagerungen
Niederweis	Böcklichsfeld	125	Keuper und Luxemburger Sandstein
Oberbillig	Fallert	127	Muschelkalk und fluviatile Ablagerungen
Oberemmel	Holliger	128	Hunsrückschiefer und fluviatile Ablagerungen
Orenhofen	Auf der Kellermauer	135	Buntsandstein und Muschelkalk
Palzem	Auf der Plätsch	137	Muschelkalk und fluviatile Ablagerungen
Pölich	Ortslage	140	Hunsrückschiefer und fluviatile Ablagerungen
Reil	Oleb	141	Hunsrückschiefer und fluviatile Ablagerungen
Riol	Ortslage	143	Hunsrückschiefer und fluviatile Ablagerungen
Rivenich	Freiland	145	Buntsandstein und fluviatile Ablagerungen
Riveris	Auf der Rei	146	Hunsrückschiefer und fluviatile Ablagerungen
Schleidweiler-Rodt	Auf der First	147	Buntsandstein und Muschelkalk
Schleidweiler-Rodt	Beim Achenbäumchen	148	Buntsandstein und Muschelkalk
Trier-Eitelsbach	Vogelsberg	155	Hunsrückschiefer und fluviatile Ablagerungen
Trierweiler	Auf dem Weiher	157	Buntsandstein und fluviatile Ablagerungen
Trierweiler	Keutel	159	Buntsandstein und Muschelkalk
Wasserliesch	Ortslage	167	Buntsandstein und fluviatile Ablagerungen

Wehlen	Ortslage	172	Hunsrückschiefer und fluviatile Ablagerungen
Wehr	Römisch Gebäude	173	Muschelkalk und fluviatile Ablagerungen
Wiersdorf	Im Rang	180	Buntsandstein und Muschelkalk
Wiltingen	Kobig	181	Hunsrückschiefer und fluviatile Ablagerungen
Wintersdorf	Ortslage	184	Muschelkalk und fluviatile Ablagerungen
Wolsfeld	Im Weiler	187	Keuper und fluviatile Ablagerungen

Tabelle 3: Ökotopgrenzlagen nach Grundgesteinen

Ort	Standort	Kat.–Nr.	Untergrundgestein
Hetzerath	Am alten Weiher	61	Buntsandstein und fluviatile Ablagerungen
Rivenich	Freiland	145	Buntsandstein und fluviatile Ablagerungen
Trierweiler	Auf dem Weiher	157	Buntsandstein und fluviatile Ablagerungen
Wasserliesch	Ortslage	167	Buntsandstein und fluviatile Ablagerungen
Dudeldorf	Hinkelskopf	32	Buntsandstein und Muschelkalk
Fisch	Alter Hof	44	Buntsandstein und Muschelkalk
Freudenburg	Kasholz	48	Buntsandstein und Muschelkalk
Freudenburg	Kollesleuken	49	Buntsandstein und Muschelkalk
Hüttingen bei Lahr	Auf der Mauer	65	Buntsandstein und Muschelkalk
Malbergweich	Helsdorf	96	Buntsandstein und Muschelkalk
Mettendorf	In der Ay	105	Buntsandstein und Muschelkalk
Möhn	Auf Tiefelter	110	Buntsandstein und Muschelkalk
Orenhofen	Auf der Kellermauer	135	Buntsandstein und Muschelkalk
Schleidweiler-Rodt	Auf der First	147	Buntsandstein und Muschelkalk
Schleidweiler-Rodt	Beim Achenbäumchen	148	Buntsandstein und Muschelkalk
Trierweiler	Keutel	159	Buntsandstein und Muschelkalk
Wiersdorf	Im Rang	180	Buntsandstein und Muschelkalk
Baldringen	Ortslage	5	Hunsrückschiefer und fluviatile Ablagerungen
Kanzem	In den Sandgruben	74	Hunsrückschiefer und fluviatile Ablagerungen
Konz	Lummelwiese	85	Hunsrückschiefer und fluviatile Ablagerungen
Konz	Maiserei	86	Hunsrückschiefer und fluviatile Ablagerungen
Longuich	Im Päsch	95	Hunsrückschiefer und fluviatile Ablagerungen
Mandern	Geierslay	97	Hunsrückschiefer und fluviatile Ablagerungen
Mehring	Kirchheck	100	Hunsrückschiefer und fluviatile Ablagerungen
Mehring	Ortslage	101	Hunsrückschiefer und fluviatile Ablagerungen
Neumagen-Dhron	Dhron Ortslage	113	Hunsrückschiefer und fluviatile Ablagerungen
Neumagen-Dhron	Metscher Eyl	115	Hunsrückschiefer und fluviatile Ablagerungen
Neumagen-Dhron	Papiermühle	116	Hunsrückschiefer und fluviatile Ablagerungen
Niederemmel	Auf der Meerwies	121	Hunsrückschiefer und fluviatile Ablagerungen
Oberemmel	Holliger	128	Hunsrückschiefer und fluviatile Ablagerungen
Pölich	Ortslage	140	Hunsrückschiefer und fluviatile Ablagerungen

Reil	Oleb	141	Hunsrückschiefer und fluviatile Ablagerungen
Riol	Ortslage	143	Hunsrückschiefer und fluviatile Ablagerungen
Riveris	Auf der Rei	146	Hunsrückschiefer und fluviatile Ablagerungen
Trier-Eitelsbach	Vogelsberg	155	Hunsrückschiefer und fluviatile Ablagerungen
Wehlen	Ortslage	172	Hunsrückschiefer und fluviatile Ablagerungen
Wiltingen	Kobig	181	Hunsrückschiefer und fluviatile Ablagerungen
Echternacherbrück	Kalkesbor	34	Keuper und fluviatile Ablagerungen
Mesenich	Börlsbachtal	102	Keuper und fluviatile Ablagerungen
Mesenich	Hinter Kopfbüsch	103	Keuper und fluviatile Ablagerungen
Minden	Jünkerkopf	108	Keuper und fluviatile Ablagerungen
Wolsfeld	Im Weiler	187	Keuper und fluviatile Ablagerungen
Irrel	Münsterbüsch	73	Keuper und Luxemburger Sandstein
Niederweis	Böcklichsfeld	125	Keuper und Luxemburger Sandstein
Bettingen	Auf der Mauer	13	Keuper und Muschelkalk
Bollendorf	In der Kroppicht	18	Keuper und Muschelkalk
Bollendorf	Roter Hügel	19	Keuper und Muschelkalk
Edingen	Auf der Huf	35	Keuper und Muschelkalk
Fusenich	Kummertal	50	Keuper und Muschelkalk
Gilzem	Wellbüsch	51	Keuper und Muschelkalk
Idesheim	Auf der Hühnerbach	69	Keuper und Muschelkalk
Metterich	Auf dem Berg	107	Keuper und Muschelkalk
Fellerich	Knellwald	42	Muschelkalk und fluviatile Ablagerungen
Niedersgegen	Unterm Rommersberg	123	Muschelkalk und fluviatile Ablagerungen
Oberbillig	Fallert	127	Muschelkalk und fluviatile Ablagerungen
Palzem	Auf der Plätsch	137	Muschelkalk und fluviatile Ablagerungen
Wehr	Römisch Gebäude	173	Muschelkalk und fluviatile Ablagerungen
Wintersdorf	Ortslage	184	Muschelkalk und fluviatile Ablagerungen
Idesheim	Königsberg	70	Muschelkalk und Tertiärschichten

Tabelle 4a: Villen entlang der Straße von Trier nach Köln

Ort	**Standort**	**Kat.–Nr.**
Aach	Galgenberg	1
Aach	In den Häuserchen	2
Edingen	Auf der Huf	35
Fließem-Otrang	Weilerbüsch	46
Gilzem	Wellbüsch	51
Idenheim	Auf dem Kalk	66
Idenheim	Ortslage	67

Idenheim	Unter Stielbüsch	68
Idesheim	Auf der Hühnerbach	69
Idesheim	Königsberg	70
Kersch	Unten auf der Gleich	78
Malbergweich	Helsdorf	96
Masholder	Mirlek	98
Meckel	Scheiwelsheck	99
Möhn	Auf Tiefelter	110
Newel	Auf Ruwels	117
Newel	Kreuzerberg	119
Newel	Mühlenflur	120
Olk	Bei der Kalkmauer	132
Olk	Macher Flur	133
Trierweiler	Auf dem Weiher	157
Trierweiler	In der Hell	158
Trierweiler	Keutel	159
Welschbillig	Auf dem Hellenberg	176
Welschbillig	Auf Kirchberg	177
Welschbillig	Knaulöft	178
Welschbillig	Ortslage	179

Tabelle 4b: Villen entlang der Straße von Trier nach Metz

Ort	**Standort**	**Kat.–Nr.**
Fellerich	Grundstück Kalkes	41
Fellerich	Knellwald	42
Fisch	Alter Hof	44
Fisch	Eichelknopp	45
Freudenburg	Kasholz	48
Freudenburg	Kollesleuken	49
Kanzem	In den Sandgruben	74
Kelsen	Ortslage	76
Kirf	Altenberg	80
Könen	Ortslage	83
Konz	Kaiserpalst	84
Konz	Lummelwiese	85
Konz	Maiserei	86
Wasserliesch	Ortslage	167

Tabelle 4c: Villen entlang der Straße von Trier nach Mainz

Ort	Standort	Kat.–Nr.
Beuren	Ohne Standortbezeichnung	14
Breit	Auf der Höh	22
Breit	Batzebur	23
Breit	Dölkent	24
Fell	Scholemskopf	40
Heinzerath	Im Flürchen	57
Horath	Klosterwiesen	64
Kenn	Römerplatz	77
Leiwen	Auf Hostert	90
Leiwen	Im Bohnengarten	91
Leiwen	Kardel	92
Longuich	Im Päsch	95
Neumagen-Dhron	Dhron Ortslage	113
Neumagen-Dhron	Metscher Eyl	115
Neumagen-Dhron	Papiermühle	116
Wederath	Hinterm Klopp	169
Wederath	Kleinicher Berg	170

Tabelle 4d: Villen entlang der Straße von Trier nach Straßburg

Ort	Standort	Kat.–Nr.
Baldringen	Ortslage	5
Franzenheim	Jungenwald	47
Greimerath	Auf der Warte	53
Hermeskeil	Borwiese	58
Hermeskeil	Erzberg	59
Hermeskeil	Hascheid	60
Mandern	Geierslay	97
Reinsfeld	Lösterchen	142
Vierherrenborn	Dürreich	162
Vierherrenborn	In der Kaschenwiesenheck	163
Vierherrenborn	Irscher Siedlung II	164
Vierherrenborn	Vorderst Neunhäuser Gewann	165

Tabelle 4e: Villen entlang der Straße von Trier nach Koblenz

Ort	Standort	Kat.–Nr.
Altrich	An der Lieser	3
Altrich	Kurfürstenstaudt	4
Bausendorf	Lichtacher Flur	6
Ensch	Ortslage	38
Hetzerath	Am alten Weiher	61
Hetzerath	Hambuch	62
Minheim	Maarwiese	109
Neumagen-Dhron	Im Haasengraben	114
Rivenich	Freiland	145
Schweich	Heidenkopf	149
Schweich	Hofgarten	150
Wittlich	An der Lieser	186

Tabelle 5a: Villen in einem zwei Kilometer-Korridor zur Mosel

Ort	Standort	Kat.–Nr.
Ensch	Ortslage	38
Fellerich	Knellwald	42
Kinheim	Willenbungert	79
Klüsserath	Urmel	81
Köllig	Mescher Heck	82
Konz	Lummelwiese	85
Konz	Maiserei	86
Lösnich	Hinterwald	94
Longuich	Im Päsch	95
Mehring	Kirchheck	100
Mehring	Ortslage	101
Neumagen-Dhron	Dhron Ortslage	113
Neumagen-Dhron	Im Haasengraben	114
Oberbillig	Fallert	127
Palzem	Auf der Plätsch	137
Pölich	Ortslage	140
Riol	Ortslage	143
Schweich	Hofgarten	150
Traben-Trarbach	Gonzlay	154
Trier-Eitelsbach	Vogelsberg	155
Trier-Euren	Kirche St. Helena	156
Veldenz	Hauptstraße	161
Wasserliesch	Ortslage	167
Wehlen	Ober dem Lieserpfad	171
Wehlen	Ortslage	172

Wehr	Römisch Gebäude	173
Wehr	Zwischen den Büschen	174
Wellen	Im Bungert	175
Wincheringen	Auf der Hardt	183

Tabelle 5b: Villen in einem zwei Kilometer-Korridor zur Sauer

Ort	**Standort**	**Kat.–Nr.**
Bollendorf	In der Kroppicht	18
Bollendorf	Roter Hügel	19
Echternacherbrück	Kalkesborn	34
Godendorf	Runzelt	52
Kersch	Unten auf der Gleich	78
Langsur	Ortslage	89
Mesenich	Hinter Kopfbüsch	103
Minden	Jünkerkopf	108
Olk	Bei der Kalkmauer	132
Olk	Macher Flur	133
Wintersdorf	Ortslage	184
Wintersdorf	Zinzigbüsch	185

Tabelle 6: Datierbare Villen in einem 15 Kilometer-Radius um Trier

Ort	**Standort**	**Kat.–Nr.**	**Beginn**	**Ende**
Butzweiler	Altkirch	28	2. H. 1. Jh.	2. H. 4. Jh.
Edingen	Auf der Huf	35	1. H. 1. Jh.	Mitte 4. Jh.
Fellerich	Grundstück Kalkes	41	2. H. 1. Jh.	2.H. 4. Jh.
Fellerich	Knellwald	42	1. H. 3. Jh.	2. H. 4. Jh.
Franzenheim	Jungenwald	47	2. H. 3. Jh.	2. H. 4. Jh.
Fusenich	Kummertal	50	1. H. 1. Jh.	2. H. 3.Jh
Gilzem	Wellbüsch	51	2. H. 1. Jh.	Mitte 4. Jh.
Godendorf	Runzelt	52	1. H. 2. Jh.	Mitte 4. Jh.
Hamm	Bungert	54	2. H. 2. Jh.	1. H. 4. Jh.
Kenn	Römerplatz	77	2. H. 2. Jh.	1. H. 5. Jh.
Kersch	Unten auf der Gleich	78	2. H. 2. Jh.	1. H. 5. Jh.
Könen	Ortslage	83	2. H. 1. Jh.	1. H. 5. Jh.
Konz	Kaiserpalast	84	Mitte 4. Jh.	1. H. 5. Jh.
Konz	Lummelwiese	85	2. H. 2. Jh.	1. H. 5. Jh.
Konz	Maiserei	86	2. H. 2. Jh.	2. H. 4. Jh.
Kordel	Unterm Babischt	87	2. H. 2. Jh.	2. H. 4. Jh.
Longuich	Im Päsch	95	2. H. 1. Jh.	1. H. 4. Jh.

Mehring	Kirchheck	100	2. H. 2. Jh.	1. H. 5. Jh.
Möhn	Auf Tiefelter	110	2. H. 1. Jh.	1. H. 3. Jh.
Newel	Auf Ruwels	117	2. H. 2. Jh.	2. H. 4. Jh.
Newel	Im Kessel	118	2. H. 1. Jh.	1. H. 5. Jh.
Newel	Kreuzerberg	119	2. H. 1. Jh.	2. H. 4. Jh.
Olk	Bei der Kalkmauer	132	1. H. 2. Jh.	2. H. 4. Jh.
Olk	Macher Flur	133	1. H. 2. Jh.	2. H. 4. Jh.
Orenhofen	Auf der Kellermauer	135	1. H. 2. Jh.	1. H. 5. Jh.
Schleidweiler-Rodt	Auf der First	147	2. H. 2. Jh.	Mitte 4. Jh.
Schleidweiler-Rodt	Beim Achenbäumchen	148	2. H. 1. Jh.	2. H. 4. Jh.
Schweich	Heidenkopf	149	2. H. 3. Jh.	2. H. 4. Jh.
Schweich	Hofgarten	150	2. H. 3. Jh.	2. H. 4. Jh.
Trier-Euren	Kirche St. Helena	156	Mitte 4. Jh.	2. H. 4. Jh.
Trierweiler	In der Hell	158	2. H. 1. Jh.	2. H. 3. Jh
Welschbillig	Auf dem Hellenberg	176	1. H. 2. Jh.	1. H. 4. Jh.
Welschbillig	Auf Kirchberg	177	2. H. 1. Jh.	2. H. 4. Jh.
Welschbillig	Knaulöft	178	2. H. 1. Jh.	2. H. 4. Jh.
Welschbillig	Ortslage	179	1. H. 4. Jh.	1. H. 5. Jh.
Wintersdorf	Ortslage	184	2. H. 1. Jh.	1. H. 5. Jh.

Tabelle 7a: Villen in einem zehn Kilometer-Radius um den Vicus Bitburg

Ort	**Standort**	**Kat.–Nr.**
Bettingen	Auf der Mauer	13
Bitburg	Auf Eichenhart	17
Brecht	Auf der Flachsspreit	21
Dockendorf	Hinter Mauern	31
Dudeldorf	Im Märchen	33
Fließem-Otrang	Weilerbüsch	46
Idenheim	Auf dem Kalk	66
Idenheim	Unter Stielbüsch	68
Idenheim	Ortslage	67
Idesheim	Auf der Hühnerbach	69
Malbergweich	Helsdorf	96
Masholder	Mirlek	98
Meckel	Schweiwelsheck	99
Metterich	Auf dem Berg	107
Mötsch	Folker	111
Niederstedem	Alshöhe	124

Oberweis	Auf der Steinrausch	131
Ordorf	Borpesch	134
Pickließem	Hofkammer	139
Pickließem	Herresborn	138
Rittersdorf	Im Daufels	144
Stahl	Häselberg	153
Wiersdorf	Im Rang	180
Wolsfeld	Im Weiler	187

Tabelle 7b: Villen in einem zehn Kilometer-Radius um den Vicus Tawern

Ort	**Standort**	**Kat.–Nr.**
Fellerich	Grundstück Kalkes	41
Fellerich	Knellwald	42
Fisch	Alter Hof	44
Fisch	Eichelknopp	45
Fusenich	Kummertal	50
Hamm	Bungert	54
Igel	Königsacht	71
Igel	Löwener Mühle	72
Kanzem	In den Sandgruben	74
Köllig	Mescher Heck	82
Könen	Ortslage	83
Konz	Kaiserpalast	84
Konz	Lummelwiese	85
Konz	Maiserei	86
Langsur	Ortslage	89
Mesenich	Börlsbachtal	102
Mesenich	Hinter Kopfbüsch	103
Oberbillig	Fallert	127
Wasserliesch	Ortslage	167
Wellen	Im Bungert	175
Wiltingen	Kobig	181
Wiltingen	Ohne Standortbezeichnung	182
Wincheringen	Auf der Hardt	183

Tabelle 7c: Villen in einem zehn Kilometer-Radius um den Vicus Wederath

Ort	**Standortbezeichnung**	**Kat.–Nr.**
Beuren	Ohne Standortbezeichnung	14
Heinzerath	Im Flürchen	57
Wederath	Hinterm Klopp	169
Wederath	Kleinicher Berg	170

Tabelle 8: Rechteckhäuser

Ort	**Standort**	**Kat.–Nr.**	**Fläche**
Freudenburg	Kasholz	48	-
Hermeskeil	Hascheid	60	258,63 m²
Irrel	Münsterbüsch	73	156 m²
Neumagen-Dhron	Im Haasengraben	114	314,88 m²
Trierweiler	Langert	160	317,25 m²
Wallscheid	Auf dem Kirsten	166	-

Tabelle 9: Risalitvillen bis 600 m² Fläche

Ort	**Standort**	**Kat.–Nr.**	**Fläche**
Kinheim	Willenbungert Phase I	79	493 m²
Konz	Lummelwiese	85	398,16 m²
Leiwen	Im Bohnengarten Phase I	91	515,14 m²
Lösnich	Hinterwald	94	442 m²
Longuich	Im Päsch I	95	ca. 420 m²
Neumagen-Dhron	Papiermühle	116	410,55 m²
Reil	Oleb	141	ca. 500 m²
Vierherrenborn	Irscher Siedlung II	164	459,27 m²
Vierherrenborn	Vorderst Neunhäuser Gewann	165	432,32 m²
Waxweiler	Schmelzberg	168	573,12 m²

Tabelle 10: Risalitvillen ab 600 m² Fläche

Ort	**Standort**	**Kat.–Nr.**	**Fläche**
Bettenfeld	In der Kammer	11	640 m²
Bollendorf	In der Kroppicht	18	622,75 m²
Greimerath	Auf der Warte	53	ca. 947 m²
Hetzerath	Hambuch	62	625 m²
Holsthum	Auf den Mauern	63	1121 m²
Horath	Klosterwiesen Phase I	64	902 m²
Kinheim	Willenbungert Phase II	79	1075 m²
Köllig	Mescher Heck Phase I	82	902 m²
Köllig	Mescher Heck Phase II	82	1375 m²
Leiwen	Auf Hostert	90	620 m²
Leiwen	Im Bohnengarten Phase II	91	1344 m²
Mandern	Geierslay	97	750–1200 m²

Mehring	Kirchheck Phase I	100	644 m²
Newel	Im Kessel	118	648 m²
Oberüttfeld	Auf der Burg	130	630 m²
Schwirzheim	Ortslage	151	1012,5 m²
Stahl	Häselberg	153	782 m²

Tabelle 11: Risalitvillen ohne Flächenangabe

Ort	**Standort**	**Kat.–Nr.**
Baldringen	Ortslage	5
Bengel	Am Kellerberg	7
Bettingen	Auf der Mauer	13
Brecht	Auf der Flachsspreit	21
Bruch	Priesterwand	26
Eisenach	Affels	37
Fastrau	In der Küsterei	39
Ferschweiler	Ob dem Mäuerchen	43
Kanzem	In den Sandgruben	74
Meckel	Scheiwelsheck Bau *B*	99
Mesenich	Hinter Kopfbüsch	103
Mötsch	Folker	111
Niederstedem	Alshöhe	124
Nusbaum	Unter der Hal	126
Pickließem	Hofkammer	139
Vierherrenborn	Dürreich	162
Wellen	Im Bungert	175
Welschbillig	Knaulöft	178
Wiltingen	Ohne Standortbezeichnung	182

Tabelle 12: Portikusvillen mit Eckrisaliten

Ort	**Standort**	**Kat.–Nr.**
Dockendorf	Hinter Mauern	31
Meckel	Scheiwelsheck Bau *A*	99
Mettendorf	In der Ay	105
Oberweis	Auf der Steinrausch	131
Spangdahlem	Breitenacker	152
Wiersdorf	Im Rang	180

Tabelle 13: Großvillen

Ort	Standort	Kat.–Nr.
Bausendorf	Lichtacher Flur	6
Fließem-Otrang	Weilerbüsch	46
Kenn	Römerplatz	77
Longuich	Im Päsch Phase II	95
Schweich	Im Hofgarten	150
Trier-Euren	Kirche St. Helena	156
Wasserliesch	Ortslage	167
Welschbillig	Ortslage	179
Wiltingen	Kobig	181
Wittlich	An der Lieser	186

Tabelle 14: Ziegelstempel

Ort	Standort	Kat.–Nr.	Stempel
Bengel	Beckersbaum	8	Armotraci
Fellerich	Grundstück Kalkes	41	Capio
Fließem-Otrang	Weilerbüsch	46	Capi
Franzenheim	Jungenwald	47	Cervio, Vincent
Konz	Kaiserpalast	84	Adiutex, Armo
Konz	Lummelwiese	85	Capio
Konz	Maiserei	86	Adiutice
Lösnich	Hinterwald	94	Capio, Adiutice
Neumagen-Dhron	Dhron Ortslage	113	Capio, Armotraci
Newel	Im Kessel	118	Assatus, Gaudenti, Tato
Wehlen	Ortslage	172	Adiutice
Welschbillig	Ortslage	179	Adiutex

Tabelle 15: Villen im Langmauerbezirk (nach Krausse 2006, Beilage 6)

Ort	Standort	Kat.–Nr.	Datierung
Aach	In den Häuserchen	2	-
Butzweiler	Altkirch	28	2. Hälfte 1. Jh.–2. Hälfte 4. Jh.
Butzweiler	In der Grube	29	-
Dudeldorf	Hinkelskopf	32	2. Hälfte 1. Jh.–2. Hälfte 4. Jh.
Dudeldorf	Im Märchen	33	-
Idenheim	Auf dem Kalk	66	-
Idenheim	Ortslage	67	-
Idenheim	Unter Stielbüsch	68	-

Idesheim	Auf der Hühnerbach	69	-
Idesheim	Königsberg	70	-
Kordel	Unterm Babischt	87	1. Hälfte 2. Jh.–2. Hälfte 4. Jh.
Masholder	Mirlek	98	-
Metterich	Auf dem Berg	107	-
Möhn	Auf Tiefelter	110	-
Mötsch	Folker	111	-
Newel	Auf Ruwels	117	1. Hälfte 2. Jh.–2. Hälfte 4. Jh.
Newel	Im Kessel	118	2. Hälfte 1. Jh.–Beginn 5. Jh.
Newel	Kreuzerberg	119	2. Hälfte 1. Jh.–2. Hälfte 4. Jh.
Newel	Mühlenflur	120	-
Ordorf	Borpesch	134	-
Orenhofen	Auf der Kellermauer	135	1. Hälfte 2. Jh.–Beginn 5. Jh.
Orenhofen	Pfefferholz	136	-
Pickließem	Herresborn	138	-
Pickließem	Hofkammer	139	-
Schleidweiler-Rodt	Auf der First	147	2. Hälfte 2. Jh.–Mitte 4. Jh.
Schleidweiler-Rodt	Beim Achenbäumchen	148	2. Hälfte 1. Jh.–2. Hälfte 4. Jh.
Spangdahlem	Breitenacker	152	-
Welschbillig	Auf dem Hellenberg	176	-
Welschbillig	Ortslage	179	1. Hälfte 4. Jh.–Beginn 5. Jh.

Tabelle 16: Nutzpflanzenbefunde im Trierer Land und in Trier

Getreide	**Hülsenfrüchte**
Gerste *(Hordeum)*	Linse *(Lens culinaris)*
Emmer *(Triticum dicoccum)*	Erbse *(Pisum sativum)*
Dinkel *(Triticum spelta)*	Linsenwicke *(Vicia ervilia)*
Saathafer *(Avena sativa)*	Ackerbohne *(Vicia faba)*
Einkorn *(Triticum monococcum)*	
Saatweizen *(Triticum aestivum)*	**Ölsaat**
Roggen *(Secale cereale)*	Lein *(Linum)*
	Leindotter *(Camelia sativa)*
Hirse	Hanf *(Cannabis sativa)*
Rispenhirse *(Panicum miliaceum)*	Schlafmohn *(Papaver somniferum)*
Kolbenhirse *(Setaria italica)*	
	Gemüse
Gewürze	Wilder Spinat *(Chenopodium bonus henricus)*
Dill *(Anethum graveolens)*	Kohl unbestimmt *(Brassica spec.)*
Koriander *(Coriandrum sativum)*	Möhre *(Daucus carota L.)*
Sellerie *(Apium graveolens)*	Spargel unbestimmt *(Asparagus spec.)*
Senf *(Sinapis)*	

Obst	Heilpflanzen
Apfel unb. *(Malus spec.)*	Bilsenkraut *(Hyoscyamus niger)*
Birne unb. *(Pyrus spec.)*	Eisenkraut *(Verbena officinalis)*
Brombeere *(Rubus fruticosus)*	
Erdbeere *(Fragaria vesca)*	**Sammelpflanzen**
Himbeere *(Rubus idaeus)*	Haselnuss *(Corylus avellana)*
Kirsche unb. *(Prunus spec.)*	Walnuss *(Juglans regia)*
Schlehe *(Prunus cf. spinosa)*	Holunder unb. *(Sambucus spec.)*
Süßkirsche *(Prunus avium)*	Roter Holunder *(Sambucus racemosa)*
Weinrebe unb. *(Vitis spec.)*	Schwarzer Holunder *(Sambucus nigra)*
Vogelkirsche *(Prunus avium)*	Traubenholunder *(Sambucus racemosa)*
	Zwergholunder *(Sambucus ebulus)*

Tabelle 17: Villen mit nachweisbaren Nebengebäuden

Ort	Standort	Kat.–Nr.
Bengel	Am Kellerberg	7
Bettenfeld	In der Kammer	11
Bettingen	Auf der Mauer	13
Bollendorf	In der Kroppicht	18
Brecht	Auf der Flachsspreit	21
Breit	Dölkent	24
Bruch	Priesterwand	26
Butzweiler	Altkirch	28
Fließem-Otrang	Weilerbüsch	46
Freudenburg	Kasholz	48
Fusenich	Kummertal	50
Hetzerath	Am alten Weiher	61
Hetzerath	Hambuch	62
Horath	Klosterwiesen	64
Kersch	Unten auf der Gleich	78
Köllig	Mescher Heck	82
Konz	Maiserei	86
Kröv	Sielsbüsch	88
Leiwen	Auf Hostert	90
Lösnich	Hinterwald	94
Longuich	Im Päsch	95
Mandern	Geierslay	97
Meckel	Scheiwelsheck	99
Mettendorf	In der Ay	105
Möhn	Auf Tiefelter	110
Mötsch	Folker	111
Neumagen-Dhron	Papiermühle	116

Newel	Im Kessel	118
Newel	Mühlenflur	120
Niederemmel	Auf der Meerwies	121
Oberöfflingen	Auf der Warte	129
Oberweis	Auf der Steinrausch	131
Olk	Macher Flur	133
Reil	Oleb	141
Trierweiler	Auf dem Weiher	157
Vierherrenborn	Dürreich	162
Wederath	Hinterm Klopp	169
Welschbillig	Knaulöft	178
Wiltingen	Ohne Standortbezeichnung	182
Wittlich	An der Lieser	186

Tabelle 18: Mühlsteine aus Villen

Ort	**Standort**	**Kat.–Nr.**	**Größe**
Aach	In den Häuserchen	2	Handmühlstein
Bengel	Beckersbaum	8	-
Breit	Auf der Höh	22	-
Breit	Batzebur	23	-
Butzweiler	In der Grube	29	Dm. 41 cm
Kenn	Römerplatz	77	Dm. ca. 80 cm
Leiwen	Auf Hostert	90	Fragmente
Lösnich	Hinterwald	94	Handmühlstein
Lösnich	Hinterwald	94	-
Lösnich	Hinterwald	94	-
Oberbillig	Fallert	127	-
Olk	Bei der Kalkmauer	132	-
Orenhofen	Pfefferholz	136	Dm. ca. 56 cm
Wehr	Zwischen den Büschen	174	-
Welschbillig	Auf dem Hellenberg	176	-
Welschbillig	Auf Kirchberg	177	-
Wiltingen	Ohne Standortbezeichnung	182	-

Tabelle 19: Nachgewiesene Darren in Villen

Ort	Standort	Kat.–Nr.	Typ nach Morris	Typ nach van Ossel	Nutzung	Datierung
Holsthum	Auf den Mauern	63	T	A	-	-
Leiwen	Auf Hostert Darre 1	90	RFT	A	Getreidedarre	4. Jh.
Leiwen	Auf Hostert Darre 2	90	T	A	Getreidedarre	4. Jh.
Lösnich	Hinterwald Bau IV	94	T	A	Malzdarre	1. Hälfte 3. Jh.
Lösnich	Hinterwald Bau VII	94	T	A	-	Ende 2. Jh.
Neumagen-Dhron	Papiermühle	116	T	A	Linsenfunde	4. Jh.
Newel	Im Kessel	118	T	A	-	2. Hälfte 4. Jh.

Chronologie

Ort	Standort	Kat.-Nr.	1. Jh. v. Chr.	1. Hälfte 1. Jh. n. Chr.	2. Hälfte 1. Jh. n. Chr.	1. Hälfte 2. Jh. n. Chr.	2. Hälfte 2. Jh. n. Chr.	1. Hälfte 3. Jh. n. Chr.	2. Hälfte 3. Jh. n. Chr.	1. Hälfte 4. Jh. n. Chr.	Mitte 4. Jh. n. Chr.	2. Hälfte 4. Jh. n. Chr.	1. Hälfte 5. Jh. n. Chr.
Altrich	Kurfürstenstaudt	4					X	X	X	X	X	X	
Bengel	Reudelheck	10					X	X	X	X	X		
Bettingen	Auf der Mauer	13			X	X	X	X	X	X	X	?	
Biesdorf	Auf dem Lehm	15			X	X	X	X	X	X	?		
Biesdorf	Kiemen	16				X	X	X	X	X	X	X	
Bollendorf	In der Kroppicht	18			X	X	X	X	X	X	X	X	X
Butzweiler	Altkirch	28			X	X	X	X	X	X	X	X	
Dudeldorf	Hinkelkopf	32			X	X	X	X	X	X	X	X	
Edingen	Auf der Huf	35		X	X	X		X	X	X	X	X	
Fellerich	Grundstück Kalkes	41				X	X	X	X	X	X	X	
Fellerich	Knellwald	42		X	X	X	X	X	X	X	X	X	
Fließem-Otrang	Weilerbüsch	46	X		X	X	X	X	X	X	X	X	
Franzenheim	Westabhang	47			X	X	X		X	X	X	X	
Fusenich	Kummertal	50		X	X	X	X	X	X	X	X		
Gilzem	Wellbüsch	51			X	X	X	X	X	X	X		
Godendorf	Runzelt	52				X	X	X	X	X	X		
Hamm	Bungert	54					X	X	X	X	?	?	
Hetzerath	Am alten Weiher	61	X	X	X	X	X	X	X	X	X	X	
Hetzerath	Hambuch	62	X	X		X	X	X	X	X	X	X	
Holsthum	Auf den Mauern	63			X	X	X	X	X	X	X		
Horath	Klosterwiese	64	X	X	X	X	X	X	X	X	X	X	X
Igel	Löwener Mühle	72			X	X	X	X	X	X	X	X	
Irrel	Münsterbüsch	73				X	X	X	X		X		
Kaschenbach	Alte Heide	75			X		X	X	X				
Kenn	Römerplatz	77					X	X	X	X			
Kersch	Unten auf der Gleich	78					X	X	X	X	X	X	X
Kinheim	Willenbungert	79				X	X	X	X	X	X	X	X
Kirf	Altenberg	80					X	X	X	X	X	X	X
Könen	Ortslage	83	X		X	X	X	X	X	X	X	X	
Konz	Kaiserpalast	84					X	X	X	X	X	X	X
Konz	Lummelwiese	85				X	X	X	X	X	X	X	X
Konz	Maiserei	86				X	X	X	X	X	X	X	X
Kordel	Unterm Babischt	87				X	X	X	X	X	X	X	
Hostert	Hostert	90					X	?	X	X	X	X	
Leiwen	Im Bohnengarten	91					X	X	X	X	X	X	
Longuich	Im Päsch	95			X	X	X	X	X	X	?	?	
Lösnich	Hinterwald	94			X	X	X	X	X	X	X	X	
Mandern	Geierslay	97					X	X	X	X			
Masholder	Mirlek	98			X		X	X	X	X	?	?	

Tabellen 363

Ort	Standort	Kat.-Nr.	1. Jh. v. Chr.	1. Hälfte 1. Jh. n. Chr.	2. Hälfte 1. Jh. n. Chr.	1. Hälfte 2. Jh. n. Chr.	2. Hälfte 2. Jh. n. Chr.	1. Hälfte 3. Jh. n. Chr.	2. Hälfte 3. Jh. n. Chr.	1. Hälfte 4. Jh. n. Chr.	Mitte 4. Jh. n. Chr.	2. Hälfte 4. Jh. n. Chr.	1. Hälfte 5. Jh. n. Chr.
Meckel	Scheiwelsheck	99				?	X	X	X	X	X	X	
Mehring	Kirchheck	100				?	X	X	X	X	X	X	X
Minheim	Maarwiese	109				X	X	X	X	X	X		
Möhn	Auf Tiefelter	110			X	X	X	X	?		?		
Mötsch	Folker	111	X		X	X	X	X	X	X	X	?	
Newel	Auf Ruwels	117				X	X	X	X	X	X	X	
Newel	Im Kessel	118	?	?	X	X	X	X	X	X	X	X	X
Newel	Kreuzerberg	119	X	X	X	X	X	X	X	X	X	X	
Niederemmel	Auf der Meerwies	121				?	X	X	X	X	X	X	
Nusbaum	Unter der Hal	126				?	X	X	X	X	X	X	
Oberöffingen	Auf der Warte	129				?	?	?	X	X	X	?	
Oberfüttfeld	Auf der Burg	130			X	X	X	X	X	X	X	X	
Oberweis	Auf der Steinrausch	131			X	X	X	X	X	X	X	X	
Olk	Bei der Kalkmauer	132	X			X	X	X	X	X	X	X	
Olk	Macher Flur	133				X	X	X	X	X	X	?	
Ordorf	Borpesch	134			X	X	X	X	X	X	?	?	
Orenhofen	Auf der Kellermauer	135				X	X	X	X	X	X	X	X
Pölich	Ortslage	140				X	X	X	X	X	X	X	
Reil	Oleb	141					X	X	X	X	X		
Schleidweiler-Rodt	Auf der First	147				?	X	X	X	X	X		
Schleidweiler-Rodt	Beim Achenbäumchen	148		?	X	X		X	X	X	X	X	
Schweich	Heidenkopf	149						?	X	X	X	X	
Schweich	Im Hofgarten	150						?	X	X	X	X	
Schwirzheim	Ortslage	151				?	X	X	X	X	X		
Spangdahlem	Breitenacker	152	X	X	X	X	X	X	X	X	X	?	
Stahl	Häselberg	153	X	X	X	X	X	X	?	?	?		
Trier-Euren	Kirche	156											
Trierweiler	In der Hell	158			X	X	X	X	X	X	X	X	
Veldenz	Hauptstraße	161									X		
Vierherrenborn	Vorderst Neunhäuser	165				X	X	X	X	X			
Waxweiler	Schmelzberg	168				X	X	X	X	X			
Wehlen	Ober dem Lieserpfad	171		X	X	X	X	X	X	X	X		
Wehr	Zwischen den Büschen	174		X	X	X	X	X	X	X	X	X	
Welschbillig	Auf dem Hellenberg	176				X	X	X	X	?	?	?	
Welschbillig	Auf Kirchberg	177			X	X	X	X	X	X	X	X	
Welschbillig	Knaulöft	178			X	X	X	X	X	X	X	X	
Welschbillig	Ortslage	179				X	X	X	X	X	X	X	
Wiersdorf	Im Rang	180				X	X	X	X	X	X	X	
Wiltingen	Kobig	181						X	X	X	X	X	
Wincheringen	Auf der Hardt	183			X	X	X	X	X	X	X		X
Wintersdorf	Ortslage	184			X	X	X	X	X	X	X	X	
Wittlich	An der Lieser	186	X			?	X	X	X	X	X		X

Kartenverzeichnis

Karte 1	Reliefkarte mit Villen und Fundstellen (= Beilage 1)
Karte 2	Geologische Karte mit Villen und Fundstellen (= Beilage 2)
Karte 3	Bodenkarte mit Villen und Fundstellen (= Beilage 3)
Karte 4	Einzugsgebiet Trier mit Villen und Fundstellen
Karte 5	Einzugsgebiet Vicus Bitburg mit Villen und Fundstellen
Karte 6	Einzugsgebiet Vicus Tawern mit Villen und Fundstellen
Karte 7	Einzugsgebiet Vicus Belginum mit Villen und Fundstellen
Karte 8	Typologie der Villen
Karte 9	Villen 2. Hälfte 1. Jh. v. Chr.
Karte 10	Villen 1. Hälfte 1. Jh. n. Chr.
Karte 11	Villen 2. Hälfte 1. Jh. n. Chr.
Karte 12	Villen 2. Jh. n. Chr.
Karte 13	Villen 1. Hälfte 3. Jh. n. Chr.
Karte 14	Villen 2. Hälfte 3. Jh. n. Chr.
Karte 15	Villen 1. Hälfte 4. Jh. n. Chr.
Karte 16	Villen 2. Hälfte 4. Jh. n. Chr.
Karte 17	Villen 1. Hälfte 5. Jh. n. Chr.

Abbildungsverzeichnis

Abb. 1 Konz, „Kaiserpalast" *(Kat.–Nr. 84)*, Skizzen des Jesuiten Alexander von Wiltheim aus der zweiten Hälfte des 17. Jh. n. Chr., aus: Neyses 1987, 7, Abb.2.

Abb. 2 Der Langmauerbezirk, aus: Trier – Kaiserresidenz 1984, 289, Kat. 152.

Abb. 3 Sockelrelief der Südseite des Grabmals von Igel mit Kontor und Tuchprobe (Rekonstruktion Lambert Dahm), aus: Schwinden 1989a, 293, Abb. 4e.

Abb. 4 Aschenkiste des Maiorius aus Igel (CIL XIII, 4205), aus: Hettner 1893a, 90, Kat. 193.

Abb. 5 Mühlstein aus Butzweiler, „In der Grube" *(Kat.–Nr. 29)*, aus: Trierer Zeitschrift 27, 1964, 277, Abb. 39.

Abb. 6 Relief mit Rekonstruktion eines *vallus*, RLM Trier, Inv. PM 19093. Foto: RLM Trier, Fotoarchiv, Thomas Zühmer.

Abb. 7 Baldringen „Ortslage" *(Kat.–Nr. 5)*, ausgegrabene Fläche des Hauptgebäudes, aus: H. Lehner, Baldringen, in: Westdeutsche Zeitschrift 14, 1895, 51–52.

Abb. 8 Bettenfeld „In der Kammer", *(Kat.–Nr. 11)*, Grundriss des Hauptgebäudes und zweier Nebengebäude, aus: E. aus'm Weerth, Römische Villa bei Manderscheid in der Eifel, in: Bonner Jahrbücher 39/40, 1866, 256–264, Taf. 3.

Abb. 9 Bettingen „Auf der Mauer" *(Kat.–Nr. 13)*, Gesamtgelände, aus: C. Credner, Der römische Gutshof Ingendorf/Bettingen und die neuzeitliche Wüstung „Bey Mauern", in: Beiträge zur Geschichte des Bitburger Landes 14, 2004, 86, Abb. 8.

Abb.10 Bollendorf, „In der Kroppicht" *(Kat.–Nr. 18)*, Grundriss Hauptgebäude, aus: Steinhausen 1932, 51, Abb. 4.

Abb. 11 Bonerath „Auf Caselsheck" *(Kat.–Nr. 20)*, Hypokausten. Abbildung der Grabungssituation, aus: RLM Trier, Bildarchiv Re 58,12.

Abb. 12 Brecht „Auf der Flachsspreit" *(Kat.–Nr. 21)*, Luftbild. Foto: RLM Trier, Ortsarchiv, Dr. H. Nortmann.

Abb. 13 Dockendorf „Hinter Mauern" *(Kat.–Nr. 31)*, Luftbild. Foto: Dr. Christian Credner, Lambertsberg.

Abb. 14 Ehlenz „Ackerburg" *(Kat.–Nr. 36)*, Keller. Foto: Bildarchiv RLM Trier, B. Altmann.

Abb. 15 Eisenach „Affels" *(Kat.–Nr. 37)*, Luftbild. Foto: Dr. Christian Credner, Lambertsberg.

Abb. 16 Fastrau, „In der Küsterei" *(Kat.–Nr. 39)*, Grundriss Hauptgebäude, aus: TrZ 49, 1986, 368, Abb. 10.

Abb. 17 Fell „Scholemskopf" *(Kat.–Nr. 40)*, Mauerzug. Foto: RLM Trier, Bildarchiv, Re 2002.115.15.

Abb. 18 Ferschweiler „Ob dem Mäuerchen" *(Kat.–Nr. 43)*, Ausgegrabene Fläche des Hauptgebäudes, aus: C. Bone; Das Plateau von Ferschweiler bei

	Echternach. Nachtrag zu „Das Plateau von Ferschweiler", in: Jahresbericht der Gesellschaft für nützliche Forschungen zu Trier 1878–81 (Trier 1882), 30–48, Taf. IV, Abb. 1.
Abb. 19	Fisch „Alter Hof" *(Kat.–Nr. 44)*, Grabungssituation. Foto: RLM Trier, Bildarchiv E 2000.041.11F.
Abb. 20	Fließem-Otrang „Weilerbüsch" *(Kat.–Nr. 46)*, Gesamtplan, aus: P. Steiner, Neue Ausgrabungen in Odrang, in: Trierer Zeitschrift 4, 1929, 75–83, hier: 75, Abb. 1.
Abb. 21	Fließem-Otrang „Weilerbüsch" *(Kat.–Nr. 46)*, Grundriss Hauptgebäude, aus: H. Mylius, Die Rekonstruktion der römischen Villen von Nennig und Fließem, in: Bonner Jahrbücher 129, 1924, 109–128, Tafel VII,1.
Abb. 22	Fließem-Otrang „Weilerbüsch" *(Kat.–Nr. 46)*, Phasenplan Hauptgebäude, aus: RLM Trier, Planarchiv B 1286.
Abb. 23	Franzenheim „Jungenwald" *(Kat.–Nr. 47)*, ausgegrabene Fläche des Hauptgebäudes, aus: W. Binsfeld, Die römische Villa in Franzenheim und ihre Säulen, in: Trierer Zeitschrift 58, 1995, 183–189, 187, Abb. 3.
Abb. 24	Fusenich „Kummertal" *(Kat.–Nr. 50)*, Grabungssituation. Foto: RLM Trier, Fotoarchiv E_1987_0170_02.
Abb. 25	Greimerath „Auf der Warte" *(Kat.–Nr. 53)*, Grabungssituation. Foto: RLM Trier, Ortsarchiv.
Abb. 26	Heilenbach „Im Hewel" *(Kat.–Nr. 56)*, Grabungssituation. Foto: RLM Trier, Fotoarchiv Re 1968.265.
Abb. 27	Hermeskeil „Hascheid" *(Kat.–Nr. 60)*, Grundriss Hauptgebäude, aus: Trierer Zeitschrift 8, 1933, 135, Abb. 5.
Abb. 28	Hetzerath „Am Alten Weiher" *(Kat.–Nr. 61)*, Luftbild. Foto: Harald Lang, Hetzerath.
Abb. 29	Hetzerath „Hambuch" *(Kat.–Nr. 62)*, Plan Gesamtareal, aus: Krausse 2006, 268, Abb. 185.
Abb. 30	Hetzerath „Hambuch" *(Kat.–Nr. 62)*, Luftbild Gesamtareal. Foto: Harald Lang, Hetzerath.
Abb. 31	Holsthum „Auf den Mauern" *(Kat.–Nr. 63)*, Grundriss Hauptgebäude, aus: Faust 1/1995, 27, Abb. 1.
Abb. 32	Holsthum „Auf den Mauern" *(Kat.–Nr. 63)*, Darre. Foto: RLM Trier.
Abb. 33	Holsthum „Auf den Mauern" *(Kat.–Nr. 63)*, Keller Gesamtansicht. Foto: RLM Trier.
Abb. 34	Horath „Klosterwiesen" *(Kat.–Nr. 64)*, Gesamtplan, aus: H. Cüppers, Gallo-römischer Bauernhof bei Horath, Krs. Bernkastel, in: Trierer Zeitschrift 30, 1967, 114–143, 117, Abb.2.
Abb. 35	Horath „Klosterwiesen" *(Kat.–Nr. 64)*, Raum 7a mit Rennofen, Grundriss, aus: Cüppers 1967, 130, Abb. 10 a) und b).
Abb. 36	Irrel „Münsterbüsch" *(Kat.–Nr. 73)*, Grundriss und Profile des Hauptgebäudes, aus: Jahresbericht 1971–73, in: Trierer Zeitschrift 37, 1974, 282, Abb. 8.
Abb. 37	Kanzem „In den Sandgruben" *(Kat.–Nr. 74)*, Grundriss Hauptgebäude, aus: Trierer Zeitschrift 49, 1986, 373, Abb. 13.

Abb. 38	Kelsen „Ortslage" *(Kat.–Nr. 76)*, Hypokausten, aus: Trierer Zeitschrift 65, 2002, 305, Abb. 15.
Abb. 39	Kenn „Römerplatz" *(Kat.–Nr. 77)*, Grundriss des Kellers, aus: Trierer Zeitschrift 55, 1992, 419, Abb. 34.
Abb. 40	Kinheim „Willenbungert" *(Kat.–Nr. 79)*, Grundriss Hauptgebäude, Phasen I und II, aus: RLM Trier, Planarchiv B 1488.
Abb. 41	Köllig „Mescher Heck" *(Kat.–Nr. 82)* Grundriss Hauptgebäude, aus: Koethe 1940, 59, Abb. 16.
Abb. 42	Könen „Ortslage" *(Kat.–Nr. 83)*, ausgegrabene Flächen des Hauptgebäudes, aus: Koethe 1940, Abb. 18.
Abb. 43	Konz „Kaiserpalast" *(Kat.–Nr. 84)*, Grundriss Hauptgebäude. Dr. K.-P. Goethert, Trier.
Abb. 44	Konz „Lummelwiese" *(Kat.–Nr. 85)*, Grundriss Hauptgebäude, Phasen I und II, aus: Trierer Zeitschrift 49, 1986, 377 Abb. 15.
Abb. 45	Leiwen „Im Bohnengarten" *(Kat.–Nr. 91)*, Grundriss Hauptgebäude, Phasen I und II, aus: Trierer Zeitschrift 24–26, 1956–58, 584, Abb. 151.
Abb. 46	Leiwen, „Auf Hostert" *(Kat.–Nr. 90)*, Grundriss Gesamtareal, aus: Trierer Zeitschrift 49, 1986, 379, Abb. 17.
Abb. 47	Lörsch „Hostert" *(Kat.–Nr. 93)*, Grundriss und Schnitt des Hauptgebäudes, aus: Trierer Zeitschrift 4, 1929, 179, Abb. 8.
Abb. 48	Lösnich „Hinterwald" *(Kat.–Nr. 94)*, Grundriss Gesamtgelände, aus: RLM Trier, Planarchiv B 1416.
Abb. 49	Lösnich „Hinterwald" *(Kat.–Nr. 94)*, Grundriss Hauptgebäude, aus: RLM Trier, Planarchiv B 1412.
Abb. 50	Longuich „Im Päsch" *(Kat.–Nr. 95)*, Grundriss der ausgegrabenen Fläche, aus: RLM Trier, Fotoarchiv, DIA1988_141.
Abb. 51	Malbergweich „Helsdorf" *(Kat.–Nr. 96)*, Blick von Osten in die Westecke des Kellers bei der Grabung 1935. Foto: RLM Trier, Ortsarchiv.
Abb. 52	Mandern „Geierslay" *(Kat.–Nr. 97)*, Gesamtplan, aus: Haffner 1977/78, Abb. 1.
Abb. 53	Mandern „Geierslay" *(Kat.–Nr. 97)*, Grundriss und Schnitt der ausgegrabenen Teile des Hauptgebäudes, aus: Haffner 1977/78, Abb. 2.
Abb. 54	Meckel „Scheiwelsheck" *(Kat.–Nr. 99)*, Grundriss Gesamtgelände, aus: Steinhausen, 1932, 181, Abb. 20.
Abb. 55	Mehring „Kirchheck" *(Kat.–Nr. 100)*, Grundriss Hauptgebäude, Phase I., aus: RLM Trier, Fotoarchiv.
Abb. 56	Mehring „Kirchheck" *(Kat.–Nr. 100)*, Grundriss Hauptgebäude, Phase II., aus: RLM Trier, Fotoarchiv.
Abb. 57	Mehring „Kirchheck" *(Kat.–Nr. 100)*, Grundriss Hauptgebäude, Phase III., aus: RLM Trier, Fotoarchiv.
Abb. 58	Mehring „Kirchheck" *(Kat.–Nr. 100)*, Grundriss Hauptgebäude, Phase IV., aus: RLM Trier, Fotoarchiv.
Abb. 59	Mehring „Kirchheck" *(Kat.–Nr. 100)*, Grundriss Hauptgebäude, Phase V., aus: RLM Trier, Fotoarchiv.
Abb. 60	Mehring „Kirchheck" *(Kat.–Nr. 100)*, Grundriss Hauptgebäude, Phase VI., aus: RLM Trier, Fotoarchiv.

Abb. 61	Mettendorf „In der Ay" *(Kat.–Nr. 105)*, Magnetogramm und Magnetogramm mit Umzeichnung, aus: Henrich/Mischka 2008, 77, Abb. 2 a und b.
Abb. 62	Metterich „Auf dem Berg" *(Kat.–Nr. 107)*, Luftbild. Foto: M. Weber, Bitburg.
Abb. 63	Mötsch „Folker" *(Kat.–Nr. 111)*, Luftbild Hauptgebäude und Nebengebäude. Foto: M. Weber, Bitburg.
Abb. 64	Neumagen-Dhron „Im Haasengraben" *(Kat.–Nr. 114)*, Grundriss Hauptgebäude, aus: Trierer Zeitschrift 40/41, 1977/78, 431, Abb. 31.
Abb. 65	Neumagen-Dhron „Papiermühle" *(Kat.–Nr. 116)*, Grundriss Hauptgebäude *1* und Nebengebäude *2*, aus: Trierer Zeitschrift 40/41, 1977/78, 424, Abb. 26.
Abb. 66	Newel „Im Kessel" *(Kat.–Nr. 118)*, Grundriss Hauptgebäude, aus: Cüppers/Neyses 1971a, Abb. 2.
Abb. 67	Newel „Im Kessel" *(Kat.–Nr. 118)*, Grundriss Gesamtareal, aus: Cüppers/Neyses 1971a, Abb. 1.
Abb. 68	Newel „Im Kessel" *(Kat.–Nr. 118)*, Rekonstruktion Gesamtareal, aus: Cüppers/Neyses 1971a, Abb. 44.
Abb. 69	Niederemmel „Auf der Meerwies" *(Kat.–Nr. 121)*, Grundrisse der erschlossenen Gebäude, aus: Van Ossel 1992, 264, Fig. 74.
Abb. 70	Niederstedem „Alshöhe" *(Kat.–Nr. 124)*, Luftbild Hauptgebäude. Foto: Dr. Christian Credner, Lambertsberg.
Abb. 71	Nusbaum „Unter der Hal" *(Kat.–Nr. 126)*, ausgegrabene Fläche des Hauptgebäudes, aus: Trierer Zeitschrift 35, 1972, 315, Abb. 10.
Abb. 72	Oberüttfeld „Auf der Burg" *(Kat.–Nr. 130)*, Ausgegrabene Fläche des Hauptgebäudes, aus: Trierer Zeitschrift 62, 1999, 156, Abb. 1.
Abb. 73	Oberweis „Auf der Steinrausch" *(Kat.–Nr. 131)*, Grundriss Hauptgebäude, Phasen I und II, aus: H. Koethe, Römische Villa bei Oberweis, in: Trierer Zeitschrift 9, 1934, 20–56, 25, Abb. 3.
Abb. 74	Orenhofen „Auf der Kellermauer" *(Kat.–Nr. 135)*, Grundriss Hauptgebäude, aus: S. Loeschcke, Orenhofen, in: Trierer Jahresberichte 13, 1923, 64, Abb. 1.
Abb. 75	Pickließem „Hofkammer" *(Kat.–Nr. 139)*, Luftbild Gebäude *1*. Foto: Dr. Christian Credner, Lambertsberg.
Abb. 76	Pickließem „Hofkammer" *(Kat.–Nr. 139)*, Luftbild Gebäude *2*. Foto: Dr. Christian Credner, Lambertsberg.
Abb. 77	Pölich „Ortslage" *(Kat.–Nr. 140)*, Grundriss der ausgegrabenen Fläche des Hauptgebäudes, aus: Gilles 1990b, 114.
Abb. 78	Reil „Oleb" *(Kat.–Nr. 141)*, ausgegrabene Fläche des Hauptgebäudes, aus: Gilles 1980/81, 318, Abb. 1.
Abb. 79	Schleidweiler-Rodt „Beim Achenbäumchen" *(Kat.–Nr. 148)*, Grundriss Hauptgebäude, aus: Koethe 1940, 88, Abb. 42.
Abb. 80	Schwirzheim „Ortslage" *(Kat.–Nr. 151)*, Grundriss Hauptgebäude, aus: P. Steiner, Römische Baureste in Schwirzheim, in: Trierer Zeitschrift 5, 1930, 93–98, 94, Abb. 1.

Abb. 81	Stahl „Häselberg" *(Kat.-Nr. 153)*, Grundriss Hauptgebäude, aus: F. Oelmann, Die Villa rustica bei Stahl und Verwandtes, in: Germania 5, 1921, 64–73, 65, Abb. 8.
Abb. 82	Trierweiler „In der Hell" *(Kat.-Nr. 158)*, Grundriss der ausgegrabenen Fläche des Hauptgebäudes, aus: Trierer Zeitschrift 52, 1989, 474 Abb. 20.
Abb. 83	Trierweiler „Langert" *(Kat.-Nr. 160)*, Grundriss Hauptgebäude, aus: Jahresbericht 1965–69, in: Trierer Zeitschrift 33, 1970, 275, Abb. 25.
Abb. 84	Vierherrenborn „Dürreich" *(Kat.-Nr. 162)*, Grundriss Gesamtareal, aus: Trierer Zeitschrift 14, 1939, 250, Abb. 31.
Abb. 85	Vierherrenborn „Irscher Siedlung II" *(Kat.-Nr. 164)*, Grundriss Hauptgebäude, aus: Jahresbericht 1945–58, in: Trierer Zeitschrift 24–26, 1956–58, 574, Abb. 146.
Abb. 86	Vierherrenborn „Vorderst Neunhäuser Gewann" *(Kat.-Nr. 165)*, Grundriss Hauptgebäude, aus: Trierer Zeitschrift 37, 1974, 290, Abb. 12.
Abb. 87	Wasserliesch „Ortslage" *(Kat.-Nr. 167)*, Ausgegrabene Fläche des Hauptgebäudes, aus: Jahresbericht 1981–1983, in: Trierer Zeitschrift 50, 1987, 414, Abb. 32.
Abb. 88	Waxweiler „Schmelzberg" *(Kat.-Nr. 168)*, Tachymetrisch eingemessene Befunde der Grabungen 2002, 05, 08, aus: Bienert 2008, 66. Abb. 2.
Abb. 89	Wellen „Im Bungert" *(Kat.-Nr. 175)*, Grundriss Hauptgebäude, aus: Koethe 1940, 93, Abb. 47.
Abb. 90	Welschbillig „Knaulöft" *(Kat.-Nr. 178)*, entzerrtes Luftbild Gesamtareal. Foto: Dr. Christian Credner, Lambertsberg.
Abb. 91	Welschbillig „Ortslage" *(Kat.-Nr. 179)*, Grundriss Hermenbassin und Gebäudereste, aus: Südwestliche Eifel, 194, Abb. 4.
Abb. 92	Wiersdorf „Im Rang" *(Kat.-Nr. 180)*, ausgegrabene Fläche des Hauptgebäudes, aus: Jahresbericht 1970–1971/72, in: Trierer Zeitschrift 35, 1972, 328, Abb. 19.
Abb. 93	Wiltingen „Kobig" *(Kat.-Nr. 181)*, ausgegrabene Fläche des Hauptgebäudes, aus: Hoffmann/Hupe/Goethert 1999, Taf. 120.
Abb. 94	Wittlich „An der Lieser" *(Kat.-Nr. 186)*, Gesamtareal, aus: Goethert/Goethert 2008, 57, Abb. 13.
Abb. 95	Wittlich „An der Lieser" *(Kat.-Nr. 186)*, Grundriss Hauptgebäude, aus: Goethert/Goethert 2008, 59, Abb. 16a.
Abb. 96	Wittlich „An der Lieser" *(Kat–Nr. 186)*, Rekonstruktion Hauptgebäude nach K.-P. Goethert, aus: Goethert/Goethert 2008, 59, Abb. 16c.
Abb. 97	Wittlich „An der Lieser" *(Kat.-Nr. 186)*, Sandsteinkrippen in Raum 59. Foto: RLM Trier, Fotoarchiv.

L'auteur prie par avance les propriétaires des droits photographiques de bien vouloir excuser toute erreur ou omission subsistant dans cette liste en dépit de ses soins.

Karte 4. Einzugsgebiet Trier mit Villen und Fundstellen

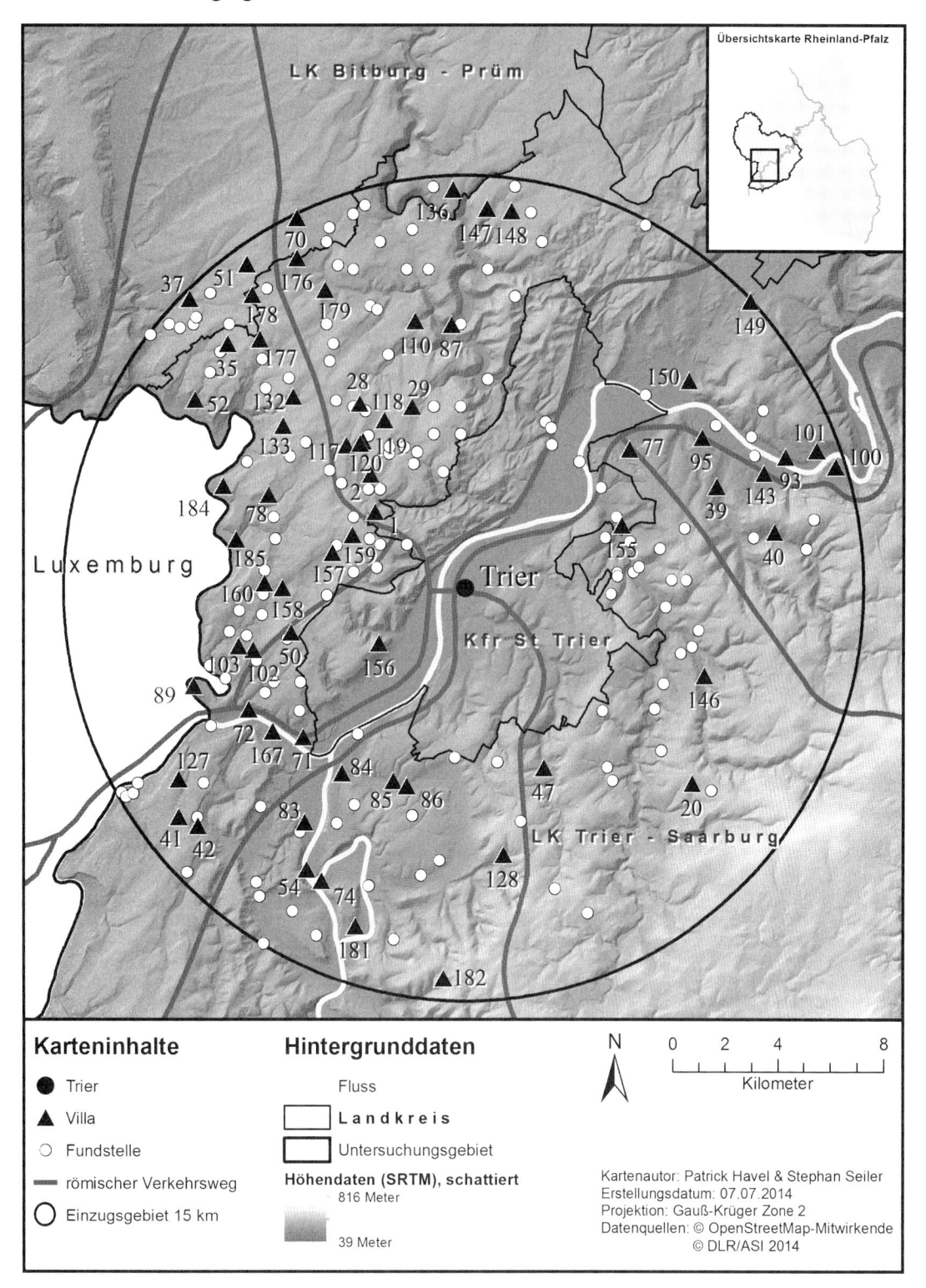

Karteninhalte
- ● Trier
- ▲ Villa
- ○ Fundstelle
- — römischer Verkehrsweg
- ○ Einzugsgebiet 15 km

Hintergrunddaten
- Fluss
- Landkreis
- Untersuchungsgebiet
- Höhendaten (SRTM), schattiert
  - 816 Meter
  - 39 Meter

Übersichtskarte Rheinland-Pfalz

N 0 2 4 8 Kilometer

Kartenautor: Patrick Havel & Stephan Seiler
Erstellungsdatum: 07.07.2014
Projektion: Gauß-Krüger Zone 2
Datenquellen: © OpenStreetMap-Mitwirkende
© DLR/ASI 2014

Karte 5. Einzugsgebiet Vicus Bitburg mit Villen und Fundstellen

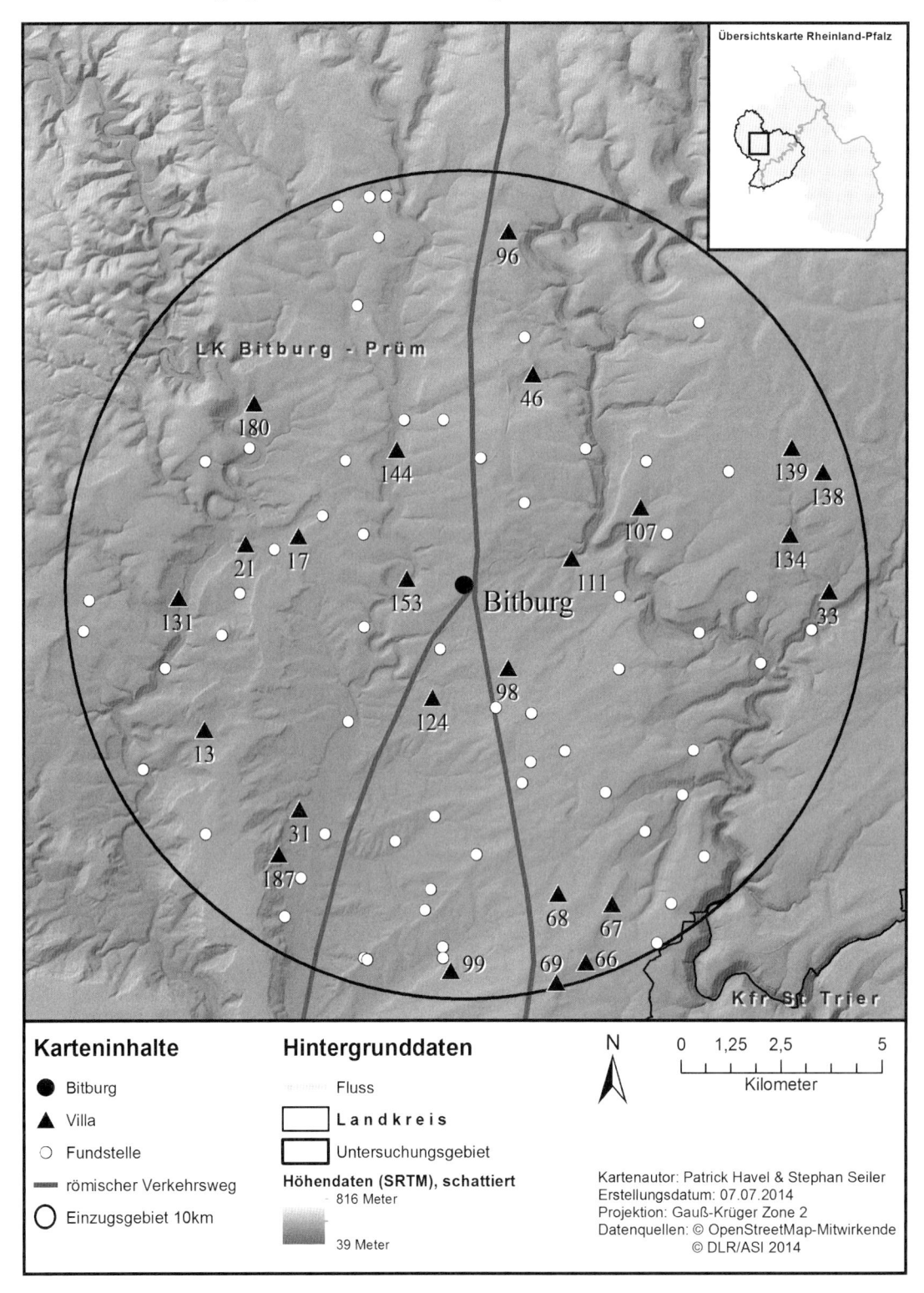

Karte 6. Einzugsgebiet Vicus Tawern mit Villen und Fundstellen

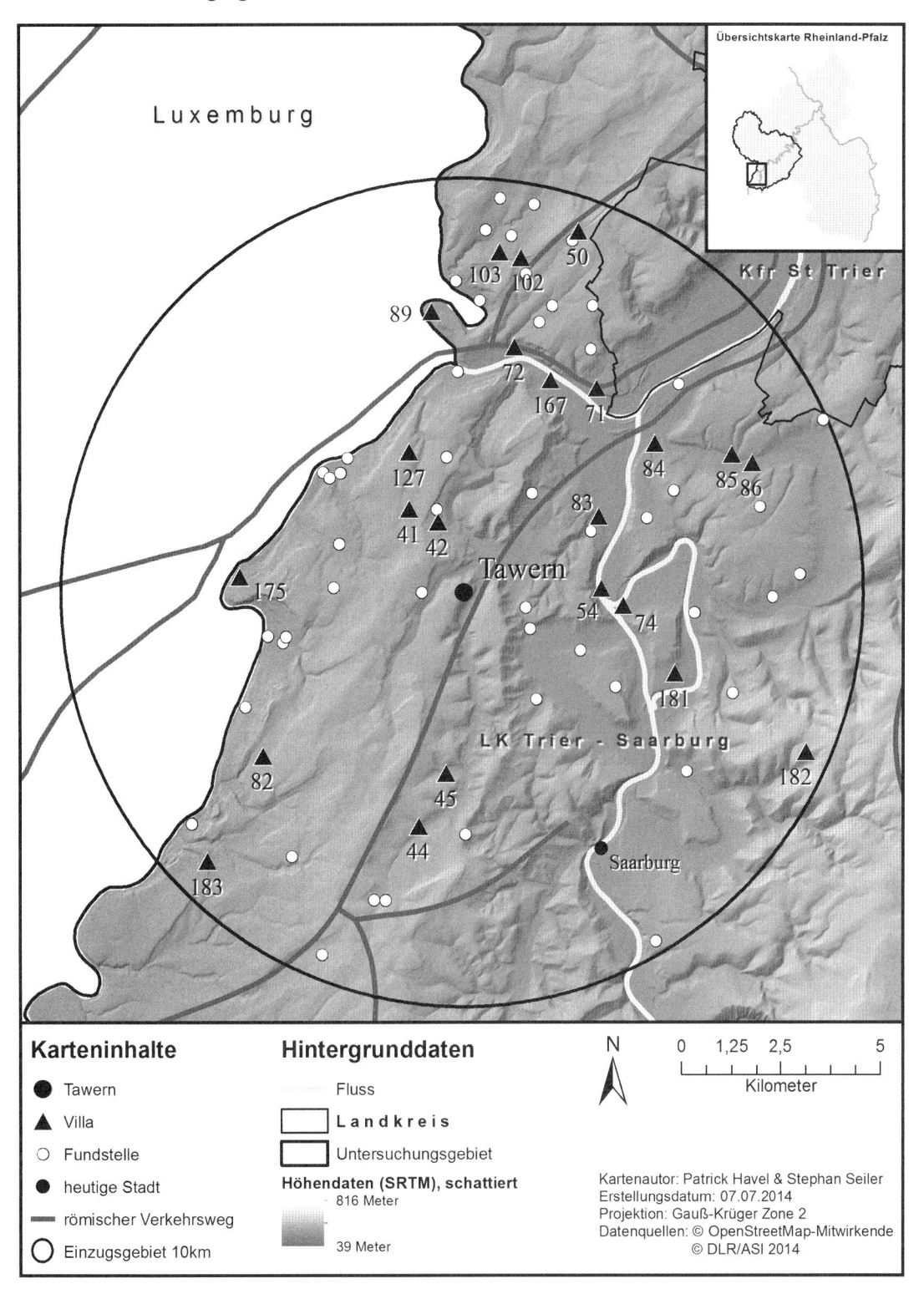

Karte 7. Einzugsgebiet Vicus Belginum mit Villen und Fundstellen

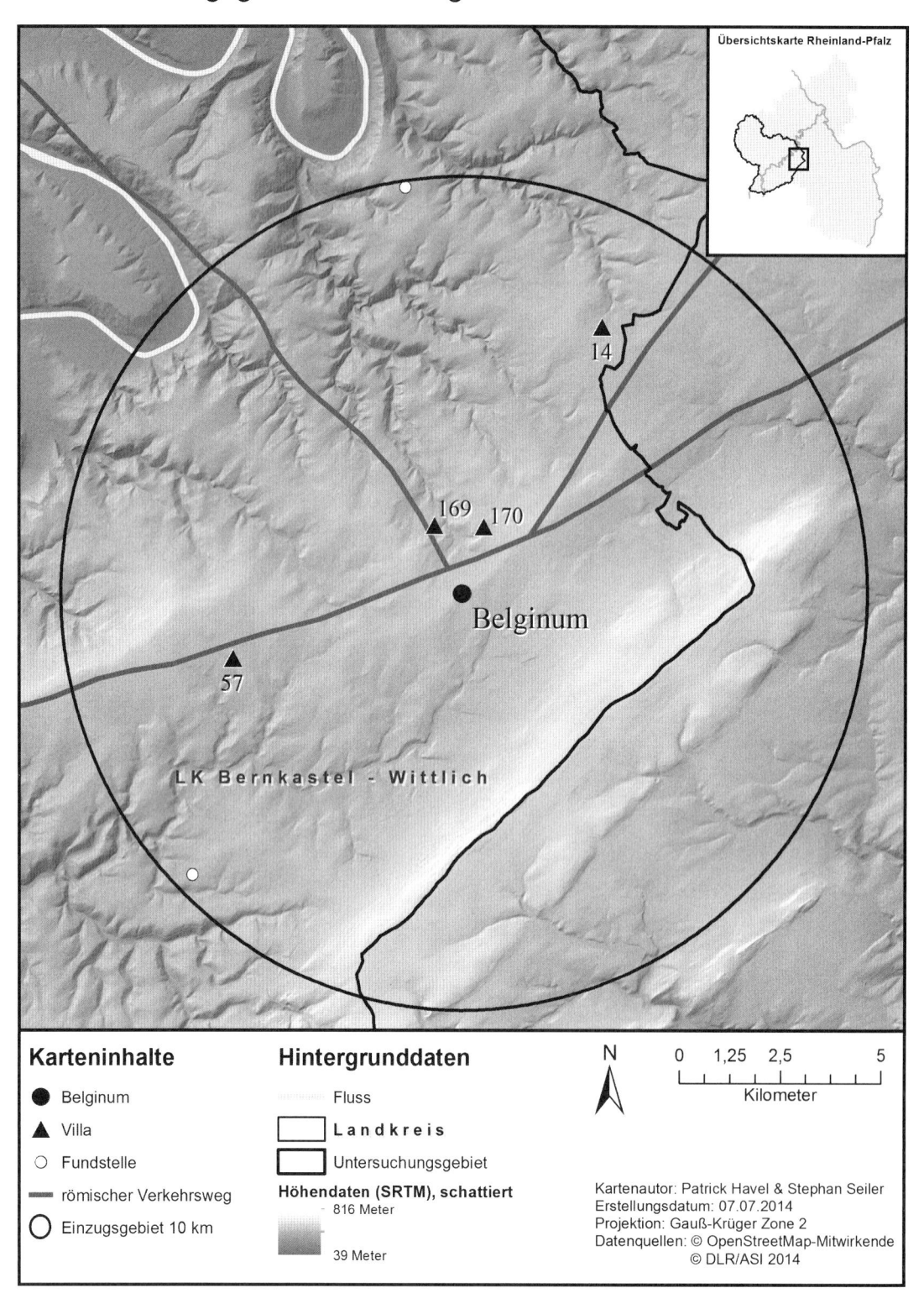

Karten 375

Karte 8. Typologie der Villen

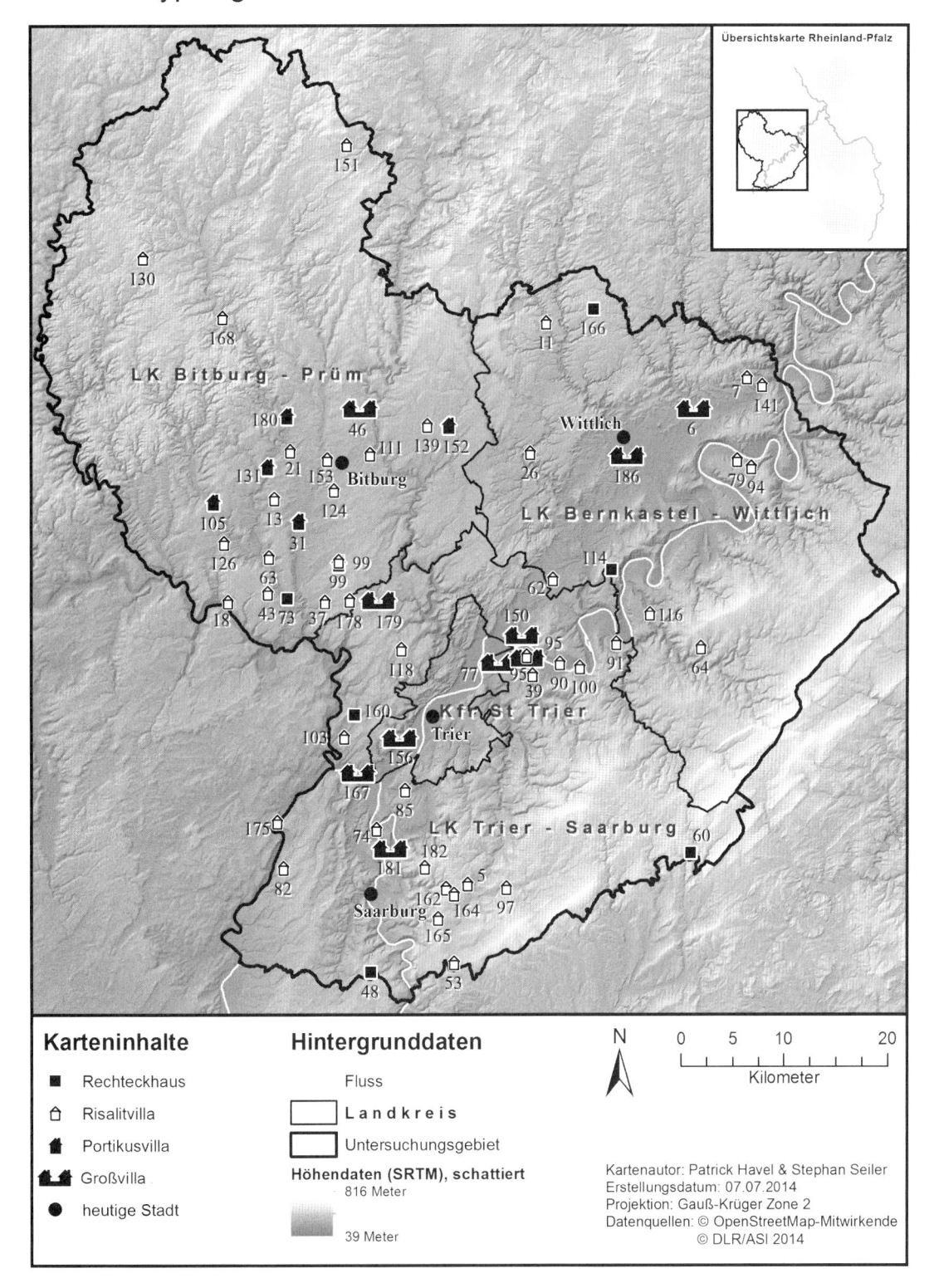

Karteninhalte
- ■ Rechteckhaus
- ⌂ Risalitvilla
- 🏠 Portikusvilla
- 🏰 Großvilla
- ● heutige Stadt

Hintergrunddaten
- Fluss
- Landkreis
- Untersuchungsgebiet
- **Höhendaten (SRTM), schattiert**
  - 816 Meter
  - 39 Meter

N 0 5 10 20 Kilometer

Kartenautor: Patrick Havel & Stephan Seiler
Erstellungsdatum: 07.07.2014
Projektion: Gauß-Krüger Zone 2
Datenquellen: © OpenStreetMap-Mitwirkende
© DLR/ASI 2014

Karte 9. Villen 2. Hälfte 1. Jh. v. Chr.

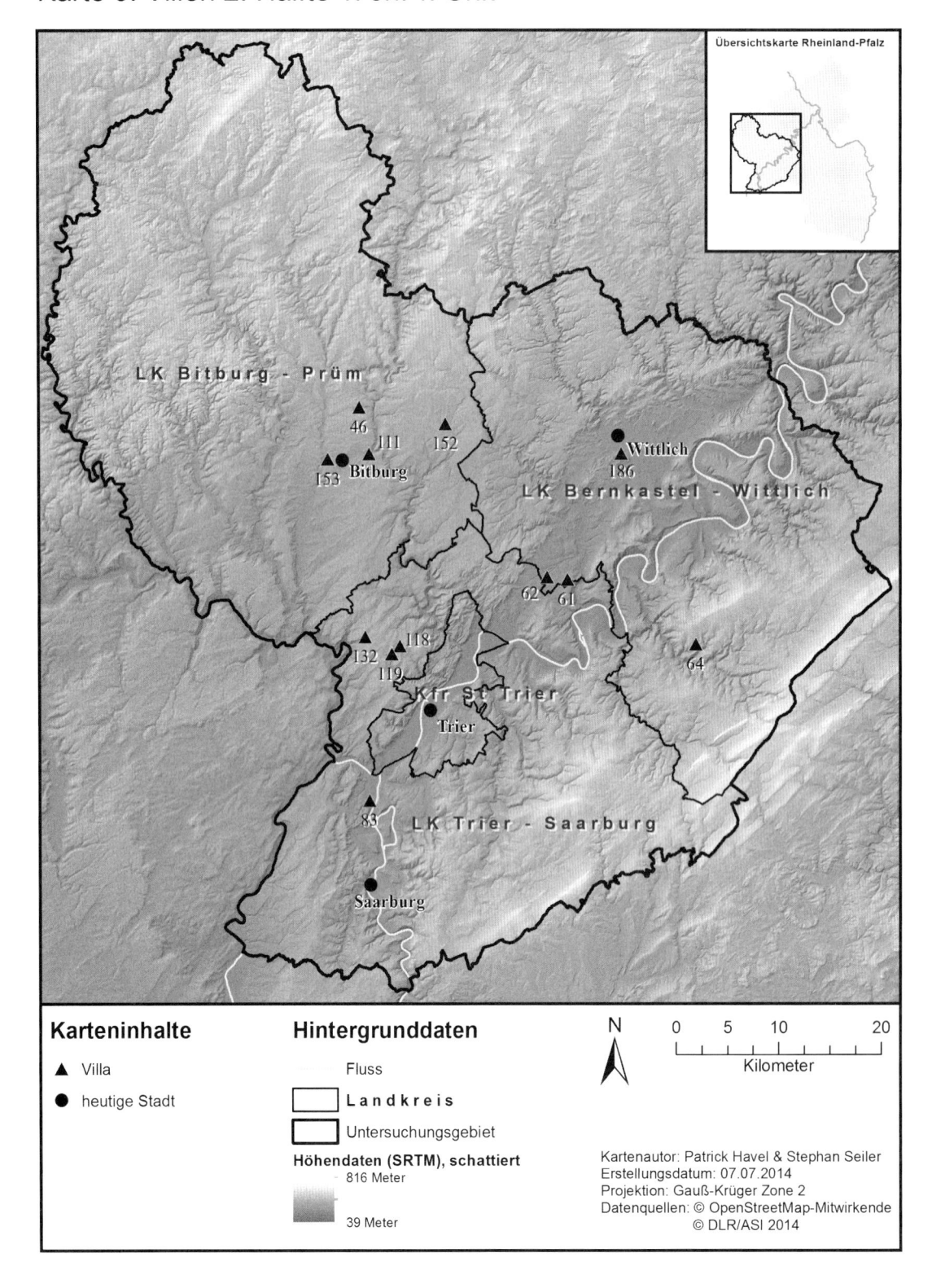

Karte 10. Villen 1. Hälfte 1. Jh. n. Chr.

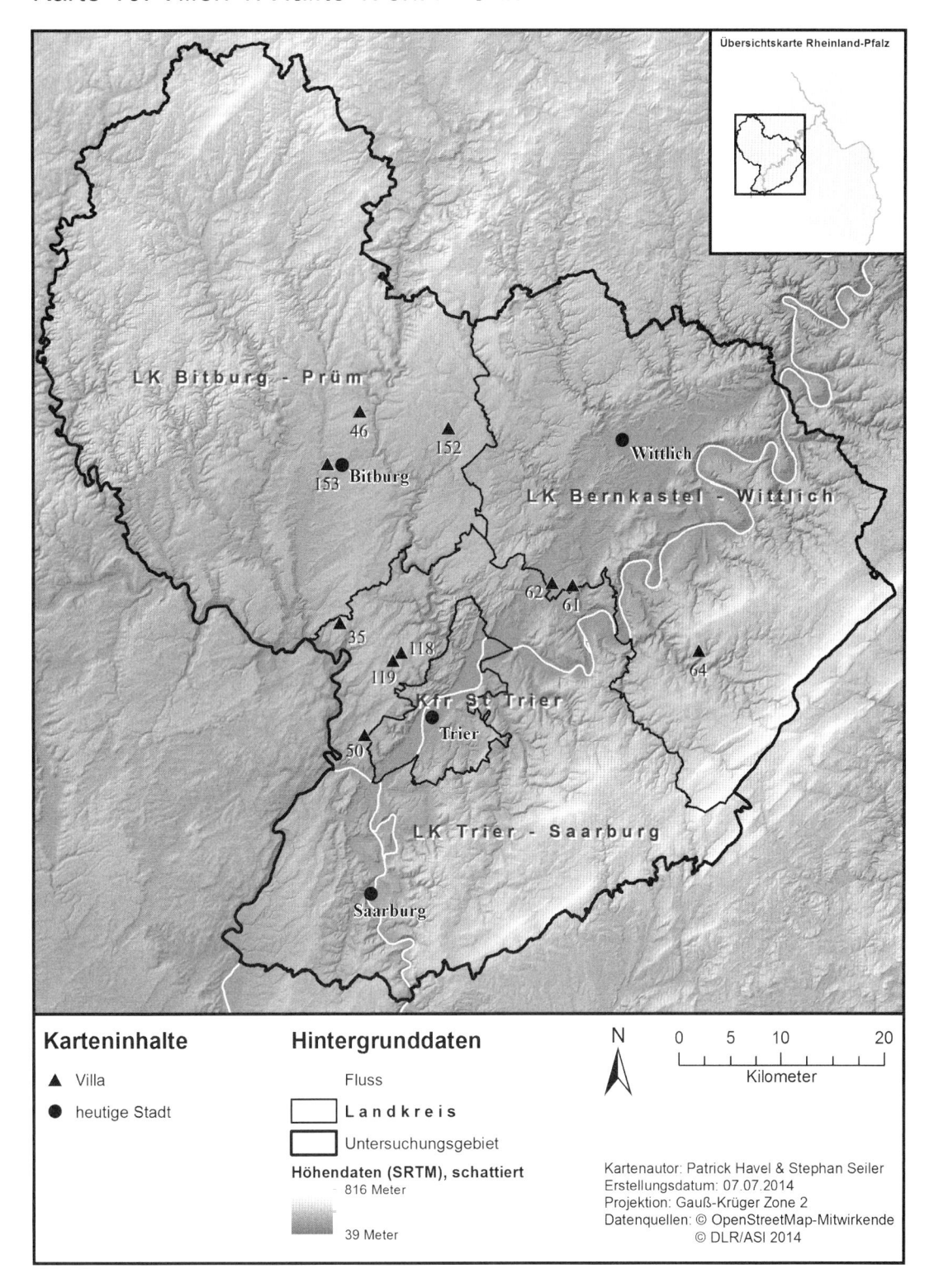

Karteninhalte
- ▲ Villa
- ● heutige Stadt

Hintergrunddaten
- Fluss
- Landkreis
- Untersuchungsgebiet
- Höhendaten (SRTM), schattiert
  - 816 Meter
  - 39 Meter

Kartenautor: Patrick Havel & Stephan Seiler
Erstellungsdatum: 07.07.2014
Projektion: Gauß-Krüger Zone 2
Datenquellen: © OpenStreetMap-Mitwirkende
© DLR/ASI 2014

378 Karten

Karte 11. Villen 2. Hälfte 1. Jh. n. Chr.

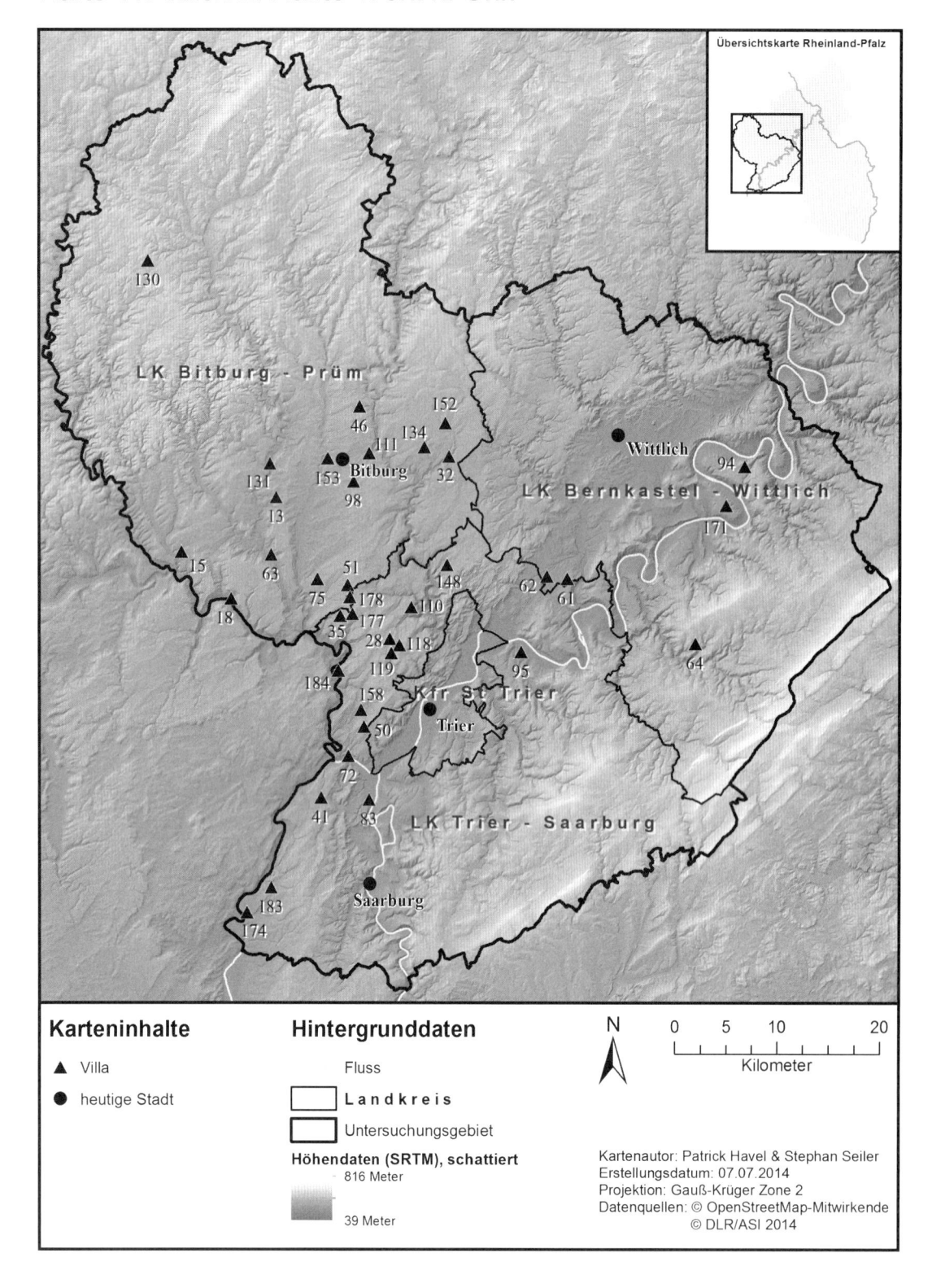

Karte 12. Villen 2. Jh. n. Chr.

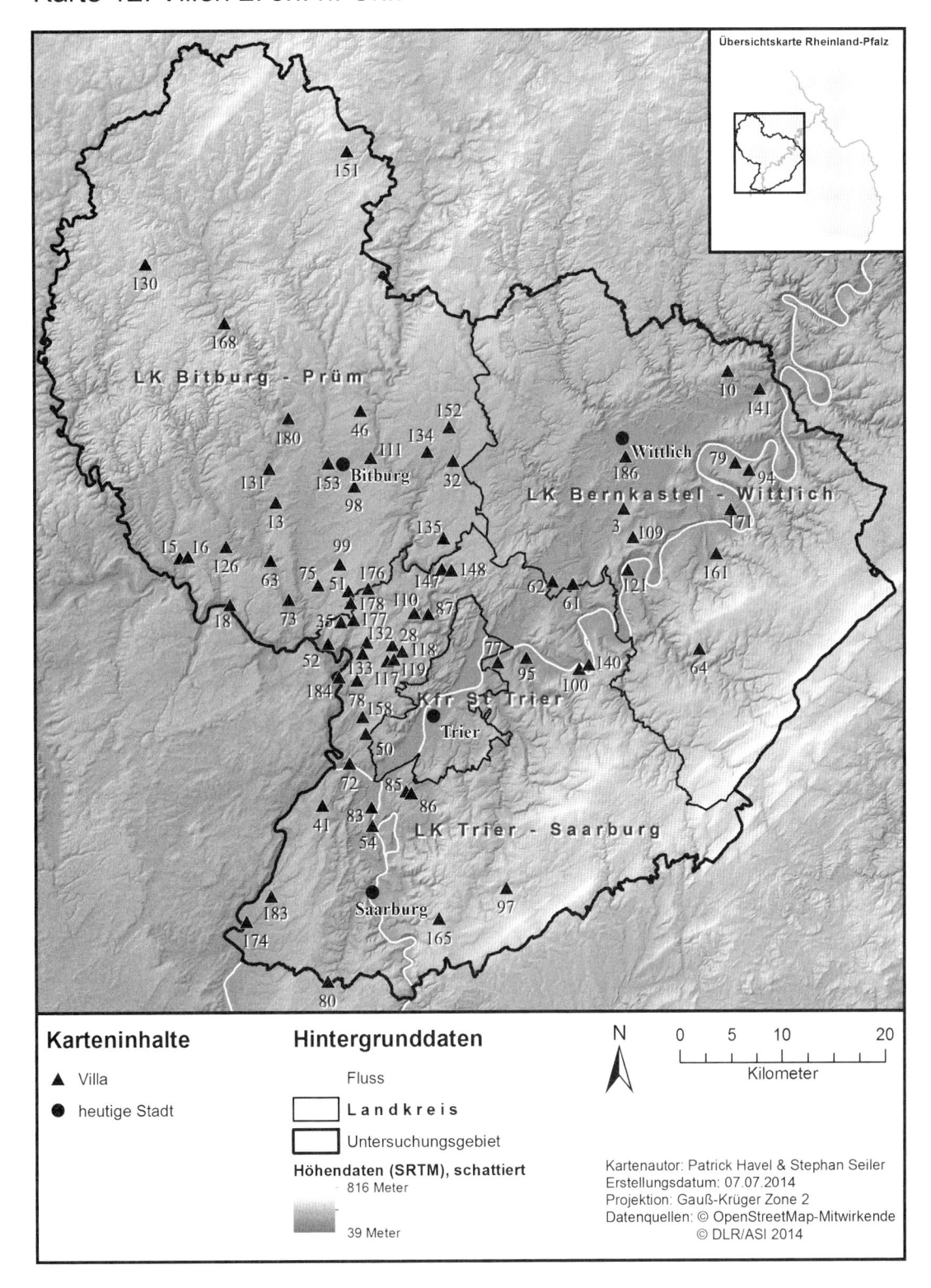

Karte 13. Villen 1. Hälfte 3. Jh. n. Chr.

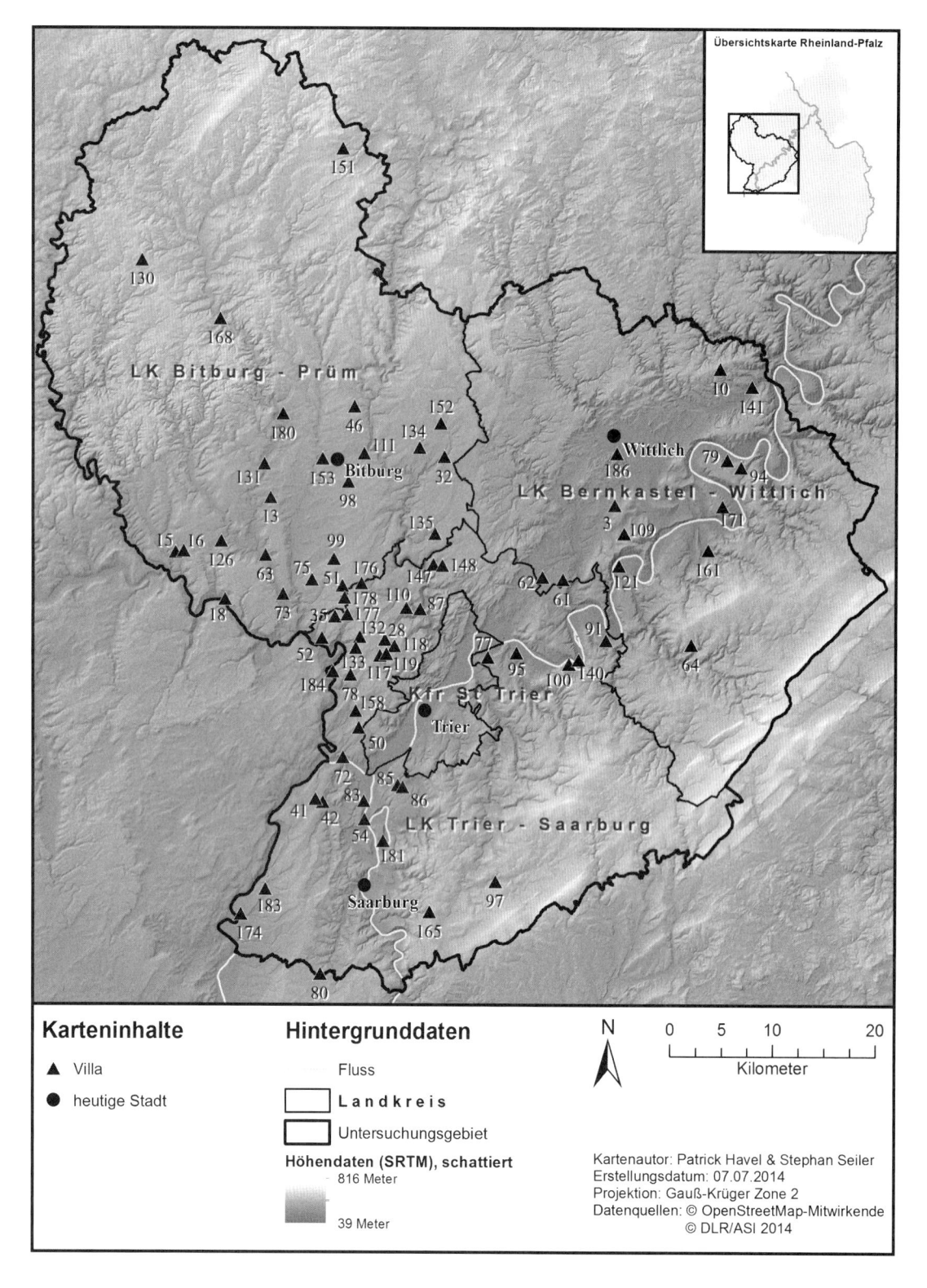

Karte 14. Villen 2. Hälfte 3. Jh. n. Chr.

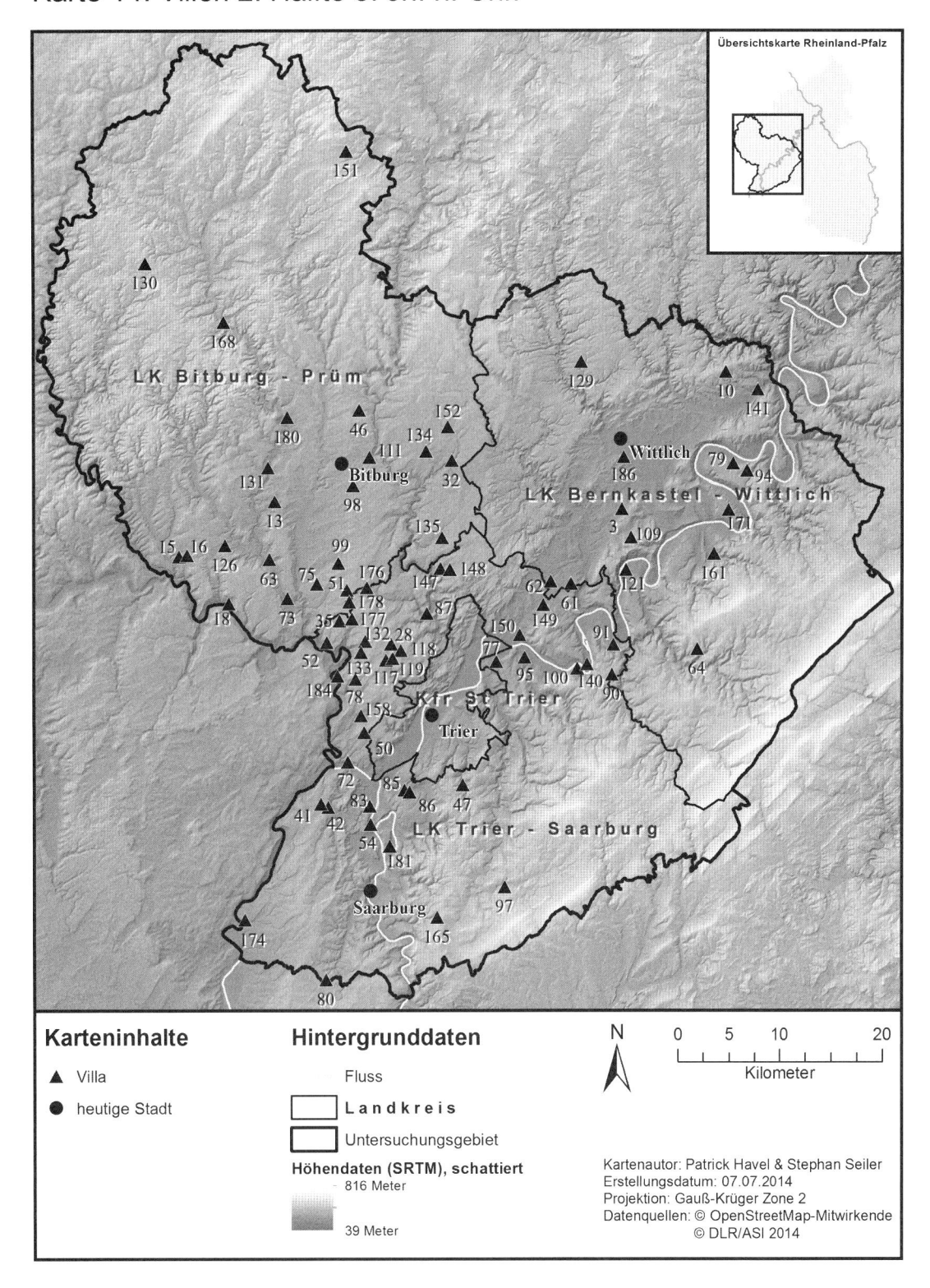

Karte 15. Villen 1. Hälfte 4. Jh. n. Chr.

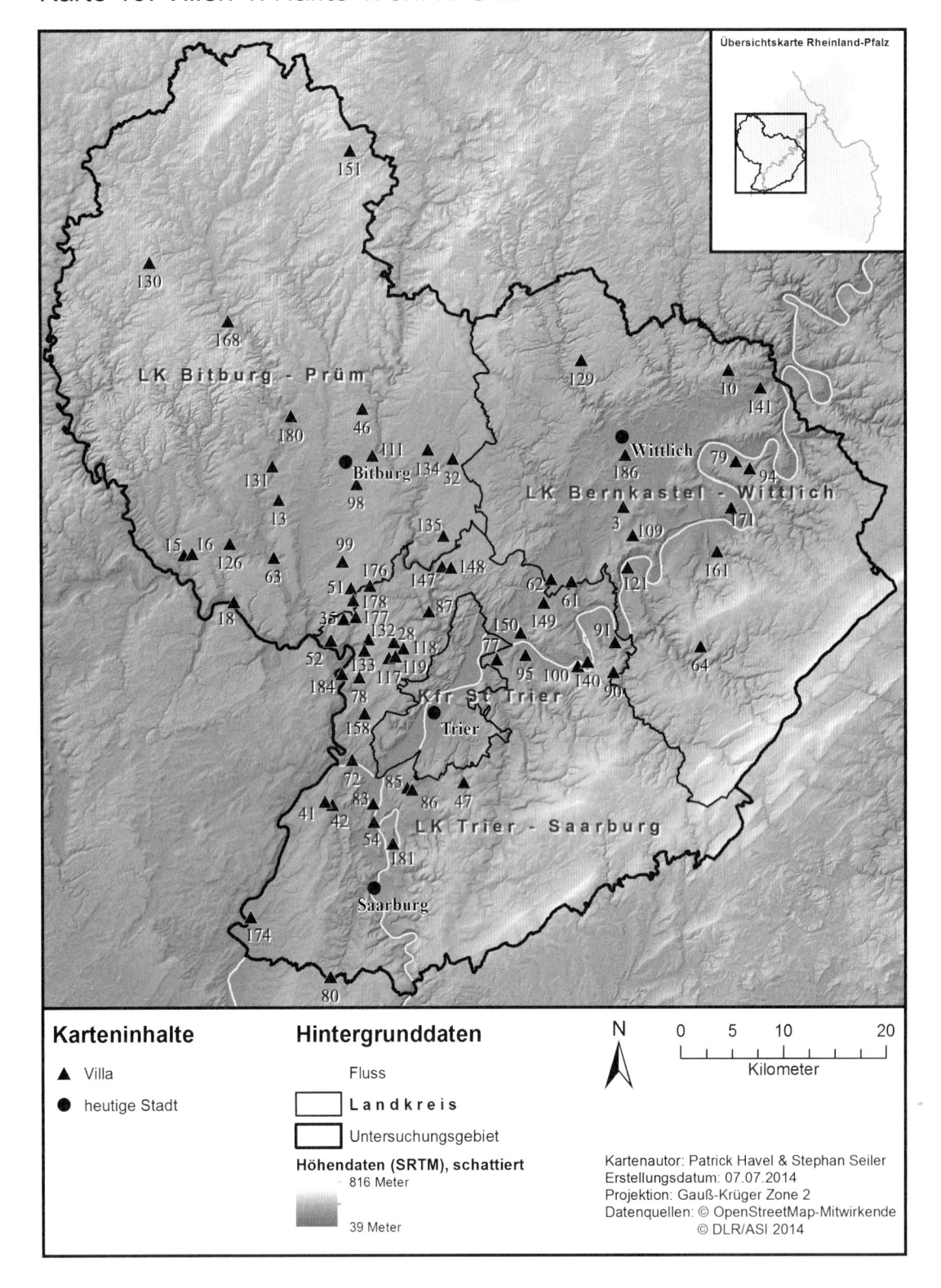

Karte 16. Villen 2. Hälfte 4. Jh. n. Chr.

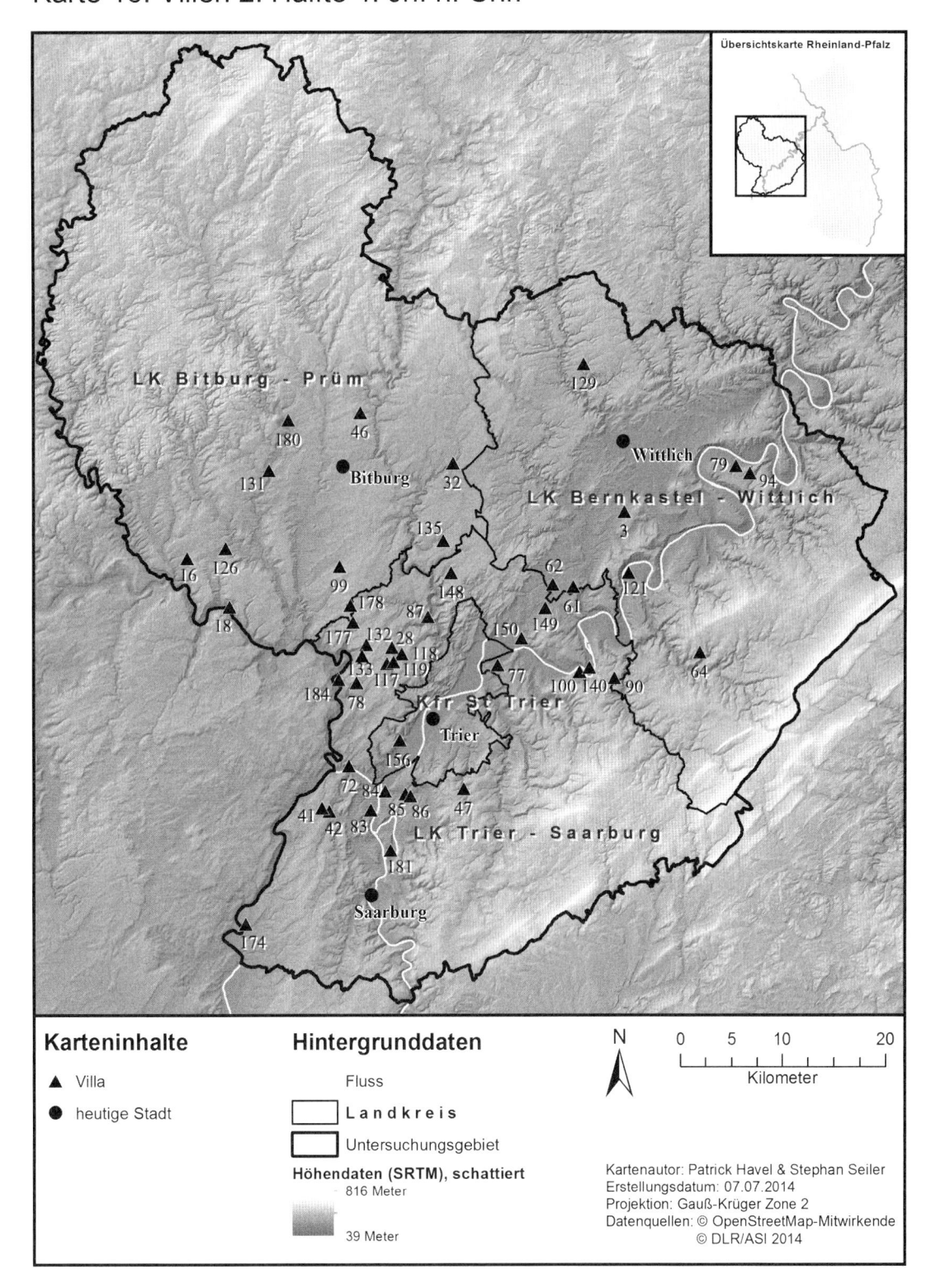

Karte 17. Villen 1. Hälfte 5. Jh. n. Chr.

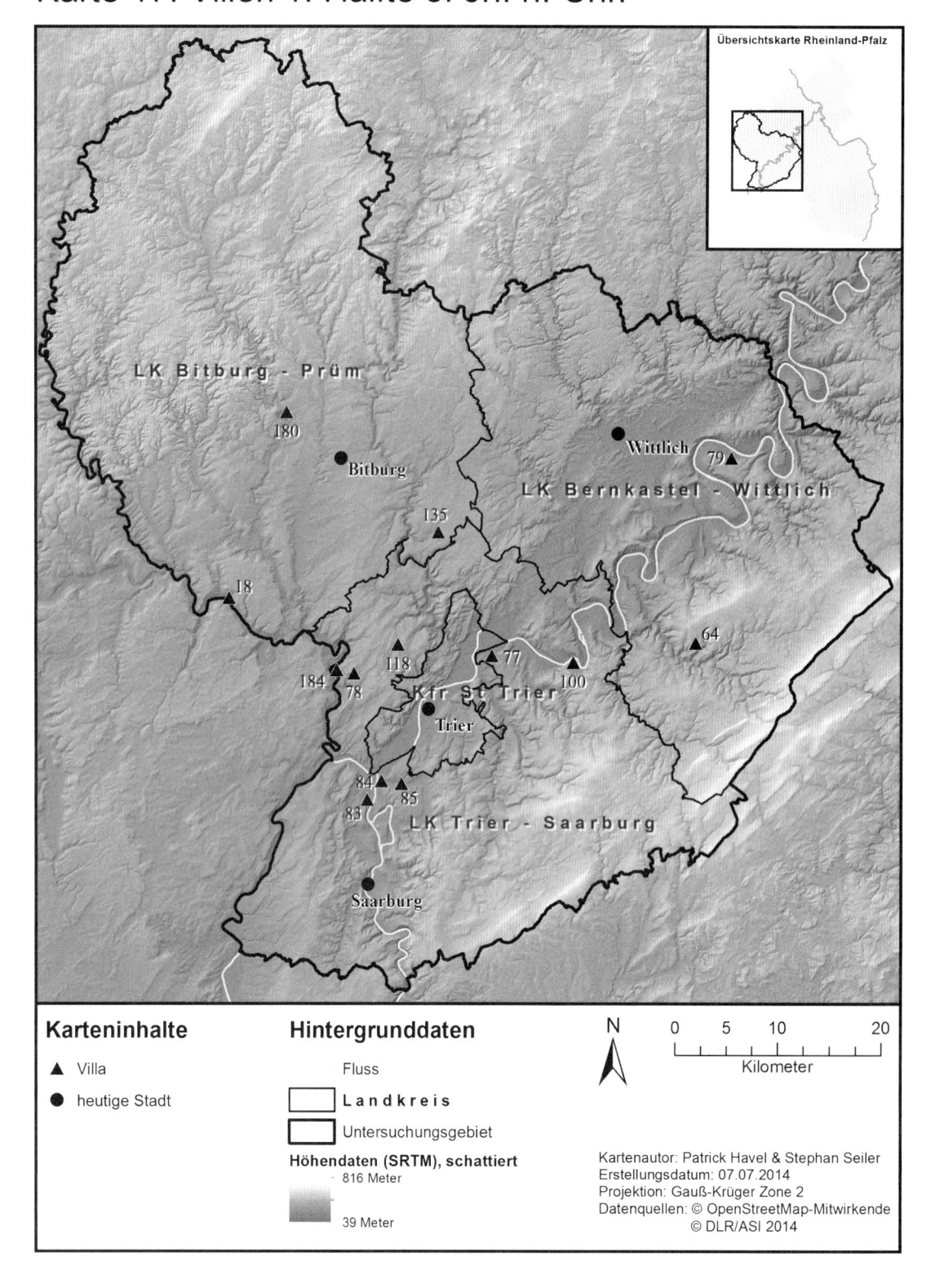

Abbildungen

Tafel 1

Abb. 1:
Konz „Kaiserpalast" *(Kat.-Nr. 84)*,
Skizzen des Jesuiten Alexander von Wiltheim
aus der zweiten Hälfte des 17. Jh. n. Chr.

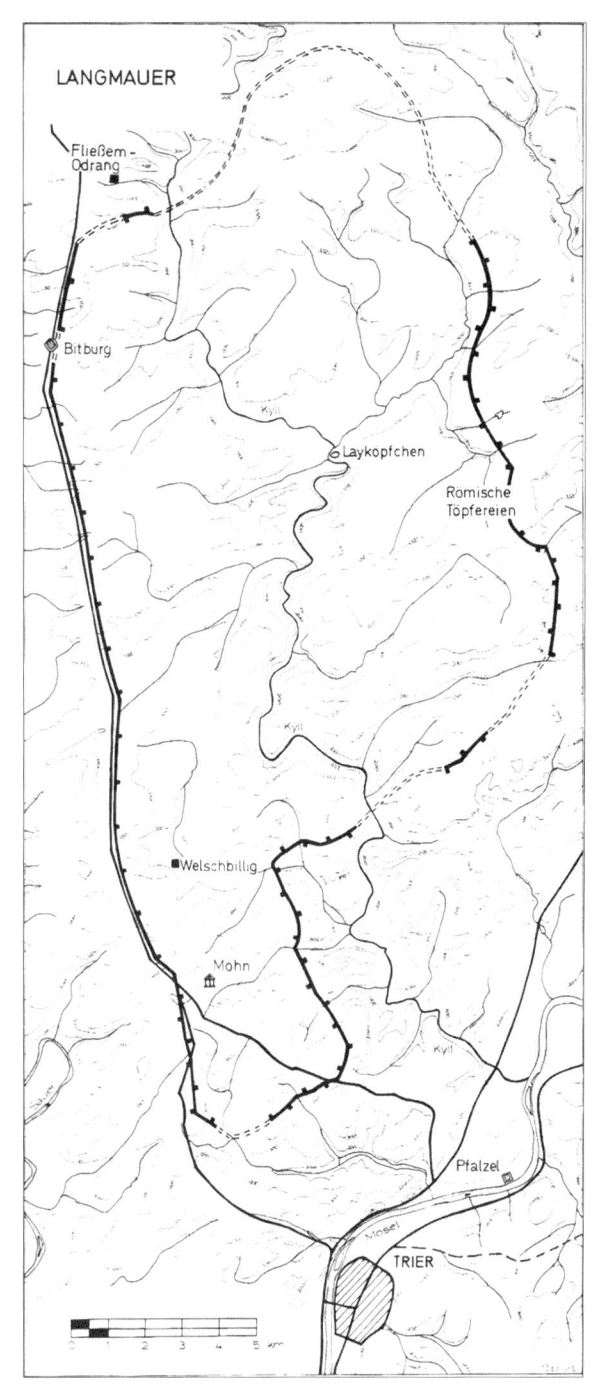

Abb. 2:
Der Langmauerbezirk.

Tafel 2

Abb. 3:
Sockelrelief der Südseite des Grabmals von Igel mit Kontor und Tuchprobe
(Rekonstruktion Lambert Dahm).

```
        D · M
    MAIORI O · IA
   NVARIO · FRA TR
   FRATRI · PROC · SRA
5. F · C · C · ET · MAIORIVS
   ACC E PTV S · SI BI · ET
   CEN S O N IAE · PRI
   M VL AE · VIVIS · FECIT
```

Abb. 4:
Aschenkiste des Maiorus aus Igel (CIL XIII, 4205).

BUTZWEILER, KREIS TRIER - LAND

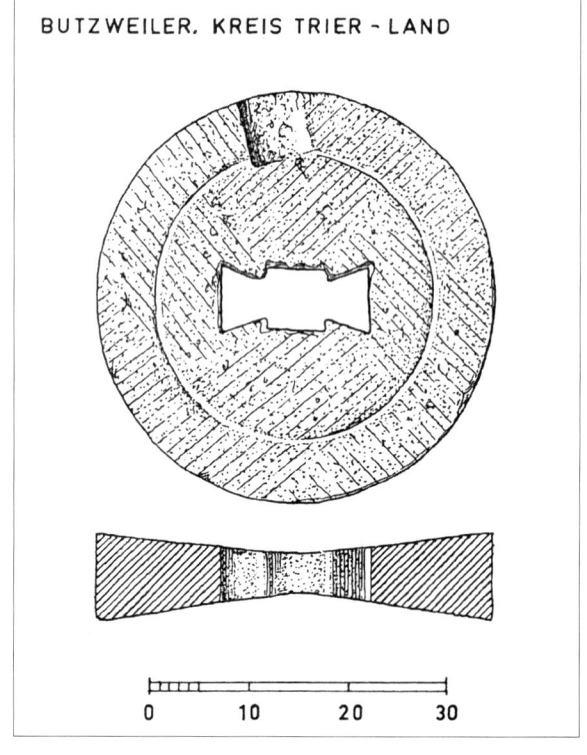

Abb. 5:
Mühlstein aus Butzweiler, „In der Grube"
(Kat.–Nr. 29).

Tafel 3

Abb. 6:
Relief mit Rekonstruktion eines *vallus*, RLM Trier PM 19093.

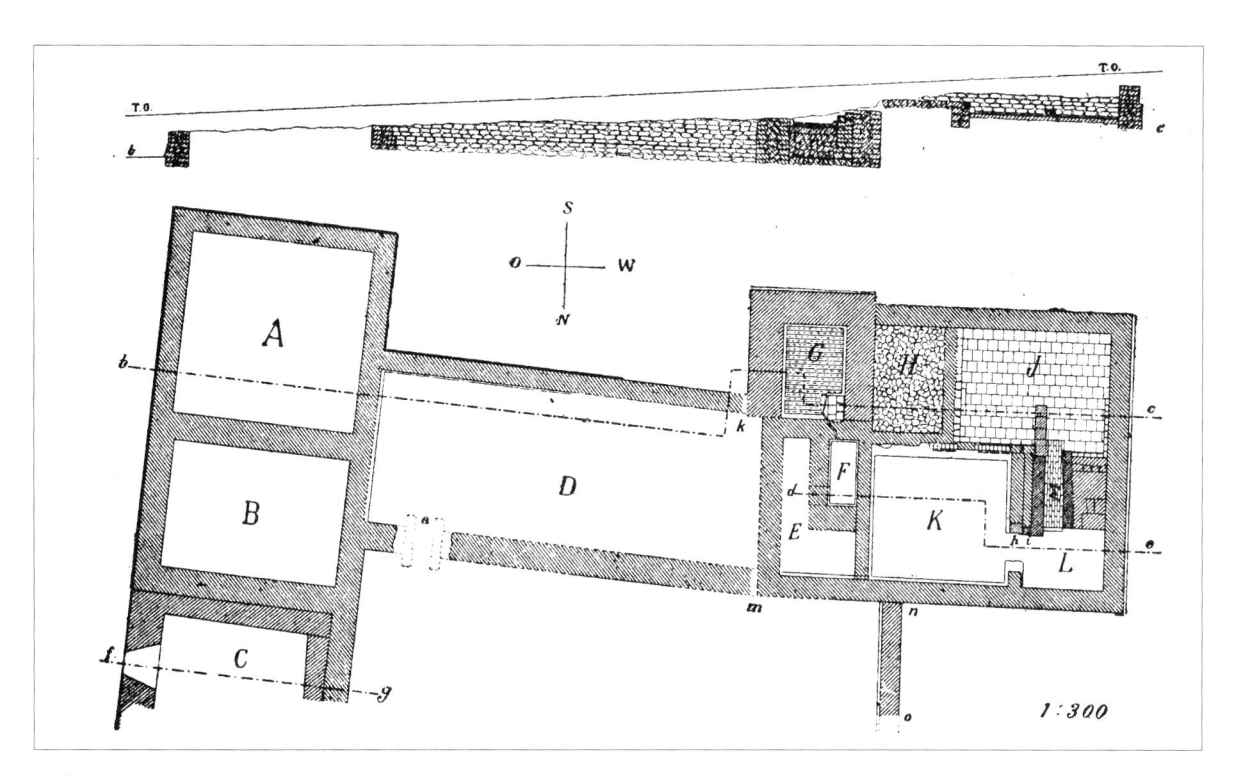

Abb. 7:
Baldringen „Ortslage" *(Kat.–Nr. 5)*, Ausgegrabene Fläche des Hauptgebäudes.

Tafel 4

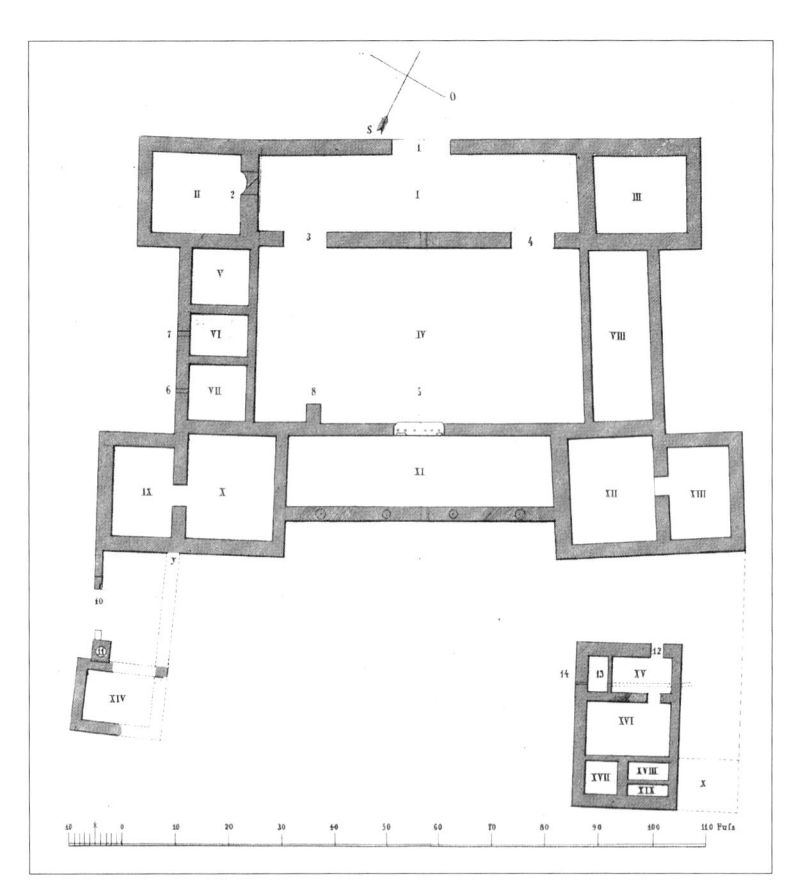

Abb. 8:
Bettenfeld „In der Kammer"
(Kat.-Nr. 11),
Grundriss des Hauptgebäudes,
zweier Nebengebäude.

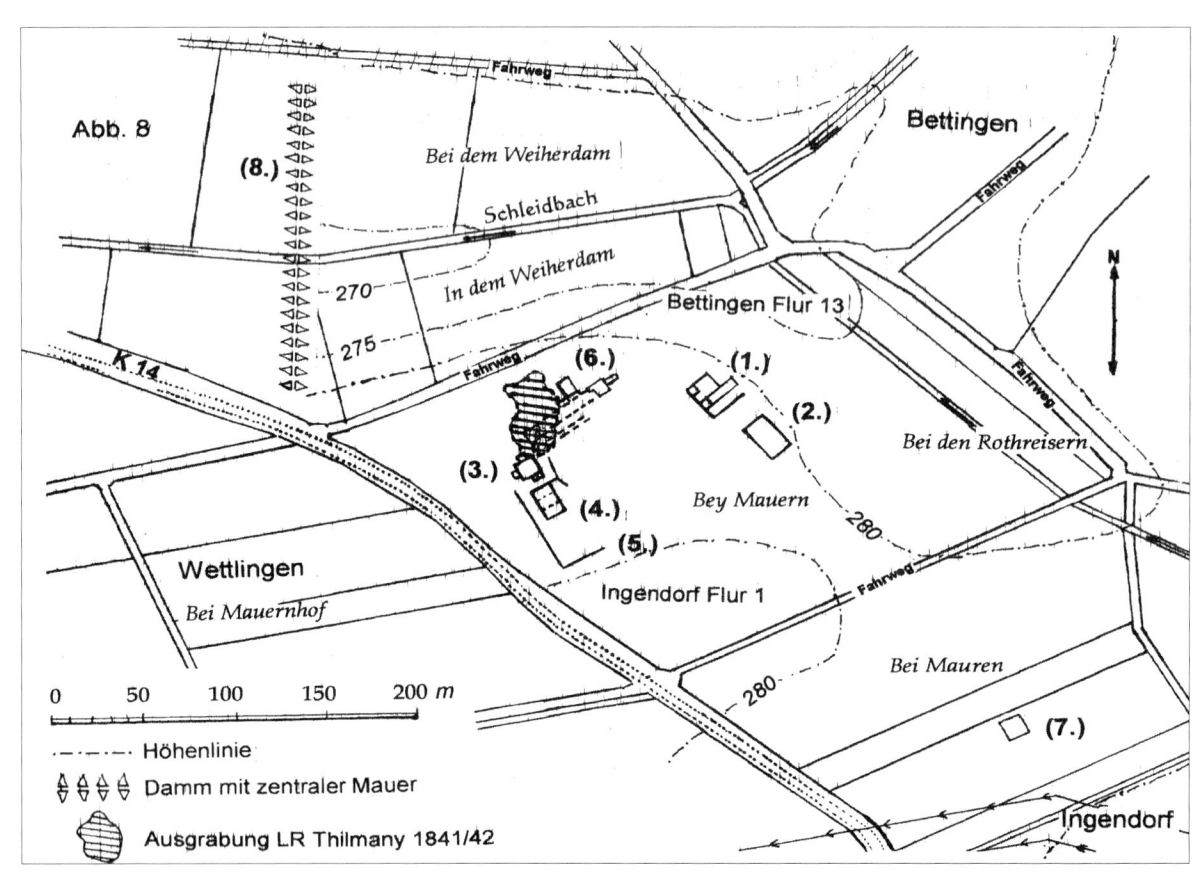

Abb. 9:
Bettingen „Auf der Mauer" *(Kat.-Nr. 13)*, Gesamtgelände.

Tafel 5

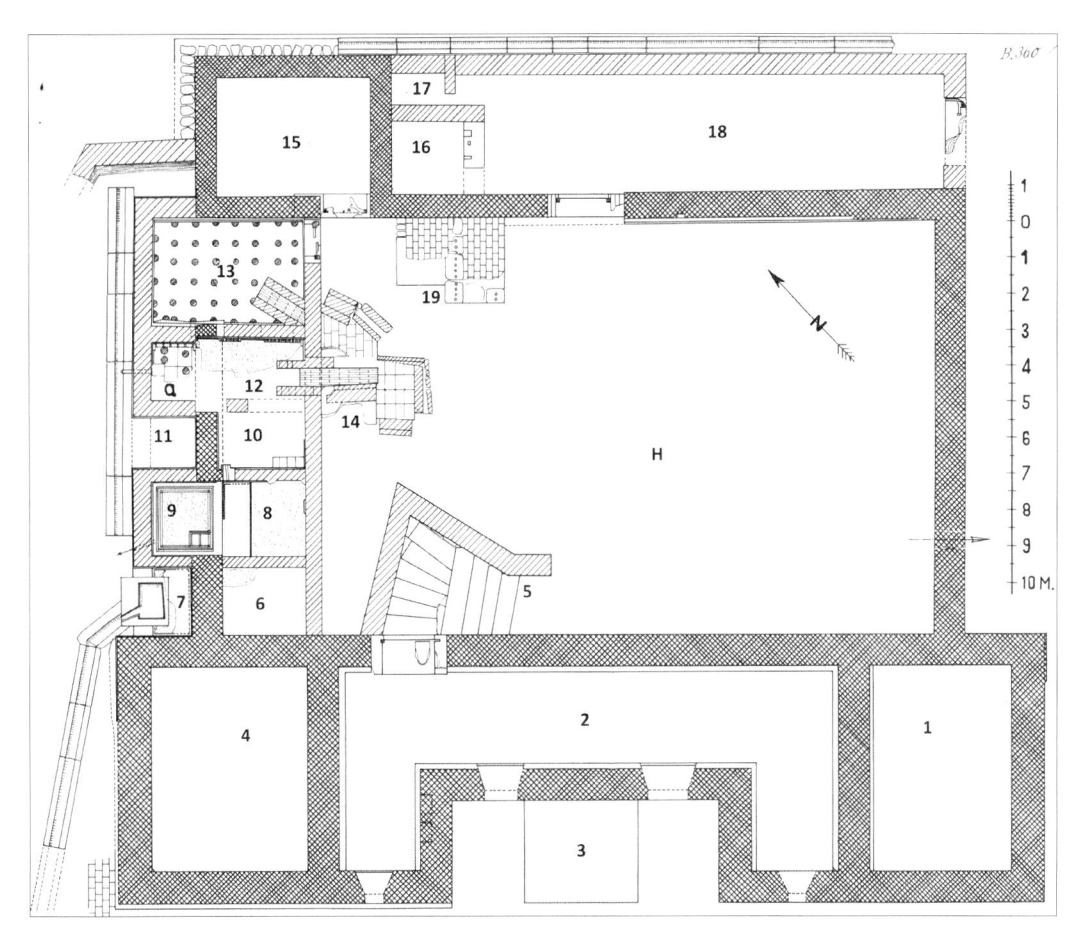

Abb. 10:
Bollendorf „In der Kroppicht" *(Kat.-Nr.18)*, Grundriss Hauptgebäude.

Abb. 11:
Bonerath „Auf Caselsheck" *(Kat.-Nr. 20)*, Hypokausten. Abbildung der Grabungssituation.

Abb. 12:
Brecht „Auf der Flachsspreit" *(Kat.-Nr. 21)*, Luftbild.

Tafel 6

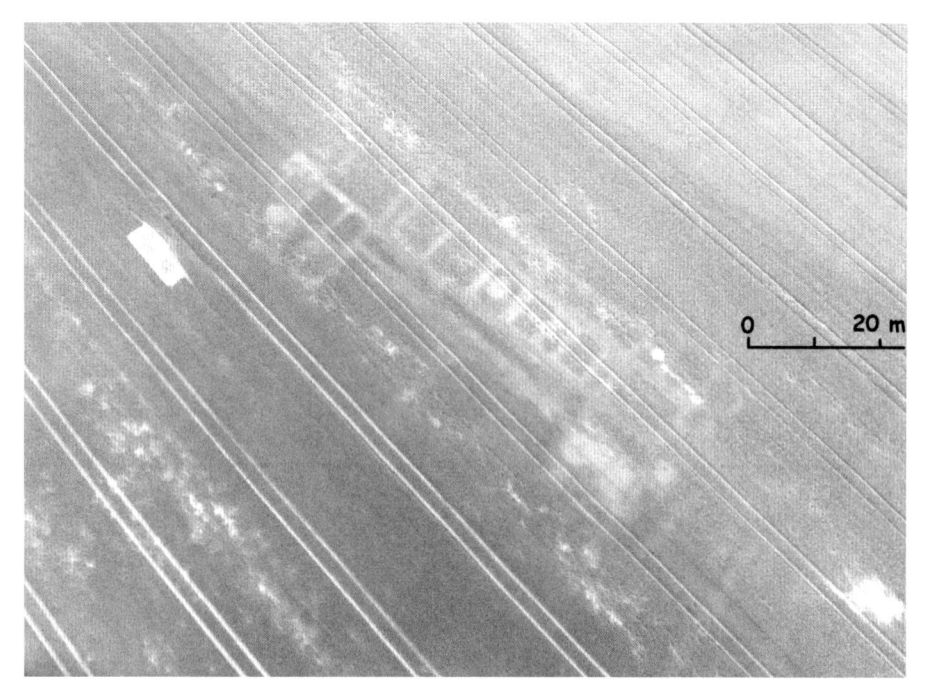

Abb. 13:
Dockendorf „Hinter Mauern" *(Kat.-Nr. 31)*, Luftbild.

Abb. 14:
Ehlenz „Ackerburg" *(Kat.-Nr. 36)*, Keller.

Tafel 7

Abb. 15:
Eisenach „Affels" *(Kat.-Nr. 15)*, Luftbild.

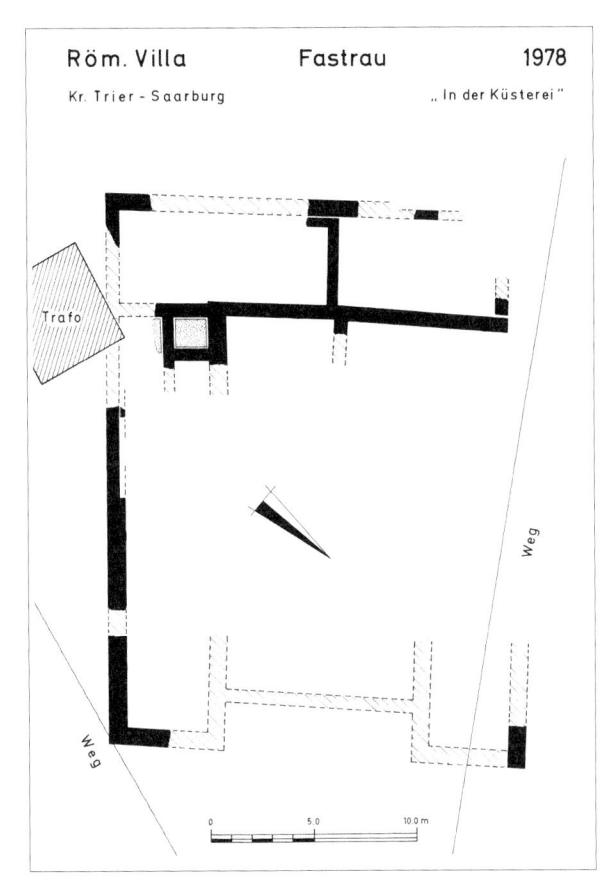

Abb. 16:
Fastrau „In der Küsterei" *(Kat.-Nr. 39)*,
Grundriss Hauptgebäude.

Abb. 17:
Fell „Scholemskopf" *(Kat.Nr. 40)*,
Mauerzug.

Tafel 8

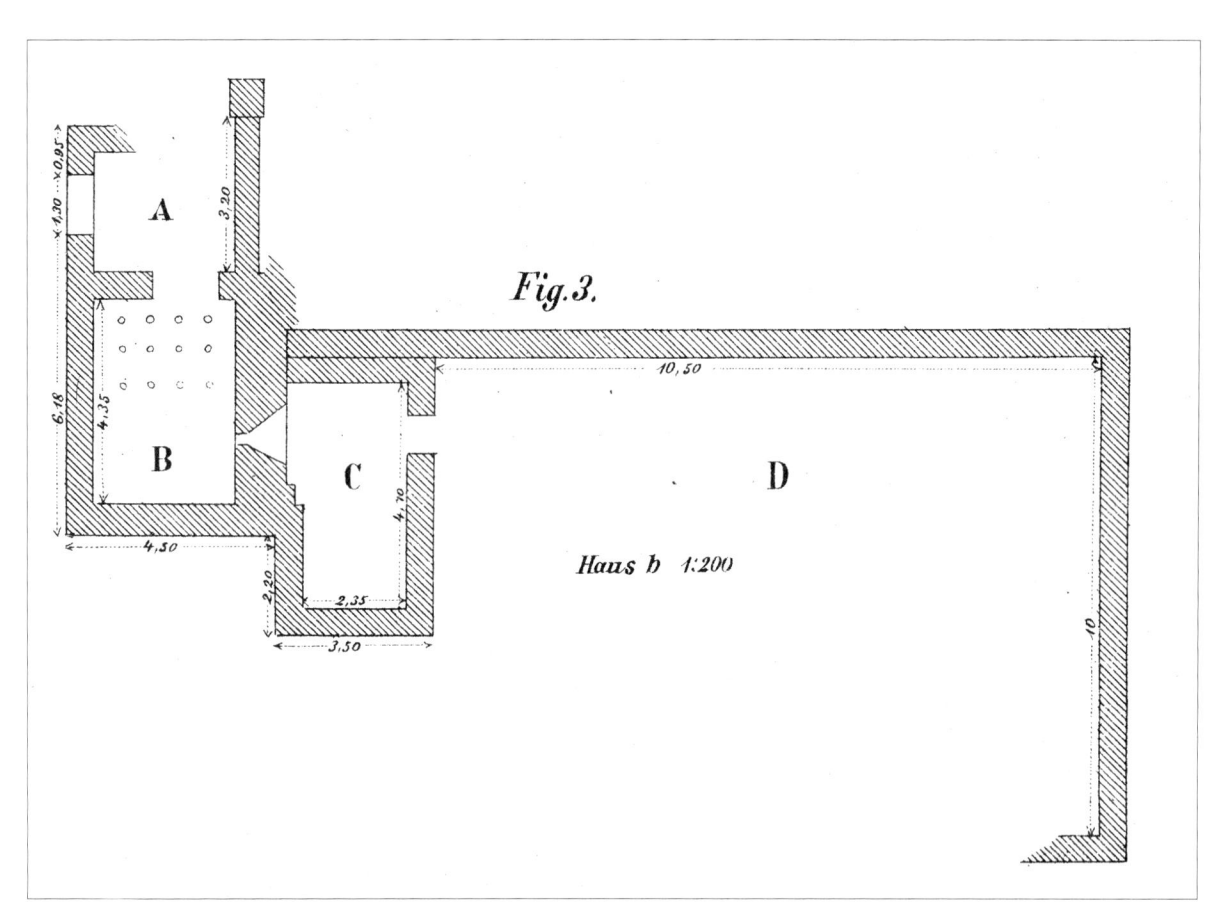

Abb. 18:
Ferschweiler „Ob dem Mäuerchen" *(Kat.-Nr. 43)*, Ausgegrabene Fläche des Hauptgebäudes.

Abb. 19:
Fisch „Alter Hof" *(Kat.-Nr. 44)*, Grabungssituation.

Tafel 9

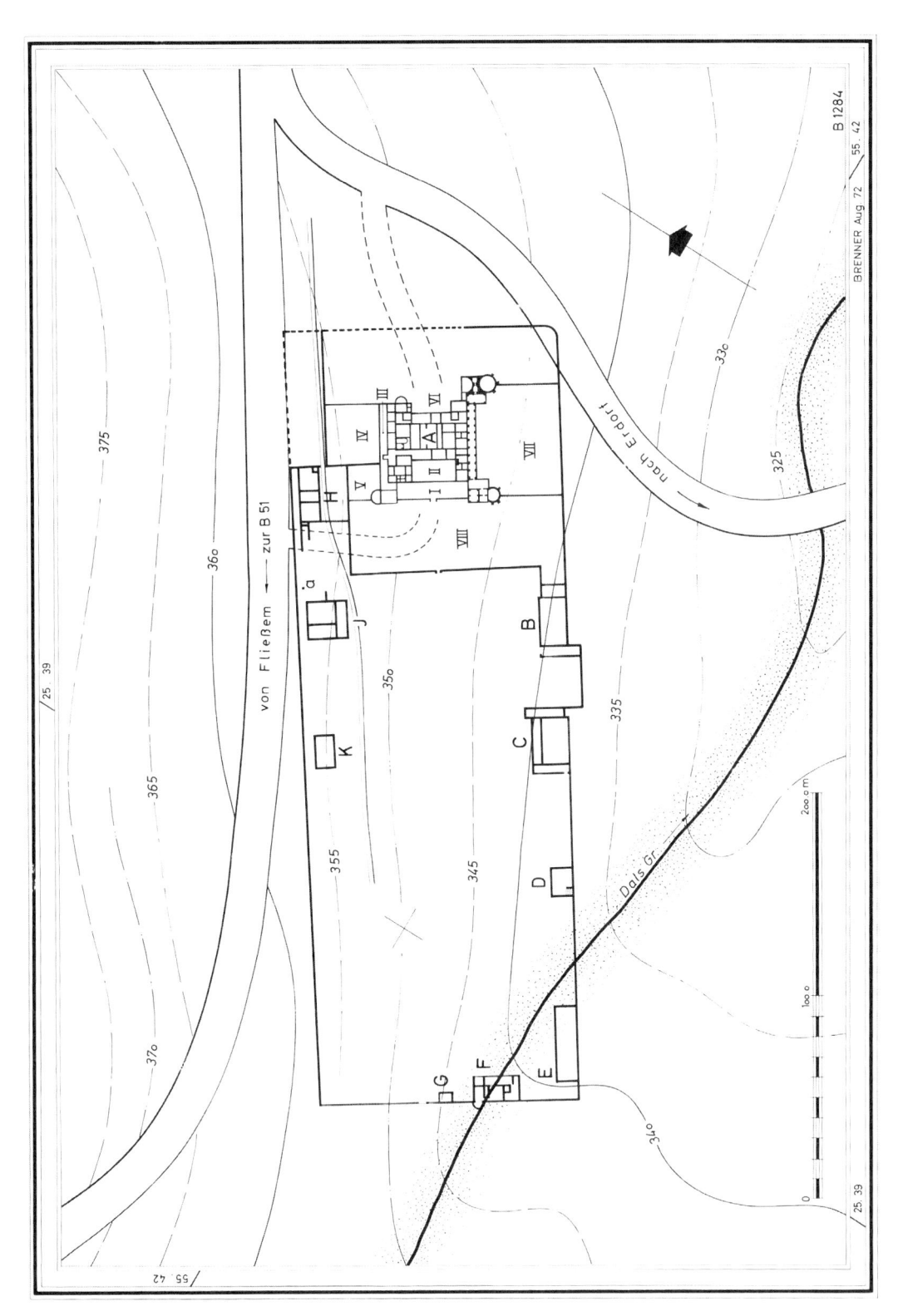

Abb. 20:
Fließem-Otrang „Weilerbüsch" *(Kat.-Nr. 46)*, Gesamtplan.

Tafel 10

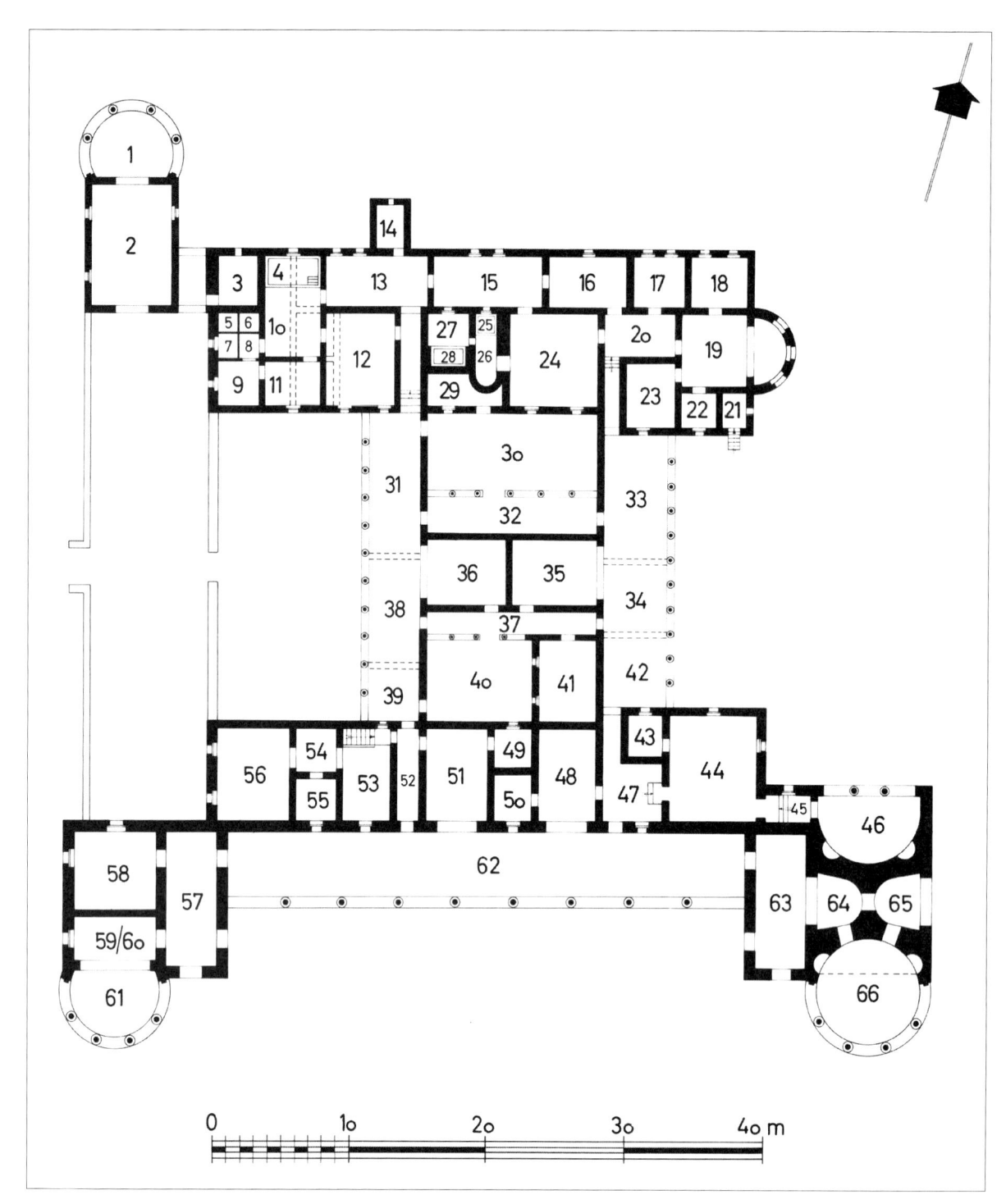

Abb. 21:
Fließem-Otrang „Weilerbüsch" *(Kat.-Nr. 46)*, Grundriss Hauptgebäude.

Tafel 11

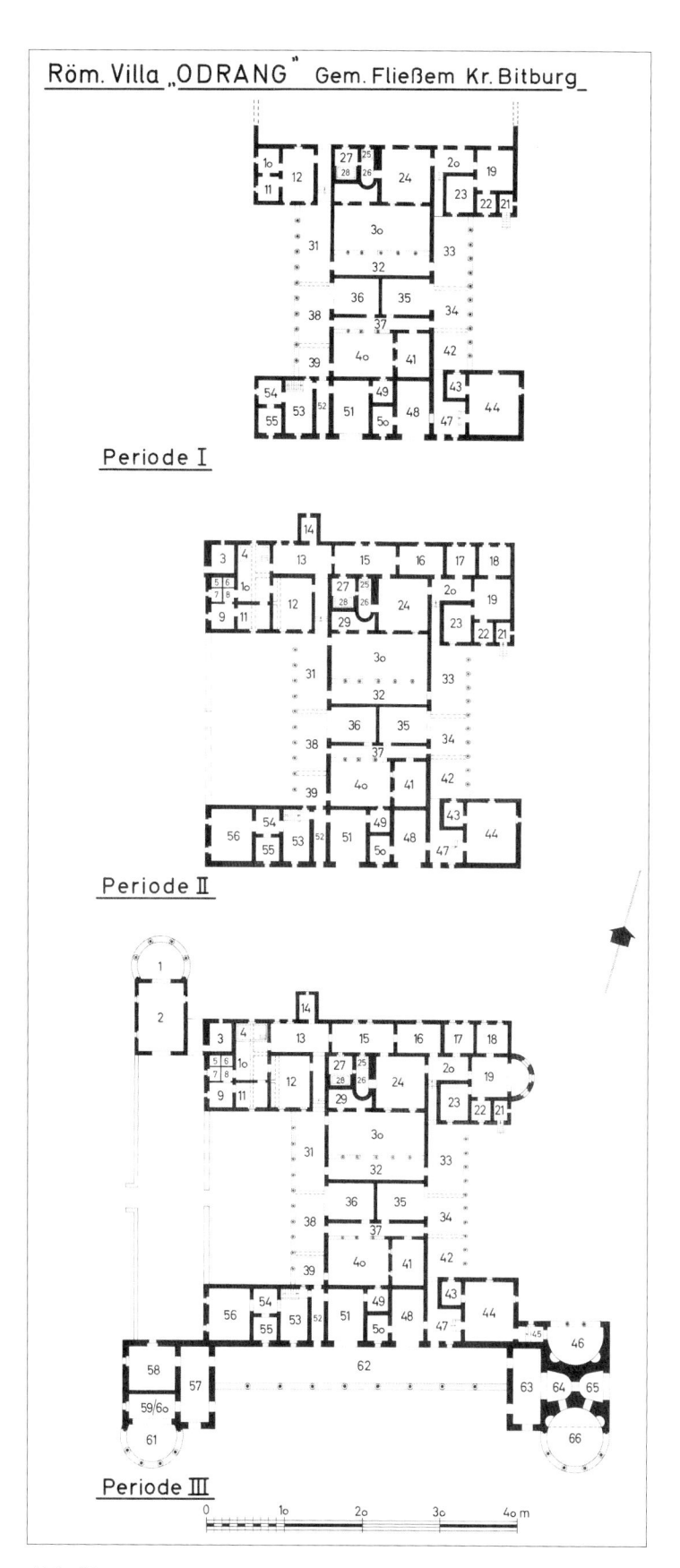

Abb. 22:
Fließem-Otrang „Weilerbüsch" *(Kat.–Nr. 46)*,
Phasenplan Hauptgebäude.

Tafel 12

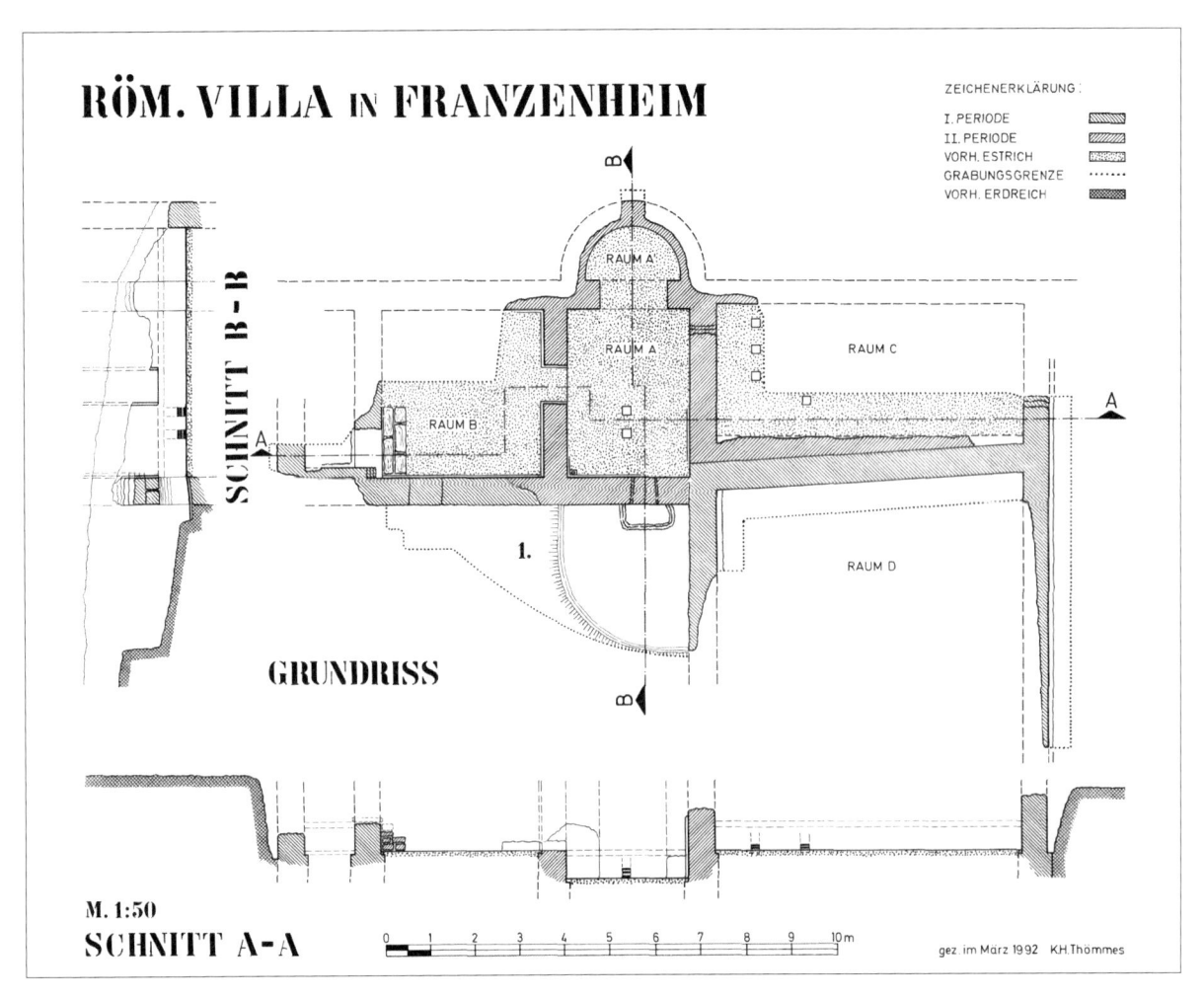

Abb. 23:
Franzenheim „Jungenwald" *(Kat.-Nr. 47)*, Ausgegrabene Fläche des Hauptgebäudes.

Abb. 24:
Fusenich „Kummertal"
(Kat.-Nr. 50),
Grabungssituation.

Abb. 25:
Greimerath „Auf der Warte"
(Kat.-Nr. 53),
Grabungssituation.

Abb. 26:
Heilenbach „Im Hewel"
(Kat.-Nr. 56),
Grabungssituation.

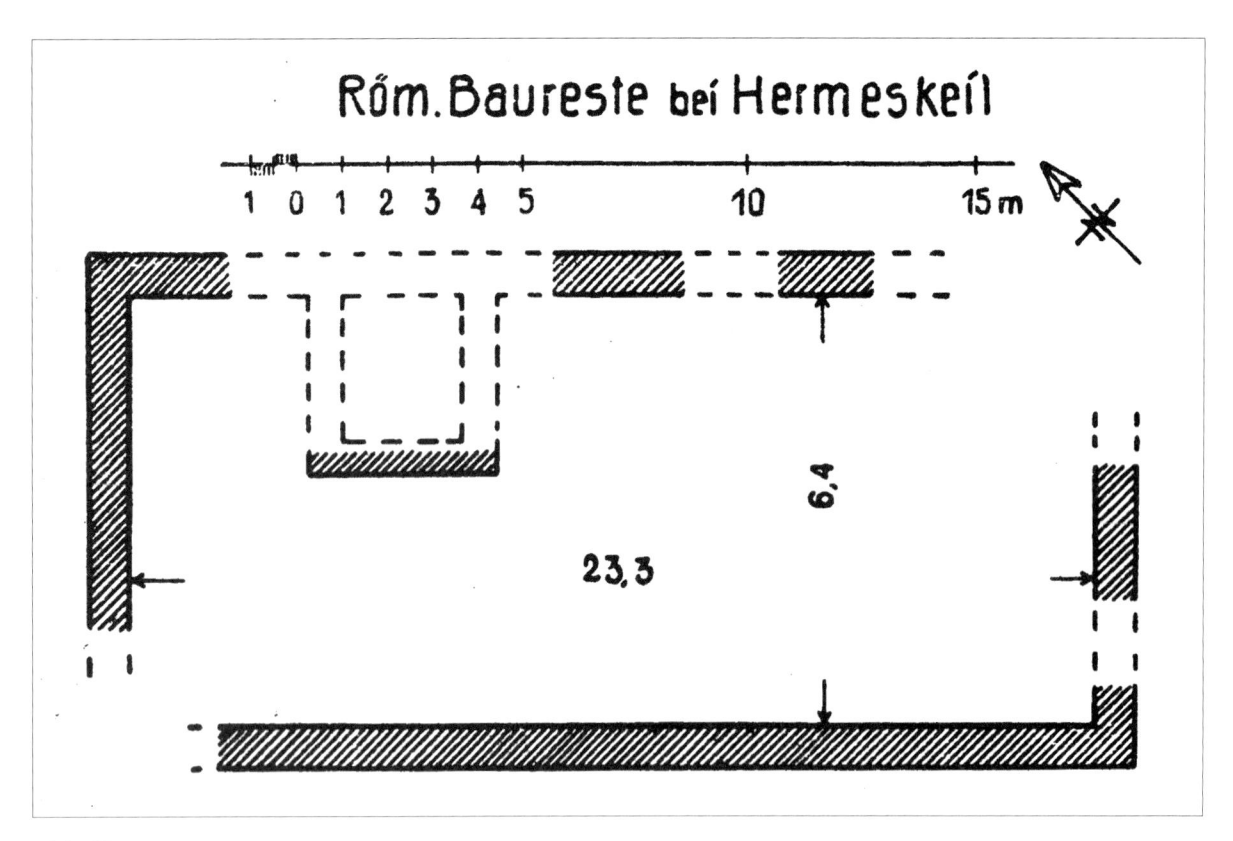

Abb. 27:
Hermeskeil „Hascheid" *(Kat.-Nr. 60)*, Grundriss Hauptgebäude.

Abb. 28:
Hetzerath „Am Alten Weiher" *(Kat.-Nr. 61)*, Luftbild.

Tafel 15

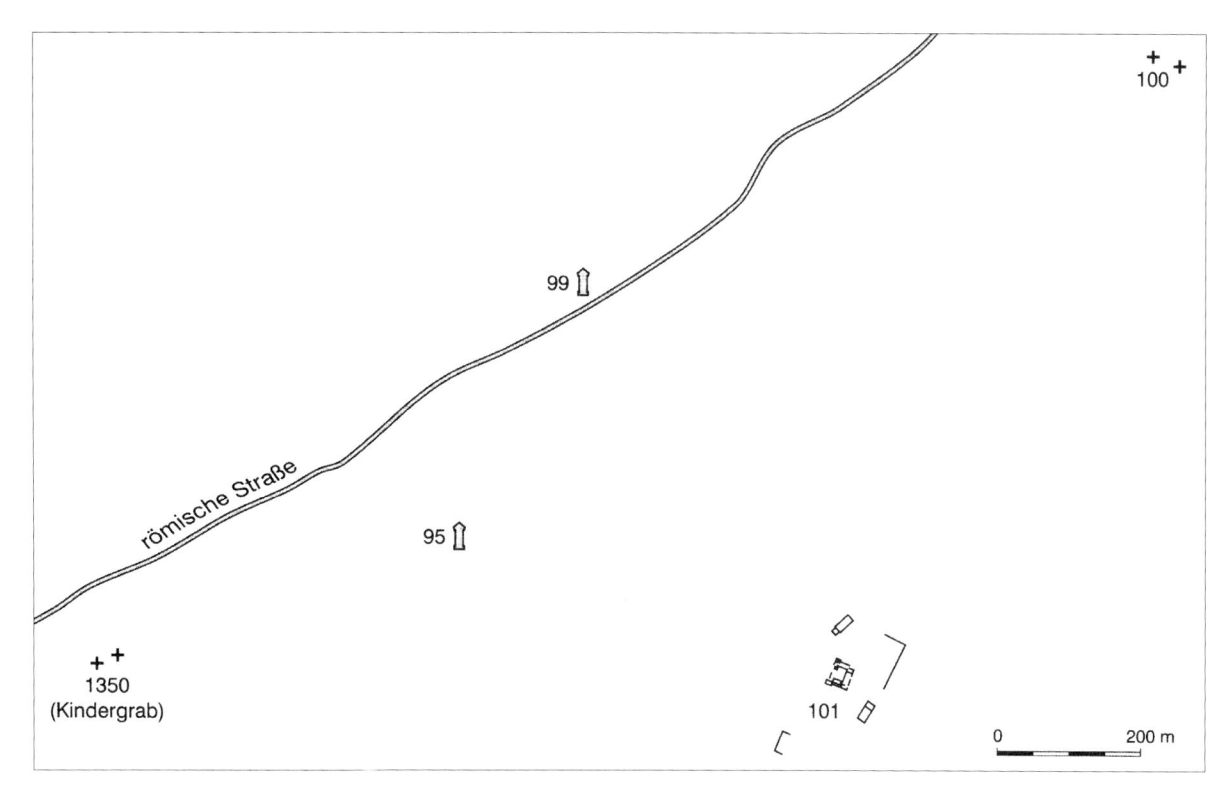

Abb. 29:
Hetzerath „Hambuch" *(Kat.-Nr. 62)*, Plan Gesamtareal.

Abb. 30:
Hetzerath „Hambuch" *(Kat.-Nr. 62)*, Luftbild Gesamtareal.

Tafel 16

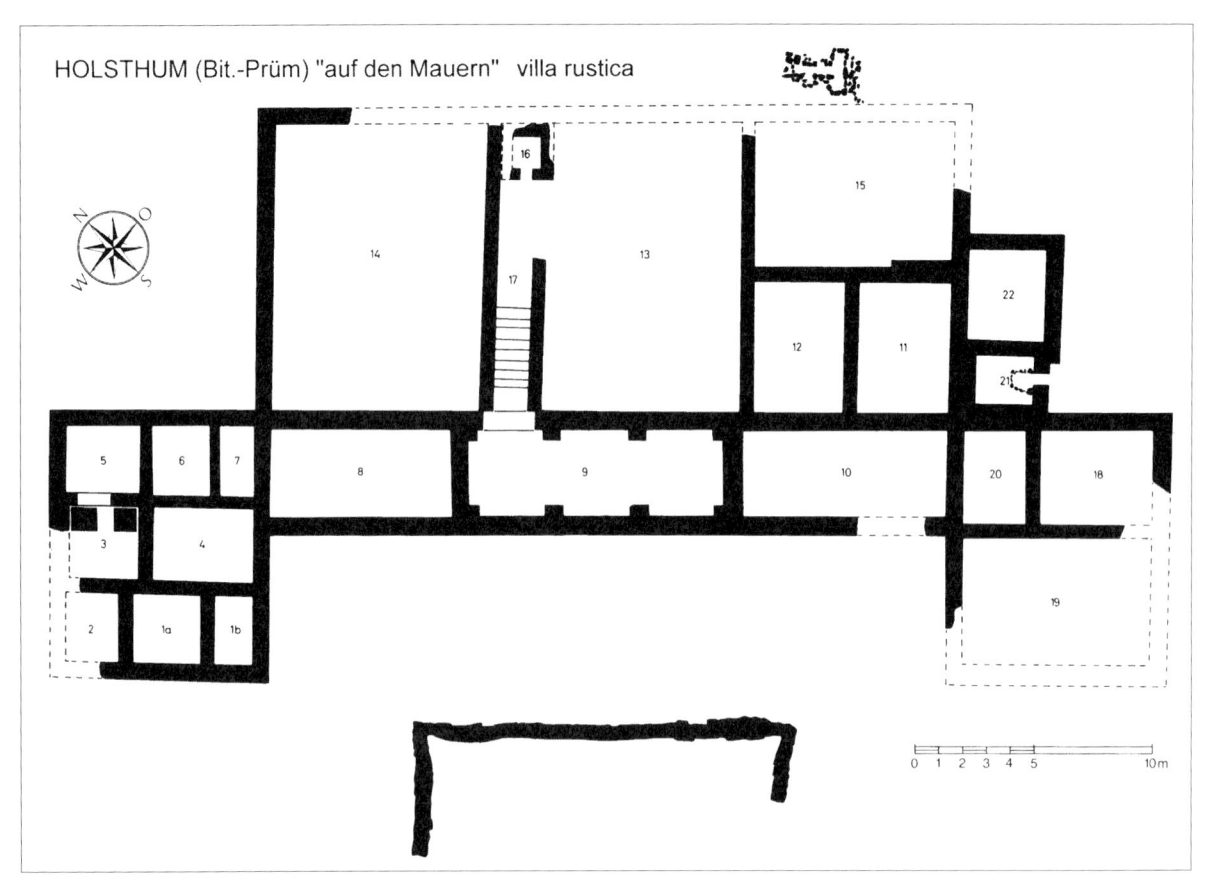

Abb. 31:
Holsthum „Auf den Mauern" *(Kat.-Nr. 63)*, Grundriss Hauptgebäude.

Abb. 32:
Holsthum „Auf den Mauern" *(Kat.-Nr. 63)*, Darre.

Abb. 33:
Holsthum „Auf den Mauern" *(Kat.-Nr. 63)*, Keller Gesamtansicht.

Tafel 17

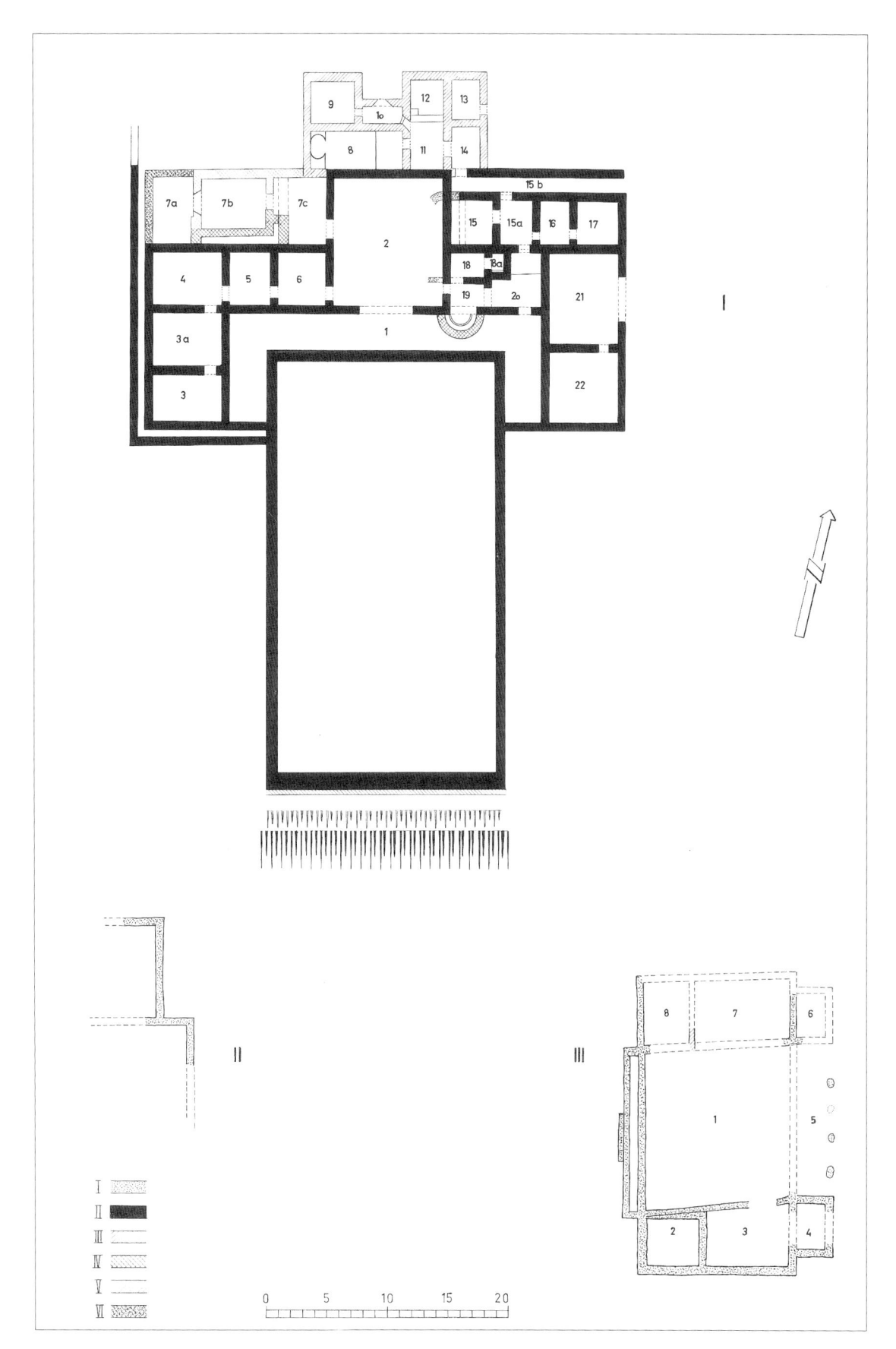

Abb. 34:
Horath „Klosterwiesen" *(Kat.-Nr. 64)*, Gesamtplan.

Tafel 18

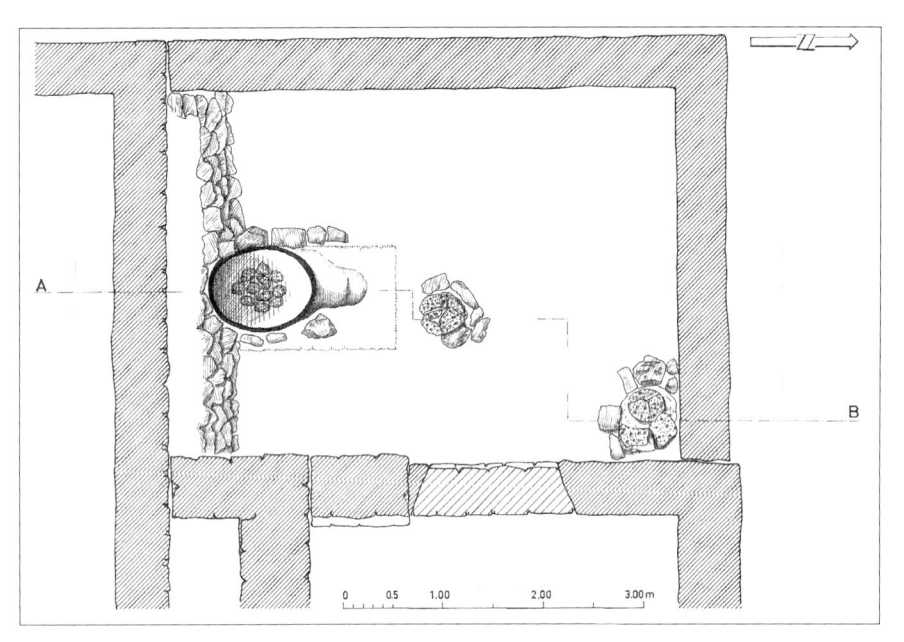

Abb. 35:
Horath „Klosterwiesen" *(Kat.-Nr. 64)*, Raum 7a mit Rennofen, Grundriss.

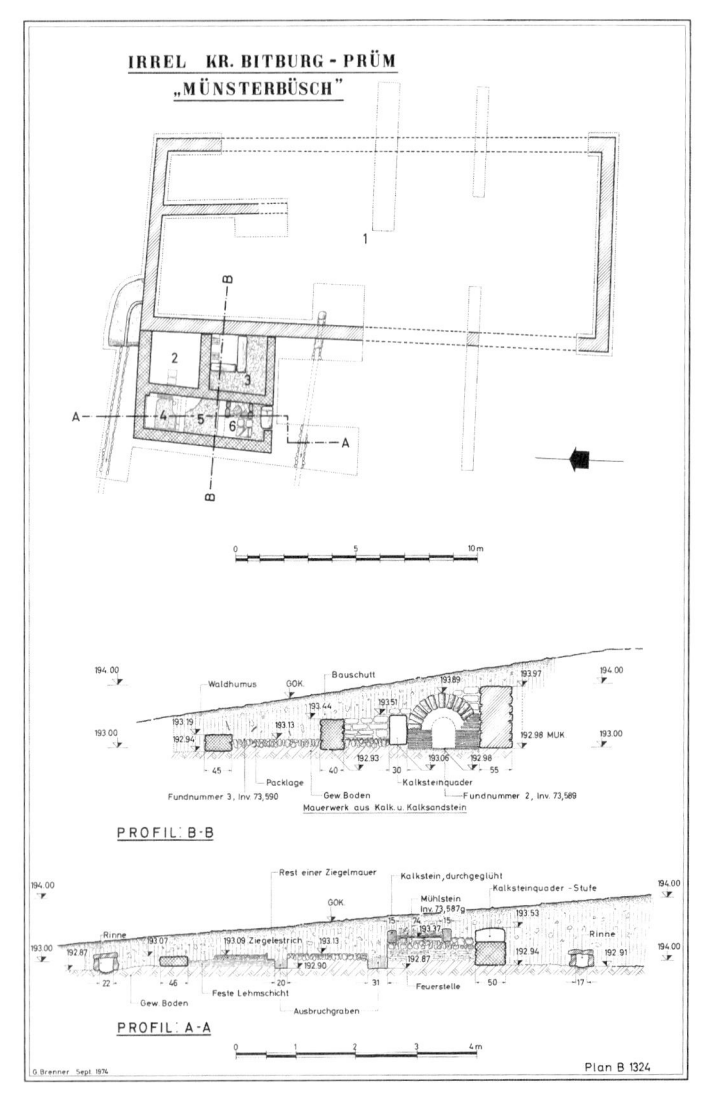

Abb. 36:
Irrel „Münsterbüsch" *(Kat.-Nr. 73)*,
Grundriss und Profile des Hauptgebäudes.

Tafel 19

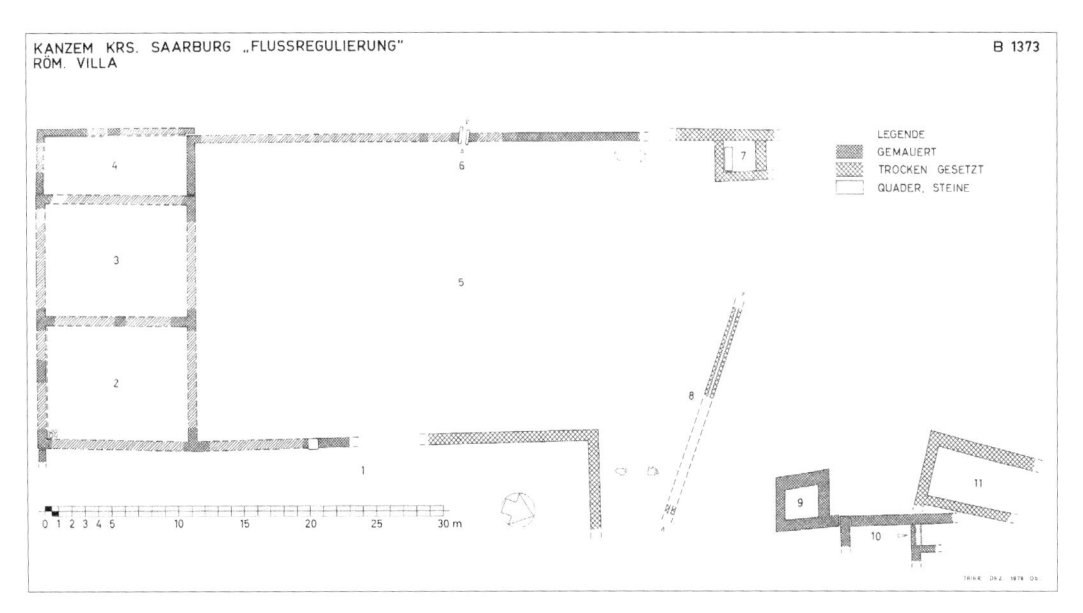

Abb. 37:
Kanzem „In den Sandgruben" *(Kat.-Nr. 74)*, Grundriss Hauptgebäude.

Abb. 38:
Kelsen „Ortslage" *(Kat.-Nr. 76)*, Hypokausten.

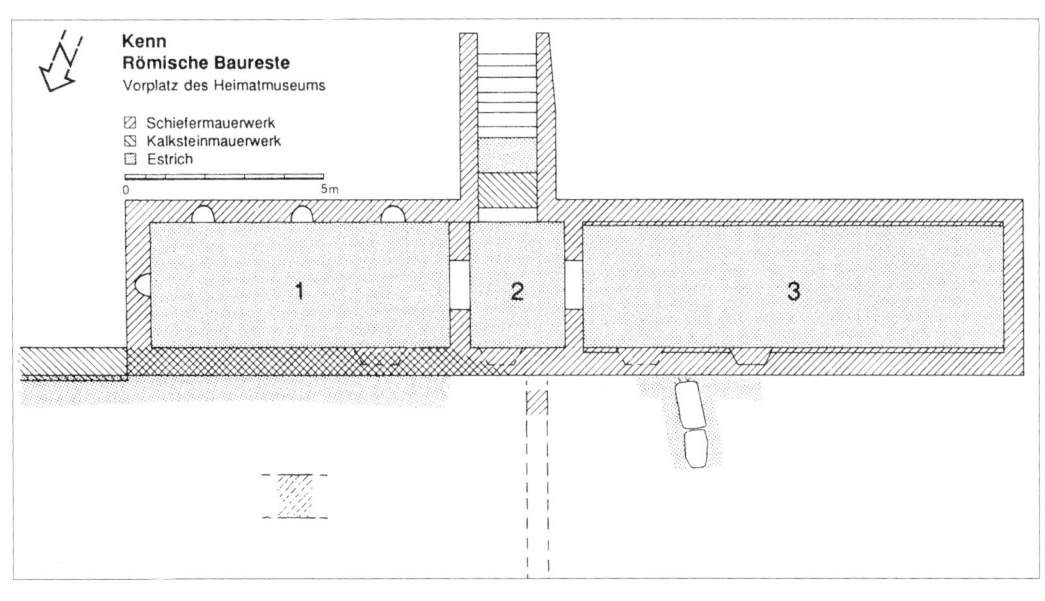

Abb. 39:
Kenn „Römerplatz" *(Kat.-Nr. 77)*, Grundriss des Kellers.

Tafel 20

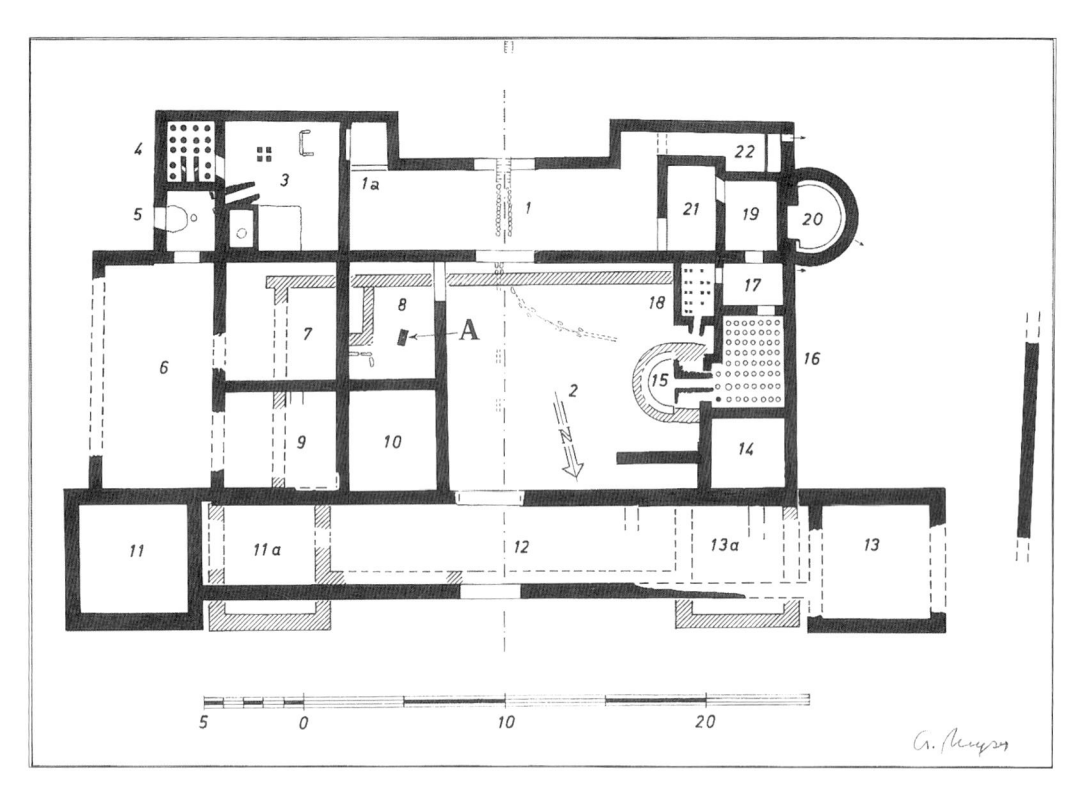

Abb. 40:
Kinheim „Willenbungert" *(Kat.-Nr. 79)*, Grundriss Hauptgebäude, Phasen I und II.

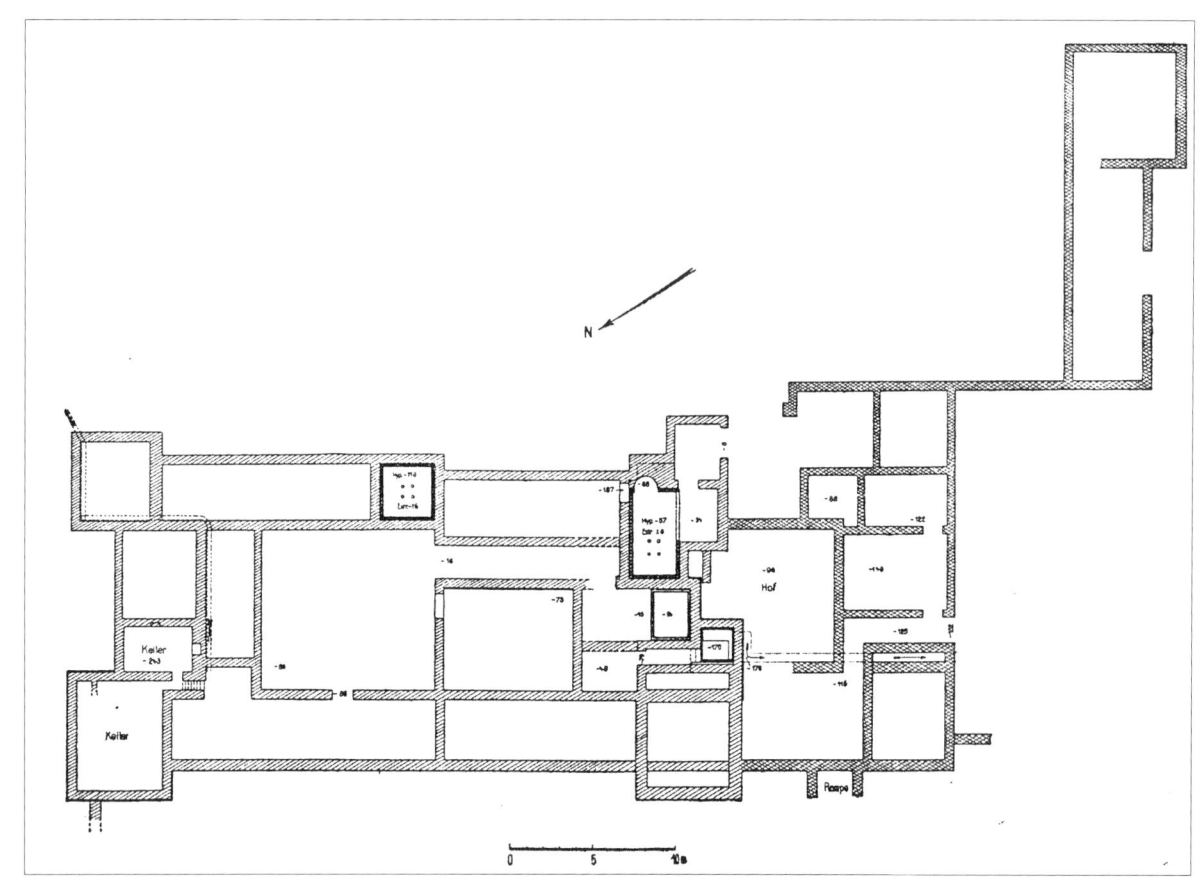

Abb. 41:
Köllig „Mescher Heck" *(Kat.-Nr. 82)*, Grundriss Hauptgebäude.

Tafel 21

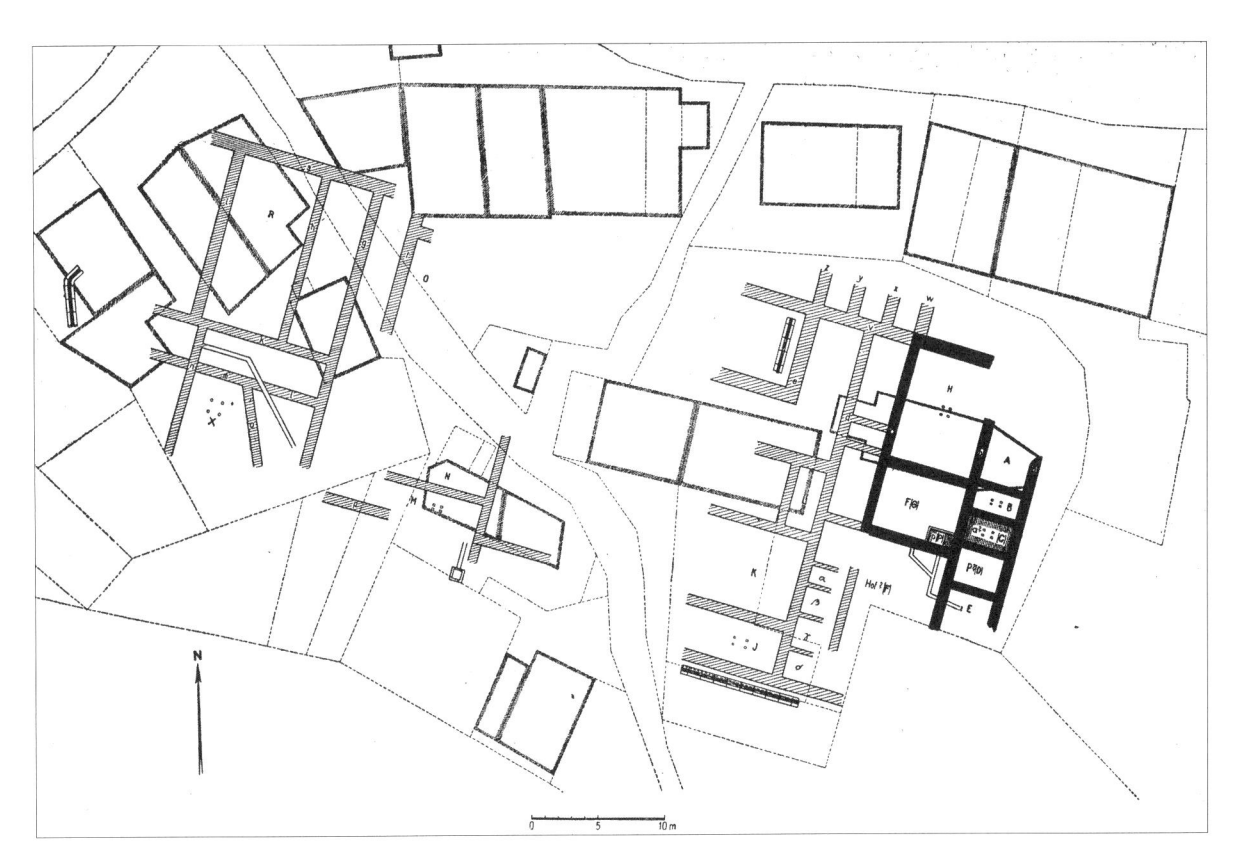

Abb. 42:
Könen „Ortslage" *(Kat.-Nr. 83)*, Ausgegrabene Flächen des Hauptgebäudes.

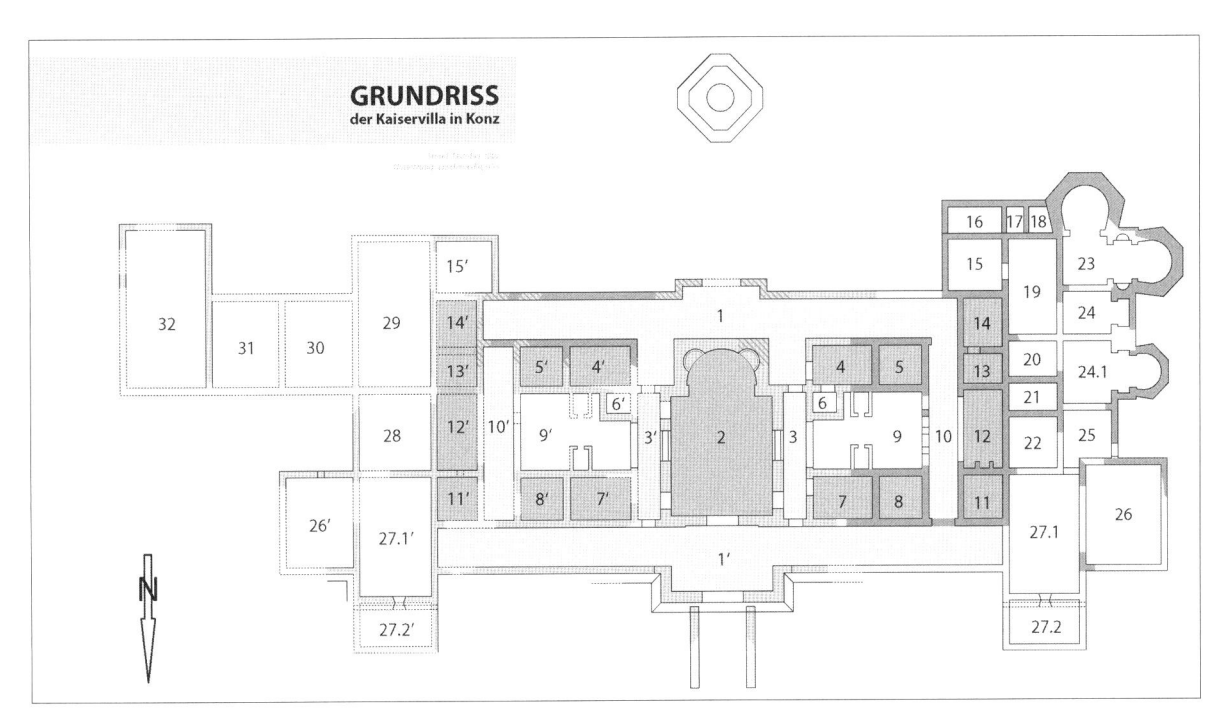

Abb. 43:
Konz „Kaiserpalast" *(Kat.-Nr. 84)*, Grundriss Hauptgebäude.

Tafel 22

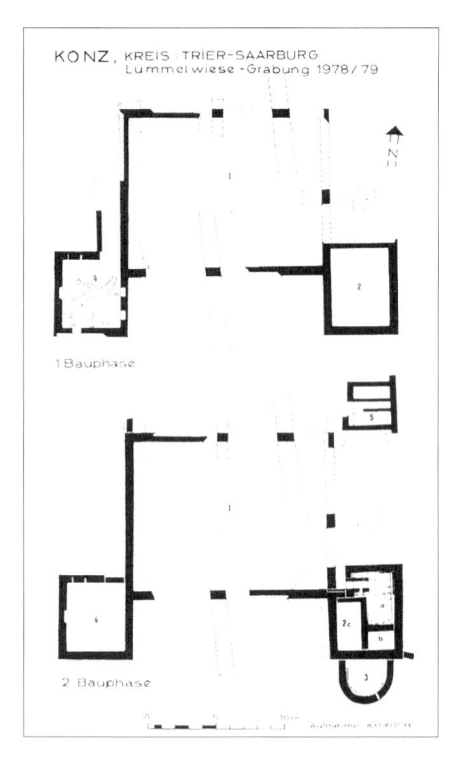

Abb. 44:
Konz „Lummelwiese" *(Kat.-Nr. 85)*, Grundriss Hauptgebäude, Phasen I und II.

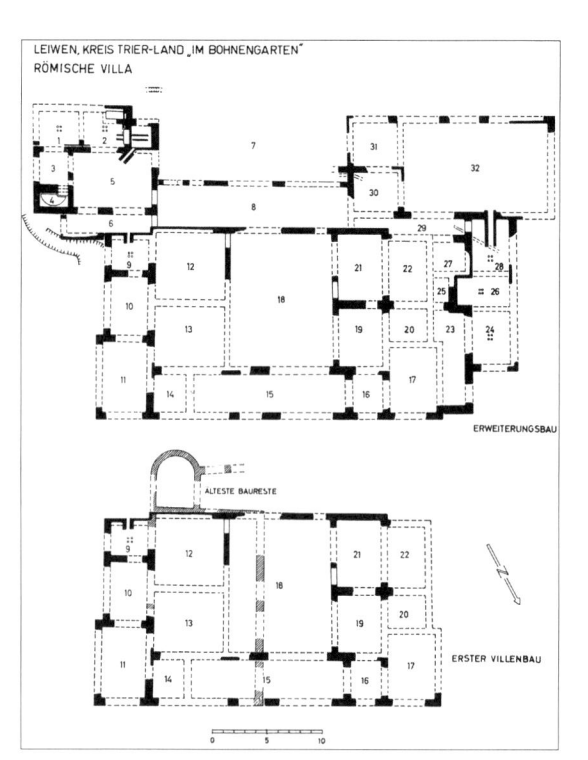

Abb. 45:
Leiwen „Im Bohnengarten" *(Kat.-Nr. 91)*, Grundriss Hauptgebäude, Phasen I und II.

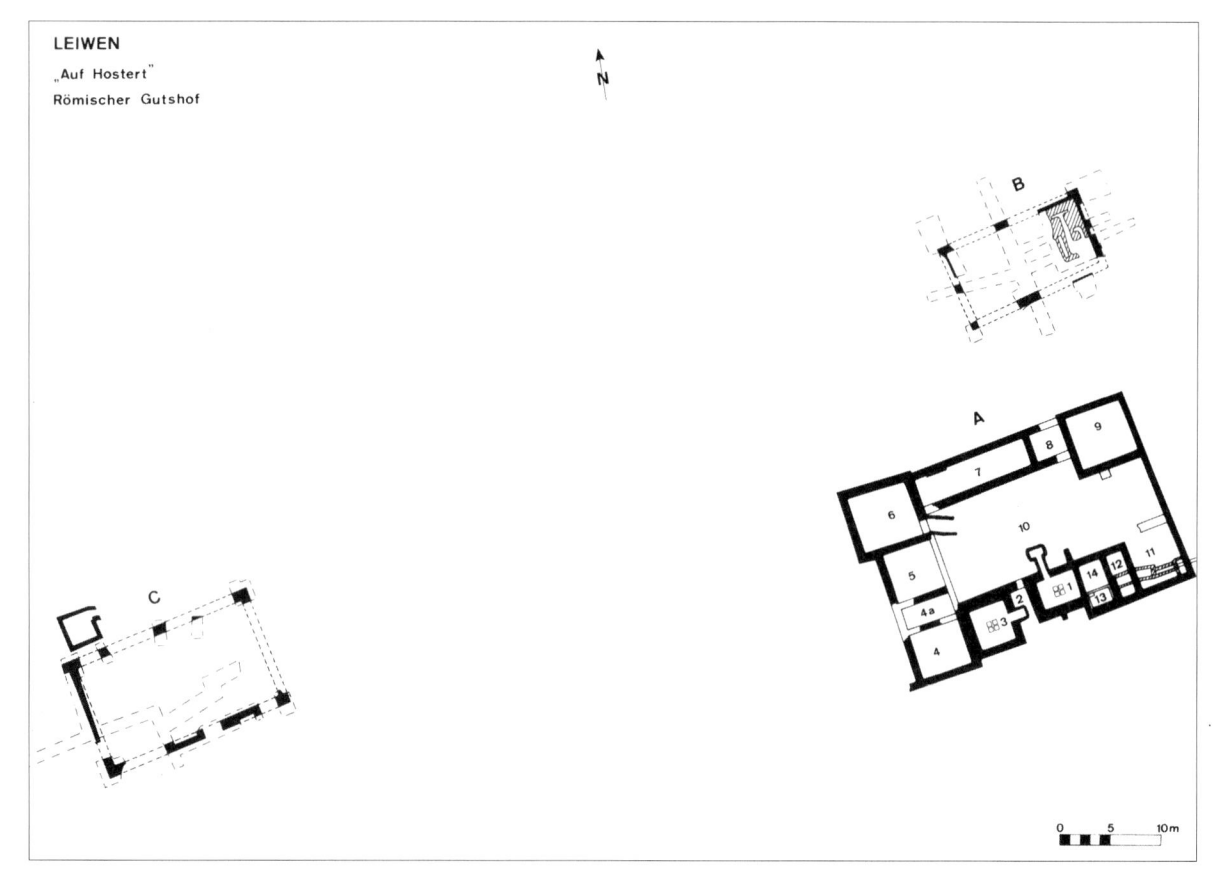

Abb. 46:
Leiwen „Auf Hostert" *(Kat.-Nr. 90)*, Grundriss Gesamtareal.

Tafel 23

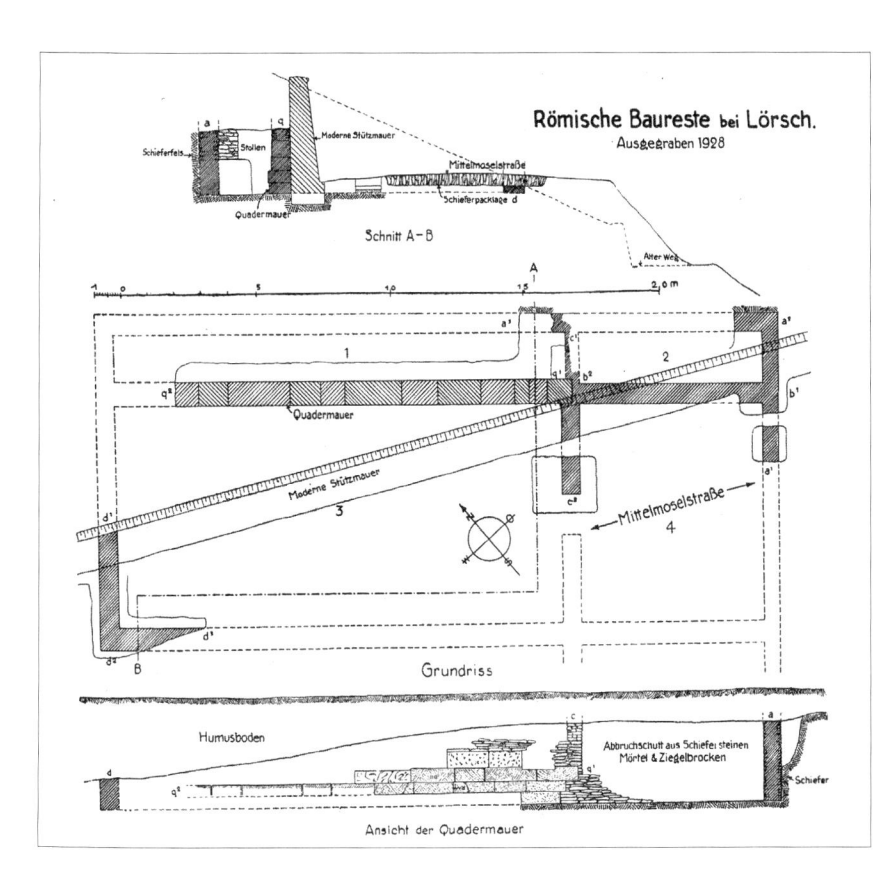

Abb. 47:
Lörsch „Hostert"
(Kat.-Nr. 93), Grundriss und Schnitt des Hauptgebäudes.

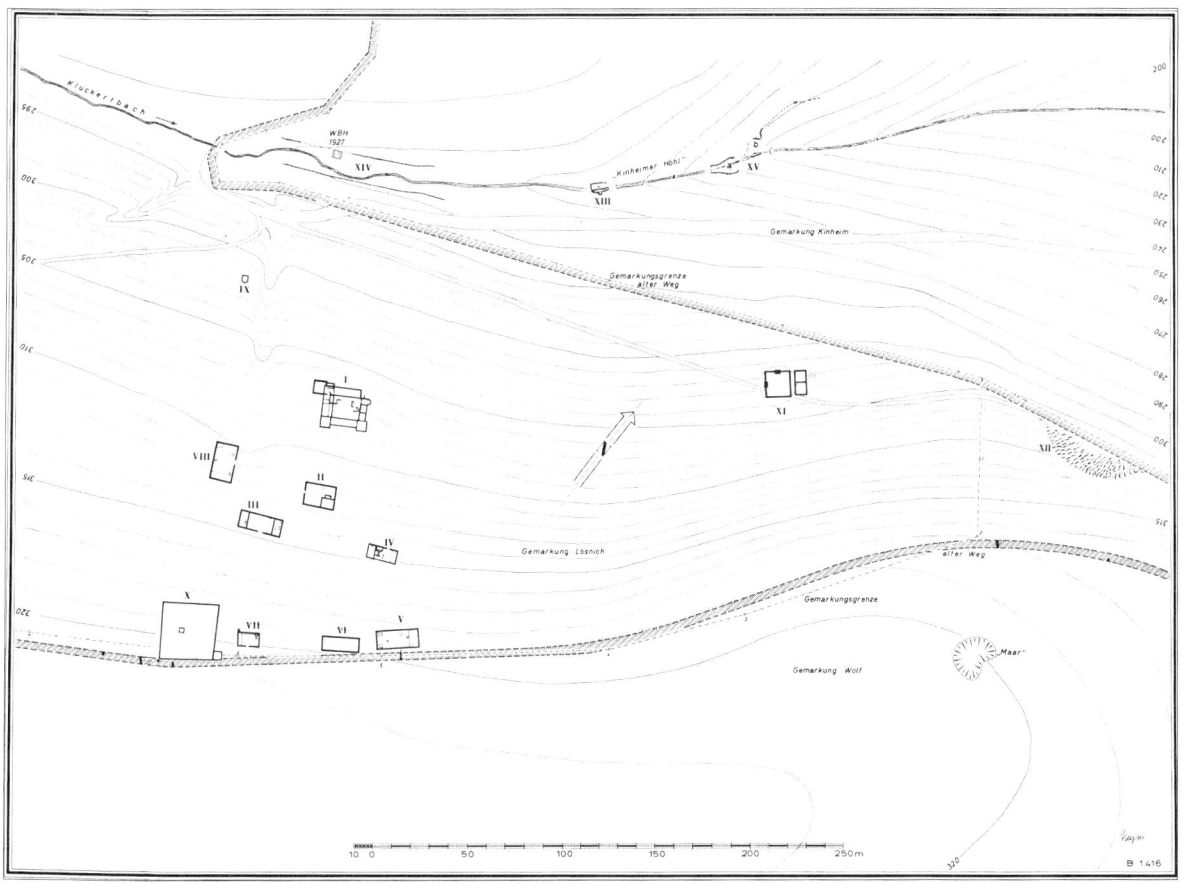

Abb. 48:
Lösnich „Hinterwald" *(Kat.-Nr. 94)*, Grundriss Gesamtgelände.

Tafel 24

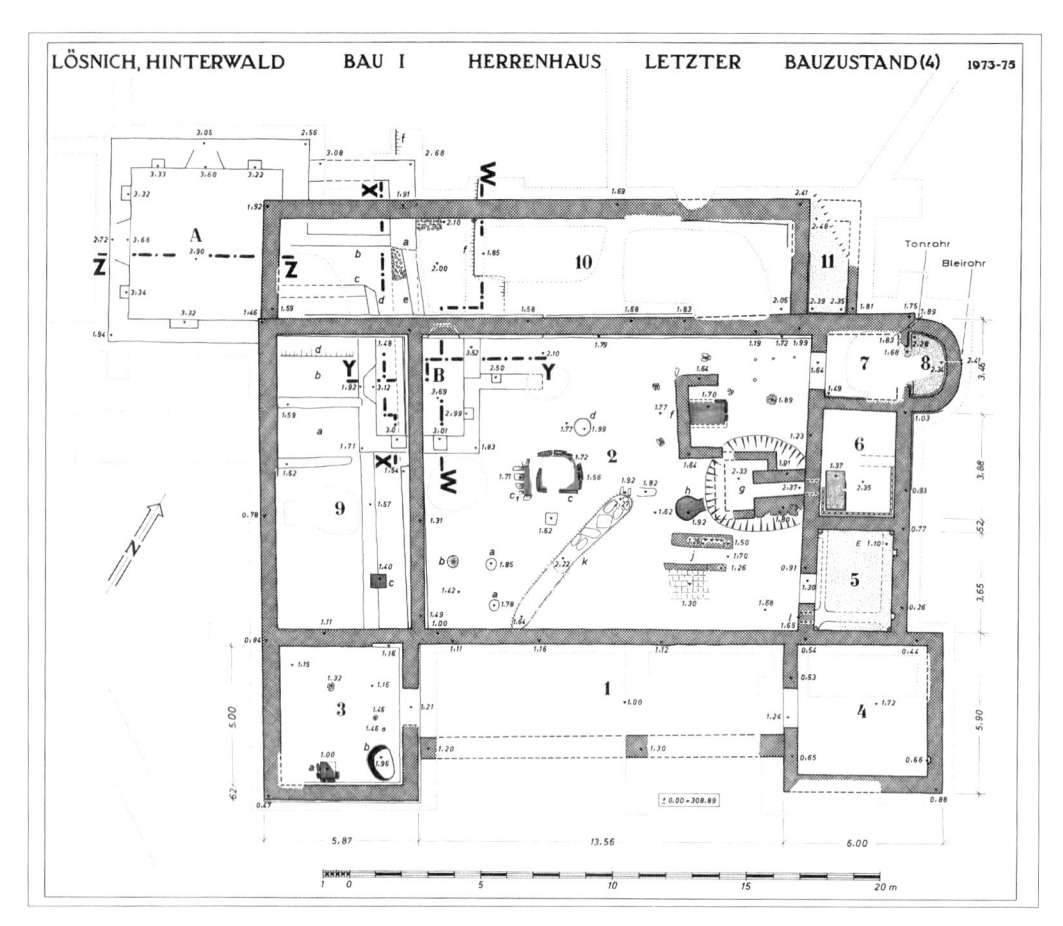

Abb. 49:
Lösnich „Hinterwald" *(Kat.-Nr. 94)*, Grundriss Hauptgebäude.

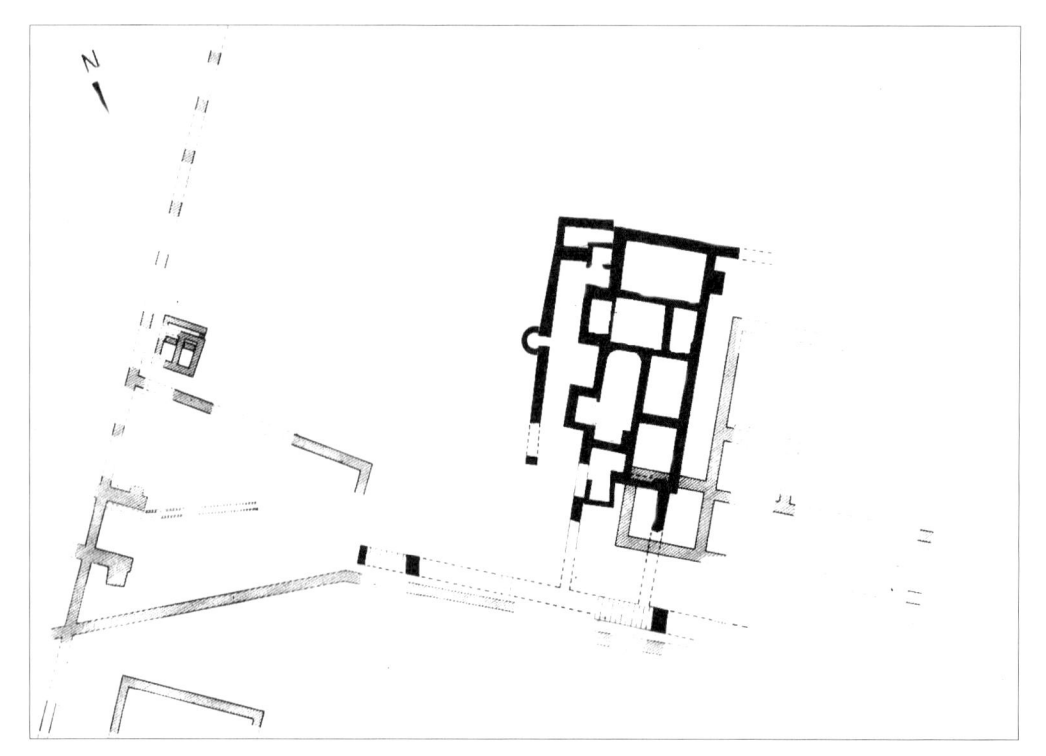

Abb. 50:
Longuich „Im Päsch" *(Kat.-Nr. 95)*, Grundriss der ausgegrabenen Fläche.

Tafel 25

Abb. 51:
Malbergweich „Helsdorf"
(Kat.-Nr. 96), Blick von Osten
in die Westecke des Kellers
bei der Grabung 1935.

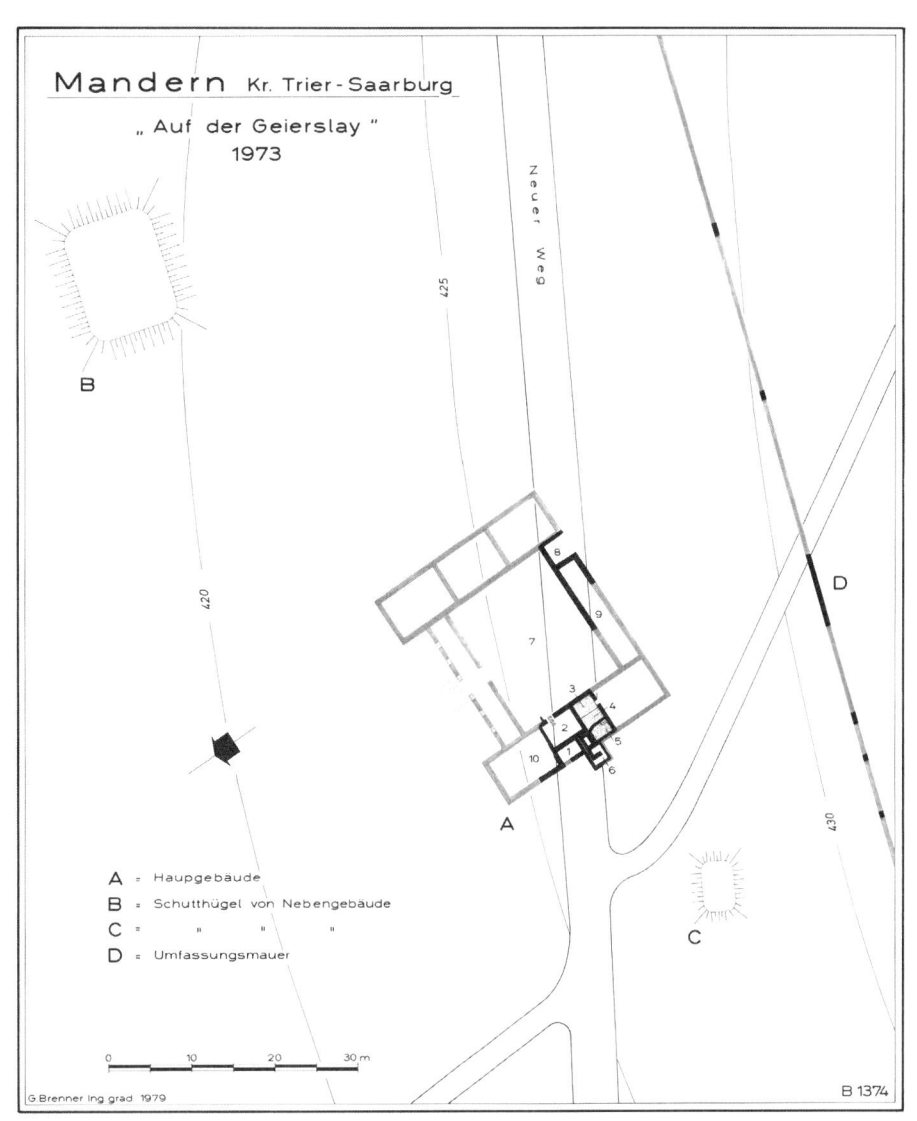

Abb. 52:
Mandern „Geierslay" *(Kat.-Nr. 97)*, Gesamtplan.

Tafel 26

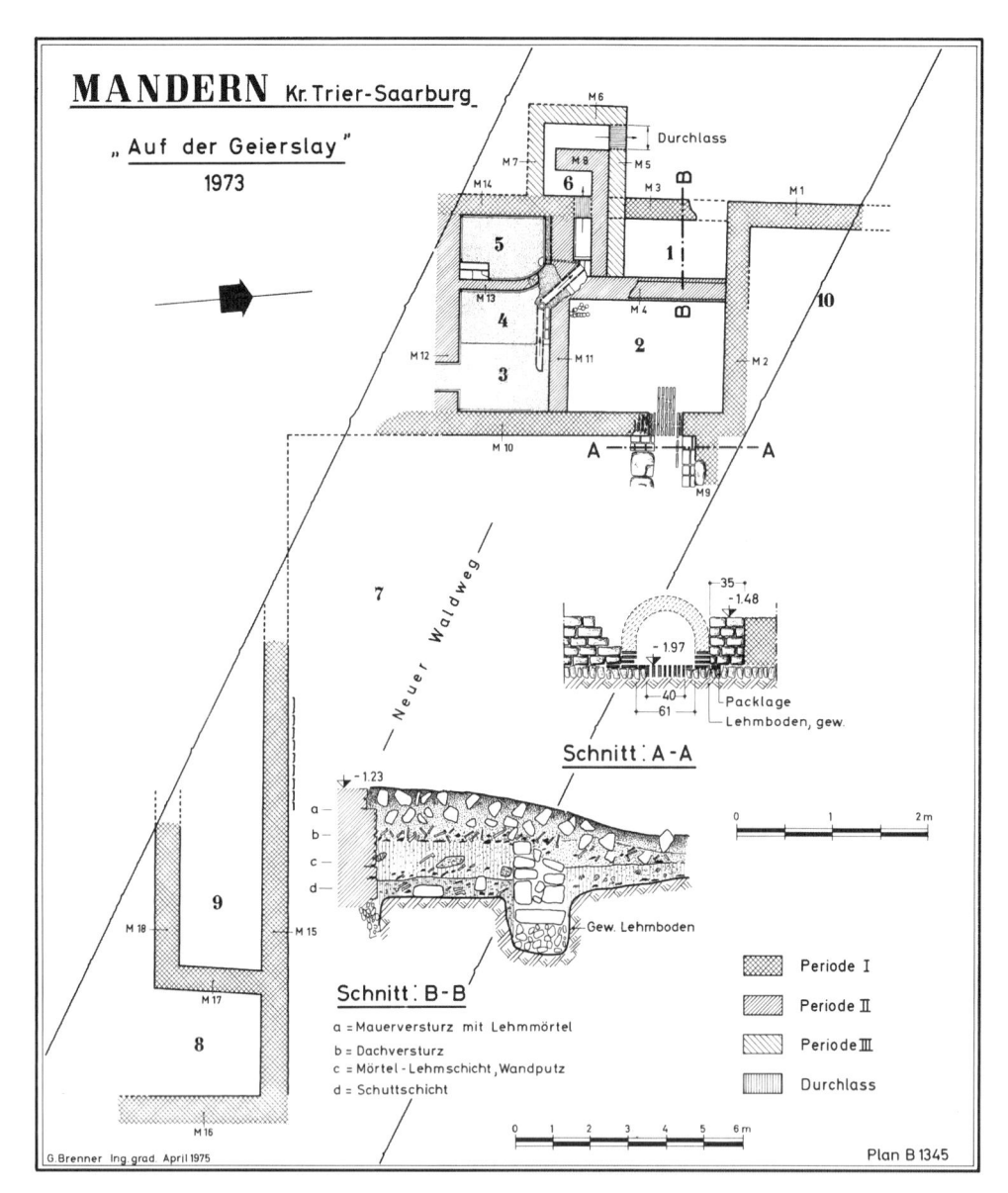

Abb. 53:
Mandern „Geierslay" *(Kat.-Nr. 97)*,
Grundriss und Schnitt der ausgegrabenen Teile des Hauptgebäudes.

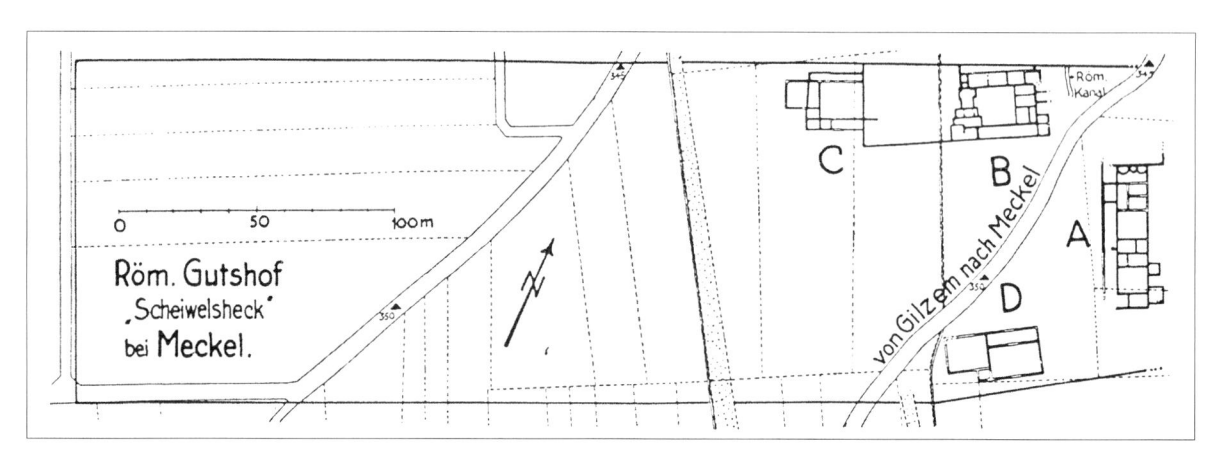

Abb. 54:
Meckel „Scheiwelsheck" *(Kat.-Nr. 99)*, Grundriss Gesamtgelände.

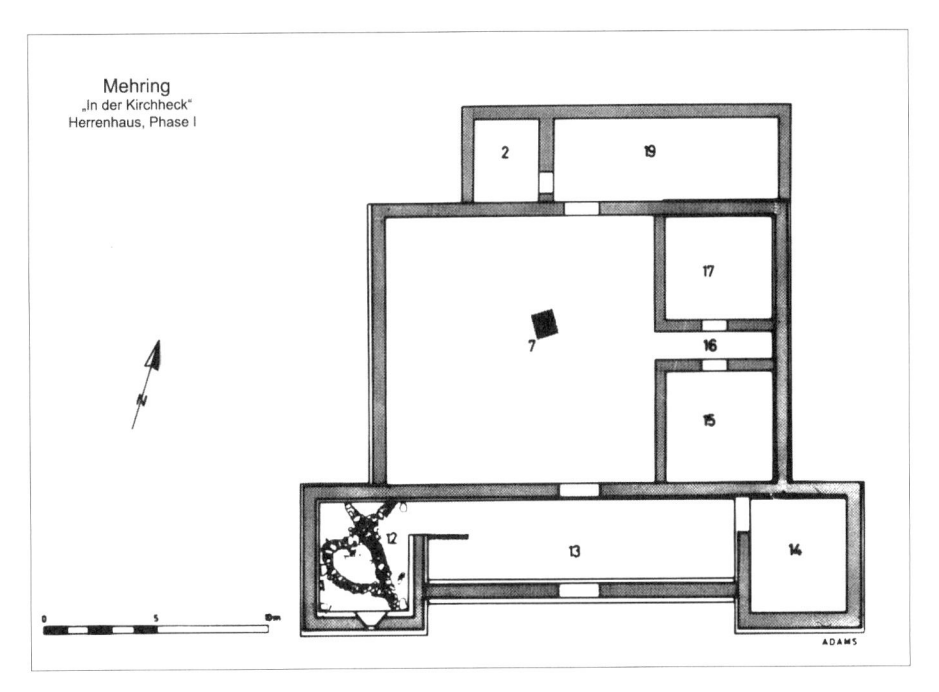

Abb. 55:
Mehring „Kirchheck" *(Kat.-Nr. 100)*, Grundriss Hauptgebäude, Phase I.

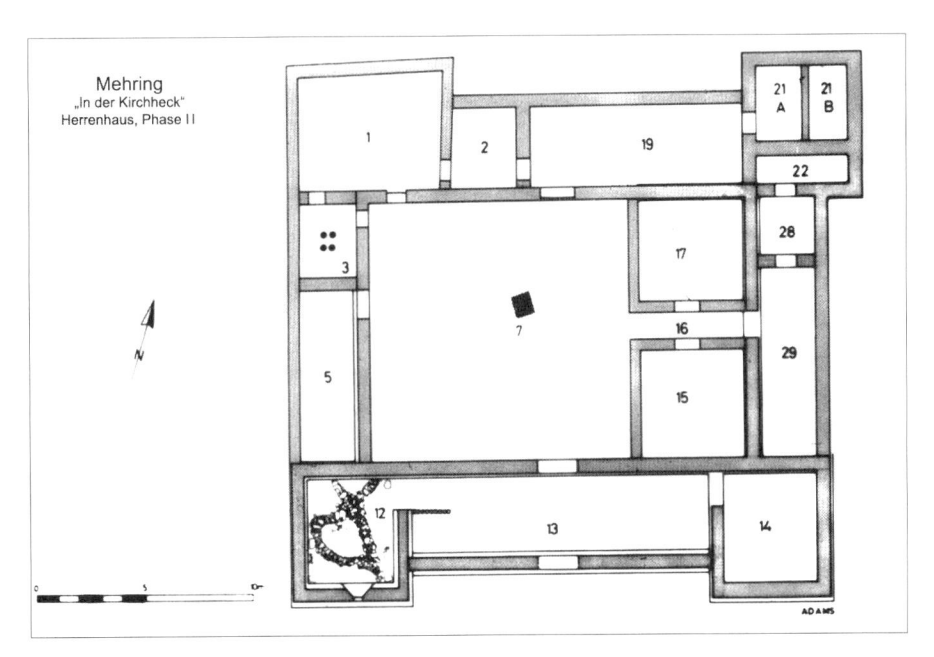

Abb. 56:
Mehring „Kirchheck" *(Kat.-Nr. 100)*, Grundriss Hauptgebäude, Phase II.

Tafel 28

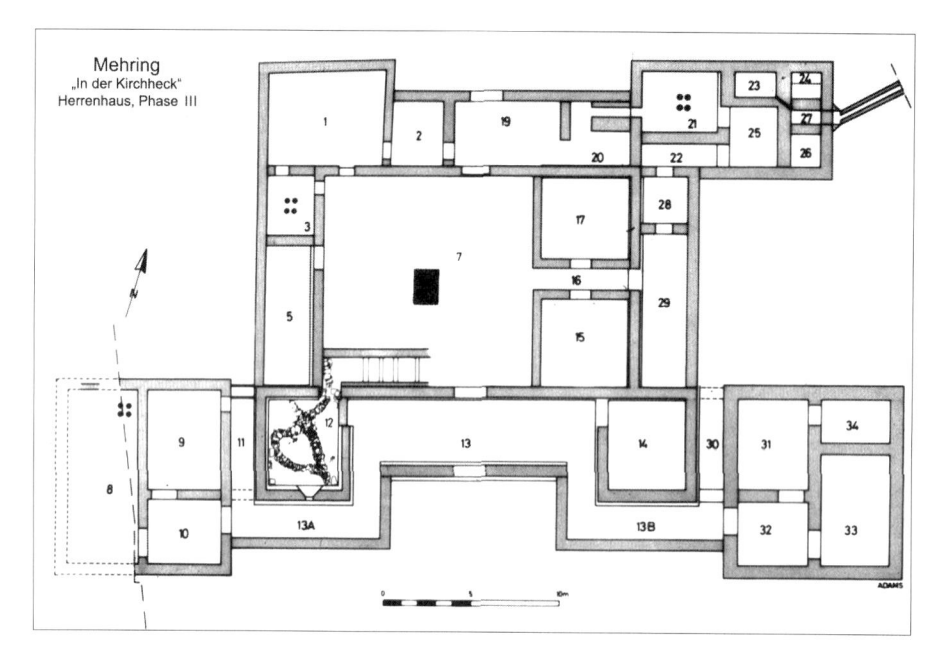

Abb. 57:
Mehring „Kirchheck" *(Kat.-Nr. 100)*, Grundriss Hauptgebäude, Phase III.

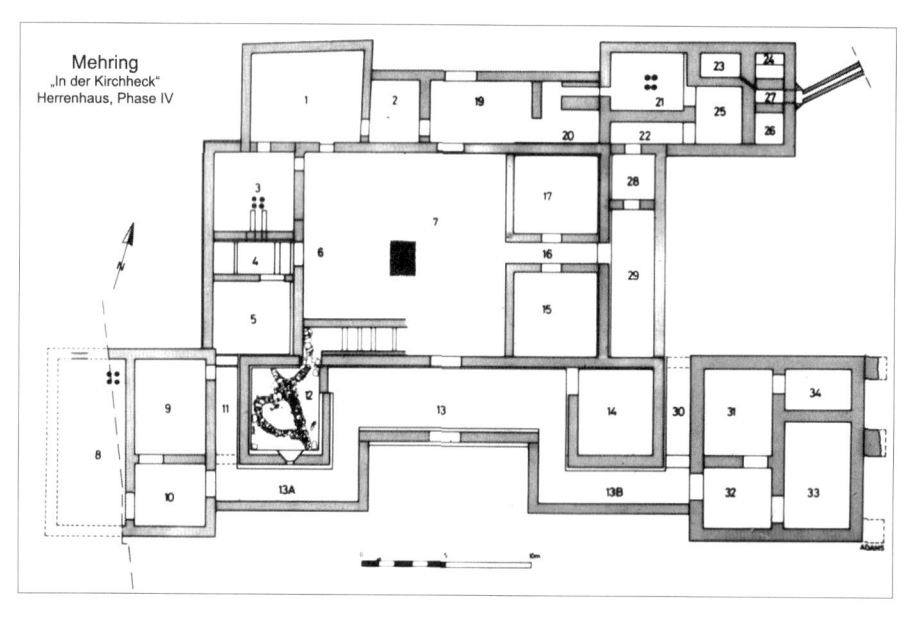

Abb. 58:
Mehring „Kirchheck" *(Kat.-Nr. 100)*, Grundriss Hauptgebäude, Phase IV.

Tafel 29

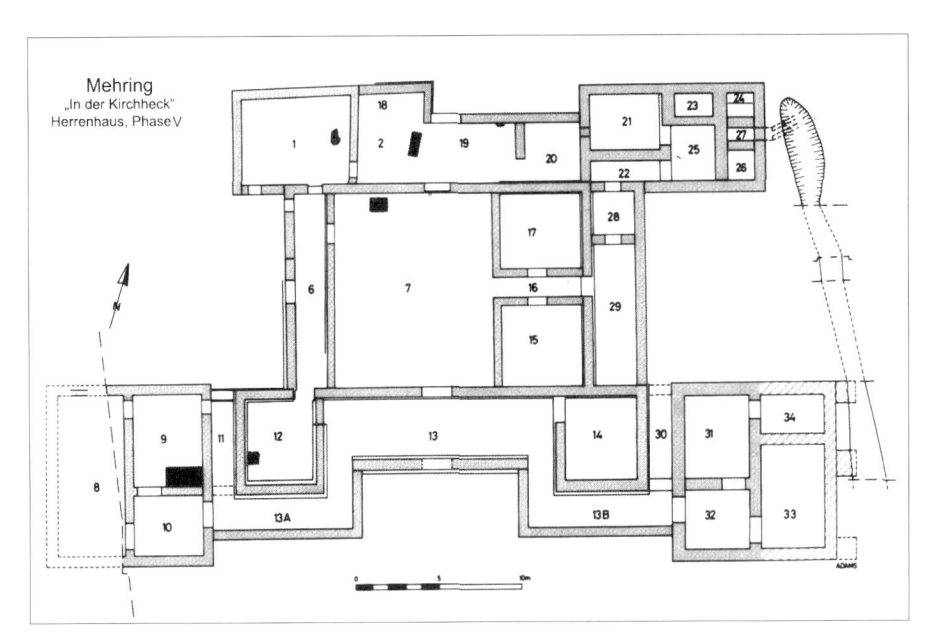

Abb. 59:
Mehring „Kirchheck" *(Kat.-Nr. 100)*, Grundriss Hauptgebäude, Phase V.

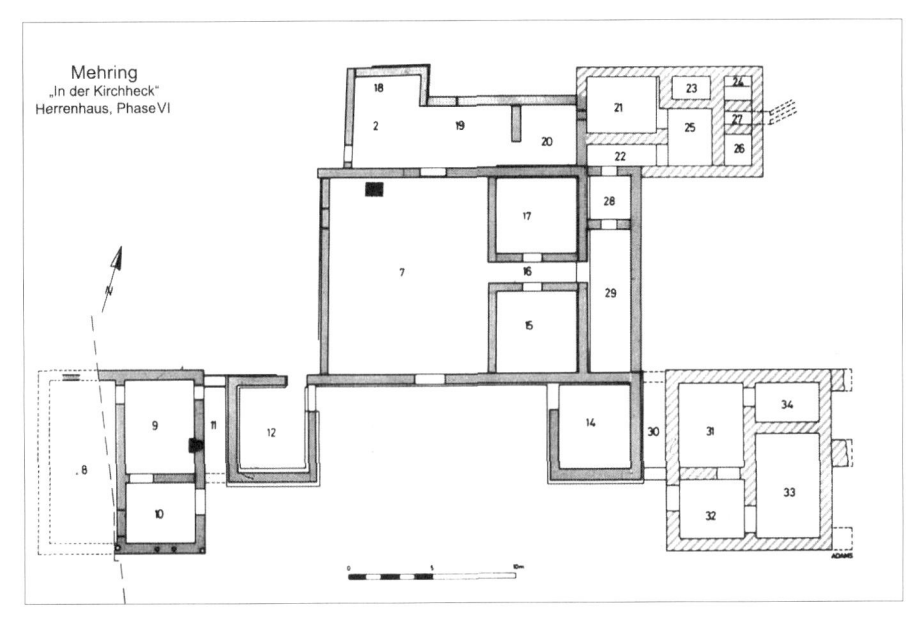

Abb. 60:
Mehring „Kirchheck" *(Kat.-Nr. 100)*, Grundriss Hauptgebäude, Phase VI.

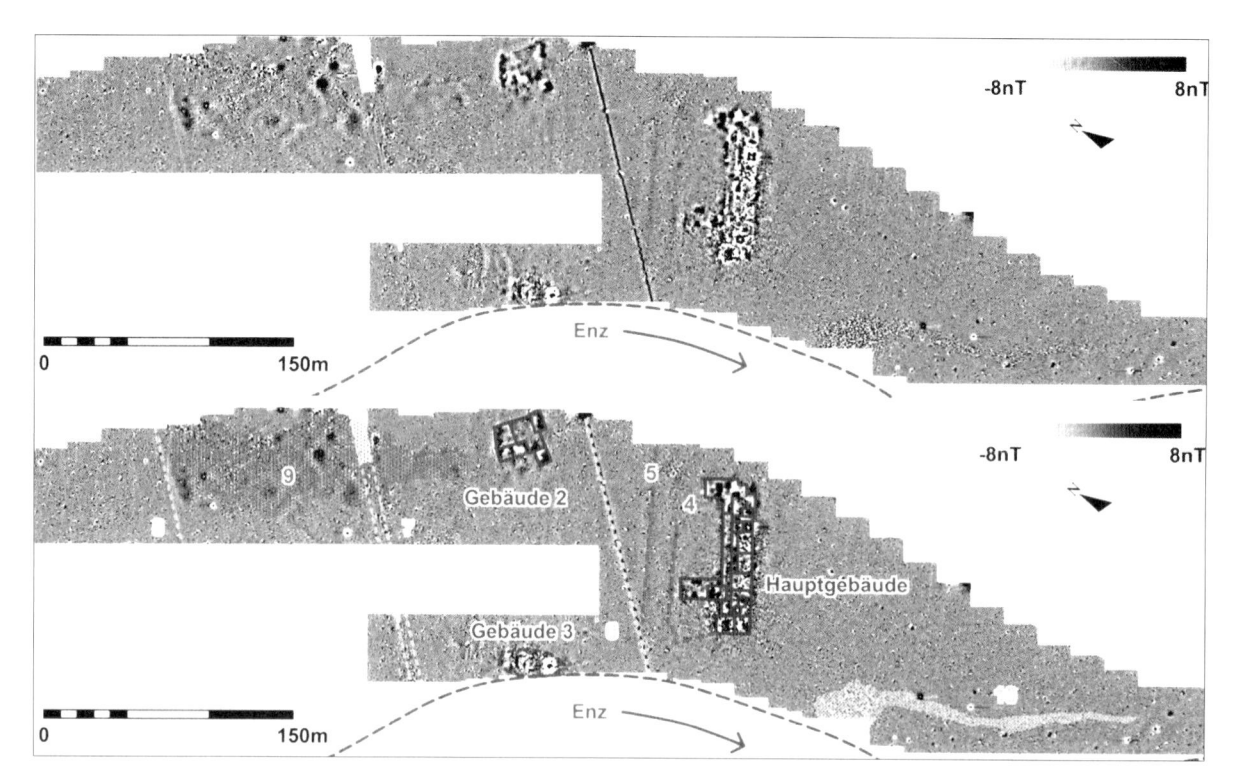

Abb. 61:
Mettendorf „In der Ay" *(Kat.Nr. 105)*, Magnetogramm und Magnetogramm mit Umzeichnung.

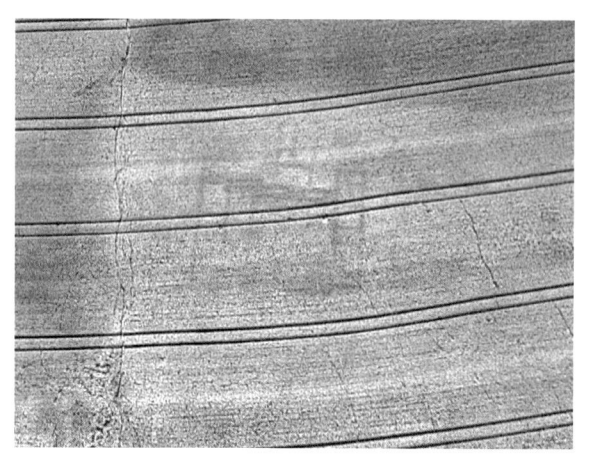

Abb. 62:
Metterich „Auf dem Berg" *(Kat.-Nr. 107)*, Luftbild.

Abb. 63:
Mötsch Folker *(Kat.-Nr. 111)*, Luftbild Hauptgebäude und Nebengebäude.

Tafel 32

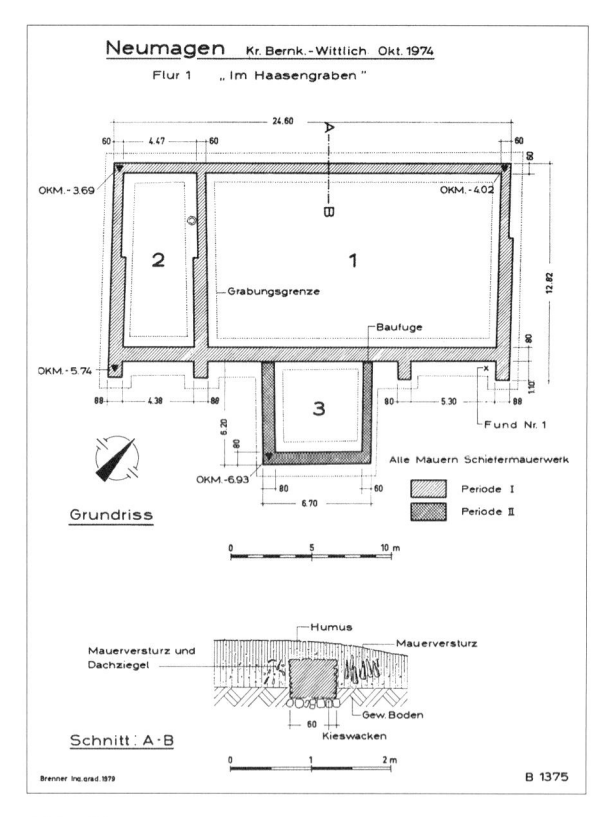

Abb. 64:
Neumagen-Dhron „Im Haasengraben" *(Kat.-Nr. 114)*, Grundriss Hauptgebäude.

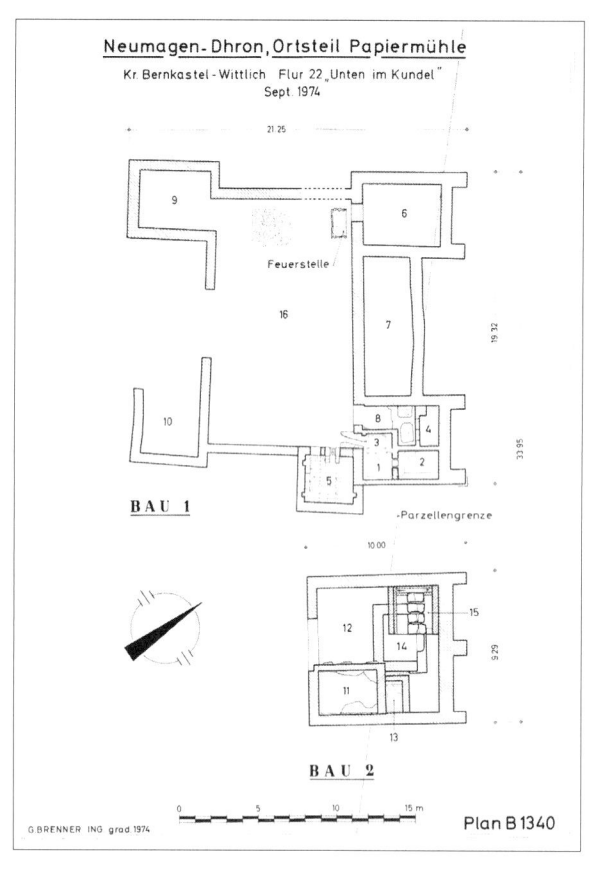

Abb. 65:
Neumagen-Drohn „Papiermühle" *(Kat.-Nr. 116)*, Grundriss Hauptgebäude 1 und Nebengebäude 2.

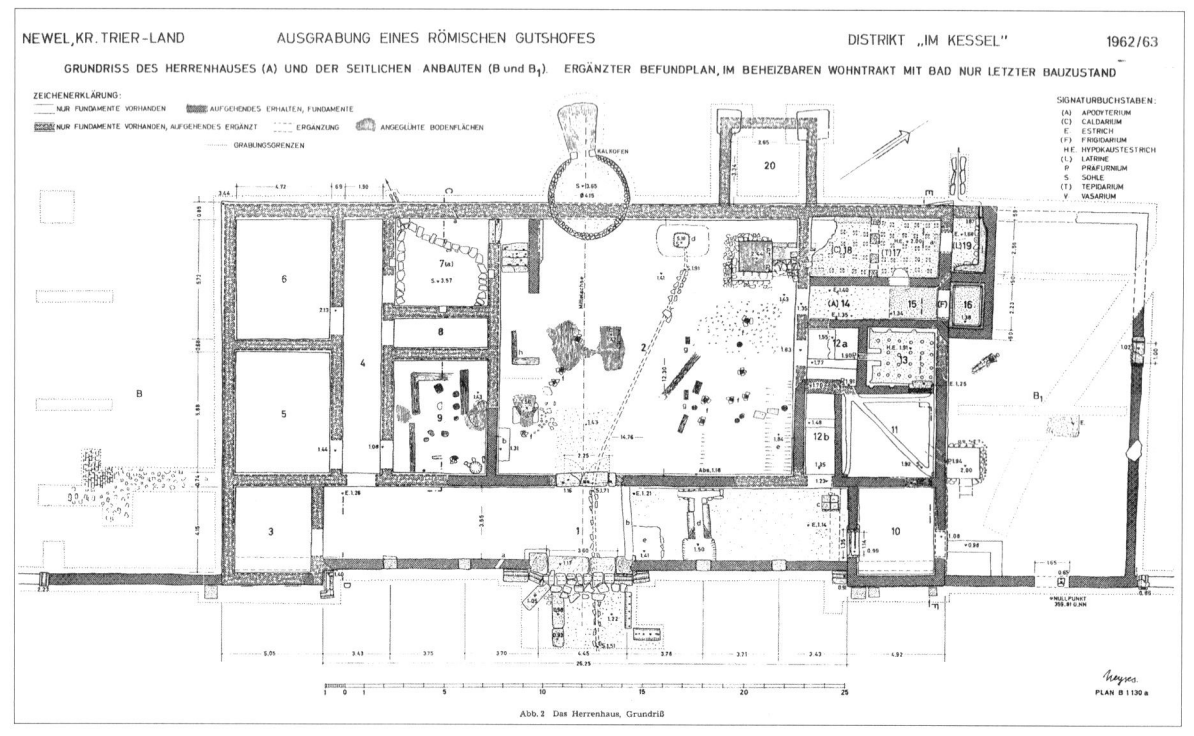

Abb. 66:
Newel „Im Kessel" *(Kat.-Nr. 118)*, Grundriss Hauptgebäude.

Tafel 33

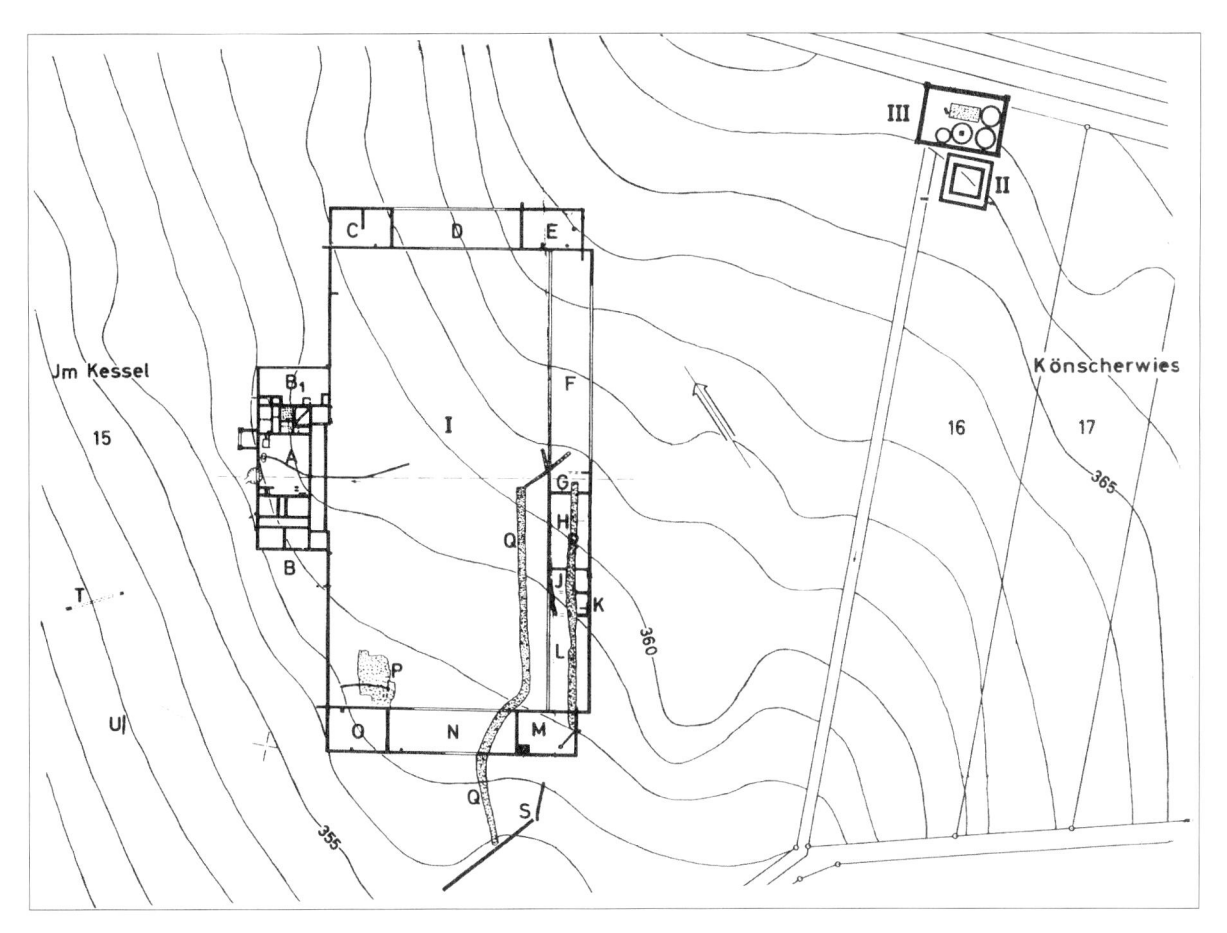

Abb. 67:
Newel „Im Kessel" *(Kat.-Nr. 118)*, Grundriss Gesamtareal.

Abb. 68:
Newel „Im Kessel" *(Kat.-Nr. 118)*, Rekonstruktion Gesamtareal.

Tafel 34

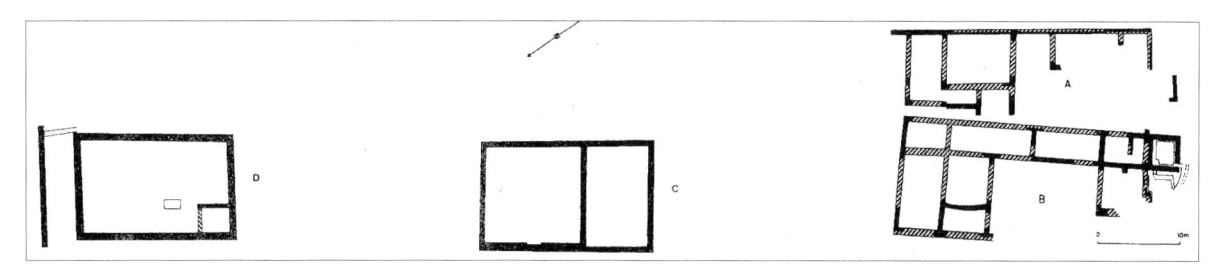

Abb. 69:
Niederemmel „Auf der Meerwies" *(Kat.-Nr. 121)*, Grundrisse der erschlossenen Gebäude.

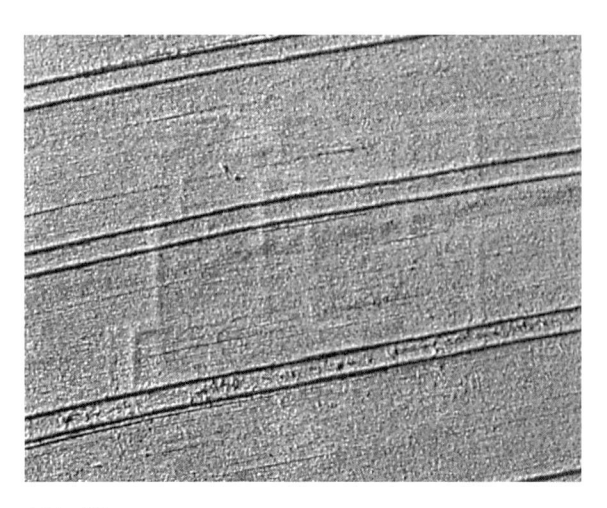

Abb. 70:
Niederstedem „Alshöhe" *(Kat.-Nr. 124)*,
Luftbild Hauptgebäude.

Tafel 35

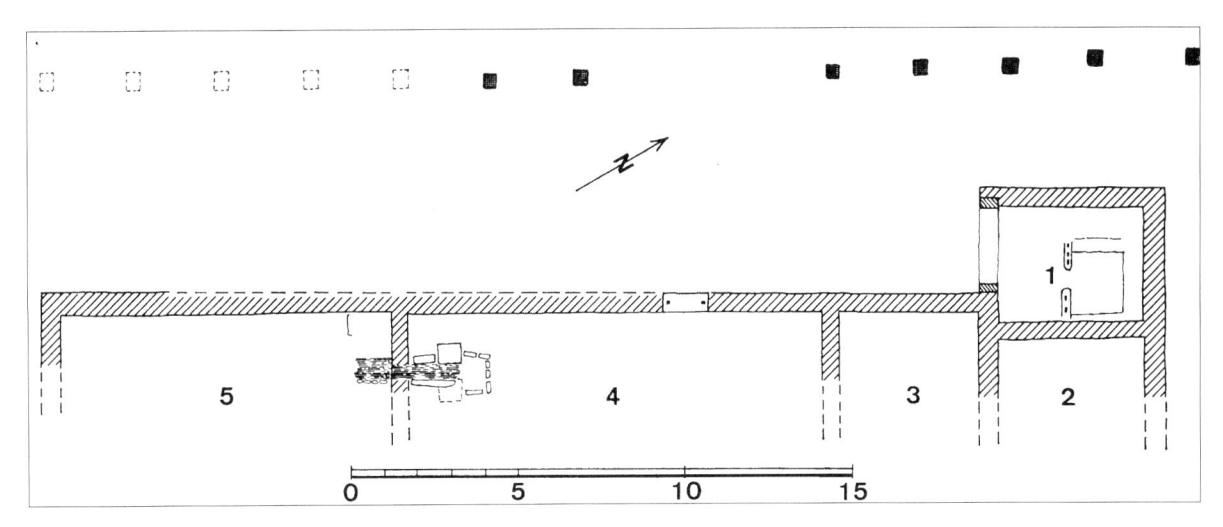

Abb. 71:
Nusbaum „Unter der Hal" *(Kat.-Nr. 126)*, Ausgegrabene Fläche des Hauptgebäudes.

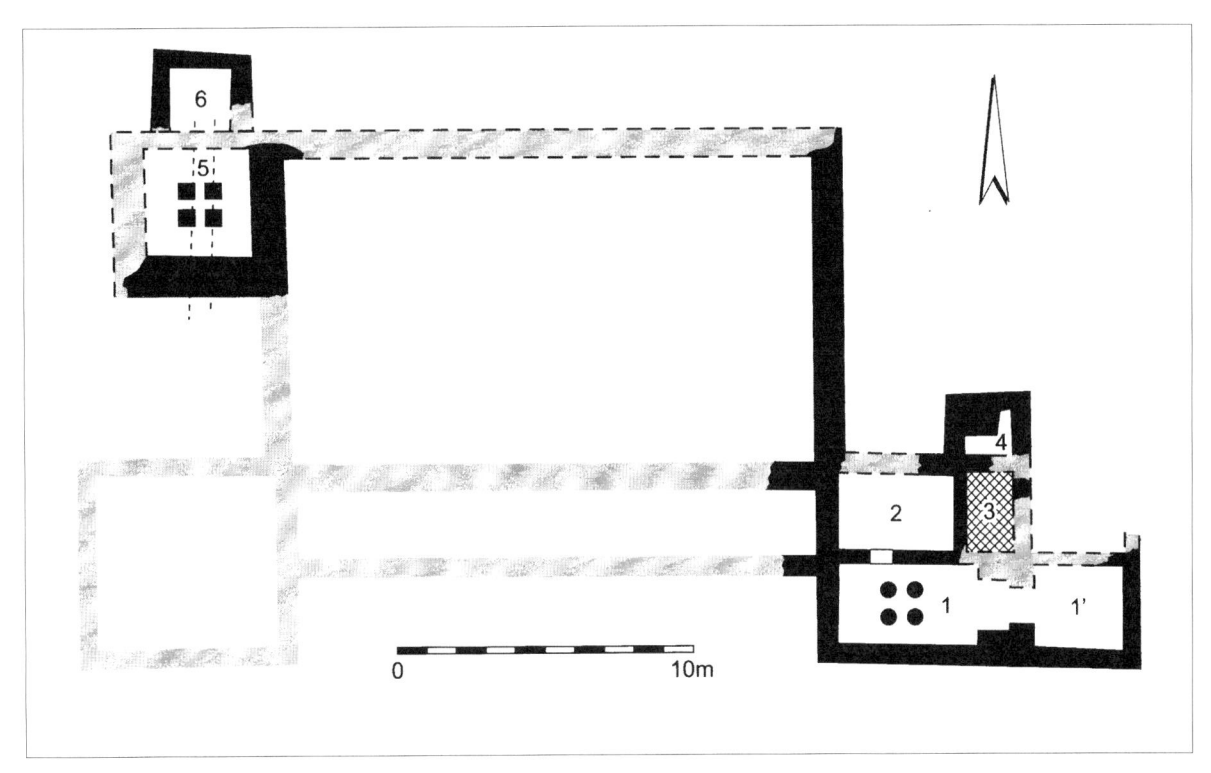

Abb. 72:
Oberüttfeld „Auf der Burg" *(Kat.-Nr. 130)*, Ausgegrabene Fläche des Hauptgebäudes.

Tafel 36

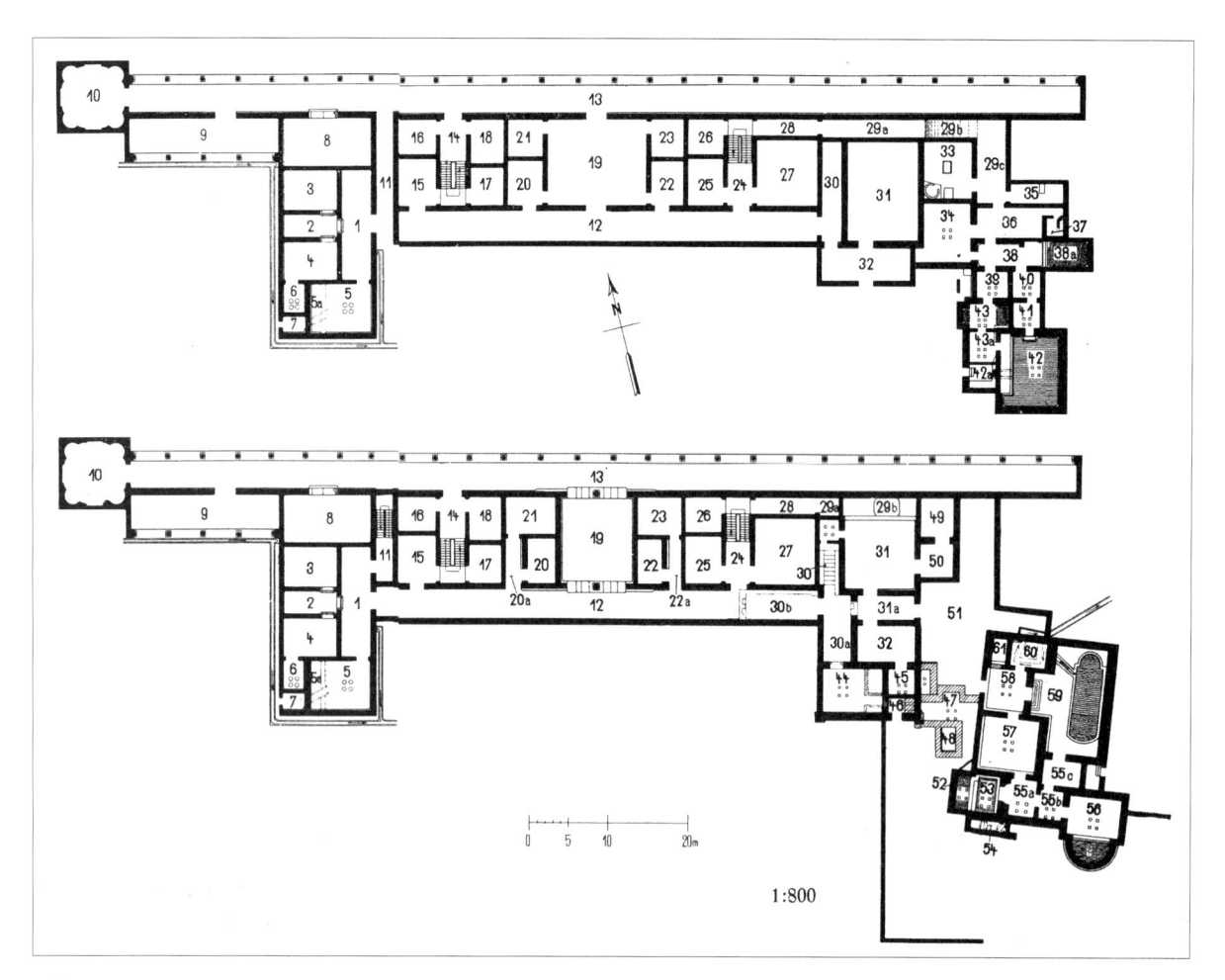

Abb. 73:
Oberweis „Auf der Steinrausch" *(Kat.-Nr. 131)*, Grundriss Hauptgebäude, Phasen 1 und 2.

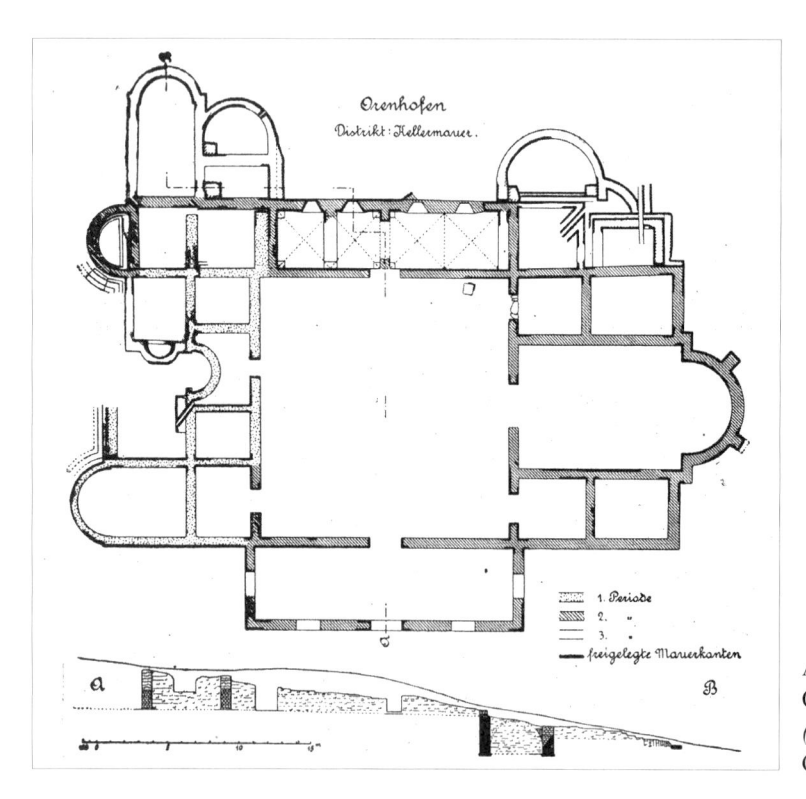

Abb. 74:
Orenhofen „Auf der Kellermauer"
(Kat.-Nr. 135),
Grundriss Hauptgebäude.

Tafel 37

Abb. 75:
Pickließem „Hofkammer" *(Kat.-Nr. 139)*, Luftbild Gebäude 1.

Abb. 76:
Pickließem „Hofkammer" *(Kat.-Nr. 139)*, Luftbild Gebäude 2.

Tafel 38

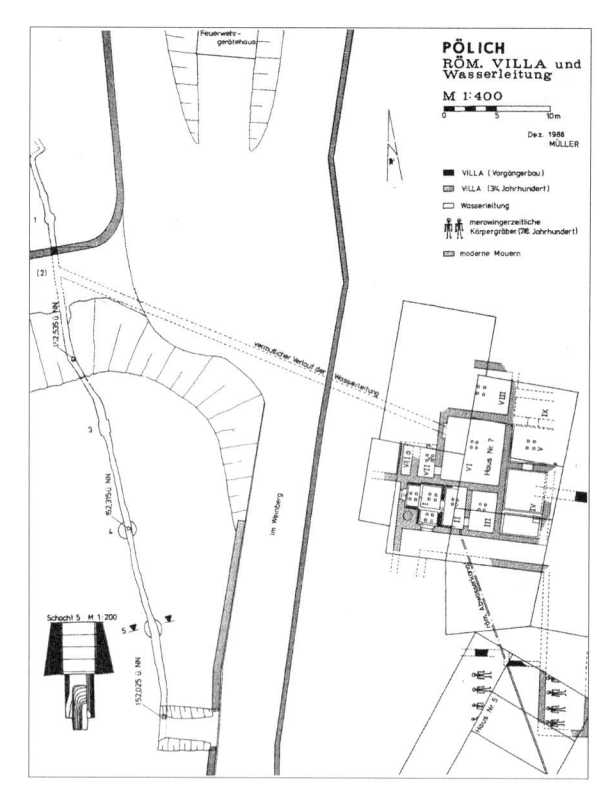

Abb. 77:
Pölich „Ortslage" *(Kat.-Nr. 140)*,
Grundriss der ausgegrabenen Fläche
des Hauptgebäudes.

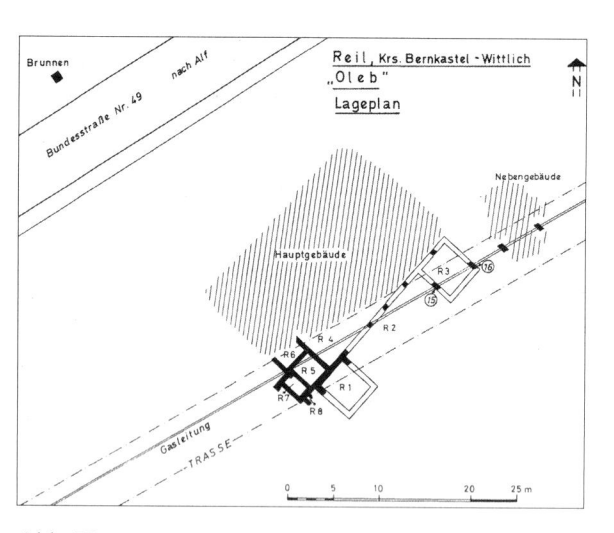

Abb. 78:
Reil „Oleb" *(Kat.–Nr. 141)*,
Ausgegrabene Flä-che des Hauptgebäudes.

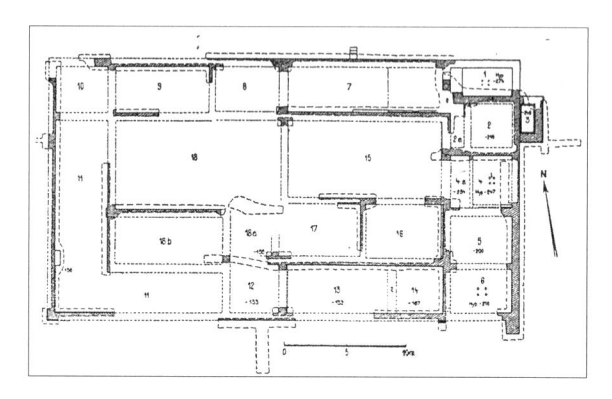

Abb. 79:
Schleidweiler-Rodt „Beim Achenbäumchen"
(Kat.-Nr. 148), Grundriss Hauptgebäude.

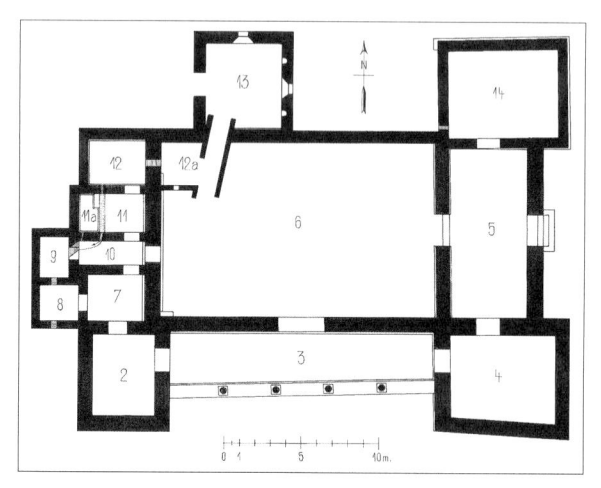

Abb. 80:
Schwirzheim „Ortslage" *(Kat.-Nr. 151)*,
Grundriss Hauptgebäude.

Tafel 39

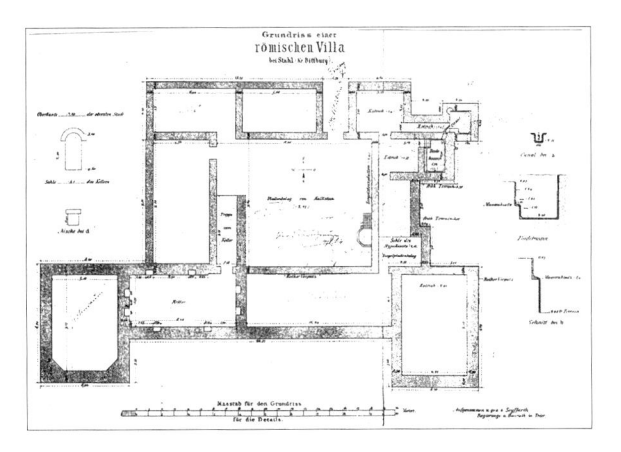

Abb. 81:
Stahl „Häselberg" (Kat.-Nr. 153),
Grundriss Hauptgebäude.

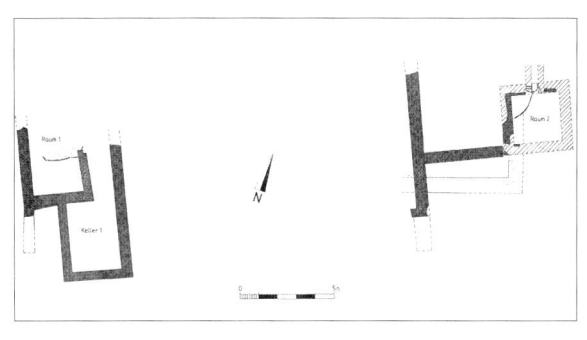

Abb. 82:
Trierweiler „In der Hell" (Kat.-Nr. 158), Grundriss
der ausgegrabenen Fläche des Hauptgebäudes.

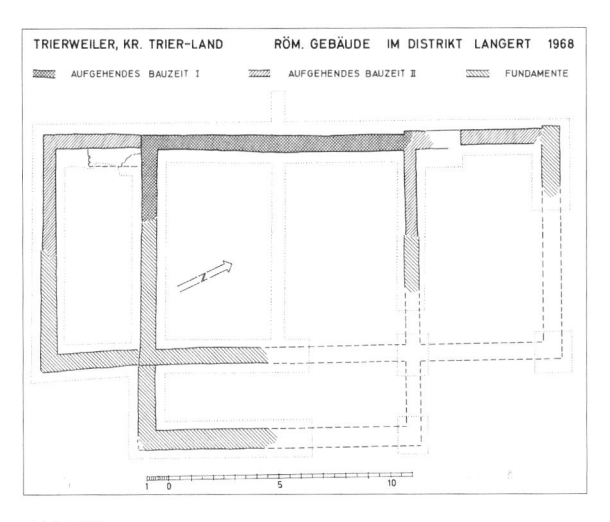

Abb. 83:
Trierweiler „Langert" (Kat.-Nr. 160),
Grundriss Hauptgebäude.

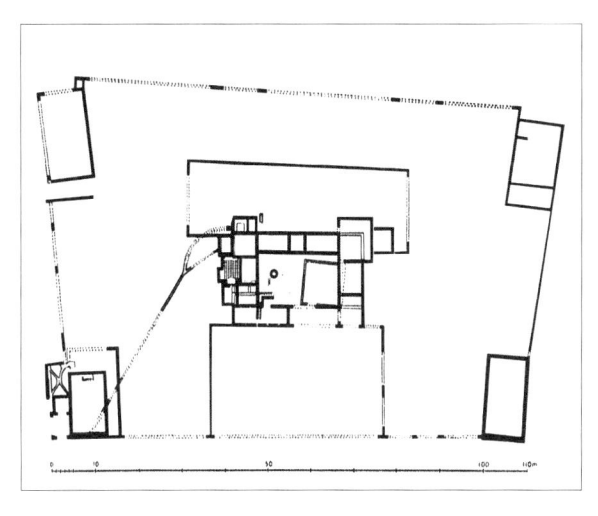

Abb. 84:
Vierherrenborn „Dürreich" (Kat.-Nr. 162),
Grundriss Gesamtareal.

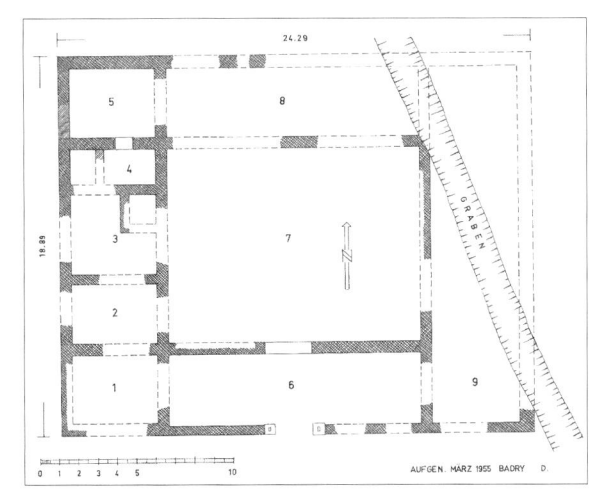

Abb. 85:
Vierherrenborn „Irscher Siedlung II" (Kat.-Nr. 164),
Grundriss Hauptgebäude.

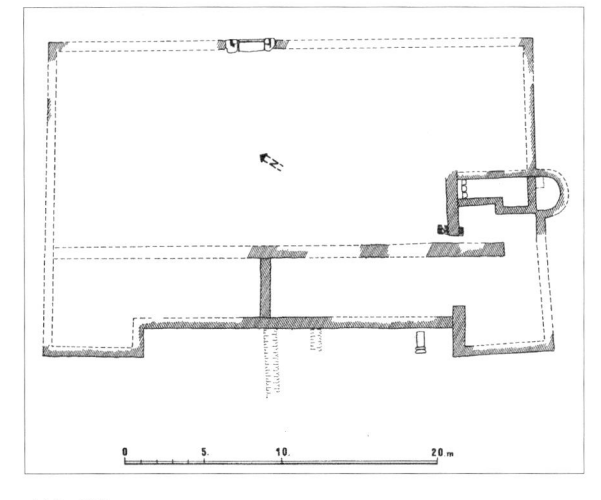

Abb. 86:
Vierherrenborn „Vorderst Neunhäuser Gewann"
(Kat.-Nr. 165), Grundriss Hauptgebäude.

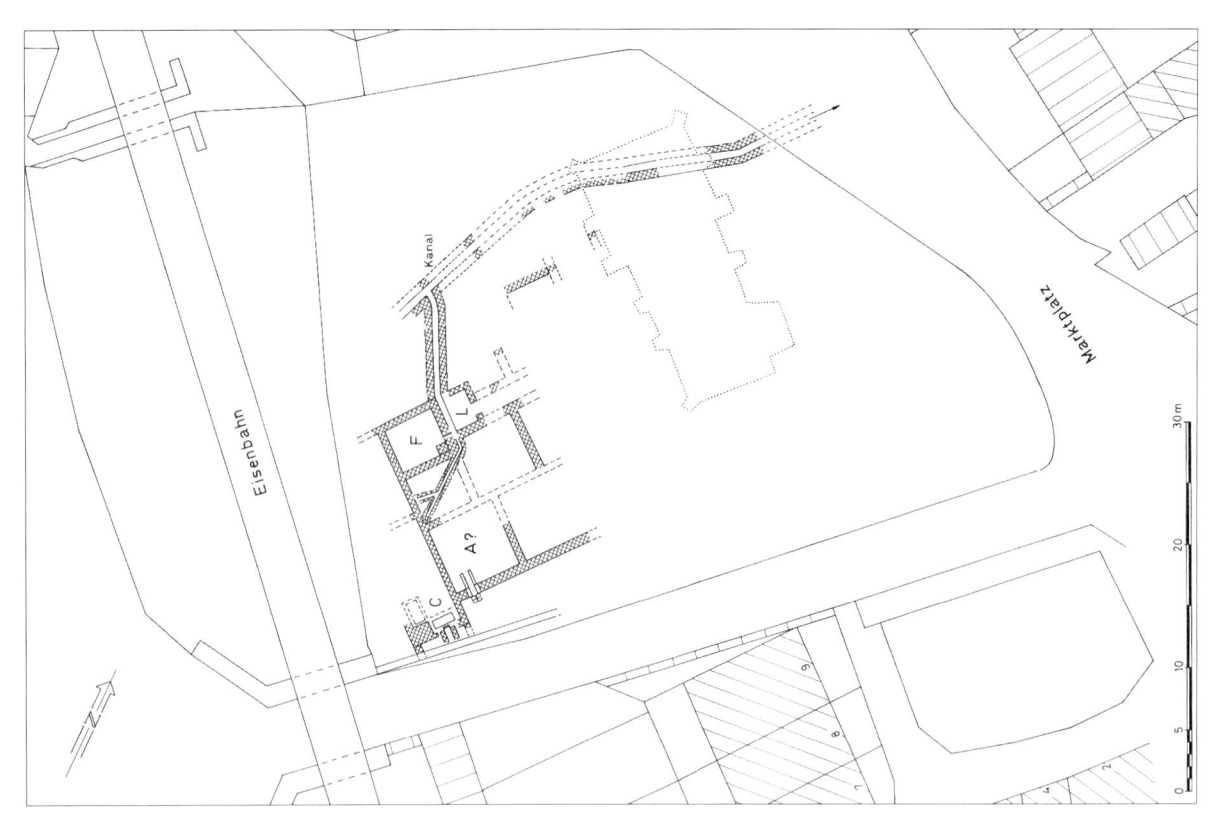

Abb. 87:
Wasserliesch „Ortslage" *(Kat.-Nr. 167)*, Ausgegrabene Fläche des Hauptgebäudes.

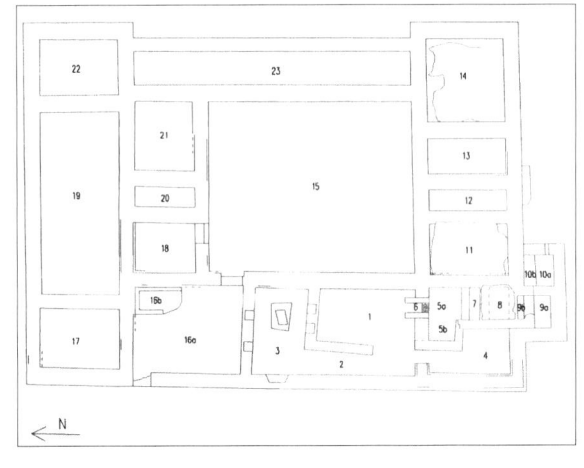

Abb. 88:
Waxweiler „Schmelzberg" *(Kat.-Nr. 168)*,
Tachymetrisch eingemessene Befunde
der Grabung 2002.

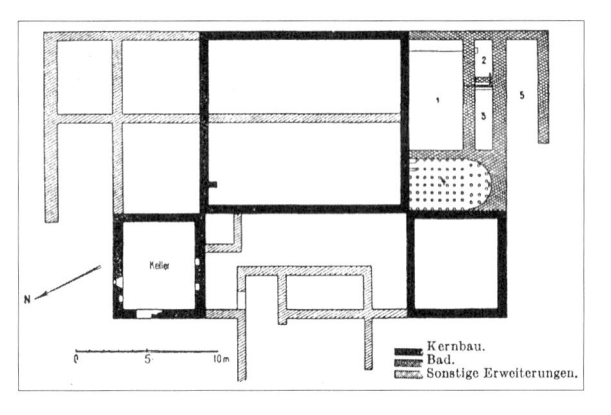

Abb. 89:
Wellen „Im Bungert" *(Kat.-Nr. 175)*,
Grundriss Hauptgebäude.

Tafel 41

Abb. 90:
Welschbillig „Knaulöft" *(Kat.-Nr. 178)*, Entzerrtes Luftbild Gesamtareal.

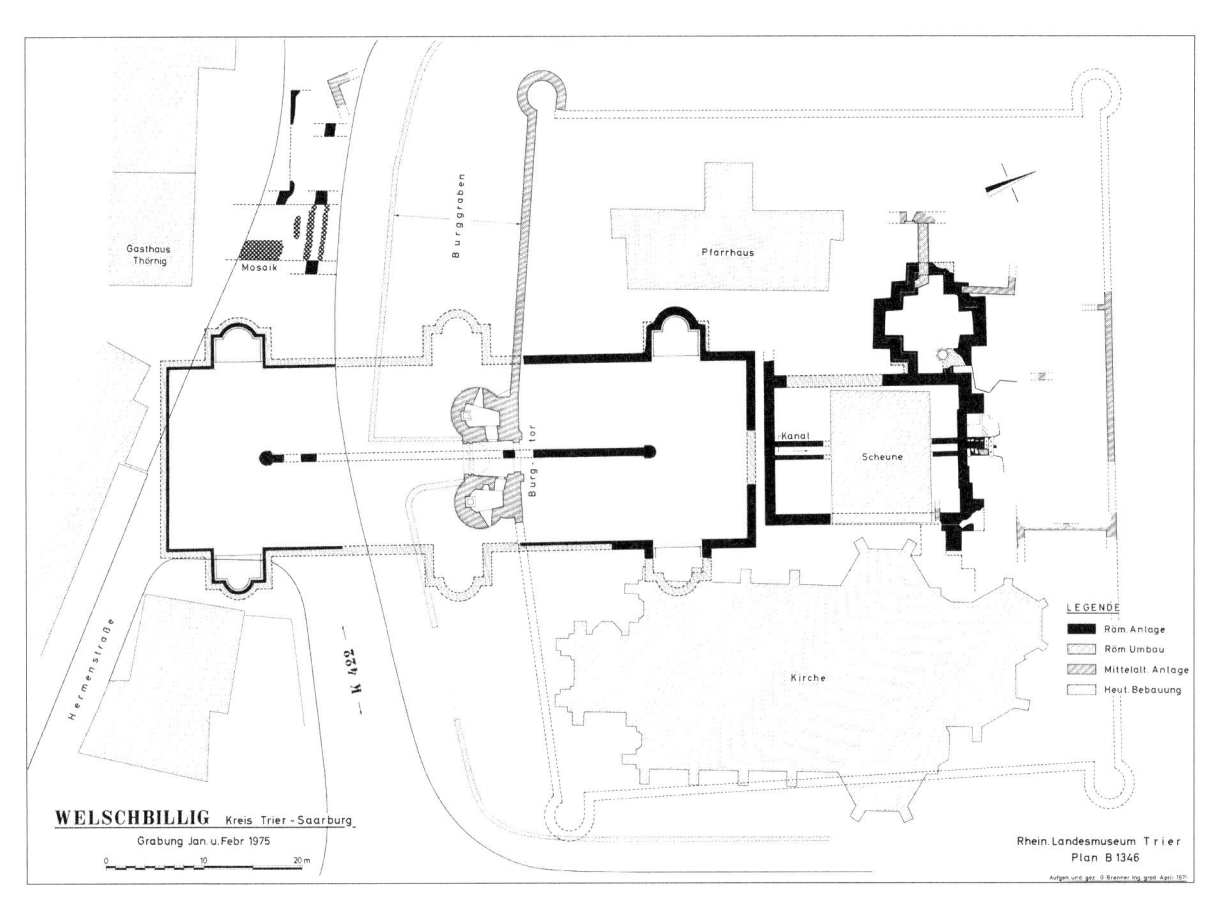

Abb. 91:
Welschbillig „Ortslage" *(Kat.-Nr. 179)*, Grundriss Hermenbassin und Gebäudereste.

Tafel 42

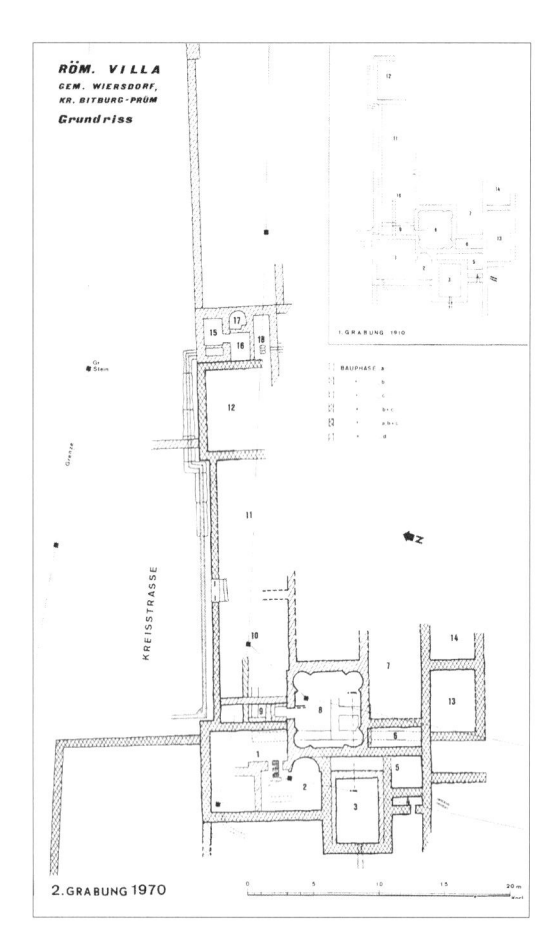

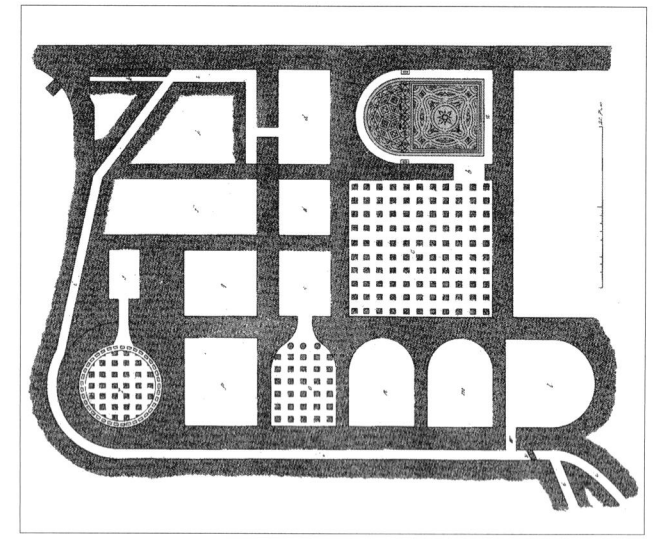

Abb. 93 (oben):
Wiltingen „Kobig" *(Kat.-Nr. 181)*,
Ausgegrabene Fläche des Hauptgebäudes.

Abb. 92 (links):
Wiersdorf „Im Rang" *(Kat.-Nr. 180)*,
Ausgegrabene Fläche des Hauptgebäudes.

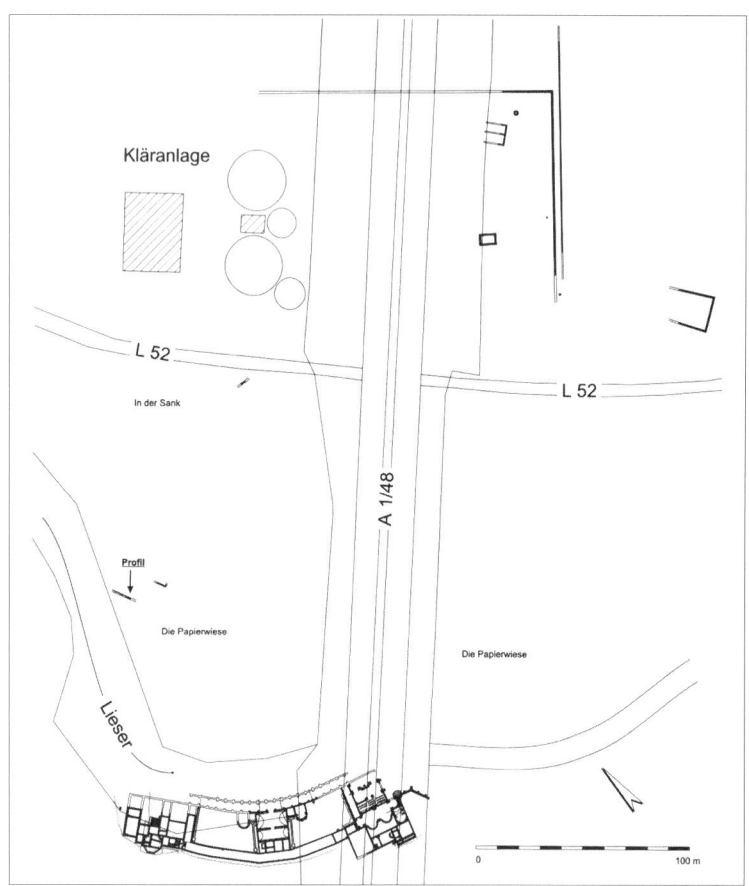

Abb. 94:
Wittlich „An der Lieser"
(Kat.-Nr. 186): Gesamtareal.

Tafel 43

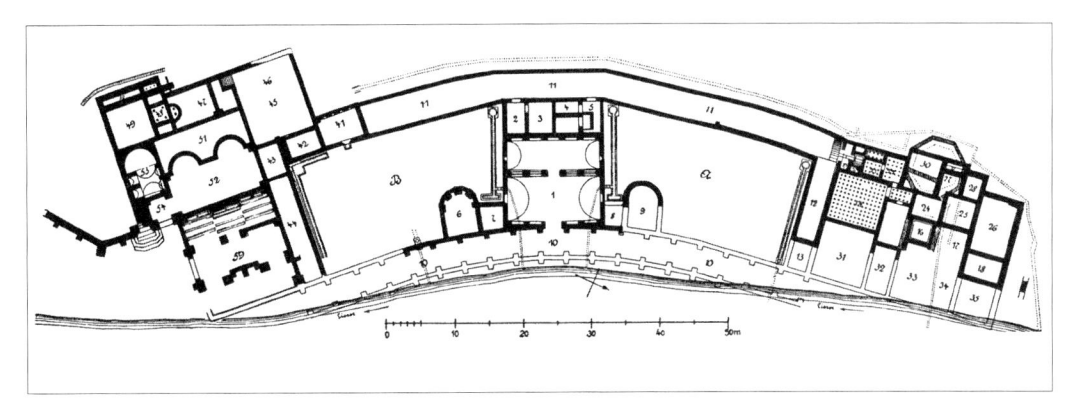

Abb. 95:
Wittlich „An der Lieser" *(Kat.-Nr. 186)*, Grundriss Hauptgebäude.

Abb. 96:
Wittlich „An der Lieser" *(Kat.-Nr. 186)*, Rekonstruktion Hauptgebäude nach K.-P. Goethert.

Abb. 97:
Wittlich „An der Lieser"
(Kat.–Nr. 186),
Sandsteinkrippen in Raum 59.

Philippika. Altertumswissenschaftliche Abhandlungen / Contributions to the Study of Ancient World Cultures

Herausgegeben von / Edited by
Joachim Hengstl, Elizabeth Irwin, Andrea Jördens, Torsten Mattern, Robert Rollinger, Kai Ruffing und Orell Witthuhn

---

78: Michaela Rücker
„Pharmakeía und crimen magiae"
*Frauen und Magie
in der griechisch-römischen Antike*
2015. VIII, 256 Seiten, 1 Tabelle, br
ISBN 978-3-447-10283-4   € 58,– (D)

Magie war im Leben der antiken Menschen ein fester Bestandteil des kollektiven und religiösen Miteinanders. Der Umgang mit Magie war gesellschaftlichen, sozialen und politischen Änderungen unterworfen, die sich vor allem auf der rechtlichen Ebene bemerkbar machten.
Michaela Rücker definiert in ihrer Studie die antiken Begrifflichkeiten von Magie und untersucht das Verhältnis von Magie zu verwandten Bereichen wie Religion und Medizin. Um den engen Zusammenhang von Magie, Religion und Medizin herauszustellen, wählt sie eine Dreiteilung in magische Akteure, magische Handlung und magische Mittel. Die juristischen Grundlagen für den Umgang mit magischen Handlungen und Akteuren werden anhand ausgewählter Beispiele in ihrem Einfluss auf die Magieprozesse analysiert. Besonderes Augenmerk liegt dabei auf den Anklagen gegen Frauen. Deren enge Verbindung mit der Magie wurde seit den homerischen Epen in den literarischen Quellen postuliert, was darauf hinweist, wie sehr sich Realität und Fiktion hier überschneiden. Schwerpunkte der Untersuchung sind das Athen der klassischen Zeit und Rom bis zum Ende des 1. Jahrhunderts n.Chr. Die Untersuchung liefert Erklärungsansätze für das unterschiedliche Rechtsverständnis beider Gesellschaften im Umgang mit Magie, insbesondere hinsichtlich dessen Anwendung vor Gericht.

79: Joachim Ganzert
Rule as En-Actment
*On the Lower Court of Justice
at Lüneburg Town Hall and the Archetype
of Sacral Legitimation of Rulership*
2014. 103 pages, 60 ill., 1 diagramm, hc
ISBN 978-3-447-10301-5   € 64,– (D)

Lüneburg Town Hall is a fascinating treasure trove of sedulously compiled references to the ideals of rulership. Its inclusion in the context and dimensions of world history evolved from a claim to embed the rule and judgements of Lüneburg's magistracy in the 'Encyclopaedia' of idealized rulership for legitimation purposes. The determining factors in placing the Lüneburg city councilors within a 'salvation-historical' frame were Judeo-Christian- and Humanist-Antique-oriented references to concepts of sacral rulership and legitimation. In this, 'Antique' means primarily (Graeco-)Roman, whose continuation or *translatio* may be seen in the Holy Roman Empire. Reference was made to Ancient Israelite and Ancient Middle Eastern cultural spheres through pictorial and written Old Testament quotations, for example in the 'Niedergericht' (lower court of justice) at Lüneburg Town Hall. In referencing ancient Israelite kingship on the one hand and the heathen Roman empire on the other, in Protestant Lüneburg the connection was made to reception or *translationes/imitationes imperii/ideae*.
In the Ancient Middle East region a concept of sacral rulership and legitimation of archetypical validity had developed, which is borne out by architectural findings. In the final analysis Lüneburg is incorporated in this trans-denominationally valid tradition of sacral legitimation.

80: Andrea Jördens (Hg.)
Ägyptische Magie und ihre Umwelt
2015. 379 Seiten, 25 Abb., 3 Diagramme, 2 Tabellen, gb
ISBN 978-3-447-10316-9   € 48,– (D)

Dem antiken Verständnis nach war Magie weit mehr als nur ein Sammelsurium esoterischer Praktiken und Rituale, die vor allem zum eigenen Nutzen und zum Schaden anderer eingesetzt wurden. Vielmehr sind darunter alle religiösen Handlungen jenseits der institutionalisierten Kultausübung zu fassen.
Dies zeigen auch die zwölf Aufsätze, die aus der im Frühjahr 2011 anlässlich der Rückkehr eines lange vermissten Heidelberger Zauberbüchleins organisierten Ausstellung *Ägyptische Magie im Wandel der Zeiten* hervorgingen. Nunmehr um eine außerägyptische Perspektive erweitert, reicht der zeitliche Rahmen der Beiträge in diesem Band von den Anfängen der Schriftlichkeit im Zweistromland und dem Alten Ägypten bis tief in das koptischsprachige Mittelalter hinein. Überblicksartikel vermitteln einen Eindruck von Magie in Mesopotamien und im Vorderen Orient sowie im spätzeitlichen Ägypten. Daneben stehen thematische Beiträge zu solchen Bereichen, in denen man sich bevorzugt magischer Mittel bediente, so beim Schutz der Grabstätte, bei der Abwehr von Schlangen und Skorpionen, im medizinischen Bereich und mit besonderer Energie bei der Verfolgung sexueller Ziele. Ägyptische und griechische Papyri, aber auch die gern mit Zeichnungen verbundenen koptischen Zaubertexte führen eine beunruhigende Vielfalt und Gestalt hilfreicher oder schädlicher Mächte vor Augen; magische Elemente im Neuen Testament kommen ebenso zur Sprache wie das breite Feld der Zahlensymbolik. Aus den hier erstmals systematisch zusammengestellten Magica der Heidelberger Papyrussammlung wird zugleich die große Rolle deutlich, die die Überlieferungslage für unsere Kenntnis all dessen spielt.

82: Friedrich Pöhl, Sebastian Fink (Hg.)
Kannibalismus, eine anthropologische Konstante?
2015. 183 Seiten, 1 Abb., br
ISBN 978-3-447-10328-2
E-Book: ISBN 978-3-447-19354-2   € 38,– (D)

Kann der Kannibalismus, definiert als ritueller Verzehr von Menschenfleisch durch Menschen, als eine anthropologische Konstante gelten? Schließlich drängt sich dieser Eindruck bei der Vielzahl der Quellen zu Menschenfresserei von der Antike bis in unsere Tage beinahe auf.
Dieser Band widmet sich der Frage und bietet erstmals einen Überblick über die wesentlichen und grundlegenden Kannibalismusdiskurse vom alten Mesopotamien über die klassische Antike bis hin zum frühen Mittelalter. Eine kritische Auseinandersetzung mit den frühneuzeitlichen Berichten über kannibalistische Akte der Azteken rundet den Überblick ab.
Die Quellen aus Mesopotamien, Ägypten und aus Kleinasien zeigen, dass der Kannibalismusdiskurs erst mit den Griechen vehement einsetzt, und zwar sowohl auf der Ebene der Mythologie als auch im Hinblick auf eine Inferiorisierung fremder Völkerschaften. Die Nutzung des Kannibalismusmotivs zur Herabsetzung von Fremden oder Gegnern in den eigenen Reihen setzt sich über das antike Rom bis in die Neuzeit fort. In diesem Sinne erweisen die in diesem Band versammelten Beiträge unter anderem zwar nicht die tatsächliche Praxis des rituell oder gar gastronomisch intendierten und praktizierten Kannibalismus, wohl aber den Kannibalismusdiskurs im Allgemeinen als anthropologische Konstante.

83: Łukasz Niesiołowski-Spanò
Goliath's Legacy
*Philistines and Hebrews in Biblical Times
Translated from Polish by Maria Kantor*
2015. Ca. 290 pages, 9 maps, hc
ISBN 978-3-447-10346-6
E-Book: ISBN 978-3-447-19374-0
Ca. € 78,– (D)
In Preparation. / In Vorbereitung.

In the 12th century BCE revolutionary changes and major population movements took place in the eastern Mediterranean. One element of this complex process was

Philippika. Altertumswissenschaftliche Abhandlungen / Contributions to the Study of Ancient World Cultures

Herausgegeben von / Edited by
Joachim Hengstl, Elizabeth Irwin, Andrea Jördens, Torsten Mattern, Robert Rollinger, Kai Ruffing und Orell Witthuhn

---

the appearance of the warlike Sea Peoples on the coast of the Middle East. Among the groups that we know of the most important seem to be Philistines. It is no accident that the name of the region – Palestine – comes precisely from this ethnonym.

The book examines the impact of the Sea Peoples, especially the Philistines, on the local population, and on the Hebrews in particular. To determine the chronological sequence, the first part presents the biblical narrative in a synthetic way, and thus the Philistines' role in the history of Israel and Judah. These considerations complement the study of geography, in which toponyms are discussed to establish a range of the Philistines' impact. Concerning the likely duration of an impact of the Philistines on the Hebrews, two periods were suggested: the early Iron Age (ca. 1150–900 BCE) and the domination of Assyria (ca. 750–650 BCE). The second part of the book discusses the culture of the Hebrews, known from the Bible, which may have its roots in the Philistines' heritage. These phenomena are divided into thematic groups.

The impact of the Philistines on the Hebrews was much larger than previously thought, and it was not connected only with Judah's and Israel's response to the presence of a hostile neighbor. Several components of Hebrew culture and some literary motifs in the Bible seem to derive specifically from the Philistines' culture.

84: Julia Linke
Das Charisma der Könige
Zur Konzeption des altorientalischen Königtums im Hinblick auf Urartu
2015. VIII, 344 Seiten, 36 Abb., 5 Karten, 9 Tabellen, gb
ISBN 978-3-447-10349-7   € 48,– (D)

Das altorientalische Reich Urartu mit seinem Zentrum im heutigen Ostanatolien war in seiner Blütezeit (9. bis 7. Jahrhundert v.Chr.) ein ernst zu nehmender Rivale Assyriens. Das Bild, das die zeitgenössischen assyrischen Quellen vom Nachbarn Urartu zeichnen, ist aufgrund der in erster Linie kriegerischen Kontakte zwischen den Reichen zum einen stark tendenziös gefärbt. Zum anderen baut es aber ebenso stark auf dem Selbstbild Assyriens auf und entspricht diesem auch weitgehend – demnach ist Urartu ein zentralisierter Staat, regiert von einem König, aufgeteilt in Provinzen, versehen mit einem differenzierten Beamtenapparat. Die Frage ist, wie weit dieses Bild den tatsächlichen Umständen in Urartu nahekommt und wie in Urartu selbst das Königtum gesehen wird. Schon der Name, den die Urartäer ihrem Land geben, ist ein anderer als der aus Assyrien stammende: Sie nennen es *Biainili*.

Die vorliegende Arbeit hat zum Ziel, das urartäische Königtum, sein Selbstbild und die Selbstinszenierung seiner Könige so weit wie möglich aus urartäischen Quellen zu erschließen und des Weiteren mögliche Übernahmen aus anderen altorientalischen Kulturen auszumachen. Dabei geht es insgesamt weniger um die Rekonstruktion vorgeblich „historischer Realitäten" als vielmehr um eine Annäherung an die ideologische Gedankenwelt des urartäischen Königtums. Fokus und roter Faden der Untersuchung ist stets der König als Amtsperson.

85,1: Agostino Soldati
Papiri Greci da Tebtynis della Università di Padova
Volume 1
(P. Tebt. Pad 1-25)
2015. Ca. 200 Seiten, 25 Abb., pb
ISBN 978-3-447-10357-2
Ebook: ISBN 978-3-447-19368-9
Ca. € 38,– (D)
In Preparation. / In Vorbereitung.

Dieser Band enthält die Edition 25 unedierter literarischer und dokumentarischer Texte in griechischer Sprache, die seit 1935 in der Papyrus-Sammlung der Università degli Studî di Padova aufbewahrt werden. Sie wurden bei den von Carlo Anti und Gilberto Bagnani geleiteten Ausgrabungen in Tebtynis ('Ummu 'l-Burayğāt) gefunden.

In der Einleitung zu der Edition der Texte wird ein Überblick über die Papyrussammlung der Universität Padua gegeben. Die Edition beinhaltet zunächst fünf literarische Fragmente, die neue Testimonien des Textes der homerischen Ilias aus römischer Zeit (1.–3. Jahrhundert n.Chr.) sind. Sie bieten manche aus sprachlicher und orthografischer Sicht bemerkenswerte Variante, zum Beispiel einen neuen Nachweis eines geschriebenen Digammas. Die 20 dokumentarischen Texte stammen aus der ptolemäischen und römischen Zeit. Verschiedene Urkundengattungen sind vertreten wie amtliche Korrespondenz, Privatbriefe, Steuer-Quittungen, Verträge und landwirtschaftliche Rechnungen. Von besonderer Bedeutung sind einige Urkunden aus dem 2.–1. Jahrhundert v.Chr. betreffs der Tätigkeiten von ansonsten spärlich bezeugten ägyptischen Offizieren: den Laarchen. Solche Kommandeure führten die Oberaufsicht über die militärischen Verbände (*laarchíai*) der auf Soldatenlehen (*klêroi*) angesiedelten einheimischen Soldaten (*máchimoi*). Von größtem Interesse sind in diesem Zusammenhang ein fast vollständig erhaltener Brief, der von einem bereits bekannten Laarchen namens Chomênis verfasst wurde, und eine an den Laarch Isidotos gerichtete Klagschrift.

Der Band ist von besonderem Interesse für Papyrologie, Klassische Philologie, Alte Geschichte und Ägyptologie.

86: Heinz Barta, Martin Lang, Robert Rollinger (Hg.)
Prozessrecht und Eid
Recht und Rechtsfindung in antiken Kulturen
2015. XIII, 240 Seiten, 6 Abb., 1 Tabelle, br
ISBN 978-3-447-10364-0   Ca. € 56,– (D)

Seit 2004 findet in Innsbruck die Tagung „Lebend(ig)e Rechtsgeschichte" statt, deren Referate veröffentlicht werden. Dieser Band enthält die Vorträge des ersten Teils der 6. Tagung vom Dezember 2011 zum Thema „Prozessrecht und Eid: Recht und Rechtsfindung in antiken Kulturen".

Inhaltlich bietet der Band nach einer Einleitung zum „Verfahrensrecht als frühes Zivilisierungsprojekt – Zur Teleologie rechtlicher Verfahren" von Heinz Barta diese Beiträge: Kurt Kotrschal, Biologie oder Moral?; Betina Faist, Der Eid im neuassyrischen Gerichtsverfahren; Eckart Otto, Prozessrecht und Beweiseid im Keilschriftrecht und im biblischen Recht. Ein rechtstypologischer Vergleich; Simone Paganini, Gerichtsorganisation und Prozessverfahren im Alten Israel. Beobachtungen zu Zentralgericht, Richter- und Zeugengesetz im Deuteronomium; Kristin Kleber, Des Frommen Zuflucht, des Übeltäters Verderben. Der assertorische Eid im Gerichtsprozess der spätbabylonischen Zeit; Gerhard Thür, Prozesseide im Gesetz Drakons und ihr Nachleben im klassischen Athen; Walther Sallaberger, Sumerische und altbabylonische Eidesformeln in lexikalischer und kulturhistorischer Perspektive; Guido Pfeifer, Klageverzichtsklauseln in altbabylonischen Vertrags- und Prozessurkunden als Instrumentarien der Konfliktvermeidung bzw. Konfliktlösung; Susanne Paulus, Ordal statt Eid – Das Beweisverfahren in mittelbabylonischer Zeit; Elena Devecchi, Die Rolle des Eides im hethitischen Prozessverfahren. Neben den Tagungsreferaten enthält der Band auch die Reden der Preisträger des erstmals verliehenen Preises für ‚Antike Rechtsgeschichte', Susanne Paulus (Münster) und Jan Dietrich (Leipzig).

87: Peeter Espak
The God Enki in Sumerian Royal Ideology and Mythology
2015. XVIII, 235 pages, pb
ISBN 978-3-447-10412-8
Ca. € 68,– (D)
In Preparation. / In Vorbereitung.